Oscar Schellbach

Mein Erfolgs-System

Oscar Schellbach

Mein Erfolgs-System

Das positive Leben
in Theorie und Praxis

BAUER

Verlag Hermann Bauer
Freiburg im Breisgau

CIP-Kurztitelaufnahme der Deutschen Bibliothek

Schellbach, Oscar:
Mein Erfolgs-System : d. positive Leben in Theorie u. Praxis / Oscar Schellbach. – 29. Aufl. – Freiburg im Breisgau : Bauer, 1987.
ISBN 3-7626-1101-7

29. Auflage 1987
ISBN 3-7626-1101-7

Gesamtherstellung: May + Co, Darmstadt.
Printed in Germany.

PROF. BALDUR PREIML ZUR XXIV. AUFLAGE

Alles, was in der Natur, auf unserer Erde und im Kosmos vor sich geht, vollzieht sich nach ganz bestimmten Gesetzmäßigkeiten, die vom Menschen zwar gefunden und entdeckt werden, jedoch niemals von ihm gemacht oder manipuliert werden können. Der Mensch ist selbst ein Teil der Natur und unterliegt deshalb auch in allen Lebensäußerungen, ob körperlich, seelisch oder geistig, diesen Gesetzen. Lebt er unbewußt oder bewußt danach, dann lebt er in Harmonie mit sich selbst, seinen Mitmenschen und seinem Schöpfer. Verstößt er dagegen, erntet er Disharmonie, Unglück, Not und Elend.

Zu allen Zeiten haben die Großen der Menschheit gewußt, geahnt und gefühlt, daß der Mensch zielbewußt leben und wie ein Steuermann sein Schiff steuern muß, um nicht durch die unzähligen negativen Einflüsse aus dem eigenen Innern oder von außen im Leben zu scheitern.

Mehr als ein halbes Jahrhundert hat Oscar SCHELLBACH den ehernen Gesetzen im menschlichen Seelen- und Geistesleben nachgespürt und sie in seinem „Mein Erfolgs-System" niedergelegt. Den Lebenserfolg hat er mit seinen mentalpositiven Lehren und Denkgesetzen lehr- und somit auch erlernbar gemacht. Fünf Jahrzehnte hat er als genialer Praktiker und Lebensphilosoph dem suchenden Menschen einen Weg aus Hemmungen, Komplexen, Angst, Streß und Vermassung in die Freiheit der positiven Persönlichkeit gewiesen. Immer spricht SCHELLBACH von Entfaltung. Wir alle haben von der Natur her, von unserem Schöpfer, großartige Talente, Begabungen, Fähigkeiten (zum Erfolgreichsein) auf allen Lebensgebieten mitbekommen.

In unserem Sinne des Erfolges, der uns die Freude am Dasein immer mehr erhöhen soll, müssen wir diese Kräfte aktivieren, trainieren und für das Gute in unserer Welt einsetzen. Viele von uns glauben, nicht begabt und zu großen Aufgaben befähigt zu sein. SCHELLBACH belehrt uns eines Besseren. Uns ist nur nicht bewußt, welche Schätze in unserem unterbewußten Sein, in der Tiefe unseres Wesens, in der „Werkstatt Seele" verborgen sind und darauf warten, durch Übung gehoben zu werden.

Der große Menschenfreund und -kenner hilft uns, den Glauben an unsere inneren Kraftquellen zu entfalten, der für unsere Gesundheit im weitesten Sinne und für unsere Lebensfreude so wichtig ist wie die Luft zum Atmen. Mit der Wissenschaft zielbewußter Lebensführung öffnet SCHELLBACH jedem Menschen Tore zu ungeahnten Erfolgschancen. Den Weg in diese Welt der ungeahnten Möglichkeiten muß jeder selbst gehen — einzige Voraussetzung: Guter Wille und höheres Erkenntnisstreben. Nichts rührt sich, nichts entwickelt sich ohne ständige Investition an Zeit, Kraft, Intelligenz.

Oscar SCHELLBACH macht uns in seinem zeitlos gültigen Werk „Mein Erfolgs-System" mit tausendfach in der Praxis bewährten Methoden vertraut, wie wir uns im Rahmen der Gesetze des organischen Wachstums, also des beeinflußbaren Schicksals, zu einer zielstrebigen, lebensbejahenden und selbstverantwortlichen Persönlichkeit hinauftrainieren können.

Wer die Lehren des ERFOLGS-SYSTEMS so in sich aufgenommen hat, daß er sie im Gefühl hat, der geht bei allem Erfolgsstreben nicht „über Leichen", sondern ist von einem tiefen Verantwortungsgefühl sich selbst und anderen gegenüber durchdrungen. Er sucht die Schuld für ein Mißlingen zuerst bei sich selber und gibt sich immer Rechenschaft ab über sein Denken, Fühlen und Handeln. Wer dieses großartige Buch studiert, wird feststellen, auf welch hohem Niveau, hoher Ethik und Zukunftsgläubigkeit dieses Werk ruht.
Wie ein roter Faden zieht sich die Idee vom positiven Menschen durch dieses Lebensbuch. Dieses geistige Urbild der positiven Persönlichkeit als Programm zur Lebensbemeisterung erweist sich in der Lebenspraxis als „Weg der Natur", der über den materiellen Wohlstand hinaus zu geistig-seelischem Glück führt. Faszinierend an der mentalpositiven Lebeslehre ist ihr universaler Charakter. In allen Lebensbereichen können die Menschen besser und erfolgreicher sein, sogar im Sport, der sich immer mehr zu einem „Schlüsselphänomen" und einer gesellschaftlichen Macht zu entwickeln scheint.

Sportliche Spitzenleistungen zeigen uns, was der Mensch zu leisten imstande ist, wenn er seine angeborenen Kräfte in eine bestimmte Richtung trainiert. Kondition und Bewegungstechnik sind ohne Zweifel auch in Zukunft wesentliche Komponenten der Höchstleistung. Die Anwendung seelisch-geistiger Trainingsmethoden nach den Lehren und Gesetzen von Oscar SCHELLBACH werden noch gigantischere Perspektiven eröffnen. Dies haben zum Beispiel Österreichs Skispringer bei den Olympischen Winterspielen 1976 in Innsbruck angedeutet, als sie bereits nach kurzer Praxis der in diesem Buch dargelegten Grundsätze Gold, Silber und Bronze erzielten.

Wir sehen in dieser Lebenslehre einen Segen für die ganze zukünftige Sportentwicklung. Sie verhilft dem Sportler zu starkem Selbstvertrauen, Entspannungs- und Konzentrationsfähigkeit, Mut, Zielstrebigkeit und Ausdauer. Wenn es ihm gelingt, diese trainierbaren Eigenschaften sozusagen zur zweiten Natur zu entwickeln, verfügt er über das, was man erfolgsgenial nennt.

Mit Hilfe mentaler Trainingsmethoden werden Kräfte freigelegt, die zu Höchstleistungen führen, **aber im Gegensatz zur Leistungssteigerung durch Dopingmittel in den Grenzen sportidealer Humanität bleiben.** Darüber hinaus kann bei Ausbildung der Sportpädagogen, Trainer und Funktionäre nach den Lehren SCHELLBACHs dem Problem zunehmender Rohheit und Brutalität sowie den Auswüchsen im Spitzensport mit ideellen Mitteln begegnet werden. Auch im Sport kommt es auf die Idee an, mit der er betrieben wird. Und im Leben wie im Sport hat die „Idee vom positiven Menschen" die gleiche Gültigkeit. Nicht die Egozentrik und Gewinnsucht dürfen im zukünftigen Sportgeschehen herrschen, sondern eine idealsportliche Einstellung zur aufbauenden Macht des Guten. Die ethischen Ziele, verankert in der olympischen Idee und auch in den Lehren SCHELLBACHs dürfen nie aus den Augen verloren werden.

Verblüffend neue Möglichkeiten für die Verwirklichung humaner Sportideale ergeben sich für alle Verantwortlichen des Sports durch das Studium der geistig-seelischen Zusammenhänge beim Leistungsstreben, die im Mittelpunkt dieses Hauptwerkes von Oscar SCHELLBACH „Mein Erfolgs-System" stehen. Sportpädagogen, die sich in ihrem Bildungsauftrag in erster Linie als Mittler von sportlichen Leistungsidealen gefordert sehen, die ja ihrem Wesen nach immer schon wegweisende Funktion für das allgemeine Glücksstreben der Menschen haben, finden in dem Lehrgebäude für positive Lebensführung von Oscar SCHELLBACH neue Grundlagen für einen ganzheitlichen sportpädagogischen Ansatz.

Mentalpositiv orientierte Sportpädagogen vermitteln mit den angestrebten Leistungszielen stets auch ein Stück „höhere Erkenntnis" und somit indirekte Antworten auf die Sinnfragen des Lebens. So erweist sich der sportliche Geist als eine führende Kraft aus positivem Wollen und als wichtige Voraussetzung für eine neue aufbauende Mentalität in unserem Denken, Wünschen und Handeln.

„Mein Erfolgs-System" stellt die geistigen Grundlagen für erfolgreiche und glückhafte Lebensführung in einer für jedermann verständlichen Form bereit, so daß es für viele die Bedeutung einer unbezahlbaren Lebenshilfe im weitesten Sinne erlangt hat. Alle Lebensaufgaben verlangen, daß wir uns organisch und nervlich, körperlich und geistig optimal „fit" halten und mit unseren geistigen und seelischen Kräften immer noch konzentrierter, ideenreicher und schöpferischer umzugehen lernen, und daß wir vor allem aber im seelischen Bereich immer fähiger werden, durch richtige Selbst- und Umweltbehandlung harmonische zwischenmenschliche Beziehungen zu gestalten. Dieses stetige Bemühen führt letztlich zu einer Gesinnung, die im Glauben an die Macht des Guten und im Vertrauen in die göttliche Ordnung des Lebens verankert ist. In diesem unermüdlichen Streben nach menschlicher Reife und Entfaltung der Persönlichkeit liegt der Schlüssel für ein schöneres und glückliches Leben, das für den einzelnen viel zu kurz ist, um all die wunderbaren Möglichkeiten auszuschöpfen, die in der geistig-seelischen Natur des Menschen angelegt sind.

Das Studium der Lebensgesetze, das der große Psychologe SCHELLBACH jedem zugänglich gemacht hat, der lesen kann, ist der Weg zur Selbstbefreiung aus seelischen Zwängen und inneren Verschaltungen aller Art, aber nicht etwa nur durch das Angebot plausibel klingender Theorien, sondern durch ihre unmittelbare Umsetzung in die Lebenspraxis.

„Mein Erfolgs-System" bietet jedem einsichtsfähigen Menschen mit gutem Willen wertvollste Lebenshilfe auf allen Daseinsebenen. Daß es zeitlos gültig ist, beweist die erfreuliche Tatsache, daß innerhalb eines Jahres eine neue Auflage notwendig wurde und nun bereits in der 24. Auflage vorliegt.

PROF. BALDUR PREIML

(SPORTLICHER LEITER DER ÖSTERREICHISCHEN NATIONAL-MANNSCHAFTEN
— SKISPRINGEN UND NORDISCHE DISZIPLINEN)

PROF. DR. ALFRED STELTER ZUR XXIII. AUFLAGE

Fünf Jahrzehnte nach seinem Ersterscheinen im Jahre 1928 liegt nun Oscar Schellbachs „Mein Erfolgs-System" in der 23. Auflage vor — ein Buch, dem unzählige Leser ein erfolgreiches und glückliches Leben verdanken, das sogar vielen verzweifelten Menschen zeigte, wie ein leer und sinnlos erscheinendes Leben wieder mit Sinn und Zielstrebigkeit erfüllt werden kann, und unzählige Menschen befähigte, schwerste Lebenskrisen durchzustehen und den Glauben zu bewahren, bis tatsächlich doch noch eine Rettung kam, ein Buch, das in ausweglos erscheinenden Situationen und für unlösbar erscheinende Lebensprobleme dennoch eine Lösung zu finden half.

Schellbachs These aus den 20er Jahren, der Mensch nutze die in ihm vorhandenen Kräfte und Möglichkeiten zu weniger als zehn Prozent aus, ist heute längst keine Übertreibung mehr und Forscher in fast allen Ländern der zivilisierten Welt arbeiten intensiv an der Erschließung der weitestgehend ungenutzten Potentiale im Menschen.

Praktische Lebenskunst, Erfolgssystematik und Erfolgspsychologie werden heute nicht mehr belächelt, sondern in Artikelserien und Kursen von den verschiedensten Seiten in den Massenmedien, in Volkshochschulen, von freien Psychologen usw. einem möglichst großen Publikum zugänglich zu en versucht.

„Positives Denken" und die „Macht der Gedanken" sind heute jedermann ein Begriff. Oscar Schellbach war der Begründer der Lehre vom positiven Denken und vom positiven Leben und wurde im Laufe seines Lebens einer der erfahrensten Erfolgspsychologen und Lebensphilosophen unseres Jahrhunderts. Seine Erfolgslehre, die sich auf alle Ebenen des menschlichen und zwischenmenschlichen Seins bezieht und nicht etwa nur auf materiellen Erfolg, ist an Vielseitigkeit in ihren Anwendungsmöglichkeiten und ihrer Tiefe einmalig.

Wer die Werke Schellbachs in ihrer alten und neuen Fassung gründlich studiert hat, wird in stärkster Weise dadurch beeindruckt sein, wie viele allerneueste Erkenntnisse moderner Psychologie, Verhaltensforschung und Kybernetik Schellbach bereits vor Jahrzehnten — lange vor ihrer offiziellen Entdeckung — intuitiv erkannt und in seinem Erfolgs-System dem Leser bereits zur Nutzanwendung angeboten hat — und zwar in verblüffend einfacher, jedermann verständlicher Weise, in Form eines leicht zu handhabenden Vademecums für die Praxis des Lebens, für tatsächlich alle Situationen und Probleme des Lebens.

Viele Aussagen und Thesen Schellbachs — nicht selten nur bei sehr gründlichem Lesen zwischen den Zeilen zu erkennen — können ihre wissenschaftliche Bestätigung in den nächsten Jahren und Jahrzehnten erwarten. Der aufmerksame Leser hat jedoch bereits heute die Möglichkeit, für sich selbst und seinen Einflußkreis die praktische Nutzanwendung daraus zu ziehen.

Selten ist ein Buch in seinen Grundzügen so zeitlos und allgemeingültig wie Schellbachs MEIN ERFOLGS-SYSTEM, das in seiner neuesten Form — ebenso wie bei seinem ersten Erscheinen 1928 — als d a s grundlegende Standardwerk zur Erschließung der in jedem Menschen ruhenden Möglichkeiten und des Erfolges im weitesten Sinne jedermann uneingeschränkt zu empfehlen ist, und das heute noch aktueller denn je von unschätzbarem Werte sowohl für den Einzelmenschen als auch für die Gruppe und menschliche Gemeinschaften ist.

Prof. Dr. rer. nat. ALFRED STELTER

GELEITWORT ZUR XVIII., XIX., XX. XXI. und XXII. AUFLAGE

Daß wir aus GOTTES LIEBE die Freiheit der Entscheidung haben, ist der Schlüssel aller Geheimnisse: Damit beginnt dieses Lehrbuch eines glücklichen, positiven Lebens. Das zeigt auch den Tenor, der alle Lehren beherrscht, denn es ist vermessen, nur etwa auf seiner eigenen Macht ein glückhaftes Leben aufbauen zu wollen. Aber Gott hilft in erster Linie dem Menschen, der sich rührt und nicht tatenlos die Hände in den Schoß legt und auf die gebratenen Tauben wartet, die ihm in den Mund fliegen könnten. Wie sagt doch der Volksmund: „Mit Gott fang an, mit Gott hör auf, das ist der beste Lebenslauf." Aber anfangen müssen wir, aufs Anfangen kommt es an! Und zum Anfangen gehört nicht nur Kraft, sondern auch das „Richtigmachen", wie es dieses Buch lehrt.

Die Kraft wächst aus der Entscheidung: Wer sich zu nichts entscheiden kann, hat auch zu nichts Kraft. Entscheiden aber ist Sache des Wollens und eines freien Wollens. Und hier nun wird klar, was wir meinen, wenn gesagt wird, daß wir aus GOTTES LIEBE die Freiheit der Entscheidung haben, und daß darin der Schlüssel aller Geheimnisse liegt: Man muß können können, was man können muß! Gottlob haben wir diese Freiheit in weit größerem Ausmaß, als es der einzelne Mensch zunächst erkennt. Und allein weil das so ist, gibt es überhaupt ein aus der eigenen Kraft sehr weitgehend zu gestaltendes Schicksal. Aber, und das ist hier entscheidend: wir haben die Kraft dazu nicht aus uns, sondern aus GOTT: Wir sind ausersehen zu dieser Leistung, prädestiniert, mag man nun diese Kraft Natur, Erbgut oder Seele nennen.

Wenn ich den 22. Neudruck dieses jetzt schon über die ganze Welt verbreiteten Lebensbuches mit diesen Feststellungen einleite, so möchte ich damit gleich im vorhinein eindeutig herausstellen, daß die von mir seit fast 50 Jahren gelehrte positive Lebenseinstellung nicht auf atheistischem Boden wächst. Aus diesem Grunde ist der Mentalpositivismus auch kein „Religions-Ersatz", so sehr man damit auch das praktische Leben zu meistern vermag. Erfolg ist ein Handwerk, das man ebenso verstehen muß wie jedes Handwerk sonst. Hier ist dazu die in Jahrzehnten erprobte Anleitung.

Um die Aufgabe dieses Lehrbuches in ihrem ganzen Umfange zu erfassen, ist es ratsam, neben meinen Geleitworten auch das Geleitwort von Prof. Dr. J. M. Verweyen auf Seite 11 zu lesen, das bereits der zweiten Auflage vorangestellt wurde. Gleichermaßen aufschlußreich ist das Geleitwort von Prof. Dr. Otto Goebel zur X. Auflage. Ich weiß wohl, daß es vielen Lesern ein Greuel ist, langatmige Einführungen zu lesen, in Anbetracht der Bedeutung dieses Buches für die eigene Lebensführung wird man diese Mühe aber wohl gern auf sich nehmen.

Baden-Baden, Herbst 1969 OSCAR SCHELLBACH

GELEITWORT ZUR XVII. AUFLAGE

Daß dieses Buch seit Jahren auf der Liste der Bestseller steht, hat seinen Grund in seiner Bewährung. Zweihunderttausend Auflage ist eine Zahl, die für sich selber spricht. Der wegweisende Inhalt des Werkes wurde immer aktueller, je mehr sich die Verhältnisse so entwickelten, wie vom Verfasser längst vorhergesehen. Immer mehr tritt der Mensch an sich in den Vordergrund aller Überlegungen, doch der Sieg echten Menschentums im Sturmlauf der technischen Perfektion und nunmehr auch der Automation hängt allein davon ab, ob der Mensch im gleichen Maße auch zu einem positiven, also vernünftigen Gebrauch der ihm vom Schöpfer gewährten persönlichen Freiheit gebracht werden kann.

Es steht außer Zweifel, daß die Lösung dieses immer mächtiger werdenden Problems nur Aussicht auf Erfolg hat, wenn es gelingt, immer breitere Volkskreise zu einer positiven Selbst- und Menschenbehandlung und Lebensweise zu bringen. Das aber ist Sinn und Inhalt dieses Buches, und das eben aus diesem Grunde von Auflage zu Auflage immer aktueller wurde. Wer es besitzt, seine Maximen sich ernsthaft zu eigen macht und dann danach sein Leben gestaltet, hat nicht nur für sich selber Erfolg und Lebensglück, zugleich gehört er dann auch zu den Pionieren der bereits im Anbruch befindlichen Zeit eines positiven Menschentums, die kommen muß, will die Menschheit an der technischen Vervollkommnung nicht seelisch ersticken und zugrunde gehen.

OSCAR SCHELLBACH

GELEITWORT ZU FRÜHEREN AUFLAGEN

Die Macht, die der Mensch auf die Gestaltung seines Lebens ausüben kann, wurde ihm vom Schöpfer verliehen und muß darum auch vor seinem Gesetz verantwortet werden. Im richtigen oder falschen Gebrauch der Freiheit, die aus dieser Macht resultiert, wird unser Dasein uns und unseren Mitmenschen zum Segen oder zum Unglück. Das Kriterium unserer Lebensführung sind darum die Früchte unseres Tuns.

Durch die Übermacht des Zweifels, gewachsen aus einseitigem naturwissenschaftlichen Denken und gefördert durch das Wachsen des Verstandes durch die Großartigkeit und Erstaunlichkeit seiner Leistungen, kam der Mensch ab vom Wege der Harmonie mit dem Unendlichen und verlor die Orientierung: Einerseits versteht er sich glänzend auf äußerliche Dinge, andererseits ist er immer weniger fähig, mit sich selber und dem Leben fertig zu werden. Je größer die Macht über die Kräfte der Natur wurde, um so mehr rückte er aus der schöpferischen Mitte, auf die er vom Walten des Schöpfers hingeführt wurde, bevor seine Mündigkeit begann. Diese Mitte ist echtes Menschsein als Gnade aus GOTT, Ziel der Bestimmung des Menschen im Ringen der Jahrmillionen um die Erschaffung eines Geschöpfes über aller Kreatur; ein Wesen mit Herz und Vernunft, handelnd aus Einsicht in die Harmoniegesetze eines mit Freude und Zufriedenheit erfüllten Daseins.

Was daraus wurde und immer weiter wird, daß der Mensch die schöpferische Mitte verlor, ist sichtbar allen Augen: ein Riesenmaß an Möglichkeiten mit trotzdem ungewisser Zukunft! Auf unzähligen Gebieten phantastische Leistungen, in der Forschung, in der Technik, im Sport — im Zusammenleben der Menschen dagegen und im Reiche des persönlichen Lebensglückes Not und Furcht, immer weniger Güte und Wohlwollen, immer weniger guter Wille und echtes Verstehen, dazu immer größere geistige Verflachung und Vermassung, immer stärkeres Abgleiten in Gleichgültigkeit und Sorge nur um das rein Körperliche, neben der ständigen Zunahme der Herz- und Nervenleiden und dem Absinken eines immer größeren Personenkreises in Gewissenlosigkeit. Der Gleichgewichtszustand ist gestört, der von der Seele aus dem Stofflichen die Waage halten muß, sollen die Errungenschaften des menschlichen Strebens nicht ins Verderben führen. Nicht der Mensch ist das Maß der Dinge, allein der unsichtbare und doch so hochwirksame Plan des Schöpfers! Ginge es ganz nach dem Machtstreben des Verstandes, gäbe es bald

nur noch gezüchtete Spezies auf unserem Planeten. Menschenameisen und Menschenbienen mit bester Eignung für den jeweiligen Einsatzzweck. Was aber will GOTT? Und welchen Weg müssen wir gehen, um dem Willen des Schöpfers zu entsprechen? Die Antwort kann nur diese sein: Die Erde uns untertan machen, doch nicht als Selbstzweck, sondern als Mittel zum Zweck; damit der Mensch werden kann, was Ziel ist seiner Bestimmung von Anfang an: ein Wesen des Lichtes, durchdrungen von höherer Erkenntnis und in allem Denken, Fühlen und Handeln inspiriert vom Adel verstehender Liebe. Alle Probleme der Existenz und menschlicher Eintracht lösen sich dadurch ohne Zwang und Härte. Das aber heißt, die uns vom Schöpfer gesetzte Mitte wiederfinden, jene Mitte, in der Gemüt und Intellekt in harmonischer Abgewogenheit schwingen.
Es geht nicht ohne den Blick auf das Ewige in dieser Welt, nicht ohne den Glauben an eine höhere Bestimmung des Menschen, nicht ohne Seele, nicht ohne Liebe zu unserem Nächsten, eingeschlossen alles Edle und Ideale, — aber auch nicht ohne zielbewußtes Streben, ohne Planung, ohne die Kräfte und Fähigkeiten des Geistes und des Willens. Unser Leben ist wie Ton in den Händen des Töpfers: Es wird das, was wir daraus machen, oder durch die Zeit und die Umwelt daraus machen lassen.
Nicht überall sind schlechte Töpfer am Werke, das ist uns Trost, aber eine Wende zum Guten aus dem kulturellen Niedergang und dem Wirrwarr unserer Gegenwart ist nur möglich durch eine Massenabwanderung aus der Vergottung der Materie, der sich der Mensch durch den Verlust der gottgesetzten Mitte verknechtet hat. Eine ganz neue Lebensführung muß ihren Anfang nehmen, das ist die Wende! Eine Lebensführung aus positiver Mentalität, die das Gleichgewicht von Herz und Verstand wiederherstellt und zu neuer Blüte bringt!
Es ist Aufgabe dieses Lebensbuches, hierfür Wegemarken und Meilensteine aufzurichten, überzeugend es deutlich zu machen, wie man das Gottesgeschenk der Freiheit so auswertet, daß allen daraus Freude, niemand ein Leid erwächst. Die Bewährung dieser Anleitungen und Anregungen zum Aufbau eines in diesem Sinne glückhaften und erfolgreichen Lebens während vier Jahrzehnten im Leben zehntausender Menschen zeigt, daß ein intensives Eindringen in diese Lehren wirklich in höchstem Maße lohnt.
Mit der Erforschung der Atomkraft und der Eroberung des Weltraumes hat eine neue Ära in der menschlichen Entwicklung ihren Anfang genommen. Es kann eine Ära eines heute noch kaum vorstellbaren Harmoniezustandes werden, wenn es gelingt, dazu immer mehr Menschen, insbesondere immer mehr führende Persönlichkeiten von der umwälzenden Bedeutung des „SCHÖPFERISCHEN NEUDENKENS“ zu überzeugen, wie es in allen Abschnitten dieses Buches und ganz besonders im Kapitel „Die goldene Brücke“ als unerläßlich und primär für den persönlichen Erfolg wie für den Erfolg im Leben der Gemeinschaften gefordert wird. Wir alle sind aufgerufen, Arbeiter in diesem Weinberge des Schöpfers zu sein.

OSCAR SCHELLBACH

PROFESSOR DR. OTTO GOEBEL ZUR X. AUFLAGE

Das Verhalten des einzelnen Menschen zu sich selbst, zu und in seiner engeren Umwelt und davon ausstrahlend zu den Berufs- und Arbeitsgemeinschaften, in denen er steht, zu Volk und Menschheit ist neben der rein biologischen Sicherung des Daseins die grundlegende Problemreihe der Gegenwart. Ein neues ökonomisches und seelisches Erleben begleitet den „Massenmenschen“ in der schicksalhaften Übersteigerung von Mechanisierung, Beherrschung früher ungekannter

Naturkräfte mit der daraus resultierenden technischen und wirtschaftlichen Arbeitsteilung, mit der gesteigerten Abhängigkeit jedes Einzelnen von allen anderen.
Dieser entscheidenden Fragereihe des Lebens des Einzelnen und des Ganzen tritt das vorliegende Buch mit fortreißendem Positivismus gegenüber. Nicht verzichtende Selbstbescheidung und demütiges tatenloses Beugen unter ein als unvermeidlich empfundenes Schicksal lehrt es. Es sucht vielmehr die fruchtbare Erkenntnis zu vermitteln, daß wir zwar eingespannt sind in die Bindungen aller Kreatur, daß wir aber innerhalb dieser Gegebenheiten einen weiten Spielraum der Selbstgestaltung unseres Lebens besitzen. Das bis in alle Einzelheiten hinein, in Richtung und Wegen jedem zugänglich, verständlich und erfüllbar in wohlüberlegtem Abwägen innerer und äußerer Einwirkungen und der daraus zu ziehenden Folgerungen, wenn man ein „positiver" Mensch sein will, darzulegen, ist der Zweck dieses Buches.
Grundvoraussetzung ist, daß wir uns als ein von Gott gesetztes Wesen mit höherer Bestimmung als nur der Fristung der biologischen Existenz erkennen und bejahen. Jeder vermag dann, in welch äußerer Stellung auch immer er sich befinde, über sich selbst hinauszuwachsen zu seinem eigenen und zu des Ganzen Gedeihen.
Schellbach weist immer wieder auf das erstaunliche Ergebnis hin, daß mit dem aus der geistigen Entfaltung gewonnenen Frieden in sich selbst, den der für diese Wege Gewonnene auch in seine Familie, seine Arbeitsgemeinschaft und in Institutionen des allgemeinen Lebens hineinträgt, auch die Erfolgsaussichten dieser Gemeinschaften und Einrichtungen in vorher ungeahntem Ausmaß wachsen.
Insbesondere erhofft der Verfasser des Buches, daß die von ihm jedem Einzelnen nahegebrachte positive Haltung zugleich zur Lösung sozialer Fragen beitragen wird. Der auf die Gedanken einer höheren Harmonie eingeschworene Unternehmer wird seinen Arbeitnehmer als gleichberechtigten Menschen achten und empfinden, ihn teilnehmen lassen an den Sorgen, aber auch an den Freuden und den durch eine allseitig positive Einstellung steigenden Erfolgen des Werks oder der Organisation. Der Arbeitnehmer wird dadurch ein nahes Verhältnis zu seinem Arbeitsplatz gewinnen, sich nicht mehr als Ausgebeuteten, sondern als unentbehrlichen Mitarbeiter fühlen und das jetzt vielfach zur Resignation verurteilte Bewußtsein der eigenen Würde wird eine Einfügung bewirken, die allen produktiven Kräften förderlich ist. Die Arbeit der Gewerkschaften, Unternehmerverbände und Parteien kann sich, getragen von solchen Mitgliedern, zum gedeihlichen Herausarbeiten des allerseits Möglichen und Nützlichen an Stelle des Betonens gegeneinanderstehender Interessen und des ewigen Mißtrauens erheben.
Die Arbeit in diesem Sinne begann Schellbach vor rund 30 Jahren. Zehn Auflagen allein dieses Buches und mehrere Auflagen in Übersetzungen, über vierzigtausend Besucher der diese Gedankengänge vermittelnden Kurse, dazu ein eindrucksvolles Archiv mit vielen tausenden Dankesbriefen seiner Leser, oft erschütternden Inhalts und alle Bevölkerungskreise umfassend, zeigen, daß die Hoffnung des Verfassers auf eine immer größere Verbreitung der von ihm geförderten zuversichtlichen positiven Lebenseinstellung im In- und Ausland und einer daraus sich ergebenden immer besseren Verständigung der Menschen untereinander, nicht ins Reich der Utopien zu gehören braucht. Wir wissen und haben es zutiefst, wie kein anderes Volk der Erde, erfahren, mit welcher grausigen Schnelligkeit Entwurzelung, Verzweiflung und moralischer Niedergang wie eine Seuche um sich greifen. Warum sollte nicht einmal das Ideale einen ähnlich schnellen und umfassenden Siegeslauf antreten? Insbesondere dann kann das der Fall werden, wenn die Menschen merken, daß sie auf den aufgezeigten Wegen nicht nur an Menschenwürde, Arbeitsfreude, Lebensfreude und Gesundheit, sondern auch an materiellen Vorteilen gewinnen.

PROFESSOR DR. OTTO GOEBEL
Professor für Volkswirtschaftslehre

GRUNDSÄTZLICHES UND ENTSCHEIDENDES

Dieses Buch ist kein Roman. Es will nicht unterhalten, sondern Kräfte wecken und Ansporn sein! Wenn die für sein Studium aufgewendete Zeit gewinnbringend sein soll, müssen Konsequenzen gezogen werden. Dazu wird es nur kommen, wenn der Leser die Gewißheit hat, daß sich der Einsatz lohnt. Die nachstehenden Fragen und Antworten ebnen den Weg zu dieser Gewißheit.
Es ist möglich, daß die eine oder andere Fragenbeantwortung für einen Teil der Leser etwas schwierig ist. Man lasse sich dadurch nicht beirren: Was man nicht gleich erfaßt, wird später selbstverständlich sein.

Frage: „Das Erfolgs-System will dem Menschen helfen, das eigene Leben fruchtbar zu gestalten. Gibt es Beweismaterial darüber, ob dieses Ziel befriedigend zu erreichen ist?"

Antwort: „Der Erfolg der Leser findet seinen Niederschlag in mehr als 20 000 Zuschriften und Erfolgsberichten. Eine Probe davon wurde dieser Ausgabe angefügt."

Frage: „Was sind das für Erfolge, von denen die Leser berichten?"

Antwort: „Vor allem die seelische Reife, Charakterfestigkeit und Lebenssicherheit, die erlangt wurden, dazu der Lebensmut, der selbst schwersten Schicksalsprüfungen standhielt, und dann die Erfolge durch die Steigerung der geistigen und beruflichen Leistungskraft sowie die Erfolge in geschäftlicher, gesellschaftlicher und vor allem natürlich auch in privater Hinsicht, z. B. in der Ehe und Kindererziehung usw. Es sind jetzt schon viele Leser da, die schon im Elternhause nach den Grundsätzen der positiven Lebensführung erzogen wurden und die nun schon wieder ihre eigenen Kinder im gleichen Sinne charakterlich und seelisch bilden. Es müßten viele Bände mit Erfolgsberichten gefüllt werden, wollte man alles zusammenfassen, was die begeisterten Freunde des Erfolgs-Systems über die gute Wirkung dieses Lebensbuches berichten."

Frage: „Dann versteht man beim Erfolgs-System unter ‚Erfolg' auch keineswegs nur materiellen Erfolg?"

Antwort: „Richtig, und vor allem kein materialistisches Strebertum, sondern die Anleitung zu einer durch und durch positiven Lebensführung. Der Begriff ‚positiv' ist die geistige Basis, von der alle Überlegungen um die Meisterung des Lebens ausgehen. ‚Positiv', als Ausdruck der Bejahung, im Gegensatz zu ‚negativ'."

Frage: „Dann brauchte man aber doch nur von b e j a h e n d e r Lebensführung zu sprechen?"

Antwort: „Das würde nicht genügen, denn hier ist nicht Bejahung schlechthin gemeint, sondern eine s y s t e m a t i s c h e B e j a h u n g im Sinne ganz bestimmter Einsichten in die Bewußtseinsvorgänge und das Seelenleben des Menschen. Alles baut sich hierbei auf der ‚M a c h t d e r E r k e n n t n i s' auf, nicht etwa auf einer nur

optimistischen Einstellung zum Leben. Dies beweist der Hauptlehrsatz des Erfolgs-Systems: ‚Nicht der Wille, sondern Erkenntnis macht uns frei!'"

Frage: „Soll das heißen, daß man frei wird im Handeln, sobald man die richtigen Einsichten in bestimmte Zusammenhänge hat?"

Antwort: „Genau das ist gemeint, und das ist auch das Hauptproblem zielbewußter positiver Lebensgestaltung: Es ist alles nur eine Frage des Könnens! Und daß die meisten Menschen ihrem Leben gegenüber so machtlos sind, liegt allein daran, daß sie nicht anders zu handeln vermögen, als sie es tun."

Frage: „Auch dann nicht, wenn sie es wollten?"

Antwort: „Auch dann nicht! Sie leben negativ und machen Fehler über Fehler in ihrer Lebensführung, weil sie diese Fehler machen müssen."

Frage: „Ist das nicht eine Frage der Willenskraft?"

Antwort: „Zuerst eine Frage des richtigen Erkennens. Aber das Erkennen bezieht sich hier nicht nur auf die Einsicht für das Notwendige, was zu tun ist, wenn man z. B. gesünder, erfolgreicher und glücklicher leben will, sondern vor allem auf die Möglichkeiten, sich selber fähig zu machen, damit man auch tatsächlich tun kann, was notwendig ist. Mit anderen Worten: daß man die innere Kraft und den Charakter hat, um den Voraussetzungen eines Erfolges entsprechen zu können.

Es sind stets zwei Seiten für einen Erfolg entscheidend, einerlei, ob wir unter Erfolg die Befreiung von einer Hemmung verstehen, ein gutes Erziehungsresultat bei unseren Kindern, die Entwicklung körperlicher oder geistiger Fähigkeiten oder die Erlangung von beruflichen oder geschäftlichen Erfolgen usw. Eine Seite ist immer die, daß wir wissen, wie man es anzustellen hat, um das gewünschte Ergebnis zu erzielen. Es ist also davon auszugehen, daß jeder Erfolg eine Ursache hat, und daß ein Mangel an Wissen um die Ursachen des Erfolges immer gleichbedeutend ist mit Machtlosigkeit. (Vgl. Bacon: ‚Der Menschen Wissen und Macht fällt in eins zusammen, weil Unkenntnis der Ursachen den Erfolg vereitelt.' Erfolgs-System, IV. Teil.)

Die andere Seite ist genau so wichtig: Wir müssen imstande sein, das, was den Erfolg hervorruft, also bewirkt, auch wirklich tun zu können, im besonderen, wo es sich um Leistungen unseres persönlichen Könnens, Charakters oder Willens handelt. Beispiel: Wir wollen, daß ein Acker mehr Ertrag bringt. Die Ursachenerkenntnis sagt, daß dazu der Boden sehr tief umgegraben werden muß. Nun kommt es darauf an, ob wir das auch tun. Wir tun es, wenn wir den Willen und die Kraft dazu haben, aber erst dann können wir es auch!"

Frage: „Daß die Erkenntnis der Ursachen eines Erfolges von ausschlaggebender Bedeutung ist, bedarf keiner Unterstreichung, denn keinerlei Ernte ist möglich ohne Saat, wenn man nicht auf einen Zufall bauen will. Aber in welchem Zusammenhang steht das mit dem Willen und der Kraft zum Handeln, was hat das mit ‚Erkenntnis' zu tun?"

Antwort: „Sehr viel, denn auch unser Wille und unser Charakter sind Folgen von Ursachen. Wissen wir, wie ein starker Wille und ein Charakter mit positiven Eigenschaften zu entwickeln sind, dann haben wir die Möglichkeit, diese Erfolgskräfte bewußt hervorzurufen. Und wie es damit steht, so ist es auch mit der Entfaltung unseres Geistes. Das Erfolgs-System wendet also die Ursachen—Erkenntnis nicht nur auf Vorgänge in der Außenwelt an, sondern unmittelbar auch auf uns selber."

Frage: „Das würde bedeuten, daß man sich wandeln kann, wenn man einen negativen Charakter hat oder nur über schwache Erfolgskräfte verfügt?"

Antwort: „Ja, und das ist überhaupt das Wichtigste bei den Methoden des Erfolgs-Systems: die Wandlung vom negativen zum positiven Menschen, von der einfachen Person zur Persönlichkeit, ausgehend von der Tatsache, daß Charakter und Können des Menschen Schicksal sind! Wie man h a n d e l t, so gestaltet sich das Leben. Ein erfolgreiches Leben ist eine fortlaufende Kette von positiven Einzelleistungen und Einzelreaktionen in körperlicher, geistiger und seelischer Hinsicht."

Frage: „Und wer nun so gut wie gar keinen festen Willen hat?"

Antwort: „Auch dem ist zu helfen, sofern er sich nur helfen lassen w i l l. Das ist allerdings Voraussetzung, jedenfalls im Normalfall des erwachsenen Menschen."

Frage: „Soll das heißen, daß man auch ohne große Anfangsenergie gute Erfolgseigenschaften entwickeln kann?"

Antwort: „Ja, genau das heißt es, und zwar deshalb, weil der Wille eine Kraft ist, die man weniger zu entwickeln als zu w e c k e n, also wachzurufen braucht. Wer willensschwach ist, hat keine F r e i h e i t im richtigen Gebrauch seiner Kräfte, und gerade deshalb sagt auch das Erfolgs-System, daß uns nicht der Wille, sondern E r k e n n t n i s frei macht. Gelingt es, jemand die richtige Erkenntnis von seinen Möglichkeiten zu vermitteln, ihm dadurch den Glauben, die Ü b e r z e u g u n g beizubringen, daß auch er über große seelische Energien verfügt, dann ist schon der halbe Weg zur persönlichen Ertüchtigung geschafft."

Frage: „Und das würde dann besagen, daß die Kräfte, die man zur bewußten Gestaltung des Lebens braucht, schon gleich im Menschen drinliegen?"

Antwort: „Richtig, und daß deshalb das Problem der Entwicklung zum positiven Menschen ein E n t f a l t u n g s p r o b l e m ist, das am besten, einfachsten und sichersten von der Erkenntnisseite aus gelöst werden kann."

Frage: „Wie steht es dabei aber um den einfachen Menschen, der von diesen Zusammenhängen überhaupt keine Ahnung hat und so gut wie gar nicht an seiner geistigen und seelischen Entfaltung bisher gearbeitet hat?"

Antwort: „Für ihn ist das Studium des Erfolgs-Systems einer der besten und gangbarsten Wege, um sich aus eigener Kraft aus der ‚geistigen Gefangenschaft' herauszuarbeiten, in der sich sein ‚Selbst' befindet. Und wenn dieses Buch so leichtverständlich abgefaßt wurde, so gerade aus diesem Grunde, und das nicht nur im Interesse des einfachen Menschen selbst, sondern auch in unser aller Interesse.

Die schlimmste Gefahr für die Weiterentwicklung der Menschheit droht aus der immer mehr um sich greifenden V e r m a s s u n g. Die Hauptschuld hieran trägt die wirtschaftliche Mangellage breiter Volkskreise, die weder Zeit noch Gedanken läßt, um sich ein Dasein mit eigener Note zurechtzuzimmern. Die meisten sind von morgens bis abends nur dahinterher, sich und ihre Familie durchs Leben zu bringen. Das ist ihnen Lebensinhalt und Kultur zugleich, und sie sind froh, wenn ihnen das einigermaßen gelingt und keine Krankheiten und Schicksalsschläge dazwischenkommen. Hinzu kommt für Millionen die Entfremdung vom eigenen Heim durch die katastrophale Wohnraumlage. Ungezählte können nicht eine Stunde lang richtig mit sich allein sein, weil einfach kein Eckchen da ist, wo das möglich wäre. Das lähmt nicht

nur jedes individuelle Glücksstreben, das sich nur in behaglicher Häuslichkeit richtig entwickeln kann, sondern auch jeden Mut zu rationeller und ökonomischer Lebensführung. Nicht zu vergessen die bei jedem Menschen irgendwie in der Seele lauernde Angst, daß es plötzlich über Nacht aus sein kann mit aller Herrlichkeit, wenn es der Unvernunft gelingt, die Welt in das längst an die Wand gemalte Inferno hineinzujagen.
Was sich zwangsläufig ergeben muß aus dieser Situation ist bereits überall offenbar: Es klappt nichts mehr richtig! Daher die Gleichgültigkeit und Wurstigkeit in so vielen, sonst so wichtig genommenen Dingen und die schleppende Müdigkeit und Unlust, wenn es gilt, guten Willen zu zeigen. Alles aber nicht als eine Abkehr vom Übereifer, was ganz in der Ordnung wäre, sondern als das bedrohliche Symptom eines geistigen Hängenlassens, verbunden mit der Zurückschraubung der individuellen Lebensansprüche auf ein Mindestmaß, weil man gefühlsmäßig der Überzeugung ist, daß alles andere angesichts der Hoffnungslosigkeit der Gesamtsituation nur Kraftverschwendung ist.
Die große Seelenkrankheit unserer schicksalsgeprüften Zeit ist der Mangel an Vertrauen! Überall ist das die Generalursache für menschliches Versagen und auch der Grund, wenn wir am Schicksal zerbrechen. Aber es muß nicht sein, wenn wir es nicht wollen. Es gibt eine Wehr hiergegen, eine Heilung aus dem Geiste durch die Macht der Erkenntnis: Indem wir beginnen, uns selber für die Freudlosigkeit und Erfolgslosigkeit unseres Daseins verantwortlich zu machen, und entschlossen sind, aus eigener Kraft in den Ablauf unseres Lebens einzugreifen, legen wir Kräfte frei, an deren Vorhandensein wir vordem überhaupt nicht zu glauben wagten. Da eine Wende zum Guten im großen Geschehen zur Bedingung macht, daß nicht nur einzelne, sondern möglichst viele Menschen in solchem Sinne wieder zu arbeiten beginnen, geht das auch den einfachsten Menschen an. Doch dazu genügt es nicht, daß man Forderungen stellt, man muß ihm Helfer werden, sich selber zu entdecken, den Einfluß der Vermassung aus eigener Kraft zu überwinden."

Frage: „Ist das nicht abhängig von angeborener Intelligenz?"

Antwort: „Für den einfachen Menschen scheint das ein aussichtsloses Unterfangen zu sein, das ist jedoch ein Trugschluß: Es liegt in der Natur des Menschen, daß er seine geistigen Kräfte am ehesten durch Nachahmung auf den Plan rufen kann. Die Intelligenz ist etwas, was sich selbst entdecken muß. Es muß aber etwas sein, was zuerst den Anstoß gibt. Fehlt dieser Anstoß, so ist es fraglich, ob überhaupt jemals eine bestimmte Anlage erwacht. Es ist so, als ob der ‚Motor' erst angeworfen werden muß, bevor er arbeiten kann. Seit Jahrtausenden schon bearbeiten einzelne Völker immer noch auf die gleiche primitive Weise ihre Felder wie ehedem. Sie scheinen nichts, aber auch gar nichts dazugelernt zu haben. Würde es auch dann so bleiben, wenn man ihnen zeigt, wie es besser zu machen ist?
Aber wir brauchen nicht erst nach China zu gehen, um Beispiele zu haben. Auch bei uns im Lande, ja, in allen Berufen und Lebensgebieten wimmelt es nur so von Rückständigkeit. Sollte das alles nur ein Mangel an Intelligenz sein? Ja, es ist ein Mangel, aber nicht an geistiger Befähigung an sich, sondern an selbstschöpferischer Kraft. Es fehlt der Anstoß, es fehlt die treibende Kraft, die anleitet, es war noch keiner da, der es gezeigt hat, wie man es besser machen kann. Wenn man sieht, wie es gemacht wird, dann kann man es nachmachen, und, wenn man erst den richtigen Gedanken hat, dann auch noch besser machen.

Wenn dem so ist, dann braucht man sich auch nicht zu wundern, daß große Teile der Allgemeinheit geistig so unbeholfen sind. Das ist ganz natürlich, in Anbetracht der entscheidenden Vorgänge. Selbstverständlich ist die Begabung der Menschen sehr unterschiedlich, insbesondere für abstraktes Denken. Doch das fällt nur deshalb so ins Gewicht, weil vielen von Hause aus keine Möglichkeit gegeben war, über den Rahmen des Alltäglichen hinaus geistig angespannt zu werden. Also konnten sich die Kräfte auch nicht entfalten, oder jedenfalls nicht viel weiter, als es der Beruf und die Lebensverhältnisse notwendig machten. Wie viele sprechen davon, daß sie erst in späteren Jahren erkannt haben, was sie in ihrer Jugend versäumten, wie sie aufgepaßt hätten in der Schule, wenn sie damals schon etwas vom Lernen verstanden hätten. Man weiß nie, was in einem Menschen wirklich drinsteckt, solange man es nicht darauf ankommen läßt.
Menschen mit ererbter organischer Unfähigkeit sind selbstverständlich in diese Entwicklungsmöglichkeiten nicht einbezogen. Aber man muß auch bei der Beurteilung solcher Fälle sehr vorsichtig sein, denn man kann mit den besten Testmethoden irren, weil organische Unfähigkeit auch die Auswirkung einer seelischen Behinderung sein kann, und das gilt nicht nur für Erwachsene, sondern auch schon für Kinder."

Frage: „Aber es gibt doch bedeutende Männer und Frauen auf allen Gebieten, die Kinder einfachster Eltern waren und die sich ganz aus eigener Kraft emporgearbeitet haben. Beweist das nicht, daß es doch nur auf die Begabung ankommt und allein die angeborene Intelligenz für den Lebenserfolg entscheidend ist?"

Antwort: „Nein. Das beweist nur, daß es die Betreffenden trotzdem, also trotz der Behinderung der geistigen Entfaltung, fertig gebracht haben, sich zu entwickeln und durchzusetzen. Selbstverständlich kennzeichnet das ein besonders hohes Maß an bereits freier geistiger Kraft. Es wäre aber falsch, darin einen Maßstab zu sehen für die Beurteilung l a t e n t e r Möglichkeiten, ganz abgesehen von der Frage, was die Hauptstärke im Wesen war, wodurch sich die Betreffenden aus eigener Kraft erheben konnten. Thomas Alva Edison galt in der Schule als schwachsinnig. Trotzdem wurde er der große Edison."

Frage: „Wie weit kann hier aus eigener Erfahrung gesprochen werden?"

Antwort: „Der Verfasser hat hierfür in seiner Praxis, die sich auf drei Jahrzehnte erstreckt, ein umfassendes Lehrbeispiel erlebt: Seine Kurse für Lebensertüchtigung wurden in diesen vielen Jahren von über vierzigtausend vorwärtsstrebenden Männern und Frauen besucht. Der weitaus größte Teil davon waren Menschen in kleinen und kleinsten Positionen, und in der Mehrzahl noch dazu solche mit Hemmungen und Minderwertigkeitskomplexen. Und immer wieder wurde erlebt, wie diese Menschen aufblühten, sobald sie erst einmal dahintergekommen waren, was der Mensch aus sich machen kann, wenn er es richtig anfängt."

Frage: „Wie lernt denn der einfache Mensch verstehen, worauf es ankommt bei der geistigen Entwicklung, wenn er gar keine Vorbildung hat?"

Antwort: „Man muß die Sprache sprechen, durch die man sich verständlich machen kann. Besser: Man muß die gelehrte Theorie in Sätze formen, die sich ganz leicht fassen lassen. Es gibt wissenschaftliche Erkenntnisse genug, um dem Menschen ein gutes Rüstzeug für den Lebenskampf zu geben, aber der Mensch ist nicht heranzubringen an ihre Erarbeitung. Ein Kind würde auch nie schwierige Rechenarten beherrschen lernen, würde man gleich bei Beginn der Schulzeit versuchen, ihm Mathematik einzutrichtern. Gewiß, es gibt auch da besondere Begabungen, aber auf die Ausnahmen kommt es nicht allein an, sondern auch dabei auf die Allgemeinheit. Und dann kommt noch hinzu, daß das Wissen um die Gesetzmäßigkeiten der geistigen und seelischen Entfaltung ohnehin Neuland ist auch für einen großen Teil sonst vielseitig gebildeter Menschen."

Frage: „Lebenskunst und richtige Einstellung zum Leben wurden schon vor fünftausend Jahren und länger gelehrt, und doch hat sich immer nur ein kleiner Teil der Menschen ernsthaft danach gerichtet. Jeder lebte seinen Stiefel weg, wie er es von Vorfahren und Eltern gelernt hatte und wie es gerade im Leben kam, und so wird es wohl auch bleiben. Die Kultur ist in dieser Hinsicht eher rückläufig als vorwärtsstrebend, jedenfalls was die Allgemeinheit anbelangt."

Antwort: „Das ist im Sinne des Erfolgs-Systems n e g a t i v. Man muß g l a u b e n, daß es nicht so ist oder doch zumindest anders werden kann. Die positive Lebenseinstellung gründet ihre Erfolge auf g e i s t i g e U r s a c h e n, die aus dem D e n k e n geboren werden, und je stärker der Glaube eine Idee beseelt, um so sicherer ist ihre Verwirklichung zu erwarten."

Frage: „G l a u b e, das klingt nach naiver Einstellung. Ist es nicht allein die Vernunft, die Wandel schaffen kann?"

Antwort: „Damit wird ein neuer Punkt der Erfolgs-Systematik berührt, der unmittelbar mit dem Problem der W i l l e n s k r a f t zusammenhängt: Das Werden der menschlichen Vernunft ist zweifellos eine großartige Entfaltungsleistung der Menschwerdung, aber noch stärker sind vorläufig die unbewußten Triebkräfte im Menschen. Wenn es nach der Vernunft ginge, wäre alles in der Welt und im Leben des Menschen in schönster Ordnung. Aber die Vernunft kann sich erst dann behaupten, wenn der Mensch frei geworden ist vom i n n e r e n Z w a n g. Seine Gewohnheiten und seine triebbeeinflußte und von Angst und Furcht gesteuerte innere Schaltzentrale der körperlichen, geistigen und seelischen Funktionen haben mehr Einfluß als die Vernunft auf sein Denken, Fühlen, Wollen und Handeln. Der Mensch wird dadurch in unzähligen Richtungen zu einem getriebenen Wesen."

Frage: „Dann ist also das Grundproblem das Ringen um Freiheit vom Zwang?"

Antwort: „Ja, das ist das Grundproblem. Es wurde schon gesagt, daß es auf das K ö n n e n, nicht nur auf das Wollen ankommt: Man muß können k ö n n e n, was man will! Und damit das möglich wird, muß man vor allem lernen, mit sich selber richtig umgehen zu können. Und die Macht dazu wächst aus dem G l a u b e n, der hier aber kein blinder, sondern ein sehender, ein wissender Glaube ist."

Frage: „Was ist der Glaube, wenn er stärker sein kann als Vernunft und Wille?"

Antwort: „Er ist das Mittel zur Wachrufung einer Kraft, die weit freier und darum mächtiger ist gegenüber der Materie, als unser an die Grenzen des Verstandes gebundenes Wollen, gleichzusetzen mit der Energie, die das Leben zeugt. Sozusagen ein höherer Befehlshaber im Menschen, dem alle Organe und Vorgänge gehorchen müssen, wenn er in Erscheinung tritt. Es ist eine überpersönliche Kraft, die anderen Gesetzen und Grenzen untersteht als der aus den Körperfunktionen und dem Körperdenken entstehende Wille. Es ist unmöglich, mit dem bloßen Verstande dieses Geheimnis zu erfassen. Wir können nur feststellen, daß diese Kraft da ist, weil wir ihre Wirkungen erleben. Die Intuition sagt, daß es sich dabei um den Schöpferwillen handeln muß, der überall in der Natur wirksam ist und der durch den Glauben zu Leistungen aufgerufen werden kann, die durch Vernunft geleitete Willensanstrengung allein nicht möglich sind. Und das ist der Weg zur Aktivierung dieser Kraft, der zum Entstehen des Glaubens führt."

Frage: „Also nach dem Leitsatz: ‚Glaube, dann wird dir geholfen', oder ‚Glaube, dann wirst du Berge versetzen können'."

Antwort: „Nicht im oberflächlichen Sinne, sondern im Sinne einer aus der Erkenntnis entwickelten Überzeugung. Es wurde schon gesagt, daß es sich um einen wissenden Glauben handelt."

Frage: „Warum nicht einfach blind glauben, wenn der Glaube eine so große Macht ist?"

Antwort: „Weil der Mensch nicht glauben kann, weil ihm der Zweifel im Wege steht, sein Verstand. Glücklich, wer einfach zu glauben vermag, doch ist das den meisten Menschen unmöglich und die Folge der Frucht, die man vom ‚Baume der Erkenntnis' nahm."

Frage: „Es wurde doch gesagt, daß Erkenntnis frei macht?"

Antwort: „Immer wenn der Mensch den Zusammenhang einer Sache, das Gesetz, die Ursache usw. erkennt, und hier ist die befreiende Erkenntnis außerdem ein Wissen der Seele."

Frage: „Was ist da der Unterschied? Wissen ist Wissen und Erkennen ist Erkennen."

Antwort: „Der Verstand wird die Kräfte nie erkennen, die der Seele offenbar sind, und das ist das Entscheidende. Der Verstand kann nur fassen, was irgendwie mathematisch beweisbar ist, mag der Gedankenflug auch in höchste Potenzen und Schwingungszahlen gehen. Er muß sehen, hören oder sonstwie den Dingen sinnlich nahe sein und sie messen können. Anders die Seele, sie vermag auch das Irrationale zu erfassen."

Frage: „Was versteht man unter Seele? Ist das nicht eine bloße Funktion des Gehirns, ebenso wie man Verstand hat durch das Gehirn bzw. durch die Tätigkeit der Gehirnzellen?"

Antwort: „Das ist der materialistische Standpunkt, der alles Werden auf die ‚Gesetze des Zufalls' zurückführt. Wäre es so, und wäre das menschliche Wesen nur das Ergebnis der Gehirntätigkeit, dann könnte man natürlich auch nicht von der Macht des Glaubens sprechen, jedenfalls nicht im Sinne einer dem Stofflichen übergeordneten Macht. Wo aber bliebe dann die Würde der menschlichen Person, die ja nur aus einer geistig-religiösen Schau abgeleitet werden kann? Der ‚Mensch' ist nicht die vom Wirken der schöpferischen Kräfte entwickelte körperliche Form, sondern gerade das, was man unter ‚Seele' versteht."

Frage: „Ist der Mensch nicht ein Geschöpf der Natur wie alle Lebewesen?"

Antwort: „Doch, ja, aber im Menschen erlangt die Schöpfung Selbstbewußtsein, und was dieses Wissen um sich selbst ausmacht, das macht den Menschen zum Menschen und erhebt ihn über alle anderen Geschöpfe."

Frage: „Wie ist das Wesen der Natur anzunehmen, wenn es Selbstbewußtsein zu entfalten vermag?"

Antwort: „Nicht als eine aus dem Zufall entstandene Triebkraft, sondern als der Wille einer höheren Ordnung, der in der Gesamtentwicklung ein Ziel anstrebt. Ein schöpferischer Vorgang, der schon Milliarden Jahre auf der Erde andauert und der im letzten Zeitabschnitt, etwa seit einer Million Jahre, dabei ist, durch die Schaffung eines Wesens mit Gewissen das Schöpfungswerk zu krönen."

Frage: „Dann würde also das menschliche Gehirn als ein Mittel zu betrachten sein, durch das die göttliche Natur in uns sich als Seele, oder noch weitergehend, als Teil des Schöpferwillens bewußt wird?"

Antwort: „Ja, und darum ist auch die Kraft der Seele, die durch den Glauben aktiv wird, dem Stofflichen überlegen, eben, weil in ihr der Schöpferwille wirkt, dem die Form ihr Dasein verdankt."

Frage: „Führt das nicht zu einer ganz und gar geistigen Schau des ganzen Daseins?"

Antwort: „So ist es. Und das ist auch die einzige Möglichkeit, ohne Umweg zu den Kräften zu gelangen, die eine weitgehende Meisterung des Daseins erlauben: Es müssen die Grenzen gesprengt werden, die uns unter mechanische Abläufe des Denk- und Seelenlebens zwingen und die verhindern, daß wir freie, d. h. selbstentscheidende Wesen werden."

Frage: „Was versteht man unter diesen mechanischen Abläufen?"

Antwort: „Immanuel Kant und vor ihm viele andere erkannten die Freiheit des Menschen darin, daß er sich löst vom ‚Mechanismus der Natur', d. h. von der Diktatur der Organe, Triebe und Instinkte, die sein Verhalten und Reagieren zwangsläufig machen und ihn auf der Stufe des Tieres halten. Es kommt darauf an, daß der Mensch durch sein Denken beginnt, die Herrschaft über sich selber anzutreten, was dazu führt, daß die Antriebe unter seine Kontrolle kommen. Es ist der Kampf des Menschen gegen das Müssen aus dem Fleische und aus dem Unbewußten. Indem wir nachdenken, schaffen wir in uns Klarheit. Dabei finden wir den Weg, der uns über den Glauben die Kraft der Seele erschließt, durch die wir über uns selber bestimmen lernen. Es erweist sich damit das Denken als eine Hebelkraft, durch die unser Wille stärker wird als der Zwangsablauf, nach dem sich unser Denken bis zu dieser Stunde richten mußte. Und damit wird auch erkannt, daß Willenskraft, jetzt im höheren Sinne erfaßt, nicht eigentlich Kraft ist an sich, sondern Kraftfreiheit, und Willensschwäche nicht Mangel an Kraft, sondern Krafthemmung."

Frage: „Wie aber wird das Denken zur Hebelkraft?"

Antwort: „Wir kommen zurück zum Ausgangspunkt: Durch das rechte Erkennen! Indem wir begreifen lernen, daß wir nicht schwach, sondern stark sind in unserem Willen und damit in der Kraft zum Können, entsteht in uns der Glaube. Wird dieser durch wirkliches Erkennen zur Überzeugung, so entsteht in uns die Initialzündung, die die Macht des Könnens aus ihrem Ruhezustand ruft."

Frage: „Und daß man zum Glauben kommt, ist allein eine Sache des richtigen Erkennens?"

Antwort: „Ja, aber nun ist entscheidend, auf welchem Wege man sich selber oder einen anderen Menschen zum Erkennen bringt. Es gibt verschiedene Wege, die zu einem Ziele führen. Grundsätzlich ist es immer der Weg der praktischen Selbsterfahrung: Indem wir üben und immer wieder üben, erlangen wir schließlich das Bewußtsein, daß etwas geht, was wir wollen. Aber es ist ein Unterschied, ob dieser Weg der Selbsterfahrung leicht oder schwer gangbar ist, und ob der Wille zum Üben bzw. zum Lernen und Erkennen vorhanden ist.

In allgemeinen Leistungen, die zur Erhaltung des Lebens unerläßlich sind, wächst der Wille aus der Notwendigkeit. Es gibt dabei gar keine Überlegung, ob man sich entwickeln bzw. entfalten soll oder nicht, es geschieht einfach. Zudem regieren dieses Wollen die aus dem Unbewußten unseres Wesens antreibenden Triebe und Instinkte. Wo diese Antriebe schwach sind, hilft die Umwelt nach, wie z. B. bei der Erziehung des Kindes.

Ganz anders liegt der Fall, wenn man aus der ‚Reihe' tanzen will, wenn es sich also um die Entwicklung von Kräften und Fähigkeiten handelt, die dem inneren Selbst, unserer Natur, unserer Seele noch Neuland sind. Dann muß der Antrieb völlig aus dem oberbewußten Wollen kommen und der Wille zum Üben muß dazu erst wachgerufen werden. In der Mehrzahl der Fälle stößt das so lange auf unüberwindliche Hindernisse, wie es nicht gelingt, das Bewußtsein des Könnens im vorhinein sicherzustellen, also im vorhinein den Glauben an das eigene Können hervorzubringen. Das ist deshalb notwendig, weil man sonst gegen Hemmungen und Kurzschlüsse arbeitet, die das mit der Entwicklung verbundene Üben bis zur Unmöglichkeit verstärken. Diese Hemmungen und Kurzschlüsse sind jedoch leicht auszuschalten, wenn man mit der besprochenen Zentralkraft arbeitet, die dann vom Unbewußten her die Bahn frei macht. Doch solange diese Kraft nicht durch den Glauben zur Tätigkeit aufgerufen ist, was einer Selbstbewußtwerdung der Seele auf einem bestimmten Leistungssektor entspricht, wird der Kampf gegen die Widerstände immer nur durch Gegenarbeit am falschen Hebelende geführt. Da hierzu ein großer Krafteinsatz aus den Nerven erforderlich ist, gelingt das Durchsetzen gegen die Hemmungen und Kurzschlüsse nur in Ausnahmefällen. Und wo es gelingt, wird dann stets von Menschen gesprochen, die einen besonderen starken Willen haben und die sich darum besonders gut konzentrieren können. Hieraus und aus noch anderen Komplikationen ergibt sich für die meisten Menschen die Unmöglichkeit, aus eigener Kraft den gegenwärtigen Entwicklungsstand merklich zu ändern. Man muß bleiben, was und wie man ist. Man kommt aus seiner Haut nicht heraus, man ist, wie der Volksmund sagt, dumm geboren und muß dumm bleiben. Und was sich auf die Dummheit bezieht, das bezieht sich auch auf den Charakter und das ganze Wesen des Menschen.

Trotzdem ist das aber eine ganz und gar irrige Annahme, jedenfalls für alle erbgesunden normalen Menschen, und sie kann sich nur deshalb behaupten, weil man die hier angedeuteten Entwicklungsgesetzmäßigkeiten und die Kräfte der Seele außer acht läßt. Und das alles bezieht sich auch, und sogar in erster Linie, auf den Weg zur Schaffung des zur Leistung erforderlichen Glaubens über die Macht der Erkenntnis. Auch hierbei treten so große Hemmungen auf, daß der Geist bzw. das Erkenntnisvermögen einfach nicht auf das kommt, worauf er kommen muß, soll es in ihm aufblitzen und helle werden. Denn das ist ja Erkenntnis, daß es innerlich hell wird, daß man ganz klar sieht, daß es zu einer Erleuchtung kommt. Geht man hierbei den üblichen Weg der Selbsterfahrung, so versagt fast immer die Kraft, bevor man am Ziele ist.

Man darf also nicht ‚wider den Stachel löcken', sondern muß einen Weg gehen, der mit einem Minimum an Nervenkraft und Willensanstrengung zum Ziele führt. Und dieser Weg ist der Weg der positiven Erfolgs-Systematik, wie er im Erfolgs-System gezeigt und beschritten wird."

Frage: „Und ist es sicher, daß auch der einfache Mensch diesen Weg mit Erfolg beschreiten kann?"

Antwort: „Das ist, wie einleitend bewiesen wurde, völlig selbstverständlich! Man hat nur nötig, die Grundsätze des Erfolgs-Systems sich zu eigen zu machen, um Schritt für Schritt zu erleben, wie die eigenen Kräfte zur Bemeisterung des Lebens immer mehr wachsen und sich entfalten. Das Werk wurde aufgebaut auf einer Praxis, die aus vielseitigsten Einzelerfahrungen entwickelt wurde. Und weil die Praxis darin spricht, darum ist es auch jedermann verständlich. Und weil es verständlich ist, darum kann auch jeder danach handeln. Es ist überhaupt ein Buch zum Handeln, das ist sein alleiniger Zweck.

Nochmals sei klar gesagt: Was wir brauchen, ist die Rettung vor der Vermassung, die wie eine Seuche unsere ganze Kultur und Zivilisation bedroht. Dazu muß insbesondere dem einfachen Menschen das psychologische Rüstzeug gegeben werden. Man muß ihm die Möglichkeit geben, sich selbst zu befreien. Dieses Phänomen bringen keine gelehrten Bücher zustande, dazu ist die Gefangenschaft des Geistes zu groß. Das ist nur möglich mit einer Methode, die ohne Schwierigkeit verstanden, begriffen und gelebt werden kann und bei der sich die Erfolge einstellen wie die Gesundheit des Körpers durch eine gute Arznei.

Wer will daran zweifeln, daß sich die ganze Welt in einer Neuformierung aller Kräfte befindet? Es gibt aus der Sackgasse, in der die Welt hineingeraten ist infolge der Atombombe, nur zwei Wege, um das Weiterleben der zivilisierten Menschheit für die nächsten Jahrzehnte zu sichern: den Weg der Unfreiheit und den der Erkenntnis.

Der Weg der Unfreiheit ist der Weg in die Vermassung, die Auslöschung der Individualität und der Einbau der verbleibenden Kreatur in die Schablone eines genormten und standardisierten Erdenbürgers.

Beim Wege der Erkenntnis steht allein die Würde der menschlichen Person im Mittelpunkt aller Überlegungen. Und die Frage dazu heißt: ‚Wie helfen wir dem Menschen, daß er so werde, wie er sein könnte? Wie schaffen wir ihm die Möglichkeit, daß er zu sich selber findet, daß er sich selber entdecken lernt?'

Man muß die Dinge nicht sehen, wie man sie sehen möchte, sondern wie man sie sehen muß. Auf die Ursachen-Erkenntnis kommt es an! Man muß den Menschen befähigen, nicht nur seine äußeren, sondern vor allem die ihm völlig unbewußten Hemmungen loszuwerden. Nicht zuletzt ist das eine Frage der Verbesserung seiner wirtschaftlichen Situation. Es ist aber nicht möglich, das nur von Maßnahmen zu erwarten, die den Kuchen besser verteilen, wenn der Mensch nicht gleichzeitig befähigt wird, besser mitbacken zu können. Dazu muß er Einsicht, Lust, Liebe und Verantwortung entwickeln, was nur aus einer Hebung seines geistigen Niveaus hervorgehen kann. Man muß ihm bessere Lebenserfolge möglich machen, die ihm aber nicht ohne persönliches Zutun in den Schoß fallen dürfen. Die ganze persönliche Leistung im Hinblick auf seine geistige Entfaltung muß damit im Zusammenhang stehen.

Von arbeitspsychologischer Warte aus bedeutet das eine Erhebung des Menschen vom Arbeiter zum Mitarbeiter, vom Lohn- und Gehaltsempfänger zum erfolgsbeteiligten Wirtschaftspartner, Leistungslöhne aller Art sind nur eine halbe Lösung, erst die Teilnahme am Gewinn, bedingt durch Mitübernahme der Verantwortung für den Erfolg, schaltet den Arbeitsmenschen im Denken positiv um! Nicht die Wertung seiner Arbeitskraft, sondern seine Wertung als vollwertiger Mensch, als Persönlichkeit, als einmalige Individualität, sind das entscheidende Faktum! Alle sonstigen Wertungsbegriffe müssen dagegen verblassen.

Heraus aus der Masse, d. h.: hin zum Menschen, zur Individualität, zur Persönlichkeit! Neue Begriffe müssen geformt werden, die Brücken sind zum geistig erwachten Menschen der Zukunft: Wenn im Erfolgs-System von positiver Lebensführung und vom positiven Menschen gesprochen wird, so ist das ein Beginnen in diesem Geiste. Diese Idee, dieses geistige Urbild bedarf der Ausprägung auf allen Lebensgebieten. Hier sind unerschöpfliche Möglichkeiten gegeben für alle, die Mitarbeiter sind im Weinberge einer kommenden Zeit.

Aber es ist unmöglich, diesen Schritt nach vorn zu wagen ohne tragfähiges Fundament. Es ist gegeben in den Einsichten der großen Philosophen und Naturforscher unserer Zeit. Sie alle bekunden einhellig: ‚Es muß ein Schöpferwille da sein, der mit der Entwicklung der Menschheit ein klares Ziel verfolgt. Und es kann nur heißen: Evolution! Aufwärtsentwicklung der Menschheit in Richtung auf den wahren Menschen, ein Wesen, das aus freiem Willen lebt und wirksam ist!"

Frage: „Also ist die Grundlage der positiven Lebensführung eine bejahende Einstellung zur Religion?"

Antwort: „Wie alle Wissenschaft sich zuletzt als Weg zu Gott erweisen wird, so ist Religion zugleich der Weg zum höchsten Wissen. Und beider Ziel: Im Sinne des ewigen Willens den Menschen zu schaffen, der die Krone der Schöpfung ist. Und dazu ist Freiheit unerläßlich, dazu muß der Mensch die Herrschaft über sich selber antreten, denn nur in der Freiheit der Entscheidung wird der Mensch zum Menschen.

Auf der ersten Teilstrecke zur Menschwerdung wurde diese Freiheit eingeleitet durch seine Befähigung zum Denken und Erkennen. Das entwickelte den Verstand und mit dem Verstande die Wissenschaft. Damit machte er sich die Erde untertan und lernte die Atome zertrümmern. Doch die Atome werden ihn vernichten, wenn die erlangte Freiheit mißbraucht wird! Das macht zur Bedingung, daß er sich in der Freiheit der Entscheidung, in die er damit eingetreten ist, für die Wahl des Guten entscheidet. Wie aber soll das möglich werden, ohne daß er noch einen Schritt weitergeht in seiner Menschwerdung und auch vom Irrationalen erfaßt und durchdrungen wird? Ohne zum Willen zu finden, der ihn trägt und dem er Dasein und Macht verdankt?

Das moralische Gesetz des Himmels ruht im Gewissen des Menschen. Es ist der Gottesfunke, der den Menschen zum seelischen Wesen erhebt. Daß sich dieser Gottesfunke in seinem Innern in Reinheit darstellt, ist Sinn religiösen Bemühens. Das Gewissen allein bietet die Gewähr, daß Freiheit nicht zum Fluche wird.

Also erkannt, ist auch Erfolgs-Systematik, gleich welcher Art, zuerst eine Sache rationaler Einsicht. Doch die dadurch mögliche Macht über die Gestaltung des Daseins bleibt ohne Blick auf den Willen des Ewigen ebenso Stückwerk wie alle Vernunft ohne Gott. Es bleibt immer noch etwas nach, was nicht in Formeln zu zwingen ist. Es fehlt die Seele, und mit ihr der Kontakt zur letzten Weisheit.

Der Einleitung des Erfolgs-Systems wurde dieses Wort vorangestellt: ‚Daß wir aus Gottes Liebe die Freiheit der Entscheidung haben, ist der Schlüssel aller Geheimnisse.' Damit ist ausgedrückt, daß diese Freiheit gottgewollt und auch erreichbar ist. Den Weg dahin in leichtverständlicher und wirklich gangbarer Weise auch für den einfachen Menschen zu ebnen, ist die Aufgabe des Werkes."

Frage: „Und wie wird diese Freiheit für die Freunde der positiven Lebensführung spürbar und erlebbar?"

Antwort: „In dem großen Glück, das Freiheit vom Zwang bedeutet, sobald man erst einmal davon gekostet hat! In der Entwicklung von der Person zur Persönlichkeit, ganz im Sinne unseres großen deutschen Dichter-Philosophen Johann Wolfgang von Goethe:

‚Volk und Knecht und Überwinder,
sie gesteh'n zu jeder Zeit:
Höchstes Glück der Erdenkinder
ist nur die Persönlichkeit.'"

Frage: „Und was ist der praktische Wert des Erfolgs-Systems für die Meisterung des Lebens und damit auch für den Alltag, so wie ihn jeder Tag für Tag durchlebt?"

Antwort: „Uns selbst und allen zur Freude und zum Segen zu wirken, denen wir auf der Bahn dieses Lebens als Mensch verpflichtet sind: Daß sich das Leben lohne, für uns und für alle, die wir lieben!"

GEISTIGE VORAUSSETZUNGEN ZUR BESTEN AUSWERTUNG DIESES LEBENSBUCHES

Was ist das Schwerste von allem?
Was dir das Leichteste dünkt:
mit den Augen zu seh'n,
was vor den Augen dir liegt.

Goethe

Es ist eine psychologische Tatsache, daß wir eine Sache oder die näheren Umstände, die mit einer Sache zusammenhängen, aus ganz bestimmten festliegenden Gründen nicht begreifen können, wenn wir Schwierigkeiten mit dem geistigen Erfassen haben. Und weil wir die Sache oder die Umstände einer Sache oder auch deren Wichtigkeit nicht begreifen bzw. nicht erfassen, wir demzufolge dann auch nicht in der Lage sind, die sich daraus ergebenden Konsequenzen zu ziehen, oder das zu tun, was wir im Interesse unseres Erfolges oder Lebensglückes usw. tun müßten.

Wie man sieht, lieber Leser, eine hochwichtige Angelegenheit und ernsthaftester Sammlung wert, um Licht in sie hineinzubringen. Überhaupt ist es das Hauptproblem menschlichen Versagens und geistiger Kurzsichtigkeit und Beschränktheit und darum auch die eigentliche Ursache dafür, weshalb es immer nur einigen Menschen gelingt, das Leben wirklich zu meistern und sich und anderen zur Freude zu gestalten. Und das gilt nicht nur für den Lebenserfolg und den Fortschritt des einzelnen, sondern in gleicher Weise auch für den Erfolg der Allgemeinheit.

Wiederholen wir: Es ist die Tatsache, daß wir eine Sache oder die Umstände einer Sache oder deren Wichtigkeit aus ganz bestimmten festliegenden Gründen nicht begreifen können.

Bitte verweilen Sie einen Augenblick bei dem Worte „können". Sie bemerken, daß es gesperrt gedruckt ist. Es kommt also nicht auf den Willen, die Bereitschaft zum Begreifen an, sondern auf eine vorhandene Unfähigkeit. Und es wird weiter gesagt, daß diese Unfähigkeit ganz bestimmte und zwar festliegende Gründe (Ursachen) habe.

Wer hier den Dingen nicht auf den Grund geht, wird annehmen, daß es sich um gehirnorganische Ursachen handelt, z. B. mangelnde Befähigung zum logischen Denken oder einfach um einen Intelligenzmangel auf Grund eines schwachen Kopfes. Es hat den Anschein, als ob es so wäre, besonders deshalb, weil der Großteil der Menschen während seines ganzen Lebens in dieser Schwäche verharrt. Aus dieser Annahme resultiert auch die Auffassung von der „Dummheit" der Masse. Aber der Schein trügt auch hier, von Ausnahmen abgesehen. Im Dritten Reich hat man von dieser irrigen

Annahme u. a. auch das Werturteil über die Rassen abgeleitet und andere als die „nordische" durchweg als unterwertig erklärt. Wo aber liegen d a n n die Ursachen für das geistige Versagen so vieler Menschen? Zunächst einmal in der m a n g e l n - d e n U b u n g derjenigen Gehirnorgane, die für die Intelligenzleistungen des Geistes entscheidend sind. Die Anlagen zur Befähigung sind da, aber nur wenige kümmern sich bewußt um ihre Erweckung und sorgfältige Ausbildung. Zumeist versagt hier schon die Kinderstube und die Schule. Aber das ist keineswegs das Wichtigste, weil die Entwicklung im allgemeinen doch so verläuft, daß es zumindest zu einer schwachen Betätigung der Kräfte der Logik und des Erkennens kommt. Und wenn das Elternhaus und die Schulerziehung s e h r versagt haben, so sorgt später der Existenzkampf dafür, daß man wenigstens so klug wird, um sich in den praktischen Fragen des Lebens aus eigener Kraft zurechtzufinden. Man lernt dann aus der E r f a h r u n g , die unentwegt Anschauungsbeispiele dafür gibt, wie man es machen muß, um existieren zu können. Allerdings, was als Gesamtprodukt dabei herauskommt, das ist ja gerade das, was wir vom Standpunkte unserer Lehren aus als unzulänglich erkennen. Es ist der A l l t a g s m e n s c h , der Mensch der M a s s e , der Mensch mit einseitiger Intelligenz, der wohl überall dort zu gebrauchen ist, wo er Gelegenheit hatte, sich in eine Sache einzuarbeiten, dort jedoch versagt, wo ein größerer Horizont und eine größere geistige Selbständigkeit erforderlich sind, ganz zu schweigen von den Mängeln im eigenen Urteil, in größerer Logik und höherer Vernunft. Aber wie gesagt, das ist zunächst auf eine mangelnde Ubung derjenigen Gehirnorgane zurückzuführen, die für die Intelligenzleistungen des Geistes entscheidend sind. Es wurden an diese Organe von früh auf keine Anforderungen gestellt, deshalb mußten sie schwach bleiben, ebenso wie die Beine und Arme schwach bleiben, wenn diese nur wenig gebraucht werden. Zumeist ist das außerdem weniger eigene Schuld als vielmehr die Schuld des ganzen Umwelteinflusses von Jugend auf, der bei der Mehrzahl der Menschen so ist, daß er wohl die allgemeinen Fähigkeiten zum Bestehen im Daseinskampf fördert und entfaltet, nicht aber die höheren Funktionen des Geistes. Noch klarer: man wurde einfach nur zum D u r c h s c h n i t t s m e n s c h e n erzogen und eine Ausnahme von dieser Regel bildet nur, wer später aus eigener Kraft darangeht, diese Vernachlässigung der Erziehung zu überwinden. Der weitaus größte Teil der Menschen tut das aber nicht, vor allem deshalb nicht, weil sich nie eine Anregung findet, die so stark ist, daß die in vielen Jahren eingelaufenen Denkbahnen wirklich verlassen werden. Es tritt hier die ganze Summe der Hemmungen und Komplexe in Erscheinung, die dem Durchschnittsmenschen das Höherstreben so verbauen und so unmöglich machen und wodurch man erst gar nicht einmal versucht, dem Leben eine Wende zum Aufstieg zu geben, ganz davon abgesehen, daß schon hierfür die Fähigkeit zur E i n s i c h t fehlt, denn jedes Vorwärtsstreben setzt ja voraus, daß man dazu ernsthaft den guten Willen hat.

Doch nun zur H a u p t s a c h e : Selbst wenn man den besten Willen hat, seine geistige Verfassung zu ändern, und deshalb auch die k l a r e E i n s i c h t , daß man nur mit einem intelligenteren Geiste größere Erfolge im Leben haben kann, so kommt man doch nicht vorwärts, wenn man dabei versucht, o h n e die Kenntnis der dabei obwaltenden Gesetze des geistigen Lebens auszukommen. Und hier nun zeigen sich die eingangs erwähnten b e s t i m m t e n und f e s t l i e g e n d e n Gründe, warum man eine Sache oder die Umstände einer Sache oder deren Wichtigkeit nicht begreifen k a n n. Wer diese Gesetzmäßigkeiten des geistigen Lebens nicht kennt, der

bemüht sich vergebens, den Totpunkt zu überwinden, der in den höheren Intelligenzleistungen besteht, der kommt selbst bei bestem Willen nicht vorwärts im Erkennen, denn es entsteht in ihm nicht die Initialzündung im Bereiche des inneren Sehens, die kommen muß, wenn es in einer Sache oder beim Begreifen eines Zusammenhanges zum wirklichen Verstehen und Erfassen kommen soll.
Wir kommen uns näher, wenn wir hierbei an eine Alterserkenntnis Goethes erinnern und diese in ihrer ganzen Tiefe und Tragweite zu durchdringen versuchen. Goethe sagt: „Ich habe s i e b z i g Jahre dazu gebraucht, um L e s e n zu lernen." Wir fragen uns, wie ist das möglich bei so einem Titanen des Geistes wie er es war? Und wenn das dieses Genie an Erkenntniskraft und hoher innerer Schau von sich behauptet, wieviel mehr müssen dann erst wir den Geheimnissen des Lesens nachspüren, um auch einmal zum richtigen Erfassen dessen zu kommen, was an Weisheit und Erkenntnis im geschriebenen Worte bzw. in der Sprache liegt.
Hier nun zeigen sich entscheidende Gesetze der menschlichen Intelligenz: Ohne das Wissen um diese Geheimnisse sind wir selbst bei bestem Willen unfähig, d a s aus einem Satze, gleich, ob dieser gehört oder gelesen wird, herauszuheben und in unserem Erkenntnisringen zum Leben zu erwecken, was tatsächlich darin enthalten ist. Darauf aber kommt es an, wenn wir eine Sache oder deren Umstände wirklich ihrem Grunde und ihrem ganzen Gehalte nach erfassen wollen. „Wir haben Augen zu sehen und sehen doch nicht! Wir haben Ohren zu hören und hören doch nicht!" Und das bezieht sich auf alles, was sich der bisherigen Erfahrung entzog, insonderheit auch auf alle Gesetze und Lehren zur Meisterung des Lebens. Man hört und sieht nur W ö r t e r, nichts als Wörter, und wenn man ihre Bedeutung ermißt, so geschieht das zumeist u n b e w u ß t und allein nach den bisherigen Meinungen und Gedankengängen, die man in einer Sache b i s h e r hatte. Das beweist, daß der Geist nicht frei ist in der Entwicklung seiner Denkprodukte und daß das Denken A b l ä u f e n untersteht, die sich ganz nach den bisherigen Einsichten richten. Alles, was diesen Einsichten n i c h t g e m ä ß ist, wird entweder nicht erfaßt oder f a l s c h erfaßt und bleibt deshalb seiner wahren Natur nach vor unserem Erkenntnisvermögen im Dunklen.
Machen wir uns die M ü h e, eine Sache immer und immer wieder unserem Geiste vorzustellen, unsere Aufmerksamkeit immer wieder von neuem auf die gleiche Sache hinzulenken, dann entdecken wir nach und nach auch ihren K e r n. Aber das tun wir nicht. Einmal, weil wir dessen sehr schnell müde werden, zum andern, weil wir g l a u b e n, wir wären dem Kern schon längst nahe. Hieraus erklärt sich auch das Phänomen, warum die Teilnehmer meiner Einführungskurse in die Kunst der positiven Lebensführung nach einigen Tagen meiner p e r s ö n l i c h e n Unterweisung plötzlich wie geblendet sind von der Fülle der neuen Lichtblicke für einen erfolgreichen Lebensaufbau, die sie vordem, während sie für sich allein unsere Lehren studierten, überhaupt nicht hatten. Man sah buchstäblich n i c h t den W a l d vor lauter B ä u m e n, aber nicht deshalb, weil man nicht befähigt war zum richtigen Erkennen, sondern allein, weil man es f a l s c h machte. Das „innere Licht" ging nicht auf, das immer aufgehen muß, wenn ein neues Begreifen über uns kommen soll.
Aber so geht es uns nicht nur beim Studium der Lebenskunst, sondern grundsätzlich bei allem, was wir hören und lesen: Man bleibt dumm und unwissend, wenn der „Groschen" nicht fällt! Nur wenige wissen, daß hier der Volksmund etwas sagt, was eines der größten Geheimnisse des K ö n n e n s enthält. Es kann einfach keine Er-

leuchtung in einer Sache kommen, wenn die Voraussetzungen dazu nicht erfüllt sind! Folgerung: Einsicht in einer Sache ist davon abhängig, ob wir wirklich klar sehen! Aber Klarheit besteht nicht dann, wenn es so scheint, sondern allein dann, wenn wir wahr sehen! Wir sehen wahr, also wirklich logisch, wirklich richtig, nämlich gesetzmäßig richtig, also der Sache restlos entsprechend, wenn unser Geist den ganzen Zusammenhang eines Denkprozesses lückenlos überschaut. Es ist erforderlich, dazu nicht nur von jeder Selbsttäuschung frei zu werden, sondern vor allem zu wissen, wie sehr wir bei allen Erkenntnisprozessen von der Selbsttäuschung gelenkt und beeinflußt werden. Aber nicht weil wir es wollen, wir, die wir uns vielleicht für nicht genügend begabt halten, sondern allein, weil die Gesetzmäßigkeiten im Geistesleben es so wollen. Hier liegt der Schwerpunkt! Einfach im Walten geistiger Gesetze, keineswegs in unserer mangelnden Begabung! —

Kehren wir zum besseren Verständnis zu Goethe zurück: Wenn er sagt, daß er siebzig Jahre seines Lebens dazu gebraucht habe, um Lesen zu lernen, so sagt er das nicht ohne ganz zwingenden Grund. Ganz bewußt stellt Goethe damit die riesenhaften Schwierigkeiten heraus, die unser Geist hat, wenn er einen Gedankengang wirklich so erfassen will, wie dieser tatsächlich und ursprünglich gemeint ist. Was für andere Schwierigkeiten aber könnten das sein, als eben die Tatsache, daß die Voraussetzungen zum richtigen Erfassen einer Sache unbedingt erfüllt werden müssen, um unserem Geiste das Begreifen zu ermöglichen. Man muß sich eisern hüten, die Feststellung dieses sogenannten Zwangsablaufes oberflächlich hinzunehmen, vielmehr muß man hierauf seine ganze geistige Arbeit einstellen, denn nur dann gelingt es uns, diese Voraussetzungen zu vollwertiger und damit bestmöglicher Arbeit des Geistes zu erfüllen.

Nun, und was sind das für Voraussetzungen? Zunächst die Erkenntnis, daß unser Geist nicht wir sind, sondern daß er ein Werkzeug unserer Seele ist, ein Mechanismus, eine Apparatur, dennoch aber selbsttätig in seiner Funktion in der Regel der Fälle. Diese Apparatur kann wunderbar arbeiten, wenn wir sie klug zu handhaben wissen, sie arbeitet stümperhaft, wenn wir stümperhafte Chefs dieser Anlage sind. Leider ist es der Mensch zumeist, daher sein Versagen!

Wann ist man ein kluger Chef eines großen komplizierten Betriebes, etwa eines chemischen Werkes oder einer vielseitigen Metallwarenfabrik? Wenn man den Betrieb bis in alle Einzelheiten kennt und daher weiß, wie er funktioniert und wie er viel zu leisten vermag. Also einwandfreie Betriebs- und Sachkenntnis als Oberstes, und natürlich eingeschlossen alles Wissen um die Mitarbeiter und deren richtigen Einsatz und richtige Behandlung. Oh, wie kläglich steht es in allen diesen Punkten bei der „Werkstatt der Seele", dem Betriebe unserer geistigen Arbeit!

Alles kann hier unmöglich auf einmal gesagt werden, darum nur das ganz Entscheidende: Erkennen ist das Ergebnis eines geistigen Bauprozesses. Gebaut wird in der „Werkstatt der Seele", dort waltet der Geist richtig wie ein Baumeister. Dieser Baumeister, das Unterbewußtsein — Werkstatt der Gedanken und Gefühle und Baumeister in einem — handelt in mehrfachem Auftrage: Im Auftrage der Natur, die ein Wesen aus uns machen will, das immer besser und vollkommener ein lebensfähiges, kluges und intelligentes Geschöpf wird; im Auftrage unserer Umwelt, die eine bestimmte Artung mit schicksalhafter Wirkung erzeugt; im Auftrage bestimmter Ideen, die in uns Macht gewonnen haben — positive wie negative — und schließ-

lich in unserem eigenen Auftrage, sofern wir schon soweit sind, daß wir unserem Geiste bzw. unserem inneren Baumeister Aufträge erteilen können, und ganz einerlei, ob dies bewußt oder unbewußt geschieht. —
Nun die Frage: W i e arbeitet der innere Baumeister bzw. w i e werden die Erkenntnisgebäude erzeugt? Antwort: Ganz genau so, wie man gebaute Dinge aller Art aus Holz, Stein, Metall usw. entstehen läßt. Also aus B a u s t e i n e n ! Bei Erkenntnisgebäuden — gleich, ob klein oder groß — bestehen diese Bausteine aus den Einzelheiten unseres W i s s e n s. Diese Einzelheiten sind Teilerkenntnisse der jeweils größeren Erkenntnisse bzw. Einsichten.
Nun das Grundsätzliche: Ebensowenig wie ein Apparate- oder Häuserbauer irgend etwas fertigbringen kann, solange er keine Ahnung hat, was einzelne Apparat- oder Häuserteile genau zu sagen und zu bedeuten haben, genau so ist auch der Baumeister unserer Ideen und Erkenntnisse nicht in der Lage, mit irgend einem Wissen etwas anzufangen, solange er über die Einzelheiten dieses Wissens nicht ganz genau im „Bilde" ist. Für die Geistestechnik ist das gleichbedeutend mit B e g r i f f s k l a r h e i t ! Entscheidend ist dabei aber die Tatsache, daß die Erkenntnisvorgänge u n t e r der Schwelle unseres Bewußtseins, richtiger unseres O b e r bewußtseins ablaufen. Dadurch wissen wir gar nicht, w a n n Begriffsklarheit besteht oder nicht! Wir erleben immer nur das E r g e b n i s der inneren Prozesse, ähnlich wie wir Gesundheit oder Krankheit immer nur im Resultat empfinden, also als Wohlbefinden oder als Unbehagen bzw. Schmerz. Und hierin gerade besteht die Riesengefahr, daß wir eine Sache nicht erfassen und uns eine wichtige Angelegenheit nicht b e w u ß t wird. Es kommt hinzu, daß Begriffsklarheit im einzelnen auch noch nicht ausreicht, um durch einen neuartigen Gedankengang hindurchzufinden. Dazu muß noch Z i e l k l a r h e i t kommen bis ins letzte Detail einer Sache, die als Bauplan einer neuen Erkenntnis für den inneren Baumeister dient. Wir verstehen darunter den ersten schöpferischen Erkenntnisvorgang, die erste Stufe der Klarsicht zum logischen Erfassen eines Gedankens. Und wenn das erreicht ist, dann die Klarsicht auch für die weiteren Stufen. Und das nicht für unser oberbewußtes Denken, sondern in erster Linie für das Arbeiten der inneren Kräfte. Also erst wenn dem U n t e r b e w u ß t s e i n die Details einer neuen Sache völlig klar sind, und sowohl hinsichtlich der Begriffs- wie der Zielklarheit, vermag der innere Baumeister daraus das wirkliche Erkennen, das tatsächliche Verstehen einer Sachlage, die wahre Bedeutung einer Sache usw. sichtbar zu machen.
Und was ergibt sich hieraus? Daß wir wirklich erst l e r n e n müssen, geistig richtig zu arbeiten und das unter voller Berücksichtigung dieser Gesetzmäßigkeiten. Und die P r a x i s ? Daß wir diese Voraussetzungen erfolgreicher Arbeit des Unterbewußtseins bzw. der Erkenntnisapparatur streng beachten müssen! Das bedeutet eine g a n z b e t r ä c h t l i c h e V e r l a n g s a m u n g unserer geistigen Arbeit, und die a l l e i n d a d u r c h möglich werdende Vertiefung und Verstärkung der Bemühungen, die auf oberbewußtem Wege zur Begriffs- und Zielklarheit führen. Beim Lesen heißt das V e r w e i l e n bei j e d e m Wort, das uns in seiner Bedeutung nicht völlig klar ist. Dem geht aber voraus, daß wir jedes einzelne Wort überhaupt b e m e r k e n ! Worauf unsere Augen gerichtet sind, daß muß uns tatsächlich b e w u ß t werden. Das geht nicht ohne gründliche Betrachtung und S t e h e n b l e i b e n bei einer Sache. Wie wir im Auto und Flugzeug an allen Feinheiten und besonderen Einzelheiten einer Landschaft vorbeirasen und dadurch nur das Wichtigste in uns aufnehmen und über-

haupt bemerken, so ist es auch in den Bezirken des Erkennens. Hier sitzt die Wurzel allen Übels im geistigen Versagen: Die Mutter unserer Dummheit ist unsere Ungründlichkeit! Wir arbeiten dadurch nicht nach den Gesetzen des geistigen Lebens. Wir nehmen wohl geistiges Baumaterial aller Art in uns auf, aber es wird nicht beseelt, nicht zum Leben erweckt. Totes Wissen aber ist zu nichts nütze, und weil es so ist, also kommt es, daß wir glauben, wir seien unbegabt und unfähig für höhere geistige Leistungen, während in Wahrheit unser Können nur klein bleibt, weil wir mit der Apparatur unseres Geistes nicht erfolgreich umzugehen wissen.
Machen Sie eine Probe aufs Exempel, lieber Leser, mit diesem Abschnitt unseres Buches. Machen Sie sich die Mühe, diese Arbeit ganz und gar geistig zu verdauen! Lesen Sie ganz langsam Satz für Satz und immer wieder von neuem auch die vorangehenden Sätze und geben Sie nicht früher Ruhe, bis Sie in jedem Punkte wirklich ganz klar sehen. Tun Sie das, so erzielen Sie ein ganz erstaunliches Resultat und das wird Ihnen dann eine Wegweisung sein für das gesamte Studium dieses wichtigen Lebensbuches. Denken Sie immer wieder dabei an Goethe und seine Aussage über das Lesen. Lassen Sie sich nicht verführen vom Schein! Es ist anders als wir glauben, wir unterliegen der Selbsttäuschung! Und es ist die reine Wahrheit, was ich hier schreibe, gewonnen aus langer, langer Erfahrung mit abertausenden von Menschen!

*

Friedrich Rückert prägte in seiner „Weisheit des Brahmanen" eine Erfolgslehre ganz besonderer Art, an die wir uns gar nicht oft genug erinnern können. Diese Lehre heißt: *„Wer da sitzet in dem Röhricht und sich nicht da eine Pfeife schneidet, der ist töricht."* Also auf zum „Pfeifenschneiden", auch jetzt beim Studium der Wissenschaft von der Lebensbemeisterung. Lassen Sie uns schon hierbei gleich so vorgehen, wie es später immer der Fall sein wird, sobald Sie erst das Kapitel über die „geistige Arbeit des positiven Menschen" durchgearbeitet haben. Das entspricht den Konsequenzen, die sich aus den vorstehenden Ausführungen ergeben und führt zur Erfüllung der geistigen Voraussetzungen zur besten Auswertung unseres Lebensbuches.
Hier ist die Praxis dazu: **Lesen Sie jeden Satz sprechdenkend und arbeiten Sie dabei mit Buntstiften!**
Sprechdenkend lesen, das heißt die Wörter eines Satzes so genau erfassen, als wenn wir sie Wort für Wort langsam vorlesen und einem Zuhörer erklären müßten, der sehr schwer begreift, was gemeint ist. Achtung! Nur in der Umsetzung eines fremden Satzgefüges in die eigene geläufige Ausdrucksweise, den eigenen Stil, die eigene Darstellungsart ruht die Gewähr, daß neue Begriffe bzw. der Inhalt neuer Gedankengänge tatsächlich so erfaßt werden, wie sie tatsächlich gemeint sind. Die Sprache ist nur ein Hilfsmittel der Bewußtmachung unserer eigenen Gedanken in der Seele eines anderen Menschen. Ob wir uns wirklich mit ihm verständigen können hängt davon ab, ob eine Übereinstimmung in der Begriffs- und Zielklarheit durch unser Sprechen erzielt wird. Deshalb nochmals: sprechdenkend lesen und zur Herausarbeitung aller wichtigen Lehren, Gedanken und Betonungen mit farbigen Unterstreichungen arbeiten.

Rot unterstreicht man am besten, was für die charakterliche und geistige Ertüchtigung wichtig ist, also alles, was mit dem positiven Denken, der Steigerung der Intelligenz und der geistigen Leistungsfähigkeit im Zusammenhang steht.
Grün wäre dagegen alles zu unterstreichen, was durch rein körperliche Vorgänge für den Lebenserfolg entscheidend ist, z. B. Lehren für die Gesundheit, die Nervenkraft usw.
Blau, die Farbe der Harmonie, ist gut für alles zu verwenden, wo es um seelische Dinge geht, um das Glück unseres Daseins, um das Verstehen mit unserer Umwelt, um den inneren Frieden, das Vertrauen zum Schöpfer usw.
Auch Doppelunterstreichungen können sehr gut der Herausarbeitung von Maximen dienen. Wichtig ist, daß die Buntstifte gut gespitzt sind, damit die Unterstreichungen sehr sauber ausfallen, und natürlich muß aus diesem Grunde auch mit einem Lineal gearbeitet werden. Ein solches Studium verlangt viel Liebe zur Sache, aber das kommt nicht nur dem Erfassen des Stoffes, sondern auch seiner Verankerung im Gedächtnis zugute, weil es unbewußt zu stärkerer geistiger Sammlung führt.
Sie müssen so arbeiten, daß Sie nach der ersten allgemeinen Durcharbeit des Werkes, die zunächst einmal erfolgen muß, später an Hand Ihrer Unterstreichungen sofort wissen, was in einem bestimmten Abschnitt des Buches über eine bestimmte Lehre oder Erfolgseinstellung gesagt ist. Das Erfolgs-System, das ja Ihr Erfolgs-System ist, entfaltet nur dann seine volle Wirksamkeit, wenn es in Ihnen, mein verehrter Leser, zu leben beginnt. Das ist nur möglich, wenn Sie sich den vielseitigen Stoff mit wissenschaftlicher Gründlichkeit erarbeiten. Wie selten sonst sitzen Sie hierbei wahrhaftig mitten im Röhricht, denn was kann es Klügeres und Schöneres geben, als aus dem eigenen Leben durch bewußte positive Lebensführung ein ganzes und rechtes Meisterwerk zu machen.
Hören Sie zum Abschluß dieser Wegweisung noch einmal Goethe, der wie kaum ein anderer uns Mut macht, den Bau eines glückhaften Lebens ganz aus der eigenen Kraft anzupacken: Meine besten Wünsche begleiten Sie hierbei, mein verehrter Leser. Der Erfolg ist sicher!

„Des Menschen größtes Verdienst bleibt wohl, wenn er die Umstände so viel als möglich bestimmt und sich so wenig als möglich von ihnen bestimmen läßt. Das ganze Weltwesen liegt vor uns wie ein großer Steinbruch vor dem Baumeister, der aber nur dann den Namen verdient, wenn er aus diesen zufälligen Naturmassen ein in seinem Geiste entsprungenes Urbild mit der größten Ökonomie, Zweckmäßigkeit und Festigkeit zusammenstellt. Alles außer uns ist nur Element, ja, ich darf wohl sagen, auch alles an uns; aber tief in uns liegt diese schöpferische Kraft, die das zu schaffen vermag, was sein soll, und uns nicht ruhen und rasten läßt, bis wir es außer uns oder an uns auf eine oder die andere Weise dargestellt haben."

(Goethe in Wilhelm Meister)

BERGAUFWÄRTS

Wie komm ich am besten
den Berg hinan?
Steig nur hinauf —
und denk nicht dran!

Drum hurtig auf
den Weg gemacht;
eh du's versiehst,
hast schon das Größte
du vollbracht!

Jeder, der sein Leben bewußt gestalten will, hat sich zuerst die Frage vorzulegen, ob denn überhaupt der Erfolg, richtiger das Erfolg-Gestalten erlernbar ist. Diese Frage ist unter allen Umständen bejahend zu beantworten. Beweis: Jeder persönliche Erfolg, d. h. jeder Erfolg, der durch unsere eigene, also persönliche Wirkung entsteht, gründet sich auf ein ganz bestimmtes Verhalten unseres geistigen, seelischen und körperlichen Menschen. Ist dieses Verhalten richtig, also den Forderungen des Erfolges entsprechend, so muß einfach der Erfolg in Erscheinung treten. Demzufolge gibt es eine ganz einfache Formel für den Erfolg, die man sich ganz fest einprägen muß, und die den Ablauf des ganzen weiteren Lebens zu bestimmen hat. Diese Formel heißt:

Der Erfolg ist unbedingt erlernbar, aber man muß den richtigen Weg gehen.

Richtigmachen = Erfolg!

Falschmachen = Mißerfolg!

Auch dem einfachsten Menschen wird es einleuchten, daß diese Formel das oberste und zugleich eisernste Gesetz des Erfolges darstellt und daß man einfach um so erfolgreicher sein *muß*, je mehr man sein ganzes Leben und Streben darauf aufbaut. Wieweit das geschehen kann, entscheiden die nächsten Fragen. Zunächst gilt es noch folgendes ganz klar zu erkennen: Wenn der Erfolg davon abhängig ist, ob wir irgend etwas richtig oder falsch machen, so muß der Erfolg die *Wirkung einer Ursache* sein. Und was beweist das? *Daß der Erfolg dem Gesetz von Ursache und Wirkung untersteht.* Diesem Gesetz gilt es sich zu beugen, und zwar bedingungslos und soweit wir überhaupt dazu in der Lage sind. Bitte, halten Sie fest: Dieses Gesetz heißt das Gesetz der Kausalität, bzw. das *Kausalitätsgesetz.* Der Name kommt vom lateinischen „causa", d. h. ursächlich, begründend. *Kausalität heißt Ursächlichkeit,* das Verhältnis der *Ursache zur Wirkung,* das zwischen zwei im Kausalverhältnis stehenden Objekten oder Erscheinungen besteht.

Diese Erfolgsformel muß in Ihnen so lebendig werden, daß sie immer vor Augen steht!

Jede Wirkung hat eine Ursache!

Der Erfolg ist etwas ganz Gesetzmäßiges.

Der *Erfolg ist also etwas Gesetzmäßiges,* und das oberste aller Erfolgsgesetze, dem jedes andere sich einzufügen und unterzuordnen hat, ist das Kausalitätsgesetz. Hierzu sei jedoch gleich gesagt, daß dieses Gesetz keineswegs das *oberste* Ordnungsprinzip der Schöpfung ist, sondern vielmehr dessen *Diener.* Es gibt Umstände, wo die allgemein gültige Kausalität durch höhere Kraftwirkungen plötzlich durchbrochen werden und allen Bedingungen der materiellen Welt zum Trotz das *Wunder* in Erscheinung treten kann. Dieser Fall ist jedoch die Ausnahme; die Regel ist die Kausalität. Doch weiter zu unserer Beweisführung: Wenn also die Formel gilt: *Richtigmachen = Erfolg; Falschmachen = Mißerfolg,* so müssen sich notwendigerweise zwei weitere Fragen ergeben: Erste Frage: *Was* ist richtig und *was* ist falsch? Zweite: Wie kann ich das ausführen, was *richtig* ist? Die Beantwortung stellt zwei klare Erfolgsbegriffe in den Vordergrund: *Wissen* und *Können!* Folgerung: *Weiß* ich und *kann* ich das, was man zu tun hat, um Erfolg zu haben, so steht seiner bewußten Gestaltung nichts mehr im Wege.

Nur durch Wissen und Können siegen wir!

Hier nun, mein verehrter Leser, beginnt unsere Entwicklung: *Die Erlangung eines möglichst umfassenden Erfolgswissens ist der Anfang.* Der Weg zur Verwirklichung: *Die Entfaltung des persönlichen Könnens.*

Oberste Forderung: Gedankenklarheit!

Was wir beginnen, wollen wir *richtig* machen. Darum muß auch unser Weg zum Erfolg mit der Ordnung unserer Gedanken beginnen. Der Lebenskünstler und Lebensformer gleicht einem Baumeister: Zuerst sorgfältige Sichtung des Baumaterials. Und dann ein Aufbau, der allen Belastungsanforderungen standhält, unter Zugrundelegung eines wohlüberlegten und genau berechneten Bauplanes, so hat die Erfolgsgestaltung vor sich zu gehen.

Der Lebensformer gleicht einem Baumeister.

Um unsere Ziele *sicher,* gleichzeitig aber auch *so leicht wie möglich* zu erreichen, handeln wir gleich zu Beginn unserer Entwicklung nach folgendem Grundsatz der Erfolgs-Praxis:

Versuche alles zu tun, was den Erfolg erleichtert und vermeide alles, was ihn unnötig erschwert!

Dieser Grundsatz der Erfolgspraxis muß in allen Überlegungen zur Anwendung kommen!

Dies besagt, daß wir in *jedem* entscheidenden Falle die *Voraussetzungen* eines Erfolges untersuchen, und zwar von allen Seiten. Je gründlicher und gewissenhafter wir dabei vorgehen, um so schneller kommen wir zum Ziele. *Es ist wahr, daß der Großteil aller Mißerfolge nur auf Fehler zurückzuführen ist, die wir aus mangelnder Überlegung machen.* Richtig überlegen zu können, ist daher eine der wichtigsten Erfolgsfähigkeiten, und deshalb fordern wir als erstes auch *Gedankenklarheit.* Wir müssen *genau wissen,* was wir wollen, sonst kommen wir nicht zur Konzentration unserer Erfolgskräfte, die zwar in uns vorhanden sind, sich jedoch *nur* betätigen, wenn die genaue Richtung ihrer Betätigung festliegt.

In allem, was wir vorhaben, müssen wir uns vor Beginn restlos über das jeweilige Ziel klar sein!

Der Konzentrationsmangel vieler Menschen ist weder Nerven- noch Willensschwäche, sondern einfach *nur Ziellosigkeit.* Dies bezieht sich jedoch nicht nur auf die großen Ziele des Lebens, sondern genau so und erst recht auf alle *kleinen.* Das wird verständlich, wenn wir bedenken, daß selbst das größte Ziel nur erreicht werden kann, wenn nacheinander tausend, ja zehntausend *kleiner* und *allerkleinster Ziele* angestrebt und erreicht werden. Hier kommen wir gleich zu einer wichtigen Erkenntnis über den *Kraft*verbrauch bei der Konzentration, der stets um so höher sein wird, je größer die Ziel*unsicherheit* ist, in der wir uns befinden.

Konzentration fällt um so leichter, je klarer das Ziel ist.

Zielklarheit vermeidet also unnötigen Kraftverlust. Deshalb überdenken Sie stets doppelt genau, was Sie wollen!

Praktische Anwendung: Mut fassen!

Mein verehrter Leser! Bevor ich Sie mit den Grundlagen des Erfolges bekannt mache, wollen wir gleich den ersten praktischen Schritt zur Gedankenklarheit unternehmen. Dieser Schritt heißt:

Schluß mit allem Grübeln und Resignieren durch einen dicken roten Strich hinter die ganze unfruchtbare Vergangenheit!

Von heute ab nur noch vorwärts schauen! Strich hinter die unfruchtbare Vergangenheit.

Sie müssen Ihren Blick geradeaus richten lernen und dürfen nicht mehr auf Fehlschläge und Enttäuschungen zurückblicken, wenn Sie vorwärts wollen. *Mut gefaßt!* Ein neuer Lebensabschnitt ist da, der viel, viel glücklicher verlaufen wird, als der hinter Ihnen liegende. Was gewesen ist, muß ein- für allemal vorbei sein. Ab heute beginnt für Sie ein neues Leben, ab heute sind Sie ein positiver Mensch, der sich fest von dem Gedanken leiten läßt, seines Glückes Schmied zu sein!

Es liegt ganz in Ihrer Macht, Ihre Zukunft erfolgreich zu gestalten, deshalb heben Sie den Kopf hoch und wenden Sie den Blick nach vorn, rechnen Sie mit Ihrer Vergangenheit ab!

Damit Sie diesen Strich hinter Ihre Vergangenheit immer vor Augen haben, ziehen Sie ihn nicht nur in Gedanken, sondern, und zwar in leuchtend roter Farbe, auch auf die erste Seite eines *Tagebuches.* Dieses Tagebuch wird das *Kontrollbuch Ihres Erfolges.* Genau wie ein Kassabuch dem Geschäftsmann den Stand seiner Unternehmungen verrät und ihm ein Führer zum Geschäftserfolg ist, wird Ihnen dieses Tagebuch ein Führer zum persönlichen Erfolge sein. Näheres erkläre ich Ihnen später. Jetzt ist es mir nur darum zu tun, daß Sie sich einen *freien Kopf* schaffen, denn nur dann werden Sie meine nachfolgenden Ausführungen voll verstehen.

Das Kontrollbuch des Erfolges ist von größter Wichtigkeit!

Freien Kopf also durch die Abrechnung mit der Vergangenheit! —

Daß Sie zu Ihrer Zukunft Vertrauen haben können, versteht sich von selbst. Ich bürge Ihnen dafür, daß Sie Ihr Leben in wunderbare glückliche Bahnen lenken, wenn Sie nur tun, was mein Buch Ihnen sagt. Stellen Sie sich vor, lieber Leser, ich hätte das Erfolgs-System nur für Sie allein geschaffen, hören Sie, für Sie ganz allein! So will dieses Lebensbuch aufgefaßt sein: als ein guter Freund, der aus reicher Erfahrung zu Ihnen spricht und es wirklich gut meint mit Ihnen. Also nochmals: Vertrauen zur Zukunft!

Sie werden bestimmt glücklich und erfolgreich, nur richtig handeln müssen Sie!

Mut fassen! Es geht bergaufwärts, einem glückhaften, positiven Leben zu.

I. TEIL

GRUNDLAGEN DES ERFOLGES

Die wichtigste Grundlage des Erfolges ist Ihre Gesundheit. Alles, was Sie zur Gesunderhaltung Ihres Körpers tun könnten, sollten Sie unter allen Umständen tun!

Erfahrung ist eine teure Schule, aber Narren wollen nur in dieser, und auch in ihr kaum etwas lernen, denn wir können den Menschen wohl guten Rat geben, aber wir können ihr Tun nicht leiten. Wem nicht zu raten ist, dem ist auch nicht zu helfen, und wer der Vernunft nicht Gehör schenken will, dem schlägt sie sicherlich mit dem Stock auf die Finger. *Benjamin Franklin*

Wenn Sie sich geistig nicht aufgelegt fühlen, müssen Sie doppelt auf Ihre Gesundheit achten! Volle geistige Spannkraft ist abhängig von voller körperlicher Gesundheit.

Wir sagten: Richtigmachen = Erfolg! Falschmachen = Mißerfolg! Diese einfache und doch so wichtige Erfolgsformel leite auch unsere Einstellung zur Gesundheit. Ein gesunder Mensch wird nicht nur große Erfolge erzielen, sondern sich auch seiner Erfolge erfreuen dürfen. Deshalb muß es Ihr Bestreben sein, nicht nur gesund zu werden, sondern auch beim Ringen um den Erfolg gesund zu bleiben. *Gesundheit soll und muß die Krone Ihres Strebens* sein; denn was nützen alle äußeren Erfolge, wenn wir am Ende dabei krank werden. Erfolg soll Zufriedenheit bringen, und dazu ist Gesundheit unerläßlich. *Gesundheit ist der größte Reichtum!* Leider wissen das nur wenige Menschen, solange sie nicht krank waren.
Zu mir sind viele Leute gekommen, die mit materiellen Gütern reich gesegnet waren, nur eines fehlte ihnen: die Gesundheit! Alle sagten mir, daß sie gern den größten Teil ihres Vermögens hergeben möchten, wenn sie nur wieder gesund werden könnten.

Keine Angst vor organischen Leiden!

Sind Sie *organisch* krank, so suchen Sie, ohne erst lange zu zögern, einen tüchtigen Arzt auf; er wird Ihnen sagen, was Sie am besten zur Behebung Ihres Leidens tun können. Das kommt besonders dann in Frage, wenn es sich

um *innere* Leiden handelt, die schon längere Zeit bestehen, ohne daß Sie etwas zu ihrer Beseitigung getan haben.
Viele warten bis auf den letzten Augenblick und verschlimmern dadurch eine bestehende Krankheit. So manches Leiden, das den Tod im Gefolge führt, hätte beseitigt werden können, wenn es früh genug beachtet worden wäre.
Sind Sie *nervenleidend* oder *seelisch* krank, so haben Sie Vertrauen zu diesem, meinem Werk. Es zeigt Ihnen den Weg zur Gesundung Ihrer Nerven und gibt Ihnen Ihre innere Ruhe wieder. Wenn ich beim Aufbau einer erfolgreichen Zukunft die Gesundheit in den Vordergrund stelle, so geschieht das, weil ich aus der Erfahrung weiß, daß der persönliche Erfolg nicht von *außen,* sondern von *innen* heraus erzielt werden muß. Die äußeren Mittel des Erfolges kommen erst an zweiter Stelle.

Der Erfolg muß zunächst und zuerst in der Idee geboren werden, wie alles, was von Menschenhand bewußt geschaffen wurde, erst in der Idee entstand.

Blicken Sie um sich: alles, was Sie sehen, entstand erst geistig, der Stuhl, auf dem Sie sitzen, wie auch das Haus, in dem Sie wohnen. So ist es mit allen Dingen, und so ist es auch mit Ihrem Erfolg, der letzten Endes nur die *Verwirklichung Ihrer Gedanken ist.*
Je vollkommener eine Sache werden soll, um so vollkommener muß auch die Idee sein. Vollkommene Ideen sind der Ausfluß eines folgerichtigen und tiefen Denkens! Folgerichtiges und tiefes Denken jedoch ist eine Folge von *Konzentration.*

Sie schaffen die vollkommene Idee Ihres Erfolges, indem Sie sich alles zu Erstrebende bis in die Einzelheiten so deutlich vor Augen führen, als hätten Sie es bereits erreicht.

Hieraus ergibt sich, daß die Konzentrationsfähigkeit — d. h. die Fähigkeit, die Aufmerksamkeit willkürlich und ganz ohne Ablenkung auf eine einzige Sache zu lenken — auf die höchste Höhe gebracht werden muß. Hierzu führen ein *bewußtes* Leben, bestimmte *Übungen* und vor allem ein *leistungsfähiges, starkes Nervensystem.* Letzteres macht zur Bedingung, daß wir die Gesundheit der Nerven in Zukunft ganz besonders pflegen müssen.

Überanstrengung der Nerventätigkeit ist immer gleichbedeutend mit zu starker Verausgabung von Nervenkraft, deren Folge Konzentrationsmangel ist.

Der konzentrierte Mensch ist *Herr* seiner Gedanken, der Zerstreute und Nervöse ein *Sklave* seines Denkens.
Nervenkraft ist ein Produkt der biologischen Prozesse im Körper. Es ist alles zu beachten, was ihre Entwicklung notwendig macht. Dazu gehört die Pflege der *körperlichen* Gesundheit. Unser Körper ist eine Maschine. Wenn er auch die *beste* und widerstandsfähigste ist, so dürfen wir doch nicht vergessen, daß ihr gutes Funktionieren an Bedingungen gebunden ist.

Unser Körper ist eine Maschine. Je mehr wir ihn sorgsam pflegen, je größer ist seine Leistungsfähigkeit und seine Lebensdauer.

Von einer Maschine, die wir mit unserer Hand schaffen, verlangen wir nur dann eine gute Arbeit, wenn wir ihr eine gute Bedienung zukommen lassen. Das gleiche gilt auch von unserer Körpermaschine.

Die Steigerung der Nervenkraft beginnt daher mit der Herstellung einer guten Allgemeingesundheit.

Wie Sie wissen, setzt sich unser Organismus aus vielen Billionen kleinster Organismen, den *Zellen*, zusammen, die neben ihrer Nahrung, die aus dem Blute gezogen wird, in erster Linie Sauerstoff benötigen, um Abfallprodukte und Schlacken loszuwerden. Diesen biologischen Vorgängen haben wir neben anderen unsere Aufmerksamkeit zu schenken.

Genügend schlafen und möglichst vor Mitternacht!

Schlaf ist das beste Mittel zur Stärkung der Nerven.

Von besonderer Wichtigkeit ist der *Schlaf*. Die Zelle, vor allem die Nervenzelle, braucht genügend Zeit, um sich von der angestrengten Tätigkeit des Tages zu erholen. Diese Erholung und Neukräftigung schafft der Schlaf, aber nur tiefer und ausreichender Schlaf.

Nach Professor von Krafft-Ebing ist das Existenzminimum des geistig Arbeitenden 7 Stunden Schlaf*. Meine eigenen Erfahrungen sprechen für 8 Stunden. An dieser Erkenntnis müssen Sie festhalten und darum Ihren Tageslauf so einrichten, daß Ihnen wenigstens 7 Stunden Schlaf unter allen Umständen verbleiben.

Betrachten Sie Ihre Nervenkraft als etwas absolut Wichtiges und Wertvolles. Gehen Sie nicht mehr leichtsinnig darüber hinweg und berücksichtigen Sie stets, daß von ihr der Erfolg und die Gesundheit abhängen.

Wuchern Sie mit Ihrer Nervenkraft.

Unter allen Umständen müssen Sie vermeiden, den Erfolg auf Kosten Ihrer Gesundheit zu erringen. Schlafen Sie nur 5 Stunden, so sammeln Sie beispielsweise für eine Mark Nervenkraft während des Schlafes, müßten aber, da Sie nicht genügend geschlafen haben, bei Ihrer Arbeit für eine Mark und einen Pfennig ausgeben.

Sie wären ein schlechter Geschäftsmann, wenn Sie mit Ihrem Gelde so rechnen würden. Das Grundkapital kann noch so groß sein, durch diese Art Geschäftsführung muß es mit der Zeit aufgebraucht werden, was den Ruin des Geschäfts bedeutet. Im Blick auf die Nerven bedeutet das Erschöpfung der Nervenkraft.

Leider ist der Mensch im allgemeinen geneigt, nur mit seinem Gelde zu wuchern; hier aber sei gezeigt, daß Sie mit Ihrer *Nervenkraft* zu wuchern haben.

Nervenkraft ist kostbarer als Geld, denn durch Nervenkraft können Sie Geld schaffen, nicht aber durch Geld — Nervenkraft.

Den Körper gut pflegen!

Genau so wichtig wie ausreichender Schlaf ist *richtige Körperpflege*.

Viele meinen, wenn sie sich morgens nach dem Aufstehen waschen, genüge das für den ganzen Tag. Andere, daß äußerliche Schönheitspflege ausschlaggebend sei. Unsinn natürlich, obwohl auch Äußerlichkeiten nicht vernachlässigt werden dürfen.

Zur richtigen Gesunderhaltung gehört mehr: *Ganzabwaschungen, Gymnastik, Atemübungen*, warme *Vollbäder* und, wenn möglich, alle vier Wochen in die

* Nach neueren Untersuchungen soll eine wesentlich kürzere Schlafzeit für die Erhaltung der Gesundheit und Leistungsfähigkeit ausreichen, wenn recht früh vor Mitternacht zu Bett gegangen wird. Der Schlaf vor Mitternacht soll doppelt zählen, vorausgesetzt, daß man in diesen Stunden fest und tief schläft.

Sauna, sofern es das Herz verträgt, und selbstverständlich gehört dazu auch die Pflege des Magens und der Verdauungsvorgänge.

Auf die Darmtätigkeit achten!

Störungen im Verdauungskanal sind von weittragender Bedeutung. Unlust, gereiztes Wesen, Dumpfheit im Kopf, mangelnde Frische, schleichende Krankheiten und frühes Altern sind in vielen Fällen nur eine Folge schlechter Darmfunktion.

Um diese Störung aufzuheben und zu vermeiden, muß für regelmäßigen Stuhl Sorge getragen werden.

Ein erprobtes Mittel ist frisches Wasser. Morgens nüchtern und abends kurz vor dem Schlafengehen ein Glas voll, schluckweise getrunken, hat sich vorzüglich bewährt.

Wenn es möglich ist, sollte man täglich eine Schale saure Milch genießen, wodurch nicht nur die Darmtätigkeit gefördert wird, sondern auch die im Darm in großer Menge vorhandenen Fäulnisbakterien durch die in der Milch enthaltenen Milchsäurebakterien bekämpft werden.

Diese Fäulnisbakterien sind mit die schlimmsten Feinde des Körpers, da sie durch ihre Stoffwechselprodukte den ganzen Körper vergiften können.

Der Tod sitzt im Darm!

Aus diesem Grunde ist auch der Genuß von Kefirmilch oder Yoghurt, erstere kann man sich selbst herstellen, sehr zu empfehlen, weil durch deren Genuß dem Darm Milchsäurebakterien in großen Mengen zugeführt werden. Wer durch längeren Genuß den günstigen Einfluß der Sauermilch auf die Gesundheit erkannt hat, wird sie als tägliches Nahrungsmittel immer beibehalten.

Viele Darmstörungen sind *nervöser* Art. Wie mancher andere Vorgang im Organismus, unterliegt auch die Darmtätigkeit den Gesetzen der Gewohnheit. Vernachlässigt man bei Stuhldrang öfter den Darm, so ist es leicht möglich, daß sich dadurch Unregelmäßigkeiten einstellen.

Gewöhnen Sie sich an regelmäßigen Stuhl; Sie verhüten dadurch viele Krankheiten!

Selbstverständlich ist auch die *Ernährung* von entschiedener Einwirkung. *Richtige Auswahl der Speisen,* heute etwas Schweres, morgen etwas Leichteres, trägt viel zur geregelten Funktion des Darmes bei. Nicht zu vergessen: *Frische Früchte!* Nach der Mahlzeit ein Apfel hat schon manche Darmstörung beseitigt.

Früchte sind Lebensnotwendigkeiten!

Aber nicht nur für den Darm, sondern auch für alle anderen Organe ist regelmäßiger Genuß von Früchten von großer gesundheitlicher Bedeutung, so zum Beispiel für das *Herz,* dessen lebenswichtige Arbeit durch Herabminderung des Blutdruckes durch regelmäßigen Obstgenuß wesentlich erleichtert wird.

Seinem Herzen muß man überhaupt besondere Aufmerksamkeit schenken, denn es ist nicht nur das edelste, sondern auch das meist beanspruchteste Organ des Körpers.

Schonen Sie Ihr Herz! Wenn es schwach wird, schwindet jede Lebenskraft.

Man bedenke einmal, welche ungeheure Arbeit das Herz während eines Menschenalters zu leisten hat. Tagaus, tagein pumpt es bei 60—70 Schlägen in der Minute jedesmal etwa 200 ccm Blut durch die Adern. Das macht in

der Minute 13 000 ccm, in der Stunde 780 000 ccm und in einem Tage? einem Jahr?
Um sich ein Bild von dieser enormen Kraftleistung des Herzens zu machen, braucht man sich nur einmal vorzustellen, daß durch die Arbeit des Herzens ein erwachsener Mensch innerhalb 8 Stunden hundert Meter hoch, also bis zur Spitze eines Kirchturms gehoben werden könnte. Dabei wiegt das Herz eines Erwachsenen kaum mehr als 300 Gramm.

Wenn man das weiß, wird es von selber klar, daß man alles tun muß, um die Arbeit des Herzens möglichst zu erleichtern, da doch von ihm unser ganzes Dasein abhängt. Und deshalb muß man auch regelmäßig Obst essen, um den Blutdruck niedrig zu halten, denn erhöhter Blutdruck ist gleichbedeutend mit zu starker Inanspruchnahme der Herztätigkeit

Wer übertreibt, der verbleibt!

Ebenso muß im Interesse des Herzens vor *Alkohol, Koffein* und *Nikotin* gewarnt werden. Alle drei sind Feinde des Herzens, die seine Leistungsfähigkeit frühzeitig herabsetzen. Wenn es auch nicht notwendig ist, Abstinenzler zu werden, so soll man doch auf Mäßigkeit achten, und natürlich vor allem, wenn regelmäßig geraucht und getrunken wird. Ein großer Teil aller Herz- und Nervenleiden und manche andere Störung des Organismus kommt auf das Konto dieser Gifte.

Übertreibungen sind immer schädlich. Der positive Mensch ist nicht ängstlich, aber vorsorgend.

Deshalb sage man nicht: ich fühle mich gesund und kann rauchen und trinken, soviel ich will und ohne Schaden für meinen Körper. Das ist eine überaus leichtfertige Einstellung, denn die dem Körper durch übermäßiges Rauchen oder Trinken zugeführten Stoffe wirken selten unmittelbar und gleich auffällig. Es sind schleichende Gifte, die ganz allmählich die Gesundheit untergraben und deren Wirkungen sich mitunter erst nach Jahren zeigen. Vorbeugen ist auch hier besser als heilen! Sind erst einmal Herz und Nerven geschädigt, so fällt es schwer, die alte Gesundheit wieder ganz herzustellen.

Von Schaden für das Herz sind auch wiederholte körperliche Überanstrengungen, z. B. forcierte sportliche Übungen oder ähnliches.

Wesentliche Faktoren, die das Herz in seiner gleichmäßigen und harmonischen Tätigkeit störend beeinflussen, sind außerdem *Aufregung* und *Hast*. Denken Sie an das lustige Wort: „Raste nie, doch haste nie, sonst haste die Neurasthenie!"

Darum: Immer mit der Ruhe in allen Dingen, wenn Sie sich Herz und Nerven gesund erhalten wollen!

Aufregung ist immer unnötig und Ärgern ist Unfug.

Wer sich über jede Kleinigkeit aufregt, nicht in *Ruhe* seine Mahlzeiten einnimmt, braucht sich nicht zu wundern, wenn der Arzt eines Tages ein Herzleiden konstatiert.
Wie man innerlich ruhig wird und sich seine Ruhe trotz nervenaufpeitschender Umstände erhält, werde ich Ihnen später genauer zeigen.

Gesundheit und Lebensmut durch Bewegung!

Der Mensch braucht *Bewegung*, besonders wenn er den ganzen Tag am Schreibtisch oder mit einseitiger Arbeit zubringen muß. Es ist von unschätzbarem Werte, daß sich immer mehr Menschen für Leibesübungen interessieren. Um die Ansprüche des Körpers auf Kraftbetätigung zu erfüllen, ist es nicht notwendig, Mitglied eines Turn- oder Sportvereins zu sein, obwohl das natürlich sehr zu empfehlen ist. Man kann auch ganz für sich allein genügend tun, um sich die Leistungs- und Widerstandsfähigkeit des Körpers zu erhalten. Aber Bewegung *muß* sein, denn im Organismus kommt es sonst zu Stauungen von schlechten Stoffen vieler Art, was nicht zuletzt durch genügende und regelmäßige Bewegung verhütet wird. Außerdem wird der Muskelapparat nur dann leistungsfähig bleiben, wenn er dauernd und kräftig genug gebraucht wird.

Körper und Seele stehen in Wechselbeziehungen. Durch Gymnastik und Körperschulung entwickeln Sie gleichzeitig Mut, Tatkraft und Selbstvertrauen.

Von hervorragendem Einfluß auf die Gesundheit und auch auf die Gemütsverfassung ist die Gewöhnung an eine aufrechte, also gerade Körperhaltung. Das ist eine der besten Übungen, deren Wirkung niemals ausbleibt.

Straffe Körperhaltung bewirkt Beherrschung des Denkens.

Aufrechte Körperhaltung ist ein Zeichen positiven Denkens, das Sie auch Ihrer Umgebung als vorwärtsstrebenden Menschen kennzeichnet.

Achten Sie darauf, daß Sie sich nie gehen lassen, weder beim Sitzen noch beim Gehen! Erinnern Sie sich bei jeder Gelegenheit daran, wie unvorteilhaft der Mensch aussieht, der keine gute Körperhaltung hat.
Wenn Sie auf der Straße die Vorübergehenden beobachten, werden Sie feststellen, daß aufrecht gehenden Leuten mit festem Schritt und *gerader* Körperhaltung von den anderen Passanten unwillkürlich Platz gemacht wird. Warum? Weil sich durch die *korrekte* Haltung und den sicheren Tritt ein starkes Selbstbewußtsein offenbart, dem sich der Schwächere, bestimmten Gesetzen zufolge, unbewußt unterordnet.

Genügend Sauerstoff in die Lungen pumpen!

Atemübungen regen, wie kaum etwas anderes, die *Denktätigkeit* an. Wie wichtig die Sauerstoffzufuhr für den Körper ist, weiß der am besten, der aus der Zimmerluft der Großstadt für längere Zeit in die freie Natur hinausgekommen ist.
Bei Atemübungen ist besonders darauf zu achten, daß die Luft in alle Teile der Lunge gelangt. Das ermöglicht die Tiefatmung. Hierbei arbeitet das Zwerchfell!

Tiefatmung schafft Gesundheit. Tiefatmung schafft konzentriertes Denken. Tiefatmung entwickelt Tatkraft — Darum zu jeder Zeit: tief atmen, tief atmen, tief atmen!

Es wird so eingeatmet, als ob man den Duft einer Rose in sich einsaugt, wobei die Luft zuerst den Leib ausdehnt und dann die oberen Lungenflügel füllt.

Dieser Vorgang ist stets zu beachten und auch bei allen Atemübungen zur Anwendung zu bringen.

Eine leicht durchführbare, gute Atemübung ist die folgende: Sie stellen sich zunächst aufrecht hin und lassen alle Muskeln erschlaffen. Dann atmen Sie ganz ruhig 5 bis 10 Sekunden lang durch die Nase ein, halten darauf die Luft 5 bis 10 Sekunden an, und stoßen sie dann während 5 bis 10 Sekunden durch den Mund langsam wieder aus. Achtung! Zeiten nur *langsam* steigern. Gesundes Herz Voraussetzung!

Außerordentlich wichtig ist bei dieser Übung, daß sie *bewußt,* d. h. mit *Gedankenkonzentration* ausgeführt wird.

Denken Sie daran, daß *Atem Leben* ist, wie schon die alten Philosophen sagten. In der Luft ist *Lebenskraft,* die Sie Ihrem Körper bei der *Einatmung* zuführen. Stellen Sie sich das recht plastisch, also *bildlich* vor.

Beim *Anhalten* der Luft müssen Sie denken, wie die eingeatmete Luft in Ihrem Körper alle Lebensvorgänge anregt.

Bei der *Ausatmung* stellen Sie sich vor, wie alles Kranke und Schlechte Ihren Körper verläßt. Machen Sie diese Übungen im Anfang etwa 4—5mal hintereinander und wiederholen Sie die ganze Übung mittags und abends in der gleichen Weise.

Da dies jedesmal nur wenige Minuten in Anspruch nimmt, werden Sie auch die Zeit finden, um die Übung regelmäßig durchzuführen.

Über den günstigen Einfluß dieser bewußten Tiefatmung auf Ihr *Denkvermögen* und Ihr *Wohlbefinden* werden Sie erstaunt sein.

Achtung! Vokalatmung! Diese Übung ist unbezahlbar!

Eine andere, unerhört wichtige Atemübung ist die Vokal-Atmung, die ich Ihnen nachstehend beschreibe. Diese Übung wirkt gleichzeitig nach drei Seiten. Einmal führt sie unserm Körper große Mengen Sauerstoff zu, dann beeinflußt sie alle organischen Funktionen zu erhöhter Tätigkeit, und schließlich entwickelt sie unsere Stimme, was vor allem für die Entwicklung zur Persönlichkeit von großer Bedeutung ist.

Die Vokalatmung besteht wie die vorangehende Atemübung aus drei Phasen: *Einatmung, Anhalten des Atems und Ausatmung.*

Von Wichtigkeit ist auch hierbei, daß wir bei der Einatmung uns vorstellen, wie die wunderbare Kraft, die wir in unsere Lungen hineinsaugen, bewirkt, daß unser Körper gesund wird und alle organischen Funktionen herrlich angeregt werden.

Einatmen als wenn man den Duft einer Rose in sich einsaugt. Richtige geistige Einstellung beachten.

Indem wir uns diesen Prozeß so bildlich wie nur möglich machen, atmen wir langsam und ruhig durch die Nase ein, und zwar, wie bereits gesagt, in der Weise, als wenn wir einen wunderbaren Duft in uns einsaugen.

Auf die richtige geistige Einstellung bei der Einatmung ist großer Wert zu legen. Abgesehen von der belebenden Wirkung, wird dadurch auch die Entwicklung von Konzentrationsfähigkeit gefördert.

Nun kommt die Ausatmung: Hierbei ist entscheidend, daß wir nicht einfach die Luft durch den Mund wieder ausstoßen, wie das bei anderen Übungen der Fall ist, sondern mit dem Ausstoßen der Luft einen Vokal ertönen lassen: Wie man weiß, gibt es die Vokale a, e, i, o, u. Die Ausatmung auf einen Vokal ist deswegen wichtig, weil die *Schwingungen* eines Vokals einen belebenden Einfluß auf ganz bestimmte Zentren unseres Organismus ausüben. So wirkt z. B. der Vokal *„a"* auf die *Brust* und das gesamte Atmungs-

Die Wirkung der Vokale.

system, der Vokal *„e"* auf den *Hals* und die *Ohren*, *„i"* auf den *Kopf*, *„o"* auf die Gegend des *Herzens* und *„u"* auf den *Magen* und den *Unterleib*. Die Schwingungen der Vokale sind außerordentlich anregend für alle Organfunktionen. Eine Hauptwirkung macht sich u. a. bei der Entwicklung der *Stimmbänder* bemerkbar. Die Stimme bekommt Kraft und wird sehr modulationsfähig.

Fabelhafter Einfluß auf die Stimme.

Da jeder Vorwärtsstrebende Wert darauf legen muß, auch durch sein Sprechen zur Geltung zu kommen, ist die Entwicklung der Stimme durch die Vokalatmung von größter Bedeutung.

Aber auch sonst ist die Vokalatmung von unbezahlbarem Wert. So ist es bei regelmäßiger Durchführung der Übung z. B. beinahe unmöglich, Erkältungskrankheiten und vor allem Atmungsbeschwerden, Husten und dergleichen zu bekommen.

Nun aber noch etwas Wichtiges: Wenn wir die Ausatmung vornehmen, erheben wir gleichzeitig unsere Unterarme, ballen leicht die Hände und schlagen uns damit leicht, aber sehr schnell, auf die Brust. So muß das geschehen, daß damit deutlich eine erhöhte Vibration bei der Ausatmung des jeweiligen Vokals eintritt. Zur Zeit wird immer nur ein Vokal ausgeatmet. Die Übung würde also sein:

Langsam einatmen (Zwerchfell!!), dabei sich geistig vorstellen, wie die wunderbare lebenerhaltende Kraft in den Körper einströmt, und dann kräftig ausatmen auf den jeweiligen Vokal, z. B. a a a a so lange, bis die ganze Luft ausgeatmet ist.

Den Ablauf der Übung ganz genau beobachten. Nur Richtigmachen schafft Erfolg!

Auch bei der Ausatmung muß die Wirkung der Übung vor Augen stehen: So denkt man sich z. B. beim Ausatmen des Vokals *„a"*, wie in diesem Augenblick eine *wunderbare Wirkung* auf das ganze Atmungssystem und die Brust vor sich geht, oder wenn der Vokal *„e"* ausgeatmet wird, wie eine wunderbare Wirkung auf den *Hals und die Ohren* erfolgt, usw.

Die Wirkung der Übung ganz deutlich innerlich erleben. Hierbei muß die Einbildungskraft kräftig mitwirken.

In der Regel ist jeder Vokal *zweimal* nacheinander auszuatmen, also demnach zweimal a, zweimal e, zweimal i und zweimal o und u, also jede Vokalübung zweimal machen. Die Ausatmung geschieht aber nicht etwa leise, sondern so laut wie möglich.

Während der Übung stellt man sich aufrecht hin, ohne aber die Schultern oder sonstige Muskeln des Körpers in Spannung zu bringen. Die Haltung muß ganz zwanglos sein, und bei der Einatmung darf der Brustkorb sich nur durch die eingesaugte Luft erheben, nicht etwa durch eine *Hebung* der Schultern.

Bei regelmäßiger Durchführung der Übung wird erreicht, daß schon nach kurzer Zeit der Brustumfang zunimmt. Es empfiehlt sich, diese Entwicklung zu verfolgen, indem man den Brustumfang von Zeit zu Zeit mit einem Bandmaß nachmißt.

Es versteht sich von selbst, daß wir bei dem außerordentlichen Werte dieser Übung keinen Tag vorübergehen lassen, ohne nicht mindestens einmal positiv und kräftig die Vokale auszuatmen. Und ebenso selbstverständlich ist es wohl, daß wir die Ubung bei geöffnetem Fenster oder zumindest im frischgelüfteten Raum durchführen.

Müssen Sie unbedingt ruhig üben, so müssen Sie sich einen Schalldämpfer vor den Mund bringen. Hier ist Ihrer Erfindungsgabe freies Spiel gelassen.

Sollten Sie Bedenken haben, daß die Ubung Ihre Nachbarn stört, so denken Sie bitte daran, daß dies eine falsche Rücksichtnahme ist. Kein Mensch kann etwas dagegen haben, wenn Sie Ihre Gesundheit fördern, und wer es dennoch tut, darf nicht auf der Rechnung sein.
Wunderbar läßt sich diese Ubung auch im Freien durchführen, bei Spaziergängen und auf Wanderungen. Unaufhörlich speisen Sie damit Ihren Akkumulator, die Nervenbatterie, und andauernd wird gearbeitet an der Kräftigung und Bildung Ihrer Stimme. — —

Sorgen Sie für hochwertige Luft!

Was die Luft für unser Leben so wertvoll macht und überhaupt zum Lebenselement, das ist der *Sauerstoff*. Er ist einem Feuer gleichzusetzen, das alles Unreine im Organismus verbrennt, alle Schlacken aus dem unaufhörlichen Stoffwechselprozeß der Zellen fortlaufend beseitigt.
Der Träger des Sauerstoffes, der ihn zu allen Zellen bringt, ist das Hämoglobin, der Farbstoff des Blutes. Ohne Sauerstoff erlischt das Leben im Körper wie ein Licht unter der Glocke. Und wie große Mengen dieses Lebenselementes die Flamme heller zum Leuchten bringen, so steigert sich auch die Lebenstätigkeit im Körper durch größere Sauerstoffzufuhr. Es bedarf keiner langen Erklärung, um zu erfassen, daß ein großer Teil aller Störungen im Körper nur auf einen erschwerten Stoffwechsel zurückzuführen ist. Das „Licht" in der Zelle will atmen, die Asche, die Schlacken sollen heraus, die sich durch den Lebensprozeß in der Zelle gebildet haben.
Der Mittler für die Auffüllung des Blutes mit Sauerstoff ist die Lunge. Aber selbst die beste Lungentätigkeit nützt nicht viel, so unerhört wichtig sie auch ist, wenn die Luft schlecht ist, die wir einatmen. Sorgen Sie darum stets für *wertvolle*, für frische Luft also, wenn Sie Ihrer Gesundheit dienen wollen. Das gilt Ihren Arbeitsräumen wie Ihren Wohnräumen und besonders auch Ihrem Schlafzimmer. Bedenken Sie, welche gesundheitlichen Schäden Sie erleiden, wenn Sie in den sieben bis acht Stunden der Nacht immer nur halbverbrauchte Luft einatmen. Deshalb das Fenster auf; und keine Angst vor Erkältungen! Durch frische Luft können Sie sich selbst im Winter nicht erkälten, sofern Sie nicht im Zug liegen. Empfänglichkeit für Erkältungen ist übrigens oft ein Beweis dafür, daß die Stoffwechselvorgänge im Körper nicht ganz in Ordnung sind.
Der Schlaf wird gleich viel besser, wenn Sie in reiner frischer Luft schlafen. Und auf die günstigen Wirkungen erhöhter Sauerstoffzufuhr können Sie buchstäblich warten: Besserer Appetit, größere Arbeitslust und Arbeitsfähigkeit und noch viele andere gute Wirkungen. Das ist alles ja auch ganz klar, wenn Sie bedenken, welche lebenswichtigen Aufgaben der Atmung zufallen.
Die Menschen haben sich fast alle eine sehr oberflächliche Atmungsweise angewöhnt, insonderheit die Schreibtischarbeiter. Viele sogenannte „Kulturkrankheiten" sind die böse Frucht dieser dauernden Versündigungen an der Gesundheit. Hören Sie, wie tief schon Goethe die Lebensbedeutung guter

Atmung erkannte, obwohl man zu seiner Zeit noch nichts vom „Hämoglobin" und seiner Aufgabe wußte:

„Im Atemholen sind zweierlei Gnaden:
die Luft einziehen, sich ihrer entladen.
Du danke Gott, wenn er dich preßt,
und dank ihm, wenn er dich wieder entläßt.

Gewöhnen Sie sich an gleichmäßige Tiefatmung!

Bei der Atmung während des Tages ist zu berücksichtigen, daß Sie *möglichst gleichmäßig* ein- und ausatmen.

Richtige Tiefatmung brauchen Sie auch, um ein guter Redner zu werden.

Je ruhiger und langsamer Sie ein- und ausatmen, um so ruhiger werden Sie auch innerlich, um so gleichmäßiger wird die Tätigkeit Ihres Herzens wie aller anderen Organe.

Bei Störungen des seelischen Gleichgewichtes atmet man einige Male besonders tief und lenkt dabei seine Gedanken ganz fest auf Selbstbemeisterung und innere Ruhe.

Durch ruhiges Atmen werden Sie auch seelisch ruhig!

Die schon besprochene aufrechte Körperhaltung ist auch für die Lungentätigkeit von Bedeutung, worauf Sie besonders bei geistiger Arbeit achten sollten, keinesfalls dürfen Sie so geneigt sitzen, daß die Atmung unfrei wird.

Wie wichtig die Sauerstoffzufuhr für die Tätigkeit des Gehirns ist, beweist, daß konzentriertes Arbeiten Gähnen auslöst. Dieses Gähnen ist das natürliche Verlangen des Körpers, die Atmung zu vertiefen, um durch erhöhte Zufuhr von Sauerstoff die Kohlensäurehäufung im Blute zu beseitigen.
Um die Atmung möglichst frei zu gestalten, muß auch der Kleidung Aufmerksamkeit geschenkt werden. Schnürungen aller Art sind unbedingt zu vermeiden, zumal sie außerdem die Zirkulation des Blutes behindern.

Wer gesund bleiben will, härtet sich ab!

Abhärtung gegen die Unbill der Witterung ist der beste Schutz gegen Erkältungskrankheiten.

Mit dem Menschen ist es so wie mit einem Bäumchen, das man in ein Glashaus pflanzt, das Schutz gegen Wind und Regen bietet. Es wird kaum zum kräftigen Baume heranwachsen, der dem Sturme Trotz zu bieten vermag.
Die Abhärtung gegen Witterungseinflüsse beginnt man am besten mit einem allmorgendlichen Zimmerluftbad von anfangs fünf bis zehn Minuten Dauer, wobei gymnastische Übungen vorgenommen werden. Nach drei bis vier Wochen kommt dann eine Ganzabreibung hinzu. Hierbei wird der ganze Körper kräftig und schnell mit einem in kaltes Wasser getauchten Frottierhandschuh gerieben und anschließend tüchtig abgetrocknet. Wer kalte Abreibungen nicht gut vertragen kann, der erreicht den Zweck durch eine *Bürstenmassage*. Wenn man will, kann man auch beide Verfahren nacheinander anwenden. Man wählt eine nicht zu weiche Haarbürste und bürstet sich damit 5 Minuten lang den ganzen Körper ab. Die Striche werden, wie

Verweichlichung schafft Schwäche; Abhärtung Kraft! Sie dürfen auf keinen Fall zu den verweichlichten Naturen zählen. Lassen Sie sich das nicht zweimal sagen!

bei der Massage mit der Hand, stets von unten nach oben bzw. zum Herzen hingeführt.
Die Haut ist nicht nur eine Hülle des Körpers, sondern ein *lebenswichtiges Organ*. Der Mensch muß sterben, wenn die Haut nicht mehr atmen und absondern kann. Durch die Bürstenmassage bringen wir Leben in die Haut. Nicht nur die Poren werden massiert, auch die Durchblutung wird verstärkt und alles hängt wieder zusammen mit dem Stoffwechsel. Wie die Haut arbeitet, sehen Sie an jedem Schweißausbruch und auch die „Gänsehaut" gibt Kunde davon. Die Haut muß gut „reagieren", dann ist dieses Organ gesund und in Ordnung, d. h. die Poren müssen auf alle Temperaturschwankungen reagieren wie die Iris auf hell und dunkel. Licht, Luft, Sonne und Wasser sind die guten Freunde der Haut. Auch etwas Öl von Zeit zu Zeit tut gute Dienste.

Richtig ernähren!

Der Aufbau des Körpers ist ein chemischer Prozeß! Bedenken Sie, was das für die Ernährung bedeutet.

Die Ernährungsfrage ist für den Erfolg von so großer Bedeutung, daß wir sie gar nicht wichtig genug nehmen können. Auf diesem Gebiete werden Tag für Tag die größten Sünden begangen und nur deshalb, weil man nicht bedenkt, daß der Aufbau des Körpers ein *chemischer Prozeß* ist. Wie überall im Leben, handelt man auch auf diesem lebenswichtigen Gebiete mit größter Gedankenlosigkeit und wundert sich dann außerdem, daß man trotz „bestem" Essen und Trinken ewig krank ist und sich dauernd elend und matt fühlt.
Es ist hier nicht der Platz, um eine lange Vorlesung über die Grundgesetze der Biologie zu halten; dennoch kann nicht umgangen werden, darauf hinzuweisen, daß sich die *Zellen*, die den Organismus bilden, nur gut entwickeln können, wenn man ihnen durch die Nahrung die von der Natur geforderten Aufbaustoffe zuführt. Es muß eine Nahrung sein, die allen Forderungen eines gesunden Aufbaues entspricht. Daraus ergibt sich, daß Essen und Trinken nicht nur eine Angelegenheit des *Gaumens*, sondern in erster Linie eine solche des *chemischen Haushaltes* unseres Körpers ist.

Es ist wahr und tausendmal wahr: wir essen uns durch die Zusammensetzung unserer Nahrung bestimmt gesund oder krank!!

Hausfrauen und Mütter, bitte bedenkt das doppelt und dreifach, denn in eurer Hand liegt die Gesundheit eurer ganzen Familie. Wenn durch Harnsäureablagerungen Schmerzen entstehen, die Verdauung gestört ist, Magen, Leber und Darm erkranken, die Kinder dauernd an Erkältungen leiden, so ist das in erster Linie eure Schuld! Jawohl eure eigene und erst in zweiter Linie auf die Einwirkung äußerer Einflüsse zurückzuführen!

Die Natur hat unseren Körper so gut konstruiert und mit so wunderbaren Widerstandskräften gegen Krankheitseinflüsse ausgestattet, daß wir nur in seltenen Fällen ein Opfer tückischer Leiden zu werden brauchen. Und wenn wir trotzdem so häufig krank und für alle möglichen Erreger empfindlich sind, so nur, weil durch eine falsche Ernährungsweise die Widerstandskräfte der Natur sich nicht entfalten können.
Der Mensch ist hier durchaus nicht anders zu werten als der tierische Organismus. Jeder Bauer ist sich klar darüber, wie er durch zweckmäßige und richtige Ernährung die Gesundheit und Lebenskraft seines Viehes sichert.

Durch Beigaben ins Futter wie überhaupt durch das richtige Futter erzwingt er einfach eine tadellose Gesundheit. Und was tun wir?... Anstatt uns in unserem eigenen Interesse erst recht nach diesen Forderungen der Natur zu richten, stürzen wir uns durch eine naturwidrige Ernährung ins größte Elend. Sind wir nicht die größten Dummköpfe, die es auf der Welt gibt, wenn wir so handeln? Sind wir nicht wert, jeden Tag durchgeprügelt zu werden, wenn wir in dieser wichtigen Frage keine Vernunft annehmen wollen? Und warum? Nur weil wir so nachlässig und faul in diesen Dingen sind!

Und was tun wir?

Mein verehrter Leser, hier zeigt sich, wie sehr wir unser Leben in der Hand haben, wenn wir klug genug sind, nach den Gesetzen des Lebens vorzugehen.

Wir haben unbedingt den größten Einfluß auf unser Leben, wenn wir die Gesetze der Natur beachten. Aber tun müssen wir es!!

Nur Richtigmachen bringt Erfolg, Falschmachen auf jeden Fall Mißerfolg!

Eine alte, goldene Regel heißt: Vorbeugen ist besser als heilen! Wir beugen Erkrankungen und auch frühzeitigen Alterserscheinungen vor, wenn wir uns bemühen, in der Ernährungsfrage die Gebote der Natur grundsätzlich zu beachten. Was ist es denn, wenn man z. B. durch Lebertran Wachstumsstörungen bei Kindern heilen und beseitigen kann? Und was weiter, wenn man durch den Genuß von Obst eine gute Verdauung bekommt und den Blutdruck herabsetzen kann? Nichts anderes doch, als daß wir dem Aufbauprozeß unseres Körpers *die Stoffe* zuführen, die er eben braucht, um einen gesunden und kräftigen Organismus zu entwickeln.

Und das Gegenteil: wie kommt es denn, daß sich durch starken Fleischgenuß Leberleiden und Rheuma entwickeln und durch starke Gewürze Magen-, Darm- und Nierenleiden entstehen? Diese Vorgänge beweisen doch, daß wir bei falscher Ernährung dem Körper Stoffe zuführen, die er nicht verarbeiten kann.

Meinen Sie, daß unser physischer Leib geringerer Beachtung bedarf, als ein Motor z. B., bei dessen Bedienung man sich hütet, vorschriftswidrig zu verfahren? Gewiß ist der menschliche Körper die beste Maschine, die man sich denken kann, dennoch verlangt aber auch er Vernunft in seiner Behandlung. Und tausendfach dankt er es uns, wenn wir ihn richtig behandeln, durch große Leistungsfähigkeit und Gesundheit.

Unseren Körper müssen wir genau so anständig behandeln wie eine Maschine.

Deshalb klug sein und sich richtig ernähren!

Hierfür maßgebend sind die nachstehenden 6 Regeln

1. **Mäßig Fleisch! Mehr Fisch!**
2. **Viel Gemüse und Hülsenfrüchte!**
3. **So oft wie möglich grüne Salate und Salate aus rohem Gemüse!**
4. **Täglich Obstgenuß, und wenn es nur ein Apfel ist!**
5. **Kräftiges Vollkornbrot! Mäßig Torte, Kuchen und Weißbrot!**
6. **Reichlicher Genuß von Milchprodukten aller Art, u. a. Käse, besonders Quark!**

Wenn man sich grundsätzlich nach diesen 6 Regeln richtet, ist schon viel erreicht. Selbstverständlich kann noch manches mehr getan werden, und wenn man will, kann man eine regelrechte Wissenschaft aus seiner Ernährung machen. Ich spreche später bei der „Vergoldung des Alltags" von

Immer muß es heißen, auch in der Ernährung: Richtigmachen = Erfolg, Falschmachen = Mißerfolg. Krankheit ist nichts anderes als Mißerfolg!!

einer „Küchenkartei", die diesem Zwecke sehr gut dienstbar gemacht werden kann.
Ganz entscheidend wichtig ist z. B. die biologisch richtige Zubereitung der Speisen. Durch vieles Kochen kann man vieles verderben, besser ist bei vielen Gemüsen z. B. das Dämpfen. Auch der Vitamingehalt einzelner Nahrungsmittel ist von großer Bedeutung. Es gibt Tabellen darüber in allen neuzeitlichen Kochbüchern, ebenso wie über den Gehalt an Eiweiß, Fetten und Kohlehydraten der Nahrungsmittel. Welche Schäden durch Mängel dieser Art entstehen, haben uns die mageren Jahre der Vergangenheit zur Genüge gelehrt.
Alles dies ist aber nicht zuerst eine Frage des Geldbeutels, sondern einer klugen Kochkunst. Spargel und Erdbeeren sind z. B. von nur geringer Bedeutung, von großer dagegen Möhren und besonders Spinat und grüner Salat, und überhaupt alle grünen Gemüse. Das Chlorophyll, das im „Blattgrün" durch die Sonne hervorgezaubert wird, ist von geradezu ungeheurer Bedeutung für die Gesundheit. Die neuesten Forschungen machen das Blattgrün zu einem Heilmittel ersten Ranges.
Wichtig ist auch das Vermeiden von schädlichen chemischen Zusätzen zu den Speisen, die oft nur gebraucht werden, um dem Auge zu dienen. Grundsatz muß immer sein, sich so natürlich wie möglich zu ernähren.

Immer zur gleichen Zeit essen!

Beim Essen muß man ferner beachten, daß man die Hauptmahlzeiten möglichst *immer zur gleichen Zeit* einnimmt. Das sich stets dann einstellende Hungergefühl ist das Signal des Körpers, daß er die Nahrungsaufnahme wünscht und ganz auf den Verdauungsprozeß eingestellt ist. Beim Genießen der Speisen muß man Wert auf richtiges Zerkleinern legen. *„Gut gekaut ist halb verdaut!"* Die Zähne haben wir bekommen, um unserem Magen die Arbeit zu *erleichtern;* je mehr wir das tun, um so besser wird unserem Körper der Nährwert der Nahrungsmittel zugute kommen.

Ärgern ist Unfug!

Wenn Sie essen, müssen Sie alle Gedanken an ärgerliche Dinge ausschalten. Ihre Aufmerksamkeit muß ganz bei dem Essen sein.

Wie bei den Atemübungen müssen Sie sich auch beim Essen vorstellen, wie Sie jetzt Ihrem Körper Nahrung zuführen, um damit im Organismus Kraft und Lebensenergie zu entwickeln.
Nicht ohne Grund kennt man die Gewohnheit, vor dem Einnehmen der Speisen zu beten. Das Gebet ist eine Ausschaltung des Alltags mit seinem Hasten und Jagen und seinem aufregenden Kampf ums Dasein. Haben Sie mit einem Ihrer Familienangehörigen Streit gehabt, so suchen Sie sich vor dem Essen wieder auszusöhnen. Damit dienen Sie sich selbst am besten, denn es ist eine Tatsache, daß man durch Ärger eine schlechte Verdauung hat.
Speisen, die im verärgerten Zustande genossen werden, liegen wie Blei im Magen, ein Beweis, daß ärgerliche Gedanken von ungünstigem Einfluß auf die Magennerven und die Verdauungssäfte sind.

In meinem Kreise habe ich seit 30 Jahren die Gewohnheit eingeführt, vor dem Essen mit allen Tischgenossen durch gegenseitiges Reichen der Hände einen Ring zu bilden. Durch diese angenehme Gewohnheit wird regelmäßig vor dem Essen die Harmonie hergestellt. Hat man sich vor dem Essen ein ärgerliches Wort gesagt, so kann man nicht umhin, sich beim Essen wieder auszusöhnen, wenn man sich beim Handgeben und Mahlzeitsagen in die Augen sieht.

Die Harmonie über alles!

Die Ausschaltung quälender und unangenehmer Gedanken sollten Sie nicht nur vor dem Essen, sondern auch vor dem Zubettgehen vornehmen.

Während der Nachtruhe soll man nicht nur schlafen, sondern sich *ausruhen* und *kräftigen*. Das ist nur dann möglich, wenn der geistige Mensch zur Ruhe gelangt.
Aufregende Gedanken beeinflussen den Schlaf außerordentlich ungünstig. Durch sie entstehen anstrengende Träume, die die Nerven beanspruchen können wie geistige Schwerarbeit, ganz abgesehen davon, daß mancher vor lauter Gedanken überhaupt nicht zu Ruhe kommen kann.

Wie Sie einen erquickenden Schlaf erzielen

Denken Sie nüchtern über Ihr Geschick!

Um einen guten, ruhigen und tiefen Schlaf zu erzielen, müssen Sie sich vor dem Zubettgehen darüber klarwerden, daß Sie sich zur *Ruhe*, das heißt zur *Erholung* Ihres Körpers begeben. Was auch am Tage an Widerwärtigkeiten geschehen sein mag, vor dem Schlafengehen müssen Sie es zu vergessen suchen, wenn Sie ruhig schlafen und Ihrer Gesundheit dienen wollen. Haben Sie am Tage irgendeine Arbeit nicht ganz geschafft, so machen Sie sich darüber nicht unnötige Gedanken, sondern lassen Sie den nächsten Tag für sich selber sorgen. Sagen Sie sich in einem solchen Falle ganz eindringlich, daß Sie die Arbeit morgen fortsetzen und beenden werden. Jetzt können Sie an der Sache doch nichts ändern, es hat darum auch keinen Zweck, sich unnötig darüber Gedanken zu machen.

Nicht grübeln, es bringt nichts ein!

Quält Sie irgendeine Ungewißheit, so sagen Sie sich, daß morgen oder übermorgen oder in nächster Zeit die Gewißheit ganz von selber kommen wird; daß es so ist, beweist Ihre Vergangenheit.

Wenn Sie der Zukunft vertrauen, kann Ihnen nichts geschehen.

Es hat noch keinen Augenblick in Ihrem Leben gegeben, wo sich nicht zuletzt doch noch ein Ausweg aus einer schwierigen Situation fand. Genau so ist es auch in Ihrer jetzigen Lage. Darum nicht grübeln, sondern der Zukunft vertrauen.

Ist etwas Verdrießliches am Tage vorgekommen, machen Sie sich nichts daraus, *es ist vorbei*, Sie haben es überstanden, Sie haben es überwunden. Morgen oder übermorgen denken Sie ganz anders über die Angelegenheit.
Wozu sich unnötig das Leben schwerer machen als es ist? Stellen Sie sich richtig zum Leben ein, und betrachten Sie es mit positiven Augen. Sehen Sie nicht nur das Gegenwärtige Ihrer Lage, das vielleicht trüb aussehen mag,

blicken Sie weiter, blicken Sie in die Zukunft, die Ihnen ein *besseres, freudigeres* Leben bringt.
Hoffen und bauen Sie auf Ihre *geistige* Kraft, Ihren Arbeitswillen, Ihre Fähigkeiten und Talente, Ihren festen Willen zum Erfolg.

Seien Sie Regisseur der Bühne des Lebens! Handeln Sie bewußt und lassen Sie sich nicht treiben!

Der Alltagsmensch ist ein Schauspieler der Bühne des Lebens, der sich gehen und treiben läßt in seiner Rolle, der nicht an Zukünftiges, sondern nur an Gegenwärtiges denkt, beim Gegenwärtigen jedoch meist nur an das Trübe und Widerwärtige.

Ärgern ist Unfug!

Lachen Sie über die Unebenheiten der Vergangenheit und der Gegenwart, in der festen Überzeugung, daß morgen alles besser wird und viel besser, als Sie es sich ausgemalt haben.
Sie dürfen fest glauben, daß es so kommen wird. Wenn Sie die ganze Lehre vom positiven Leben erst vollständig erfaßt haben, werden Sie staunen, wie sehr der Mensch sein Schicksal zu beeinflussen vermag.
Bevor Sie zu Bett gehen, stellen Sie sich aufrecht hin, und sagen im Brustton vollster Überzeugung: *„Jetzt ist der Tag vorbei, jetzt gehe ich schlafen, um neue Energie zu sammeln, damit ich morgen meine Aufgaben und Pflichten mit doppelter Kraft und noch besser als heute erfüllen kann."*

So werden Sie quälende Gedanken los

Wollen Gedanken an unliebsame Ereignisse des Tages nicht weichen, so bannen Sie diese Gedanken beim Ausziehen an Ihren Anzug. Sagen Sie in ganz bestimmter Form: *„So, diese Angelegenheit ist jetzt erledigt, jetzt hänge ich sie auf den Stuhl, nun belästigt sie mich nicht mehr."*
Lachen Sie über das Ärgernis, von dem Sie sich nun frei gemacht haben und das Ihnen nun nichts mehr anhaben kann.
Haben Sie verschiedene unangenehme Dinge während des Tages erlebt, so bannen Sie diese nicht alle nur an das Jackett, sondern eins an die Weste und eins an die Hose usw.
Den Anzug denken Sie sich fest als Ihren Alltagsmenschen, und nur er hat das Unangenehme des Tages erlebt. Hängt er auf dem Stuhl, sind Sie frei von ihm und damit auch frei von niederdrückenden Gedanken. — Sie glauben gar nicht, welchen guten Erfolg Sie mit dieser klugen, positiven Einstellung erzielen, abgesehen, daß diese Einstellung zu ihrem „Anzug" auch eine sehr tiefe erkenntnis-philosophische Seite hat.

Denken Sie nur an die Vorteile, die Sie während des Tages erzielt haben, das andere, das Böse und Widerwärtige, ist eine Nebenerscheinung, die sein muß, um Freude am Erfolg zu haben!

Warum deprimiert sein? Warum sich unnötige Sorgen machen? Das meiste von dem, das der Mensch in schwachen Stunden fürchtet, trifft niemals ein.

Würde jeden Tag die Sonne scheinen, wüßten wir nicht die Sonne zu schätzen. So aber kommen Regentage, und nur dadurch kommt es uns zum Bewußtsein, daß der Sonnenschein etwas besonders Gutes ist.
Genau so denken Sie in Zukunft auch bei den trübseligen Ereignissen des täglichen Lebens.

Klug sein und die Augen auf! Es wird nichts so heiß gegessen, wie es gekocht wird, selten ist etwas so schlimm, wie es sich der Mensch in einer schwachen Stunde ausmalt. Sie sind der Schmied Ihres Schicksals, in Ihrer Hand ruht der Hammer — in diesem Falle Ihre frohe, zuversichtliche Lebenseinstellung — mit dem Sie Ihr Schicksal ganz nach Ihren Wünschen schmieden können!

Je sorgloser Sie denken, je glücklicher ist Ihr Leben! Vertrauen Sie auf Ihren Schöpfer, der alles besser fügt als Sie ahnen. Wer sich mit Sorgen quält, hat wenig Gottvertrauen!

Mit dem Ausziehen der Kleider müssen wir gleichzeitig mit unserem ganzen seelischen Wesen aus uns heraustreten und all unser Denken Überlegen, Grübeln und Nachsinnen auf eine höhere Warte stellen. Und immer wieder muß leuchtend vor unseren Augen stehen, daß es sich nicht verlohnt, traurigen, unangenehmen, sorgenvollen Gedanken nachzuhängen, weil ja doch alles zum Besten geschieht und schließlich auch das Unabänderliche durch die Macht des Schöpfers zum Besten wird.

Auch das Schlimmste wandelt sich zum Besten, wenn Sie Vertrauen haben und nicht an sich selber zerbrechen.

Hier soll sich auch erweisen, ob wir einen Glauben an die Unsterblichkeit der Seele haben und unser Glaube an die Macht Gottes rein, tief und echt ist; denn nur dieser Glaube läßt uns wirklich und ganz zu wahrem Seelenfrieden kommen. Auf zwei Ebenen des Daseins muß ständig unser Denken eingestellt sein: auf die Ebene des körperlichen Daseins und auf die andere des seelischen Wesens. In der körperlichen Welt heißt es kräftig zupacken und mit voller Energie Fortschritt auf Fortschritt und Erfolg auf Erfolg erzielen, während wir aber gleichzeitig über den Dingen zu stehen haben und stets bedenken, daß alles, was geschieht, gleichzeitig auch zum Heile der Seele ausschlagen muß und daß selbst ein vollständiger Zusammensturz der materiellen Welt nichts bedeutet, wenn wir nur das Bewußtsein unseres höheren Menschen bewahren!

Immer die Seele bedenken!

Ist es nicht klar, daß von einer solchen Warte aus alle Dinge des Alltags eine ganz andere Färbung bekommen? Daß der Streit und das Hadern, die vielen Menschen so wichtig erscheinen und sie haßerfüllt, griesgrämig und mutlos machen, für uns zu einer lächerlichen Sache werden müssen? Ja, so ist es auch, und grundsätzlich müssen wir über alles Negative so denken. Es verlohnt sich ja auch gar nicht, anders zu denken. Eben, weil wir in uns ewig sind und diesem Ewigen alles Vergängliche nur ein Gleichnis ist.
Mit solcher Betrachtung der Dinge, mein verehrter Leser, kommen Sie bestimmt in einen ruhigen und tiefen Schlaf. Und sollte es der Alltagsmensch dennoch versuchen, Ihr Denken in seinen Dunstkreis zu ziehen, so genügt ein Blick zum Kleiderhaken, um durch die *Kraft der Erkenntnis* seine Wichtigtuerei zu unterbinden.
Wer bisher sehr stark im Banne des Negativen stand und sich vielleicht jahrelang mit einer falschen Einstellung zum Leben herumgequält hat, dem wird es so gehen, daß ganz gegen seinen Willen immer wieder Gedanken der Sorge und des Unmutes sein Bewußtsein durchziehen. Ist das bei Ihnen der Fall, so hilft mit Bestimmtheit „passive Resistenz".

Es ist so vieles lächerlich!

Lassen Sie diese negativen Gedanken toben soviel sie wollen, lassen Sie sie herumspuken in allen Kammern Ihres Geistes, was schert Sie das, Sie zeigen völlige Interessenlosigkeit und alle mögen sie Ihnen gefälligst den Buckel herunterrutschen.

Passive Resistenz gegen alles Negative im Denken!

Was wird die Folge sein? Daß diese Gedanken ganz von selber verschwinden, weil sie ja nur von Ihrem Interesse und Ihrer Aufmerksamkeit leben und existieren. Damit erkläre ich Ihnen auch gleichzeitig, daß Sie den

Schlaf nicht mit Gewalt erzwingen

sollen, wenn er sich nicht von selber und sofort einstellt. Sicherlich werden Sie ruhig, wenn Sie sich ganz fest sagen: „Ich will ruhig sein!" Sicherlich kommen Sie mit diesem Willen auch bis zu einem ganz bestimmten Punkt vor dem Einschlafen. Aber dann kommt die letzte Spitze eines Berges, über die Sie einfach nicht hinwegkommen, und wo Sie bei dem Versuch, diesen Gipfel mit Gewalt zu nehmen, immer wieder nach unten zurückfallen. Einschlafen heißt, ohne Bewußtsein, völlig ohne Einstellung der Aufmerksamkeit sein. Schlafen ist das Erlöschen der Geisteslampe in uns. Solange wir denken, brennt diese Lampe, und zwar ganz gleich, was wir denken. Erst dann kommt der Schlaf über uns, wenn ein dicker, schwerer Vorhang sich ganz von selber vor unser Bewußtsein zieht und wir alles vergessen, was zu denken ist und auch . . . das Einschlafen!

Über den Berg müssen wir hinwegkommen!

Nicht mit Gewalt gegen das Denken vorgehen!

Solange wir denken, wir *wollen* einschlafen, können wir das Einschlafen jedoch nicht vergessen, ergo bleiben wir wach! Daß das Eintreten des Schlafzustandes vom absoluten Vergessen des Einschlafen*wollens* abhängt, beweist, daß keiner von uns weiß, wann er vorher oder gestern abend eigentlich eingeschlafen ist. Die Erkenntnis dieser Bewußtseinsvorgänge zeigt uns übrigens, wie wir am leichtesten zum Einschlafen kommen:

Abfinden mit dem vergangenen Tag durch höhere Erkenntnis, uns vollständig einschalten auf Ruhe und innere Zufriedenheit und dann ganz ruhig etwas Liebes, Nettes, Beruhigendes, Positives denken, aber gänzlich ohne Anstrengung und mit der inneren Gewißheit, daß wir gleich in einen wunderbaren, herrlich tiefen, erquickenden Schlaf hinüberdämmern.

Wir leben in allem mit Überlegung.

Gesundheit der Nerven ist unerläßlich!

Verehrter Leser, ich spreche so ausführlich über die Herbeiführung eines guten Schlafes, weil ja davon die Leistungsfähigkeit der Nerven und damit der Erfolg des neuen Tages abhängen. Tiefer, fester Schlaf ist der dauernde Jungborn Ihrer Nervenkraft. Wenn Sie nicht dafür sorgen, daß Ihre Nerven ganz intakt sind, sind Ihnen enge Grenzen im Vorwärtskommen gesetzt. Es liegt an Ihnen, durch konsequente Beachtung unserer Erfolgsformel diese Grenzen immer mehr zu erweitern. —

Zum Abschluß dieses Kapitels sei für die Herstellung eines guten Schlafes noch an die körperlichen Bedingungen erinnert: *Laute Geräusche, grelles Licht, zu große Kälte und Wärme, Hunger und Durst, schlechte Luft u. a. sind selbstverständlich fernzuhalten.* Beachten Sie auch diese Punkte, dann wird der tiefe und traumlose Schlaf bald Selbstverständlichkeit sein. —

Ergebnis der richtigen Ursachen! Richtigmachen = Erfolg.

So, mein verehrter Leser, hiermit ist alles Wichtige zur Erzeugung einer guten Allgemeingesundheit gesagt.

In Ihrem eigenen Interesse bitte ich Sie, alle Punkte wohl zu beachten, denn nur dann schaffen Sie einen festen Baugrund des Erfolges.

Zusammenfassung:

Ernährung

6 Punkte: 1. Wenig Fleisch, mehr Fisch; 2. Viel Gemüse und Hülsenfrüchte; 3. Viel grüne Salate und Salate aus rohen Gemüsen; 4. Täglich Obstgenuß; 5. Vollkornbrot, mäßig Torte, Kuchen und Weißbrot; 6. Milchprodukte aller Art. Richtige Zubereitung der Speisen. Pünktlich essen!

Schlaf

Mindestens 7 Stunden Schlaf, Schlafbeginn möglichst früh vor Mitternacht! Vor dem Schlafengehen mit dem vergangenen Tage abfinden. Alles Trübe mit dem Anzug ausziehen. Nervenreize vor dem Zubettgehen beseitigen.

Immer vor Augen halten, unser Körper ist eine Maschine. Nur wenn wir diese Maschine richtig behandeln, können wir gute Leistungen von ihr verlangen. Außerdem: Niemand kann die Naturgesetze ungestraft verletzen.

Körperpflege

Regelmäßig gymnastische Übungen. Ganzabwaschungen, Bürstenmassagen, Wannenbäder, Dampfbäder. Stets gleichmäßig und tief atmen! Regelmäßige Atemübungen. Vokalatmung. Auf gute Darmfunktion achten.

Besonderes

Mäßigkeit! Übertreibungen nicht zur Regel machen! Ruhe bewahren! Nicht aufregen oder hasten!

Diese Selbstverständlichkeiten der positiven Lebensführung muß man sich fest ins Gehirn brennen! Kontrollieren Sie sich täglich, ob Sie schon etwas mehr nach der Gesundheit leben.
Seien Sie klug! Verschaffen Sie sich das wohlige Gefühl eines gesunden Körpers!

Wir müssen so leben, daß wir die feste Gewißheit haben, auch bei höchster Beanspruchung unseres Körpers bis ins hohe Alter gesund zu bleiben. Das ist völlig ausgeschlossen ohne strenge Berücksichtigung der Naturgesetze.

II. TEIL

DIE GEISTIGEN URSACHEN DES ERFOLGES

Der Erfolg muß zuerst in der Idee geboren werden, wie alles, was von Menschen je geschaffen wurde, erst in der Idee entstand.

Es gibt keine Kraft
unter dem Himmel, welche der
Menschenseele gleichkäme.
Paul de Lagarde

Wenn Sie meinen bisherigen Ausführungen aufmerksam gefolgt sind, werden Sie gefunden haben, daß ich großen Wert auf eine zuversichtliche Lebenseinstellung lege. Das ist nicht nur nötig, um stets bei guter Laune zu sein, ärgerliche und unangenehme Dinge schnell zu überwinden, sondern vor allem, um den Gesetzen des Denkens Rechnung zu tragen. Die Gedanken sind nämlich die eigentliche geistige Ursache des Erfolges.

Gedanken, die unser Gefühl beherrschen, lenken und leiten uns, lassen uns siegen oder untergehen! (5. Denkgesetz!)

Gedanken sind mit lebenden Wesen zu vergleichen.

Mit Gedanken sind hier *Vorstellungen,* also geistige Bilder gemeint, die entweder durch einen äußeren Einfluß oder durch unser Denken ins Leben gerufen werden. Diese Vorstellungen sind mit Wesen zu vergleichen, die wir durch unsere Hingabe und Aufmerksamkeit beseelen, und die, ihrer Eigenart gemäß, die sich im Gehirn bzw. im Ober- und Unterbewußtsein abspielenden Vorgänge entweder fördernd oder hindernd beeinflussen.

Wille und Gedanken.

Im allgemeinen ist der Herr dieser Vorstellungen der *Wille.* Solange er aufmerksam über seine Untergebenen wacht, kann sich ohne seine Erlaubnis keine Vorstellung verwirklichen. Ist er jedoch unachtsam, oder macht er von seiner Kraft keinen Gebrauch, tritt leicht das Gegenteil ein.

Das Gefühl ist stärker als der Wille.

Wie schon gesagt, lenkt und beeinflußt eine Vorstellung dann, wenn sie das *Gefühl* beherrscht. Ist dieser Fall eingetreten, so wird der Wille seiner Macht beraubt und die Vorstellung, sofern sie im Bereich des Möglichen liegt, verwirklicht sich.

Positive und negative Gedanken.

Es sind zwei Arten von Vorstellungen zu unterscheiden, und zwar *positive* und *negative.* Während die positiven Erfolg, Glück und Gesundheit schaffen, bringen die negativen Krankheit, Not und Fehlschläge.

Wann denkt man nun positiv? Wenn man über Widerstände und unangenehme Dinge nicht wie die meisten Alltagsmenschen klagt und stöhnt; wenn man alle Angst und Furcht vor Krankheit und Mißerfolg aus seinem Herzen bannt und sich immer wieder sagt, daß alles gut werden wird, und daß alles — was man sich wünscht — unbedingt in Erfüllung geht.

Und wann denkt man negativ? Wenn man in jedem Fehlschlag den Anfang seines Unterganges sieht; wenn man fortwährend meint, daß nur andere Erfolg haben und sich selbst als einen Pechvogel betrachtet; wenn man den ganzen Tag nichts anderes zu tun weiß, als über seine Leiden nachzudenken. Verstehen Sie jetzt, warum ich so großen Wert auf eine positive Lebenseinstellung lege?

Nur positive Gedanken bringen Erfolg!

Jeder ist seines Glückes Schmied; was der Mensch denkt, wird er unfehlbar ernten!

Erfüllen Sie sich mit Vorstellungen der Gesundheit, werden Sie gesunden; erfüllen Sie sich mit Vorstellungen von Kraft und Mut, werden Sie kraftvoll und mutig sein; erfüllen Sie sich mit Vorstellungen des Selbstvertrauens, werden Sie überlegen, ruhig und sicher handeln!

Positive Gedanken sind die wahren Ursachen Ihres Erfolges.

Jetzt wissen Sie, warum ich sagte, daß Sie an sich glauben sollen. Weil Sie *nur dadurch* groß werden können.

Was Sie denken, werden Sie sein, nichts anderes!

Denken Sie, daß Sie nie etwas erreichen werden, werden Sie es auch nie zu etwas bringen; denken Sie, daß Sie unbedingt schaffen werden, was Sie wollen, werden Sie es bestimmt erreichen.

Schaffen Sie darum die geistigen Ursachen des Erfolges; denken Sie nur noch positiv!

Wie Sie ganz positiv werden

Die Wandlung zum positiv denkenden Menschen beginnt mit der Erkenntnis vom Wesen und der Macht der Gedanken.

Ich gebe zu, daß dies leichter gesagt als getan ist, denn gewöhnlich ist es so: Je mehr man versucht, positiv zu denken, um so mehr fühlt man, wie negative Gedanken sich bemerkbar machen. Woher kommt das? Nun, das vorhin Gesagte ist der Fall: Längst haben negative Gedanken das *Gefühl* in der Gewalt, wodurch jede Anstrengung des Willens, nur positive Gedanken zu dulden, zunichte wird. Und wodurch kam das? Ganz einfach deshalb, weil durch Erziehung und Beeinflussung sowie durch die bisherigen Lebenserfahrungen Angst und Sorge in uns wachgerufen worden sind. Der Mensch hat von Natur aus das Bestreben, möglichst alles Unangenehme und Störende von sich abzuhalten. Hat er eine schlechte Erfahrung gemacht, so bleibt sie in der Erinnerung haften, wodurch sich Angst vor einem gleichen oder ähnlichen Erleben einstellt. *Angst aber ist der Nährboden für negative Vorstellungen!*

Je mehr man sich Mühe gibt, alle Zusammenhänge richtig zu erfassen, um so leichter kommt man zur Bemeisterung des Denkens.

Wesentlich und eigentümlich ist, daß die uns beherrschenden Vorstellungen durchaus nicht immer zum Bewußtsein zu kommen brauchen; sie wirken und verwirklichen sich oft, ohne daß man von ihrer Existenz überhaupt eine Ahnung hat. Wenn wir uns nach ihrem Tätigkeitsfeld umsehen, kommen wir zum Unterbewußtsein, wohin die Vorstellungen gelangt sind.

Das Unterbewußtsein, von dem wir noch öfter sprechen werden, ist der im Verborgenen wirkende Teil unseres „Selbst", dessen Vorhandensein an sei-

Hier kommt es ganz besonders darauf an, die Grundgedanken des Erfolgssystems richtig zu erfassen. Nicht mit Gewalt erreichen wir auf die Dauer, was wir wollen, sondern nur durch weises Vorgehen und richtiges Verhalten nach den großen Gesetzen des Erfolges. Ganz besonders gilt das von der Macht über die Gedanken. Wer glaubt, nur durch Willensanstrengung Herr über sein Denken zu werden, ohne durch höhere Erkenntnis mit der Macht des Gefühls zu arbeiten, wird gar nichts erreichen.

nen Äußerungen durch das Körperliche festzustellen ist. Dort vollziehen sich alle Prozesse, die die Verwirklichung der Vorstellungen verlangt; dort werden alle unbewußten körperlichen, geistigen und seelischen Regungen geboren; dort ist der Sitz der die Gesamtfunktion regelnden Kraft, die das Leben im Körper erhält.

Obwohl dieses Unterbewußtsein vollkommen selbständig arbeitet, ist es dennoch dem Oberbewußtsein in mancher Hinsicht unterstellt und wirkt unter gewissen Umständen nach dem eigenen oder auch nach fremdem Willen. Es ist also in seiner Tätigkeit zu *beeinflussen.* Das Mittel dazu sind die besprochenen Vorstellungen, die *mit* oder *ohne* unser Einverständnis in das Unterbewußtsein gelangen können.

Wie Sie schon wissen, entstehen Vorstellungen durch das *Denken* oder durch *äußeren Einfluß.* Im ersten Falle sind die Vorstellungen meist Erinnerungsbilder und ohne wesentliche Bedeutung. Erst wenn sie von der *Aufmerksamkeit* im Bewußtsein festgehalten werden und das *Gefühl* für sich gewinnen, dringen sie, in diesem Falle mit unserem Einverständnis, in das Unterbewußtsein ein. Dabei ist von Wichtigkeit, daß die Vorstellungen beim *Denken* gewöhnlich ganz von selbst entstehen, in besonderen Fällen aber auch *willkürlich,* durch Konzentration, ins Bewußtsein gerufen werden können. Entstehen Vorstellungen durch äußere Einflüsse, so geschieht das durch die Sinnestätigkeit (Sehen, Hören usw.). Tritt das ein, und ist der Wille auf dem Posten, so lassen sich die Vorstellungen ziemlich leicht aus dem Bewußtsein weisen, vorausgesetzt, daß es sich dabei nicht um solche Vorstellungen handelt, die schon längst, ehe sie durch die Sinnestätigkeit neu hervorgerufen wurden, das Gefühl beherrschten; dann ist natürlich durch den *Willen* schwerlich mit ihnen fertig zu werden. Nimmt der Wille zu den durch äußere Einflüsse hervorgerufenen Vorstellungen keine abweisende Haltung ein, so treten sie, da sie unbehindert sind, sofort ins Unterbewußtsein, um dort, wenn sie stark genug sind, ihre Wirkungen auszulösen. In diesem Falle spricht man von *Suggestion* (Beeinflussung). Die Beeinflussung des Unterbewußtseins findet dabei, mit Ausnahme der *bewußten Suggestion,* ohne unser Einverständnis statt.

Das allerwichtigste bei der Meisterung der Gedanken ist immer wieder die Erkenntnis von der Machtlosigkeit des Willens gegenüber dem Gefühl. Man muß sich ganz eingehend mit den Vorgängen im Unter- und Oberbewußtsein beschäftigen, damit diese Erkenntnis immer klarer wird.

Da auch hier das Beispiel der beste Lehrmeister ist, wollen wir uns die Vorgänge bei der Verwirklichung von Vorstellungen einmal bildlich vor Augen führen: Zu den letzten Betrachtungen kamen wir durch die Feststellung, daß *positives* Denken durch das Vorherrschen negativer Vorstellungen nicht oder nur schwer möglich ist, und zwar trotzdem der Wille sich die größte Mühe gibt. Als Hauptursache war „Angst" angegeben, die einer negativen Vorstellung Macht über den Körper verleiht. Der Klarheit halber will ich nochmals daran erinnern, daß jede vorherrschende, im Bereich des Möglichen liegende Vorstellung sich verwirklicht, also dem Organismus durch die Beeinflussung des Unterbewußtseins ihren Willen aufzwingt. Dieser Wille der Vorstellung gestaltet den Körper genau nach dem, was die Vorstellung geistig darstellt, einerlei, ob es nun positiv oder negativ ist. Ist also der Inhalt der Vorstellung eine Lähmung des Armes, um etwas leicht Verständliches zu nennen, so wird die Lähmung des Armes in Erscheinung treten, d. h. der Betreffende, welcher von dieser Vorstellung beherrscht wird, kann den Arm nicht mehr bewegen.

Solange es sich um nervöse Erscheinungen handelt, ist das leicht begreiflich, aber auch organische Veränderungen können durch Vorstellungen entstehen, wie Sie noch sehen werden.

So entstehen seelische Hemmungen

Wir wollen feststellen, ob die Lähmung des Armes durch eine „Vorstellung" praktisch möglich ist. Ein treffendes Beispiel hierfür ist *Platzangst.* Wer daran leidet, ist organisch meist vollkommen gesund, kann gehen und stehen, wie er will, ohne Behinderung, bis er über eine Straße oder einen Platz schreiten muß. Da versagt plötzlich die Herrschaft über die Nerven, das Herz schlägt heftig, die Knie fangen an zu zittern, Schweiß bricht aus allen Poren, und die Lähmung, d. h. die Unfähigkeit zu gehen, ist da. Wodurch? Vom Unterbewußtsein aus wirkt der Einfluß einer *negativen* Vorstellung: *Das geistige Urbild der Platzangst.*

Entstehung der Platzangst.

Irgendwo erlebte der Leidende, meist durch äußere Umstände und vielfach durch Nervenüberreizung bedingt, einen Zusammenbruch seiner Kräfte. Dieser Umstand erzeugte die *Angst vor der Wiederholung* und fixierte im Unterbewußtsein getreulich diesen Zusammenbruch als eine Vorstellung, die immer dann wirkend in Erscheinung tritt, wenn der damit Behaftete in eine ähnliche Lage wie beim ersten Versagen der Kräfte kommt. Obwohl fast alle Platzangstkranken genau wissen, daß ihr Körper gesund ist, obgleich sie immer wieder beteuern, daß es Unfug ist, „Angst" vor dem Überqueren eines Platzes zu haben, stellt sich doch der Zustand regelmäßig wieder ein. Sagt man diesen Leuten: „Gehen Sie doch, Sie sind doch gesund", so fangen sie an zu klagen wie ein hilfloses Kind und sagen mit ringenden Händen: *„Ich will wohl, aber ich kann nicht!"*

Angst und Furcht sind der Nährboden negativer Vorstellungen.

Das Gefühl ist stärker als der Wille!

Die Äußerung der Platzangstkranken ist der beste Beweis für die Ohnmacht des Willens, wenn das *Gefühl* von einer Vorstellung beherrscht wird, denn die Betreffenden sagen nicht nur, daß sie nicht können, sondern sie *fühlen* es, und nur, weil sie es fühlen, kann sich die negative Vorstellung Einfluß auf den Körper verschaffen. Genau wie die Erscheinungen der Platzangst zustande kommen, entstehen im Prinzip fast alle seelischen Hemmungen. Seelische Hemmungen deshalb genannt, weil der normale Verlauf der geistigen Vorgänge, im Falle von Platzangst die willkürliche Beherrschung der Nerven, gestört bzw. gehemmt ist. So entstehen: krankhaftes Erröten, Lampenfieber, nervöses Stottern, nervöse Sexualstörungen, körperliche und geistige Arbeitsunfähigkeit, nervöser Schreibkrampf, viele Lähmungen und das große Heer der Zwangsvorstellungen und Gemütsleiden, zum Teil auch direkte organische Leiden und vieles andere mehr. Man macht sich gar keinen Begriff von all dem, was einzig und allein nur durch die Macht der Vorstellungen ins Leben gerufen wird. Mit Recht kann man behaupten, daß ein enormer Teil menschlicher Gebrechen und damit allen Unglücks, wie ich schon zu Beginn dieses Abschnittes sagte, allein auf gedankliche Ursachen zurückgreift.

Immer sind Hemmungen die Ursache, wenn wir über persönliche Mängel zu klagen haben. Die Bewußtmachung der eigenen Hemmungen ist eine wichtige Aufgabe der Analyse der eigenen Schwächen.

Wie aber der negative Gedanke Hemmungen, Krankheiten und Not schafft, so schafft umgekehrt der positive Gedanke Gesundheit, Glück und Erfolg, wenn es gelingt, ihm an Stelle des hemmenden, störenden und negativen Gedankens die Herrschaft über den Körper zu verschaffen.

Positive Gedanken schaffen Glück und Erfolg.

Bewußte Beseelung positiver Gedanken

Immer ganz bewußt denken: jedem Gedanken gegenüber Stellung nehmen. Das Positive sofort bejahen, das Negative sofort ganz selbstverständlich verneinen.

„Was tun?" spricht Zeus; wie es machen, daß das Negative in uns weicht und das Gefühl von positiven Kräften durchdrungen wird? Es gibt nur einen Weg: dem Willen wieder Oberherrschaft über die Vorstellungen (Gedanken) verschaffen. Zu diesem Zwecke ist es notwendig, daß viel mehr als bisher *bewußt* gedacht wird. Dies bedeutet, daß zu jeder gefühlsbetonten Vorstellung, die im Bewußtsein auftaucht, sofort Stellung genommen wird. Sofort muß festgestellt werden, ob sie nützlich oder schädlich ist. Ist sie schädlich, also negativ, lenken wir sofort die Aufmerksamkeit auf das Gegenteil. Dadurch schaffen wir eine positive Gegenvorstellung, die dann von sich aus die negative Vorstellung verblassen läßt. Wenn wir die Aufmerksamkeit auf eine bestimmte Vorstellung lenken, diese *bewußt* in den Vordergrund des Interesses schieben, so sprechen wir von *Gedankenkonzentration.* Um sich klarzumachen, wie dadurch die Vorstellung von gegenteiligem Charakter verschwindet, muß man sich unter Konzentration einen *Beseelungsprozeß* vorstellen.

Wie in der stofflichen Welt, bei dem Menschen und allen anderen Wesen der Stärkere über den Schwächeren siegt, so ist es auch in der Welt der Gedanken.

Aufmerksamkeit beseelt die Gedanken

Wichtiger Lehrsatz: Aufmerksamkeit ist das Mittel zur Beseelung der Vorstellungen. (6. Denkgesetz!)

Bei der Gedankenkonzentration ist der Schöpfer der Vorstellungen der *Wille.* Er lenkt die Aufmerksamkeit auf eine gewünschte Vorstellung, wodurch er sie zum Leben erweckt, d. h. stark und kräftig in Erscheinung ruft. Je mehr er die Aufmerksamkeit *(Aufmerksamkeit ist das Mittel zur Beseelung der Vorstellungen)* einer bestimmten Vorstellung zuwendet, um so mehr zieht er sie von allen anderen Vorstellungen ab. Notwendigerweise werden dadurch alle anderen Vorstellungen, somit auch die einer Vorstellung entgegengesetzte, klein und schwach und verschwinden schließlich ganz, weil sie ja keine Seelensubstanz mehr erhalten.

Je mehr Sie die ganze Lehre von den Gedanken in sich verarbeiten, um so selbstverständlicher und leichter wird die Meisterung aller seelischen Kräfte. Darum glauben Sie auf keinen Fall, daß Sie ohne die Theorie auskommen; vor allem auch dürfen Sie nicht glauben, Sie wüßten schon alles, was mit den inneren Vorgängen zusammenhängt. Wenn Sie die Lehre der Autosuggestion richtig Stück um Stück durchdenken, werden Sie entdecken, daß Ihre Erkenntnisse von den hier dargelegten ganz wesentlich abweichen. Der Beweis erbringt sich von selbst durch das Studium.

Wie Sie eben gesehen haben, ist bei der Konzentration die Aufmerksamkeit in der Hand des Willens; jedoch nur in *den* Bezirken unseres organischen und geistigen Lebens, wo der Wille noch etwas zu *sagen* hat. Ist seine Herrschaft gänzlich zunichte, z. B. wenn das Gefühl vollkommen von negativen Vorstellungen beherrscht wird, oder ist er ausgeschaltet, wie z. B. bei einer von außen kommenden starken Beeinflussung (Fremdsuggestion), dann gelingt es natürlich nicht, starke Gegenvorstellungen zu schaffen, weil dann die Aufmerksamkeit im Dienste einer anderen Macht steht (z. B. Angst, Furcht, Leidenschaft). Trotzdem gelingt es auch dann dem Willen, sich wieder die Oberhand zu verschaffen, aber nicht durch eine direkte, sondern nur durch eine *indirekte* Aktion.

Wie ich schon sagte, entstehen Vorstellungen auch durch äußere Einflüsse. Verhält sich der Wille den Einflüssen der Außenwelt gegenüber neutral oder billigt er sie gar, so strömen die dadurch geschaffenen Vorstellungen unverzüglich ins Unterbewußtsein. Findet die Beeindruckung der Sinne längere Zeit statt und ist diese genügend kräftig, so entstehen dadurch derartig starke Vorstellungen, die mit Leichtigkeit jede Gegenvorstellung beseitigen und sich zum Herrscher über den Körper machen können. Das ist dann das Ergebnis einer Suggestion (Beeinflussung). Findet die Beeindruckung der Sinne durch gesprochene Worte statt, dann spricht man auch von *Einflüsterung.*

Eine Suggestion muß klar und eindeutig sein!

Wenn Sie meine bisherigen Ausführungen genügend durchdacht haben, wissen Sie bereits, daß eine Suggestion sich *nur dann* realisieren, also den Körper beeinflussen wird, wenn die dadurch geschaffenen Vorstellungen das *Gefühl* in die Hand bekommen. Es versteht sich von selbst, daß, um dies zu erreichen, die Suggestion absolut *klar* und *eindeutig* sein muß. Sofern es sich dabei um die obengenannten Einflüsterungen handelt, demnach also um eine Beeinflussung durch die Sprache, so muß sie alle diejenigen Worte in sich vereinen, die in ihrer *Zusammenwirkung* und in ihrer Betonung nur ein, und zwar das gewünschte Bewußtseinsbild (Vorstellung) erzeugen.
Handelt es sich also darum, durch Suggestion eine Vorstellung zu schaffen, die einer negativen entgegentreten soll, so muß sie so beschaffen sein, daß sie ein *absolut positives* Bild, also genau das Gegenteil, im Bewußtsein hervorbringt. Aber nicht nur eine mögliche Doppeldeutung, sondern auch jeder Zweifel muß einer Suggestion fehlen.

Die Vorstellung, welche durch eine richtig gegebene Suggestion entsteht, stellt irgend etwas, was geschehen wird, als Tatsache — nicht als nur möglich — hin.

Darauf kommt es an!

Besteht irgendein Zweifel, wenn auch nur der geringste, so ist auch schon die Verwirklichung in Frage gestellt, mindestens aber sehr erschwert.
Die wichtigste Suggestionsart, die wir beherrschen lernen müssen, ist die *bewußte Autosuggestion** (bewußte Selbstbeeinflussung).
Im Grunde ist jede Art Suggestion, also auch die Fremdsuggestion, auf Autosuggestion gegründet. Der einzige Unterschied ist der, daß die Autosuggestion von uns selbst ausgeführt wird, während die Fremdsuggestion von einer außenstehenden Person, dem Suggestioneur, vorgenommen wird.

Bewußte Autosuggestion

Bei der bewußten Selbstbeeinflussung wird die Aufmerksamkeit solange auf ein inneres Bild gelenkt, bis eine feste Überzeugung, ein Glaube an das, was eintreten soll, empfunden wird. Dieser Glaube kommt ganz von selbst, und zwar in dem Maße mehr, wie durch richtige Gedankeneinstellung die Vorstellung kräftiger wird.
Es muß also eine ganz bestimmte Vorstellung durch das Denken geschaffen werden, ein absolut naturgetreues, geistiges Bild dessen, was man wünscht.

Wer die den meisten völlig unbekannten Gedankenvorgänge ganz genau erfaßt hat, nicht nur dem Wissen, sondern auch dem Erkennen nach, dem ist die Selbstbemeisterung das Ei des Kolumbus.

Um das zu erreichen, bedient man sich der *Phantasie,* die durch die Imagination (Einbildungskraft) schöpferisch aktiv wird. *Man muß sich also das, was man wünscht, einbilden!* Je intensiver das geschieht, um so stärker wird die Vorstellung, die dann um so mehr das Gefühl beherrscht und dadurch

Die Herrscherin der Phantasie ist die Einbildungskraft.

* Bewußte Autosuggestion im Gegensatz zu „unbewußter", d. h. nicht bewußter Selbstbeeinflussung, welche der Mensch schon immer treibt.

sich verwirklicht. Wir müssen uns vorstellen, daß das, was wir mit Phantasie bezeichnen, das *Gestaltungsmaterial eines Künstlers* ist. Mit Hilfe der Imagination können wir aus diesem Material alles hervorbringen, was wir wollen, das Positive ebensogut wie das Negative.

Man muß also innerlich formen und modellieren und ganz bewußt die Idee, das Urbild dessen schaffen, was werden soll.

Nur das Richtigmachen schafft auch hier den Erfolg.

Wichtig ist dabei, daß wir dieses Urbild nicht oberflächlich erdenken, sondern in allen überhaupt ausdenkbaren Einzelheiten. *Je genauer und gewissenhafter wir vorgehen, um so sicherer ist der Erfolg der Selbstbeeinflussung.* Im Effekt muß erreicht werden, daß unsere ganze Aufmerksamkeit, also unser ganzes Interesse, sich mit dem beschäftigt, was wir uns suggerieren. Gemeint ist also nicht nur ein bloßes Denken: ich bin positiv, ich bin selbstbewußt, ich bin innerlich vollständig ruhig und erhaben über alles Negative usw., sondern ein bis in Einzelheiten *Erleben* dessen, was wir wollen.

Möglichst viele Sinne beteiligen!

Malen Sie also das, was Sie wollen, ganz bildhaft in sich hinein und geben Sie sich dabei Mühe, auch die Feinheiten und Einzelheiten so plastisch wie möglich auszugestalten.

Eine Verstärkung dieses Bewußtseinsvorganges wird erreicht, wenn wir das, was wir denken bzw. uns schöpferisch einbilden, gleichzeitig auch *aussprechen.* Das verstärkt immens die Konzentration und schützt vor Ablenkungen während der Selbstsuggestion. Besonders wenn man in der bewußten Zusammendrängung geistiger Energie auf einen einzigen Brennpunkt noch keine Übung hat, was ja unter Konzentration hier verstanden wird und wodurch gerade die bewußte Beseelung eines Gedankens bzw. einer Vorstellung erreicht wird, ist das gleichzeitige Formen der Suggestion auch mit dem Munde und den Lippen ein wertvolles Hilfsmittel.

Zweck: Verstärkung der Konzentration.

Sprechen wir gleichzeitig aus, was wir konzentriert denken, dann schwingt auch unser Körper im Rhythmus der Selbstbeeinflussung mit. Ein Gedankenbild, das unsere Nerven erregt, wird dadurch Fleisch und Blut.

Wirkung der Fremdsuggestion ebenfalls über die Macht des Denkens.

Durch die Klarlegung dieser Zusammenhänge verstehen wir jetzt auch die wirkenden Faktoren bei einer von außen kommenden Beeinflussung, also bei der Fremdsuggestion. Dabei wird durch die Sprache (Verbal-Suggestion) oder durch das, was jemand (das Medium) zu sehen bekommt (Optische Suggestion), so auf das Vorstellungsleben eingewirkt, bis genau wie bei der Selbstsuggestion eine totale Durchdringung mit einer bestimmten Idee erreicht ist. Der Beeinflußte bzw. das Medium glaubt dann felsenfest daran, daß das, was ihm geistig vor Augen steht, unbedingt geschieht oder eintritt.

Die Hauptkunst der Fremdsuggestion besteht darin, das, was suggeriert wird, so glaubwürdig zu machen, daß es tatsächlich geglaubt wird.

Jeder Mensch strahlt suggestive Einflüsse aus.

Die Methoden, die dabei zur Anwendung kommen, sind äußerst vielseitig. Grundsätzlich ist zu sagen, daß jeder Mensch suggestive Einflüsse ausstrahlt, und zwar im guten wie im schlechten Sinne, sei es durch sein Sprechen, durch sein Verhalten oder seine Handlungen. Schon die Abfassung einer geschickten Zeitungsannonce kommt einer Suggestion gleich. Man spricht darum auch ganz allgemein von vielen Dingen, daß sie *suggestiv* wirken. Suggestiv kann z. B. die Aufmachung und Verpackung einer Ware, die Dekoration eines Schaufensters sein, dann die Abfassung eines Aufrufes, die Gestaltung einer Rede usw.

Immer was zur Bejahung und zum Glauben zwingt, ohne daß der Verstand erst überzeugt zu werden braucht, ist die Wirkung von Suggestion. Und sie ist um so stärker als Suggestion, je mehr sie es fertigbringt, die freie Entschlußkraft auszuschalten, und meist auch, je weniger sie als Suggestion erkannt wird.

Die Suggestion *tarnt* sich deshalb auch auf vielfache Weise und schleicht sich meist über ein Hintertürchen der Seele in die Bewußtseinsvorgänge ein, dergestalt, daß sie unter einem Vorwand auftritt, der mit den guten oder schlechten Neigungen des Menschen, seinen ethischen oder egozentrischen Gefühlen Konnex hat bzw. sympathisiert. Das ist dann *unbewußte* Fremdsuggestion, im Gegensatz zu *bewußter,* die sofort als Beeinflussung erkennbar ist.

Nachdenken! Die Kenntnis der Gesetze der Suggestion ist von größter Bedeutung.

Wenn ein Magazin z. B., das auf die erotischen Komplexe und sinnlichen Gelüste seiner Leserschaft spekuliert, auf der Umschlagseite eines Heftes in Fettdruck die Zeilen bringt: *„Das erotische Doppelleben von Frau X . . . Sensationelle Enthüllungen unseres Reporters . . ."* dann haben wir einen ganz klaren Fall von getarnter Suggestion vor uns. Das Ziel der Suggestion ist nicht die Unterrichtung oder Unterhaltung des Publikums, sondern ausschließlich der *Verkaufserfolg.* (Vgl. 8. Denkgesetz!)

Beispiel einer getarnten Suggestion, wie sie tausendfach im Geschäftsleben zu finden ist.

Das Wissen um die Gesetze der Fremdsuggestion ist vor allem notwendig, damit wir uns gegen negative Einflüsse und Überrumpelungen unserer freien Entscheidung schützen lernen. Wenn wir wissen, wie eine Beeinflussung zustande kommt, werden wir gegen alles, was in entscheidenden Dingen auf uns einströmt, *kritisch* sein und nur die Einflüsse zulassen, von denen wir wissen, daß sie tatsächlich *positiv* sind. Hierbei müssen wir besonders auf die *„Kunst der feinen Beeinflussungen"* achten, die sich über seelische und intellektuelle Reaktionen einschleicht, die sie nur bei äußerster Aufmerksamkeit unseres Geistes als beabsichtigte Suggestion erkennen läßt. Daraus erhellt, daß die Art der Suggestion und ihre Tarnung immer auch der Psyche dessen entspricht, auf den sie angewandt wird.

Die Kunst der feinen Beeinflussungen.

Die größte Bedeutung kommt in unserer Zeit der *politischen Suggestion* zu, denn der freie Wille der Massen ist zunächst nur ein demokratisches Wunschbild. Und er wird es auch solange bleiben, solange man nicht durch eine entschlossene Aufklärung dafür gesorgt hat, daß man in allen Kreisen, die für die politische Willensbildung entscheidend sind, um diese Gesetze wissende Männer und Frauen genug hat, die ein vollwertiges Gegengewicht zu den politischen Massensuggestoren aller Art bilden.

Willensfreiheit der Massen nur ein demokratisches Wunschbild.

Die politische Ertüchtigung der Massen steht und fällt mit der Kenntnis der Gesetze vom Denken! Und solange ist wirkliche Demokratie gänzlich unmöglich, solange den Massen durch Suggestiv-Einwirkungen das eigene Nachdenken vernebelt, erschwert oder gänzlich unmöglich gemacht wird.

Das ist jedem Psychologen eine *Tatsache,* und das liegt nicht an ererbter *Dummheit,* sondern an der Unwissenheit, der falschen Anfangserziehung der Menschen und an negativen Umwelteinflüssen.

Die Massen müssen solange dumm bleiben, solange sie für dumm verkauft werden!

Hier könnte sich vieles sehr kurzfristig ändern, wenn es einflußreiche Politiker nur ernsthaft wollten.

Wer das alles weiß und richtig erkennt, dem wird es einleuchten, daß viele Ursachen von Hemmungen und Mißerfolgen nur in einem negativen Umwelteinfluß zu suchen sind. Natürlich muß man immer der Mensch sein, der einem Einfluß zugänglich ist. Doch das ist nicht nur eine Frage der Intelligenz, vielmehr einer ganz bestimmten seelischen Struktur, und in der Regel sind gute Menschen leichter zu beeinflussen als schlechte. Es läßt sich daraus ableiten, daß das Wesensgefüge der Massen im Durchschnitt viel besser ist, als es der allgemeinen Annahme entspricht.

Gute Menschen leichter zu beeinflussen als schlechte.

Hier werden ungeheure Denkfehler gemacht, und ein gut Teil des politischen Unvermögens der Massen wurde durch diese Fehler künstlich gezüchtet.

Positive Umwelteinflüsse schaffen!

Andererseits geht durch unser Nachdenken auf, wie fördernd für unsere Entwicklung *positive Umwelteinflüsse* sind. Man kann viel aus eigener Kraft dazu tun, daß sich diese Einflüsse zu einer Quelle der Gesundung und Erstarkung unseres ganzen körperlichen, geistigen und seelischen Menschen entwickeln. Näheres hierüber im „Tageslauf des positiven Menschen" und wenn wir später über die „Vergoldung des Alltags" sprechen.

Nun noch einiges über die *Einbildung:* Sagen Sie nicht, daß es Unsinn sei, sich z. B. Gesundheit einzubilden, wenn gar kein Grund dafür vorhanden ist, oder sich Schmerzlosigkeit einzubilden, wenn Schmerz da ist. Gewiß scheint es unsinnig, und doch wird der Gedanke bzw. die Vorstellung: „es ist kein Schmerz da" den Schmerz unbedingt weichen lassen, wenn sie kräftig genug ist.

Unempfindlichkeit gegen Schmerz durch Autosuggestion.

Sicher haben Sie schon von Fakiren gehört. Nun, viele davon bringen es durch ihre Imaginationskraft (Einbildungskraft) fertig, sich vollkommen gefühllos zu machen. Sieht man als Uneingeweihter ein derartiges Experiment, z. B. Durchstechen des Armes mit einem Dolche, so glaubt man ein Wunder zu erleben.

Geheimnisse der Fakire.

Der Vorgang ist höchst einfach: Einen Schmerz haben wir nur dann, wenn er uns zum Bewußtsein kommt. Das kann nur der Fall sein, wenn das Nervensignal und die von ihm ausgelöste Vorstellung unsere *Aufmerksamkeit* finden. Ist das nicht der Fall, so fühlen wir keinen Schmerz. Bilden wir uns nun überzeugend ein, daß wir keinen Schmerz haben, so steht dieses Bild (von der Schmerzlosigkeit) im Vordergrunde unseres Denkens, und die durch die Durchbohrung des Körpers entstandene Beeindruckung der Sinne (Schmerzgefühl) findet durch die Ablenkung der Aufmerksamkeit keine Kraft, um sich im Bewußtsein durchzusetzen.

Daß es wirklich so ist, haben Sie selber schon oft genug erlebt. Oder haben Sie sich noch nie verletzt, ohne daß Sie es gemerkt haben? Und wie oft! Manchmal haben Sie es sogar erst Wochen hinterher festgestellt. Das ist im Grunde genau dasselbe wie beim Fakirexperiment, nur, daß bei Ihnen die Aufmerksamkeit nicht durch die „Vorstellung der Schmerzlosigkeit", sondern durch andere Dinge abgelenkt wurde. Die Kunst des Fakirs besteht darin, daß er nur zu denken braucht, was er will, jedenfalls im Zustande seiner Konzentration.

Verstehen Sie jetzt, warum die Zahnschmerzen, die erst so heftig waren, plötzlich vor der Tür des Zahnarztes wie weggeblasen sind und sich, wenn man aus „Angst" auf die Hilfe des Zahnarztes verzichtet, im Hause mit alter Kraft wieder einstellen?

Alles läßt sich durch die Gedanken beeinflussen.

So läßt sich durch die Einbildung nicht nur der Nervenapparat beeinflussen, sondern auch der übrige Organismus. Man denke dabei an die vielen durch „Glauben" ermöglichten Krankenheilungen. Hiermit meine ich jedoch keineswegs nur die Beseitigung nervöser Leiden, sondern auch die Befreiung von organischen Erkrankungen. Ich persönlich habe Fälle erlebt, die ich unbedingt als Wunder ansprechen müßte, wenn mir nicht bekannt wäre, daß dabei alles auf natürlichem Wege zugegangen ist. Und was ist der „Glaube"? Die innere Überzeugung von der eintretenden Heilung! Also eine mächtige, *positive* Vorstellung!

Die Hauptarbeit bei der Beherrschung der Autosuggestion besteht nicht in der Erteilung der Suggestion, sondern im genauen Begreifen der Wirkungsweise der Suggestion.

Auch Ihnen wird sicher manche durch den Glauben bewirkte Heilung bekannt sein. Einerlei, ob es sich dabei nur um die „Besprechung" der Rose handelt, um das „Büßen" von Warzen oder um ernstere Fälle, immer ist die heilende Kraft eine entsprechende Vorstellung, die die inneren Heilvorgänge anregt*. Heilen kann in jedem Fall nur *eine* Kraft, die Kraft des inneren „Selbst", die *Seele.* Alle äußeren Mittel sind nur dazu notwendig, um das geistige Bild der Gesundheit zu schaffen, das die seelische Heilkraft anregt und die Hindernisse beseitigt, die den inneren „Baumeister" in der Ausübung seines Berufes hemmen. Versagt die seelische Heilkraft, dann kann auch ärztliche Kunst nicht helfen. Wer könnte wohl eine Wunde heilen, wenn nicht die innere Heilkraft sie vernarben würde?

Wer nicht begreifen lernt, warum eine Autosuggestion einfach wirken muß, warum das Gefühl stärker ist als der Wille, warum gerade durch passives Verhalten das Negative aus dem Bewußtsein verschwindet, wird nie mit großem Erfolg bewußte Autosuggestion treiben lernen. Also die Erkenntnisfrage ist die Hauptsache. Ist sie gelöst, dann ist alles andere buchstäblich ein Kinderspiel.

Wie aber diese Kraft heilen kann, so kann sie auch krank machen, ja, den Tod des Körpers herbeiführen, wenn negative Einflüsse sie beherrschen. Oder ist noch niemand durch Gedankenkraft gestorben? Hierher gehört ein Fall, den Carl Ludwig Schleich berichtet:

„Ein sehr vermögender Kaufmann, der sein Büro persönlich leitete, kam eines Tages zu mir und bat mich flehend, ihm den Arm abzunehmen, denn er habe sich mit der Feder in den Finger gestoßen, und er wüßte, daß er nun an Blutvergiftung sterben müßte. Ich hätte gelacht, wenn nicht die angstverzerrten Züge des Mannes jeden Spott erstickt hätten. Er sei schon bei mehreren ersten Chirurgen, auch bei von Bergmann, gewesen, sie alle hätten sich geweigert, ihn zu amputieren. Ich sollte mich seiner erbarmen und ihm

* Eine Sonderstellung unter den „Glaubensheilungen" nehmen die Fälle ein, wo ein Wunder angenommen werden muß, wie es z. B. bei mancher Heilung in Lourdes, dem Wallfahrtsort der „Heiligen Bernadette", der Fall ist. Wenn ein kleines, krankes, krüppeliges Kind, das noch gar nicht denken kann und darum auch nicht über sein Vorstellungsleben zu beeinflussen ist, plötzlich von einem Tage zum andern gesund wird, dann ist das ein Gnadenakt des Himmels, eine unmittelbare Einwirkung von Kräften über aller Materie. Dieser Fall wurde schon eingangs berücksichtigt, als wir hörten: „Es gibt Umstände, wo die allgemeingültige Kausalität durch höhere Kräftewirkungen plötzlich durchbrochen werden und allen Bedingungen der materiellen Welt zum Trotz das Wunder in Erscheinung treten kann."

Tod durch negative Gedanken.

den Oberarm, wo es schon überall zucke und muckere, abnehmen. Auch ich mußte ihn natürlich unter allen möglichen Trostversuchen nach Hause gehen lassen. Ich habe ihn an demselben Abend besucht. Keine Temperatursteigerung, keine Spur Schwellung oder Entzündung an der übrigens gereinigten, verbundenen und von mir sogar ausgesogenen Wunde. Aber ungeheure Aufregung: ‚Warum amputiert man nicht? Ich könnte gerettet werden!' Am nächsten Morgen war der Mann eine Leiche. Mein Freund Langerhans hat die Obduktion gemacht. Keine Infektion. Keine Toxine im Blut. Überhaupt keine Todesursache. Meine Diagnose: ‚Tod durch Hysterie'."
Dieses Erlebnis Schleichs ist von größter Beweiskraft. Aber es steht nicht einzeln da, viele tausend ähnlicher Fälle wurden beobachtet und aus allen geht hervor: Die Gedankenmacht ist die mächtigste, über die ein Mensch verfügen kann. Ganz Großes ist möglich, wer sich dieser Macht zu bedienen weiß, wer sie diszipliniert und seinem Willen unterordnet.
„Mens agitat molem", „*Geist* bewegt die Materie". So ist es tatsächlich! Auch die Wunder Jesu, die Heilung der Lahmen, Blinden, Tauben und Aussätzigen, ja, die Auferweckung des Toten zu Nain erscheinen dann nicht mehr als Legende oder als Phänomene gewöhnlicher Suggestion oder Hypnose, sondern tatsächlich als das, als was sie aufgefaßt sein wollen: Als die Einwirkung einer göttlichen Geisteskraft auf die Gesetzesebenen der materiellen Welt. Kein Ding ist unmöglich durch die Macht des Glaubens. Der Glaube in seiner Wirkung aber wird geleitet und wachgerufen durch die Macht des Denkens!

Überall wirkt die Macht der Gedanken.

Wie die Macht der Gedanken im Reiche der organischen Funktionen wirkt, hemmt oder fördert sie auch im Reiche des Geistigen. Werde ich von der Vorstellung verfolgt, daß ich ein schlechtes Gedächtnis habe, so werde ich schwerlich etwas behalten können. Denke ich, daß ich eine geistige Arbeit nicht zuwege bringe, so wird das geschehen usw. Umgekehrt erzeugen die entgegengesetzten Vorstellungen erhöhte Leistungsfähigkeit und besseres Können.
Wie Selbstbeeinflussung grundsätzlich betrieben wird, wissen Sie schon. Falls es sich um eine in Gedanken gesprochene Beeinflussung handelt, bedienen Sie sich der Phantasie und bilden sich ganz fest ein, daß das, was Sie sich wünschen, unbedingt eintreten wird. Vergessen Sie nicht: *Es darf kein Zweifel in der Suggestion liegen, und sie muß ganz eindeutig sein.*

So werden Sie innerlich ruhig!

Wollen Sie innerlich ruhig werden, so denken Sie, indem Sie vor Ihrem geistigen Auge das Bild vollkommener Ruhe haben:

„Ich werde ruhig!"

Sich immer auf den Standpunkt der Selbstverständlichkeit stellen.

Diesem Gedanken geben Sie sich vollkommen hin, wobei Sie den Eintritt der Ruhe als *selbstverständlich* erwarten. Ja, so kommt es, ich werde ruhig, ganz selbstverständlich „ruhig". Dieser „*Selbstverständlichkeit*" müssen Sie sich hingeben, darauf kommt es an. Nicht sagen, indem Sie sich gewaltsam bezwingen wollen: „Ich *will* ruhig sein." Das ist dann Selbstbeherrschung, aber keine Selbstbeeinflussung. Ohne Zweifel ist Selbstbeherrschung gut, aber weil dabei nicht die Gedanken, sondern die Nerven zur Ruhe gezwungen werden, ist sie viel schwerer und anstrengender als Selbstbeeinflussung. Übrigens ist mit der Selbstbeherrschung viel weniger anzufangen als mit der Autosuggestion, vor allem, wenn es sich um die Beeinflussung *unwillkürlicher* Vorgänge handelt.

Autosuggestion darf keine Anstrengung der Nerven verursachen; wenn sie es dennoch tut, wird sie falsch ausgeführt.

Also die Erkenntnis ist das Wichtigste. Autosuggestion wirkt durch die Macht des Gefühls.

Je öfter man sich selbst beeinflußt und je mehr man sich in die Denkvorgänge der Selbstbeeinflussung einlebt, um so vollkommener tritt ihre Wirkung in Erscheinung.

Das ganze Denken muß positiv werden, und vor allem muß alle Angst, die ja der Nährboden negativer Vorstellungen ist, heraus aus dem Bewußtsein.

Nie vergessen: Angst und Furcht sind der Nährboden negativer Vorstellungen. Sind Sie sich schon vollkommen klar warum?

Viele Tausende seelisch Gehemmter habe ich im Laufe meiner 30jährigen Praxis schon von ihren „Komplexen" befreit. Einmal nimmt an meinem Unterricht eine junge Dame teil. Grund: Krankhaftes Erröten, sobald sie unter Menschen kommt. Eine Folge falscher Erziehung und negativer Lebenseinstellung. Nachdem sie die Stunde der Autosuggestion hinter sich hat, fragte ich sie: „Nun, jetzt ist doch das Erröten weg?" Antwort: Schüchternes Kopfschütteln. „Haben Sie vorige Woche auch immer positiv gedacht?" Antwort: Leises „Ja". „Und warum setzen Sie während des Unterrichts Ihren Hut nicht ab?" „Ich fürchte, daß dann die anderen Teilnehmer sehen könnten, wie rot ich bin!" „Aha, also die Angst!" Ich sage, daß es doch kein Verbrechen ist, wenn sie rot wird und daß sie in Zukunft immer den Hut absetzen soll. „Was macht es, wenn Sie wirklich rot werden? Erstens denken Sie bloß, daß es die Leute sehen, und zweitens, wer weiß denn überhaupt, daß Sie aus nervösen Ursachen heraus erröten?" Also weg mit der Angst und positiv gedacht!" Resultat: Nach einer Woche ist das Erröten verschwunden. „Ich gehe jetzt immer ohne Hut", erhalte ich freudig zur Antwort, als ich mich nach der Durchführung meiner Anordnungen erkundige.

Angst und Furcht sind immer der Nährboden negativer Vorstellungen. Deshalb vor nichts Angst haben! Lassen Sie kommen, was da will.

Genau so müssen auch Sie verfahren, lieber Leser, wenn Sie an irgendeiner Hemmung oder nervösen Störung leiden; ruhig kommen lassen, wenn es wirklich kommen sollte: „Wenn es da ist, werde ich schon damit fertig werden", so muß Ihre Ansicht sein, dann denken Sie richtig.

Und Sie werden sehen, so wie Ihre „Angst" verschwindet, weicht alles Hemmende und Störende.

Wozu auch Angst? Fragen Sie sich, was Ihnen schlimmstenfalls passieren kann: Als Redner durch das Lampenfieber den Faden verlieren? Gut, so werde ich mich höchstens blamieren. Denken Sie: Jeder blamiert sich, so gut er kann! Habe ich den Faden schon einmal verloren? Nein! Also warum sollte es ausgerechnet jetzt passieren, wo ich keine Angst mehr davor habe? Weg mit dem letzten Rest der Angst!

So müssen wir uns in jedem Falle fragen, und indem wir uns die Ursachen der Angst klarmachen, was natürlich manchmal gar nicht leicht ist, sind wir schon auf dem besten Wege, uns von der Angst zu befreien.

Wir werden später noch viel darüber hören, wie wir die Angst aus uns herausbekommen, denn das ist eine Hauptursache unseres persönlichen Versagens. Einstweilen soll nur der grundsätzliche Weg zu einer positiven Denkrichtung gezeigt werden und im besonderen im Hinblick auf die Technik der Selbstbeeinflussung.

Als wirklich positiv denkender Mensch darf man auch Gedanken nicht aufkommen lassen wie: Das werde ich wohl nicht können, das werde ich wohl nicht überwinden usw. *Alles, was möglich ist, geht, ist leicht, wird gemacht!* Auch die Gedanken: „Kann nicht!" und „Will nicht!" gehören auf den Friedhof. Einerlei, ob es sich um die Beseitigung einer Hemmung, die Erzielung einer Leistung, die Entwicklung einer Anlage handelt: immer geht es, wenn nur die Gedanken richtig eingestellt werden.

Das ganze Denken muß klar, zweifelsfrei und bejahend sein, wie auch die Einstellung zur Umwelt absolut bejahend sein soll. Erst wenn das der Fall ist, ist man positiv!

Wann und wie oft Selbstbeeinflussung?

Durch bewußtes Aussprechen eines Gedankens können wir ihn beliebig lange im Bewußtsein festhalten. Darauf gründet sich vor allem die Wirkung der gesprochenen Suggestion. Voraussetzung aber ist, daß man tatsächlich während des Sprechens ganz bei dem auszusprechenden Gedanken ist, und daß man das, was man sagt, in einem Gefühl innerlicher Überzeugung fest bejaht. Ist die Überzeugung von der Wirkung einer Suggestion nicht da, muß man ganz so tun, als wäre sie da.

Immer muß die richtige Glaubensstimmung da sein, in die man sich hinein steigern muß.

Eine Selbstbeeinflussung realisiert sich um so schneller, je eindringlicher und öfter sie durchgeführt wird. Das heißt aber nicht, daß wir uns einen bestimmten Gedanken unausgesetzt hintereinander einreden müssen. Damit würden wir den Wachstumsvorgängen des Seelenlebens nicht gerecht.

Stellen Sie sich vor, die Selbstbeeinflussung sei ein *Same,* den wir tief in unser inneres Wesen einzupflanzen haben. Von Zeit zu Zeit heißt es, diesen Keim mit seelischer Nahrung zu versehen, dadurch wird er größer und wächst schließlich zu einer starken, kräftigen Pflanze heran. *Praktisch bedeutet das, daß wir uns während des Tages wiederholt dieses Keimes bewußt werden müssen, wozu wir uns die Suggestion lebhaft in die Erinnerung zurückzurufen haben bzw. erneut erteilen müssen. Wichtig ist dabei die Stimmung, in der wir uns befinden, die immer diktiert sein muß von dem Glauben an die selbstverständliche Verwirklichung des bewußt erzeugten Gedankenbildes.*

Da das Beispiel der beste Lehrmeister ist, wollen wir uns diese Bedingungen an einer Selbstsuggestion verdeutlichen, die sich ganz auf die Entwicklung zur positiven Persönlichkeit bezieht. Das wichtigste ist dazu ein eindringlicher, beeinflussender *Wortlaut.* Er muß so sein, daß er *das,* was werden soll, genau *ausmalt.* Außerdem muß er von dem selbstverständlichen Glauben an die Verwirklichung der Autosuggestion geformt sein.

Hier das Beispiel:

„In meinem inneren Wesen wachse ich immer mehr zu einer positiven Persönlichkeit heran! — Ich fühle deutlich, wie ich immer mehr Macht über mich gewinne, wie ich immer beherrschter, immer ausgeglichener, immer harmonischer werde.

Meine Nerven gehorchen mir — mein Denken löst sich von allen Hemmungen — mein Geist wird frei und entfaltet sich. — Ich fühle, daß ich innerlich wachse — Tag für Tag fühle ich mehr, wie ich wachse! —

Ein großes Selbstvertrauen kommt über mich. — Ich glaube an mich und meine seelische Kraft! — Ich meistere immer mehr jede Schwäche, nichts kann mich klein und schwach machen, nichts zu Boden zwingen. — Ich fühle, daß ich ganz positiv werde. — Ja, ich werde positiv, ganz positiv, ganz positiv! —"

So positiv muß der Wortlaut jeder Suggestion sein.

Wenn Sie den Wortlaut dieser Selbsteinrede mit voller Hingabe und bedingungsloser innerer Bereitschaft auf sich einwirken lassen, werden Sie schon beim erstmaligen Durchlesen spüren, daß aus der Vertiefung auf diese Gedanken unbedingt ein Einfluß erwächst. Dieser Einfluß wird um so stärker, je mehr Sie dabei Ihre Phantasie und Einbildungskraft spielen lassen.

Steigerung der Wirkung.

Eine weitere Erhöhung ist möglich, wenn Sie den Suggestionstext nicht nur lesen, sondern gleichzeitig mit den Lippen formen, also aussprechen und dann obendrein noch mit den Augen unterstützend arbeiten. Hierzu ist erforderlich, daß Sie den Suggestionstext aus dem Gedächtnis sprechen, während sie vor einem Spiegel stehen. Beim Sprechen müssen Sie dann sichtbar verkörpern, was Sie sagen. Der ganze Körper muß beteiligt werden und mit allen Nerven im Rhythmus des positiven Wollens schwingen. Das ganze muß geschehen mit voller Einstellung auf die Selbstverständlichkeit und im tiefen Glauben an alles, was Sie zu sich sprechen. Je gründlicher und gewissenhafter Sie vorgehen, und je mehr Sie durch Ihre vollkommene Hingabe an die Wirkung dieser aufbauenden Beeinflussung schon im voraus fühlen, wie Sie innerlich wachsen, stark und positiv werden, um so intensiver gestalten Sie das innere Erlebnis und um so machtvoller und nachhaltiger ist die Wirkung auf Ihre seelische Struktur.

Der ganze Mensch muß dabeisein!

Volle, ernste und tiefe Hingabe an die Wirkung. Schon im voraus erleben, was kommt.

Ich habe schon über die Macht des Gefühls gesprochen und Ihnen erklärt, daß sich unbedingt der Gedanke in uns durchsetzen wird, dem es gelingt, unser Gefühl zu erfassen. Jetzt werden Sie wissen, was ich damit sagen wollte und diese Erkenntnisse auch in der Praxis zur Anwendung bringen können.

Was die *Wiederholung* der Suggestion betrifft, so empfehle ich Ihnen, diese täglich *dreimal* vorzunehmen. Aber immer nur dann, wenn Sie wirklich 5 Minuten Zeit dafür übrig haben. Bedenken Sie bitte, daß diese positive geistig-seelische Gestaltungsarbeit ein *Schöpfungsprozeß* ist, und danach auch behandelt werden will.

Diese positive Gestaltungsarbeit ist ein Schöpfungsprozeß! Sehr wichtig!

Von besonders starkem Einfluß ist diese Selbsteinrede morgens nach dem Aufstehen und abends vor dem Einschlafen. Es versteht sich von selbst, daß Sie auch während des ganzen Tages unter dem Eindruck der Suggestion stehen müssen, was durch die gewissenhafte Durchführung Ihrer Vorsätze zum Ausdruck kommen muß. Man muß sich also während des ganzen Tages befleißigen, soweit wie möglich im Sinne der Suggestion zu handeln. Rückschläge in der ersten Zeit, die unbedingt kommen werden, dürfen Sie nicht irritieren. Sie werden sehen, daß mit dem Wachsen Ihrer Persönlichkeit dieses Versagen immer seltener wird und dann ganz von selber aufhört, weil durch die fortdauernde Selbstbeeinflussung zum Positiven, die Beachtung der erfolgreichen Lebensrichtung immer selbstverständlicher und damit immer leichter wird. Wenn Sie sich zu sehr mit Rückschlägen beschäftigen, wird jedesmal der Glaube an das eigene Können untergraben, das aber erschwert

Den ganzen Tag über im Sinne der Selbstbeeinflussung handeln! Rückschläge sind nebensächlich und natürlich.

Ihren Kampf um die Bemeisterung des Lebens. Passive Resistenz gegenüber allem Negativen, das gilt auch hier.

Wirksame Spezial-Suggestionen

Immer ganz positiv auf den Selbstverständlichkeitsstandpunkt stellen.

Zum Abschluß dieses Kapitels über die geistigen Ursachen des Erfolges finden Sie eine Reihe wertvoller Spezialsuggestionen, die Ihnen zeigen, wie der Wortlaut einer guten Selbstbeeinflussung aufgebaut sein muß. Grundsätzlich ist zu bedenken, daß man sich stets auf den *Selbstverständlichkeitsstandpunkt* stellt. Also: *Alles das, was man sich wünscht, bzw. was durch die Selbstbeeinflussung eintreten soll, wird ganz bestimmt und ganz selbstverständlich eintreten!* Jeder Zweifel muß von vornherein schon durch die positive Gestaltung des Wortlautes ausgeschaltet sein: Ganz selbstverständlich ist es so, ganz selbstverständlich kommt es so, wie es mir die Suggestion sagt!

Bildlich denken!

Hierbei sei nochmals daran erinnert, daß man stets mit der Phantasie und Einbildungskraft zu arbeiten hat.

Es muß also innerlich immer ein genaues Bild von dem geformt werden, was Wirklichkeit werden soll. Je intensiver wir dieses Bild gestalten und je mehr wir uns in seine Ausmalung mit unserm ganzen Gefühl hineinleben, um so schneller setzt sich die Selbstbeeinflussung in die Tat um.

Achtung! Diese Erklärung ist sehr wichtig! Genau durchlesen und gründlich darüber nachdenken. Die Suggestionen arbeiten in uns ganz selbständig.

Es wurde schon gesagt, daß zur wirksamen Durchführung der Autosuggestion einige Übung gehört. Wenn man sich jedoch eine Zeitlang bemüht, genau nach Vorschrift zu handeln, also die Regeln zur Erteilung wirksamer Selbstsuggestionen genauestens zu beachten, dann stellt sich unser Konzentrationsvermögen so tadellos ein, daß wir uns später völlig mühelos und sogar im Schlaf beeinflussen lernen. Wie jede anfangs noch so schwierige Kunst schließlich ganz leicht fällt, so ist es auch hierbei. Zudem ist es so, daß ein einmal kräftig geformter Bewußtseinsinhalt eine feste Erinnerungseinheit darstellt, die sofort wieder mit allen Einzelheiten in Erscheinung tritt, wenn wir nur mit einem leisen Impuls daran rühren. Daraus ergibt sich auch, daß die Suggestionen in uns vollkommen *selbständig* zu arbeiten beginnen. Bewußte positive Autosuggestion schafft uns buchstäblich *Mitarbeiter* des Erfolges, die je nach ihrer Seelenkraft (Aufmerksamkeit ist das Mittel zur Beseelung der Vorstellungen) unser Streben immer leichter machen.

Wir können einfach, was wir wollen, weil das wirksame Gedankenbild als unser Bevollmächtigter unserem Nervensystem befiehlt!

Angenommen, Sie sind heute noch ein unruhiger Mensch, der bei jeder Gelegenheit aus dem Häuschen gerät und keine fünf Minuten stillsitzen kann. Wenn Sie nun mit ernstem, festem Wollen zielbewußte Selbstbeeinflussung treiben, werden Sie schon nach kurzer Zeit spüren, wie Ihnen plötzlich mitten in einer Unruheanwandlung die Vorstellung der Ruhe *ganz von selber* ins Bewußtsein kommt und entsprechende Wirkungen auslöst.

Jawohl, ganz von selbst!!!

So ist es auf jedem Gebiete, auf dem Sie Autosuggestion treiben. Gedanken sind eben Kräfte und die Gedanken, die wir durch die Selbstbeeinflussung planmäßig in uns großziehen, sind eines Tages die Herren über uns und verwirklichen sich unbedingt.

Entwicklung innerer Ruhe

Ich atme ganz langsam, ruhig und tief und fühle dabei, wie ich innerlich immer ruhiger und ruhiger werde. — Diese Ruhe ist eine Wohltat für mein Gemüt und meine Nerven. — Ich fühle es an meinem Herzen: es schlägt immer gleichmäßiger, immer gelassener, immer entspannter, — immer gleichmäßiger, immer gelassener, immer entspannter. — Es ist ein wunderbares Gefühl, innerlich ganz ruhig und ganz entspannt zu sein, — ganz ruhig und ganz entspannt. — Das kräftigt die Nerven, — das macht seelisch stark, — das gibt Kraft und macht innerlich ausgeglichen und harmonisch. — So friedlich und ruhig wie ich atme, so ruhig und friedlich pulst das Blut in mir, — so ruhig und friedlich schwingt mein Gemüt. — Ich bin in allen Fasern meines Körpers völlig entspannt. — Es ist so, als wäre der Körper überhaupt nicht da. — Keine Verkrampfung, keinerlei erzwungene Entspannung, alles nur Gelassenheit und Harmonie. — — Es ist wunderbar, in allen Nerven so gelassen und so entspannt zu sein. — Das gibt Harmonie in allen Gedanken, — das macht frei von Hast und aller Unruhe und aller Disharmonie. — — Ich fühle, wie ich innerlich immer ruhiger und ruhiger werde, — ganz ruhig, so, wie mein Atem, — so, wie mein Atem. — — Ganz ruhig — — ganz ruhig — — ganz ruhig — — —

Beseitigung seelischer Hemmungen

Die Macht froher positiver Gedanken erfaßt mein Inneres. — — Alles Ängstliche meines Wesens, alles Drückende verschwindet und macht einer zuversichtlichen Stimmung Platz. — — Alle Hemmungen und Störungen der Nerven weichen von mir, — — alle Hemmungen, alle Störungen. — Ich fühle, ich werde frei, — frei von jeder Angst, — von jeder Furcht, — von jeder Hemmung. — — Meine Brust weitet sich, und mein ganzer Mensch wird mit froher Zuversicht erfüllt. — Ich freue mich, daß alle Hemmungen weichen und alle Störungen der Nerven verschwinden. — Alles Beengende wird verdrängt durch eine starke Lebensbejahung. — Ein Gefühl großer Sicherheit erwacht und durchpulst mit wunderbarer Wirkung meinen ganzen Körper. — (Tief atmen!) — Ich freue mich und gebe mich ganz dem Gefühl hin, daß ich Herr bin über alle Hemmungen. — Ich habe keinen Grund zu Angst oder Furcht, denn ich meistere jede Situation, — jede Situation durch meine seelische Kraft. — Und jeden Tag besser, — jeden Tag besser. — Ich habe nur Gedanken der geistigen Freiheit. — Es gibt nichts, was mich niederdrücken könnte. — Angst und Furcht verlassen mich. — Ich dulde nur frohe Gedanken in meinem Bewußtsein. — Jeden Tag fühle ich mich freier von Hemmungen. — Ich fühle deutlich, daß ich frei werde, — ganz frei — ganz frei von allen Störungen meines seelischen Lebens. — Ich kenne keine Furcht und Angst mehr. — Ich

freue mich, daß ich frei werde, — ganz frei von allen Hemmungen — und jeden Tag mehr, — jeden Tag mehr. — Jeden Tag werde ich freier, ich fühle das ganz deutlich. — Alle Hemmungen verschwinden, — ganz frei werde ich, — ganz frei, — ganz frei! — — —

Förderung der körperlichen Gesundheit

Ich weiß, daß Gedanken Kräfte sind und nutze diese Macht aus zur Förderung meiner körperlichen Gesundheit. — Wenn ich mich ganz konzentriert auf einen harmonischen Ablauf meiner Organtätigkeit einstelle, dann tritt diese Harmonie immer deutlicher in Erscheinung, je öfter ich mich so konzentriere. — Das ist so, weil Gedanken Kräfte sind, und diese Macht nutze ich aus, — diese Macht nutze ich aus. — Ich bilde und erlebe in mir das geistige Urbild des ganz und gar gesunden Menschen. — Dieses Urbild ist der Anfang meiner Gesundheit. — Ich denke es immer deutlicher, immer klarer, immer beseelter, — und was ich denke wird Wirklichkeit, wird ganz bestimmt Wirklichkeit. — Alles Schwache und Kranke verläßt mich, weil jetzt in meinem Innern Gesundheit und Lebenskraft schwingen. — In meinem Urbild gibt es keine kranke Stelle, allein Gesundheit, nur Gesundheit. — Ich lebe auf und fühle mich immer wohler. — Ein herrlicher Kraftstrom durchpulst mich und erfüllt alle Nerven und Organe. — Das Urbild der Gesundheit verdichtet sich in mir und wird immer mehr Fleisch und Blut. — Aus dem Gedankenbild wird Wirklichkeit, — greifbare Wirklichkeit. — Es ist wie ein Wunder, was sich vollzieht, und doch ist alles ganz natürlich. Gedanken sind Kräfte: ich denke Gesundheit, und darum werde ich gesund! — Das muß so sein, das ist so, eben, weil starke Gedanken Macht haben auf alle Nerven und Organe. — Was ich konzentriert denke wird Wirklichkeit! — Ich denke Gesundheit, und darum werde ich gesund, ja, ganz gesund, ganz gesund. — Mein starkes Denken hält das Urbild der Gesundheit fest. — Dieses Urbild zeigt, wie alle Organe in mir ganz wunderbar harmonisch arbeiten. — Indem ich diese Harmonie immer deutlicher ausdenke und immer lebendiger erlebe, tritt eine Beeinflussung aller Nerven und Zellen ein. — Darum werde ich gesund, — ganz gesund, — ganz gesund. — — —

Ausschaltung negativer Gewohnheiten

Ich bin ein positiver Mensch und dulde nur positive Gewohnheiten an mir. — Eine Gewohnheit ist gut und daher positiv, wenn sie mir und meiner Umgebung Harmonie und Vorteile bringt. — Es kommt alles darauf an, was ich selber von mir denke und innerlich von mir halte, — wie das geistige Bild ist, das ich von mir in meinem Innern trage. — Dieses Bild soll mich stark und frei von allen Schwächen zeigen. —

Ist das so, dann bin ich auch körperlich von allen Schwächen frei. — Ich prüfe mich und sehe noch dunkle Stellen in diesem Bilde, negative Gewohnheiten, die immer mehr verblassen und verschwinden müssen. — Allen Handlungen und Reaktionen voraus geht der Gedanke. — Wenn ich mich frei denke von allen Charakterschwächen, dann kommt es so, wie ich denke, dann weichen alle Schwächen. — Ich wünsche von ganzem Herzen, daß ich frei werde. — Ich sehe und erlebe, wie sich mein geistiges Urbild in diesem positiven Sinne wandelt. — Die dunklen Stellen weichen, alles wird klar in mir, alles edel und stark. — Die Augen meines inneren Bildes beginnen zu leuchten, ein neuer Mensch ersteht, wird immer deutlicher, immer sichtbarer. — So werde ich sein, wie es dieses Urbild zeigt, frei von allen Schwächen, frei von allen schlechten Gewohnheiten. — Ich weiß, daß es so kommt, denn ich erlebe meine Wandlung im voraus in der Wandlung meines Urbildes. — Ich erlebe, wie ich innerlich geistig auferstehe und charakterlich gesunde. — Und weil ich das erlebe, darum geschieht es auch wirklich und tatsächlich, denn was ich suggestiv denke, wird Wirklichkeit, wird greifbare Wirklichkeit. — Eine völlige Veränderung meines Wesens tritt ein. — Ich dulde keine negativen Gewohnheiten mehr an mir, ich gewinne Macht über sie aus der Kraft meines positiven Denkens. — Tag für Tag erlebe ich das mehr und mehr, und der Sieg über mich selber ist absolut gewiß. — Ganz bestimmt kommt es so, — ganz bestimmt, — ganz bestimmt. — Ich werde frei von allen Schwächen — ganz frei, — ganz frei, — ganz frei — — —

Beherrschtes Sprechen, sichere Stimme

Wer erfolgreich sein will, muß im Sprechen beherrscht und im Tonfall seiner Stimme absolut sicher sein. — Ich weiß, daß für die Macht der Sprache die innere Sicherheit ausschlaggebend ist. — Das ist eine Frage des Vertrauens zur eigenen Kraft. — Ich kann im Sprechen nur dann sicher sein, wenn ich innerlich sicher bin. — Ich bin innerlich sicher, vollkommen sicher und frei von allen Hemmungen. — Jedes Wort, das aus meinem Munde kommt, klingt beherrscht und fest, — jedes Wort ist kraftgeladen und erfüllt von dem ganzen Wesen meiner Persönlichkeit. — Jede Sprechangst verläßt mich, — alles ist bedeutungslos, was mit Hemmungen zusammenhängt. — Ich fühle immer mehr das Wachsen meines inneren positiven Urbildes, und das allein ist entscheidend. — Ich spreche ruhig und fest, — ich bin absolut sicher und habe meine Stimme und meine Sprache vollkommen in der Gewalt. — Was ich sage, hat Hand und Fuß, — kein unüberlegtes Wort kommt aus meinem Munde, und jedes Wort ist kraftgeladen und durchdrungen vom Fluidum des positiven Menschen. — Ich fühle, wie ich innerlich wachse und meine Sprache immer sicherer und einfluß-

reicher wird, — ganz deutlich fühle ich das, ganz deutlich. — Absolut sicher wird meine Sprache. — Meine Sprache habe ich vollkommen in der Hand. — Ich bin sicher, — ganz sicher, — jedes Wort beweist diese Sicherheit, — jedes einzelne Wort. — Es gibt für mich keine innere Erregung mehr beim Sprechen, sondern nur noch Ruhe und Festigkeit, — Ruhe und Festigkeit, — Ruhe und Festigkeit, — Ruhe und Festigkeit — — —

Positives Auftreten

Alle Minderwertigkeitsgefühle sind Unsinn und meiner unwürdig. — Ich bin ein ehrlicher, aufrichtiger Mensch, der jedermann frei ins Gesicht blickt und keine Hintergedanken kennt. — Diese guten Seiten meines Wesens sind ausschlaggebend für mein Auftreten, das in jeder Hinsicht vollkommen frei, gänzlich ungezwungen und sicher ist. — Schüchternheit, Ängstlichkeit und Unfreiheit beweisen mangelndes Selbstvertrauen und gehemmtes Denken. — Das gibt es nicht bei mir, weil ich stets geistesgegenwärtig bin und meine Gedanken nie mit mir durchgehen lasse. — Ich denke vollkommen logisch und positiv und bin stets bemüht, die hieraus sich ergebende innere Sicherheit zu verstärken. — Unausgesetzt arbeite ich an der Steigerung meines Selbstvertrauens, indem ich mir immer stärker beweise, daß ich meine Vorsätze durchführe, — dadurch, daß ich mich bewähre in allen Lagen, wo es auf den positiven Charakter ankommt. — Es gibt überhaupt keine Veranlassung für mich, im Auftreten unsicher und gehemmt zu sein. — Ich glaube an mich, und darum kann ich mich auch behaupten. — Wer mit mir nicht zufrieden ist, der soll es sagen, aber beunruhigen, verängstigen oder unsicher machen lasse ich mich dadurch nicht. — Ich bin völlig sicher aus klarem, ruhigem, überlegenem Denken. — Jedem Menschen, dem ich die Hand entgegenstrecke, teile ich schon durch das Gefühl diese innere Sicherheit mit, — jede Zaghaftigkeit ist mir fremd. — Ich weiß ganz genau, daß ich volles Vertrauen zu mir haben kann, ganz genau so, wie es jeder sichere Mensch hat. — Es gibt keinen Grund für mich, unsicher zu sein. — Niemand kann mich beeinflussen und aus dieser Sicherheit herausbringen. — Es gibt keinen Grund, unsicher zu sein, und darum bin ich frei, — ganz frei und ganz ohne Hemmungen, — ganz frei und völlig sicher, — ganz frei und völlig sicher — — —

Steigerung des Erfolgswillens

Wer große Ziele erreichen will, muß felsenfest an sich glauben und sich höchste Leistungen zutrauen. — Dieser Glaube geht voran, er ebnet den Weg für die Leistungen. — Das ist so, weil die Leistungen

aus der Seele kommen, aus dem Unbewußten, das die Quelle der großen Leistungen ist. — Die Schöpferkraft der Seele muß wachgerufen werden, und das bewirkt der Glaube an das eigene Können. — Willenskraft, Tatkraft, Fleiß, Ausdauer und Zähigkeit in allen Unternehmungen sind Früchte des Vertrauens zur eigenen Kraft. — Alle diese positiven Kräfte und Fähigkeiten rufe ich in mir wach, wenn ich felsenfest an mich glaube und in diesem Glauben an meiner Entwicklung und an meinen Zielen arbeite. — Ich glaube an mich, — ganz fest glaube ich an mich, — ganz fest, — ganz fest. — Ich glaube daran, daß auch in mir Kräfte und Fähigkeiten ruhen, die mich große Ziele erreichen lassen. — Ich glaube an meine Tatkraft, an meinen Fleiß, an meine Ausdauer und meine Zähigkeit in allem, was ich erstrebe und mir zum Ziele gesetzt habe. — Ich weiß, daß ich mich auf mich verlassen kann. — Was der Erfolg verlangt, führe ich gewissenhaft durch, — ich halte jeden Vorsatz ein wie einen Eid, — es gibt keine Schwäche, die mich daran hindern kann. — Ich glaube an mich, — ganz fest glaube ich an mich. — Mein Wesen, mein Charakter sind zuverlässig wie ein Gesetz. — Ich weiß, daß mir höchste Leistungen möglich werden durch diese Festigkeit und Zuverlässigkeit. — Was ich mir vornehme, führe ich durch. — Ich bin standhaft, — ich bin zähe, — ich bin erfüllt von höchstem Vertrauen zu meiner eigenen Kraft. — Ich weiß, daß ich mich gegen alle Hindernisse durchsetzen werde, die mir den Erfolg unmöglich machen könnten. — Andere haben in meiner Lage sich behauptet und durchgesetzt, ich kann es ebenfalls. — Ich erreiche, was ich will, — mein Vertrauen zu mir selber ist felsenfest und unbeirrbar, — unbeirrbar und felsenfest, — unbeirrbar — — — felsenfest — — —

III. TEIL

DIE HÖHERE ERKENNTNIS UND LEBENSEINSTELLUNG DES POSITIVEN MENSCHEN

Ein neues Gottvertrauen müssen wir entwickeln: Das Gottvertrauen des aus seelischer Blindheit befreiten und zur höheren Erkenntnis gekommenen Menschen.

Furcht ist eine Geisteskrankheit, die die innere Geschiedenheit des Menschen von Gott anzeigt. Die Kleinheit der Ursache von Furcht ist ein Maß für die Größe der Entfernung von Gott.
Lhotzky

Fest einprägen: Angst und Furcht sind der Nährboden negativer Vorstellungen!

Über die höhere Einstellung zum Leben haben wir schon im ersten Teil unseres Werkes kurz gesprochen. Damit kommen wir jedoch nicht aus, denn es gilt die Forderung der geistigen Ursachen der Lebensbemeisterung, die wir im vorigen Kapitel kennenlernten, restlos zu erfüllen. Diese Forderung bezieht sich auf die *vollkommene Ausschaltung von Angst und Furcht aus unserem Denken,* denn, so hörten wir: *Angst und Furcht sind der Nährboden negativer Vorstellungen.*

In allem kommt es hier darauf an, daß wir frei werden vom Zwang.

In der vorigen Lektion hörten wir ferner davon, daß die *Aufmerksamkeit* eine große Rolle spielt. Sie ist es, die bestimmte Gedanken in Erscheinung treten läßt und ihnen auch die Herrschaft über unser Inneres ermöglicht. Daraus ergibt sich, daß eine Vorstellung aus dem Bewußtsein verschwindet, wenn wir ihr unser Interesse entziehen. Hier nun aber, mein verehrter Leser, liegt das eigentliche Problem: *Meist ist es nicht so, daß wir die Aufmerksamkeit in der Gewalt haben, sondern, daß s i e uns im Banne hat bzw. irgendeine Macht, die außerhalb unseres oberbewußten Willens liegt.* Daher kommt es auch, daß im allgemeinen nicht unser oberbewußtes „Ich" die Gedanken und Vorstellungen erzeugt, sondern das „Es" in uns, das Unterbewußtsein bzw. der *innere Mensch.* Das ist der höchste Zustand der Selbst- und Lebensbemeisterung, wenn wir es erreicht haben, die Kräfte in uns ganz *willkürlich* arbeiten zu lassen.
Diesem Gedankengang folgend muß alles unterbunden werden, was der Bildung negativer Einflüsse irgendwie Vorschub leistet. Und gerade diese

Erkenntnis ist es, die uns zwingt, radikal jede Angst und Furcht aus unserm Denken zu bannen. Können Sie jetzt schon voll begreifen, warum? Deshalb nämlich, weil gerade Angst und Furcht es sind, die fortwährend gegen unser Wollen, also gegen unseren Willen die Aufmerksamkeit auf das Negative lenken. Mit Recht sagt einer unserer großen Dichter, der dieses Lebensgeheimnis intuitiv durchschaut:

Friedrich v. Schiller über Angst und Furcht.

„Wenn wir den Menschen die Angst und Furcht nehmen könnten, könnten wir sie zu halben Göttern machen."

Wer Angst und Furcht überwindet, wird frei von den negativen Einflüssen aus dem eigenen Innern, das ist der tiefe Sinn dieses Schillerwortes.

Lebensbemeisterung ist undenkbar ohne Selbstbemeisterung! Nur wer sich selbst bezwingt, bezwingt auch das Leben. Für den positiven Menschen gibt es nur die freie Selbstbestimmung, und nur dadurch sind wir ja überhaupt erst in der Lage, nach den Gesetzen des Erfolges zu handeln.

Entscheidend wichtig sind diese Erkenntnisse auch zur erfolgreichen Handhabung der Autosuggestion. Wenn die Selbstbeeinflussung will, daß wir einen ganz bestimmten Gedanken durch bewußte Hinlenkung unserer Aufmerksamkeit in uns immer stärker und stärker machen, so muß andererseits alles getan werden, um jeden Einfluß abzubiegen, der dieses Bestreben durchkreuzen will. Das aber heißt: *Ausschaltung jeder Angst und Furcht!*

Was hat es für Sinn, zu bestimmten Zeiten eine Selbstbeeinflussung vorzunehmen, in der übrigen Zeit aber durch Angst und Furcht gezwungen zu sein, sich immer wieder mit dem Negativen zu beschäftigen. Übrigens gibt es eine Unzahl Fälle, wo eine vollkommene Autosuggestion überhaupt nicht möglich sein wird, weil dauernd negative Einflüsse die Aufmerksamkeit ablenken. Es ist daran zu denken, daß während einer Autosuggestion durch die Geistes- und Seelenkraft ein möglichst vollkommenes Bild, eine möglichst vollkommene Vorstellung eines gewünschten Zustandes in uns erzeugt werden muß.

Wer krank ist, hat für alles Interesse, was mit seiner Krankheit zusammenhängt.

Um zu verstehen, warum eigentlich Angst und Furcht der Nährboden negativer Vorstellungen sind, müssen wir uns in das Gedankenleben eines kranken Menschen hineinversetzen. Ist es nicht so, daß er für alles, was mit seiner *Krankheit* in Beziehung steht, das größte Interesse zeigt und viel eher geneigt ist, an eine weitere Erkrankung als an eine Gesundung zu glauben? Aber das liegt nun mal in der Natur des Menschen, wie ja überhaupt die Gesamteinstellung, insbesondere der Menschen unserer Kulturzone, eher negativ als positiv ist. Die Ursache dafür finden wir in dem grenzenlosen Materialismus unserer Tage. Fast jeder hat Angst, daß er im Leben zu kurz kommen könnte, weil er meint, daß nur das zeitliche, das gegenwärtige, das fleischige Leben ausschlaggebend sei. An ein ewiges Leben glauben nur wenige, der Körper ist alles und immer wieder der Körper.

Versetzen wir uns in den seelischen Zustand eines solchen Menschen, so verstehen wir seine Sorge durchaus, denn ist es wirklich so, daß wir nur einmal leben und uns des Lebensgenusses begeben, wenn wir Schaden an unserem Körper nehmen, so ist seine Angst begründet und durchaus berechtigt.

Die kurzsichtige Auffassung vom Wesen des Menschen, die sich aus dem Materialismus ergibt, hat geradezu eine Seuche des Negativismus erzeugt und all die vielen Komplexe, seelischen Leiden und nervösen Störungen, an denen der heutige Mensch leidet, sind nichts anderes als nur eine Frucht dieser total falschen Einstellung zu sich selber und zum Leben.

Es liegt in der Natur des Materialismus, daß er jedem Glauben an eine Harmonie des Daseins zweifelnd gegenübersteht. Denn, so spricht das negativ infizierte Denken: Alles, was du siehst, trägt ja heute schon den Keim des Todes in sich, und der Mensch wird nicht geboren zu einem herrlichen, gesunden und glücklichen Leben, sondern um bei erstbester Gelegenheit einem Todfeinde seines Daseins zum Opfer zu fallen. Pessimismus und Materialismus wurzeln auf verwandtem Boden. Daher auch die verneinende Einstellung Schopenhauers zum Dasein, die darin gipfelt, daß er meint, das beste wäre es, der Mensch würde überhaupt nicht geboren, und das zweitbeste, so schnell wie möglich aus der Welt wieder zu verschwinden. Wer nichts weiter vom Leben bisher kannte, als die Bedürfnisse seines Leibes und dazu vielleicht Krankheit und Not um die nackte Existenz, den wird man verstehen können, wenn er dieser Ansicht beipflichtet, zumal ja die Wissenschaft durch Seziermesser, Mikroskop und Retorte „exakt" zu beweisen scheint, wie wenig doch eigentlich daran ist an so einem Menschlein. Trotzdem und trotzdem ist aber diese Einstellung falsch und in keiner Weise vereinbar mit den Gesetzen des Erfolges und erst recht nicht mit der Würde des Menschen.

Pessimismus und Materialismus.

Daß der Glaube aufbaut und der Zweifel lähmt, entspricht dem Wollen seelischer Gesetzmäßigkeiten.

Alles Große, das Menschen zeugten, ist Ausdruck stärkster Lebensbejahung. Nur durch den unbedingten Glauben an einen höheren Zweck des Daseins wurden die gigantischen Leistungen möglich, die die Träger von Kultur und Zivilisation für den Fortschritt vollbrachten.

Unglaube zerstört und reißt ein, Glaube dagegen baut auf, entwickelt und vervollkommnet. Das ist eine eiserne Wahrheit, aber nicht nur deshalb, weil der Unglaube die schöpferischen Kräfte des Menschen lähmt und der Glaube sie anregt, sondern deshalb, weil damit den großmächtigen Gesetzen des Alls und des großen wie kleinen Erfolges entsprochen wird!

Dessenungeachtet krankt aber dennoch der größte Teil aller Menschen am Negativismus. Machen Sie die Probe aufs Exempel mit Ihrer nächsten Umgebung: Wenn Sie jemandem sagen, wie gut er heute aussieht, wie schön, wie gesund, so wird er zwar lachen und für kurze Zeit ein freundliches Gesicht zeigen, aber nach fünf Minuten schon wieder der alte Griesgram sein. Genau das Gegenteil, wenn Sie sich mit ihm von seinem schlechten Aussehen und einer Krankheit unterhalten, die möglicherweise im Anzuge sei. Flugs hört er auf und ist ganz Ohr. Hellwach ist er dabei, wie Sie ihn biologisch zerlegen und hineinführen in jene Komplexe, die ihn schon immer mit größter Sorge erfüllten. Ja, ja, wird er Ihnen sagen, ich fühle mich schon lange gar nicht gut, und bald läßt er seine Schultern sinken in völliger Hingabe an seinen „bedauernswerten" Zustand.

Die Probe aufs Exempel: Man ist hellwach, wenn es um Furchtkomplexe geht.

Aber glauben Sie ja nicht, daß er dieses negative Gerede auch so schnell vergißt wie vorher die positiven Worte. Ganz im Gegenteil, jetzt beginnt eine ängstliche Selbstbeobachtung, die schließlich darin endet, daß ihm vor lauter Angst der Appetit vergeht und er durch schlechte Ernährung schwach und kraftlos und schließlich tatsächlich krank wird. —

Ungezählte Menschen, weit mehr als wir ahnen, leiden an Hypochondrie, der ständigen Furcht, krank zu werden. Viele gibt es, die sich in die Krankheitsfurcht so weit hineingewühlt (oder gegrübelt) haben, daß sie beständig ein Fieberthermometer mit sich herumschleppen, um ja nicht den Augenblick zu verpassen, in dem eine Erhöhung der Temperatur eintritt. Ist es nicht klar, daß diese Menschen einfach krank werden müssen, weil sie doch buchstäblich darauf *warten?*

Wir sagten: Angst und Furcht sind der Nährboden negativer Vorstellungen. Wer darauf wartet, ob er krank wird, bei dem befindet sich die Aufmerksamkeit dauernd im *Banne der Angst,* und darum muß es ja zwangsläufig zu einer Beseelung krankmachender Vorstellungen kommen.

Erfolgsmenschen haben keine Zeit, um krank zu sein!

Bezeichnend ist hier eine Beobachtung, die ich im Verlaufe meiner Praxis immer wieder gemacht habe, daß nämlich Erfolgsmenschen, die von morgens bis abends tätig sind, so gut wie überhaupt nicht krank werden, und oft auch dann nicht, wenn jeder andere bestimmt krank wird. Immer wieder hörte ich die treffende Antwort: *„Ich habe keine Zeit, krank zu sein, ich kann mir das nicht leisten."* Unbewußt wurde damit ausgedrückt, was für uns als eisernes Grundgesetz des Erfolges gelten muß:

Keine Zeit haben für negative Vorstellungen, kein Interesse, keine Aufmerksamkeit!

Jawohl! Aufmerksamkeit ist das Mittel zur Beseelung der Gedanken, und Angst und Furcht sind der Nährboden negativer Vorstellungen. Das ist der gute Rat, den man allen Vorwärtsstrebenden geben muß:

Laßt nichts Krankes in euch hinein und ihr bleibt gesund! Hütet euch nicht nur vor den krankmachenden Bakterien des körperlichen Lebens, sondern genau so und noch mehr vor den Pestbazillen des Geistes!

Und wenn ihr spürt, daß schon heute geistiges Gift in euch wirksam ist, so gibt es nur eins:

Alle negativen Vorstellungen regelrecht verhungern lassen!

Verstehen Sie, mein verehrter Leser, was das heißt? Wenn wir sagen, Angst und Furcht sind der Nährboden negativer Vorstellungen, so müssen wir eben aufhören, das Negative zu ernähren, und das sagt: Raus mit jeder Spur von Angst und Furcht aus unserem Bewußtsein! Hieraus ergibt sich eine grundsätzliche Einstellung, die von heute ab unsere genaueste Beachtung finden muß:

Passive Resistenz gegenüber allem Negativen!

Nicht mit Gewalt gegen das Negative vorgehen!

Es ist vollkommen falsch, gegen irgend etwas Negatives, das in uns wirkt und uns die freie Willensbestimmung nimmt, mit Gewalt vorzugehen, wo wir doch ganz genau wissen, daß das Negative nur herrschen kann, weil es uns durch die *Aufmerksamkeit* in der Gewalt hat. Ganz besonders bezieht sich das auf die Fälle, wo wir fühlen, daß wir gegen den uns beherrschenden Einfluß machtlos sind, oder wo wir eine negative Verwirklichung erleben, ohne eine *Ursache* zu kennen.

Passive Resistenz heißt hier: Absolute Interesselosigkeit am Negativen beweisen!

Also, ruhig alle störenden Vorstellungen in uns rumoren lassen, so, wie es ihnen paßt, und uns überhaupt nicht darum kümmern. Wie wir wissen, tauchen Gedanken, Vorstellungen und Ideen aller Art plötzlich in unserem Bewußtsein auf und zwingen uns zur Stellungnahme. Sofern es sich um unbekannte Bilder handelt, werden wir uns natürlich zuerst mit ihnen beschäftigen, um sie aber sofort links liegenzulassen, wenn sich herausstellt, daß sie ohne Bedeutung und nur das Resultat von Angst und Furcht sind. *Wir müssen lernen, uns selbst gegenüber kritisch zu sein!* Bewußte positive Lebensführung findet unmittelbar darin ihren Ausdruck.

Immer kommt es auf das Gefühl an, wenn uns ein negativer Einfluß beherrschen will.

Bei allen Gedanken, die als Zwangsvorstellung auftreten oder als die Folge irgendeiner Furcht vor etwas, was kommen oder eintreten könnte, machen wir meist den Fehler, sie mit *Gewalt* unterdrücken zu wollen. Wir eröffnen einen regelrechten Kampf gegen sie, und gerade dadurch erst werden sie vollends stark und setzen sich in uns durch, sobald sie auch nur etwas das *Gefühl* beeinflussen können; denn auf das Gefühl kommt es ja an, wenn sich ein bestimmter Gedanke unserer bemächtigen will. — Handeln wir nach dem Grundsatz der passiven Resistenz, so werden wir allen Einflüssen auf unser Denkvermögen so gegenüberstehen wie ein kritischer Mann, der in seinem Hause auf Ordnung sieht: Erst hat der störende Gast schön anzuklopfen und sich vorzustellen, und gefällt er uns nicht, so denken wir nicht daran, ihm die Hand zu reichen und zu Tisch zu bitten. Hat sich erst einmal der fremde Besucher in unserem Haus eingenistet, so ist es schwer, ihn wieder loszuwerden. So weit darf es also gar nicht erst kommen. Darum bezwingen wir den negativen Gedanken immer schon *im Keim seines Entstehens* und nicht erst, wenn er sich durch unsere *liebevolle Ernährung (!)* zu einem schönen, wohlgemästeten Gedankenwesen ausgewachsen hat. Deshalb heißt es, auf dem Posten sein, und mit kritischen Augen jede Vorstellung beleuchten, die negativen Charakter zeigt. Aber, mein verehrter Leser, um das auch zu können, ist es unerläßlich, zunächst von Angst und Furcht frei zu sein; denn solange diese beiden in uns herrschen, bestimmen nicht *wir*, sind nicht *wir* der Hausherr, sondern eben diese Feinde unseres Lebens.

Alles Negative gleich im Keim des Entstehens ausschalten!

Die Anerkennung der *passiven Resistenz* als der wirksamsten Waffe gegen alles Negative im Vorstellungsleben kennzeichnet übrigens die *ganze Geisteshaltung des positiven Menschen.* Und diese positive Haltung wird zwangsläufig in dem Maße stärker, wie wir uns von Angst und Furcht erlösen.

Es ist notwendig, verehrter Leser, daß Sie sich einmal in einen derartig angstfreien und darum restlos entspannten Seelenzustand hineinleben, vollständig hineinleben: *Eine wunderbare Ruhe ist in uns, eine Erhabenheit gegenüber allem, was den Alltagsmenschen aus der Fassung bringt. Man kennt keine Aufregung, und wenn man wirklich einmal davon erfaßt wird, so dauert es nur Augenblicke und schon denkt man wieder harmonisch und entspannt. Er ist wirklich ein halber Gott, der von Angst und Furcht erlöste Mensch, und auch schon ein kleines Erfaßtsein von dieser Seelenhaltung gibt uns einen mächtigen Einfluß auf das Leben.* Um diesen wunderbaren Zustand zu erlangen, müssen wir frei werden von jeder materialistischen Auffassung des Lebens und ganz fest an eine alle irdischen Erscheinungen überdauernde Seele glauben lernen:

Ein neues Gottvertrauen müssen wir entwickeln, das Gottvertrauen des aus seelischer Blindheit erlösten und zur höheren Erkenntnis gekommenen Menschen.

Christus gebietet Petrus, ihm auf dem Wasser entgegenzukommen. Der erste Schritt gelingt, aber dann überkommt Petrus die Angst um sein Leben. „Oh, ihr Kleingläubigen! Warum seid ihr so furchtsam?" Braucht es einer langen Erklärung, um zu verstehen, was uns Christus damit sagt?

„Oh, ihr Kleingläubigen, warum seid ihr so furchtsam?" Wer Angst hat, muß immer versagen, weil die Angst die Aufmerksamkeit bannt und dadurch die Kräfte lähmt.

Furcht allein ist es, was uns schwach und hilflos werden läßt, wo wir stark sein können und frei!

Aber nicht äußere Freiheit ist gemeint, sondern die Freiheit des Menschen in sich selbst, das Losgelöstsein unseres geistigen Ichs von den Fesseln, Schlingen und Fangarmen der Materie.

Was müssen wir nun aber tun, um zu dieser Freiheit zu gelangen? Es gibt nur eines:

Die Augen öffnen und die Welt von der Warte des höheren Menschen sehen!

Mag doch geschehen, was will, was kann uns denn passieren, das uns so hart träfe, als daß wir nicht fähig wären, es zu verwinden? Nur der fürchtet sich vor dem Leben, der es nicht kennt. Wir können nichts, aber auch gar nichts verlieren, wenn wir ohne Angst und Furcht leben, aber unendlich viel gewinnen. Und wenn wir auch noch so viel Angst vor Unglück und Vergänglichkeit haben, nichts können wir hindern, und eines Tages vergehen wir selber. —

Wir können nichts, aber auch gar nichts verlieren, wenn wir ohne Angst und Furcht leben, aber unendlich viel gewinnen.

Die positive Einstellung zum Unabänderlichen

Wir können uns gar nicht oft genug die Frage vorlegen, was der Mensch seiner wahren Natur nach eigentlich ist. Wir müssen loskommen von dem unsinnigen Glauben, daß wir nur ein Fleischklumpen sind und unsere Seele gewissermaßen der Extrakt bestimmter, chemischer oder sonstiger Vorgänge im fleischlichen Leib. Mit unserem ganzen Fühlen und Empfinden müssen wir uns herausheben aus dem Reich der vergänglichen Materie und uns klar und offen bekennen zu der Auffassung, daß eine lebendige, unsterbliche *Seele* das eigentliche Wesen in uns ist.

Gewiß ist der Körper wichtig, denn in ihm lebt und offenbart sich ja die Seele; aber ist es mit ihm nicht genau so, wie mit einem Musikinstrument? Welche Kraft, meinen Sie wohl, ist es, die sich im Klavier, in der Geige, in der Harfe, in der Orgel oder auch in einem ganzen Orchester offenbart? Muß nicht jedes Instrument seinen Sinn verlieren, wenn die seelische Kraft des Künstlers fehlt? Das Instrument mag noch so wertvoll sein, es verliert dennoch jede Bedeutung, wenn keiner da ist, der es spielen kann. So steht es auch mit unserem Körper. Nichts anderes ist er als ein wundervoll gebautes Instrument, ein Offenbarungswerkzeug der genialen Kräfte in uns. Aber erst diese Kräfte geben ihm seine Bedeutung, entfliehen sie dem Körper, so ist er genau so wertlos wie jedes Instrument, das durch die Kunstfertigkeit unserer Hand entstand. Erkennen wir aber an, daß das Primäre, also das Ausschlaggebende,

Beispiel der Kraft, die den Künstler beseelt. Immer ist es die Seele, die Genialität bewirkt.

unsere Seele und unser Geist ihr Werkzeug ist, so muß sich grundsätzlich auch unsere ganze Einstellung zur Welt ändern.

Das markante Merkmal einer höheren Einstellung zur vergänglichen Welt gipfelt also in der richtigen Bewertung des Körpers im Verhältnis zur seelischen und geistigen Kraft.

Daß wir auf den Körper keine großen Stücke bauen können und daß er nicht für die Ewigkeit gemacht wurde, ergibt sich übrigens von selbst, wenn wir an die Fülle seiner Mängel und an die hunderttausend Gefahren denken, denen er in jedem Augenblick ausgesetzt ist und die ihn ganz bestimmt eines Tages zur Strecke bringen.

Es kommt darauf an, Welt, Leben und Materie richtig einzuschätzen, ihnen gegenüber kritisch und vorsichtig, aber in keiner Weise ängstlich und furchtsam zu sein.

Aus diesem Gesichtspunkt ergibt sich eine wichtige Erkenntnis, die nämlich, *daß uns niemals Angst und Furcht vor dem Ende oder einem schweren Schicksalsschlag bewahren können.* Und wenn wir auch hunderttausend Dinge fürchteten, plötzlich kommt dann etwas und zerschmettert uns, mit dem wir überhaupt nicht gerechnet haben. Angst und Furcht können also niemals ein Schutz gegen etwas Negatives sein, andererseits haben wir aber durch Erfahrungen den Beweis, daß wir durch Angst und Furcht ein Unglück, und zwar in großen wie in kleinen Dingen, geradezu heraufbeschwören. Warum, wissen wir sofort, wenn wir an den Einfluß *negativer Vorstellungen* denken. *Wenn wir damit kategorisch jede Angst und Furcht ablehnen, so geschieht das aber nicht, um etwa unvorsichtig zu werden, vielmehr sollen uns nüchterne Vorsicht beherrschen und vernunftgemäßes Handeln. Das aber hat mit Angst und Furcht nichts zu tun.*

Ein positiver Mensch, der in jedem Augenblick die Gesetzmäßigkeit der Abläufe vor Augen hat und demzufolge mit Überlegung handelt, im übrigen aber aus der richtigen Einschätzung der Materie, also aus seiner höheren Einstellung heraus, jeden Augenblick bereit ist, sich in alles Unvermeidliche zu fügen, in dessen Bewußtsein haben Angst und Furcht keinen Platz.

Furchtlos sein, heißt im Grunde überhaupt nichts anderes, als sich fügen, wenn es sein muß.

Es gibt ein großes und ein kleines Schicksal!

Es gibt unabänderliche Dinge und solche, die abzuändern sind. Hierbei zeigt sich, wie weit man selber schon frei ist im Wollen und Handeln. Äußerste Kritik ist am Platze, damit man die eigenen Grenzen richtig absteckt.

Bei der Betrachtung des Schicksals müssen wir stets unterscheiden zwischen einem großen und einem kleinen Schicksal. *Das große Schicksal ist das unabänderliche Geschehen innerhalb unseres Lebens.* Sein Verstehen und seine Anerkennung verpflichtet uns auch zur Anerkennung einer Reihe von Ereignissen, denen wir nicht zu entrinnen vermögen. Ebensowenig, wie wir einen Einfluß auf unsere Geburt hatten, haben wir einen Einfluß auf den unbedingt einmal eintretenden Tod, das zeigt unsere Abhängigkeit. Zum *großen* Schicksal gehört es auch, wie der Körper beschaffen ist, in dem unsere Seele lebt. Wer ein Krüppel ist, muß sich damit abfinden, genau wie es mit unheilbarem Siechtum geschehen muß. Ferner gehört dazu, ob wir als Kind armer oder reicher Eltern zur Welt kamen, oder ob der Vater ein Trinker war oder ein gesunder Mann. Außerdem gehört zum *großen* Schicksal alles, was uns in Abhängigkeit zwingt von Geschehnissen, denen wir keinen Widerstand entgegensetzen können, sowie alle Einflüsse und Ereignisse, die trotz besten

Wollens nicht zu verhüten sind. Hierzu zählen Ansteckung mit bestimmten Krankheiten und Unglücksfälle, in die wir urplötzlich und unerwartet hineingezogen werden. — Wenn der Eisenbahnzug entgleist, in dem Sie gerade sitzen und Sie dabei zu Tode kommen, so ist das also das *große* Schicksal. Welche sonstigen Vorkommnisse des Lebens noch zu unserem *großen, unabänderlichen* Geschick zählen, werden Sie sich nun selber sagen können. Machen Sie aber dabei bitte nicht den Fehler, die *Grenzen* Ihrer Freiheit zu eng zu ziehen, und denken Sie vor allem daran, daß der Grad der Lebens- und Schicksalsbemeisterung für jeden Menschen verschieden ist.
Wir, die wir die Gesetze des Lebens planmäßig studieren, haben einen ganz anderen Einfluß auf die Gestaltung des Daseins als ein unwissender Mensch, der sich angesichts vermeidbarer Gefahren nicht zu helfen weiß oder dem diese Gefahren gar nicht bewußt sind.

Der Mangel an Erkenntnis wiegt viel schwerer als jeder andere Mangel. Er ist der Inbegriff aller menschlichen Schwächen.

Außer dem großen *unvermeidlichen* Geschick gibt es nun das *kleine* Schicksal. Hier ist unser eigentliches Aktionsfeld; denn dieses *kleine* Schicksal können wir nach unserem eigenen Wollen lenken und gestalten.
Zum kleinen Schicksal gehört alles, was außerhalb der großen Ereignisse unseres Lebens unmittelbar durch uns selber, also durch unseren persönlichen Einfluß hervorgerufen wird. Das kann ebensowohl schlecht wie gut sein, je nach unserem Verhalten. Die großen Ereignisse unseres Lebens lassen uns einen ganz bestimmten Spielraum, eine bestimmte Bahn, in der wir uns ungezwungen und frei betätigen können. Jetzt kommt es darauf an, daß wir uns in dieser Bahn so verhalten, daß sich daraus ein Höchstmaß an Erfolg, Glück und Zufriedenheit ergibt.

Der Ablauf des Lebens soll in weiten Grenzen aufhören, ein Spiel des Zufalls zu sein.

Wer das Leben und seine Gesetzmäßigkeiten bewußt studiert, hat eines allen Mitmenschen voraus: er lernt seine Grenzen erkennen, und gerade darum ist auch der Ablauf seines Lebens innerhalb des kleinen Schicksals kein Vabanquespiel, wie leider bei so vielen Menschen. Der eigentliche Grund für Angst und Furcht ergibt sich fast immer nur aus der *Unwissenheit* über den Ablauf eines Geschehnisses. (Also Mangel an Erkenntnis.) *In dem Maße, wie wir diese Unsicherheit reduzieren, verlieren sich Angst und Furcht von selber.*

Größtmögliche Lebenssicherheit schaffen durch das Studium der Gesetze des Lebens.

Innerhalb des *kleinen* Schicksals verlieren wir die Unsicherheit durch das *Studium der Lebensgesetze.* Denn wenn wir wissen, wie wir etwas anzupacken haben, um es zum Erfolg zu führen, einerlei, ob sich das auf die Erhaltung unserer Existenz bezieht oder auf die tausend anderen Fragen des Erfolges, so handeln wir mit großer Sicherheit, weil wir ja das Ergebnis im voraus kennen.

Ganz anders steht es um die *unlösbaren* Fragen des Lebens, um das Geheimnis des Todes und um die Ereignisse des großen Schicksals. In diesen Fragen wird uns die Unsicherheit nie verlassen und uns darum stets Angst und Furcht umlauern, wenn wir nicht, nun, wenn wir uns eben nicht auf den Standpunkt stellen, *jeden Augenblick für das Unabänderliche bereit zu sein.* Anders ist dieses Problem überhaupt nicht zu lösen. Und hier nun, mein verehrter Leser, tritt auch die richtige Einschätzung der vergänglichen Welt, des Körpers und der Seele in Kraft, von der wir sprachen, und damit kommen wir auch zu dem *großen* und *starken Gottglauben,* von dem der positive Mensch beseelt sein muß.

Ja, es ist so, wie ich vorhin sagte: „Ein neues Gottvertrauen müssen wir entwickeln, das Gottvertrauen des aus seelischer Blindheit erlösten und zur höheren Erkenntnis gekommenen Menschen."

Der Schlußpunkt hinter das Unvermeidliche und Unabänderliche macht die Bahn frei für das Mögliche.

Das ist der Weisheit letzter Schluß und die einzige Macht, die uns überhaupt aus den Klammern der Angst und Furcht zu befreien vermag. Das muß unser Ziel sein: *Durch eine eindeutig klare Einstellung zum Schicksal uns so mit allem Unvermeidbaren und Unabänderlichen abzufinden, daß wir einfach bereit sind, uns zu fügen, wenn die Stunde kommt. Und das muß so eindeutig und so kraftvoll, mutig und beherzt geschehen, daß wir ohne die geringste innere Unruhe hinter diesem Punkt unseres Lebens ebenso, wie bei der Abrechnung mit unserer Vergangenheit, einen dicken, roten Strich machen können!* — So, das ist als Angstkomplex aus unserem Denken ausgeschaltet! Was nun *übrigbleibt* von den kleinen Ängsten des Lebens, ist so lächerlich und so banal, daß negative Wirkungen überhaupt nicht zu befürchten sind, wenn wir nur beginnen, unser Leben nach den Gesetzmäßigkeiten des Erfolges einzurichten.

Was ergibt sich daraus, wenn wir diesen dicken roten Strich ziehen, diesen Schlußstrich nach dieser Generalüberlegung? — — Daß wir aufatmen, wirklich aufatmen, weil unsere Seele und unser Denken nunmehr alle Kraft freibekommen zur positiven Betätigung innerhalb der vom großen Schicksal gesteckten Grenzen!

Wenn man schon siebzig Jahre alt ist: Trotzdem aber noch Freude und Sonnenschein!

Für manchen von uns heißt das zwar bescheiden und anspruchslos werden, aber es ist besser, sich dieser Anspruchslosigkeit bewußt hinzugeben und sich damit abzufinden, als dauernd mit dem Schicksal zu hadern und sich das Hirn zu zermartern, weil es in vielen Punkten nicht so ist, wie wir es nun mal gerade wollen. Man sagt: „In der Beschränkung zeigt sich der Meister!" Dieses Wort hat gerade hier volle Gültigkeit, denn es ist nicht gesagt, daß man, wenn man klar erkennt, daß einem das große Schicksal eine enge Grenze gesteckt hat, nun darum ein unglücklicher und unzufriedener Mensch sein muß. Jetzt heißt es, alle Klugheit, alle Intelligenz, alle Erfolgstechnik und Lebenskunst aufbieten, um sich in diesen engen Grenzen so häuslich und gemütlich wie überhaupt nur möglich einzurichten! Und das gelingt auch, und viel besser, als man es vorher annimmt. Angenommen Sie, verehrter Leser, der Sie das lesen, sind in diesem Augenblick schon 70 Jahre alt. Wäre es da nicht unsinnig, die paar Lebensjahre, die Ihnen noch verbleiben, damit zu vertrödeln, daß Sie ständig darüber nachdenken, warum Sie nicht erst 50 Jahre alt sind? Vorbei ist vorbei, und nur eins gibt es: *sich zu fügen und den verbleibenden Rest an Jahren nun so gründlich wie überhaupt möglich auszunutzen!*

Es gibt keinen Grund, auch nur einen einzigen Augenblick ohne Mut zu sein, sobald wir glauben, daß der Mensch eine Seele und eine höhere Bestimmung hat.

Anstatt Regen, Nebel und düstere Wolken, Sonnenschein tief hinein in die Seele und aufgeatmet im Bewußtsein des Augenblicks, der vergoldet wird durch den Glauben an die über alles Materielle erhabene Seele und durch die feste Überzeugung, daß der physische Tod keineswegs das Ende, sondern den Übergang zu einem neuen Leben bedeutet. Denn die Kraft, die in uns lebt und die wir als den göttlichen Funken ansprechen, als Kind Gottes, ist ja nicht erst da, seitdem wir menschliches Antlitz tragen, sondern längst bevor überhaupt an unsere Menschwerdung zu denken war. Wie können wir, eingedenk dieser Erhabenheit denn überhaupt auch nur einen einzigen Augen-

blick trüben Mutes sein? Glaubt man, daß uns die großen Religionen der Welt, insbesondere die christliche, eine Unwahrheit sagen, wenn sie uns zurufen: „*Wisset Ihr denn nicht, daß Ihr der Tempel Gottes seid?*"
Und man fühlt es doch, daß es so ist, wenn man nur ein wenig ernstlich über den Grund seines Wesens nachdenkt. Nun aber, wenn wir das wissen, ist da nicht jede Angst um sich selber vollkommen verfehlt? Jawohl, meine Freunde, so ist es, und prägt euch diese Erkenntnis ganz fest ein, damit sie immer bei der Hand ist, wenn trotz aller guten Vorsätze und trotz des dicken roten Striches doch wieder mal eine schwache Stunde kommt.

Vertrauen! Vertrauen! Vertrauen! Wir existieren nicht im leeren Raum, sondern in der wunderbaren Schöpfung Gottes!

Daß solche haltlosen, und man kann ruhig sagen, von Gott verlassenen Stunden kommen, wissen wir ja alle aus der Erfahrung. Aber es ist nicht notwendig, daß sie dauernd kommen und schließlich unser ganzes Leben nur noch aus Zweifel und Schwachheit besteht. —
Damit, mein verehrter Leser, haben wir nun wohl den richtigen Grund zu einer wahrhaft positiven Einstellung gefunden: *Vertrauen auf Gott, Vertrauen auf die Gerechtigkeit des Himmels, Vertrauen auf die weise Führung aller Welten! Das ist das starke Fundament, der granitene Fels, auf dem der positive Mensch steht. Und mag auch alles um ihn herum zusammenbrechen, alles schwach und elend werden angesichts trauriger Verhältnisse: Der positive Mensch, der auf diesem Lebensgrund baut, der steht fest.*

Allein Vertrauen gibt Mut und Seelenstärke und die Kraft zum Können und Gelingen!

In Wahrheit ist es nur ein ganz erbärmlicher, engstirniger Egoismus, der uns verzagen und ängstlich werden läßt, weil er nur den Körper, weil er nur den Leib und nichts anderes als nur den Leib behüten und schützen will. Kann man sich vorstellen, daß ein erbärmlicher kleiner Wicht, der man bei solcher Engstirnigkeit sein muß, jemals fähig wird zur *Meisterung* des Lebens? Hier zeigt sich die ungeheure Bedeutung der Freiheit von Angst und Furcht in ihrer ganzen Tragweite:
Wer hat wohl die Kraft, etwas Mutiges und Positives im Leben zu unternehmen? Etwa der Ängstliche, der Furchtsame, der bei jedem ernsthaften Einsatz glaubt, sich in Gefahr zu bringen?

Alles Entscheidende gelingt nur durch den Einsatz unserer ganzen Persönlichkeit, durch den restlosen Einsatz aller verfügbaren seelischen Kraft.

Wo aber soll denn diese Stärke herkommen, wenn sie dauernd durch Angst und Furcht zersplittert und zermahlen wird?
Wir hörten: Aufmerksamkeit ist das Mittel zur Beseelung der Vorstellungen! Nur der Gedanke, nur die Idee wächst und wächst und wird groß und stark und mächtig, und damit der gestaltende Faktor, der *jede,* aber auch *jede Aufmerksamkeit* unseres seelischen Ichs zur Verfügung hat. Wenn so der Gedanke, die Idee, der Uranfang jedes erfolgreichen Geschehens ist, wie kann man da überhaupt Erfolge erwarten, wenn die „Seelen" der Erfolgsgedanken, die wir unter dem Einfluß von Angst und Furcht zeugen, *kleine, jämmerliche, mickrige* Wesen sind?
Es ist geradezu lächerlich, wie sehr sich der Einfluß von Angst und Furcht selbst auf die banalsten und alltäglichsten Dinge auswirkt, und nahezu jedes Versagen ist nur darauf zurückzuführen. Machen wir einmal eine kleine Aufzählung der vielen Ängste und ihrer Begleiterscheinungen, an denen so viele von uns leiden: Da versagt man z. B. in der Unterhaltung und beim Reden aus

Beispiele für das Versagen durch Angstkomplexe. Das alles ist überflüssig und braucht nicht zu sein.

Angst, man könnte sich blamieren. Plötzlich reißt der Faden ab, und kein Wort will einem mehr einfallen. Oder man will mit einem seiner Vorgesetzten sprechen und druckst herum und bringt es nicht fertig, weil man Angst hat, eine Bitte könnte abgeschlagen werden. Oder sorgfältig und pedantisch schreibt man sich jede Kleinigkeit auf, weil man fürchtet, sie zu vergessen. Und noch schlimmer: Plötzlich bekommt man einen roten Kopf, weil man fürchtet, ein anderer könnte gesehen haben, wie einem die Hose rutschte. So geht es fort und fort, eine lange, endlose Kette von Ängsten, die unzählige seelische Hemmungen schafft und die Auswirkung der Erfolgskraft verhindert. Aber im Grunde genommen ist es immer wieder nur die Angst, man könnte sich schaden, etwas Unangenehmes erleben oder dem geheiligten Korpus ein Unheilchen oder Unheil widerfahren. Nein, damit bezwingt man das Leben bestimmt nicht, und wer gedenkt, als eine derartige Jammergestalt auch in der Zukunft weiterzuleben, der soll nur gleich heute sein Testament machen.

Den Mut aufbringen lernen, auch alles Unangenehme zu ertragen, in Gedanken sich damit auseinandersetzen und im vorhinein abfinden damit.

Solange wir nicht von dieser völlig negativen Einstellung abkommen, solange wir nicht den Mut aufbringen, auch *Unangenehmes* zu ertragen, wenn es sein muß, werden wir nie ein richtiger vollwertiger Mensch sein.

Wie wir uns durch unser Gottvertrauen zu den Fragen des *großen* Schicksals einstellen, so muß es auch in den *kleinsten* und *allerkleinsten* Dingen des Lebens sein.

Angst und Furcht sind Vampire!

Haben wir nötig, daß sie uns das Blut aus den Adern saugen? Haben wir nötig, daß wir sie auf dem Rücken durch unser Leben schleppen? Ja, richtig, so ist es, auf dem Rücken hocken diese Untiere, ganz deutlich kann man es sehen, wenn man sich so einen verängstigten und furchtsamen Menschen richtig anguckt.

Ganz anders zeigt sich uns der positive Mensch. Schon an seinem Gesicht sieht man es, daß er positiv ist, am Leuchten seiner Augen, an seinem klaren, freien Blick, und jeder, der in seine Nähe kommt, spürt ein Fluidum, das von ihm ausgeht. Das ist persönlicher Magnetismus, die Strahlkraft innerer Gelassenheit, freigewordene Seelenkraft, die sonst von Angst und Furcht verzehrt wird.

Die Strahlkraft der positiven Persönlichkeit als wunderbares Ergebnis der Freiheit von Angst und Furcht.

Sind diese Erkenntnisse die Grundlage unserer Lebenseinstellung, mein verehrter Leser, dann sind wir schon Herr über unser Denken und dann ist es auch selbstverständlich, daß jeder aufbauende und befreiende Gedanke in uns stark und mächtig werden muß. Das aber ist unser Ziel, denn nur durch positive Gedanken werden wir Sieger im Daseinskampf!

IV. TEIL

DAS GEHEIMNIS DER ERFOLGSKRAFT

Jeder gesund entwickelte Mensch ist zu stärkster Erfolgswirkung befähigt!

Nimm dein Schicksal ganz als deines!
Hinter Sorge, Gram und Grauen
wirst du dann ein ungemeines
Glück entdecken: Selbstvertrauen!

Schaffenslust das ist die Quelle,
die den eig'nen Grund zerspellt.
Einen Trunk von dieser Welle,
und du schmeckst das Glück der Welt!
Dehmel

Mein verehrter Leser! Eigentlich könnten wir schon zufrieden sein mit den bisherigen Ausführungen über die Erfolgskräfte in uns. Wir erkannten die große Macht des Denkens auf die Gestaltung unseres inneren Menschen und den mächtigen Einfluß, den wir auf das Leben gewinnen, wenn wir uns frei machen von Angst und Furcht. Und dennoch, es fehlt noch das Wichtigste: Die Darlegung von der entscheidenden Macht der *Erkenntnis* auf das Erwachen unserer Erfolgskräfte.

Glaube ist hier felsenfeste Überzeugung!

Wir haben gesagt, daß ein Gedanke um so leichter sich verwirklicht, je stärker der Glaube ist, den wir an seine Verwirklichung haben. Glaube in diesem Sinne ist *felsenfeste Überzeugung,* ist ein *inneres Erfülltsein* von einer Erscheinung, entstanden durch die Macht suggestiver Einflüsse, oder durch *klare Erkenntnis von der Tatsächlichkeit eines Geschehens.* Genau so wie der *Glaube,* so vermag darum auch die *Erkenntnis* Berge zu versetzen. Es ist wunderbar, welche herrlichen Kräfte in uns wirken und zu welch gewaltigen Leistungen wir befähigt sind, wenn wir nur anfangen, nicht mehr gegen, sondern mit den Gesetzmäßigkeiten des Lebens und der Natur zu leben. Ihnen dies zu beweisen ist der Sinn der nachfolgenden Ausführungen, mein verehrter Leser.
Wir beginnen unsere Überlegungen mit zwei wichtigen Fragen:

1. Frage:

Wodurch wird eine bewußte Lebensbemeisterung und Erfolgsgestaltung möglich?

Antwort:

Wir wissen, daß jeder Erfolg das Resultat von Gesetzmäßigkeiten ist und als Wirkung ganz bestimmter Ursachen in Erscheinung tritt. Diese Ursachen werden dadurch geschaffen, daß wir uns zu den Verhältnissen, zu den Menschen und zu den Dingen, mit denen das Leben und der Erfolg in Beziehung stehen, richtig verhalten. Mit anderen Worten: Wir müssen in allen maßgebenden Lebensumständen *richtig* handeln.

Richtigmachen = Erfolg! Denken Sie stets an die Gesetzmäßigkeit des Erfolges.

Nur die richtige Erfolgshandlung bzw. die richtige Erfolgstat gestaltet also den Erfolg.

Tausendmal auch in den allerkleinsten Teilen richtig gehandelt, muß ganz gesetzmäßig den Erfolg ergeben.

Ist das klar? Ja, es ist klar! Denn überall im Leben können wir beobachten, daß nur durch die Wirkung dieser Gesetzmäßigkeit, die auf das Kausalitätsgesetz zurückzuführen ist, alle durch Menschenmacht entstehenden Erscheinungen und Verhältnisse hervorgerufen werden.

2. Frage:

Es kommt also auf die richtigen Erfolgstaten an. Wodurch werden wir nun befähigt, diese Erfolgstaten auch zu *vollbringen?*

Antwort:

Wissen und Können.

Hierzu ist als *erstes* zu bedenken, daß man nur *dann* etwas *richtig* machen kann, also eine positive Erfolgshandlung vollbringen kann, wenn man auch *weiß, was für eine* Erfolgshandlung oder Erfolgstat auszuführen ist. Und als *zweites,* daß man nicht nur das Wissen, sondern auch die *Kraft* hat, diese Handlung oder Tat auch wirklich *vollbringen zu können.*

Über das Erfolgswissen brauchen wir vorläufig keine weiteren Überlegungen anzustellen. Hierzu kommen wir später.

Besitzen wir also die Kraft, auch wirklich so handeln zu können, wie es der Erfolg verlangt?

Die jetzt folgenden Ausführungen sind von allergrößter Bedeutung!!

Jetzt befinden wir uns an einer Klippe, um die wir unter allen Umständen herumkommen müssen, wenn wir zur richtigen und einwandfreien Beantwortung dieser Kardinalfrage kommen wollen. Denn von ihrer richtigen Beantwortung hängt ungeheuer viel, ja überhaupt alles ab. Wir dürfen hierbei auf keinen Fall in den Fehler der meisten Menschen verfallen, die diese Frage aus „gutem Glauben" einfach bejahen oder auch verneinen, ohne ihre letzten und tiefsten Zusammenhänge mit unserem geistigen und seelischen Leben zu untersuchen.

Zur Klärung ist es notwendig, zunächst eine Reihe von *Unterfragen* zu stellen. Also beginnen wir:

Welche Kraft wirkt in uns?

Was verstehen wir eigentlich unter der Kraft, die uns zu bestimmten Erfolgshandlungen befähigt?

Denn um die Frage nach der Erfolgskraft richtig zu beantworten, müssen wir doch erst einmal die Natur dieser Kraft genau kennen! Der allgemeine Nenner heißt: *Willenskraft!* Ist uns mit dieser Antwort gedient? Nein! Also müssen wir weiterfragen.

Was ist der Wille und wie äußert sich die Kraft des Willens? Wenn wir jetzt nicht in eine lange philosophische und psychologische Auseinandersetzung hineingeraten wollen, müssen wir uns einmal die *Vorgänge* vor Augen führen, die in uns eintreten, wenn irgendeine Willenswirkung in Erscheinung treten soll. Hierzu denken wir nochmals an die *„Platzangst"*, von der wir bereits sprachen.

Es gibt eine ganze Reihe Menschen, die an diesem Übel leiden. Wie wir schon wissen, können sich diese Menschen im Zimmer und im Hause vollkommen frei und ungehindert bewegen, nur in dem Augenblick, wo sie eine Straße oder einen Platz überqueren wollen, sind sie unfähig, auch nur ein Bein vor das andere zu setzen, und zwar trotzdem sie den festen Willen dazu haben. Seelische Hemmungen sind die Ursache, die sich in dem Augenblick einstellen, wo es die Straße oder den Platz zu überqueren gilt! Um den Vorgang zu verstehen, fragen wir uns selber: Bereitet es uns als gesunde Menschen Schwierigkeiten, über die Straße zu kommen und ist dazu eine besondere Anstrengung des Willens nötig? Nein, im Gegenteil, nichts ist leichter als das, und niemals würde es uns einfallen, diesen Vorgang mit einer Willensleistung in Beziehung zu bringen. Wir denken dabei gar nicht an den Willen, sondern gehen einfach über die Straße, so wie es unseren Wünschen entspricht. Dennoch genügt der Wunsch, über die Straße zu gehen, nicht, wenn nicht auch gleichzeitig der Wille in Aktion tritt, denn er ist es, der erst die Vorwärtsbewegung des Körpers ermöglicht.

Erklärung der Platzangst.

Der Wunsch genügt, und schon laufen die Beine von selbst über die Straße.

Im Bewußtsein des Platzangstkranken ist der *Wunsch* zum Überqueren der Straße oder des Platzes ebenfalls vorhanden. In dem Augenblick jedoch, wo er die Überquerung will, macht sich ein *innerer Widerstand* bemerkbar, der so stark sein kann, daß es trotz stärkster Konzentration unmöglich ist, den Körper zur Fortbewegung zu veranlassen.

Wir fragen uns: Soll etwa der Wille trotz der starken Konzentration immer noch zu schwach sein, oder liegt es wirklich nur an dem inneren Widerstand, an der seelischen Hemmung? Ja, so ist es, es liegt *nicht* an der Willenskraft, sondern einzig und allein am inneren Widerstand, denn gleichzeitig machen wir die Beobachtung, daß der Kranke auf *anderen Gebieten* der Willensbetätigung keine Schwäche zeigt.

Es liegt nicht an der Kraft des Willens!

Wenn dem so ist, so ergibt sich daraus, daß das, was wir als Willenskraft bezeichnen, nicht nur eine Kraft an sich sein kann, sondern das Ergebnis von ganz bestimmten inneren, geistigen Vorgängen sein muß. Für unsere Erfolgstechnik ergibt sich daraus: Willenskraft ist nicht Kraft im allgemeinen Sinne, sondern richtiger eine seelische Funktion, deren Eintritt, sowie stärkere oder geringere Wirkung, an ganz bestimmte Voraussetzungen gebunden ist.

Sehr wichtig!!!

Selbstverständlich kommt bei der Äußerung dieser Funktion auch eine *Kraft* zur Wirkung: Es ist die unmittelbar in der Natur wirkende Schöpferkraft, die immer und in jedem Falle im unbeschränkten und vollendeten Maße in allen Geschöpfen und Wesen vorhanden ist. Bei einer Willensleistung kommt es aber darauf an, wieweit die Bedingungen erfüllt sind, um diese Kraft zur Äußerung gelangen zu lassen.

Die Kraft ist die Schöpferkraft der Natur!

Es gibt nur eine einzige Kraft!

Wir müssen uns jetzt schon an den Gedanken gewöhnen, daß immer nur *eine einzige Kraft* es ist, die hinter allem Geschehen steht und diese einzige und alleinige Kraft ist es auch, die hinter den menschlichen Willensleistungen gesucht werden muß. Wenn sich diese einzige Kraft in so unendlich verschiedenartigen Auswirkungen zeigt, so ist es immer nur die bestimmte Konstruktion der *seelischen* und *körperlichen Form,* die dafür maßgebend ist.

Vergleich mit der Elektrizität.

Ziehen wir eine Parallele zur Elektrizität: Genau so wie bei ihr die Wirkungsweise abhängig ist von dem Hilfsmittel, nämlich dem Motor, der Glühlampe, der Röntgenröhre oder dem Radiosender, in dem sie zur Zeit tätig ist, so steht es auch mit der Wirkungsweise der Kraft in allen lebendigen Wesen und im Menschen.

Die gleiche Kraft also, die dem Leben unseres Körpers zugrunde liegt und die wir überhaupt im Vorhandensein des Lebens an sich erkennen, ist gleichzeitig auch die tatsächliche und wirkliche Kraft, die sich bei jeglicher auch immer wie gearteter Tätigkeit unseres geistigen, seelischen und körperlichen Menschen auswirkt. Und was ergibt sich daraus? Daß es der größte Unsinn ist, in irgendeinem Falle von einem Mangel an Willenskraft zu reden!

Es gibt keinen Mangel an Willenskraft!!

Und gleichzeitig, daß selbst im schwächsten Menschen die größte *Willenskraft einfach vorhanden sein muß!* Die Wahrheit ist vielmehr, daß es sich in jedem Falle, wo wir von einem Kraftmangel sprechen, immer nur um eine Kraft*hemmung* handelt.

Hierauf baut sich die große positive Kraftwirkung auf!

Willenskraft ist also Kraftfreiheit, Willensschwäche dagegen Krafthemmung!

Um nun gleich für unsere Erfolgstechnik ganz klar zu sehen, machen wir uns folgenden Lehrsatz zu eigen:

Das ist einer der wichtigsten Lehrsätze der Erfolgstechnik und Lebensbemeisterung. Eine Erkenntnis von umwälzender Bedeutung.

Je größer der innere Widerstand bzw. die seelische Hemmung, um so kleiner und schwächer der Wille! Je geringer der innere Widerstand bzw. die seelische Hemmung, um so mächtiger und stärker der Wille!

Um keine Irrtümer aufkommen zu lassen, sei gleich hinzugefügt, daß selbstverständlich nicht nur die *seelischen Bedingungen,* sondern auch die *rein organischen,* also *körperlichen* entscheidend sind. Die Kraft kann sich immer nur dann betätigen, wenn in der Richtung der Betätigung die Bahn frei ist. Hierzu ist erstens notwendig, daß unsere körperliche Form *leistungsfähig entwickelt* und gesund ist, und zweitens, daß die innere, *geistig-seelische Struktur* sich in der richtigen Verfassung befindet.

Die erste Bedingung ist bei dem größten Teil aller Kulturmenschen erfüllt.

In der Form lebt der Geist!

Dieser Punkt ist unter Berücksichtigung des *Erbgutes* zu betrachten: *Die Seele wirkt und entfaltet den Geist in den Möglichkeiten der Form,* d.h. innerhalb der *Grenzen,* die der Seele durch die bisher erreichte Entwicklung geboten sind. Es gibt nur wenige unter uns, die nicht mit voller Gewißheit von sich behaupten könnten, Erbanlagen zu besitzen, die zu außergewöhnlichen Willensleistungen befähigen. *Wer es dennoch tut, tut es aus einer völligen Verkennung der Voraussetzungen des Erfolges. Und wer trotzdem bis heute im Leben versagte, versagte nicht aus Gründen mangelhafter und schlechter Anlagen,* sondern vielmehr, weil seine seelisch-geistige Struktur nicht in der geeigneten Verfassung war. Wir verstehen darunter alle Vorgänge innerhalb unseres seelischen und geistigen Organismus, die *gewohn-*

Die seelisch-geistige Struktur.

heitsmäßig bzw. *zwangsläufig* eintreten. Bevor wir uns jedoch mit diesen Vorgängen näher beschäftigen, wollen wir erst noch gründlicher mit der *irrsinnigen Ansicht brechen, daß wir aus Gründen einer mangelnden organischen Entwicklung nicht zum Erfolge befähigt seien.*

Der Fluch und Alpdruck der irrsinnig-falschen Erkenntnis über die Möglichkeiten der Menschen.

Über Millionen von Menschen lastet seit undenklichen Zeiten wie ein Fluch eine total *verkehrte* Ansicht über die eigene Leistungsfähigkeit, weil ganz falsche Vorstellungen über das eigene Wesen und die eigene Kraft sie beherrschen.

Und das alles, trotzdem vor zweitausend Jahren der Menschheit ein erhabener Lehrer geboren wurde, der vollkommen eindeutig und zweifelsfrei die Wahrheit über die wunderbare Macht des Menschen über sein Leben offenbarte: Jesus Christus!

Jesus Christus vermittelte die Wahrheit!!!

In totaler Verkennung seiner gewaltigen, die ganze Menschheit erlösenden Heilslehre, erniedrigten einseitige materialistische Auffassungen den Menschen noch unter das Tier.

In jedem Menschen wirkt und gestaltet die Schöpfung Gottes, die die Ursache aller Erscheinungen wie überhaupt des ganzen Daseins ist. Ob wir dieses Wirkungswunder „göttlich" nennen, oder einfach sagen, ist ist die Natur, ist hier ohne Bedeutung*. Die Hauptsache ist, daß wir eine solche Kraft als im Menschen vorhanden annehmen, und daß wir in ihr die einzige und alleinige Ursache aller Lebensäußerungen sehen! Es gibt keinen vernünftigen Menschen, dem das nicht einleuchtend wäre, denn so viel Verstand, in sich selbst

Wir müssen zugeben!!

* Die Anerkennung des Wirkens der Natur darf natürlich nicht dazu führen, das Vorhandensein einer unabhängig vom Körper in uns vorhandenen Seele in Abrede zu stellen. Die Kraft der „Natur" ist vielmehr die Kraft der Seele. „Natur" ist insofern nur ein Hilfsbegriff. Und auch das ist mit „Natur" nicht gemeint, was die Vorgänge in der unbelebten Materie, in den Elementen betrifft, ungeachtet der Tatsache, daß die Natur, also das Wirkungswunder der göttlichen Schöpfung, höchsten Einfluß auch auf die unbelebte Materie hat. Natur, so gesehen, ist die Herrin aller lebendigen Kreatur, und eine Einheit wohl vom Willen Gottes aus, dennoch aber eine unendliche Vielheit, die auf ebenso vielen Wegen zur Bewußtwerdung strebt. Diese Bewußtwerdung ist der Weg zur Vollkommenheit im Sinne des Schöpfungsplanes. Jedes Wesen, das sie hervorbringt, ist ein Versuch, diesem Ziele näherzukommen. Und auf diesem Wege wurde auch der Mensch, der die bisher höchste Ausdrucksform ihrer Möglichkeiten ist. Im Menschen, richtiger in seiner Seele, erwacht die Natur aus ihrem unbewußten Wollen zum Bewußtsein und damit zu ihrer göttlichen Abkunft. Das Bewußtsein entwickelt sich über den schöpferisch gestaltenden Versuch, der durch die Erfahrung solange vorangetrieben wird, bis Wesen entstehen, die sich selbst erkennen. Diese Selbsterkenntnis macht den Menschen zum Menschen, und in der Folge zu einem Wesen mit einem immer universaleren Erkennen, und schließlich, durch die Überwindung der fleischlichen Form, zum Ebenbilde Gottes.

Da die Seele unabhängig vom Körper existiert, ist die Bindung an den Organismus nur als eine weitere Erfahrungsstation auf dem Wege zum Licht zu werten. Der Wille Gottes war es, erkennende Seelen zu schaffen. Bis zur Menschenhöhe des dazu nötigen Schöpfungsweges war ER es, der über das Wirkungswunder „Natur" den Weg zur Bewußtwerdung ebnete. Dann aber kam es darauf an, daß diese Wesen aus eigener Kraft handeln konnten. Dazu gab Gott den Seelen die Freiheit der Entscheidung und zugleich die Möglichkeit, die Grenzen der eigenen Freiheit immer mehr zu erweitern. Daraus wurde der Menschen Werk und die Welt der Menschen, und daraus soll und muß weiter werden die Erlösung vom Bann durch das Stoffliche, die Erlösung vom Fleische, die reine Form der sich selbst und ihren Schöpfer erkennenden Seele in einer vergeistigten Daseinsform, in einer Neugeburt im Geiste.

Für manchen scheint ein Widerspruch darin zu bestehen, daß einerseits die Natur in uns, also die Seele, in den Bezirken der organischen Wirksamkeit, z. B. in der Organisation des körperlichen Lebens so unerhörte Intelligenzleistungen vollbringt, während gleichzeitig die Leistungen des Menschen bzw. der jeweiligen Individualität, welcher der Körper dient, so nichtssagend sind. Das ist aber kein Widerspruch, sondern nur die Äußerung der Tatsache, daß die Seele wohl in den biologischen Prozessen Erfahrung hat, und damit Wissen und Bewußtsein, in der selbständigen Äußerung, in der „Freiheit vom Zwang" jedoch noch wie ein Kind ist und noch gar nichts mit sich anzufangen weiß.

Der menschliche Geist ist eine Sache, die sich erst entwickeln muß und die ganz und gar von der Bewußtwerdung der eigenen Möglichkeiten abhängt. Hinzu kommt außerdem, daß auch die gehirnorganischen Bedingungen erfüllt sein müssen, um selbständige Geisteskraft zu entwickeln. Wer blind geboren wird, lernt die Erfahrungswelt nie so kennen, wie ein Sehender. Wer blind, taubstumm und vielleicht auch noch ohne Arme geboren würde, könnte überhaupt kein richtiger Mensch werden. Das ist aber nicht eine Frage der Fähigkeiten der Seele — der Natur in uns —, sondern allein eine solche organischer Behinderung. Die Seele befindet sich dann in einem Gefängnis.

Anmerkung: Alle Leser, die in diese Zusammenhänge tiefer hineinschauen möchten, finden Ausführliches in den Werken über die „Erkenntnisphilosophie des Mental-Positivismus" von Oscar Schellbach.

das Wirken der Natur zu konstatieren, besitzt jeder. Bejahen wir jedoch ihr Vorhandensein in uns, so müssen wir auch zugeben, daß sie nicht nur die Ursache unseres organischen, sondern auch unseres geistigen und seelischen Lebens ist und damit auch die alleinige Ursache jedweder Leistung sein muß, zu der wir befähigt sind.

Die Natur ist einzige und alleinige Ursache unseres Lebens!

Was soll es denn sein, das außer der Natur noch in uns wirkt und schafft, wo wir uns doch selber als Äußerung der Natur fühlen und erkennen müssen? Gewiß, im allgemeinen sind wir nur geneigt, die Tätigkeit unserer Organe auf die Natur zurückzuführen. Aber glaubt man denn, daß die riesige Intelligenz, die die vielen Billionen Zellen unseres Körpers mit unvorstellbarer Befähigung und Genauigkeit beherrscht und in allen Funktionen leitet und kontrolliert, eine andere Kraft sei, als die, die in unserem Denken und Handeln zum Ausdruck kommt?

Hier muß man sich ganz eindeutig zur höheren Erkenntnis durchringen.

Nichts anderes ist unser Denken, Fühlen, Empfinden, Wollen und Handeln als ebenfalls nur der Ausdruck der gleichen, dort nur in den unbewußten Zonen unseres Daseins wirkenden Kraft! Und wenn jemals eine große Leistung durch uns möglich wird, die wir dann als Leistung des Willens oder der Persönlichkeit bezeichnen, so nur, wenn dieses in uns wirkende Schöpfungswunder wiederum einen neuen Ausdruck für die in ihm liegenden unendlichen Möglichkeiten findet. Darum sagen wir auch, daß alles Große und Bedeutende, das wir innerhalb unseres Lebens jemals leisten können, schon heute in vollkommenster Weise in uns ruht.

Alles ist schon da und wartet nur darauf, von uns ins Leben gerufen zu werden!

Und wenn wir irgendeine in uns ruhende Möglichkeit nicht verwirklichen können, so liegt das lediglich daran, daß uns diese Möglichkeit infolge mangelnder Arbeit an uns selbst oder infolge noch nicht erreichter Entwicklungshöhe nicht bewußt wird. Was wir aber nicht wissen, das kann sich auch nicht durch uns gestalten. *Bewußtsein ist alles!* Nur was der Natur in uns bewußt wird von ihrer eigenen Kraft, tritt sichtbar in Erscheinung, und nur deshalb versagen Millionen von Menschen im Daseinskampf, weil sie keine Ahnung haben, kein Bewußtsein von dem unermeßlichen Reichtum ihres inneren Wesens. Wenn ich darum behaupte, daß in jedem Menschen schon von Anbeginn an alle Kräfte zur Erlangung des Erfolges ruhen, so wird man mich jetzt verstehen.

Bewußtsein ist alles!!! Unermeßlicher Reichtum ist in uns!

Gleichzeitig wird man nun aber auch wissen, daß die eigenen Kräfte erst dann in Erscheinung treten können, wenn wir sie in uns selber begreifen und erkennen. Aus diesen Darlegungen ergibt sich für uns der wichtigste Lehrsatz erfolgreicher Lebensgestaltung:

Erkenntnis ist die große Macht!

Nicht der Wille, sondern allein Erkenntnis macht uns frei!

Achtung! Dieser Lehrsatz muß das ganze zukünftige Leben beherrschen!

Betrachten wir den Entwicklungsweg der Menschheit, so kann ihr ununterbrochenes Ringen um den Fortschritt und die Emporentwicklung doch nur einen Zweck haben: immer klarer und eindeutiger zu begreifen, daß die

im Menschen wirkende Natur durch Erkenntnis ihrer Gesetze buchstäblich Wunder zu wirken vermag.
Denken wir uns in den Bewußtseinszustand eines Menschen vor 50 000 Jahren hinein. Was war dieses Wesen? War es wirklich schon Mensch in unserem heutigen Sinne? Es war ohnmächtig und schwach im Kampf mit den Elementen und ein dauernder Spielball verschiedenster Kräfte und Einflüsse. Und dagegen der heutige Mensch mit seinem großen Wissen über die Gesetze der Biologie, der Physik, der Mathematik, der Astronomie usw.? Ein mächtiger Herrscher über unzählige Gesetzmäßigkeiten des Lebens und der Erscheinungen! Und was gab ihm diese Macht, was befähigt ihn, oft nur durch einen Fingerdruck die unglaublichsten Wirkungen auszulösen? Etwa seine Körperkraft? *Doch nur und immer nur sein Wissen, sein Erkennen!* Nicht umsonst sagen wir im Sinne einer lebendigen Erfolgstechnik: *Alles ist leicht, alles ist einfach, wenn man weiß, wie es gemacht wird!* Oder stimmt das etwa nicht?

Alles ist leicht, alles ist einfach durch rechtes Erkennen!

Berge können wir versetzen im wahrsten Sinne des Wortes, wenn wir erst erkannt haben, daß in uns selber die Macht dazu liegt.

Es muß einmal ganz offen und klar ausgesprochen werden, was uns diese Erkenntnis laut ins Bewußtsein ruft: Fast alle, die vorwärtsstreben, strengen sich viel zu viel an bei ihrem Vorwärtsstreben, und das ist wahr, so seltsam und widersinnig das auch klingen mag. Jawohl, viel zuviel strengen sie sich an, und warum? Nur deshalb, weil sie es nicht verstehen, ihre Kraft richtig anzuwenden. Es gibt eine Lehre von der verkehrten Anstrengung, diese Lehre kommt hier zur Geltung. Hierzu ein Beispiel:

Ich bitte hundert verschiedene Menschen, einen 20 Zentner schweren Block von der Stelle zu bewegen, und zwar nur durch die Ausnutzung der ihnen zur Verfügung stehenden Kraft. Einer nach dem andern probiert und versucht mit Gewalt gegen den Widerstand vorzugehen. Vermag einer den Block von der Stelle zu bewegen? Nein! Einer nach dem andern versagt, und immer neue kommen an die Reihe, immer wieder versucht man's, mit dem gleichen Mißerfolg. Nur einer steht abseits von den hundert. Er denkt nicht daran, seine Kräfte nutzlos zu verschwenden, denn die Erfahrung der anderen zeigt ihm ja mit aller Deutlichkeit, daß es so, wie die andern es machen, unmöglich geht. Die Kraft des einzelnen steht in einem totalen Mißverhältnis zum Widerstand, der zu überwinden ist; und trotzdem muß aber die Leistung vollbracht werden. Anstatt aber durch einen ebenfalls doch nur nutzlos verlaufenden Versuch seine Kräfte auch noch aufs Spiel zu setzen, beginnt dieser Eine logisch zu überlegen, wie man es dennoch schaffen könnte. Und was sagt ihm die Logik? Daß der Erfolg nur eintreten kann, wenn es ihm gelingt, die eigene Kraft durch die Anwendung eines Gesetzes zu vervielfachen. Und was entdeckt er? Das Gesetz der Hebelkraft! Nun ist die Lösung des Problems leicht. Flugs nimmt er einen großen eisernen Balken, den er auf geschickte Weise zu einem Bruchteil seiner Länge unter den Block schiebt, und schon geschieht das Wunder: Ein einzelner Schwacher meistert eine zwanzigfache Last!

Die verkehrt angewandte Kraft! Dieses Beispiel zeigt, worauf es ankommt!

Bitte, mein verehrter Leser, wurde diese Tat nun durch Willenskraft oder *Erkenntnis* möglich? Dieses Beispiel vermag uns unendlich viel zu sagen, und deutlich demonstriert es uns die Lehre von der verkehrt angewandten Kraft. Es ist schon so, und darauf müssen wir uns in allen Dingen einstellen:

Erkenntnis zwingt die Materie!

Nicht der Wille, sondern allein Erkenntnis macht uns frei!

Richtigmachen, darauf allein kommt es an!

Genau so, wie es nun aber im stofflichen Geschehen möglich ist, die Macht des Menschen durch die Beachtung der Gesetze der Materie ungeheuer zu steigern, steht es auch auf allen Gebieten des *seelischen* und *geistigen Lebens,* und *auch auf dem Gebiete des persönlichen Erfolges.* Es ist einfach unsinnig, immer wieder von der großen Willenskraft zu sprechen, die nötig sei, um das Leben zu bezwingen. Schon ein Bruchteil der uns von der Natur aus zur Verfügung stehenden Schöpferenergie genügt vollkommen, um nach jeder Richtung das Leben zu meistern.

Aber wie gesagt, die Energie muß *richtig* angewandt werden.

Wozu denn die robuste Kraft?

Vergegenwärtigen wir uns doch einmal, welcher Natur denn eigentlich die Hindernisse des Erfolges sind, die es zu beherrschen gilt. Sind das etwa lauter schwere eiserne Blöcke, die mit physischer Anstrengung bewältigt werden müssen? Ausgeschlossen! Bitte, erkennen Sie das ganz klar. Fast nur lauter seelische und geistige Widerstände sind es, Dinge, die viel zu subtil, also zu fein sind, um mit grober Energie angepackt werden zu müssen. Wenn dem so ist, wie kann man dann aber von einer großen Kraft sprechen, die man zu ihrer Bemeisterung nötig habe? *Ist es nicht einleuchtend, daß hier die meisten Erfolgsuchenden einem katastrophalen Denkirrtum unterliegen, und daß nur daraus sich der große Mißerfolg erklärt, der trotz der größten Anstrengungen immer wieder eintritt?* Fragen Sie einmal einen Erfolgreichen, ob er sich wirklich anstrengt bei der willkürlichen Gestaltung seines Erfolges? Lebt er wirklich nach den Gesetzen der Lebensbemeisterung, so wird er Ihnen sagen, daß er alles *spielend* macht und den Erfolg *buchstäblich aus der Hand schüttelt!* Und wie kommt es, daß dies möglich ist, und daß er seinen Willen spielend gegen sich selbst und gegen andere durchsetzt? Nur deshalb, weil er genau weiß, daß er einfach nur nötig hat, *richtig zu wollen,* und weil er fähig ist, auch *richtig* wollen zu *können.* Und wie kommt es, daß der Mensch des Mißerfolges sich so wahnsinnig anstrengt und trotzdem nichts zuwege bringt?

Der katastrophale Denkirrtum.

Man muß richtig wollen können!

Hier ist die klare Antwort:

Nur deshalb, weil der Mensch des Mißerfolges infolge innerer Hemmungen nicht richtig *wollen* kann, und der ganze furchtbare Kampf, den er mit den Widerständen des Erfolges führt, in Wirklichkeit nicht ein Kampf gegen die äußeren Widerstände ist, also die tatsächlichen, wirklichen, realen, sondern lediglich ein verzweifelter *gegen sich selbst* und die *inneren* Widerstände.

Hier ist das große Erfolgsgeheimnis des mächtigen Willens.

Der Erfolgsmensch ist ein Richtigdenker aus Gewohnheit und höherer Erkenntnis, während der Mißerfolgsmensch ein Falschdenker ebenfalls aus Gewohnheit und aus mangelnder Erkenntnis ist.

Die Macht der feinen Gedankenenergien.

In dieser Feststellung, mein verehrter Leser, ruht das ganze Geheimnis unüberwindlicher, starker Willenskraft; denn das Leben, die Verhältnisse und überhaupt der Erfolg werden nicht mit den Kräften der Fäuste, sondern mit feinen Gedankenenergien regiert.

Die einzige Meisterschaft, die wir zur bewußten Gestaltung des Lebens erlangen müssen, ist die Meisterschaft im richtigen Denken. Alles andere ergibt sich dann von selbst. Steht erst der richtige Gedanke zweifelsfrei in unserem Bewußtsein fest und ist er der alleinige Herrscher über Phantasie und Einbildungskraft, so ist die unmittelbare Folge auch die positive Tat, die erfolgreiche, aufbauende Handlung! —

Haben wir das erkannt, so müssen wir nun die Zusammenhänge untersuchen, welche die Gedankenkraft als die hinter der Erkenntnis stehende Macht erkennen lassen. Wir sagen: **Bewußtsein ist alles!**

Bewußtsein ist alles!

Die in uns ruhende, schöpferisch wirkende Naturkraft kann sich also nur offenbaren, wenn sie *Bewußtsein* erlangt. Auf uns selber angewandt heißt das:

Wir müssen in uns die Überzeugung entwickeln, daß wir zu irgendeiner Kraftleistung tatsächlich befähigt sind.

Wie aber, so frage ich Sie, mein verehrter Leser, soll diese Überzeugung jemals entstehen, wenn nicht aus dem Wissen um die wirklichen *Ursachen* des Erfolges? **Das Wissen um die wirklichen Ursachen des Erfolges.**

Wir hörten, daß die Macht des Menschen über die Natur entstanden ist aus der wissenschaftlichen Forschung und Einsicht. *Ganz genau so, haargenau so, ist es auf sämtlichen Gebieten des Erfolges und der Lebensbemeisterung, und speziell auch in bezug auf die Geheimnisse unserer Willenskraft.*

Die Wege, die bisher zur Entwicklung eines starken Willens gewiesen worden sind, sind darum, wenn auch nicht falsch, so doch große *Umwege*. Bisher sagte man immer nur: „Wenn du einen starken Willen haben willst, so mußt du dich täglich üben, Dinge auszuführen, die dir unmöglich scheinen. Langsam und allmählich wirst du dann erkennen, daß alles geht, was du willst." **Zwei Wege zum starken Willen!**

Gewiß schult dieser Weg die Kraft, aber viele können sich nicht aufraffen zu diesem Training. Sie galten bisher als unverbesserlich willens*schwach* und mußten ihr Los einfach hinnehmen. In Wirklichkeit sind aber auch diese Schwachen zu großen Willensleistungen befähigt, sobald man ihnen den Weg zeigt, ohne dauernde und starke Konzentration das *gleiche Ergebnis* wie durch das bisher übliche Willenstraining zu erreichen. Und um welches *Ergebnis* handelt es sich dabei? *Um die Entwicklung der Überzeugung von der schon von Natur aus im Menschen vorhandenen Kraft; denn nur diese Überzeugung ist es ja, welche die schöpferische Energie bzw. die Willenskraft in Erscheinung treten läßt.* Ist diese Überzeugung erst vorhanden, wir können auch sagen, der Glaube an sich selbst, so ist bald alles möglich, was durch einen starken Willen erreicht werden kann, denn eben durch diese Überzeugung lenken wir das feine Räderwerk des Denkens und damit zwangsläufig alles, was durch unseren Geist, unsere Seele oder unseren Körper in Erscheinung treten soll. **Der Weg der Erkenntnis!**

Nur so ist es überhaupt erklärlich, daß oft ganz schwache und kränkliche Geschöpfe, die wahrhaftig nicht den Eindruck eines Willensriesen machen, die wunderbarsten Beweise stärkster Willenskraft liefern. **Sehr wichtig!!**

Es ist notwendig, sich in diese Zusammenhänge tief hineinzufühlen, damit man auch wirklich erfaßt, was hiermit gesagt sein will. Denken wir dabei nochmals an die christliche Heilslehre und die Wundertaten Jesu: Was lehrte er die Menschen? Den Glauben an die Kraft Gottes, die in jedem Menschen vorhanden ist. Und alles, was Jesus an Wundern vollbrachte, führte er nur auf diese Kraft zurück. Was ist aber Glaube anderes als das *Bewußtsein* dieser göttlichen Kraft?

Der Glaube versetzt wirklich Berge.

Wahrlich, der Glaube vermag Berge zu versetzen! Aber nur der *wirkliche* Glaube, der frei ist von jedem Zweifel! Das aber ist die *Überzeugung.* Aus dem Glauben und der Überzeugung entstehen das bewußte und unbewußte positive Handeln. Das aber ist die Ursache für die gesamte Meisterung des Lebens.

Was wäre demnach zur Entfaltung der in uns ruhenden höchsten schöpferischen Kräfte die unerläßliche Voraussetzung? Daß wir alles tun, um in uns diesen starken Glauben zu entwickeln! Wohlverstanden, also nicht die Kraft, sondern den *Glauben* an die Kraft! Die Kraft selber ist schon vorhanden; sie offenbart sich in dem gleichen Augenblick, wo wir ganz innerlich von ihrem Vorhandensein überzeugt sind. Ist der Glaube erst wirksam, dann geht alles von selbst und ganz leicht und ganz einfach. Deshalb, weil es für die Wirkung der schöpferischen Kräfte einfach kein Hindernis gibt, das groß genug wäre, um es nicht dennoch zu überwinden.

Glaube ist Kraft!

Für die innere Kraft gibt es kein Hindernis.

Unser ganzes Streben muß sich darum auf die Entfaltung dieses Glaubens, dieses Wissens um die innere Kraft konzentrieren. Schritt für Schritt müssen wir dabei vorgehen, damit es immer lichter und heller in uns wird, denn nur aus dem immer mehr zunehmenden Wissen kann sich die Überzeugung bilden. Dieses Streben führt uns auch zu der seelisch-geistigen Struktur in uns, die wir gut studieren müssen. Wie notwendig dieses Studium ist, führt uns der nachfolgende Erkenntnissatz vor Augen, der die bisherigen Darlegungen über die Wirkung der Kraft im Menschen in wenigen Worten kurz zusammenfaßt:

Es muß ganz hell in uns werden!

Nur in den Grenzen seines Erkennens ist das Wesen frei!

Bevor wir nun in das Wesen unserer inneren Struktur eindringen, mein verehrter Leser, wollen wir uns die wichtigsten Gedanken der vorstehenden Ausführungen nochmals vor Augen führen, und zwar in recht verständlicher Weise. Der wichtigste Lehrsatz lautete:

Nicht der Wille, sondern allein Erkenntnis macht uns frei!

Wissen Sie jetzt genau, was damit gemeint ist? Dieser Lehrsatz wurde ausdrücklich als der wichtigste Lehrsatz erfolgreicher Lebensgestaltung bezeichnet.

Denken Sie hierbei bitte an die Darlegungen über den *verkehrten* Krafteinsatz. Ihr ganzes Streben bleibt erfolglos, wenn Sie die Wichtigkeit dieses Satzes nicht voll erfassen würden. Zur Klärung wollen wir einen anderen wichtigen Lehrsatz heranziehen. Über den Willen hieß es:

Willenskraft ist Kraftfreiheit, Willensschwäche dagegen Krafthemmung!

Wenn wir darum sagen, daß uns die *Erkenntnis* frei macht, so meinen wir damit, daß der *Wille frei wird,* frei nämlich zur Betätigung, zur erfolgreichen Tat, zum erfolgreichen Handeln.

Wir können alles, was wir wollen und was überhaupt menschenmöglich ist, wenn wir erst begriffen haben, daß wir es können!

Selbstverständlich kommt es hierbei darauf an, daß wir auch richtig erfassen, was mit *Erkenntnis* gemeint ist. Auch das wurde dargelegt: *Erkenntnis ist das richtige Wissen um die Ursachen des Erfolges! Nur wenn wir wissen, wie irgend etwas gemacht wird, können wir irgendeine Sache mit Erfolg anfassen und durchführen.* Das Wichtigste dabei ist aber, daß sich diese Darlegungen nicht nur auf die allgemeinen Erfolgshandlungen beziehen, sondern unmittelbar auch auf das *Erwachen unserer inneren Kräfte.* Denn erst dann können wir ja überhaupt erst zum erfolgreichen, positiven Handeln kommen: Willenskraft brauchen wir, mächtig starke Willenskraft! Alle Erfolgsüberlegungen sind solange bedeutungslos, solange wir nicht über die *Kräfte* verfügen, durch die wir unsere Entschlüsse und Absichten in die Tat umsetzen können.

Das verstehen wir unter Erkenntnis.

Wenn wir nun dazu hörten, daß Willenskraft nichts anderes ist als Kraft*freiheit* und Willensschwäche nichts anderes als Kraft*hemmung,* so ist uns klar, daß es nun die wichtigste Aufgabe sein muß, alle Hemmungen auszuschalten und zu beseitigen. Zur Erfüllung dieser Aufgabe wurden die Grenzen aufgezeigt, von denen unser Bemühen abhängig ist. Wir hörten:

Ausschaltung der Krafthemmungen.

Nur in den Grenzen seines Wesens ist das Wesen frei!

Bei der Freilegung der Kraft in uns kommt es also darauf an, die Betätigungsgrenzen dieser Kraft frei zu machen.

Immer müssen wir von der Grunderkenntnis ausgehen, daß tatsächlich alles schon da ist, was wir in uns entwickeln wollen, und daß die Kräfte und Fähigkeiten nur darauf warten, von uns aus ihrem Schlafzustand gerufen zu werden. Um die Überzeugung von den in uns ruhenden Kräften und Fähigkeiten zu stärken, wurde auf die *einzige* Kraft hingewiesen, die allem Geschehen zugrunde liegt: Auf die Kraft der Natur, das göttliche Schöpfungswunder.

Die Natur besitzt alle Fähigkeiten, die wir zur bewußten Meisterung des Lebens brauchen. Die Betätigung der Natur auf den Gebieten des persönlichen Erfolges ist damit nichts anderes als eine erweiterte Fortsetzung ihrer Tätigkeit. Hierbei sei daran erinnert, daß unser gesamtes Denken, Fühlen, Wollen und Handeln ohnehin auf die Natur zurückgeht. Wenn wir auf uns bauen, so bauen wir damit also auf absolut festem und granitnem Grunde.

Die Natur kann alles!

Wenn wir auf uns bauen, bauen wir auf die Kraft der Natur und damit zugleich auf Gott!

Und wenn wir sagen, nur die *Erkenntnis* macht uns frei, so heißt das, daß durch das richtige Begreifen und Verstehen unseres eigenen Wesens die Natur im Rahmen unserer individuellen Möglichkeiten (Grenzen des kleinen Schicksals) von ihren Hemmungen erlöst wird und zur Betätigung kommt!

Sind unsere grundlegenden Gedanken jetzt klar?

Ein Erfolgloser fragt:

„Ganz habe ich noch nicht verstanden. Meinen Sie, daß *auch ich* schon die Kraft zum Erfolge *in mir* habe, wo ich doch schon seit Jahren vergeblich danach strebe, meine Erfolglosigkeit zu überwinden? Ich meine vielmehr, daß ich die Kraft *nicht* habe, denn ich bin inzwischen so mürbe geworden, daß ich morgens noch nicht einmal zur rechten Zeit aufstehen und aus dem Bett kommen kann; selbst dazu fehlt mir der Wille."

Der denkende Leser antwortet:

Wenn plötzlich Feuer ausbricht!

„Lieber Freund, Sie haben nicht verstanden, was hier gemeint ist, sondern beweisen vielmehr, daß die Unfähigkeit zum Erfolg und die vermeintliche Willensschwäche tatsächlich nur eine Krafthemmung ist. Was meinen Sie, wenn plötzlich nachts um 2 Uhr in Ihrem Zimmer Feuer ausbricht? Würden Sie da auch nicht aus Ihrem Bett kommen?" — „Ja, dann würde ich natürlich sofort aus dem Bett springen, und zwar ohne überhaupt daran zu denken, ob ich aufstehen will oder nicht." — „Sehen Sie, jetzt haben Sie ganz klar ausgesprochen, woran es liegt, wenn Sie nicht aus dem Bett kommen. An einer Hemmung der „Aufstehkraft" liegt es, die eintritt, wenn nicht der richtige Gedanke Ihr Bewußtsein erfüllt. Klar und deutlich sagt doch unser Buch:

„Der Erfolgsmensch ist ein Richtigdenker, während der Mißerfolgsmensch ein Falschdenker ist!" — — —

Die Wichtigkeit der Gewohnheit.

Ja, mein verehrter Leser, daran liegt es tatsächlich, und daß es beim Richtig- wie beim Falschdenken auf die *Erkenntnis* und auf die *Gewohnheit* ankommt. Sobald das Denken beim Aufstehen *gewohnheitsmäßig richtig* ist, bereitet es nicht die geringste Schwierigkeit. Bitte, mein erfolgloser Freund, denken Sie einmal an Ihre Frau. Kommt sie auch nicht rechtzeitig aus dem Bett? —

„Doch, meine Frau steht jeden Morgen pünktlich auf die Minute auf, um unsere Kinder zu besorgen. Sie braucht dazu noch nicht einmal einen Wecker, und über Schwierigkeiten beim Aufstehen hat sie noch niemals geklagt. Sie steht einfach auf, und damit hat sich das Ganze schon erledigt." —

Damit, lieber Freund, haben Sie sich selber bewiesen, daß es beim sofortigen Aufstehen tatsächlich nur auf das *richtige Denken* und die *Gewohnheit* ankommt, nicht aber, und das bitte ich gründlich zu merken, auf eine große Kraft, die man zum Aufstehen braucht.

Der Denker: „Und darum sagten Sie auch, daß die Willenskraft in ihrer Äußerung immer nur vom *inneren Widerstand* abhängt! Je stärker die seelischen Hemmungen oder die falschen Gewohnheiten sind, um so kraftloser wird stets der Wille sein. Und daraus ergibt sich dann auch, daß der Wille nur dadurch mächtiger und stärker in Erscheinung treten kann, wenn es uns gelingt, diese Hemmungen und falschen Gewohnheiten zu überwinden."

Nicht überwinden, sondern ausschalten!!

Richtig! Nur bitte ich Sie, *nicht von einer Überwindung,* sondern immer nur von einer *Ausschaltung* der inneren Widerstände zu sprechen. *Überwinden,* dieser Begriff ruft spontan die Vorstellung eines großen Kraftaufwandes wach, den wir zum „Überwinden" nötig haben. Wenn alles nur eine Frage richtiger Erkenntnis ist und wir nur durch Erkenntnis frei werden, so genügt schon ein Bruchteil an Kraft, um gute Ergebnisse in der Selbstbemeisterung zu erzielen. Es wurde bereits gesagt, daß wir mit den bisherigen Ansichten über die Willenskraft brechen müssen. Nochmals sei wiederholt: Beim Erfolg kommt es viel weniger darauf an, mit äußeren materiellen Widerständen fertig zu werden, als vielmehr in uns selbst die feinen Gedankenströme richtig zu regulieren. Hierbei aber ist die Anwendung großer Gewalt nichts anderes als Kraftverschwendung! Selbst die stärkste Konzentration versagt, sofern sie nicht an der richtigen Stelle angesetzt wird.

Mit den bisherigen Ansichten über die Willenskraft vollkommen brechen!

Denken Sie hierbei an das Beispiel von der *verkehrt angewandten Kraft:*

Der größte Feind des Erfolges ist der Mensch sich selbst, weil er mit sich selber nicht richtig umgehen kann!

Mit aller Gewalt — und doch geht es nicht!

Bitte, stellen Sie sich hierzu nochmals das Beispiel von der *Platzangst* vor Augen: Dieser Platzangstkranke will doch mit aller Gewalt über die Straße, das ist doch selbstverständlich, und trotzdem schafft er es nicht, und zwar deshalb, weil seine ganze Willenskraft sich in einer vollkommen falschen Bahn betätigt. Er dreht die Anwendung des Hebelgesetzes buchstäblich um, und damit ist natürlich nichts zu erreichen. Es ist bekannt, daß man einen Platzangstkranken sehr schnell durch einen hypnotischen Befehl heilen kann. Nun, und warum? Nur weil dieser Befehl das Denken und damit das Wollen des Kranken zwangsläufig in die richtige Bahn lenkt. Oder meinen Sie, daß durch die Hypnose die Willenskraft des Hypnotiseurs auf den Kranken übertragen wird? Wer so etwas glaubt, verkennt die Wirkungsweise des Hypnotismus, bei der es sich nicht um eine Kraftübertragung, sondern um eine Beeinflussung der Bewußtseinsvorgänge handelt. Daraus ergibt sich übrigens, daß man zum Hypnotisieren durchaus keinen besonders starken Willen braucht, wie das oft angenommen wird. Nur Technik und nichts anderes. Die Technik, mit deren Hilfe eine Einflußnahme auf bestimmte Bewußtseinsvorgänge ermöglicht wird. Es liegt außerdem weniger daran, daß jemand hypnotisieren kann, als daß man für Beeinflussungen zugänglich ist.

Regulierung der Bewußtseinsvorgänge durch die Hypnose.

Im Falle der Platzkrankheit wird im Kranken im hypnotischen Schlaf durch die Einflüsterung des Hypnotiseurs bewußt und planmäßig der Gedanke entwickelt, daß er nach dem Erwachen aus dem Schlafzustand ganz leicht und ohne Anstrengung über die Straße gehen kann. Diese Beeinflussung wird so oft und so lange wiederholt, bis der innere Mensch — der übrigens mit der seelisch-geistigen Struktur in uns identisch ist — vollkommen nur noch im Rhythmus dieser Einflüsterung, also der Suggestion, zu denken vermag. Erwacht dann der Hypnotisierte aus seinem Schlaf, so denkt er überhaupt nicht weiter darüber nach, ob er nun jetzt über die Straße gehen kann oder nicht, sondern er geht einfach, wenn es ihm paßt, und der Körper gehorcht. Daß der Körper gehorcht, ist der Beweis, daß sich jetzt sein Wollen bzw. sein Wille wieder ungehemmt durchsetzen und betätigen kann.

Innerer Mensch und seelisch-geistige Struktur.

Das ganze Versagen lag also lediglich in einem ungeordneten, erfolgwidrigen Ablauf der inneren Vorgänge. Begreift man jetzt, daß es bei der Platzkrankheit vollkommen verkehrt wäre, von einer *Schwäche* des Willens zu reden? Das muß ja ein sonderbarer Wille sein, der durch die einfache Suggestion des Hypnotiseurs plötzlich riesengroß wird, während er vordem ganz klein und kraftlos war. Nein, mein verehrter Leser, mit der Willenskraft haben diese Dinge überhaupt nichts zu tun, oder jedenfalls nur im Zusammenhang mit der Bedeutung der *Hemmungen* für die Auswirkung des Willens. Der Wille ist immer da und in gleich starker, mächtiger Kraft, doch stets kommt es darauf an, wieweit er gehemmt und wieweit er frei ist, um sich überhaupt betätigen zu können. Und nur deshalb sagten wir:

Willenskraft ist Kraftfreiheit, Willensschwäche — Krafthemmung!

Wir können wirklich alles, was wir wollen, sofern wir in der Lage sind, die der freien Betätigung des Willens entgegenstehenden inneren Widerstände und Hemmungen auszuschalten und zu beseitigen!

Die seelisch-geistige Struktur

Das nachstehende Schema soll veranschaulichen, wie wir unser inneres Selbst, das Wirken und Arbeiten der verschiedensten Gewohnheiten und Zwangs-Abläufe aufzufassen haben, und wie wir durch die Steigerung unserer Erkenntniskraft immer mehr uns selbst meistern und in die Hand bekommen können.

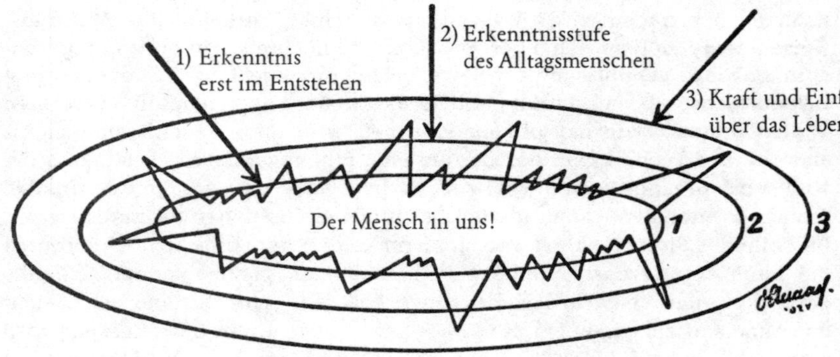

Schematische Darstellung der seelisch-geistigen Struktur

Zacken-Figur: Die gegenwärtige Verfassung der Struktur auf Grund der Einflüsse aus Erbanlagen, Leben und Umwelt

Ellipsen 1, 2 und 3: Wirkungsbereich der erlangten Erkenntnisstufen

Das Gebilde in der Mitte der Figur mit den vielen Zacken, Kanten und Ecken ist die gegenwärtige Verfassung und Beschaffenheit unseres inneren Menschen, gewissermaßen die *Schablone*, nach der sich unser Fühlen, Denken. Wollen und Handeln vollzieht, und zwar zwangsläufig vollzieht, sofern nicht die Erkenntnis darauf Einfluß nimmt.

Viele Menschen sagen, meist als Entschuldigung für ihr falsches und verkehrtes Handeln: „Ich bin nun mal so, und du mußt mich verbrauchen, wie ich bin." Auch damit wird die bestimmte Beschaffenheit der inneren Struktur gekennzeichnet. Diese Menschen sind eben so, d. h. ihre innere „Natur" ist nun mal so bzw. wirkt sich *so* aus.

Zwei Einflußregionen.

Für uns ist wichtig, daß diese Struktur das Ergebnis von *zwei Einflußregionen* ist. Die erste Einflußregion entspricht den Einflüssen aus dem bei der Geburt übernommenen Erbgut.

Der Mensch kommt mit ganz bestimmten Charakter- und Fähigkeitsanlagen zur Welt.
In dieser angeborenen Eigenart ist die erste Grundform der geistigen Struktur zu erkennen (Zackenfigur).
Die zweite Region entspricht den Einflüssen des Lebens, unserer Umwelt und der Arbeit an uns selbst. Hierdurch unterliegt die Struktur einer dauernden Veränderung: Je nachdem, wie stark diese Einflüsse sind, werden sich bestimmte Eigenarten stärker ausprägen oder durch die Ausbildung und Entwicklung anderer zurückgedrängt werden. Die geistige Struktur vollkommen zu erfassen, ist unmöglich, denn der innere Mensch ist aus genau so vielen Einzelheiten und Feinheiten zusammengesetzt, wie der Körper aus Zellen besteht. Jeder Gedanke, jede Vorstellung, jedes auch noch so geringste Empfinden und Fühlen ist ein Glied bzw. ein Baustein und Bestandteil der inneren Struktur, die sich in einer dauernden, gewissermaßen fluktuierenden Bewegung befindet. Es ist ein dauerndes Schwingen, das sich aber dennoch nach einer ganz bestimmten Gesetzmäßigkeit vollzieht, wobei immer die Summe der stärksten Einflüsse den jeweiligen Rhythmus bestimmt.

Jeder Gedanke, jede Vorstellung ist eine Zelle des seelischen Menschen.

Nun aber kommt das Wichtigste, nämlich die Frage nach dem Einfluß der Erkenntnis auf das Verhalten des inneren Menschen. In unserer Zeichnung wird der Wirkungsgrad der Erkenntnis durch die drei Ellipsen charakterisiert. Die erste (1) Ellipse kennzeichnet einen sehr geringen Erkenntnisgrad. Die Folge ist, daß der betreffende Mensch so gut wie gar keinen Einfluß auf seinen inneren Menschen hat. Die Veranlagung zuzüglich der Summe des äußeren Einflusses setzt sich einfach durch, und zwar ohne nach seinem persönlichen Wollen zu fragen. Ein solcher Mensch ist stets der Spielball seiner inneren Beschaffenheit bzw. seiner angeborenen Eigenart.

Wirkungsgrad der Erkenntnis.

Erste Ellipse.

Bei der zweiten (2) Ellipse beobachten wir, daß die Grenze der Macht auf sich selbst schon wesentlich erweitert ist. Nur die stärksten Eigenarten und Einflüsse unterstehen noch nicht dem eigenen Wollen. Für eine große Belastungsprobe reicht dieser Entwicklungsstand also noch nicht aus.

Zweite Ellipse.

Ganz anders bei der Erkenntnisstufe, die durch die dritte (3) Ellipse dargestellt ist. Dieser Mensch beherrscht jede Situation und mag auch der innere oder äußere Einfluß noch so stark sein, immer wird er sich selber in der Gewalt haben und seinen Willen durchsetzen. Der Erkenntnisbereich, Ellipse 3, schließt die ganze Struktur mit allen Eigenarten (Zacken) ein. Die drei Ellipsen zeigen uns auch, wieweit dem Menschen die bewußte Bildung seiner inneren Struktur untersteht. Der Mensch der ersten Erkenntnisstufe, der eigentlich erst anfängt, Mensch zu werden, vermag nur wenig die innere Disharmonie auszugleichen. Dieser Selbsteinfluß, denn darauf kommt es ja an, wird erst dann möglich, wenn er durch planmäßige Arbeit an der Erweiterung seines Erkennens in den Wirkungsbereich der zweiten Erkenntnisstufe hineinwächst. Und erst mit dem Eindringen in die dritte Stufe gelingt der völlige Umbau des inneren Wesens nach dem eigenen Willen (Läuterung der Seele, Überwindung des Fleisches).

Dritte Ellipse.

Wenn wir nun sagen: Nicht der Wille, sondern allein Erkenntnis macht uns frei, so zeigt uns unsere Figur sehr anschaulich, von welcher Tragweite diese wichtige Erkenntnis ist.

Selbsteinfluß und Fremdeinfluß.

Bei unserer ganzen Entwicklung kommt es darauf an, ob wir uns mehr selber bilden und entwickeln oder uns mehr durch die Einflüsse der Außenwelt bilden und entwickeln lassen.
Würde der Gesamteinfluß der Außenwelt nur positiver Natur sein, so wäre diese Frage nicht so bedeutungsvoll. Das ist aber keineswegs der Fall. Den Beweis hierfür bringt uns das Denk- und Erkenntnisniveau der Allgemeinheit. Da wir nicht in dieser Mittelmäßigkeit und diesem Negativismus steckenbleiben wollen, bleibt uns nichts anderes übrig, als eben bewußt an uns selbst zu arbeiten.

Notwendigkeit der Arbeit an sich selbst.

Die Möglichkeit der Entwicklung bis zur höchsten Vollkommenheit ruht von Anbeginn an in jedem Seelenwesen, da ja die Entwicklung an sich nichts anderes ist als ein immer größeres Offenbarwerden der höchsten Vollkommenheit des Schöpfungswunders, das in der Natur wirkt, und wir selber gehören auch dazu.
Immer wieder muß jedoch ganz klar erkannt werden, daß diese Selbstentwicklung in strengster Abhängigkeit steht von der Macht der Erkenntnis, was immer einem Bewußtwerden der in der Natur ruhenden Möglichkeiten entspricht.
Wer behauptet, nicht aus seiner Haut herauszukommen, stellt damit lediglich fest, daß seine Erkenntnis an Verkalkung leidet, nicht aber, daß er zu einer Höherentwicklung nicht befähigt sei.
Selbstredend bejahen wir, daß uns von der Entwicklung der Form, also der Entwicklung unseres Gehirns z. B., feste Grenzen gesetzt sind. Aber wir erwarten ja auch gar nicht, daß sich ein *Orang-Utan* zum *homo sapiens* entfaltet. Nur wir, wir ganz allein, stehen hier unter Betrachtung, und bei dem Entwicklungszustande unseres *Gehirns,* dem Gehirn des Kulturmenschen im 20. Jahrhundert, ist es durchaus möglich, eine wesentlich höhere Erkenntnis- und Einflußstufe zu erreichen, als es bis jetzt der Fall war, und darauf allein kommt es hier an.

Die Entwicklungsmöglichkeit des Menschen.

Millionen Menschen haben erst einen Bruchteil der Vervollkommnung erreicht, zu der sie ihre Erbmasse befähigt. Hier, diese Skizze, macht das anschaulich:

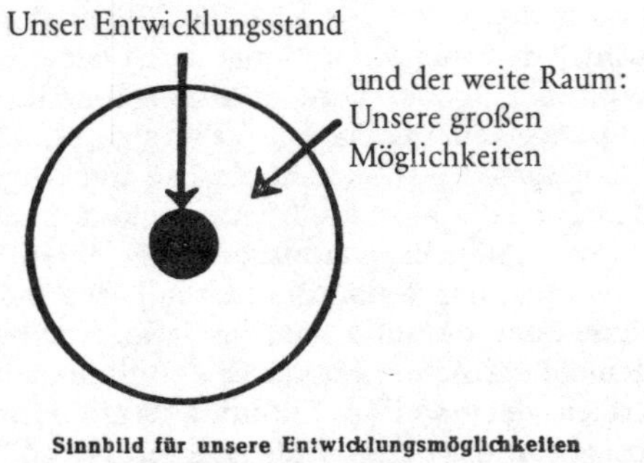

Sinnbild für unsere Entwicklungsmöglichkeiten

Prägen Sie sich diese Figur fest ein! Soviel haben Sie bis heute erreicht, wie der kleine Kreis anzeigt. Der freie Raum bis zum inneren Rand des großen Kreises zeigt die großen Möglichkeiten, die Ihnen bei dem jetzigen Stand Ihrer Entwicklung noch offenstehen! Nutzen Sie sich selbst aus! Gehen Sie unter allen Umständen bis an die Grenze aller Möglichkeiten, und geben Sie sich auf keinen Fall mit Halbheiten zufrieden.

Der kleine Kreis in der Mitte, das ist der bis heute erreichte Entwicklungszustand der Allgemeinheit, während der freie Raum zwischen dem kleinen und dem äußeren großen Kreis die Entwicklungsmöglichkeiten darstellt. Wenn im Verhältnis zu diesen Entwicklungsmöglichkeiten die große Mehrzahl der Menschen erst so wenig erreicht hat, so liegt das einfach und allein nur an der mangelnden Erkenntnis über sich selbst.
Was zu erreichen ist bei voller und bewußter Ein-

Die Spitzenleistungen der großen Menschen zeigen unsere Möglichkeiten.

stellung zu den Entwicklungsmöglichkeiten, das zeigen uns die Spitzenleistungen der großen Männer und Frauen in der Welt. Wenn auch nicht jeder eine solche Genialität erreicht, so ist es aber doch feststehend, daß jeder einzelne viel mehr zu leisten vermag, als er bisher zuwege brachte. Bedingung ist aber, daß man zu den Vorgängen innerhalb seiner geistigen Struktur *ganz bewußt* Stellung nimmt und die Wirkungsweise der seelischen und geistigen Kräfte nicht mehr *nur von den äußeren* Einflüssen abhängig macht. Hier zeigt sich übrigens ganz klar der Unterschied zwischen der positiven *Persönlichkeit* und dem *Alltagsmenschen.* Der Alltagsmensch läßt sich treiben wie ein Kahn auf den Wellen des Ozeans. Was für Kräfte und Einflüsse gerade auf ihn einwirken, denen ist er ausgeliefert. Umgekehrt der positive Mensch: Bei ihm entscheidet immer nur die richtige Erkenntnis, ob er einen Einfluß auf sich wirken lassen will oder nicht. Dafür lebt er eben bewußt. Ganz fest und mit starken Armen steht er am Steuer seines Lebensschiffes, dessen Kurs er selbst bestimmt!

Immer entscheidet nur die richtige Erkenntnis.

Natürlich wird auch das seelische und geistige Leben des positiven Menschen von ganz bestimmten Gewohnheiten und Gesetzmäßigkeiten beherrscht. Aber darauf kommt es ja gerade an, daß die in seinem unbewußten Leben wirkenden Gewohnheiten positiv sind und voll und ganz den Gesetzmäßigkeiten und Voraussetzungen des Erfolges entsprechen!

Es wurde schon darauf hingewiesen, daß der Ablauf unseres Denkens und Empfindens wie auch unseres geistigen Lebens automatischen Abläufen untersteht. Hierfür gibt es viele Beispiele. So z. B. die Gewohnheit der Art des *Schreibens* oder des *Sprechens* einer *bestimmten Mundart.* Dieser Mechanismus ist für das Verstehen der Vorgänge in der geistigen Struktur übrigens besonders aufschlußreich. Angenommen, Sie wären in Sachsen geboren und in Sachsen erzogen. Was wäre die Folge? Daß Sie infolge des Einflusses Ihrer Umgebung die charakteristische Aussprache der sächsischen Mundart hätten. Jetzt frage ich Sie: Sprechen Sie nun diese Mundart, weil Sie es selber wollen, oder spricht diese Mundart nicht vielmehr Ihre innere Struktur, also Ihr innerer Mensch? Zweifellos ist das letztere der Fall. Nun aber frage ich weiter: Mußten Sie unter allen Umständen diese Mundart sprechen, etwa deshalb, weil Sie von sächsischen Eltern abstammen, oder ist diese besondere Eigenart beim Sprechen tatsächlich auf den Einfluß Ihrer *Umwelt* zurückzuführen? Was würde geschehen sein, wenn Sie zwar als Kind sächsischer Eltern in Leipzig geboren, jedoch kurz nach Ihrer Geburt zu Pflegeeltern nach München gekommen und dort erzogen wären? Hätten Sie dort und *ohne jeden sächsischen Einfluß* auch und von sich aus die Mundart Ihrer Eltern entwickelt? Nein, sondern ganz sicher ist es, daß Sie dann die in Bayern übliche Eigenart angenommen hätten. Aber ganz klar ist es auch, daß *nicht Sie* es sind, der diese besondere Mundart sich aneignet, *sondern allein die ohne Ihr bewußtes Zutun wirksame innere, geistig-seelische Struktur.* Ist die in Frage stehende Mundart erst einmal fest in Ihnen verankert, was soviel bedeutet, daß die innere Struktur vollkommen im Rhythmus dieser Mundart schwingt, so werden Sie voraussichtlich Ihr ganzes Leben lang darin sprechen, sofern es Ihnen nicht möglich ist, zu erkennen, daß Sie aller Verankerung zum Trotz dennoch den inneren Rhythmus umstellen können. Solange ist das unmöglich, wie Sie fest daran glauben, aus Ihrer sogenannten

Die Wirkung der seelisch-geistigen Struktur.

Der innere Rhythmus.

Haut nicht herauszukommen. Erst wenn Sie einsehen, daß diese Haut durchaus dehnbar und veränderlich ist, und dann durch Erkenntnis und guten Willen an eine bewußte Umformung herangehen, gelingt es, eine unter Umständen totale Veränderung der Sprechgewohnheiten, auf die ja die Mundart zurückzuführen ist, zu erreichen.

Ich glaube, mein verehrter Leser, jetzt verstehen Sie schon, was mit der inneren Struktur gemeint ist, denn genau so wie bei dem eben geschilderten Beispiel, ist es auf der ganzen Linie der inneren Abläufe und geistig-seelischen Gesetzmäßigkeiten. Und immer mehr wird es auch einleuchten, daß wirklich *nur Erkenntnis* der Schlüssel zur Lebensbemeisterung ist. Solange wir keine Ahnung haben von den Gesetzmäßigkeiten, denen unser Leben unterstellt ist, sind wir ja tatsächlich nicht in der Lage, den Hebel unserer Kraft an der *richtigen* Stelle anzusetzen. Erfolg zu erzielen, ist tatsächlich keine schwere Sache, jedoch nur dann, wenn man weiß, wie es gemacht wird. Es ist ausgeschlossen, jemals die Kraft zum Erfolge zu haben, solange sich die Kraft infolge unserer Unwissenheit wie unter einer Tarnkappe verbirgt.

Nicht der Wille, allein die Erkenntnis macht uns frei. Es ist Wunderbares zu erreichen durch die Beachtung der Naturgesetze.

Es ist fürwahr ein tragisches Geschick für unzählige Millionen lieber, braver Menschen, daß sie zwar mit bestem Willen nach Erfolg streben, dennoch aber alles am verkehrten Ende anpacken und durch die dadurch eintretenden dauernden Mißerfolge schließlich am Sinne des Daseins verzweifeln. Wer dies klar erkennt, für den müßte es Pflicht sein, die hier niedergelegten Erkenntnisse nicht nur für sich selber auszunutzen, sondern sie auch anderen zu vermitteln. —

V. TEIL

DIE ZIELBEWUSSTE GESTALTUNG DES POSITIVEN TATMENSCHEN

Selbstanalyse — Erfolgstagebuch — Täglicher Fortschritt

Wolle ja nicht mäßig sein im Handeln! Lebe frisch immer fort! Keine Kraft geht verloren, als die du ungebraucht in dich zurückdrängst.

Schleiermacher

Jetzt kommen wir zur zielbewußten Gestaltung des positiven Tatmenschen, mein verehrter Leser. Ein wichtiges Mittel hierzu lernten wir schon in der bewußten Selbstbeeinflussung kennen. Neben dem allgemeinen positiven Denken, das sich in der Lebensbejahung äußert, müssen wir jetzt ganz bestimmte *Erfolgseigenschaften* entwickeln. Die Kunst des *Schweigens* z. B. beherrschen lernen, gleichzeitig aber auch die Fähigkeit, im rechten Augenblick *ohne Hemmungen* das zu sagen, worauf es ankommt. Selbstverständlich gehört hierzu auch die Bemeisterung aller negativen Charaktereigenschaften und persönlichen Mängel.

Wir haben schon von der Notwendigkeit einer planmäßigen Lebensführung gesprochen. Nachdem wir nun über unser Innenleben genügend informiert sind und mit unseren Kräften schon gut Bescheid wissen, wollen wir jetzt unsere Kenntnisse für die erforderliche Planmäßigkeit praktisch auswerten.

Nur durch Planmäßigkeit geht es vorwärts!

Einen Plan entwickeln, heißt zuerst, sich einen Überblick verschaffen über das, was wir erreichen wollen. Da wir wissen, daß in allen Erfolgsangelegenheiten nur wir selber, also unsere *eigene Person* ausschlaggebend und entscheidend ist, bezieht sich die erste Überlegung auf uns selber. Wir müssen feststellen, was und wo bei uns etwas *faul* ist, was mit den Bedingungen des Erfolges nicht übereinstimmt.

Völlige Klarheit ist immer die erste und wichtigste Grundbedingung zur Überlegung. Wir wollen uns diese Klarheit über uns selber aber nicht nur in Gedanken schaffen, sondern auch auf dem Papier. Bitte, schaffen Sie sich zu diesem Zweck das schon früher erwähnte *Erfolgstagebuch* an. Auf die erste Seite dieses Tagebuches ziehen Sie den berühmten

roten Strich hinter die Vergangenheit.

Den roten Strich unbedingt ziehen!

Er versinnbildlicht den endgültigen Bruch mit allem Negativen und das endgültige Ende jeder nutzlosen Grübelei, die jetzt einem zielbewußten Erfolgsschaffen Platz zu machen hat.

Hängen Sie nicht mehr dem Vergangenen nach, noch ist Zeit, noch leben Sie, noch bieten sich tausend Erfolgschancen! Und auch dann, wenn Sie schon bejahrt sind und nur noch über geringe Möglichkeiten verfügen, werden Sie sich Ihr Leben noch positiv einrichten.

Vorbei ist vorbei! Nur der Zukunft gehört das Leben.

Denken Sie daran, was ich Ihnen über die Einstellung zum Unabänderlichen gesagt habe. *„In der Beschränkung zeigt sich der Meister."* Nun liegt es an Ihnen, diese Meisterschaft unter Beweis zu stellen.

Also: Schluß mit aller Grübelei, Schluß mit allem Traurigen der Vergangenheit, und endgültig Schluß auch mit aller Hoffnungslosigkeit und jedem Negativismus!

Das also versinnbildlicht uns der dicke rote Strich! Ziehen Sie diesen Strich aber auch wirklich in ein Tagebuch und begnügen Sie sich nicht mit dem Lesen dieser Worte: Nur die Praxis ist maßgebend! Einzig und allein die Praxis, und wenn Sie schon dieses Buch studieren, so machen Sie sich auch die Freude, den durch eine Befolgung der Anweisungen eintretenden Erfolg *gründlich* zu erzeugen!

Nun kommt die 2. und die 3. Seite unseres Tagebuches: Hier kommen wir nun zu der vorhin erwähnten Klarheit über uns selber. Jetzt heißt es, ordentlich auspacken, was an guten und schlechten Seiten an uns dran ist. Schreiben Sie alles hübsch säuberlich untereinander, was Sie quält, was Sie beunruhigt, was Sie ängstlich und mutlos macht, was Ihre Umwelt an Ihnen nicht leiden mag, was Ihnen selber zur Qual ist, alles, alles schreiben Sie auf, und auch alle schlechten Angewohnheiten, wie überhaupt die ganze Rasselbande von erfolgswidrigen und disharmonischen Eigenschaften. Analysieren Sie Ihren körperlichen und seelischen Menschen, bis Sie auch das letzte Haar gefunden haben. Ich brauche Sie wohl nicht daran zu erinnern, bei dieser Selbstanalyse ganz, ganz *ehrlich* zu sein! Es ist ja nicht notwendig, daß Sie dieses Erfolgstagebuch irgendeinem zur Zensur vorlegen, nur vor sich selber müssen Sie einmal gründlich klar sein, ganz klar, und darum wirklich mit *rücksichtsloser Offenheit* vorgehen. Es kann sein, daß Ihnen eine ganze Menge übler Eigenschaften gar nicht bewußt sind. Dann beobachten Sie bitte Ihre Umgebung und gestehen Sie sich selbst jede Schwäche ein, die man bei Ihnen findet.

Ehrlich, ganz ehrlich sein!

Wir wollen aus uns einen wirklich lebensstarken, positiven Menschen machen. Nie wird uns das möglich sein, solange wir nicht gewillt sind, uns vorhandene Schwächen einzugestehen.

Selbstverständlich haben wir alle auch eine Reihe von guten Eigenschaften. Das aber, mein verehrter Leser, kommt auf Seite 3 unseres Tagebuches: Auch das Gute müssen wir von uns wissen, doch kommen Sie bei der Aufstellung Ihrer guten Eigenschaften bitte nicht zu Verwechslungen, denn es kann sein, daß eine Eigenart, die Sie selber für gut halten, geradezu erfolgswidrig ist. Gutmütigkeit ist z. B. keine Erfolgseigenschaft, sondern eine *Schwäche*. Die positive Eigenschaft dafür ist Herzensgüte mit Gerechtigkeit. Daß Gutmütigkeit in vielen Fällen nicht aus edlem Wollen geboren wird, beweist schon die Tatsache, daß man seine Gutmütigkeit bereuen kann. Sie müssen ein

Gutmütigkeit ist Schwäche!

braver, lieber, von Herzen guter Mensch sein, das besagt aber nicht, daß Sie sich deshalb ausnutzen lassen. Hier den rechten Wesenszug zu konstatieren, muß ich Ihnen selber überlassen. Ein Vater, der zu seinem Jungen streng ist, weil er will, daß er im Leben etwas Tüchtiges erreicht, ist trotz seiner harten Worte, die er manchmal gebraucht, seinem Wesen nach viel höher zu werten als der Gutmütige, der seinem „lieben Jungen" jeden Wunsch erfüllt. Wie gesagt, Sie selber müssen Ihre Eigenschaften bewerten. Aber seien Sie wirklich kritisch, und machen Sie nicht den Fehler, eine Schwäche, die unter Umständen für Ihr ganzes Leben entscheidend sein kann, als besonders gute Eigenschaft auszulegen.

Der strenge Vater ist höher zu werten als der gutmütige!

Damit Sie sich über Ihr eigenes Wesen richtig klarwerden können, finden Sie auf den nächsten Seiten einen *Charakterspiegel.* Mit seiner Hilfe — indem Sie alle Eigenschaften objektiv durchgehen — werden Sie bald zur richtigen Meinung über sich selber kommen und für sich selbst, auf Seite 2 und 3 Ihres Tagebuches, ein entsprechendes Spiegelbild Ihres Wesens entwerfen können. Haben Sie das getan, dann wird mit ganzer Kraft an den Aufbau herangegangen. Das ist der nächste Schritt zur Planmäßigkeit. Nun heißt es:

Es bedeutet „Feigheit", eigene Fehler und Schwächen nicht rückhaltlos einzugestehen, und es bedeutet „Unverstand", sie nicht auszumerzen.

Keinen Abend schlafen gehen, bevor nicht ein Fortschritt erzielt worden ist!

Jetzt muß mit Energie und Klugheit der lebensstarke, einflußreiche Charakter des positiven Tatmenschen entwickelt und herangebildet werden! Sagen Sie nicht, daß das schwer oder gar unmöglich sei:

Nach der Selbstanalyse vorwärts mit ganzer Kraft!

Seinen Charakter kann jeder beeinflussen, der es ernstlich will, vor allem aber jeder bewußt lebende Mensch, der sich über die innere und äußere Notwendigkeit der Umgestaltung seines Charakters vollkommen im klaren ist.

Selbstverständlich spielt, besonders bei der Bezwingung des Trieblebens, die Vererbung eine Rolle. Man lasse sich aber nicht von der Ansicht beherrschen, daß der denkende Mensch bedingungslos an seine Veranlagung gebunden sei. Wenn das der Fall wäre, stände es schlecht um die Evolution, wären *Veredelung* und *Vergeistigung* des Wesens ein Ding der Unmöglichkeit. Im übrigen wissen wir ja schon, daß man doch aus seiner Haut heraus kann, wenn man es nur richtig anstellt.

Das Streben nach Veredelung des Charakters erst macht uns zum wahren Menschen.

Die Unmöglichkeit der Selbstbemeisterung wird jeder solange annehmen, wie er nicht die *Erkenntnis* der *Möglichkeit* durch den Beweis eines gelungenen Sieges über sich selbst erhalten hat. Deshalb muß man auch bei Beginn der bewußten Gestaltung des Charakters zunächst darauf achten, sich erst mal in irgendeiner Weise in die Gewalt zu bekommen. Daß dies nur wenigen gelingt, liegt daran, daß die meisten die Beherrschung etwa einer Leidenschaft durch den Kampf gegen die Erregung der Nerven einleiten. Dieses Vorgehen ist falsch, denn mit einer Leidenschaft ist es genau so wie mit dem Feuer: Im Keim läßt es sich spielend leicht beherrschen, und, wenn es sein muß, unterdrücken; hat es jedoch schon zu große Dimensionen angenommen, trotzt es jeder Bändigung und zerstört Häuser und Städte.

Vernünftige Menschen halten die Wandlung des Charakters für „selbstverständlich".

Im Kern muß die Leidenschaft gepackt werden, nicht an ihren Außenseiten!

Der eigentliche Angriffspunkt jeder Leidenschaft, wie überhaupt jeder Schwäche, ist im Gedankenleben zu suchen. Wenn wir nicht an eine Leidenschaft denken, das heißt, wenn wir unser Gedankenleben frei von den Vorstellungen einer Begierde halten, dann kann sich auch keine Leidenschaft des Körpers bemächtigen.

Sehr wichtig!

Wahre Selbstbemeisterung ist nicht Beherrschung der Nerven, sondern Beherrschung der Gedanken!

Mit der Ausschaltung unangenehmer Charaktereigenschaften ist es genau so. Auch hier gilt es, die Eigenschaften schon im *Keim*, also beim Auftauchen im Bewußtsein, zu ersticken. Charaktereigenschaften, einerlei, ob diese gut oder schlecht sind, unterstehen nicht nur der Veranlagung, sondern, wie fast alle sich ständig wiederholenden unbewußten und ungewollten Äußerungen unseres Wesens, auch den *Gesetzen* der *Gewohnheit*.

Dieses Gesetz der Gewohnheit gilt für jeden Fall.

Jede Reaktion, wie überhaupt jeder Vorgang im Körper hat das Bestreben, sich stets unter gleichen Bedingungen zu wiederholen, und wiederholt sich gewohnheitsgemäß bestimmt, wenn er eine gewisse Zeit lang in gleicher Weise eingetreten ist.

Man gewöhnt sich an gute Charaktereigenschaften genau so wie an schlechte. Man muß nur in allen Fällen die Vernunft entscheiden lassen.

Bewirkt wird diese gesetzmäßige Wiederholung durch Impulse, die der Nervenapparat von im Unterbewußtsein wirkenden Vorstellungen (Mechanismen) erhält. Diese Vorstellungen sind die leitenden Ideen, die geistigen Urbilder und Träger der Gewohnheit, die um so stärker und damit um so wirksamer werden, je öfter, länger und widerstandsloser sie ihre äußere Erscheinung ins Leben rufen können.

Charakterbildung beim Kinde

Aus diesen Darlegungen ersehen Sie, wie sehr auch die Erziehung des Kindes bewußt geschehen muß.

Um diese Vorgänge mit der Entwicklung des Charakters in Zusammenhang zu bringen, braucht man nur an die Erziehung des Kindes zu denken. *Dabei handelt es sich im wesentlichen immer um gleichbleibende Einwirkungen auf das Vorstellungsleben des Kindes, die den Charakter nach bestimmten Richtungen drängen.* Nur wenn es sich um ein Kind handelt, das geistig besonders regsam ist, wird es willkürlicher Charakterbildung Widerstand entgegensetzen.

Über seine Kinder klagen, heißt sich selber anklagen!

Die Neigung, sowohl Gutes wie Böses zu tun, schlummert mehr oder weniger in jedem Menschen. Erst die *Erziehung* sowie das *Beispiel* und die *Gesinnung* von Eltern und Umgebung lassen das eine oder andere mehr in Erscheinung treten.

Bei der Bildung des Charakters kommt es nicht darauf an, wie gut man es im Augenblick mit dem Kinde meint, sondern immer nur auf die Vorstellung, die man durch sein Verhalten im Bewußtsein des Kindes erzeugt.

Beschützt und behütet man das Kind sorgsam vor jedem Schmerz und jeder Unannehmlichkeit, so ist die unvermeidliche Folge, daß das Kind verweichlicht wird. Selbstverständlich will die Mutter keinen verweichlichten Jungen, sie behütet und beschützt ihn ja nur aus Angst, weil sie ihn lieb hat. Das aber ist gerade der Fehler, denn die gleiche Vorstellung von Angst erzeugt sie durch ihr Verhalten auch im Bewußtsein des Kindes, was bei dauernder *Wiederholung* dann einen ängstlichen und zimperlichen Charakter bewirkt. Dieses Ängstliche des Charakters wird um so stärker in Erscheinung treten, je mehr das Kind das Besorgte und Ängstliche im Wesen der Mutter merkt.

Der Charakter unserer Kinder ist zu einem sehr großen Teil das Produkt unseres eigenen Verhaltens. — Durch unvernünftiges Handeln und indem wir uns von häßlichen und negativen Eigenschaften treiben lassen, schaffen wir nicht nur uns, sondern auch unseren Kindern ein schweres Leben in der Zukunft, denn der Charakter bedingt zum Wesentlichen das Schicksal des Menschen. Wenn wir bei unseren Kindern schlechte Charaktereigenschaften feststellen, so müssen wir uns selbst den größten Vorwurf machen. Am Charakter unserer Kinder erkennen wir klipp und klar die Fehler und Vorzüge unserer Lebensführung und Lebenseinstellung in der Vergangenheit.

Was beim Erwachsenen besonders hemmend wirkt, ist der Mangel an Selbstvertrauen. Auch das ist meist die Folge falscher Erziehung. Wenn dem Kinde beim Versuch, die selbständigen Handlungen der Erwachsenen nachzuahmen, stets gesagt wird: *Laß das, dazu bist du zu dumm, das darfst du nicht, sei ruhig, frag nicht so dumm usw., dann muß eben, als Folge falscher Vorstellungen, die durch dieses Verhalten dem Kinde suggeriert werden, das Selbstvertrauen des Kindes leiden.* Das gleiche haben wir auch beim Fleiß und Ordnungssinn. Wird das Kind von frühester Zeit an angehalten, alle Arbeiten ausdauernd und korrekt auszuführen, so kann es später als Erwachsener mit *Leichtigkeit* ein ordentlicher Mensch sein, während ein Muttersöhnchen, das man von jeder Arbeit fernhält, auch im ferneren Leben keine Lust und Ausdauer zu ordentlicher Arbeit hat, wenn nicht durch Selbsterkenntnis und Selbsterziehung die negativen Eigenschaften beseitigt werden. Ist erst einmal irgendeine Eigenschaft, gleich ob diese gut oder schlecht ist, durch Erziehung fest im Menschen verankert, so ist sie *bestimmend* für seine Handlungen, die dann häufig nicht mehr freier Überlegung, sondern einem *unterbewußten Zwange* entspringen, der vielen unerbittlich ihr Verhalten und damit ihr Geschick diktiert.

Ohne Erkenntnis dieser Zusammenhänge ist fast jeder Kampf gegen schlechte Eigenschaften in Frage gestellt, jedes Aufbäumen des Willens ein Tropfen auf einen heißen Stein.

Wenn es nicht gelingt, die geistigen Ursachen der Schwächen, also die wirkenden Mechanismen im Unterbewußtsein unwirksam zu machen, wird man gegen schlechte Seiten des Charakters fast immer machtlos sein*.

Wenn Sie meinen Ausführungen aufmerksam gefolgt sind, mein verehrter Leser, wissen Sie jetzt, daß man die bewußte Gestaltung seines Charakters mit der *Reinigung seines Gedankenlebens von allen Vorstellungen zu beginnen hat, die mit irgendeiner Schwäche in Verbindung stehen.*

So werden Sie alle niedrigen und schädlichen Gedanken los!

Diese Vorstellungen werden Sie dadurch los, daß Sie ihnen einfach keinerlei Beachtung mehr schenken. Sobald Sie fühlen, daß durch irgendeine äußere Anregung zum Beispiel eine niedrige Begierde in Ihnen wach werden will, richten Sie sofort konsequent Ihre Aufmerksamkeit auf irgendeine Ihrer Erfolgsangelegenheiten. Sagen Sie sich ganz energisch: *„Diese Vorstellung schadet meinem Erfolg, deshalb dulde ich sie nicht in meinem Bewußtsein."*

* Weitere wichtige Einzelheiten über positive Kindererziehung auch im Tageslauf des positiven Menschen und im Kapitel: **„Grundregeln positiver Erziehung"**.

Wenn Sie das jedesmal tun, haben Sie binnen kurzem eine große Herrschaft über sich erlangt.
Bevor Sie jedoch an die Beseitigung Ihrer unangenehmen Seiten praktisch herangehen, müssen Sie mit diesen gründlich abrechnen.

Sie müssen sich vollkommen darüber klar sein, daß Sie vorwärts wollen und darum Schwächen nicht mehr haben dürfen!

Sie müssen den entschlossenen Willen haben, die Schwächen ein für allemal los zu werden, denn sonst hat das Ganze keinen Zweck, weil es ja darauf ankommt, den erfolgshinderlichen Vorstellungen, die sich in Ihrem Bewußtsein zu Hause fühlen, keine geistige Nahrung mehr zu geben.

Tun Sie, was die Vernunft gebietet!

Selbsterkenntnis bedingt Einsicht. „Einsichthaben" ist unmittelbarer Ausdruck der Vernunft. Das Höchste aber ist, nach der Einsicht zu handeln!

Angenommen, Sie wären ein Mensch, der eingebildet und prahlerisch ist. Wie Sie aus dem Charakterspiegel ersehen, dürfen diese Eigenschaften nicht geduldet werden, also müssen sie verschwinden. Von nun an müßten Sie deshalb darauf verzichten, sich gerne reden zu hören und müßten darum auch die Bewunderung Ihrer Umgebung entbehren. Können Sie das? Im Interesse der Ausschaltung dieser unangenehmen Eigenschaften *müssen* Sie das, aber wollen Sie das auch? Wenn Sie ein rechter Prahler sind, wird das sicher schwerfallen und nur möglich sein, wenn, — nun, wenn Sie dadurch einen anderen, besonderen Vorteil haben würden. Diesen Vorteil haben Sie zweifellos, und er wird Ihnen auch sofort klar, wenn Sie sich einmal die *„Erfolge"* betrachten, die durch das Prahlen und das eingebildete Wesen entstanden sind.
Sie lebten in einer Welt der Illusionen, denn die Leute, die Sie vermeintlich gerne reden hörten, waren gar nicht so sehr von Ihnen eingenommen, wie Sie sich einbildeten.

Sie wollen Erfolg — dazu gehört die Persönlichkeit, die Vertrauen, Achtung, Ansehen und Zuneigung besitzt.

Selbsterkenntnis ist unerläßlich! Je größer die Selbsterkenntnis, um so sicherer werden die wahren Ursachen aller bisherigen Mißerfolge erkannt.

Wünschen Sie das? Oder ist Ihnen damit gedient, wenn Sie nur, solange Sie anwesend sind, die Aufmerksamkeit der Leute finden? Wenn Sie eine *Persönlichkeit* sein wollen, müssen Sie schweigen lernen und darum auch die geschilderten Eigenschaften beseitigen.
Oder Sie wären beispielsweise ein rechthaberischer Mensch, der den Meinungen anderer stets widerspricht und nur seine eigenen Ansichten gelten lassen will: Wollen Sie wirklich und ernstlich von dieser üblen Eigenschaft lassen, die Ihnen wohl im Augenblick eine gewisse Befriedigung verschafft, Ihnen aber dafür Feinde und Antipathien einträgt?
Oder aber Sie wären ein großer Egoist, der sich selber alles, anderen aber nur ein Existenzminimum zubilligt: Könnten Sie sich dann ernstlich entschließen, in Zukunft anders zu sein? Wissen Sie, daß das heißt, manchen materiellen Vorteil zu entbehren? Ist Ihnen die Liebe Ihrer Umgebung, die Sie dafür ernten, und die treue Mitarbeiterschaft, die Sie dadurch gewinnen, Vorteil genug, um in Zukunft der Selbstsucht zu entsagen?
Wenn Sie *so* über Ihre Schwächen nachdenken, wie ich das eben gezeigt habe, und in jedem Falle ein *positives,* aus dem Innersten kommendes: *Ja,*

ich will es! aussprechen können, dann haben Sie die Vorbedingungen erfüllt, um sich zur Freiheit des Geistes und zur Persönlichkeit zu erheben.
Sagen Sie nicht, daß Sie dadurch vom Leben etwas entbehren müssen, durchaus nicht, der positive Mensch darf alles tun, was das Leben lebenswert macht, nur soll er *Herr* und nicht Sklave seiner Triebe, Neigungen und Sinne sein!

Frei sein vom Müssen, alles tun aus freier Überlegung heraus, das ist das Ziel, das Ihnen vorschweben muß, wenn Sie Ihr Geschick meistern und lenken wollen!

Frei sein vom Müssen, das kann man nur, wenn man „Herr" über sich ist!

Wenn auch die Beseitigung mancher Schwäche wie die Entbehrung eines Genusses aussieht, vergessen Sie nicht, daß ihre Beseitigung nur der Einsatz für die große innere Zufriedenheit ist, die Sie für die Ausschaltung alles Niederen und Schwachen einheimsen. Umsonst ist nichts in der Welt, ohne Arbeit soll auch nie ein Lohn empfangen werden. Wer jedoch die Arbeit der *Selbstbemeisterung* leistet, erhält den größten Lohn, der je erhalten werden kann: *Das Bewußtsein starker Seelenkraft und wirklicher entscheidender Bedeutung als Mensch und Persönlichkeit.*

Deshalb weg mit allen Eigenschaften, die nicht zum Wesen der harmonischen Persönlichkeit gehören! Weg mit allen Schwächen, die die freie Überlegung hemmen und den Willen von seinem Platze als Herr über den Körper verdrängen wollen! Weg mit allem, was den Weg zum Erfolg und Aufstieg mit Hindernissen besät!

Ihr Charakter ist Ihr Schicksal, vergessen Sie das nie!

Nur dann kann geleistet werden, was zu leisten ist, um großen Zielen näherzukommen.
Wer allen Ernstes dabei ist, sein Schicksal aus *eigener* Kraft zu steuern, sagt mit Goethe: *„Ich will Herr über mich sein!"*

Von außen kommt der Erfolg nicht, sondern nur von innen. Ihr Charakter ist es, der Ihnen Sieg oder Untergang bringt!

Darum zögern Sie nicht mit dem Entschluß, jetzt alles zu tun, um zur Selbstbemeisterung zu kommen. Alles einzusetzen, um alles, was zu gewinnen ist, zu erringen.

Lernen Sie an Ihre eigene Person glauben und beseitigen Sie alles, was die Selbstachtung untergräbt, was schlapp, unbeherrscht, mutlos, kleinlich, zaghaft und unentschlossen macht.

Alles ausschalten, was die Selbstachtung untergräbt!

Bedenken Sie, daß auch Sie sein müssen und nicht von einer blinden Macht, von einem Zufall, in den Kreis Ihrer Angelegenheiten hineingestellt wurden. Auch *Sie* haben mitzuwirken an der Gesamtentwicklung der Menschheit, auch *Sie* sind das Glied einer Kette und eine Notwendigkeit. Werden Sie sich dessen bewußt, und lernen Sie an sich glauben! — —

Jeden Morgen ein Vorsatz!

Wir sagten: *Keinen Abend schlafen gehen, bevor nicht ein Fortschritt erzielt worden ist!* Das ist nur möglich, wenn wir uns an dieses Vorwärtsstreben durch einen *ganz entschlossenen Vorsatz* binden, durch den wir während

des Tages unseren Schwächen wirksam begegnen und durch den wir außerdem eine Erfolgseigenschaft nach der anderen zielbewußt fördern und in ihrer Entwicklung vorantreiben. Wir bauen diesen Vorsatz ein in einen *Erfolgsplan,* den wir für jeden Tag aufstellen. Näheres hierüber hören wir im „Tageslauf des positiven Menschen" und im Kapitel „Erfolgsplanung".
Der Vorsatz leitet stets den Tageslauf ein. Wir fassen den Vorsatz, nachdem wir uns durch unsere Gesundheitsübungen nach der Nachtruhe richtig wach und entschlußfreudig gemacht haben.
Nehmen Sie sich dabei nicht zuviel auf einmal vor, nur soviel, wie Sie Ihrer Kraft vorläufig zutrauen. Es hat keinen Sinn, heute Bäume aus der Erde zu reißen, und morgen dafür die Flügel hängen zu lassen.
Ruhig und sicher müssen Sie sich in die Höhe heben, einer Schraube gleich, für die es kein Zurück, sondern nur ein Vorwärts gibt.

Was Sie sich morgens vornehmen, müssen Sie während des Tages auch unbedingt durchführen. Jeden Tag muß es vorangehen, kein Tag darf ungenützt bleiben!

Das Erfolgstagebuch ist unerläßlich!

Zur Kontrolle Ihrer Fortschritte benutzen Sie Ihr Erfolgstagebuch, in das Sie jeden Morgen Ihren Vorsatz hineinschreiben. Am Abend eines jeden Tages halten Sie Abrechnung, wobei Sie regelmäßig feststellen müssen, daß Sie Ihren Entschluß verwirklicht und Wort gehalten haben.

Treue sich selbst gegenüber ist eine der wichtigsten Forderungen, die ein starkes Selbstvertrauen stellt!

Der tägliche Fortschritt ist für den Erfolgsmenschen selbstverständlich.

Sie müssen völlig davon überzeugt sein, daß Sie unbedingt tun werden, was Sie sich vornehmen! Damit beweisen Sie, daß Sie Achtung vor sich haben, was den bergeversetzenden Glauben an das eigene Können ungeahnt fördert.
Es ist Pflicht und Selbstverständlichkeit, anderen sein Wort zu halten, doch genau so notwendig ist die Treue sich selbst gegenüber. — Bei der allabendlichen Kontrolle Ihrer Fortschritte müssen Sie Ihre Angelegenheiten wie ein Außenstehender beurteilen.

Gehen Sie rücksichtslos und scharf gegen sich vor, wenn Sie feststellen, daß Sie während des Tages Ihrem Vorsatz untreu geworden sind.

Kein materieller Verlust kann so die Schwungkraft unseres Geistes hemmen, wie jenes Gefühl der Minderwertigkeit, das durch den Verrat an uns selbst entsteht.

Bedenken Sie genau, welcher Schaden Ihnen dadurch entstanden ist, und nehmen Sie sich dabei ernstlich vor, daß das in Zukunft anders wird. — Schaden haben Sie immer, wenn er auch nicht sichtbar ist, so haben Sie doch einen Teil Ihrer Selbstachtung eingebüßt. Damit in Zukunft ein Wortbruch nicht mehr vorkommt, müssen Sie sich vor Augen führen, wie *klein* und wie *niedrig* Sie sich machen, wenn Sie um einer Schwäche willen *Verrat* an sich begehen. — Sie sollen ein anderer als der Alltagsmensch sein, der tausendmal schwört, etwas nie wieder zu tun und doch bei der ersten besten Gelegenheit in seinen alten Schlendrian zurückfällt.

Ihr Wort, Ihr Gedanke soll in der Zukunft Macht gewinnen über die Gestaltung Ihres ganzen persönlichen Lebens, deshalb lernen Sie es achten! Es darf keine Schwäche geben, die es antasten könnte.

Grund zur Freude!

Stellen Sie bei der Rückschau auf den verflossenen Tag fest, daß Sie Ihr Wort gehalten, Ihren Vorsatz durchgeführt haben, so ist aller Grund vorhanden, freudig zu sein, denn Sie haben *gesiegt,* der Materie Ihren Willen aufgedrückt und damit *bewiesen,* daß Sie wert und fähig sind, Größeres zu leisten.
Unser Dasein bereitet uns immer einen besonderen Genuß, wenn wir siegen und erfolgreich sind: Kennen Sie das erhebende Gefühl, das uns erfaßt, wenn wir im Kampfe mit einer Schwäche *Sieger* bleiben? Wissen Sie, daß dieses Gefühl ungemein nachhaltig ist und uns für den Lebenskampf Mut und Stärke verleiht?

Sie werden siegen, wenn Sie nur ernstlich wollen!

Widerstehen wir einem niederen Triebe, so fühlen wir uns als Mensch, groß, frei, erhaben, — unterliegen wir, so folgt ein Gefühl der Schwäche und der Versklavung.

Freuen Sie sich aus vollstem Herzen über jeden Sieg, über jeden Fortschritt, den Sie erzielen!

Es ist der eindeutige, der klarste Beweis für das Erwachen großer, jedes Hindernis überwindender *Seelenkraft,* die allein imstande ist, Ihr Leben, Ihr Geschick zu wandeln, Sie aus der Finsternis zum Licht, zur Freiheit und zum Erfolg, zum *Sieger* im Kampf ums Dasein zu erheben. Deshalb sollen Sie sich Ihr Wort halten und Ihre Vorsätze durchführen!

Wort halten, Treue gegen sich selbst, was die Treue gegen andere einschließt, ist ein echtes Kennzeichen des positiven Menschen.

Das sollte in Zukunft auch Ihr Kennzeichen sein!

Also jeden Abend, wenn wir zu Bett gehen und durch das Ausziehen unserer Kleidung den alten Adam auf den Kleiderbügel gehängt haben, müssen wir das Bewußtsein haben: „Du hast es geschafft, du hast erreicht, was du wolltest und bist wieder einen Schritt vorwärts gekommen!"
Von nun an muß überhaupt unser ganzes Leben im Zeichen unseres glückhaften Strebens stehen. In allen Handlungen, in allem, was wir denken und sprechen müssen wir unsere positive Einstellung *beweisen.*

Der ganze Tageslauf muß positiv werden!

Was den Vorsatz betrifft, so werden wir uns zuerst mit unseren kleineren Schwächen beschäftigen. Wir tun das deshalb, um uns zunächst einmal das *Gefühl,* den *Glauben,* die *Überzeugung* zu verschaffen, daß wir bei ernstem Wollen wirklich erreichen können, was wir uns zum Ziel gesetzt haben. Also nicht etwa meinen, wir müßten mit uns plötzlich überkommender Erfolgskraft nun gleich Berge versetzen. Es kann zwar sein, daß Sie gleich einen größeren Erfolg erzielen, aber es besteht die Gefahr, daß durch ein allzu schnelles und allzu kräftiges Vorgehen Rückschläge eintreten.

Zuerst die kleinen Schwächen ausschalten!

Wenn Sie nach unseren Erkenntnislehren vorgehen, kann ein Rückschlag allerdings kaum kommen, denn dann arbeiten Sie ja mit der Kraft der Überzeugung. Hier zeigt sich übrigens, wie weit Sie die Voraussetzungen des Erfolges schon studiert haben und durch die dadurch erlangte höhere Erkenntnis die Erfolgskräfte schon frei gemacht haben oder nicht. Aber wir wollen sagen, besser ist besser! und uns darum für die erste Zeit nicht gleich alles, sondern erst einen Teil der Umwandlung unserer Persönlichkeit vornehmen.

Da ist z. B. das pünktliche Aufstehen am Morgen. Eine Angelegenheit, die recht vielen schon Kopfschmerzen bereitet hat. Man nimmt sich immer wieder vor, zu einer gegebenen Stunde sofort aus dem Bett zu springen; dennoch wird der Vorsatz nicht durchgeführt. Als zweite Angelegenheit ist die Herstellung großer innerer Ruhe sehr wichtig, die uns den ganzen Tag und auch in der unangenehmsten Situation nicht verlassen darf. —

Ruhe und nochmals Ruhe! Ruhe beweist Überlegenheit!

Technik der Selbsterinnerung

Für jeden Vorsatz ist Bedingung, daß wir uns während des Tages immer wieder und immer wieder an ihn erinnern. Denn die Hauptschwierigkeit bei der Durchführung des Vorsatzes besteht darin, daß wir ihn glatt vergessen.

Sehr wichtig!

Hierzu bedienen wir uns eines einfachen technischen Hilfsmittels: Zunächst schreiben wir den täglichen Vorsatz in unser *Tagebuch,* und zwar beginnen wir damit auf Seite 4. Oben darüber kommt das *Datum* des jeweiligen Tages. Darunter, in positiven Worten, was wir im Verlauf des Tages beachten wollen. Zum Beispiel: *„Heute bleibe ich während des ganzen Tages in allen Situationen vollkommen ruhig!"*

Erfolgstagebuch Seite 4.

Damit aber nicht genug, nun kommt die Hauptsache:

Damit wir den Vorsatz nicht vergessen, stecken wir uns in jede Tasche unseres Anzuges ein kleines, hartes Kärtchen, und zwar ausnahmslos in j e d e Tasche, auf das wir in kräftiger Schrift schreiben: „Ich bin positiv und führe meine Vorsätze unter allen Umständen durch!"

Sehr wichtig! Unbedingt durchführen!

Können Sie sich denken, mein verehrter Leser, was wir mit diesen Kärtchen bewirken? Immer wieder, wenn wir während des Tages auf ihr Vorhandensein stoßen, werden wir *zwangsläufig* an unsere positive Einstellung denken, und uns auch sofort an den jeweiligen Tagesvorsatz *erinnern.* Das ist der Sinn und Zweck dieser Karten.

Nur darf es allerdings nicht nur beim Erinnern bleiben, sondern unverzüglich muß damit eine Kontrolle unseres Verhaltens vorgenommen werden und nötigenfalls muß sofort eine Korrektur folgen.

Nur die T a t entscheidet. Eine Erfolgstat muß der andern folgen!

Wir geben uns dadurch am Tage sehr oft einen inneren Ruck. Und wenn wir uns dadurch immer wieder in unsere positive Geisteshaltung versetzen, stellt sich schließlich unser innerer Mensch darauf ein, mit dem Ergebnis, daß schließlich das gewollte und bewußt herbeigeführte Verhalten zur G e w o h n h e i t wird. Das aber ist unser Ziel!

Aus der Entwicklung unseres Tagebuches werden Sie sehen, daß es sich dabei um eine ernste und weitgehende Erfolgskontrolle handelt. Bitte, glauben Sie darum auch ja nicht, daß Sie ohne das Tagebuch auskommen könnten. Die Erfahrung hat bewiesen, daß nur bei regelmäßiger Durchführung dieser Erfolgskontrolle eine befriedigende Entwicklung gewährleistet ist.

Wer schreibt, der bleibt! Das gilt nicht nur für das kaufmännische Leben, nicht nur für den Geschäftsmann, sondern auch für uns alle zusammen und für das ganze Erfolgsstreben; denn auch wir müssen ja aus bestimmten Wer-

Wer schreibt, der bleibt! Auch bei der Persönlichkeitsentfaltung ist es so!

ten Gewinne herausholen. Welche Werte das sind, ist nicht schwer zu erraten: *Zeit und Nervenkraft!* Das sind Pfunde, mit denen wir wuchern müssen, insonderheit mit der Zeit, die unersetzlich ist. Aber nur durch eine *planmäßige* Lebensführung können wir einen höheren Ertrag aus Zeit und Nervenkraft herausholen und Verluste vermeiden.

Wie gesagt, jeden Tag muß ein Fortschritt erzielt werden; und ist er auch klein, so ist es dennoch ein Fortschritt und ein Erfolg.

Auch in bezug auf die Entwicklung unseres Charakters unterstehen wir den Gesetzen des Wachstums. Indem wir eine kleine Schwäche ausschalten, werden wir fähig, eine noch größere zu meistern; eins ergibt sich aus dem andern. Zur Ausschaltung von negativen Eigenschaften, die besonders stark in uns verwurzelt sind, wozu auch üble Angewohnheiten und Hemmungen gehören, nutzen wir gründlich unsere Kenntnisse von der Selbstbeeinflussung aus. (Siehe II. Teil usf.)

Unsere Kraft wächst mit unseren Leistungen!

Mit der Führung des Erfolgstagebuches ziehen Sie den großen Trennungsstrich zwischen sich und den Alltagsmenschen. Wer etwas machen wollte aus sich, und dann im Leben vorankam, hat schon immer ein Tagebuch geführt, weil nur durch Selbstkontrolle und ständige Überwachung des eigenen Denkens und Tuns wirkliche Fortschritte gewährleistet sind.

Aber nur durch ständige Selbstkontrolle geht es zielbewußt vorwärts.

Wir müssen uns andauernd an der Strippe halten, sonst gehen die uns bisher beherrschenden negativen Gewohnheiten wieder mit uns durch. Sonst siegt, trotz aller guten Vorsätze, doch wieder der andauernd auf uns einstürmende negative Einfluß unserer Umgebung. Wer zielbewußt und ausdauernd sein Tagebuch führt, hat aber nicht nur die Kontrolle über seine Fortschritte in der Hand, sondern zugleich auch das beste Mittel zur Entwicklung des Selbstvertrauens: Wenn wir Tag für Tag erleben, daß es immer besser wird mit uns, daß wir uns immer mehr auf uns selber verlassen können, dann hebt sich zwangsläufig das Selbstvertrauen. Und wenn eine Stunde der Schwäche kommt, dann brauchen wir nur ein bißchen über uns selber im Erfolgstagebuch nachzulesen, um sofort zu wissen, daß alle trüben Gedanken überflüssig sind.

Wunderbar wirkt das Tagebuch auf das Selbstvertrauen.

Grundsätzlich sei zum Tagebuch noch bemerkt, daß dieses Buch ausschließlich die Aufgabe hat, ein *Kontrollbuch des Erfolges* zu sein. Aufzeichnungen über die Erlebnisse des Tages werden darin nicht gemacht. Hierzu führen wir ein gesondertes Buch. Näheres hierüber finden Sie im Kapitel: „Der Weg zum Ich".

Charakterspiegel

Eigenschaften negativer Personen

Egoismus

Sich selbst alles, anderen nur das Notdürftigste zuerkennen. Angelegenheiten anderer sind unwichtig, Hauptsache, daß man selber nicht zur kurz kommt.
Rechthaberei und Anmaßung: Nur was man selber macht, ist richtig. Bekämpfung von Gegenmeinungen und Widerspruch durch Wortklauberei, Verdrehung von Tatsachen, Heuchelei und Lüge.
Mißtrauen: Alle wollen nur schaden oder suchen nur ihren Vorteil. Alle Menschen sind schlecht, sobald sie nicht so wollen, wie man es selbst will. Mißachtung und Geringschätzung fremder Ehre, fremden Ansehens, fremder Leistung und fremden Besitzes.

Eitelkeiten

Sucht immer gelobt zu werden. Sucht immer der erste zu sein, prahlerisches, eingebildetes, gespreiztes, großspuriges, dünkelhaftes, gefallsüchtiges oder renommiersüchtiges Wesen.

Mangel an Selbstkontrolle

Überschwänglichkeit, Launen und Stimmungen unterworfen sein, leicht beleidigt, verärgert oder gekränkt sein. Überempfindlichkeit, Ungeduld, keinen Widerspruch ertragen können. Starrköpfigkeit, aufbrausendes, jähzorniges, streitsüchtiges oder bissiges Wesen.
Eifersucht, Schwatzsucht, Klatschsucht, Indiskretion, Taktlosigkeit. Mangel an weiser Selbstbeschränkung, Mangel an Zurückhaltung, Mangel an Klarheit im Sprechen, mangelnde Selbstkontrolle beim Denken, leichte Beeinflußbarkeit, Abhängigkeit von der Stimmung und der Meinung anderer. Kleinmut, Verzagtheit, Schüchternheit, Unsicherheit aus Hemmungen und Minderwertigkeitsgefühlen, Unentschlossenheit, Wankelmut, Angstkomplexe, kriechendes Wesen, falsche Bescheidenheit.

Seelische Grundhaltung

Mangelnde Ehrfurcht vor Gott, dem Tode und menschlichem Leid. Spott, Bosheit, Falschheit, Scheinheiligkeit, Gehässigkeit, Schadenfreude, Mangel an Pflichttreue, Mangel an Lebenszuversicht und echter Herzlichkeit.

Wir müssen uns „e r f r a g e n", wenn wir uns selber erkennen wollen. Was also ist an uns schlecht, faul, krank? Wir prüfen uns ganz ehrlich und ohne Vorbehalte! Das Ergebnis kommt auf Seite 2 des Erfolgstagebuches unter die Überschrift: „Schwächen, die ich beseitige!"

Charakterspiegel
Eigenschaften der positiven Persönlichkeit

Gottvertrauen

Vertrauen zur Gerechtigkeit der göttlichen Ordnung. Achtung vor der Würde der menschlichen Person.

Selbstvertrauen

Frei von Furcht und Grübelei durch die Erkenntnis, daß noch immer alles gut gegangen ist. Dadurch gleichbleibende heitere und zuversichtliche Grundstimmung. Erhabenheit über kleinliche und alltägliche Dinge. Mutig und standhaft: Hindernisse werden als „selbstverständlich" betrachtet und durch Beharrlichkeit überwunden. Treue den eigenen Vorsätzen gegenüber; sich selbst gegebenes Wort ist gegenüber Charakterschwächen „tabu". Zielbewußt; Ablenkungen haben keinen Einfluß. Ehrlich innen und außen gegen sich selbst und andere; dadurch Achtung vor sich selbst. Bei der Arbeit: Fleißig, gründlich, zuverlässig und gewissenhaft.

Selbstbemeisterung

Keine Hast, keine Unruhe, keine Aufregung durch Streit und Ärger. Nichts wird übertrieben, weder die Arbeit noch der Genuß. Herrschaft über Gaumen, Zunge, Triebe und Leidenschaften. Freiheit von Hemmungen und Minderwertigkeitskomplexen aller Art. Freiheit von seelischer Blindheit durch Zügelung der Selbstsucht. Im Denken: Konzentration, Logik, Freiheit von Ängsten, bewußtes Denken nach den Lehren der positiven Denkweise. In der Rede: Klarheit, Wahrheit, Festigkeit und Bestimmtheit. Im Auftreten: Sicherheit, Sympathie, Takt und Klugheit. Im Handeln: Weises Abwägen nach dem Gesetz von Ursache und Wirkung, Initiative, Mut, Entschlossenheit, Tatkraft und Zähigkeit. Im Verhalten: Aufmerksam als Zuhörer. Zurückhaltend und verschwiegen am rechten Platze. Entgegenkommend und gewinnend bei Verhandlungen, Festigkeit und Unnachgiebigkeit bei der Sicherung der eigenen Rechte. In allen Lagen: Einsicht, Objektivität und guter Wille; keine Überstürzung.

Einstellung zum Nächsten

Achtung vor dem Mitmenschen wie vor sich selbst, unbedingt treu und dankbar, erwiesene Wohltaten werden nicht vergessen. Menschen und Dinge werden nicht nach dem Schein, sondern nach ihrem inneren und tatsächlichen Werte eingeschätzt. Fehler der Mitmenschen werden nachsichtig beurteilt und unter steter Berücksichtigung der Erkenntnis- und Entwicklungsgesetze. Hilfsbereit wo es immer geht, dazu höflich und zuvorkommend im Umgang. Behandlung der Menschen nach den Lehren der positiven Einstellung, also als wären sie bereits so, wie wir sie sehen möchten. Von anderen wird nicht mehr verlangt, als von sich selbst. Ehre und Anerkennung dem, der sie verdient, und zwar uneingeschränkt und ohne Hintergedanken; also auch Gegnern gegenüber.

Und wie stehen wir zu diesen positiven Seiten? Was trifft auf uns zu und wo fehlt es noch? Wir prüfen uns auch hier ganz offen und ehrlich! Das Ergebnis kommt auf Seite 3 des Erfolgstagebuches unter die Überschrift: „Eigenschaften, die ich mir aneigne!"

Erfolgstagebuch Seite 1

Was einmal ist geschehn,
Das laß auf sich beruhn,
Versäume nicht auch das,
Was du noch kannst,
zu tun.

Ergib dich nur in das,
Was du nicht ändern kannst,
So fühlst du, daß du gleich
Zu anderm Kraft gewannst.
(Rückert: Weisheit des Brahmanen)

Der rote Strich hinter die ganze unfruchtbare Vergangenheit

Erfolgstagebuch Seite 2

Schwächen, die ich beseitige!

Kleinlichkeit
Überempfindlichkeit
Eitelkeit
Ängstlichkeit
Unruhiger Blick
Schlechte Aussprache
Schlechte Körperhaltung
Unordentlichkeit
Oberflächlichkeit
Eifersucht
Mutlosigkeit
Falsche Bescheidenheit
Wankelmütigkeit
Unentschlossenheit
Mangel an Tatkraft

Das ehrliche Eingeständnis der erfolgshindernden Schwächen

Erfolgstagebuch Seite 3

Eigenschaften, die ich mir aneigne!

Korrektheit
Pünktlichkeit
Ausdauer im Arbeiten
Schweigsamkeit
Großzügigkeit
Höflichkeit und Freundlichkeit im Umgang
Ruhe und Selbstbemeisterung bei ärgerlichen Vorkommnissen im Geschäft und bei Streitfällen
Worthalten, selbst in kleinsten Dingen
Innere und äußere Sicherheit
Voller Positivismus im Denken, Fühlen und Handeln
Takt und Herzensgüte

Erfolgstagebuch Seite 4 usf.

Mein Vorsatz am Morgen!

Mittwoch, 25. Juli:
„Heute bleibe ich während des ganzen Tages innerlich vollkommen ruhig."
23 Uhr:
„Vorsatz einwandfrei beachtet."

•

Donnerstag, 26. Juli:
„Meine Höflichkeit gegen jedermann wird heute vorbildlich sein."
24 Uhr:
„Vorsatz durchgeführt. Es gab während des ganzen Tages überhaupt keinen Streit."

VI. TEIL

BEWUSSTE LEBENSFÜHRUNG

Zielklarheit und Tageslauf des positiven Menschen

Der Menschen Wissen und Macht fällt in eins zusammen, weil Unkenntnis der Ursachen den Erfolg vereitelt.
Francis Bacon

Mein verehrter Leser! Schon manches haben wir über die positive Lebensführung gehört, doch es erweist sich, daß der alte Adam immer wieder die Notwendigkeiten des persönlichen Aufstieges zu umgehen versucht. Deshalb wollen wir uns als erstes nochmals ganz gehörig an unsere Erfolgsformel erinnern, die als leuchtender Wegweiser im Tageslauf die Richtung zu zeigen hat. Also:

Nur Richtigmachen schafft Erfolg, jedes, aber auch jedes Falschmachen Mißerfolg!

Immer, immer daran denken!

Wenn manches nicht gleich so klappt, wie wir uns das wünschen, macht es nichts. Dennoch darf uns das nicht zu einer Inkonsequenz verleiten. Was irgendwie für den Aufstieg getan werden kann, hat zu geschehen und damit basta!
Wir stellen uns damit ganz positiv auf den sogenannten *Selbstverständlichkeitsstandpunkt* und befleißigen uns einer *sportlichen* Einstellung zum Erfolg.

Nicht muckerig, nicht miesepetrig, nicht pessimistisch, sondern mit offenem, freien Sinn und nur auf den Erfolg gerichteten Gedanken wollen wir den Tageslauf des erfolgreichen Menschen verwirklichen!

Alles, was uns während des Tageslaufes die Voraussetzungen des Erfolges gebieten, wollen wir als ganz *selbstverständlich* empfinden und mit *allergrößter Selbstverständlichkeit* zur Durchführung bringen. Unser innerer und äußerer Mensch haben einfach mitzumachen. *Jeder Opposition entziehen wir durch Nichtbeachtung von vornherein den Boden!*

Was wir tun, muß selbstverständlich sein!

Nun zunächst eine Frage: Wann beginnt der Tageslauf, morgens oder abends? Für den Alltagsmenschen erst am Morgen, nachdem er sich nach einigem Herumdösen in seine Kleider gefunden hat. Für uns und damit für den positiven Menschen schon am Abend *vorher*, und zwar unter Zugrundelegung der Erfolgsforderung nach *Planmäßigkeit und Zielklarheit.*

Jeder Tag hat unter allen Umständen einen Fortschritt zu bringen, und immer müssen wir an Hand unseres Erfolgstagebuches feststellen, welchen neuen Erfolg der abgelaufene Tag uns wieder gebracht hat.

Stets alles im voraus bedenken!

Für den kommenden erfolgreichen Tag heißt es dann *richtig disponieren, genau überlegen, was mit der verfügbaren Zeit und Kraft am besten anzufangen ist.* Dabei gedenken wir der Wechselbeziehungen zwischen Körper und Seele und halten es für selbstverständlich, den neuen Tag *gut ausgeschlafen* und *gut gekräftigt* zu beginnen. Das heißt frühzeitig genug schlafengehen; denn nur durch guten und ausreichenden Schlaf hat die Nervenbatterie soviel Spannung wie es der Erfolg verlangt.

Wie wir schon im I. Teil hörten, genügt es im allgemeinen, wenn wir 7 Stunden schlafen. Wenn Sie es einrichten können, sehen Sie zu, daß Sie auf 8 Stunden kommen. Viel länger zu schlafen ist jedoch unnütz; zuviel Schlaf macht den Körper unter Umständen sogar *schlapp* und *matt.*

Zeit gewinnen durch Planmäßigkeit!

Wenn Sie ganz besondere Erfolgsleistungen zuwege bringen wollen, so gehen Sie recht früh vor Mitternacht schlafen und stehen dann so früh wie möglich auf.

Eine Überarbeitung durch eine zu lange Ausdehnung der Arbeitszeit während des Tages ist nicht zu erwarten, wenn man wiederholt einen Wechsel der Arbeit vornimmt. Dadurch werden verschiedene Zentren des Gehirns in Tätigkeit gesetzt, was eine einseitige Überlastung verhindert. Wo die Grenze der eigenen Leistungsfähigkeit liegt, muß das *Gefühl* entscheiden. Tatsache ist, daß die meisten Menschen, die sich zu überarbeiten glauben, sich nur durch ihre negative Einstellung begrenzen. Wer sich mit Freude und Ausgelassenheit acht Stunden hintereinander unterhalten kann, dessen Organismus ist in der Mehrzahl der Fälle auch zu langandauernder Arbeit befähigt. Spürt er dabei eine vorzeitige Ermüdung, so zumeist nur, weil sein Wollen durch *Lustlosigkeit* und *seelische* Widerstände beeinträchtigt wird.

Wenn die Seele mitmacht, fällt alles leicht!

Darum heißt es: bei jeder Arbeit vor allem die Seele interessieren. Und stets ist daran zu denken, daß Willenskraft *Kraftfreiheit* ist. Ausreichender Schlaf muß selbstverständlich sein. Und auch tief und ruhig muß er sein. Unruhiges Schlafen stärkt nicht. Die Schlaftiefe ist der Gradmesser für seine Kraft.

Wie der positive Mensch einen ausgezeichneten, kräftigenden Schlaf erzielt, und insbesondere wie er mit ruhiger Seele schläft, wissen wir bereits. Davon sei wiederholt: Abfinden mit dem vergangenen Tag durch höhere Erkenntnis. Vollständig einschalten auf Ruhe und innere Zufriedenheit. Dann ganz ruhig etwas Liebes, Nettes, Beruhigendes, Positives denken, aber ohne Anstrengung, und mit der inneren Gewißheit, daß man gleich in einen wunderbaren, herrlich tiefen, erquickenden Schlaf hinüberdämmert.

Jetzt noch einige Worte zur *Planmäßigkeit:* Wir überlegen uns also schon am Abend vor dem nächsten Tag, was wir in den uns zur Verfügung stehenden Stunden beginnen wollen. Damit legen wir auch die Zeit unseres Erwachens fest. Zielklarheit ist schon der halbe Erfolg und gleich morgens beim Aufstehen fangen wir damit an. *Immer müssen wir ganz genau wissen, was wir wollen!* — Im übrigen kann ja überhaupt nur dann rationell über die Zeit verfügt werden, wenn wir durch Zielklarheit zum richtigen und schnellen Entscheiden befähigt werden:

Der Erfolg verlangt, daß während des Tages blitzschnell eine Entscheidung nach der andern zielsicher gefällt wird, und ganz besonders mit Kleinigkeiten, unbedeutenden Dingen und Banalitäten darf es kein Aufhalten geben.

Nur wer in tausend Kleinigkeiten sicher und schnell entscheiden kann, kommt vom Fleck!

Ohne Uberlegung aufstehen!

Und nun, mein verehrter Leser, zum positiven Erwachen am Morgen. Jawohl, *positives* Erwachen und auch positives *Aufstehen!* Ich betone das ganz besonders, weil es daran bei den meisten hapert. Hier heißt es sich die Frage stellen, wie komme ich am leichtesten aus dem Bett. Muß ich wollen, muß ich mich anstrengen, muß ich laut herausschreien: ich will aufstehen? — I, bewahre, lächerliches Gebaren des Alltagsmenschen! Nur richtig denken und schon ist man draußen, denn *richtig denken* ist ja die Voraussetzung zu positiver Tat.

Sie kommen am schnellsten aus dem Bett, wenn Sie nach dem Erwachen einige Male tief atmen und dann zu sich selber sagen: *„So, jetzt stehe ich auf!"* Bedingung dazu ist, daß Sie nicht eine einzige Sekunde darüber nachdenken, ob es nicht schöner wäre, wenigstens noch fünf Minuten im mollig warmen Nest liegenzubleiben. Ich habe nichts dagegen, wenn Sie sich behaglich aalen, dehnen und strecken. Stundenlang mögen Sie das tun, wenn es Ihnen Spaß macht, aber nur dann, wenn es nicht mit Ihrem Erfolgsplan kollidiert.

So kommen Sie ganz leicht aus dem Bett!

Wenn es heißt, um 6 Uhr aufstehen, steht man ganz selbstverständlich auf!

Wie schon der Wortlaut des Entschlusses sagt, ist das Geheimnis des sofortigen Aufstehens nur auf *positives Denken* zurückzuführen. Vor allem muß man sich dabei hüten, mit „Willensbetonung" zu arbeiten. Mancher *will* ja so gern aufstehen, aber er denkt das unter Umständen eine volle Stunde lang, und bleibt *trotzdem* liegen. Hier spielen wieder die Gesetzmäßigkeiten des seelischen Lebens eine Rolle.

Nicht aufstehen w o l l e n , sondern e i n f a c h a u f s t e h e n ! Das ist das Geheimnis.

Der Gedankengang, der uns zum Aufstehen veranlaßt, muß so geformt sein, daß die Tat des Aufstehens die sofortige Folge ist.

Wir sagen uns darum nicht: ich *will* aufstehen, sondern: ich stehe auf, oder: *jetzt stehe ich auf!* Und so, wie wir denken, ganz ruhig, ganz nüchtern und vollkommen leicht und ohne jeden Zwang, so stellen wir auch das Verhalten unseres Körpers ein, d. h., bei den Worten, jetzt stehe ich auf, fassen wir gleichzeitig mit einer Hand die Bettdecke und springen mit einem freudigen und positiven Hüpfer aus dem Bett! Von einem Leidtun, daß man schon raus mußte, ist keine Spur in uns vorhanden. Im Gegenteil, wir freuen uns, daß wir nun von neuem einen positiven Tag verleben dürfen und von neuem unter Beweis stellen können, wie herrlich es ist, ein erfolgreiches Dasein zu führen.

Bewußt wollen wir leben, ganz bewußt, und jeden Tag unter allen Umständen einen Fortschritt erzielen! Dazu aber gehört, daß wir schon gleich morgens beim Aufstehen ganz positiv sind und getreulich nach den Gesetzen des Erfolges handeln.

Immer wieder daran denken: Richtigmachen = Erfolg, Falschmachen = Mißerfolg.

Immer rechtzeitig aufstehen!

Morgens müssen Sie rechtzeitig aufstehen, nicht erst auf die letzte Minute. Jede *Hast* beim Anziehen, Kaffeetrinken usw. muß vermieden werden. Was nützt es, wenn Sie wirklich morgens eine Viertelstunde länger schlafen und sich dann mit D-Zug-Geschwindigkeit in die Kleider werfen müssen? Diese Hast braucht mehr Energie und Nervenkraft, als Sie in längerer Zeit guten Schlafes sammeln können.
Müssen Sie beispielsweise um 8 Uhr im Geschäft sein und haben eine halbe Stunde Weg, so rechnen Sie eine halbe Stunde für Anziehen und Körperpflege dazu und mindestens eine Viertelstunde zum *gemütlichen* und *ruhigen* Kaffeetrinken. Um all diese Zeiten zur Verfügung zu haben, müßten Sie also Viertel vor sieben aufstehen.

Wie Sie bewußt erwachen!

Ganz bewußt leben! Sich auf keinen Fall mehr treiben lassen!

Um ein bewußtes Erwachen am Morgen zu bewirken, muß man sich am Abend vorher auf die erwünschte Zeit gedanklich einstellen. Die Landbevölkerung macht das häufig in der Weise, daß sie mit der großen Zehe so oft an das Bettbein klopft, wie die Uhr am anderen Morgen zeigt, wenn man aufstehen will. Durch dieses Vorgehen entsteht eine starke Vorstellung, die ganz selbständig, vermittelst des Unterbewußtseins, das Erwachen herbeiführt.
Das *bewußte* Wachwerden ist die Wirkung einer *Autosuggestion.* Die Einstellung auf das Erwachen geschieht am besten unter Zuhilfenahme einer Taschenuhr, auf deren Zifferblatt Sie zwei Streichhölzer so legen, daß sie genau die Zeit angeben, zu welcher Sie erwachen wollen. Wesentlich ist dabei, daß Sie das automatische Wachwerden nicht als ein Kunststück, sondern als selbstverständlich betrachten. *„Ganz selbstverständlich werde ich morgen früh um 6.45 Uhr erwachen!"* müssen Sie denken, indem Sie die Streichhölzer auf die Uhr legen. Haben Sie das getan, denken Sie nicht weiter über das Erwachen nach, sondern geben sich ganz ruhig dem Gedanken hin, daß Sie nun morgen ganz bestimmt um die gewünschte Zeit aufwachen.

Wenn Sie das Bett verlassen haben, stellen Sie sich aufrecht und gerade hin, erheben sich auf die Zehenspitzen, wobei Sie das Gleichgewicht des Körpers herstellen müssen, strecken die Arme zur Decke des Schlafzimmers, ballen die Hände und spannen dann langsam nacheinander alle Muskeln Ihres Körpers straff an, wobei Sie in absolut selbstverständlicher und überzeugender Weise zu sich selbst sprechen: *„Nun habe ich ausgeschlafen und neue Kraft gesammelt, jetzt fühle ich mich frisch und munter und bin freudig und mutig gestimmt!"* Dabei geben Sie sich mit Ihrem ganzen Gefühl der Vorstellung hin, daß Sie der Herr Ihres Körpers sind und von keiner Schwäche unterjocht werden.

Alles entsteht erst in der Idee, auch Ihre Gesundheit und Ihr Befinden am Morgen.

Sollten Sie sich bei dieser Übung nicht ganz so munter und freudig aufgelegt fühlen, wie Sie das zu sich sagen sollen, so macht das nichts, denken Sie nicht weiter darüber nach. Fast jeder, der zu einer früheren und anderen Stunde als sonst aufsteht, fühlt sich zuerst unbehaglich. Ist man erst eine

Zeitlang auf den Beinen, verliert sich dieses Gefühl ganz von selbst; am schnellsten verliert es sich, wenn man es überhaupt nicht beachtet.
Wie alles, ist auch das Aufstehen eine Sache der *Gewohnheit.* Wie man weiß, kommt während des Schlafes die Organtätigkeit teilweise zur Ruhe. Ist man gewohnt, regelmäßig um 8 Uhr aufzustehen, so ist die Volltätigkeit des Körpers durch Einfluß der *Gewohnheit* bis zu dieser Zeit wiederhergestellt. Um 7 Uhr noch nicht, was dann das Gefühl des Nichtausgeschlafenhabens zeigt, falls man bereits um diese Zeit aufsteht. Steht man jedoch immer um 7 Uhr auf, so gewöhnt sich nach einiger Zeit der Organismus daran und schaltet den Kreislauf schon um sieben Uhr zur vollen Tätigkeit ein, wodurch dann von selbst das Gefühl der Unbehaglichkeit verschwindet.
Diese Erkenntnis ist wichtig, weil sie zeigt, daß das mit dem Frühaufstehen verbundene unangenehme Gefühl lediglich der *Gewohnheit des Spätaufstehens* zu verdanken ist. Darum also immer tapfer morgens früh aus dem Bett, nach längstens 14 Tagen fühlt man sich dann genau so wohl, als wenn man länger geschlafen hätte.
Selbstverständlich muß man ausreichend geschlafen haben, denn wenn das zeitigere Aufstehen mit Schlafeinbuße erkauft werden soll, ist es doch besser, länger zu schlafen. Um genügend Schlaf trotzdem zu haben, bleibt nichts weiter übrig, als eben früher ins Bett zu gehen als bisher; übrigens ist das am besten. *Benjamin Franklin,* der große amerikanische Staatsmann, Erfinder

Früh aufstehen, aber nie auf Kosten des notwendigen Schlafes. Ausnahmen sind zulässig, sie dürfen jedoch nicht zur Regel werden.

Erwachen und Lachen!

Morgenlied

Frohes Erwachen, fröhliches Lachen bringe ich dir!

Schau' in dein Antlitz, du heiterer Morgen, kenne wie
du weder Bangen noch Sorgen; schaffe im Spiel!

Schaffe im Spiele, vorwärts zum Ziele, das ist so schön!

Will mich gesund drum und fröhlich erhalten. Schönes
erkennen und Kräfte entfalten: Glück ist mein Ziel!

Glück ist mein Ziel! Ich ruf's beim Erwachen,
aufwärts im Spiel in herzlichem Lachen:

Seele ist Glück. Lache drum froh in den sonnigen Morgen,
scheuche, verscheuch' alle ärmlichen Sorgen:
Lichtwärts liegt 's Ziel!

A. Haralf-Hartmann

und Schriftsteller, betrachtet die Gewohnheit des Frühzubettgehens und Frühaufstehens als etwas, das man in seinem Leben nie bereuen wird. Auch das englische Sprichwort:

„Early to bed and early to rise
*makes a man healthy, wealthy and wise"**

wie auch das Sprichwort: „Morgenstunde hat Gold im Munde" weisen auf die längst bekannten Vorteile des *„Frühauf"* und *„Frühnieder"* zur Genüge hin, so daß es im Interesse von Gesundheit und Erfolg unbedingt angestrebt werden muß.

Nie die Gymnastik auslassen!

Doch nun weiter im Tageslauf: Die erste Viertelstunde nach dem Erwachen gehört der zielbewußten Pflege der körperlichen Gesundheit. Viel Theater wird nicht gemacht, das ist auch nicht nötig; aber was wir machen und Gutes für unseren Körper tun, wollen wir mit ganzer Hingabe und voller Konzentration ausführen. *Nr. 1 der Körper-Hygiene heißt: Schlafanzug aus und Ganzabreibung des gesamten Körpers mit einem kräftigen Frottierlappen!* Hei! wie das prickelt und arbeitet in allen Poren, wie das erfrischt und lebendig macht! Man spürt ordentlich, daß man schon durch diese Abreibung positiv geladen wird. — Schnell wird abgetrocknet und dann der ganze Körper 10 Minuten lang durch Gymnastik ordentlich in Schwung gebracht: Arme rollen, Beine heben, Knie beugen und strecken und noch einige andere wirksame Übungen. Will man recht positiv sein, so wird das Ganze gewürzt durch eine flotte Weise aus dem Radio. Mit Musik geht alles noch mal so gut! Übrigens kommt dadurch auch am besten unsere sportliche Einstellung zum Erfolg zum Ausdruck. Nur Trauerklöße lieben keine Musik!

Bewußte Lebensführung heißt: günstige Umstände schaffen und sie gründlich ausnutzen.

Immer die sportliche Einstellung zum Erfolg betätigen!

Nach dieser stärkenden, alle Organe kräftigenden Gymnastik springt man hurtig in die Kleider, um leicht angezogen auch der Lunge und den Atmungsorganen, wie überhaupt dem Stoffwechsel Genüge zu tun. Dies geschieht durch unsere außerordentlich heilwirkende, die Stimme bildende und die Konzentration fördernde *Vokal-Atmung*. Diese Übung darf niemals ausgelassen werden. Wie wichtig dieses positive Atmen ist, habe ich Ihnen schon erklärt. Nun ist es so weit, daß Sie sich danach richten. Also Tag für Tag und jeden Morgen: *AEIOU*. Alle Einzelheiten, insbesondere die positive Gedankeneinstellung bei der Vokal-Atmung kennen Sie ja schon aus unserem 1. Teil. Bitte ganz genau danach handeln. Sie wissen: Nur durch *Richtigmachen* kommt der Erfolg! Doch weiter: Haben schon die kühle Abreibung und die Körperübungen Ihrem ganzen Menschen einen positiven Impuls gegeben, so nun erst recht die Atemübung. Sie fühlen sich wie von neuem geboren und sind jetzt in der rechten Verfassung, um sich einer ganz *positiven Selbstsuggestion* hinzugeben: Aufrecht stellen Sie sich nunmehr vor den Spiegel und blicken sich fest in die Augen, worauf Sie sehr eindringlich und suggestiv zu sich selber sagen:

Tag für Tag:
AEIOU
AEIOU
AEIOU

Nur Richtigmachen schafft Erfolg!

* „Früh ins Bett und früh sich erheben macht gesund, weise und reich unser Leben."

„Ich bin ein positiver Mensch und werde diese positive Haltung meines inneren und äußeren Menschen heute den ganzen Tag unter Beweis stellen! Alles, was ich mir vornehme, führe ich durch und keine Schwäche wird mich hindern, meinen Willen durchzusetzen. Ich kann, was ich will, denn ich bin positiv, ganz positiv!"

Haben Sie diese Worte mit voller Hingabe in echter positiver Geisteshaltung gesprochen, dann ziehen Sie sich zunächst fertig an. Daß dieses Anziehen nicht langweilig und phlegmatisch durchgeführt wird, sondern in *Lebendigkeit* und *Zielklarheit*, ist selbstverständlich.

Der tägliche Vorsatz!

Ist das Anziehen beendet, holen Sie Ihr Tagebuch, um für den laufenden Tag einen speziellen Erfolgsvorsatz zu fassen. Aus Ihrer täglichen Selbstkontrolle wissen Sie ja, welche besonderen Schwächen Sie haben und wo eine zielbewußte Entwicklung not tut. Unter dem jeweiligen Tagesdatum tragen Sie also ein, was Sie wollen. Zum Beispiel, sofern Sie an innerer Unruhe leiden: *„Heute werde ich meinen Positivismus vor allem in andauernder, großer Ruhe beweisen. Nichts wird mich aufregen und aus der Fassung bringen, es mag kommen was will!"*

Beim Eintragen dieses Vorsatzes haben Sie selbstverständlich ganz bei der Sache zu sein. Es muß Ihnen ganz ernst sein um die Durchführung des Vorsatzes, der wie ein heiliges Versprechen behandelt werden muß, das auf jeden Fall zu halten ist. Es ist notwendig, daß Sie sich hierbei ganz streng an die Ausführungen über den Vorsatz halten. Das Wort, das Sie sich selber geben, ist *heilig!* (Näheres im V. Teil.)

Immer in fröhlicher, positiver Stimmung!

Ist die Eintragung beendet, so geht's mit froher, positiver Laune und größter innerer Ruhe an den Frühstückstisch. Dort setzen Sie sich gemütlich hin, um mit *Behagen* Ihr Morgenbrot zu verzehren.

Um in Ruhe zu frühstücken, ist Bedingung, daß Sie am Morgen rechtzeitig genug aufgestanden sind. Überhaupt müssen Sie so früh aufstehen, daß jegliche Hast am Morgen *unbedingt* vermieden wird. Hast macht nervös und schädigt die Nervenbatterie, weil sich der hastende Mensch in einer dauernden Verkrampfung befindet. Prägen Sie sich ein, was ein findiger Kopf einmal über die Hast gesagt hat und schon im 1. Teil erwähnt wurde:

„Raste nie, doch haste nie, sonst haste die — Neurasthenie!"

Immer frisch voran, doch niemals hasten oder übereilen!

Was damit zum Ausdruck kommen soll, geht klar hervor. Langweilige Menschen, die bei jeder Gelegenheit eine Pause machen, kommen nur schwer vom Fleck. Nur, wer sich dreht und fortdauernd arbeitet und strebt, kommt vorwärts! Dennoch aber muß das Streben ohne Hast geschehen. Wir sollen wohl eilen, uns aber nicht *übereilen*. Bitte, bedenken Sie das grundsätzlich für den ganzen Tageslauf und lassen Sie sich durch unsere *Erfolgsformel* immer wieder daran erinnern.

Es gibt überhaupt eine Handvoll Grundregeln des Erfolges, nach denen wir ständig leben sollen. Es sind gar nicht viel, aber sie sind außerordentlich wirksam und sie werden unser Lebensschiff unbedingt erfolgreich lenken, wenn wir sie beachten. Sie sind aufzufassen als Wegweiser, die niemals irre führen und denen man blind folgen kann.

Richtige Menschenbehandlung

„Morgenzank" vermeiden!

Beim Frühstückstisch können Sie auch gleich beweisen, daß Sie im Umgang mit Ihren Mitmenschen absolut positiv sind. Sie werden darum auch den sogenannten „Morgenzank" vermeiden, der leider in vielen Familien zur Tagesordnung gehört. Was kann Ihre Umgebung dafür, wenn Sie nicht richtig ausgeschlafen haben und darum übler Laune sind? *„Immer hübsch ruhig, meine verehrten Herrschaften, und ein freudiges Gesicht! Das ist nicht nur notwendig aus Gründen der Harmonie, sondern auch im Interesse des persönlichen Vorwärtskommens."*

Jeder muß Sie gern haben!

Kein Erfolg ist möglich ohne die Hilfe des anderen, des Nächsten. Dazu aber brauchen wir Achtung, Vertrauen und Zuneigung! Jeder Mensch muß Sie gern haben und Sie als liebenswürdigen und sympathischen Menschen schätzen.

Sie selber geben dafür die Ursache. Einzig und allein in Ihrer Hand liegt es, wie Ihre Umgebung und Ihre Mitmenschen sich zu Ihnen verhalten und sich zu Ihnen einstellen. Wie man in den Wald hineinruft, so schallt es zurück. *Deshalb zeigen Sie ein freundliches Gesicht, und auch dann, wenn es Ihnen innerlich mal nicht so zu Mute ist.*

Ein liebes Wort findet stets den rechten Ort!

Es ist schade, sehr schade, daß nur wenige Menschen einsehen können, wie sehr doch gerade die Umgebung von uns bewußt zu lenken und zu beeinflussen ist, wenn wir nur ein klein wenig vernünftig vorgehen. *„Ein liebes Wort findet stets den rechten Ort"*, sagt der Volksmund. Sagen Sie dieses liebe Wort Ihrem kleinen Frauchen am Kaffeetisch und Sie werden ein Wunder erleben. Strahlende Augen leuchten Ihnen entgegen und schnell verschwinden die Sorgenfalten und die mürrische Miene. Oder verdient sie es etwa nicht, daß Sie ihr ein liebes Wort sagen? Sorgt sie nicht von früh bis spät für Sie? Ist sie nicht der rührige Hausgeist, der dafür einsteht, daß in allen Ecken und Winkeln Ordnung und Sauberkeit herrschen und Ihr Magen sein Recht bekommt? Erzieht sie nicht Ihre Kinder und ist jederzeit bereit, Sorge und Not mit Ihnen zu tragen? Und für das alles und für so viel Aufopferung, für so viel Liebe sollten Sie nicht freundlich und lieb zu ihr sein?!

Man muß zeigen und sagen, daß man es gut meint!

Mancher bringt es nicht fertig, ein liebes Wort zu sagen. Ich kann das nicht, meint er, aber ich meine es trotzdem gut. Zugegeben, daß er es gut meint, aber warum denn nicht diesem inneren Wollen auch äußerlich Ausdruck geben, noch dazu, wo unsere Umwelt es braucht, um in Freude für uns schaffen und arbeiten zu können?! Herunter von diesem Schemel verkehrter Einstellung und *klug* sein!

Unsere Mitmenschen sind keine Gedankenleser, und wenn wir ihnen wohlwollen, so muß das auch durch einen warmen Druck unserer Hand, ein liebes Wort und einen freundlichen Blick zum Ausdruck kommen!

Der ist kein positiver Mensch, der mit diesen Gaben der Liebe spart! Wir brauchen einen recht innigen Kontakt mit unseren Mitmenschen, dazu aber führt diese richtige und erfolgreiche Einstellung.

Also sagen Sie Ihrem Frauchen, wie schön sie am heutigen Morgen den Kaffeetisch gedeckt hat und versichern Sie ihr, wie gut der Kaffee schmeckt und die appetitlich zurechtgemachten Brote. Und dann gewöhnen Sie sich daran, auch die Worte, die Sie sprechen, richtig zu *beseelen.*

Die Worte richtig beseelen!

Man muß fühlen, daß Sie es so meinen, wie Sie sprechen und daß es aus ehrlichem Herzen kommt!

Wenn man 20 Jahre verheiratet ist, so ist das noch lange kein Grund, nun mit Liebenswürdigkeiten zu geizen. Was hindert Sie daran, auch nach langer Ehe noch ein lieber, freundlicher, netter Mensch zu sein, und noch dazu, wo es doch nur einer ganz geringen Mühe bedarf, so zu sein?!

Selbstverständlich gelten diese Ausführungen nicht nur für den Ehegatten, sondern genau so für die liebe Gattin. Auch sie ist verpflichtet, im Interesse der gegenseitigen Harmonie, alles an Liebenswürdigkeit und Freundlichkeit aufzubieten, was überhaupt nur möglich ist. Wenn sie mit unfreundlicher Miene ihrem Manne den Kaffee hinstellt und sich nicht davor zurückhalten kann, irgendeine bissige Bemerkung zu machen, braucht sie sich gar nicht zu wundern, wenn der Herr des Hauses eine Parallele zwischen ihr und einer gewissen *Xanthippe* zieht. Auch für sie gilt deshalb das Sprichwort vom „Echo" des Waldes. Deshalb, ebenfalls klug sein, meine verehrten Zeitgenossinnen, und ja nicht etwa meinen, wenn Krach und Spektakel im Hause herrschen, liegt es immer nur an „ihm". *Jede Frau hat es in der Hand, aus ihrem Heim ein Paradies oder eine Hölle zu machen. Auch dafür ist unsere Erfolgsformel maßgebend.*

Auch die Frau, ja die Frau erst recht, muß lieb und nett sein!

Eine Xanthippe liebt kein Mann!

An dieser Stelle gleich etwas Grundsätzliches über die gegenseitige Einstellung: In der Regel meint man, man müsse den Menschen so behandeln, *wie er ist.* Kein Wunder, wenn es dann hart auf hart geht und Disharmonie die Folge ist. *Wer sich so einstellt, handelt grundfalsch und den Gesetzen des Erfolges vollkommen entgegengesetzt!* Schließlich soll doch unser Verhalten bezwecken, daß negative Eigenschaften unserer Nächsten verschwinden. Nun ist es aber so, daß man einen Charakter nicht haben will, sondern daß man ihn *hat,* und daß eine Änderung des Charakters nur möglich wird, wenn wir auf die seelisch-geistige Struktur einen Einfluß ausüben und im besonderen, wenn wir das *Gefühl* für die Änderung interessieren. Gesetzt den Fall, wir stellen uns nun nach der vorgenannten Art zu unseren Nächsten ein, so ist die Folge, daß wir damit das Negative erst recht beseelen, wo wir es doch im Interesse einer Charakteränderung *ent*seelen müssen. Was haben wir also zu tun? Genau umgekehrt müssen wir uns einstellen! Genau so, wie wir unseren eigenen Charakter nur dadurch ändern, daß wir das Negative überhaupt nicht beachten, sondern unsere Aufmerksamkeit grundsätzlich nur auf das *Positive* konzentrieren und immer wieder nur das Positive in den Vordergrund stellen, so muß es auch bei der Einstellung zu unseren Nächsten sein.

Richtigmachen bringt auch hier den Erfolg.

Einen Charakter will man nicht haben, sondern man hat ihn!

Auch Goethe hat diese Gesetzmäßigkeit erkannt. Der nachfolgende Ausspruch beweist es:

„Wenn wir die Menschen behandeln, wie sie sind, so machen wir sie schlechter. Wenn wir sie dagegen behandeln, als wären sie bereits das, was sie sein sollen, so bringen wir sie dahin, wohin sie zu bringen sind."

Sehr wichtig!!!

Bitte, mein verehrter Leser, lassen Sie sich diesen Satz so oft durch den Kopf gehen, bis Sie ihn ganz fest in sich verankert haben; denn er erschließt uns ein ganzes Ideengebäude für die richtige Einstellung zur Umwelt.
Menschenbehandlung ist ja überhaupt ein Kapitel für sich, und daran fehlt es ja bei den meisten. Das kommt aber lediglich daher, weil man auch sich selber nicht richtig behandeln kann; denn all das Negative in uns, all die Schlacken, die uns den Weg zum Erfolg oft so schwer machen, sind zur Hauptsache nur das Resultat einer fehlerhaften Selbstbehandlung. Und *dieselben Lehren,* die uns Befreiung bringen, also das richtige, positive Verhalten, gelten auch für die Einstellung zum Nächsten. *„Richtigmachen schafft Erfolg, Falschmachen Mißerfolg!"* Aber was ist *richtig?* Nun, immer das, was die *Aufmerksamkeit und das Gefühl* auf die eigenen *positiven Eigenschaften* lenkt, das ist richtig! Verstanden? In der Praxis sieht das so aus: Wenn Herr Müller ein *übellauniger* Patron ist, so wird eine kluge Frau tun, als ob diese üble Laune gar nicht vorhanden wäre. Statt dessen wird sie an seine *positiven* Eigenschaften appellieren, und ohne Rücksicht auf das, was am liebsten in ihr hochkommen möchte (!!), zu ihm sagen: „Mein liebes Männchen, worauf hast du heute Appetit?" Und sie wird *auch dann* liebenswürdig und nett bleiben und nur die guten Eigenschaften ansprechen, wenn der holde Gatte auch weiterhin mißmutig und ärgerlich bleibt. Ausdauer siegt! Das trifft auch hier zu, und wenn es überhaupt ein Mittel gibt, das aus dem übellaunigen Herrn Müller einen harmonischen Erdenbürger macht, so nur diese bewußte Einstellung seiner klugen Frau zu seinen *positiven* Eigenschaften.

Immer wieder, immer wieder: Nur Richtigmachen schafft Erfolg, Falschmachen immer, immer Mißerfolg!

So verhält sich eine kluge Frau!

Es soll zugegeben werden, daß in der ersten Zeit einer derartigen Umstellung in der Menschenbehandlung einige seelische Komplikationen auftreten. Aber treten diese Schwierigkeiten nicht nur deshalb auf, weil wir unser Herz nicht ganz auf dem rechten Fleck haben? Sicherlich, und auch dann, wenn man das nicht frei zugeben will. Aber schließlich ist doch der Erfolg entscheidend, und wenn wir in seinem Interesse unser Gefühl auch einmal übergehen müssen, so verlohnt es sich doch, daß wir es tun.

Alles geht, wenn man nur ernstlich will!

Daß sich diese kluge Einstellung grundsätzlich auf alle Eigenarten des Wesens bezieht, versteht sich von selbst. Was meinen Sie wohl, was einem Mann zu stärkerem Ansporn wird? Das etwa, wenn seine Ehehälfte immer wieder zu ihm sagt: „Du, guck dir mal den Mann meiner Freundin an, das ist ein Kerl! Und du? Du wirst es zu nichts bringen!"? Oder aber, wenn er ein *kluges* Frauchen sein eigen nennt, das bei einem Mißerfolg zu ihm sagt: *„Ach laß nur, Hans, ärgere dich nicht, es wird ja alles wieder besser und du sollst einmal sehen, du kommst noch zu ganz großen Erfolgen!"*
Ich glaube, mein verehrter Leser, die Antwort ist nicht schwer, und die Kunst der *richtigen* Menschenbehandlung dürfte Ihnen damit im Prinzip schon klargeworden sein. Also:

Das ist das Prinzipielle bei der erfolgreichen Menschenbehandlung.

Immer ganz bewußt das Gefühl und die Aufmerksamkeit des Nächsten auf seine guten und positiven Eigenschaften lenken und ihm nicht immer mit Vorwürfen und Erniedrigungen in den Ohren liegen!

Denken wir stets daran, daß der Mensch zum größten Teile *unbewußt* handelt! Unbewußt ist er deshalb schlapp, schwach, träge, faul, ärgerlich, zornig usw. Sollen diese negativen Eigenschaften verschwinden, so muß sich sein Be-

wußtsein und sein Gefühl mit Vorstellungen der *Kraft*, des *Glaubens*, des *Erfolges*, der *Harmonie*, der *Tatkraft* und des *Vorwärtsstrebens* erfüllen.
Da er *unbewußt* negativ ist, vermag er das nicht aus eigener Kraft. Also müssen wir ihm der Führer zu seinem Erfolge sein. *Das aber heißt dann, ganz bewußt und planmäßig seine Aufmerksamkeit auf das Positive und Aufbauende lenken.* Wie wunderbar eine solche wahrhaft positive Menschenbehandlung wirkt, können wir bei jeder Gelegenheit feststellen, und besonders schnell eintretende Resultate zeigen sich in der *Kindererziehung*. Sieht man denn nicht selber ein, daß es total unvernünftig ist, wenn man ein Kind immer wieder nur auf seine *schlechten* und *negativen* Charaktereigenschaften aufmerksam macht, wo es doch bestimmt auch *gute* hat? Man muß einmal beobachten, wie so mancher negative Vater und so manche negative Mutter ihr Kind behandeln: *Du Taugenichts, du schlechter Junge, du Lügner, du Faulenzer, scher dich weg, ich will dich nicht sehen, du kannst deinen Eltern nur Ärger machen, das ganze Schulgeld bezahlt man umsonst, immer siehst du dreckig und schmierig aus ...*
Ja, mein verehrter Leser, wo soll denn da das armselige Wurm die Möglichkeit hernehmen, um aus diesem Negativismus herauszuwachsen, wenn ihm nicht die geringste Handhabe geboten wird, sondern im Gegenteil, ein dauernder Hagel von Vorwürfen auf ihn niedergeht?

Der Mensch ist unbewußt negativ.

Auch die Kindererziehung muß ganz positiv sein!

Mit Überlegung leben und richtig machen, verehrte Eltern! Stellen Sie negative Eigenschaften bei Ihren Kindern fest, so konzentrieren Sie sich bewußt auf die Beseelung des Gegenteils, auf die Hervorhebung des Guten und Positiven.

Immer nur das Positive beseelen, das Negative nicht beachten.

In jedem Menschen sind Anlagen für Gutes und Böses vorhanden. Ist das Negative zur Zeit stärker, so ist damit bewiesen, daß die Keime des Positiven schwach und klein sind. Damit ist Ihnen zugleich der Weg gezeigt, wie Sie sich zu verhalten haben. Die Aufmerksamkeit und das Gefühl des Kindes grundsätzlich ablenken vom Negativen und bewußt einstellen auf das Wachsen und Gedeihen des Positiven.

In dem Maße, wie wir den Glauben des Kindes an die eigene Kraft und das Gute in der eigenen Brust pflegen und großziehen, ändert sich auch zum Besten der Charakter.

So ist es und nicht anders!

So sieht das in der Praxis aus: Hans hat gelogen, er hat eine Vase zerbrochen und will es nicht zugeben. Was tut die unkluge Mutter? Sie gibt dem armen Hänschen eine Ohrfeige und schimpft und schimpft: *„Du ungezogener Junge, ich will dich lehren, eine Vase zerbrechen, und noch dazu lügen! Warte, hier hast du die Antwort!"* ... Kein Gedanke kommt ihr in den Sinn, daß Hänschen die Vase nicht mutwillig zerbrochen hat, sondern aus Versehen, schlimmstenfalls aus Unvorsichtigkeit. Zudem ist es doch unmöglich, von einem Kinde fehlerloses Handeln zu erwarten, wo wir Erwachsene jeden Augenblick dabei sind, Fehler zu machen. *Nur die zerbrochene Vase sieht die negative Mutter und das Malheur an sich. Von einem Verständnis für die Seele des Kindes ist keine Rede.* Und das Resultat? Hänschen lügt tapfer weiter, und wenn er wieder mal eine Vase zerbricht, wird er sie so gut verstecken, daß man ihm die Lüge nicht mehr nachweisen kann, *denn er hat ja „so große Angst" vor der Mutter!!*

Das ist negativ und total verkehrt!

Für die Seele und die Bewußtseinsvorgänge des Kindes Verständnis haben.

Und nun das Gegenteil, das Verhalten des klugen Erziehers: Hänschen steht hochrot in der Ecke, ihn peinigt das Gewissen; hinter dem Schrank liegt sie, die zerbrochene Vase. Und was tut der kluge Erzieher? *„Komm mal her, mein Hänschen!* Nun, mein Junge", so spricht er in wohlwollendem, beherrschtem Tonfall, *„was hast du denn? Ist dir ein Unglück passiert, hast du einen Fehler gemacht? Sag es, Hänschen!"* ... Ergebnis dieser wohlwollenden Einwirkung? *Weinend gesteht Hänschen und versichert zugleich, es nicht wieder tun zu wollen!* Und der kluge Vater? *Er versteht sein Kind und glaubt ihm, daß es sich nicht wieder an einer Vase vergreifen wird.* Bestimmt und wohlwollend sagt er: *„Mein Hänschen, du bist ein liebes und gutes Kind und du bist immer artig und gerade deshalb darfst du auch keine Vase anfassen! Hörst du! Hänschen, du bist lieb und brav und tust das nicht wieder!"* — Und Hänschen bejaht — und *gehorcht!*

Das ist positiv, so muß es sein.

Hänschen will es ja ganz bestimmt nicht wieder tun!

Auch schwer erziehbare Kinder sind mit dieser positiven Einstellung leicht zu lenken, eben deshalb, weil man damit vollkommen den Entwicklungsgesetzen gerecht wird. Weitere und genaue Anhaltspunkte darüber, welcher Art die Vorstellungen sein müssen, die der positive Erzieher im Ober- und Unterbewußtsein seiner Sprößlinge zur Wirkung bringen muß, vermitteln die Texte meiner Erziehungsschallplatten, deren guter Einfluß vieltausendfach praktisch erprobt ist*. So, wie diese Texte es zeigen, so muß das Denken und Sprechen des erfolgreichen Erziehers, des positiven Vaters und der positiven Mutter sein. Man braucht nur den Versuch zu machen, um sich sofort von der Tatsache zu überzeugen, daß auch dort ein guter Einfluß auf ein Kind möglich ist, wo jede andere Methode bisher versagte. Eins allerdings ist Voraussetzung: Man muß sich bemühen, für den im Kinde erstrebten Positivismus selber ein gutes Beispiel zu geben! Insofern ist unsere ganze positive Lebensführung schon ein gut Teil der pädagogischen Leistung. Wir werden zwangsläufig zu erfolgreichen Erziehern, wenn wir die Lehren des Erfolgssystems beachten.

Weiter im Tageslauf

Doch nun, mein verehrter Leser, wieder weiter in unserem Tageslauf. Nach dem Frühstück geht es froh in den positiven Tag. Wird er positiv sein? Selbstverständlich wird er positiv sein, denn alles, was auch geschieht, werten wir ja positiv aus.

Die Generallosung für den Tageslauf des erfolgreichen Menschen heißt: Bewußt leben! Also nicht trotteln, nicht trödeln und sich nicht treiben lassen!

Unser positives Wollen, jeden Tag ein Fortschritt, muß jetzt voll zur Geltung kommen, damit wir abends in unserem Erfolgstagebuch unbedingt davon berichten können. Der positive Mensch hat den Willen, möglichst jeden Tag zu einem ertragreichen zu machen. Das geht gar nicht anders als durch *bewußte* Lebensführung.

Immer an die Erfolgsformel denken!

Da wir ständig Gefahr laufen, negativen Gewohnheiten zum Opfer zu fallen, müssen wir uns immer wieder unsere Erfolgsformel zum Bewußtsein bringen,

* Vergleiche Grundregeln positiver Kindererziehung, XVI. Teil.

denn wir wissen ja: Die meisten Fehler werden nur gemacht, weil wir nicht daran denken.
Wenn wir während des Tages ordentlich etwas schaffen wollen, geht das nicht ohne einen *Tagesplan,* in dem alle wichtigen Punkte, die erledigt werden sollen, zeitlich erfaßt sind. Bedingung ist, daß man diesen Plan nicht nur aufstellt, sondern auch *einhält.* Wer richtig strebt, für den ist das eisern.
Grundsätzlich will das heißen, daß man sich von seinen Dispositionen auf keinen Fall durch Nebensächlichkeiten ablenken läßt. Hierzu gehören alle wertlosen Schwätzereien und vermeidbaren Umwege. Es gibt eine Sorte Leute, die nichts anderes zu tun zu haben scheinen, als fleißige und strebsame Menschen von ihrer Arbeit abzuhalten. Natürlich ist man selber schuld, wenn man sich das gefallen läßt. Hier heißt es ganz konsequent sein: Der Tag hat nur eine begrenzte Stundenzahl und die gilt es restlos auszunutzen.

Nicht ablenken lassen! Das Tagesziel muß unbedingt erreicht werden!

Wenn der positive Mensch, gemäß seinem Tagesplan, um 14 Uhr eine bestimmte Arbeit beginnen will, dann ist er auf jeden Fall zur Stelle! Wer glaubt, eine solche Korrektheit in der Führung seines Lebens nicht entwickeln zu können, der beweist, daß es ihm um den Erfolg noch lange nicht ernst genug ist.

Der positive Mensch ist ein Vielarbeiter, ein Vielschaffer, und stets ist er bemüht, sich selber wie ein Sportsmann immer wieder zu übertreffen!

Stets versucht er, Spitzenleistungen zu erzielen, aber nicht nur dadurch, daß er sich mehr anstrengt als der Alltagsmensch, sondern indem er ständig dabei ist, rationeller zu arbeiten. *Ratio,* das ist die Vernunft! Mit Vernunft arbeitet er also, was soviel besagt, daß er mit *Überlegung* arbeitet, und gerade dadurch wird er auch befähigt, Umwege und Reibungen auszuschalten. Man muß hierzu eine regelrechte *Arbeitstechnik* entwickeln, die aber nur durch Nachdenken und Überlegen kommen kann.

Stets mit Überlegung arbeiten! Richtiges Nachdenken spart Zeit und Kraft. Es müssen alle unnötigen Umwege vermieden werden.

Wir kommen hierbei zu unserem *Grundsatz* der Erfolgspraxis zurück. Dieser heißt:

Versuche alles zu tun, was den Erfolg erleichtert und vermeide alles, was ihn unnötig erschwert.

Was uns zur Beachtung dieses Grundsatzes führt, ist die *Zielklarheit.* Wir müssen stets genau wissen, was wir wollen, und das betrifft auch die Einzelheiten einer Aufgabe. Daß diese Klarheit bei der Aufstellung des *Tagesplanes* schon vorhanden sein muß, versteht sich von selbst. Darum muß man auch an die Aufstellung des Tagesplanes wie an eine regelrechte Arbeit herangehen. Je sorgfältiger und gewissenhafter überlegt wird, je mehr jedes Für und Wider in Erwägung gezogen wird, um so besser wird aus diesem Plan ein regelrechter Führer zum Erfolg, was ja auch sein Sinn ist.

Wir müssen immer genau wissen, was wir wollen! Das wird erreicht durch richtige Erfolgsplanung.

Bedingung zur Aufstellung des Tagesplanes ist, daß dieser sich aus einer *Erfolgsplanung* ergeben muß, die für einen größeren Zeitabschnitt Gültigkeit hat. Die bewußte Gestaltung des Lebens und des Erfolges ähnelt dem Bau eines Hauses: Ganz genau wird nach dem wohlberechneten Gesamtplan gearbeitet. Umstellungen und Änderungen sind selbstverständlich möglich, sie werden jedoch nur vorgenommen, wenn es die Vernunft gebietet oder

Siehe VII. Teil: „Positive Erfolgsplanung."

besondere Umstände es verlangen. Da die Erfolgsplanung von größter Wichtigkeit ist, werden wir darüber noch ausführlich zu sprechen haben. — Neben der Positivität als Mensch und Persönlichkeit steht also die unerläßliche Forderung, auch in der Arbeit und im Handeln ganz positiv zu sein! Es ist so, wie der Dichter sagt: „Vor den Erfolg haben die Götter den Schweiß gesetzt." Und das ist gut so, denn nur, wenn man sich um seinen Erfolg wirklich bemüht hat, weiß man ihn zu schätzen und wird glücklich durch ihn. Aber, und darauf kommt es an, es muß vernunftgemäß gehandelt werden.

Rationell arbeiten!

Jede unnütze Arbeit hat man sich zu ersparen, jede notwendige dagegen unbedingt zu tun!

Zeit und Kraft müssen also klug eingesetzt werden. Henry Ford sagte hierzu treffend:

Die wichtige Erfolgslehre von Henry Ford.

Was du mit einer Hand tun kannst, sollst du nicht mit zweien tun! Was hat es für einen Sinn, einen stumpfen Meißel mit ungeheurer Kraft in ein Stück Metall schlagen zu wollen, wenn ein leichter Schlag auf einen spitzgemachten Meißel genügt?

Man muß erreichen, aus 24 Stunden 48 zu machen, ein Doppeltes und Vielfaches zu leisten! Was, das geht nicht? O ja, mein verehrter Leser, das geht ganz bestimmt! Aber wollen muß man, und zwar ganz positiv wollen und — überlegen!

Richtige Verwendung von Zeit und Kraft

Wollen muß man, ehrlich und eisern wollen!

Wie oft stand ich schon in meinem Leben vor einer totalen Arbeitsüberlastung. Selbst bei schärfster Ausnutzung der Zeit schien keine Mehrarbeit mehr möglich. Dennoch mußte ich aber mehr leisten, weil davon der weitere Erfolg abhängig war. Was also anfangen? Schneller arbeiten? Weniger schlafen? Nein! Beides nicht! Sondern hinsetzen und gründlich nachdenken und einen Plan aufstellen, in dem, so weit es überhaupt anging, alle Vorkommnisse und Handlungen während des Tages erfaßt waren. Und was stellte sich da mit einem Male heraus? Daß man, ohne es zu wissen und ganz gegen die eigene Meinung, dennoch Minuten um Minuten, ja ganze Stunden vertrödelte! Und wodurch? Durch Nebensächlichkeiten und Banalitäten, über die man in der Regel überhaupt nicht nachdenkt, ja, die einem gar nicht zum Bewußtsein kommen; und dann durch unzulängliche Arbeitsmethoden!

Alle Trödelei muß aufhören!

Wenn das Leben große Aufgaben an mich stellte, denen ich wegen Zeit- oder Kraftmangel nicht gewachsen schien, so habe ich mich stets gefragt: Was würde sein, wenn du jetzt mit einem Male der verantwortliche Leiter eines großen technischen Werkes wärest? Was würdest du da machen, wo doch die Arbeitsfülle eines solchen Mannes viel größer ist als die deinige? Nur eine Antwort kann es darauf geben: noch rationeller arbeiten, noch rationeller! So, und dann dachte ich wieder an meine augenblickliche Lage und schon war es selbstverständlich, daß die Leistungen gesteigert wurden.

Was würde sein, wenn Sie plötzlich Generaldirektor würden?

Verehrter Leser, da wir ohne die gründliche Ausnutzung von Zeit und Kraft an ein Vorwärtskommen nicht denken können, müssen wir uns ganz fest auf den Standpunkt eines Geschäftsmannes stellen und uns einbilden, als ob Zeit und Kraft Werte wären, die es so vorteilhaft wie möglich zu verkaufen gilt.

Zeit und Kraft sind ganz reale Werte!

Ein Höchstmaß an Erfolg muß dabei herausspringen, verstanden?! Tatsächlich ist es ja so, denn Zeit und Kraft sind ja die wertvollsten Güter, über die wir verfügen. Das erklärt sich schon daraus, daß sie unersetzlich und unwiederbringlich sind.

Jeder Augenblick, den wir unnütz vertun, ist ein für allemal verloren und wird von unserem Leben abgezogen!

Es ist der Sinn positiver Lebensführung, aus dem eigenen Leben etwas zu machen, einen möglichst hohen Ertrag herauszuholen an Freude und Sonnenschein! Wie aber steht zu diesen doch absolut vernünftigen Forderungen der Tageslauf des Alltagsmenschen? Will man seine eigenen Mängel studieren, so braucht man nur einmal Mäuschen bei anderen zu spielen. Es ist geradezu jämmerlich, wie die kostbare und wertvolle Zeit des Lebens verplempert und verschlappert wird. Ich würde mich entsetzlich langweilig in der Welt fühlen, müßte ich meine Zeit mit solchen lächerlichen und dummen Dingen ausfüllen, wie es so viele Alltagsmenschen andauernd tun! Doch Schwamm darüber, jeder von uns weiß ja, worauf es ankommt, und darum wollen wir uns lieber den positiven Seiten des Lebens zuwenden.

Es muß so gelebt werden, daß recht viel aus dem Leben herausgeholt wird!

Vorschau halten!

Verlangte das Erfolgsstreben eine Rückschau auf den vergangenen Tag, so zum Beginn des Tages auch eine kurze Vorschau: Sie brauchen gute Einfälle und immer neue Ideen. In der Nacht hat sich Ihr Unterbewußtsein mit Ihrem heutigen Tagesplan befaßt. Wenn Sie jetzt kurz an den Ablauf des vor Ihnen liegenden Tages denken, kommt Ihnen vielleicht mancher gute Gedanke, der erst über Nacht reif geworden ist. Vielleicht ist es Ihnen auch jetzt erst möglich, bestimmte Umstände zu erkennen, die Sie von den Zielsetzungen des heutigen Tages ablenken könnten. Im übrigen wird die Vorschau dazu beitragen, noch einmal zu bekräftigen, daß Sie sich in jeder nur erdenklichen Hinsicht als positiver Tatmensch erweisen werden.

Wenn Sie sich ganz auf den Erfolg einstellen, dann schwingt im gleichen Rhythmus auch Ihr Unterbewußtsein mit.

Bedingung ist zu all diesen Überlegungen, daß Sie sich selber ernst genug nehmen, daß Sie also von Ihrem inneren Wert vollkommen durchdrungen sind!

Ihren Wert geben Sie sich durch die Absichten, die Sie verfolgen und vor allem durch ein würdiges Lebensziel. Haben Sie ein solches Ziel und ist es ein wertvolles? Bitte, denken Sie daran, was ich Ihnen früher schon über den Lebenszweck sagte:

Die großen Kräfte der Seele kommen nur zur Entfaltung und betätigen sich nur, wenn die Seele einen Sinn darin sieht. Und alle seelischen Hemmungen und Gemütsdepressionen und jede Mutlosigkeit sind zuletzt nur darauf zurückzuführen, daß das Leben keinen richtigen Inhalt hat.

Sehr wichtig!

Nur um etwas Wertvolles verlohnt es sich zu kämpfen! Und wenn Sie selber das auch noch nicht klar erkannt haben, eben weil Sie sich vielleicht bisher zu wenig mit diesen Grundproblemen der Lebensbemeisterung beschäftigt

Entscheiden Sie, welchen Wert Sie für sich selber haben! Nur Ihre Ziele geben Ihrem Leben den Wert.

haben, so weiß das dennoch instinktiv die in Ihnen wirkende Natur. Die Natur will Fortschritt, Veredelung und Vervollkommnung des Ganzen. Dienen Sie diesem Streben durch ein würdiges Ziel, so stellt sie Ihnen willig alle dazu notwendigen Kräfte zur Verfügung.

Sie müssen auf jeden Fall etwas Ordentliches mit sich anfangen!

Sie müssen wissen, und zwar ganz genau, was Sie mit sich selber und Ihren Kräften in diesem Leben anzufangen haben. Nur zu leben, um zu essen und zu trinken, heißt auf den Tod warten. Erst das *Werk,* das einer vollbringt, legt einen Sinn in das Dasein.

Der Weg zur Zielklarheit

Ihre Wünsche zeigen den Weg!

Ihr eigenes Lebensziel finden Sie am besten, wenn Sie ein bekanntes Wort Goethes zur Grundlage Ihrer Überlegung machen. Goethe sagte: *„Unsere Wünsche sind die Vorboten der Fähigkeiten, die in uns liegen!"*
Wünsche hat jeder, viele sogar, und auch Sie! Diese Wünsche zeigen Ihnen also den Weg! Bedingung zur Zielsetzung ist aber, daß Sie nur *das* Ziel als erstrebenswert ansehen, das mit der Würde des Menschen im Einklang steht: Wie man es auch deuten mag, immer wird der gute Mensch ein Arbeiter im Weinberge Gottes sein.

Die eigenen Grenzen berücksichtigen! Das Unabänderliche gebietet.

Und noch etwas: Es wurde früher gezeigt, wie die Schicksalsbetrachtung des positiven Menschen beschaffen sein muß. Besonders wurde vor Augen geführt, daß man sich mit *Unabänderlichkeiten* abzufinden hat. Es versteht sich von selbst, daß Sie bei der Zielsetzung diese Unabänderlichkeiten sorgsam überdenken und genau berücksichtigen, wo Ihre Grenzen liegen.
Mit anderen Worten:

Sie sollen sich ein vernünftiges und auch tatsächlich erreichbares Ziel stecken!

Alle Phantastereien vermeiden! Nur die tatsächlichen Möglichkeiten sprechen lassen.

Vernünftig und erreichbar ganz speziell für Sie! Ihrer ganzen Persönlichkeit entsprechend und den in Ihnen ruhenden Fähigkeiten. Von Luftschlössern und Phantastereien haben Sie nichts, sondern nur von tatsächlichen Möglichkeiten.

Allerdings darf mit dieser Feststellung nicht ein Minderwertigkeitskomplex entstehen, denn Sie wissen ja, der Mensch kann viel, viel mehr als er sich zutraut. Und gerade um die Grenzen unseres persönlichen Könnens sicher abzustecken, studieren wir ja auch die Probleme der Persönlichkeitsentwicklung und Lebensbemeisterung.

Körper und Geist müssen im harmonischen Einklang zu ihrem Ziele stehen.

Wer eine kleine, zierliche Hand hat, darf keinen Beruf wählen, der eine große und starke Hand verlangt. Wer farbenblind ist, bemüht sich vergebens, ein guter Maler zu werden. Grundsätzlich steht es so auf allen Gebieten der geistigen und körperlichen Leistungsfähigkeit. Nur der rechte Mann am rechten Platz wird Großes leisten. Lassen Sie das nicht nur den Erfolgsspruch positiver Unternehmer sein, sondern auch Geltung haben für das eigene Leben. Sie sind immer der rechte Mann oder die rechte Frau, wenn Sie sich auf Ihren rechten Platz stellen. Kein Mensch ist umsonst in der Welt. Wer gerufen ist, muß da sein und erfüllt seinen Zweck. Ihn zu erkennen und bewußt unser Leben danach zu gestalten, ist der Sinn richtiger Zielsetzung.

Das Zielstreben muß dreifach sein!

Das Hochziel des Lebens können wir entsprechend unserem seelischen, geistigen und körperlichen Menschen in ein ideelles Ziel, ein Bildungs-Ziel und ein Leistungs-Ziel gliedern. Alle drei sind für uns maßgebend, denn sie entsprechen dem strebsamen positiven Menschen.
Das ideelle Ziel bezieht sich ausschließlich auf die Werte des inneren Menschen, also auf den Charakter und das Gemüt, während sich das Bildungsziel, wie es schon der Name sagt, ausschließlich auf die Entwicklung des Geistes und seiner Funktionen sowie auf das Wissen bezieht. Das Leistungs-Ziel dagegen umfaßt alles, was als Erfolg des Strebens gewertet wird, also den Erfolg im Beruf, im Amt, im Geschäft oder in sonst einer Position. Für alle drei Ziele sollen uns die nachstehenden Richtlinien maßgebend sein:

Ideelles Ziel:

Vervollkommnung des inneren Menschen bis zum wahren Diener an seinem Schöpfer, seinem Nächsten und dem Fortschritt der Kultur. Man muß ein ausgeglichener, harmonischer Mensch werden, der allen Mitmenschen wohlwollend und mit edler, aufrichtiger Gesinnung gegenübersteht und den höchsten Lebenszweck nicht darin sieht, nur seinem persönlichen Ich zu leben, sondern Diener am Ganzen, an der Gemeinschaft zu sein. Persönlich wirkt sich dieses Ziel aus durch innere Ruhe und große seelische Zufriedenheit.

Innere Ruhe, große seelische Zufriedenheit.

Bildungs-Ziel:

Man muß bestrebt sein, einen möglichst tiefen Einblick in alle Zusammenhänge des Geschehens zu erhalten, um dadurch immer mehr zu einem erkennenden Menschen zu werden. Zu diesem Zwecke ist die Fähigkeit des Nachdenkens dauernd zu steigern und das Wissen auf einen möglichst hohen Stand zu bringen. Je mehr man von dem Ganzen weiß, worunter alles in der Welt und im All zu verstehen ist, um so sicherer vermag man einen seelischen Tiefstand zu überwinden und auch ein großes materielles Ziel zu erreichen. Nur durch ein möglichst tiefes Erkennen aller Zusammenhänge lernt man sich auch mit seinem großen Schicksal aussöhnen, sich in das Unabänderliche fügen und trotz aller Widersprüche an einen höheren Sinn des Daseins glauben. Im übrigen ist eine positive Mitarbeit am Kulturfortschritt nur möglich, wenn dieses Bildungsziel so vollkommen wie möglich erreicht wird.

Positive Mitarbeit am Fortschritt der Kultur.

Leistungs-Ziel:

Hier geht es um die bewußte Selbstformung zur tatkräftigen, einflußreichen Persönlichkeit, die auf einem Spezialgebiete des sozialen, wirtschaftlichen oder kulturellen Lebens, z. B. in der Industrie, im

Ansehen, Wohlstand, Einfluß, persönlicher Erfolg.

Handel, in der Landwirtschaft, im Handwerk, oder aber in der Kunst, Wissenschaft, Erziehung oder Volkswohlfahrt etwas Hervorragendes leistet. Hierzu hat man sich ganz bewußt und, wenn erforderlich, lange Zeit hindurch planmäßig vorzubereiten. Bedingung ist, daß sich das gesteckte Ziel dem ideellen Ziel unterordnet. Durch die konsequente Verfolgung des Leistungszieles ist auch die Sicherung des materiellen Daseins gegeben.

Alle Kräfte müssen sich in einer Richtung betätigen. Jede Zersplitterung muß aufhören!

Mein verehrter Leser, wenn wir von *Zielklarheit* sprechen, so werden Sie jetzt wissen, warum diese Forderung für ein glücklich und segensreich zu lebendes Dasein einfach unerläßlich ist. Das ganze Handeln muß eine gerade Richtung bekommen, alle Kräfte müssen sich in *einer* Richtung betätigen und jedes, aber auch jedes Hin- und Herschwanken muß aufhören. Natürlich wird das dem „Alten Adam" in uns nicht passen, aber danach geht es ja nicht.

Zum materiellen Erfolg:

Kein Gewinn ohne entsprechende Leistung!

Verdienen kommt von Dienen!

Nur der persönliche Einsatz garantiert Gewinn! Es gibt keinen Erfolg ohne Mühe.

Irgendwelche Unklarheiten werden über das ideelle Ziel und das Bildungsziel wohl kaum bestehen, anders steht es mit dem *Leistungsziel,* soweit es sich auf die Erlangung *materieller* Erfolge bezieht. Hier wird es viele geben, die sich noch nicht schlüssig sind, was sie nun für eine Sonderleistung anstreben sollen. Aber gerade hierzu muß uns maßgebend sein, was wir vordem über unsere Wünsche und Fähigkeiten hörten.
Ganz ehrlich gesprochen, kommen die meisten leider deshalb zu keinem rechten Entschluß, weil sie die *Mühe* scheuen, die mit einer besonderen Ausbildung für ein spezielles Ziel verbunden ist. Am liebsten möchte man Erfolge ohne irgendeinen Einsatz haben. Das geht nun aber nicht und wenn wirklich mal ein Ergebnis erzielt wird, das so aussieht wie ein Erfolg, so ist es bei Lichte betrachtet doch keiner. Hier heißt es endgültig mit allen Illusionen brechen und aus dem Erfolgs*pfuscher* zum wirklichen *Erfolgsmenschen* werden. *Ver*dienen, und darunter versteht man ja den materiellen Erfolg, kommt von *Dienen!* Also wer dient, dem andern, dem Nächsten *dient,* ihm eine Leistung, einen Vorteil bietet, nur der hat die Chance zu *ver*dienen. Diese Erkenntnis legt auch eindeutig fest, in welcher Richtung sich unser Denken um den materiellen Erfolg zu bewegen hat: Wollen wir vorwärts, so dürfen wir darum nicht fragen, wie verdiene ich am meisten, sondern wie *diene* ich am besten. Hören Sie den Rat eines amerikanischen Großunternehmers, der dem Gedanken des „Dienens" sein riesiges Vermögen verdankt: *„Die Gier nach Geld ist das sicherste Mittel, nicht zu Geld zu kommen!"* Warum das so ist, wird uns jetzt verständlich sein, und sicher auch, warum so viele, die gern vorwärts möchten, immer wieder scheitern. Die Betreffenden denken *falsch* und machen den größten Fehler, den man machen kann: sie rechnen nicht damit, daß auch beim Streben nach mate-

Schluß machen mit jeder Erfolgspfuscherei!

Verdienen kommt von Dienen!

riellem Erfolg Gesetzmäßigkeiten im Spiele sind. Wieso? Nun, indem die Menschen *gezwungen* sind, sich gegenseitig zu fördern und zu helfen, und zwar durch das, was man *Selbsterhaltungstrieb* und *Egoismus* nennt. Bieten Sie Ihrem Nächsten nicht in irgendeiner Form eine Leistung, durch die er Vorteile, Freude oder sonst eine Befriedigung findet, so stehen Sie allein auf weiter Flur und können zugrunde gehen. Der Selbsterhaltungstrieb zwingt Sie also zur *Aktivität,* wobei Sie natürlich wählen können zwischen Gut und Böse. Entschließen Sie sich zum *Dienen,* so *ver*dienen Sie, weil Sie ja zur Sicherung Ihrer Existenz diese Gegenforderung stellen. Also werden Sie und der andere, der Ihre Dienste braucht oder gerne haben möchte, *gezwungen,* sich gegenseitig zu helfen und zu nützen.

Der Selbsterhaltungstrieb zwingt zur gegenseitigen Hilfe; Vorsicht jedoch vor dem Weg des Bösen!

Den Weg des *Bösen* gehen Sie, wenn Sie den anderen wissentlich übertölpeln, arglistig täuschen oder betrügen, um eine Leistung aus ihm herauszuholen, wenn Sie ihm also keine *echten* Gegenwerte bieten.

Ohne Freiheit vom Zwang durch höhere Erkenntnis kein „Idealstaat" möglich. Alles eine Frage vollkommener Menschwerdung.

Daß der andere aus „Egoismus", oder getrieben von niederen Absichten auf Ihre Täuschung, Ihren Betrug oder sonstige „Giftfrüchte" hereinfällt, entbindet Sie nicht von der Verantwortung für Ihr eigenes Tun. Der andere, der ein „Opfer" seiner niedrigen Absichten oder Wünsche geworden ist, muß unabhängig von Ihnen seine Rechnung bezahlen. Das zeigt sich in seinem *direkten* Schaden, den er durch den Täuscher, Betrüger oder Giftlieferanten hat und dann durch die negative Beeinflussung seines ganzen Lebens durch dieses umnebelte niedrige Verhalten.

Es ist sicher, daß der Mensch durch dauernde Nackenschläge dieser Art eines Tages klug wird, und er wurde es ja schon zu einem guten Teil, denn er war ja unendlich primitiver als heute. Dann hat der „Egoismus" seine Schuldigkeit getan und sich als Kraft erwiesen, die zwar das Böse will, dabei aber doch das Gute schafft. Aber wäre es nicht so, daß einstweilen alles, was Fortschritt und Entwicklung heißt, aus dem egozentrischen Streben quillt — Ausnahmen kennzeichnen die Vorläufer einer bereits ganz oder teilweise vollzogenen Überwindung des gegenwärtigen Durchschnittsmenschen — dann wäre es unmöglich, daß die Menschheit überhaupt existieren könnte. Einfach deshalb, weil der einzelne Mensch noch nicht so weit ist, um alles *freiwillig* zu tun, was erforderlich ist, um das gemeinschaftliche Leben, insonderheit auch das der Hilflosen und Kranken, zu sichern. Es ist alles Utopie, wer anders denkt! Er verkennt, daß der Kampf gegen die Triebe, den der Mensch siegreich bestehen muß, um ein freies Wesen zu sein, erst seit kurzem angebrochen ist. Daß es sich dabei schon um Jahrtausende handelt, spielt keine Rolle in Anbetracht der Tatsache, daß die Erbschaft vom Tier, die jeder in seinen Trieben mit zur Welt bringt, seit Hunderttausenden von Jahren in der Menschheit steckt.

Höhere Einsicht ist alles. Nur auf das rechte Begreifen kommt es an. Es liegt ein tiefer Sinn in allem Geschehen.

Darum ist auch jeder „Idealstaat" eine Utopie, in dem die Bürger so vollkommen sind, daß es weder Geld noch Strafgesetze zu geben braucht. Es wäre wunderschön, wenn das möglich wäre, und einmal wird es einen Gottesstaat geben, der das Zusammenleben der Menschen paradiesisch macht. Doch das sind dann keine Menschen mehr, die Bürger dieses Staates, sondern *Engel!* —

Zweifellos ist es möglich, schon einen größeren Teil der Menschheit für einen vernünftigen Gebrauch der uns von der Schöpfung eingeräumten Frei-

Die hier geäußerten Gedanken berühren das Kernproblem aller Fortschritte im Zusammenleben der Menschen. Überall steht das „Brett vor dem Kopf" im Wege, die seelische Blindheit, in der sich der Großteil der Menschen befindet. Es ist ein ganz und gar verrückter Zustand weil wir einerseits auf technischen und wissenschaftlichen Gebieten so unerhört weit sind, andererseits uns durch dummes egozentrisches Denken das Leben bis zur Unerträglichkeit erschweren. Es könnte alles sofort anders werden, was

die Lebenssicherung betrifft, alle Not und Sorge könnte ab sofort gebannt sein. Das ist aber zur Hauptsache nur deshalb ein Problem, weil man Angst hat, daß es nicht geht.

Es ist falsch, den Egoismus zu verdammen, ohne die allgemeine Situation zu berücksichtigen, in der wir uns befinden. Bei der seelischen Blindheit, in der die meisten Menschen leben, ist die egoistische Einstellung die einzig mögliche, um nicht unterzugehen. Alle wehren sich nur ihrer Haut, und viele würden gerne bereit sein, sofort ganz anders zu handeln, würden sie nur die Überzeugung haben, daß auch die andern mitmachen. Aber weil man so denkt, gerade darum kann es nicht anders werden. Daß man selber mit einer gescheiteren Einstellung nicht den Anfang macht, kommt aus der Angst, daß man dann der „Dumme" ist.

Wir leben in einer Vertrauenskrise ohne Grenzen, das fängt schon in der Familie an und führt bis zu den Kontinenten.

Dem Materialisten erscheint diese Einstellung glatte Dummheit, dennoch ist sie die einzig richtige. Man muß sich nur die Mühe machen, den Gedankengang folgerichtig bis zum Ende durchzudenken.

heit zu gewinnen, und das ist ja auch das Ziel aller Bemühungen um den Fortschritt. Aber damit bleibt der „Zwang" aus dem Selbsterhaltungstrieb und dem Egoismus dennoch bestehen, wenngleich die Gesetzgebung befähigt würde, viel sozialere Maßnahmen für das Zusammenarbeiten der Menschen und das gemeinsame Auskommen einzuführen als dies möglich ist, wenn alle nur um des eigenen Lebens willen ihre „Pflicht" tun.

Die Tatsache, daß die Mehrzahl der Menschen entweder gezwungen werden muß, unter „Prügeln" zur Weide zu gehen — daher der Zwang in allen totalitären Staatssystemen — oder aber nur aus Egoismus zu einem erträglichen Verhalten zur Umwelt zu bringen ist, macht es so unendlich schwierig, auf der allein der Würde des Menschen entsprechenden demokratischen Basis zu einer vernünftigen Regelung der gegenseitigen Beziehungen der Menschen zu kommen. Jeder Schritt nach vorwärts wird verbaut durch das „Tier" im Menschen. Jeder denkt nur an sich selber, bestenfalls noch an seine Familie. Er möchte gerne alles haben, ist aber nicht bereit, hierfür persönliche Opfer zu bringen. Und wenn es nicht gewöhnlicher Egoismus ist, der den Einsatz verhindert, dann ist es die Angst, daß auch noch das Letzte verlorengehen könnte, woran er hängt, oder der Unglaube, daß es ja doch nicht besser wird, auch wenn er alles opfern würde.

Wo die Selbstsucht herrscht, kann auch keine Liebe sein: daher das Mißtrauen aller gegen alle. Die Angst vor der allgemeinen Schlechtigkeit der Menschen und die selbstverständliche Überzeugung, daß jeder sich selber der Nächste ist usw. Alle haben sich durch ihren Egoismus gegenseitig im Banne, und die Macht dieses Bannes ist ebenso groß, wie die Angst der Gescheiten vor der Dummheit.

Es bleibt tatsächlich nur der eine Weg, den einzelnen schon fähigen Menschen immer mehr dahin zu bringen, daß er aus *Einsicht* für die Naturnotwendigkeiten des gemeinsamen Lebens handeln lernt und nicht mehr nur aus seiner Lebenssicherung heraus. Das hebt aber nicht auf, daß dieser einzelne die egozentrische Einstellung seiner Umwelt stets in Rechnung stellen muß, will er überhaupt existieren.

Handelt er aber aus dieser Einsicht, und zugleich in der Erkenntnis, daß es immer auch für ihn das beste ist, wenn er sich bemüht, das G u t e und nicht das Böse zu tun, so ist das zugleich für ihn das eiserne Gebot, niemals aus dieser egozentrischen Einstellung seiner Mitmenschen eine Veranlassung zu finden, diese Einstellung in negativer Absicht auszunutzen. Er wird stets wissen, der andere handelt zwar aus reiner Eigenliebe, wenn er etwas von ihm haben will, aber er selber wird sich dadurch nicht verleiten lassen, eine Handlung zu begehen, die nicht im Sinne eines wahren Dienstes an seinem Nächsten liegt.

Voraussetzungen des materiellen Erfolges

Die vorstehenden Überlegungen waren notwendig, um uns zu zeigen, daß wir uns beim Vorwärtsstreben nicht darauf verlassen sollen, daß uns jemand aus purer Nächstenliebe weiter hilft, sondern allein, wenn wir ihm eine positive *Leistung* bieten. Selbstverständlich schließt das nicht aus, daß es trotzdem eine Menge Menschen mit uneigennütziger Liebe gibt. Aber auf sie dürfen wir uns nicht verlassen, und wir dürfen ja trotzdem nur durch Leistung zum Erfolg streben.

Beachten wir grundsätzlich diesen Standpunkt, so wird uns ein für allemal klar, in welcher Richtung sich unsere Erfolgsüberlegungen zu bewegen haben, und wir hören auf, stundenlang sinn- und zwecklos darüber nachzudenken, *wie* man vorwärtskommen und Erfolg haben könnte. Wissen wir, daß wir *nur durch Leistungen* weiterkommen, durch die unsere Mitmenschen Vorteile haben, so erhalten alle unsere Überlegungen gleich die erfolgreiche Richtung und wir wissen, was wir *wollen* müssen. Wenn es heißt: „Die Gier nach Geld ist das sicherste Mittel, nicht zu Geld zu kommen", so ist das damit ebenfalls klar. Auf die Leistung, auf den *Dienst* müssen wir uns konzentrieren, nicht auf den Gewinn, den *Verdienst*. Der ist eine zwangsläufige, ganz selbstverständliche Folge des Dienens und der Leistung.

Achtung! Man muß wissen, was man wollen muß!

Daß wir beim Erstreben des Erfolges auf unsere Mitmenschen angewiesen sind, bedarf keiner Überlegung. Keiner kann *allein,* d. h. ohne die Mitwirkung seiner Nächsten, einen Schritt vorwärts tun. Je klarer uns vor Augen steht, wie sehr es sogar auf den Nächsten, die anderen und die sogenannten „Leute" ankommt, um so besser für uns. Leider wird von den meisten Vorwärtsstrebenden diese Tatsache viel zu wenig berücksichtigt und darum ist auch zumeist die ganze Einstellung zur Umwelt falsch und das Prinzip der gegenseitigen Leistung viel zu wenig berücksichtigt. Hier heißt es, sich ganz gehörig umstellen.

Stets das Prinzip der gegenseitigen Leistung berücksichtigen!

Nicht auf uns, sondern auf die „andern" kommt es an!

Nicht so dürfen wir fragen: Was dient uns, sondern was dient den anderen. Und dann: Was können wir für Forderungen stellen, wenn wir diese Dienste leisten?

Wir setzen also bei allen Überlegungen grundsätzlich das *Dienen* voraus und sind unentwegt darauf bedacht, wie wir dem anderen, dem Nächsten Vorteile schaffen können. Wir müssen ganz fest darauf bauen, daß auch beim Erfolg sich die großen Gesetzmäßigkeiten des Lebens auswirken und allein danach unser Handeln einrichten.

Das ist ein ganz verkehrter Egoismus, der nur auf sich selbst bedacht ist, so komisch das klingt, denn ohne Voranstellung der Leistung kann immer nur ein ganz schmählicher Erfolg herauskommen, wenn überhaupt, und dann ist es bestimmt keiner von Dauer. Was sagt doch Goethe hierzu: *„Mann, mit zugeknöpften Taschen tut dir keiner was zulieb! Hand wird nur von Hand gewaschen, wenn du nehmen willst, so gib!"*

Immer beachten!

Es ist eine ganz schwierige und äußerst unangenehme Sache und eine Riesenarbeit dazu, wenn man z. B. als Geizhals durch die Welt zu kommen versucht. Jawohl, das ist gar nicht zum Lachen, denn ein solcher Mensch strebt doch dauernd wider die Natur, und das ist immer schwer und auch immer gefährlich.

Der Egoist betrügt sich immer um das wahre Glück!

Wie ganz anders lebt es sich dagegen, wie vergnügt, wie schön, wie leicht mit der hier dargelegten positiven Einstellung. Welche Lebensklugheit liegt darum auch in dem beherzigenswerten Bibelwort:

Was du willst, das dir die Leute tun sollen, das tue zuerst ihnen!

Es ist doch barer Unsinn, sich das Leben unnütz schwerer zu machen, als es ist, und darum nur Klugheit, sich nach diesen Erkenntnissen zu richten. Wenn

wir wollen, daß sich unser ganzer Tagesverlauf glücklich, harmonisch und erfolgreich gestaltet, so wird dazu diese Einstellung ganz besonders beitragen. Dies um so mehr, als wir ja wirklich auf unsere Mitmenschen angewiesen sind und überhaupt ja nur durch sie glücklich und zufrieden werden können.
Schon einmal haben wir hiervon gesprochen, und wenn wir hörten, daß wir dazu beitragen sollen, die Menge der *seelischen Wärme* zu vermehren, die erst das Leben lebenswert macht, so geschah das schon unter Berücksichtigung der jetzigen Darlegungen.

Über allem muß die Liebe zum Nächsten stehen!

Diese früheren Ausführungen zeigen uns auch, daß das Motiv unserer Einstellung niemals Selbstsucht, sondern nur *Klugheit* sein darf. Über allem muß stets die *Liebe zum Nächsten* stehen, die aber durchaus nicht ausgeschlossen wird, wenn wir uns seinem Entwicklungsstand entsprechend zu ihm einstellen. So ist auch keineswegs die Feststellung seines aus dem Selbsterhaltungstrieb gefolgerten Egoismus ein Grund zur *geringschätzigen* Beurteilung.

Der gute Mensch wird niemals die Schwächen anderer selbstisch ausnutzen!

Durchaus nicht, und darin besteht ja gerade die Größe des positiven Menschen, daß er die Schwächen seiner Mitmenschen versteht und so wertet, wie sie gewertet werden müssen: *als notwendige Ergebnisse mangelhafter* Entwicklung und mangelhafter *Erkenntnis.* Darum wird es ihm auch niemals einfallen, diese Schwächen *selbstisch auszunutzen.*
Obenan wird dem positiven Menschen immer der *kategorische Imperativ* des großen *Immanuel Kant* stehen. Immer werden seine Handlungen in Übereinstimmung stehen mit den Forderungen für das Wohl des Ganzen. Da die kluge Einstellung zur Umwelt noch ganz wesentlich erweitert wird, und auch dabei immer wieder die geringe Entwicklungshöhe des Alltagsmenschen berücksichtigt werden muß, ist es gut, wenn wir diese Einstellung nach dem kategorischen Imperativ schon jetzt klar herausstellen.

Positiv sein, heißt gut sein!

Positiv sein, heißt *gut* sein! Man kann aber gut sein, auch ohne daß man zeitlebens ein Mauerblümchen ist, sich an die Wand drücken oder sich ausnutzen läßt. Hierzu aber heißt es, seine Umwelt richtig erkennen und sich entsprechend verhalten. — —

Einstellung und Verhalten als Persönlichkeit

Mein verehrter Leser! Wenn ich Ihnen die Punkte über den Egoismus und den Erfolg durch Leistung so ausführlich klargelegt habe, so deshalb, um damit die richtige Einstellung zu den Menschen zu zeigen, mit denen wir während unseres Tageslaufs zusammentreffen. Denn da wir wissen, daß wir Fortschritte und Erfolge nur durch unsere Umwelt erzielen, heißt es, sich auch richtig verhalten und richtig einstellen. Überhaupt spielt ja die Fähigkeit, mit den sogenannten „Leuten" fertig zu werden, im Leben jedes Menschen eine entscheidende Rolle. Was nützen alle schönen Erfolgsvorsätze am Morgen und der noch so fest entschlossene Wille, vorwärts zu kommen, wenn uns bei der ersten besten Gelegenheit die „Leute" einen Strich durch die Rechnung machen?

Die „Leute" spielen eine große Rolle, doch die Klugheit wird mit ihnen fertig!

Damit wir für viele Fälle gleich das richtige Mittel zur Hand haben, wollen wir eine Reihe von Verhaltungsmaßregeln kennenlernen, durch die wir unangenehmen Situationen gleich richtig begegnen können.

Ruhe, Ruhe, absolute innere Ruhe!

Die Hauptsache ist, daß wir während des ganzen Tages vor allem unsere Ruhe bewahren, wie wir das ja schon besprochen haben.

Ruhe, Ruhe und nochmals Ruhe und auch bei Streitfällen und im Umgang mit Nervösen, und dann erst recht, wenn plötzlich eine unerwartete Situation eintritt.

Ruhe! Innerlich und äußerlich! Ruhige Bewegungen, ruhiger Blick, ruhiges Mienenspiel. Alles ist Gewohnheit, auch an Ruhe kann man sich gewöhnen. Gebrauchen Sie die Erinnerungskarten.

Daß in Streitfällen die Ruhe eines besonnenen Menschen das allerbeste Mittel ist, um Weiterungen vorzubeugen, werden Sie schon selber erkannt haben.

Richtige Einstellung in allen Streitfällen. Durch die Ruhe siegen Sie!

Aber wie die Ruhe bewahren? Sehr einfach: Indem wir uns stets vor Augen halten, daß jeder Mensch, und vor allem der, der gerade mit uns Streit sucht, nur zu leicht ein Opfer seiner Phantasie, seiner Einbildungskraft, kurz seines falschen Denkens wird und gerade deshalb nicht in der Lage ist, zu uns die richtige Einstellung zu finden.

Er beurteilt uns nach dem Schein, und nur die falsche Auffassung von uns bringt sein Blut in Wallung und ermöglicht die harten Worte, die er zu uns spricht. Seien Sie klug, arbeiten Sie auch hierbei mit passiver Resistenz! Beachten Sie niemals, was ein erregter Mensch zu Ihnen sagt, oder richtiger, legen Sie jedes seiner Worte auf die Waage und ziehen Sie gleich davon ab, was auf das Konto der *Erregung* kommt.

Arbeiten Sie mit passiver Resistenz! Lassen Sie sich in keinem Fall und von niemand „hochbringen".

Also, nüchtern sehen, nüchtern hören, nüchtern empfinden. Im Zorn, in der Wut ist der Mensch unberechenbar und auch dann, wenn es ihm so scheint, als gehe es um seinen Vorteil.

Da wir als positive Menschen genau wissen, was aus Streitigkeiten herauskommt, werden wir stets klug genug sein, uns davor zu hüten. Und werden wir schon darin verwickelt, so wollen wir jedenfalls nicht die Ursache sein, durch die sie noch verstärkt werden.

Beleidigt uns jemand, so fahren wir also nicht aus der Haut, sondern prüfen ganz ruhig und sachlich, wieweit Verblendung und mangelnde Erkenntnis die Ursache der Beleidigungen sind.

Eigentlich gibt es doch gar keine Beleidigungen, sondern nur *Irrtümer, Unwahrheiten* und *Gemeinheiten.* Sagt uns jemand etwas nach, was nicht stimmt, so wird sich der Betreffende demnach entweder *irren,* oder aber er sagt es aus *Gemeinheit.* Irrt er sich, so kann dieses Gerede uns niemals treffen. Unsere Aufgabe ist es dann, richtigzustellen und aufzuklären, aber nicht dadurch aus der Ruhe zu geraten. Gelingt uns das nicht sofort, so fassen wir uns in Geduld, wir dürfen sicher sein, daß dann die Zeit für uns arbeitet.

Denke immer an unsere wunderbare Erfolgsformel und wende sie bei jeder Gelegenheit an! Präge sie dir ein, ganz fest, und wenn es nicht anders geht, durch ein riesengroßes Plakat!

Richtigmachen = Erfolg!

Falschmachen = Mißerfolg!

Konsequenz gegen Schlechtigkeit

Fehlschläge und Feinde sind, richtig betrachtet, doch nur die Würze des Erfolges.

Und beleidigt uns jemand aus Gemeinheit, aus Charakterschlechtigkeit, so darf uns das ebenfalls nicht treffen!

Wir bleiben immer der, der wir vor uns selber sind, mag jemand auch hundertmal das Gegenteil behaupten.

In solchen Fällen müssen Sie so hart wie Granit sein!

Mit niederen Charakteren macht der Erfolgsmensch kurzen Prozeß. Wenn es irgend geht, kehrt er ihnen den Rücken. Kein Mensch kann uns zwingen, mit solchen Menschen zusammenzuleben. Und geht das nicht, so bleibt eben nichts anderes übrig, als eine so harte Konsequenz im positiven Verhalten, daß der schlechte Kerl entweder weich wird und sich ändert oder aber dann von sich aus abzieht, weil er mit seinen Gemeinheiten bei uns nichts erreichen kann. Kampf läßt sich ja niemals im Leben ganz vermeiden, aber das macht ja auch nichts, wenn wir nur klug genug sind, unsere Kräfte nicht an wertlosen Objekten zu verbrauchen. Und um das zu vermeiden, heißt es auch beim Kampf mit niederen Charakteren *niemals seelisch leiden*. Ein „Aufreiben" durch schlechte Menschen ist immer nur die Folge einer unklugen seelischen Einstellung.

Nicht „aufreiben" durch schlechte Menschen! Klug sein, die Nerven und das Herz schonen!

Werten wir uns als d a s , was wir in Wahrheit sind, als aufrechten, ehrlichen, anständigen Charakter, dann blitzt alles an uns ab und keine noch so große Gemeinheit kann uns treffen!

Hier hören die Leute auf!

Wer schon etwas von den Geheimnissen des Erfolges erfaßt hat, der weiß auch, daß es zum Glück und zur inneren Zufriedenheit weniger darauf ankommt, was *andere* von einem halten, als darauf, was *man selber* von sich hält. Es laufen so viele feine, hochvornehme Menschen um uns herum, die erstaunlich hoch angesehen werden und im Grunde ihres „Herzens" doch niedrig und ekelhaft sind. Schließlich ist allein entscheidend, wie wir vor unserem Gewissen bestehen, nicht, was andere von uns „meinen". Deshalb lieber groß vor sich selber und vor der Welt klein, als umgekehrt. Selbstverständlich darf uns diese Einstellung nicht zur Schwäche verführen. Im Gegenteil, mutig und stark sollen wir uns trotzdem mit allen Widerständen auseinandersetzen, ohne aber darunter zu leiden.

Immer über der Situation stehen!

Der positive Mensch steht immer *über* der Situation, ganz gleich, was um ihn herum vorgeht. Er kennt die Menschen und weiß, warum sie so sind, wie sie sind. Schlechtigkeit ist für ihn immer wieder nur ein Beweis, wieviel noch fehlt, damit der Mensch endlich Mensch werde.

Klugheit gegen Rechthaberei

Eine besondere Klugheit ist angebracht, wenn wir mit rechthaberischen Menschen zu tun haben. Auch dabei gilt es, die Ruhe zu wahren und Streit zu vermeiden, was sich gut erreichen läßt, wenn wir im rechten Augenblick verstehen zu

schweigen.

Lebenskünstler sein!

Leben wir mit Menschen zusammen, deren Charakter uns unsympathisch ist, so gehen wir darüber hinweg. Es kann nicht jeder nach unserem Willen geschaffen sein. Vollkommen ist niemand, und schlechte Eigenschaften unserer Nächsten sind nicht selten der Ausfluß unserer eigenen Schwächen.

Sehr wichtig!!!

Will jemand unserer Umgebung immer recht haben, so müssen wir, um Streit zu vermeiden, *Lebenskünstler* sein, darum schweigen und vorläufig auf unser Recht verzichten.

Wir sollen nicht immer gleich meinen, daß die Menschen nur aus Bosheit recht haben wollen; viele können ihr Unrecht nur nicht einsehen. Häufig ist die Rechthaberei unserer Mitmenschen die Auswirkung nervöser Schwächen, die die klare Urteilskraft völlig außer Kraft setzen können. Um das zu verstehen, muß man sich darüber klar sein, daß objektive Beurteilung einer Sachlage von beherrschter Sinnes- und Denktätigkeit abhängt. Da der Nervöse und Aufgeregte nicht konzentriert ist, stellen sich ihm die Dinge nicht dar, wie sie in Wirklichkeit sind, sondern so, wie sie ihm durch unbewußten Einfluß subjektiver Momente *scheinen*. Da es außerdem bei Streitfällen häufig auf die *Auffassung* einer Sache ankommt, die im Hinblick auf die gedankliche Einstellung der Beteiligten jeweils eine andere sein kann, glaubt sich der Nervöse meist von vornherein im Recht, weil er, als Folge seiner nervösen Zustände die Frage des Rechts erst gar nicht kritisch beleuchtet.

Lesen — überlegen ob es stimmt — und dann stets beachten!

Deshalb ist es verkehrt, bei nervösen Personen auf sein Recht zu pochen. Die Betreffenden, die, wie gesagt, im Recht zu sein glauben, würden dadurch nur noch nervöser als sie es schon sind, weil sie sich nur zu leicht zurückgesetzt und gekränkt fühlen. Die Folge der durch einen Streit gesteigerten Erregung der Nerven macht es gänzlich unmöglich, die klare Urteilskraft der Erregten herbeizuführen, was leicht zu einem Bruch oder Zerwürfnis führt.

Mit Nervösen jeden Streit vermeiden!

Darum schweigen wir und lassen vorläufig den anderen bei seinem Glauben. Wenn wir *nicht* widerreden, werden sich seine überreizten Nerven bald beruhigen und kräftigen, wodurch dann ganz von selbst eine klare Beurteilung des Streitfalles möglich wird.

Klugheit entscheidet!

Was hat es auch für einen Zweck, sich mit einem sonst lieben Menschen wegen einer Rechthaberei — meist sind es ja nur Lappalien, um die man sich streitet — zu erzürnen? Recht haben wir ja auch dann, wenn es der andere nicht einsieht. Im Grunde streitet man sich in den meisten Fällen ja sowieso nur aus herrschsüchtigen Motiven.

Sie haben immer recht, wenn Sie recht haben!

Darum klug sein, Streit vermeiden, wenn wir unsere und unseres Nächsten Nervenkraft schonen wollen!

Und verweigert man uns böswillig unser Recht, auch dann müssen wir schweigen, wenn ruhige Darlegung unserer Ansichten nicht fruchtet. Schweigen ist besser und bei weitem wirksamer, als wenn wir mit der Faust auf den Tisch schlagen und mit Gewalt unser Recht zu erzwingen suchen.

Schweigen ist immer besser!

Wenn der andere mir mein Recht abzustreiten sucht, trotzdem er genau weiß, daß ich recht habe, und ich antworte ihm mit Schweigen, so rufe ich in ihm das unangenehme Gefühl einer moralischen Schlappe hervor, das mit jedem gleichen Fall größer wird und dem er sich schließlich nur dadurch entziehen kann, daß er in Zukunft mein Recht nicht mehr angreift. Nützt dieses Mittel bei regelmäßiger Anwendung nichts, muß man *erst recht* schweigen, denn dann ist entweder der Charakter des andern nicht zu bessern oder es liegt geistige Minderwertigkeit vor ...

Darum Lebenskünstler sein und nicht mit dem Kopf durch die Wand rennen!

Das gilt um so mehr, wenn es für die Durchsetzung des Rechts keine entscheidende Instanz gibt, und im besonderen, wenn es sich bei den rechthaberischen Menschen um solche handelt, bei denen ein gewaltsames Vorgehen gleichbedeutend wäre mit der Zerstörung unseres Lebensglückes. —

Klug handeln! Klug sein!

Also, wie gesagt, *Lebenskünstler sein! Klug handeln!* Und auch stets bedenken, daß kein Mensch vollkommen ist und schlechte Eigenschaften unserer Mitmenschen weit öfter als man glaubt, die Folge unserer eigenen Schwächen sind. —

Wir haben schon davon gesprochen, daß der positive Mensch eine starke Persönlichkeit ist. Beweisen wir das in unserem ganzen Verhalten, so ist das auch ein starker Wall gegen Rechthaberei. Nicht gegen jedermann läßt der rechthaberische Mensch seinen Schwächen freien Lauf. Wird ihm keine Gelegenheit gegeben, so kann er vielleicht sogar lieb sein und sich sogar unterordnen. Hierbei sei an die Ausführungen erinnert, die ich über das gleiche Thema schon gemacht habe. Dort hörten wir:

Stets muß die seelisch-geistige Struktur bedacht werden!

Wenn wir die Menschen behandeln, wie sie sind, so machen wir sie schlechter. Wenn wir sie dagegen behandeln, als wären sie bereits das, was sie sein sollen, so bringen wir sie dahin, wohin sie zu bringen sind.

Aufmerksamkeit ist das Mittel ... nun, wissen Sie diesen Erkenntnissatz zu Ende?

Dies bezieht sich insonderheit auch auf die *Rechthaberei.* Also auch in diesem Falle ganz bewußt das *Gefühl* und die *Aufmerksamkeit* des Mitmenschen auf seine guten und positiven Eigenschaften lenken. Immer wieder daran denken, daß der Mensch nicht frei ist und die innere Struktur, die sogenannte „Veranlagung", ihre Hand im Spiele hat. —

Unsere Schuld bei einer Feindschaft

Grundfalsch ist es, uns in eine dauernde Abwehrstellung zu begeben und uns in den Gedanken zu verbeißen, daß bestimmte Menschen unsere dauernden Feinde sein müssen. Zugegeben, daß es Feindschaften auf Lebenszeit gibt, so ist dennoch nur selten eine Ursache vorhanden; denn die Fälle, wo wir es mit wirklich ganz schlechten Menschen zu tun haben, sind zu zählen. Das erhellt schon die Tatsache, daß diese Menschen, die wir hassen oder die uns hassen, von anderen geliebt und — geachtet werden. Man wird überrascht sein, wenn man einmal ganz ehrlich und unvoreingenommen alle Umstände

Gründlich nachdenken, sehr wichtig!

untersucht, die zu einer Feindschaft geführt haben. Dabei kommt man oft zu der Erkenntnis, daß der Grund nicht nur beim andern, sondern ebenso in eigener Unzulänglichkeit ruht. Erkennen wir das klar, und sind wir groß genug, uns das einzugestehen, so ist unsere Abwehrstellung nicht gerechtfertigt. Statt dessen müssen wir unser Verhalten ändern und, wenn es die Harmonie erfordert, stark genug sein, uns so zum andern einzustellen, wie es seiner Eigenart entspricht. Und da zeigt sich dann mit einemmal, daß unser „Feind" gar nicht so schlimm ist, wie wir es erst glaubten.

Sehr wichtig!

Positiv sein, heißt mit möglichst vielen Menschen in Frieden auszukommen!

Das ist leichter möglich, als wir glauben, wenn wir uns nach diesen Erkenntnissen richten. Allerdings müssen wir uns dann schon bequemen, die Individualität des anderen, seine persönliche Eigenart als eine Größe anzusehen, die unbedingt zu berücksichtigen ist. Wir können ruhig sagen:
Wer mit anderen nicht fertig wird, ist entweder ein riesengroßer Schwächling oder ein Egoist, der nur sich selbst kennt und alles nur nach seinen Wünschen haben möchte, ohne zu bedenken, daß auch jeder andere ein Recht an das Leben und die Dinge hat.

So ist der Alltagsmensch!

Der Alltagsmensch will nicht so sein, wie er ist, sondern er muß es!

Während unseres Tageslaufes kommen wir mit den verschiedensten Menschen zusammen. Eine Hauptgruppe besteht aus den schon wiederholt erwähnten sogenannten Alltagsmenschen. Das sind solche Menschen, die zwar intelligent genug sind, um ihrem Pflichtenkreis gerecht zu werden, jedoch nicht imstande sind, sich von Beeinflussungen frei zu halten. Es sind geistig unselbständige Naturen ohne objektives Urteil und mit Ansichten und Meinungen, die die Suggestionen des täglichen Lebens geformt haben. Soweit es sich nicht um die ganz persönlichen Dinge des eigenen Daseins handelt, ist ihr Denken eine Reflektion der Umwelteinflüsse.

Ursachen der mangelhaften Entwicklung des Alltagsmenschen.

Das ist ein Entwicklungsmangel, der vielerlei Ursachen hat. Das Gehirn arbeitet nur in einer Reihe lebenswichtiger Abteilungen, wie das Gehirn des Kindes, während entscheidende Zentren, die für die Schärfe des Verstandes ausschlaggebend sind, entweder völlig oder teilweise brachliegen. Der Alltagsmensch wird deshalb auch mehr von den Instinkten und Trieben geleitet, als von der Vernunft. Schuld daran ist neben physiologischen Entwicklungsmängeln zur Hauptsache die Jugenderziehung, das Elternhaus ebenso wie die Schulerziehung, und dann der Kampf ums tägliche Brot und die bedauerlichen sozialen Verhältnisse: Man lernte wohl lesen und schreiben, sich anzuziehen, seinen Beruf auszuüben, aber nicht seinen Geist auszubilden und richtig zu gebrauchen, insonderheit was das höhere Denken und die Logik betrifft. Man ist darum auch keine Persönlichkeit, sondern nur erst eine Person. Und als solche weniger ein ausgeprägtes Einzelwesen als ein Kollektivgeschöpf, das in einer Reihe entscheidender Bewußtseinsvorgänge dem Willen der Masse unterworfen ist. Von Freiheit im eigentlichen Sinne, die den eigenen Willen und das eigene Urteil maßgebend in die Entscheidungen eingreifen lassen, kann nur mit großer Einschränkung gesprochen werden. Es ist eine seelische Dunkelheit vorhanden, ohne daß es aber die Betreffenden selber wissen. Und sie wissen darum auch nicht, warum sie so handeln, wie sie handeln. Sie sind Kinder im Geiste, wenn auch manchmal recht ungezogene und sogar bösartige Kinder. Aber wie Kinder lassen sie sich darum auch leiten und weiterbringen, wenn man es versteht, sich diesen Bewußtseinsvorgängen gemäß zu verhalten.

Es kommt darauf an, dem Menschen das eigene Selbst bewußt zu machen, wenn eine Änderung dieses Zustandes eintreten soll.

Es ist im Rahmen dieses Lehrbuches für die praktische Lebensbemeisterung nicht möglich, diese entwicklungsgesetzlichen Vorgänge, die den allgemeinen Menschen so geformt haben, wie er ist, auch nur annähernd erschöpfend darzustellen, denn hierzu ist der ganze Komplex der Menschwerdung, einschließlich der Geschichte der Kultur und Zivilisation, und möglichst von der Steinzeit an, aufzurollen. Es genügt aber, zu wissen, daß der allgemeine Mensch gegenwärtig nicht anders sein kann, wie er ist, und daß sein oft so total falsches Handeln und Reagieren nicht aus freiem Willen kommen. Und weiter, daß eine Änderung dieses Zustandes davon abhängt, ob es möglich wird, ihm sein eigenes Selbst *bewußt* zu machen.

Jeder auch noch so geringe Fortschritt auf diesem Wege ist ein Meilenstein gleichzeitig zur Verbesserung der allgemeinen menschlichen Verhältnisse, denn so wenig der Durchschnittsmensch zur Zeit an höherer Geisteskraft aufweist, so sehr wird andererseits die allgemeine Gesamtsituation der Menschheit von ihm bestimmt.

Er ist das größere Gewicht auf der Waage und gegen das der Geist nur Sieger wird bei einer durchgreifenden Änderung aller jetzt bestehenden Erziehungs- und Bildungsverhältnisse, die ganz anders als bisher die Allgemeinheit in ein großes geistiges Aufbauprogramm einbeziehen müssen.

Weg und Ziel der Menschheit: Vom Kollektivwesen zur freien verantwortungsvollen Persönlichkeit.

Der Weg der Menschheit ist der Weg vom Kollektivwesen zur Individualität, und das Ziel ist ein Höchstmaß an verantwortlicher persönlicher Freiheit. Ein Leben in Unabhängigkeit von allen blinden Trieben, eine Meisterschaft über das eigene Dasein, in voller Wahrung der Rechte des Nächsten. Ein Leben in Gleichberechtigung innerhalb Gleichberechtigter, und dies ebenso in materieller wie in geistiger und seelischer Hinsicht. Ein großes Programm, und doch das einzig mögliche, das der Würde des Menschen entspricht. Einfach gesagt: Mensch zu sein unter Menschen, in des Wortes höchster Bedeutung! —

Ohne Selbsterkenntnis kein Erwachen des Bewußtseins der eigenen Würde als menschliche Person.

Wie aber könnte das erreicht werden, ohne daß der einzelne Mensch zum Bewußtsein seiner Würde gebracht wird? Andererseits: Wie soll diese Würde bewußt werden ohne wirkliche und umfassende Selbsterkenntnis? Und wie soll Selbsterkenntnis möglich werden, ohne zuvor die Fähigkeit des Nachdenkens über sich, die Welt und die Umwelt entwickelt zu haben? Und wie der Wille dazu lebendig werden, wenn nicht schon das Elternhaus und die Schule die Impulse einpflanzen?

Viel ist zu tun, viel muß geschehen, um das Rad zum Drehen zu bringen. Aber es wird geschehen, denn die Zeit ist reif dazu:

Wie die sozialen Verhältnisse nach einer ganze Erdteile umfassenden Neuordnung drängen, die Völker dazu immer näher rücken, so ist auch ein geistiger Wandel größten Ausmaßes im Anbruch.

Demokratie ist nur brauchbar, wenn es *Demokraten* gibt. Das aber sind *freie* Menschen. Wie aber soll Freiheit werden, wenn nicht zuvor der Mensch im Denken vom Zwang, von der Unfreiheit erlöst wird? Von jener Unfreiheit, die aus mangelnder Erkenntnis fließt, die, um es kraß zu sagen, aus der *Dummheit* kommt? Es ist aber nicht so, daß Dummheit immer eine Sache ist, gegen die selbst Götter vergeblich kämpfen und gegen die kein Kraut gewachsen scheint.

Freiheit nur möglich durch Erlösung vom Zwang aus dem Unbewußten und von der Versklavung durch das Triebleben.

Nur ein kleinerer Teil der Menschen ist erblich dumm, bei den anderen ist die stiefmütterliche Behandlung des Geistes von Kindesbeinen an die Ursache. Mangel an Wissen, Mangel an Bildung, Mangel an richtiger Anleitung zum richtigen Denken, Mangel an richtigem Gebrauch der geistigen Kräfte, das sind die Quellen der Dummheit. —

Dumme Massen lassen sich leichter regieren als intelligente! Der Herdentrieb hält sie beieinander, und was sonst noch fehlt, das machen der Aberglaube, die Angst, der Spieltrieb, der Hunger und die Liebe. Das wußten die Alleinherrscher aller Zeiten, und danach haben sie sich gerichtet. Darum war ihnen jede Aufklärung verhaßt und jedes Bemühen um Verstand beim Volke ein Greuel. Doch Gutenberg siegte trotzdem, und auch die Scheiterhaufen nutzten nichts! Das Volk gewann, die Autokraten fielen. Doch das ist nicht der Wille der Menschen allein, der diesen Sieg erzwang, das ist höheres Gesetz, höherer Lebenssinn, Sinn des menschlichen Fortschrittes und menschlicher Entfaltung!

Nur ein kleinerer Teil der Menschen ist erblich dumm. Die künstliche Niederhaltung des Geistes ist die Hauptursache für das Versagen der Erkenntniskräfte.

Und so wird es weitergehen, und die nächste Stufe muß die sein, den Alltagsmenschen, den Durchschnittsmenschen zu überwinden: Das negative Denken in ihm, das die Ursache seiner Minderwertigkeitskomplexe ist, sein Urteil nach dem äußeren Schein durch den Mangel an *eigener* Urteilskraft und Objektivität und seine große Empfänglichkeit für Beeinflussungen aller Art, die ihn zum Spielball von Suggestionen machen. —

Nächste Stufe der Entfaltung: Die Überwindung des Alltagsmenschen im Durchschnittsmenschen.

Aber es ergibt sich ein Notstand für jeden, der mit dem Alltagsmenschen auskommen und mit ihm arbeiten muß:

Will er sich den Alltagsmenschen zum Freunde, Mitarbeiter oder Kunden machen, so muß er seinen gegenwärtigen Entwicklungsstand berücksichtigen. Was daraus entsteht, ist bekannt: Die Kunst des richtigen Umganges, des erfolgreichen Auftretens, Verhaltens und des richtigen Sprechens. Die Verhandlungstechnik! Die Kunst des Schweigens! Die Kunst der klugen Distanzierung! Die Werbekunst! usw. usw.

In einer fortgeschrittenen Zeit menschlicher Reife wird man auf alle diese Künste und Techniken verzichten können. Doch solange der gute Anzug und der Geldbeutel noch Eindruck machen und Ergebenheit bewirken, der Titel wichtiger ist als der Mensch und die Eigenliebe über die Nächstenliebe entscheidet, sind wir ohne ihre Hilfe ein toter Mann und nicht in der Lage, uns zu behaupten und durchzusetzen, und wenn, dann nur mit größten Kämpfen und unter größten Schwierigkeiten. Und wenn wir nun im nachstehenden eine Reihe von praktischen Regeln kennenlernen, die diesen Zusammenhän-

Techniken und Künste des diplomatischen Verhaltens und Handelns nur solange notwendig, wie die geistige Entwicklung der Allgemeinheit rückständig ist.

gen entsprechen, so immer nur für den Fall, wo wir es mit der geschilderten Art von Alltagsmenschen zu tun haben und stets mit der Maßgabe, sofort auf alle Äußerlichkeiten zu verzichten, wenn es uns gelungen ist, den *Kontakt* zu finden und das Eis zu brechen, das eine materialistische Entwicklungsrichtung und mangelnde geistige Reife zwischen den Menschen zum Frieren brachte.

Diplomatie jeder Art ist wahrem Menschentum zuwider. Der positive Mensch will in seinem Charakter nicht fest und zuverlässig scheinen, sondern er ist es.

Wenn der Alltagsmensch glauben soll, muß ihm das, was er glauben soll, augenscheinlich, wenn auch nur dem Scheine nach, bewiesen werden.

Aber der Alltagsmensch ist in erster Linie ein Seh- und Hörtier: Wenn er *glauben* soll, so muß er *das,* was er glauben soll, *augenscheinlich* und *hörbar* bewiesen haben. Das aber ganz so, wie er es *fassen, verarbeiten* und *verstehen* kann. Darum gehört, wie Goethe meint, ein grober Keil auf einen groben Klotz. Das Kind glaubt nicht an die Autorität des Vaters, wenn er ihm nicht auch einmal die Hosen straff ziehen kann. Das kann sein kleiner Verstand verarbeiten, nicht aber bloße Theorie. Und wer nach der herrschenden Ansicht eine Persönlichkeit ist, dem muß man das schon von *außen* ansehen können. Daß das oft nur Bluff ist, das macht dem Alltagsmenschen so lange nichts, solange sich die allgemeine Stimmung darin nicht geändert hat und seine Menschenkenntnis sich nicht soweit entwickelte und verfeinerte, um das Echte vom Unechten unterscheiden zu können. —

Wissen und Bildung allein keine Garantie für geistige Schärfe.

Wichtig ist dazu noch, daß Alltagsmenschen oft, ja sehr oft sogar, gerade den Schichten angehören, die gediegenes Menschentum in Erbpacht zu haben glauben. Bildung und Wissen allein machen es nicht, um geistige Schärfe zu besitzen. Wer Gelegenheit hatte, mit offenen Augen hinter die Kulissen der vornehmen Welt zu sehen, der ist immer wieder von neuem erschlagen von der Tatsache, wieviel geistige Engstirnigkeit, Unverstand und Blödheit sich unter erwählten Allüren, eleganter Garderobe und äußerem Pomp verbergen. Man tut so, als ob, und im Grunde rieselt an Stelle eines kristallreinen Bergquells nur ein ganz kleines trübes Wässerchen.

Zusammenfassend ergeben sich vor allem drei wesentliche Gesichtspunkte zur Charakterisierung des Alltagsmenschen:

1. Mangel an Objektivität (Urteil nach dem äußeren Schein);

2. Vorherrschen negativer Gedankenrichtung (Minderwertigkeitsgefühl, Angst- und Furchtkomplexe);

3. Abneigung gegen alles, was den eigenen Interessen und Wünschen zu schaden scheint; Empfänglichkeit für alles, was die eigenen Angelegenheiten zu fördern scheint. (Egozentrische Einstellung.)

Wollen wir Achtung, Vertrauen und Zuneigung unserer Mitmenschen gewinnen, so sind diese drei Punkte von größter Bedeutung, denn sowohl unser Handeln wie unser Auftreten und unsere ganze äußere Wirkung müssen diesen Punkten voll und ganz entsprechen.

Äußere Wirkung und erfolgreiches Auftreten

Mein verehrter Leser! Wir wissen nun zur Genüge, warum wir uns so ausführlich mit dem Studium unserer Mitmenschen befassen: Wir müssen wissen, wie wir uns ihnen gegenüber zu verhalten und einzustellen haben, damit wir mit möglichst vielen Menschen ein gutes Auskommen und Zusammenarbeiten erzielen.

Wieder unsere Erfolgsformel: Richtigmachen = Erfolg; Falschmachen = Mißerfolg!

Mit was für Menschen haben wir denn eigentlich zu tun? Vier Hauptgruppen sind es, die wir feststellen können: 1. Familienangehörige und Freunde; 2. Vorgesetzte aller Art; 3. Mitarbeiter, Unterstellte und Arbeitskameraden; 4. „Leute" aller Art.

Unsere Aufmerksamkeit gilt jetzt vor allem der letzten Gruppe, also den Leuten. Zu ihnen gehören grundsätzlich alle, mit denen wir nicht in eine engere seelische Fühlung kommen, die aber doch für unser Leben und erst recht für unser Vorwärtskommen von größter Wichtigkeit sind. Diese „Außenstehenden" beurteilen uns vor allem nach den allgemein herrschenden Ansichten und Meinungen, also nach dem äußeren Schein und der Eigenart des Alltagsmenschen. Bemerkt sei aber, daß auch die übrigen drei Gruppen unter Umständen zu den „Leuten" zählen können; denn nicht selten kommt es vor, daß sogar unsere nächsten Angehörigen eine total falsche Einstellung zu uns haben und infolge mangelnder Erkenntnis regelrecht an unserem inneren Menschen vorbeilaufen. Viele Fälle gibt es, wo jemand noch nicht einmal von seinen Eltern oder von seinem Ehepartner verstanden wird. Und in allen diesen Fällen kommt es eben darauf an, durch ein ganz bestimmtes *positives Verhalten* sich allen Widerständen zum Trotz dennoch zu behaupten und sich durchzusetzen. Dieser Gedankengang muß uns leiten:

Auch die eigenen Angehörigen können an unserem inneren Menschen vorbeilaufen. Wir laufen immer Gefahr, verkannt zu werden.

Unsere Mitmenschen sind keine Gedankenleser, und wenn wir so erkannt werden wollen, wie wir es wünschen, so liegt es an uns, uns so zu verhalten, damit das unserer Umwelt auch möglich wird.

Niemand darf zu uns sagen: *Ich verstehe dich nicht!* Jeder *muß* uns verstehen und ganz eindeutig sogar, aber gerade darum sind diese Erkenntnisse sorgsam zu beachten. Und immer wieder müssen wir bedenken, was wir über die besondere Eigenart des allgemeinen Menschen gehört haben: den Mangel an Objektivität und demzufolge sein *Urteil nach dem äußeren Schein.* Dann weiter seinen *Negativismus,* d. h. seine Eigenart, alles hauptsächlich von der trüben und schlechten Seite aufzufassen, und schließlich seinen *Egoismus,* durch den er grundsätzlich für alles *empfänglich* ist, was ihm als *Vorteil dünkt* bzw. *scheint,* während er aber ebenso *abgeneigt* ist gegen alles, was den *Schein des Nachteils* trägt. Wem es gelingt, diese Punkte richtig zu erfassen und in seinem Tun und Verhalten zu beachten, dem ist die Kunst des erfolgreichen Umganges mit der Umwelt kein Problem mehr.

Keine Wirkung ohne Ursache! Alles hat seinen Grund.

Es hat den Anschein!?! Auch wir selber unterliegen nur zu oft dem äußeren Schein.

Um richtig zu verstehen, wollen wir folgendes bedenken: Jeder, der ein glückliches und erfolgreiches Leben führen will, braucht dazu die Hilfe seiner Mitmenschen. Darüber haben wir bereits gesprochen, und das weiß ja auch jeder aus seiner eigenen Erfahrung. Um aber nun diese Hilfe zu erhalten, brauchen wir nicht nur volles Verständnis von unserer Umwelt, sondern auch ein Höchstmaß an *Achtung, Vertrauen* und *Zuneigung.* Und um *das* zu erzielen, dreht es sich.

Unser Verhalten und auch unser äußerer Mensch müssen so sein, daß Achtung, Vertrauen und Zuneigung zwangsläufig in Erscheinung treten!

Lebensbemeisterung verlangt Lebensklugheit!

Lebensbemeisterung verlangt Lebensklugheit. In der Menschenbehandlung gipfelt sie darin, die Eigenart jedes Menschen zu verstehen und zu berücksichtigen. Wer darauf keinen Wert legt und immer nur mit dem Kopf durch die Wand will, erschwert sich nicht nur den Daseinskampf, sondern läuft überhaupt Gefahr, niemals ein großes Ziel zu erreichen. Das ist auch der Grund, weshalb sich viele sonst tüchtige Menschen nicht durchzusetzen vermögen. Sie werden mit ihren Mitmenschen einfach nicht fertig und scheitern schließlich an ihnen.

Der große Irrtum vieler großer Menschen.

Gehen wir den Dingen auf den Grund, so stellen wir immer wieder dasselbe fest: Der Mensch der großen Leistung verlangt einfach von seiner Umwelt Verständnis und Anerkennung und kann sich überhaupt nicht mit dem Gedanken vertraut machen, daß es jemand geben könnte, der sein Streben nicht genau so begreift wie er selbst. Und in dieser Ursache, die genau betrachtet eine Frucht des Egoismus ist, ruht dann auch die Quelle der falschen Einstellung zur Umwelt. Wer hierfür eine Bestätigung wünscht, braucht nur einen flüchtigen Blick in das Lebensbuch der genialen Menschen zu werfen, um das tausendfach bestätigt zu finden. Und nur dort, wo die Genialität der Leistung sich verband mit *Lebensklugheit,* zeigt sich ein harmonischer und erfolgreicher Ablauf des Lebens.

Genialität muß sich verbinden mit Lebensklugheit und Lebensweisheit.

Aber man braucht gar nicht einmal ein Genie zu betrachten, um die Richtigkeit dieser Erkenntnisse zu prüfen, denn fast jeder gibt hierfür ein Beispiel, der irgend etwas kann. Immer läuft er Gefahr, auf seine Leistung zu *pochen,* und damit schon fängt der Konflikt mit den Mitmenschen an. Auf keinen Fall heißt das nun aber *„unten bleiben"* und auf Anerkennung verzichten, oh, durchaus nicht, und Ehre, wem Ehre gebührt, aber *klug* sein heißt das, und nicht im Banne der eigenen guten Leistung die Eigenarten der Umwelt einfach wegdenken oder übergehen wollen.

Ehre, wem Ehre gebührt!

Immer wieder müssen wir uns darüber klar sein, daß alles Erfolgsgeschehen Gesetzmäßigkeiten untersteht, und wir nur siegen, wenn wir diesen Gesetzmäßigkeiten *Rechnung* tragen. Denken wir daran, mein verehrter Leser, und verlangen wir daher auch in Punkto *Anerkennung* keine Wunder. —

Allein die harten Gesetzmäßigkeiten des Erfolges bestimmen.

Alle Wirkungen vorher bedenken!

Wie müssen wir uns nun verhalten und wie müssen wir wirken, um Achtung, Vertrauen und Zuneigung zu erzielen, sofern wir den Eigenarten der „Leute" entsprechen wollen?

Bevor ein Wort gesprochen, eine Handlung ausgeführt wird, muß genau überlegt werden, wie das Wort, wie die Handlung auf den Alltags-

menschen wirken, ob sie uns von seinem Gesichtspunkte aus Ansehen und Zuneigung einbringen oder nicht.

Daß dies besonders für die Fälle gilt, in welchen die Umgebung direkt bestimmend ist, versteht sich von selbst. Damit ist natürlich keineswegs gesagt, daß wir nicht tun und sagen dürfen, was wir wollen. Durchaus nicht! Aber man kann irgend etwas sagen, auch ohne die Achtung und das Vertrauen zu verlieren und irgend etwas tun, ohne damit unsympathisch zu wirken.

Es kommt also darauf an, w i e man etwas macht oder etwas sagt.

Wer persönliche Wertschätzung erlangen will, muß mit den Eigenarten der Menschen rechnen, sonst erreicht er nichts!

Besonders die Zuneigung verlangt eine kluge Beobachtung der Umgebung: *Alles, was auf sie einen unangenehmen Eindruck macht, was sie in ihrem Gefühls- und Empfindungsleben irgendwie unsympathisch berührt und was ihr unliebsame Vorstellungen ins Bewußtsein ruft, muß vermieden werden!*

Der angenehme, sympathische Eindruck des äußeren Menschen.

Den guten Kontakt schafft der äußere Mensch!

Da wir wissen, daß der allgemeine Mensch auf den äußeren Schein eingestellt ist, wird der kluge Mensch gut auf seine Kleidung achten. Man soll kein Modenarr sein, denn einem Modenarren begegnet die Umgebung mit einem Gefühl der Geringschätzung. Die Kleidung soll erwählt und geschmackvoll, aber nicht aufdringlich sein. Diese Kleidung erkennt man am tadellosen Sitz und an der Qualität des Stoffes; alles Überschwengliche fehlt.

Gute Kleidung hebt das Selbstvertrauen.

Gute, gepflegte Kleidung macht außerdem sicher und gibt ein freies Auftreten!

Verfallen Sie jedoch nicht in den Fehler der Alltagsmenschen, die Mitmenschen ebenfalls nach der Kleidung zu beurteilen. Vergessen Sie nie, daß dies nur die Einstellung anderer sein darf.

Sie selber dürfen keinesfalls nach dem äußeren Schein urteilen!

Das persönliche Fluidum!

Die Kleidung allein will noch nicht viel sagen, besonders ist auch auf die Pflege des Körpers zu achten. Die Pflege des Haares, des Bartes, der Fingernägel, der Zähne und des Mundes versteht sich dabei von selbst. *Jemand, der einen üblen Mundgeruch hat, wirkt immer unangenehm, so gern man ihn auch sonst haben mag.*

Auch der Geruch des Körpers ist wichtig. Jeder üble Geruch muß verschwinden! Fichtennadelbäder und häufige Waschungen sind dienlicher und besser als der Geruch stark duftender Parfüms.

Sehr wichtig! Auch als einfachster Arbeiter soll man gepflegt aussehen! Es liegt ganz an einem selbst. Die Pflege des Körpers ist ausnahmslos für jeden Kulturmenschen da!

Wir müssen darauf achten, daß wir unserer Umgebung körperlich sympathisch werden, denn dafür ist sie in den meisten Fällen viel empfänglicher als für alles andere.

Nochmals: Positive Körperhaltung!

Zum äußeren Menschen gehören auch die Bewegungen und die Haltung des Körpers. Aufrecht und gerade steht der positive Mensch da; nicht steif wie ein Bock, doch beherrscht und ganz der Ausdruck seiner inneren Einstellung. Diese positive Haltung ist, wie wir schon wissen, nicht nur für den persönlichen Einfluß von größter Wichtigkeit, sondern auch für die *Gesundheit.* Man gewöhne sich also unbedingt daran, wenn man sie nicht schon hat. —

Ruhe und Sicherheit im ganzen Menschen!

Bei den Bewegungen des Körpers muß alles Fahrige und Unruhige fehlen. Besonders beim Warten muß unruhiges Hin- und Herlaufen, Trommeln mit den Fingern und Schlenkern mit den Beinen vermieden werden.

Ruhiger, offener, sympathischer Blick!

Es ist wahr: Das Auge ist der Spiegel der Seele! Die innere Ruhe, die durch das große Selbstvertrauen und durch das positive Denken in uns ist, muß sich durch die *Augen* auf unsere Umgebung übertragen. Wie die Bewegungen, muß auch der Blick ruhig und sicher sein. Dem Auge ist schon von alters her eine magische Bedeutung zugesprochen worden. Nicht umsonst spricht man vom beruhigenden, stechenden und bösen Blick. *Unser Blick soll beruhigend, offen und damit sympathisch sein!* Wenn wir mit jemandem sprechen, so blicken wir ihm ganz frei und offen in die Augen.

In den Augen liegt Kraft! In den Augen liegt Macht!

Das Auge ist ein ganz großes Mittel zur Beeinflussung. Aus ihm strahlt eine Kraft, die ebenso vernichtend wie erlösend wirken kann. Wie diese „Magie" des Auges am stärksten wirkt, verstehen Sie, wenn Sie daran denken, daß *der Gedanke, der Sie bewegt,* den Einfluß erzeugt.

Gewinnendes positives Lächeln!

In Verbindung mit dem Blick ist das Mienenspiel wichtig: Im Umgang mit unserer Umgebung sollen wir immer ein gewinnendes Lächeln spielen lassen. Man muß uns ansehen, daß wir positive Menschen und ganz und gar wohlwollend eingestellt sind.

Unsere bejahende Lebenseinstellung soll anstecken! Einen Menschen, der freudig und harmonisch gestimmt ist, hat jeder gern, während man einen anderen, der mit einem Gesicht herumläuft, als gäbe es vierzehn Tage Regenwetter, lieber gehen als kommen sieht. Es ist vollständig falsch, Achtung und Vertrauen, besonders bei Vorgesetzten oder Untergebenen, nur mit *ernster* Miene erlangen zu wollen. Diese gekünstelte Würde schadet mehr, als daß sie nützt! Deshalb: *„Freundliches Gesicht!"*, wo es immer nur geht und angebracht ist.

Jeder liebt den sympathischen, freundlichen Menschen!

Fünf Punkte des erfolgreichen Verhaltens

Nach der Besprechung der Wirkungsmöglichkeiten des äußeren Menschen kommen wir nun zum *Verhalten* des positiven Menschen. Hierzu beachten wir die nachstehenden fünf Punkte. Sie sind die *psychologische Schlußfolge-*

rung aus unseren Überlegungen über die Bewußtseinsvorgänge im Alltagsmenschen. Es wird gut sein, wenn Sie sich diese Punkte als *„Leitbegriffe"* fest einprägen.

1. **Lebenssicherheit beweisen!**
2. **Kein aufgeschlagenes Buch sein!**
3. **Umgangsformen beachten!**
4. **Niemand auf die Nerven fallen!**
5. **Verständnis zeigen!**

In diesen fünf Punkten liegt ein Programm: Das Programm positiver Lebensklugheit! Hierbei zeigt es sich, mein verehrter Leser, ob Sie diese Schule der Lebensmeisterung nur lesen oder studieren, ob Sie an der Wandlung Ihrer Person tatsächlich arbeiten. Man kann einen lebenssicheren Charakter nur beweisen, wenn man ihn tatsächlich auch hat.

Man kann einen positiven Charakter nur beweisen, wenn man ihn hat!

Besonders kommt bei diesen fünf Punkten zur Geltung, was wir über die „Macht über sich selbst" gehört haben. Die Regeln des persönlichen Erfolges nützen nur, wenn sie konsequent *beachtet* werden. Jeder Punkt des erfolgreichen Verhaltens ist eine Erfolgs-*Ursache,* der mit Gesetzmäßigkeit das positive Ergebnis folgt, wenn, ja eben, wenn man sie beachtet.
Außerdem zeigt sich auch hier wieder, wie wichtig unsere Erfolgsformel ist. Aber *beachtet* muß sie werden, und gerade dazu brauchen wir den Positivismus des Erfolgsmenschen, seine Tatkraft, seine Konsequenz im Handeln. Nicht ohne Grund haben wir die tägliche Erfolgskontrolle durch unser *Erfolgstagebuch* geschaffen und uns von allen guten und schwachen Seiten unseres Charakters eine Aufstellung gemacht, nicht ohne Grund jeden Tag einen guten *Vorsatz* gefaßt und gesagt: *„Kein Tag mehr ohne Fortschritt!"*

Die Technik des erfolgreichen Verhaltens

Mit der bloßen Aufzählung der fünf Punkte des erfolgreichen Verhaltens ist uns wenig gedient. Wir brauchen die *Verhaltungsmaßregeln,* die sich daraus ergeben, damit wir uns selber ein Bild machen können von den Grundgedanken, die zu beachten sind. Wir sprechen dabei von der *„Technik"* des erfolgreichen Verhaltens.
Einiges vom richtigen Verhalten des positiven Menschen haben wir schon kennengelernt, als wir über die Voraussetzungen des materiellen Erfolges und über die Einstellung als Persönlichkeit sprachen. Doch damit kommen wir nicht aus. Also lassen Sie uns weiter sehen, verehrter Leser, was es noch zu beachten gibt, damit wir lernen, möglichst vollkommen unseren fünf Punkten zu entsprechen.

1. Lebenssicherheit beweisen!

Wir haben schon ausführlich darüber gesprochen, daß wir während des ganzen Tages vor allem unsere Ruhe bewahren müssen. Ruhe, Ruhe und nochmals Ruhe, vor allem bei Meinungsverschiedenheiten, ärgerlichen Vorkommnissen, Streitfällen usw. Merken wir uns:

Innere Ruhe strahlt das Fluidum der Überlegenheit aus!

Jedesmal, wenn wir unsere Selbstbeherrschung verlieren, hat unser Gegenüber gesiegt!

Es gehört zur Eigenart des Alltagsmenschen, sich von „seinesgleichen" nichts sagen zu lassen und von „seinesgleichen" keine Lehre, Ermahnung oder dgl. anzunehmen. Wir sind sofort seinesgleichen, wenn wir uns in einem Streitfalle aus der Hand verlieren und uns zu groben Worten oder gar zu noch Schlimmerem hinreißen lassen! Goethe, der auch in diesem Punkte das Rechte sagt, meint hierzu: *„Wer recht wirken will, darf niemals schelten."*

Wir beißen also die Zähne zusammen und bleiben unter allen Umständen ruhig und beherrscht!

Wenn der andere irgend etwas Häßliches sagt, denken wir, daß dies für uns eine Probe der Selbstbeherrschung ist, die wir als positiver Mensch natürlich mit Leichtigkeit bestehen. Sagt man uns etwas Unangenehmes, weil wir einen Fehler gemacht haben, so ist das keine Beleidigung, sondern eine *Wahrheit.* Auch dann dürfen wir kein Wort erwidern, sondern müssen den Fehler einsehen. Fehler macht jeder Mensch, und Irren ist menschlich.

Sehr wichtig! Kein Mensch ist fehlerlos, doch doppelte Dummheit, wenn man Fehler nicht eingestehen will.

Wenn wir einen Fehler einsehen und zugeben, wird man ihn viel schneller vergessen, als wenn wir alles Erdenkliche versuchen, um ihn zu vertuschen oder zu bemänteln.
Wir suchen darum auch nie faule Ausreden, wenn wir uns etwas zuschulden kommen ließen, sondern bekennen ohne Furcht unser Versehen!

Wir brauchen keine Sorge zu haben, daß wir uns dadurch in den Augen der „Leute" herabsetzen, im Gegenteil, man erkennt dadurch die *Geradheit unseres Wesens* und hat vor uns Achtung.
Wie wir uns bei Beleidigungen zu verhalten haben, wissen wir bereits. Auch da gibt es immer nur eins: Ruhe, Ruhe und nochmals Ruhe! Und dann, wenn wir es mit niederen Charakteren zu tun haben: Konsequenzen ziehen.

Nur kleine Existenzen bleiben unbehelligt!

Im übrigen sei in bezug auf Beleidigungen und Anfeindungen noch erwähnt, was Napoleon darüber dachte: *„Nur kleine Existenzen bleiben unbehelligt!"*

Wer in seinem Leben Außergewöhnliches erstrebt, muß mit Widersachern genau so rechnen wie mit Fehlschlägen. Man wird am besten mit ihnen fertig, wenn man ihr Vorhandensein als notwendig zum Erfolg annimmt.

Um unseren positiven Charakter zu beweisen, dürfen wir in Zukunft auch niemandem mehr unser „Ehrenwort" geben. Für uns gibt es nur noch „ja" oder „nein". Jedes Wort ist für uns ein Ehrenwort! *Was wir versprechen, halten wir, selbst wenn es uns Nachteile bringen sollte.*

Um unnützen Schaden zu vermeiden, versprechen wir so wenig wie möglich! Durch Versprechungen rauben wir uns unsere Freiheit, die uns sehr hoch im Preis stehen soll.

Sehr wichtig! Die Nichtbeachtung dieses Punktes brachte viele ins Elend!

Übrigens zwingt uns ja kein Mensch, etwas zu versprechen, wenn wir nicht wollen. Halten wir uns fest in der Hand, damit wir nichts aus *Gutmütigkeit* versprechen. Das kommt öfter vor, als man denkt: Der schwache Charakter

glaubt immer dem andern *verpflichtet* zu sein und macht dadurch die *größten Dummheiten.*
Wir müssen stets bedenken, daß ein anderer von uns gar nichts verlangt, wenn wir ihn nicht erst selber darauf bringen. Versprechungen machen uns zum Sklaven! Wahren wir uns also unsere Freiheit. Und denken wir vor allem dann an diese Erkenntnisse, wenn wir mit Menschen zu tun haben, denen wir Versprechungen machen könnten. Das ist wichtig, denn sonst geht unser Unterbewußtsein mit uns durch, und dann ist es zu spät. — Dann ist es wichtig, möglichst wenig gesellschaftliche Verpflichtungen einzugehen. Es ist Einbildung, wenn man meint, man muß irgend etwas mitmachen, nur weil es die anderen tun. Selbstverständlich soll man niemand ohne zwingenden Grund vor den Kopf stoßen, doch immer dort, wo uns die Verwendung von Zeit und Geld unnütz erscheint, haben wir das Wort und nicht die „Leute".

Auch hierbei hören die „Leute" auf!

Und nun eine ebenso wichtige Forderung:

Keinen „dummen Schnack" reden und nicht über andere Leute aufhalten!

Wenn vieles Reden und „Schnack" Ihre Schwäche ist, müssen Sie auch hier mit den „Erinnerungszeichen" arbeiten. Vergessen Sie nie: Alles ist Gewohnheit!

Was andere Menschen in ihrem Privatleben machen, darf uns ebensowenig interessieren, wie es andere interessieren darf, was wir machen!

Will man uns Tratsch anbringen, so geben wir höflich, aber ganz klar zu verstehen, daß wir hierfür kein Interesse haben. Dadurch halten wir uns nicht nur Tratschweiber, sondern auch alle Schmeichler vom Leibe, insbesondere solche, die leicht jemand anders in den Schmutz ziehen, nur um sich bei uns Liebkind zu machen.

Auf meinem Schreibtisch steht ein kleiner Bock, auf dem drei Affen sitzen: Der erste hält sich das Maul, der zweite die Ohren und der dritte die Augen zu. Darunter steht: „Sprich, hör, sieh keinen Quatsch!"

Daran erkennt man die Persönlichkeit, daß sie Nichtigkeiten und Albernheiten keine Zeit opfert!

Konsequent sein!

Man muß uns als einen seriösen Menschen kennen, denn nur dem bringt man Vertrauen entgegen. Wir können lustig und fröhlich sein, müssen dabei jedoch stets gewisse Grenzen wahren. Wer z. B. in Gegenwart seiner Unterstellten Zoten erzählt, braucht sich nicht zu wundern, wenn die Achtung schwindet.
Einen anderen Beweis für unseren festen Charakter erbringen wir, wenn wir stets die *Wahrheit* sagen. Nie dürfen wir lügen, vor allem nicht aus *Schwäche.*

Wenn uns unsere Vernunft gebietet, etwas für uns zu behalten, so sagen wir gar nichts!

Wer aus Schwäche lügt, ist ein Trottel!

Wer aus Schwäche lügt, ist ein Trottel!

Um bei der reinen Wahrheit bleiben zu können, müssen wir „nein" sagen lernen! Ein höfliches, aber bestimmtes „Nein" läßt jede weitere Frage verstummen, eine Ausrede oder ein umschriebenes „Nein" geben dagegen Veranlassung zu weiteren Fragen.

Konsequent sein! Der stete Gedanke an Ihren Erfolg macht Sie in jeder Hinsicht konsequent.

Wenn ein Reisender zu uns kommt, um uns eine Ware anzubieten, so sollen wir nicht sagen: „Ich brauche heute nichts", wenn wir genau wissen, daß wir auch morgen noch nichts brauchen. Wenn morgen der Reisende wiederkommt und bekommt von uns wieder eine abschlägige Antwort, so wird er ärgerlich, weil wir ihn um seine Zeit gebracht haben.

Der positive Mensch gibt seine Antworten so, daß daraus ganz eindeutig sein Wille hervorgeht!

Lieber gleich konsequent, als später mit Krach!

Es ist für uns und unsere Umgebung viel besser, wenn wir ein vielleicht hart klingendes „Nein" aussprechen, als wenn wir sie im „guten Glauben" lassen, wodurch wir uns und unseren Nächsten viele Enttäuschungen schaffen können. Mit dem „Neinsagen" ist es wie mit einem kranken Zahn: Wenn an dem Zahn nichts zu retten ist, ist es besser, wenn er gleich ausgezogen wird, dann haben wir nur einmal einen Schmerz. Warten wir jedoch aus Schwäche mit dem Ausziehen, so haben wir dauernden und durch die Verzögerung des Ausziehens am Ende einen noch größeren Schmerz.
Darum lassen wir unsere Umgebung nie im Zweifel, sondern geben stets klar und eindeutig unseren Willen zu verstehen.

Niemand aus Schwäche im unklaren lassen, wenn wir später doch in den sauren Apfel beißen müssen.

Und auch dann, wenn wir durch dieses Vorgehen einen „lieben" Freund verlieren. Besser er geht schon heute mit dem Bewußtsein, einen aufrechten und geraden Menschen verlassen zu haben, als erst später, und dann mit dem Gedanken, durch uns nur hingehalten worden zu sein.

Dieses Eindeutige und Gerade unseres Wesens müssen wir selbst bei den kleinsten Anlässen beweisen!

Wenn wir in Zukunft zu unserem Kaufmann gehen und sehen, daß der Laden voll ist, so sagen wir nicht „Ich komme gleich wieder", wenn wir den Gedanken haben, woanders hinzugehen, sondern sagen einfach, daß wir leider nicht warten können. Das „Warum" interessiert den Kaufmann nicht.

Es gibt viele, die sich veranlaßt fühlen, immer haarklein auseinanderzusetzen, warum sie so oder so handeln oder gehandelt haben. Diese »Offenheit« ist an sich nicht nur eine Schwäche, sondern die Auswirkung eines Minderwertigkeitskomplexes. Und natürlich fast immer ein Verstoß gegen die Voraussetzungen des persönlichen Erfolges.

Klugheit entscheidet! Immer die Zügel fest in der Hand behalten, der Mund darf nur das aussprechen, was vordem die Vernunft ausreichend für gut befunden hat!

Abgesehen davon, daß man durch dieses Verhalten manchen unmittelbaren Schaden hat, stellt man sich damit, ohne es im Augenblick zu merken, unter die Kontrolle anderer Menschen. Außer bestimmten Vorgesetzten und seinem Ehegatten ist man niemandem verpflichtet, die Gründe seines Handelns anzugeben. Ausgenommen natürlich solche Fälle, wo die Angabe von Gründen einer wohlüberlegten Zweckmäßigkeit entspricht.

Heute lobt man uns, morgen werden wir verurteilt, warum wollen wir dazu das Material liefern? Auch hier wieder: Richtigmachen = Erfolg — Falschmachen = Mißerfolg!

2. Kein aufgeschlagenes Buch sein!

Hierzu müssen wir in einer Reihe von Klugheitspunkten „schweigen" lernen. Es ist schon etwas daran, wenn der Volksmund sagt: „Reden ist Silber, Schweigen ist Gold!" Man kann eine ganze Menge über uns wissen, aber man soll und darf nicht alles wissen.

Schweigen müssen wir z. B. über alles, was unsere Pläne und Absichten betrifft, soweit es sich nicht um Dinge handelt, die wir aus praktischen Gründen mit jemand besprechen müssen. Es gibt manches, was nur in der Stille wachsen und Wirklichkeit werden kann, z. B. geistige Kräfte, Talente und Fähigkeiten. Wen geht es etwas an, daß wir im stillen üben und trainieren? Worauf wir uns im geheimen vorbereiten usw. Wenn wir ausposaunen, was wir machen, so wird man uns vielleicht überhaupt nicht verstehen. Es geht uns dann geistige Kraft verloren, weil wir nicht nur unsere eigenen Widerstände, sondern auch noch den Zweifel der anderen mit überwinden müssen, um unsere Ziele zu erreichen. Und dann sinken wir selbstverständlich auch in den Augen der Umgebung, wenn es uns nicht restlos gelingen sollte, was wir vorher an die große Glocke hängten.

Man darf nie genau wissen, woran man mit uns ist. Die Leute sollen über uns nachdenken, aber nicht wissen!

Wenn wir uns in allen unseren Gedanken und Möglichkeiten der Umgebung offenbaren und keine neuen Seiten mehr enthüllen können, sind wir uninteressant, und man wendet sich von uns ab. Das ist nun mal so, und selbst in der Liebe und Ehe spielt sich dieser Vorgang so ab. Man muß sich als einen Skatspieler betrachten, der bei Gelegenheit immer wieder mit einem Trumpf herauskommt.

Schweigen! Schweigen! Schweigen! Aber nicht wortkarg sein!

Auch in Gesprächen und Unterhaltungen muß dieser Erfolgspunkt volle Berücksichtigung finden. Nie die eigenen Interessen und Angelegenheiten in den Vordergrund stellen und möglichst gar nicht berühren. Es ist immer besser, den Gesprächspartner reden zu lassen, sofern es sich nicht um eine Diskussion handelt, um ein Streitgespräch also, zu dem Sie einen wichtigen Beitrag geben können.

Schweigen über sich selbst, andere reden lassen!

Geben wir dem Partner Gelegenheit über seine eigenen Angelegenheiten zu sprechen, über seine Interessen, seine Erfolge, Erlebnisse und Steckenpferde, so werden wir ihm höchst sympathisch, während wir im umgekehrten Falle oft Mühe haben, daß er interessiert zuhört. Ganz davon abgesehen, daß wir bei Berichten über unsere Erfolge und Fortschritte dem Neid und der Mißgunst Nahrung geben. Man muß also klug abwägen, wenn man redet, und überhaupt nur dann von sich sprechen und erzählen, wenn man sicher ist, daß man damit niemand langweilt und auch niemand Grund findet, etwa eine Äußerung falsch auszulegen oder gar einen Strick daraus zu drehen.

Das passiert oft schneller als man denkt, denn nur zu gern macht man aus einer Mücke einen Elefanten oder verdreht einfach die Tatsachen. Die Menschen sind manchmal wie vom Teufel besessen, um jemanden etwas einzubrocken, und nur, weil ihnen vielleicht die Nase nicht gefällt, oder weil man irgendeine Eigenschaft oder Fähigkeit hat, auf die sie im geheimen neidisch sind. Sie können sich oft selbst keine Rechenschaft darüber geben, warum sie jemand nicht leiden können und ihm rundweg alles verkehrt auslegen, was er sagt. Es braucht nur jemand etwas mehr Erfolg zu haben in der gleichen Branche oder im gleichen Fach und schon ist die Mißgunst da.

Klug sein! Hierbei werden immer wieder die größten Fehler gemacht.

Es gibt nur wenige Menschen, die einem anderen von ganzem Herzen Erfolg gönnen, wenn sie selber keinen haben. Und da man die Ursachen für die eigene Erfolglosigkeit meist nicht bei sich selber sucht, und den Erfolg des anderen am allerwenigsten in seiner größeren Tüchtigkeit, heißt es sofort,

daß er nur durch seine Beziehungen oder durch Raffinement irgendeiner Art mehr Erfolg hat. Das „Schlechtmachen" gehört dann zur Selbstverständlichkeit, ohne daß man sich aber der schlechten Charaktereigenschaften dabei richtig bewußt ist, weil man im Grunde damit nur seinen Ärger über die eigene Erfolglosigkeit abreagiert.
Nicht selten steckt hinter einem solchen Charakterzug die Frau, weil sie mit Sticheleien empfindliche Seiten ihres Mannes berührt, wenn er völlig arglos etwas von Gesprächen wiedergibt, die wir in unseren eigenen Angelegenheiten mit ihm gehabt haben. Es kommt ja in allem immer darauf an, wie man etwas auslegt und wie der Standort der anderen Seite ist.

Auf keinen Fall darf man von sich auf andere schließen. Weil man selber eine Sache für gut und harmlos hält, muß es die andere Seite noch längst nicht tun.

Es kommt hinzu, daß es keine allgemeingültige Objektivität in vielen Dingen gibt.

Alle Dinge sind erst da durch unsere Verarbeitung der Eindrücke der Außenwelt zu Vorstellungen in unserem Bewußtsein.

Nicht nur bedenken, was man spricht, sondern auch zu wem man etwas sagt!

Je nach dem Rhythmus, in dem wir innerlich schwingen, haben Worte, die wir hören, Klang und Farbe, bekommen Bilder, die wir wahrnehmen, Sein und Bedeutung. Schwingt der andere in einem anderen Niveau als wir, dürfen wir sicher sein, daß wir uns in vielen Punkten überhaupt nicht verstehen. „Er hat zu seiner Frau ‚Waschweib' gesagt", dieser Satz kann für uns völlig harmlos sein, während er für einen anderen einfach unter aller Würde ist.

Man muß also nicht nur bedenken, was man spricht, sondern auch zu wem man etwas sagt!

Milieueinfluß und das dadurch bedingte Verhalten und Gebaren des Alltagsmenschen.

Wer die Menschen kennt, der weiß, wie sehr ihr Denken und Urteilen auch dem Milieueinfluß unterliegt. Davon zeugen Wendungen wie: „Ein ganz unmöglicher Mensch!" oder „Eine ganz unmögliche Person!" usw. Manchem platzt bald der Kragen vor Einbildung und Blasiertheit! Man kann sich gar nicht genug tun, um nur ja ganz „Würde" zu sein, und alle andern sind einfach Luft, die nicht die gleiche Art in ihren Allüren und Äußerlichkeiten offenbaren. Man wäre versucht, dieser Aufgeblasenheit rundweg den Kampf anzusagen, wenn man nicht bedächte, daß diese Menschen nur zu oft „arme Irre" sind und nur Produkte eines Fremdeinflusses, der schon in der Wiege und im Mutterleib auf sie einwirkte. Diese Menschen leiden viel stärker an Hemmungen und Komplexen als der einfache Mensch, weil alles, was dieser Anmaßung an Gedanken und Gefühlen entspringt, im Gegensatz steht zu den Harmoniegesetzen der Natur. Und ihr Gehabe und Getue ist meist nichts weiter als die Tarnung dieser seelischen Verkrampfungen. Zudem kann man solche Menschen mit *Gewalt* am allerwenigsten umstimmen, und wenn überhaupt, dann nur durch die Methoden einer klugen Menschenbehandlung.

Stets daran denken: Man handelt so, wie man durch Zwangseinflüsse aus dem Unterbewußtsein handeln muß!

Wir finden leichter Gehör, erschließen leichter ihr Inneres, das ja ein Gefangener von Zwangsabläufen ist, wenn wir an ihre Tür pochen, wie sie es gewohnt sind und für richtig halten. Sind sie dann warm geworden, weil wir es verstanden haben ihre Achillesferse zu entdecken, dann kann man beginnen, den Nebel aufzulockern, der ihnen vor dem geistigen Auge hängt. Allein aus diesem Grunde legen wir auch Wert darauf, daß unsere positive Einstellung *Grenzen* zieht und *Regeln* beachtet, die uns in den Augen der Menschen so charakterisieren, wie wir es in unserer ganzen Haltung tatsächlich sind.

Wir wissen, daß die Alltagsmenschen vom äußeren Schein abhängig sind in ihrem Urteil, und es wäre grundfalsch, dieser zwangsbedingten Unfähigkeit nicht zu entsprechen.

Wenn es z. B. so *scheint*, als wären wir unbedeutende, arme Hascherln, was übrigens alle zunächst sind, ohne daß man ihnen daraus einen Vorwurf machen kann, dann will die Mehrzahl der Leute, denen es gut geht, nur ungern einen persönlichen Kontakt mit uns haben. *Scheint* es aber, als ob wir in guten Verhältnissen leben, als ob auch an uns etwas Besonderes ist, dann dreht sich die Situation sofort um 180 Grad! Es ist schon so: „Eher geht ein Kamel durch ein Nadelöhr, bevor ein Reicher ins Himmelreich kommt." Aber wir müssen hier umfassend denken: Nicht nur die Reichen in „Geldsäcken", sondern auch und erst recht die Reichen in „geistigen Schätzen" sind gemeint, und wobei sich erweist, daß auch unter diesem Besitz vieles ist, was absolut keinen Wert hat. Es ist ein Reichtum, der *belastet* und darum in Wahrheit überhaupt keiner ist.

„Eher geht ein Kamel durch ein Nadelöhr, bevor ein Reicher ins Himmelreich kommt!"

Doch dies alles gilt nur der Feststellung eines ganz bestimmten Bewußtseinszustandes, den wir genau erfassen müssen, wollen wir uns ihm gegenüber behaupten und durchsetzen. Außerdem ist außer geistigem auch materieller Besitz eine unbedingt erstrebenswerte und erfreuliche Sache. Doch es muß gesagt werden, daß er den Menschen wider den eigenen Willen die Köpfe und die Herzen verdreht, wenn dazu nicht *Weisheit* kommt. Allein deshalb wurde auch das Geld zu einem solchen Machtfaktor in der Welt und zum Wertmesser aller Daseinswerte schlechthin. „Hast du Geld, dann bist du was. Bist du arm, so ist nichts los mit dir!" Man kann das beschönigen und bemänteln wie man will, das ist allein die Sprache, die den Tatsachen entspricht. Und weil wirklich das Geld und nicht das Herz die Welt regiert, richtet sich auch das ganze Denken des Menschen danach!

Erst durch weise Verwaltung wird Besitz zum Segen!

Immer spielt bei allen Betrachtungen das Geld irgendwie eine Rolle, und natürlich auch beim kleinen Mann, weil er ja restlos davon abhängig ist, weil sein Leben und das Leben seiner Familie nur dann eine Sicherung finden, wenn er sich in diesem Tanz ums „Goldene Kalb" nicht ausschließt.

Die Mentalität unserer Zeit ist ganz und gar die Mentalität des Geldes. Das liegt aber nicht am Geld oder am Reichtum an sich, sondern an der seelischen Haltung dem Gelde gegenüber.

Allein aus diesem Grunde vertreten wir auch den Standpunkt, daß nur aus dem *Dienen* das *Verdienen* kommen darf. Damit ändert sich diese Haltung automatisch, denn dann hört das Geld auf, nur ein erstrebenswertes Gut zu sein. Damit wird es eine *Leistung*, die wir für eine gerechte *Gegenleistung* erhalten.

Schon wenn dieser Standpunkt grundsätzlich vertreten und eingehalten würde, bekämen alle Verhältnisse gleich ein anderes Gesicht. Dann ist der

Geld darf immer nur Mittel zum Zweck sein, niemals

Selbstzweck. Keiner ist in Wahrheit arm, der über Arbeitskraft verfügt!

arme Mann nämlich nicht mehr arm, weil man dann ja die Arbeitskraft sieht, die in seinen Armen und in seinem Kopfe steckt.
Das ist natürlich auch heute schon so, denn auch der Besitz lebt ja nur vom Ertrag der Arbeitskraft. Aber da man Arbeitskraft ungefragt kaufen kann, ganz gleich auf welchem Wege man das Geld, das man dafür bezahlt, *verdient* hat, steht die Arbeitskraft nie zuerst auf der Rechnung. Die hat man ja in jedem Falle sowieso zur Verfügung, wenn man nur Geld hat. Allgemein nennt man diese Denkart „materialistisch". Wie groß die Unmoral dieser Einstellung ist, ist uns heutigen Menschen nur allzu deutlich und nur allzu gegenwärtig; und auch die große Sünde dieser Haltung, deren Fluch darin besteht, daß sie fortwährend neue Sünde zeugt.

Alles macht mit im Tanz ums „Goldene Kalb", ohne daß man jemand einen Vorwurf machen kann. Alle haben sich gegenseitig im Bann und keiner kann sich ihm entziehen, wenn er sich nicht aufgeben will. Es ist ein irrsinniger Zustand, der nur beendet werden kann durch eine Änderung der herrschenden Mentalität.

Weil das „Gelddenken" den Menschen zur Ware macht, ist er gänzlich ausgeschaltet aus dem Denken, zwangsläufig und automatisch, und Kurs hat er nur, wenn er irgendwie mit Geldeswert ausgepolstert ist. Das ist das Gesetz, das den Existenzkampf regiert, nicht viel unterschieden vom Kampf des Raubtiers, nur, daß man die Kranken, Schwachen und Hilflosen nicht totbeißt, sondern verkommen und verhungern läßt.

Und das Allertollste dabei: daß alle mitmachen und daß trotzdem jeder weiß, daß dieser Zustand in keiner Weise mit der Würde des Menschen vereinbar ist! Und weiter: daß jeder froh wäre, wenn dieser Zustand sich ändern würde und doch keiner den Anfang machen kann, weil er sonst zugrunde gehen muß.

Wir wissen, daß diese irrsinnige Situation mit der geistigen Verstrickung und Gefangenschaft des Menschen zusammenhängt, über die an anderer Stelle schon Näheres gesagt wurde. Nochmals sei nur betont, daß es anders werden kann, wenn führende Staatsmänner es nur wollten.
Doch zurück zu unserer Technik des erfolgreichen Verhaltens: Mit all diesen Zusammenhängen müssen wir also rechnen, wenn wir mit Alltagsmenschen ins Gespräch kommen. Die geistige Kurzsichtigkeit und der Schein der Dinge sind entscheidend! Aus diesem Grunde hütet sich auch z. B. der kluge Geschäftsmann davor, seinen Kunden etwas vorzubarmen, wenn der Geschäftsgang schlecht ist. Er weiß genau, daß er auf Mitleid nicht aufbauen kann, wenn er Erfolg haben will.

Die geistige Kurzsichtigkeit und der Schein der Dinge sind entscheidend! Auf Mitleid läßt sich kein Erfolg aufbauen!

Die Erfahrung lehrt, daß die Kunden dorthin strömen, wo der Laden voll ist, wo das Geschäft floriert. Ganz einfach, weil man meint, dort wegen des großen Umsatzes besser zu kaufen. Eine alte Hamburger Kaufmannsweisheit sagt deshalb: „*Wenn es dir schlecht geht, ziehe deinen besten Rock an und setze den Zylinder auf.*" Mit anderen Worten: Verschweige den „Leuten" deine mißlichen Verhältnisse, damit du dir nicht ihre Gunst entziehst. Im übrigen ist es bestimmt kurz vor dem Ende, wenn man erst wirklich nichts mehr auf sich gibt. Deshalb auch aus diesem Grunde den besten Rock anziehen und selbstverständlich die beste positive Geisteshaltung dazu. Daß wir unserer Umgebung nichts vorstöhnen dürfen, wenn es uns schlecht geht, war schon immer ein guter Rat erfolgreicher Lebensführung, weil nichts dabei herauskommt, es sei denn, daß wir dieses Ventil zu unserer Erleichterung von

Der beste Rock und der Zylinder!

seelischen Spannungen nötig haben, was aber dann ganz und gar nicht positiv wäre. Nur wenige interessiert fremdes Leid und Schicksal. Jeder hat erstens selber genug durchgemacht, und dann sitzt fast jedem das Hemd immer näher als der Rock. Das betrifft Krankheiten ebenso wie Familiensorgen und nicht zuletzt die finanziellen Verhältnisse. Außerdem ist es so: Man kann tun, was man will, „de Lüt snackt doch!" Man findet immer wieder ein Haar in der Suppe, wenn man über seine eigenen Nöte klagt, und Ausnahmen bestätigen auch diese Regel. Ein Sonderfall wäre allerdings gegeben, wenn man mit den Leuten in ein gemeinsames Stöhnen kommt, z. B. über die schlechten Verhältnisse, die Ämter, die Steuern usw. Es bedarf keiner Unterstreichung, daß sich hier der positive Mensch grundsätzlich vom Alltagsmenschen unterscheidet.

Kritik ist notwendig und in hundert Dingen dringend erforderlich, aber sie muß sich freihalten von Kurzsichtigkeit und Gehässigkeit.

Das Schweigen bzw. kluge Zurückhaltung muß man auch in Versammlungen beachten. Es ist ganz verkehrt, bei allen Gelegenheiten das große Wort führen zu wollen. Leute, die nicht ruhen, bevor sie nicht ihren Senf zu einer Sache gegeben haben, haben wenig Geltung. Nur bei *wichtigen Anlässen* soll man hervortreten und dann ohne großen Wortschwall und ohne Phrasendrescherei. Auch hier kommt ein Wort Goethes zur Geltung:

Von Ihnen soll man nicht sagen, daß Sie ein guter Redner sind, das ist selbstverständlich, sondern daß Sie ein kluger Mensch sind.

„Sei Er kein schellenlauter Tor! —
Es trägt Verstand und rechter Sinn
mit wenig Kunst sich selber vor;
und wenn's Euch ernst ist, was zu sagen,
ist's nötig, Worten nachzujagen?"

Jedermann, der es mit uns zu tun hat, muß den Eindruck gewinnen, daß er einen klarsehenden und durchaus objektiv eingestellten Menschen vor sich hat, dessen Zeugnis und Urteil unbedingt von Wert sind.

Um diesen Eindruck noch zu vertiefen, dürfen wir nie über eine Angelegenheit urteilen, die wir nicht gründlich verstehen. Trotzdem sollen wir über jede Sache, die uns unsere Mitmenschen unterbreiten, nachdenken. Das kann man, auch ohne gleich seine Meinung zu äußern.

Wenn wir etwas sagen, muß es Hand und Fuß haben, muß es das Ergebnis reiflicher Überlegung sein!

Vorsichtig sein beim Ratgeben!

Dieser Umstand ist besonders dann zu beachten, wenn wir um Rat gefragt werden. Das Ratgeben ist übrigens eine Sache, die wir besonders kritisch betrachten müssen. Nur zu leicht ernten wir dadurch Undank und nicht selten von den liebsten Menschen. Gewöhnlich kommt man außerdem nicht zu uns, um einen Rat zu holen, sondern vielmehr will man nur unsere Zustimmung zu seinen eigenen Entschlüssen.

Wenn man einen Rat gibt, so sagt man am besten stets: „Ich persönlich würde in Ihrer Lage so handeln, doch Sie müssen ja selbst wissen, was für Sie das beste ist." Wenn auch das Ratgeben zur Nächstenliebe gehört, so tut man in vielen Fällen doch gut, den Ratsuchenden auf sich selbst zu verweisen. Es gibt nur wenig Lagen, aus denen der Mensch durch eigenes Nachsinnen nicht selbst einen Ausweg findet.

Es ist für Ihren Erfolg viel besser, Sie machen mal etwas falsch, als daß Sie sich von den Überlegungen anderer abhängig machen. Wer sich ganz auf sich selbst stellt, kommt am weitesten.

Was für den anderen gilt, gilt natürlich auch für uns! Vieles Ratholen macht *unselbständig,* deshalb ist es besser, man kommt durch eigenes Nachdenken zu einer Lösung. Im übrigen wachsen unsere Geisteskräfte nur durch intensiven selbständigen Gebrauch. Wirkliche Erfolgsmenschen wissen sich immer selber zu helfen. Und gerade darin besteht ja sogar ihre Überlegenheit, daß sie aus jeder noch so verfahrenen Lage schließlich doch einen Ausweg finden. Natürlich schließt das nicht aus, daß man ausgiebig davon Gebrauch macht, wenn man eine *wissenschaftliche* Beratung braucht. In solchen Fällen kann man sich gar nicht sorgfältig genug mit der Klugheit anderer Köpfe verbinden. Wohlverstanden, aber wirklich nur in fachlichen Dingen.
Was die allgemeine Lebensklugheit anbelangt, so kommt diese nur zur Wirkung, soweit sie sich aus eigenen Überlegungen entwickelt. Wie man sich Verstand nicht mit dem Löffel eintrichtern kann, eben aus diesem Grunde, so kann kluges Verhalten in den Dingen der persönlichen Lebensbemeisterung auch nur dann von uns Besitz ergreifen, wenn sie unsere eigene Intelligenz, unsere eigene Verstandes- und Erkenntniskraft produziert. Insofern will auch unser Erfolgssystem immer nur *anregen.* Das Ziel ist in jedem Falle der Anstoß zu geistiger Selbständigkeit. —

Die kluge Zurückhaltung im Umgang verlangt auch die Beachtung einer individuellen Distanzierung: Man kann sich mit einem anderen tadellos verstehen, auch ohne ihn gleich zu umarmen. Auch mit dem „Du" muß man sparsam umgehen. Anstatt daß die Harmonie dadurch gefördert wird, wird sie nicht selten zerstört.

Klug sein! Das Herz und das Gefühl stets unter dem Einfluß der Vernunft halten! Wir haben es alle schon oft bereut, durch plötzliche Wallungen des Gefühls anderen unsere Zuneigung zu offen gezeigt zu haben. Am rechten Platze ist das wunderbar und unerläßlich, um so schmerzlicher, wenn wir enttäuscht werden.

Solange man „Sie" zueinander sagt, besteht eine Achtungsdistanz, die dem Verstehen und dem beiderseitigen Entgegenkommen in zahllosen Fällen recht dienlich ist.

Durch das „Sie" werden niedere Eigenschaften in Schach gehalten, die beim „Du" leicht der Kontrolle entgleiten und Zwietracht unter die Menschen säen. Wozu unnötig das Häßliche im Menschen wachrufen? Daß es in ihm ist, wissen wir, warum Veranlassung geben, daß es die Verhältnisse und Beziehungen trübt?
Sicher ist das „Du" ein Beweis großer Offenheit und Zuneigung und unter großen Menschen die Sprache des Herzens. Doch kleine Gemüter glauben leicht, dadurch ein Anrecht auf den anderen zu besitzen.

Bewahren Sie sich in jedem Falle Ihre volle Unabhängigkeit.

Brüderschaft entsteht weder durch Zechgemeinschaft noch durch Kollegialität, sondern allein durch die Bande des Herzens. — Deshalb prüfe man sorgfältig, ob man einem Würdigen das „Du" bietet.

Wir sollen unseren Nächsten lieben, aber tun wir das mehr, wenn wir zu ihm Du sagen? Gerade aus Liebe zum Nächsten sagen wir Sie, um zu vermeiden, daß er die Gesetze der Harmonie aus Schwäche verletzt.

Nichts geschenkt nehmen, ohne es verdient zu haben.

Wie wir durch das „Du" einen Teil unserer Freiheit weggeben können, so auch, wenn wir Leistungen unserer Umgebung ohne *Gegendienst* annehmen. Trachten wir deshalb danach, so wenig wie möglich *geschenkt* zu erhalten, besonders nicht von Leuten, mit denen wir einmal auseinander kommen. Das gilt besonders den „Gefälligkeiten", die wir später mit übler Nachrede bezahlen müssen, falls wir nicht so klug sind, sie durch Gegendienste gleich wieder auszugleichen.

Nicht zuletzt ist das eine Sache des Gefühls von Freiheit, das wir brauchen, und das uns immer irgendwie geschmälert wird, wenn wir dem Entgegenkommen unserer Umwelt den Dank schuldig bleiben. Ganz davon abgesehen, daß Dankbarkeit eine Eigenschaft des positiven Menschen ist. Trotzdem: Die Dankbarkeit ist hier nicht allein das Motiv unseres Handelns, sondern ebensosehr die Klugheit des richtigen Verhaltens. Es ist in jedem Falle besser, daß andere uns verpflichtet sind, als wir den andern. Die Menschen sind so, daß sie uns heute Gutes tun und es morgen schon wieder bereuen, und dies oft sogar aus dem guten Glauben, daß sie ihre Hilfe an uns lieber unterlassen haben sollten.

Man muß immer damit rechnen, daß sich die Meinungen ins Gegenteil verkehren. Es ist nur im Sinne unserer Erfolgsformel, wenn wir diesem Wechsel vorbeugen.

Das Bewußtsein ist ein reines Narrenhaus und Kasperletheater: immer wieder kommt dem Menschen plötzlich etwas Neues in den Sinn, das die Meinung von gestern oder von kurz vorher völlig auf den Kopf stellen kann.

Wohlverstanden, immer denken wir dabei an die Bewußtseinsvorgänge im Hirn des Alltagsmenschen, aber meist sind es ja Alltagsmenschen, mit denen wir zu tun haben.

Wenn man kraß vor Augen haben will, wie sich dieser triebbeeinflußte Ablauf im Denken auswirkt, muß man öfter mal auf einen Bahnsteig gehen und dort die Menschen beim Einsteigen in einen überfüllten Zug beobachten: Das sind keine Menschen mehr, die man da vor sich hat, sondern egoistische Bestien. Alles stößt und knufft und schimpft und randaliert, als hätte es nie eine gute Kinderstube oder so etwas wie Rücksichtnahme auf Kinder und Greise gegeben. Jeder sieht im andern nur den Gegner, der ihm sein Recht streitig machen will, ohne daß man aber daran denkt, daß man ganz genau so handelt. Es ist immer wieder nur klug, wenn man sich solcher Szenen erinnert, um stets vor Augen zu haben, wozu der Mensch fähig ist, wenn aus irgendeinem Grunde sein Denken auf ein falsches Gleis gerät oder wenn unerwartet eine Vorstellung in sein Bewußtsein tritt, die uns in einem falschen Lichte zeigt.

Ein Beispiel dafür, wozu der Mensch fähig ist, wenn es um seine Interessen geht und die eigenen Vorteile auf dem Spiele stehen.

Aber rechnen wir das dem Menschen nicht übel an, sondern finden wir uns vielmehr mit der Tatsache ab, daß er vorläufig so sein muß, wie er ist, und denken wir bei jeder Gelegenheit immer wieder an die drei wichtigen Punkte, die wir als Haupteigentümlichkeiten seines gegenwärtigen Entwicklungsstandes kennengelernt haben: *Mangel an Objektivität, Vorherrschen negativer Gedankenrichtung, Abneigung gegen alles, was den eigenen Interessen zu schaden scheint, Empfänglichkeit für alles, was die eigenen Angelegenheiten zu fördern scheint.*

Die Haupteigenschaften des Alltagsmenschen stets bedenken.

Von hervorragender Bedeutung für das erfolgreiche Verhalten ist auch die *Sprache*.

Der positive Mensch hat eine gepflegte Ausdrucksweise! Wollte Sokrates den Charakter erkennen, so sprach er: „Rede, damit ich dich sehe!"

Die Beherrschung einer edlen Ausdrucksweise ist ein beredtes Zeugnis von Kultur und Geist.

Man muß danach streben, alles aus dem Sprechen auszumerzen, was auf Erziehungs- und Bildungsmängel schließen läßt. Die Wertschätzung unserer Person wird um so größer sein, je mehr unser Sprechen der Beweis *gepflegter Lebensart* ist. Wer gute Bücher liest, gute Theaterstücke hört und gute Filme sieht, wird angefüllt mit guten Eindrücken, die ihm hierbei helfen. Selbstverständlich muß trotz der Wahl kultivierter Wendungen die Sprache „flüssig" bleiben.

Wichtig ist der Wohlklang der Stimme und die Sauberkeit der Aussprache. Beides ist das Ergebnis zielbewußter Sprechübungen.

Auf alles kommt es an, mit dem wir umgehen! Alles färbt auf uns ab!

Außer der Wahl des richtigen Ausdruckes kommt es auf den *Wohlklang* der Stimme und auf eine *saubere Aussprache* an. Wer hier etwas für sich tut, kann seinen Wert als Persönlichkeit in sehr gediegener Weise steigern*.

Von Bedeutung für die Sprache und die Umgangsformen sind die Menschen, mit denen wir freundschaftlich und gesellschaftlich verkehren. Das Sprichwort: „Sage mir, mit wem du umgehst, so will ich dir sagen, wer du bist", trifft jedoch nicht nur auf die Menschen, sondern auch auf die *Dinge* unserer Umgebung zu. Bücher, Theater, Film, alles zählt zu unserer Umgebung. In jedem Falle müssen wir die richtige Wahl treffen, denn alles färbt auf uns ab und kann der persönlichen Entwicklung dienlich oder schädlich sein.

3. Umgangsformen beachten!

Um die dritte Erfolgsvoraussetzung zu erfüllen, müssen wir im Umgang unbedingt Wert auf Höflichkeit legen. Hier kommt ein leider von Vorwärtsstrebenden viel zu wenig beachtetes Sprichwort zur Geltung: „Mit dem Hute in der Hand kommt man durch das ganze Land." Dem Grobian bleiben alle Herzen verschlossen, während sich dem Höflichen alle Türen öffnen. Höflich sind aber nicht nur schwache, sondern vor allem starke und beherrschte Naturen! Prüfen Sie einmal selbst nach, ob das stimmt: Solange alles nach Wunsch geht, bleiben die meisten Menschen höflich, wehe aber, wenn irgend etwas nicht klappt; dann beginnt das Schimpfen und Poltern.

Man muß den besten Eindruck machen!

Der positive Mensch sieht stets darauf, auf seine Umgebung den denkbar besten Eindruck zu machen, deshalb ist er auch in schwierigen Situationen und im Verkehr mit unangenehmen Menschen höflich.

Zur Höflichkeit gehört das „Danke" und „Bitte", das man stets deutlich und überzeugt aussprechen soll.

Manche glauben diese Gebote des Anstandes und gepflegter Umgangsformen nicht nötig zu haben, besonders nahestehenden Personen und Untergebenen gegenüber, und wundern sich natürlich, wenn sie von ihrer Umgebung fortwährend Enttäuschungen erleben. Wie kann es denn anders sein, da die Betreffenden selbst mit schlechtem Beispiel vorangehen? „Danke" und „Bitte" sowie jede andere Höflichkeit gehören nicht nur zum guten Ton, sondern sind eine Notwendigkeit zum gegenseitigen Verstehen und die Voraussetzung einer gewinnbringenden Zusammenarbeit.

Die Höflichkeit muß aus dem Innern kommen! Immer handeln wir vom Standpunkt der höchsten Erkenntnis!

Mancher sagt, Höflichkeit sei „Heuchelei". Gewiß, wenn man zu den Alltagsmenschen gehört, denen das Empfinden höherer Dinge als der des Verstandes nicht möglich ist, dann kann es vorkommen, daß man lediglich aus Gründen des guten Tons höflich ist. Wer jedoch an das Walten höherer

* Studieren Sie hierzu Oscar Schellbachs Meisterwerk der Redekunst und Geistesentwicklung: „Redekunst von A—Z".

Kräfte glaubt, wessen Gemüt ahnt, daß auch im Nächsten ein „Gottesfunke" wirkt, auch wenn es äußerlich nicht erkennbar ist, der wird aus *inneren Gründen* höflich sein, ohne Rücksicht auf materielle Vorteile. Wenn wir auch eine Einstellung zu unserem Mitmenschen haben, die dessen Schwächen gerecht wird, so wollen wir doch stets vor Augen haben, daß wir dadurch nicht nur uns, *sondern auch ihm selbst* am besten dienen.

Wir wollen mit unserer Umgebung in Frieden leben und alle, die in unseren Wirkungskreis treten, so zufrieden wie möglich machen; wenigstens wollen wir nicht die Veranlassung sein, daß jemand durch unser Wirken wissentlich geschädigt wird. Über allem muß die Liebe zum Nächsten stehen.

Von diesen Gedanken ausgehend, müssen wir auch bestrebt sein, unsere Umgebung immer irgendwie höher zu bringen und dazu immer die guten Seiten unter Betrachtung stellen. Es ist wahr: Irgendeine gute Seite hat jeder Mensch, man muß sie nur zu sehen wissen!

Durch das eigene Verhalten ein gutes Beispiel geben! Es erzieht einer den andern unbewußt!

Nicht nur das Kind, auch der Erwachsene wird erzogen. Jeder von uns erzieht den anderen unbewußt. Und genau so, wie wir beim Kinde durch die Betonung und Hervorkehrung seiner besten Seiten einen Einfluß auf das Niedere in ihm gewinnen, ist es auch beim Erwachsenen. Bei der Beurteilung des Charakters unserer Nächsten ist es gut, an Sokrates zu denken, nach dessen Erkenntnis sich *„Tugend"* auf *„Wissen"* gründet:

Je unwissender ein Mensch ist, je weniger Erkenntnis er von höheren Dingen besitzt, um so weniger können wir von ihm verlangen, daß er uns Enttäuschungen erspart.

Sehr wichtig!!! Tugendhaft sein ist um so leichter, je mehr man erkennt, daß die Folgen der Tugenden besser und angenehmer sind als die der Untugenden.

In jedem Menschen wirken gleichzeitig edle und unedle Einflüsse.

In dem Maße, wie wir ihm selbst jedoch ein gutes Vorbild sind, in dem Maße wird sich sein Charakter im Laufe der Zeit zum besten wandeln. Was schon früher gesagt wurde, muß noch einmal hervorgehoben werden: *Vollkommen ist keiner, und schlechte Eigenschaften unserer Nächsten sind nicht selten der Ausfluß unserer eigenen Schwächen!*

Wünschen wir also Harmonie, Achtung, Vertrauen und Zuneigung unserer Umgebung, so geben wir durch Höflichkeit und gute Umgangsformen die Ursache dazu.

4. Niemand auf die Nerven fallen!

Wenn wir uns auch in diesem Erfolgspunkt richtig verhalten, dann muß man von unserer Person so gefesselt sein, daß man darüber erfreut ist, wenn man sich mit uns unterhalten oder unsere Meinung über eine Sache hören kann. Wenn Sie jemandem Ihre besondere Zuneigung schenken, muß man sich innerlich zufrieden schätzen und darf überhaupt nicht auf den Gedanken kommen, diese Zuneigung zu mißbrauchen.

Auch hierbei sei zunächst nochmals erklärt, daß unser ganzes Verhalten im Umgang sich zur Hauptsache nur ergibt auf Grund der Eigentümlichkeiten der Alltagsmenschen. Es wäre überhaupt kein Wort über Umgangstechnik zu verlieren, wenn alle, mit denen wir zu tun haben, objektiv denken könnten und gefeit wären gegen den äußeren Schein. Das ist aber leider nicht der

Fall und nur aus dieser Tatsache ergibt sich unsere bewußt positive Einstellung. Wer meint, ohne sie auskommen zu können, der versuche es ruhig, bitte, es steht ihm ja frei. Aber er beklage sich nicht, wenn er immer mehr die Entdeckung macht, daß sogar seine allernächsten Verwandten möglicherweise Alltagsmenschen sind. Eine Erlösung aus diesem Dilemma, in das man beim tieferen Nachdenken über dieses Thema leicht kommen kann, findet man, wenn man sich die Einstellung der Erwachsenen zum Kinde vergegenwärtigt: Ist es nicht so, daß das kindliche Gemüt über vieles ganz anders denkt als wir, und daß wir aus diesem Grunde es vorziehen, das sonst *naseweis* werdende und sich falsch gebärdende Kind nicht alles wissen zu lassen? Natürlich, nur zu verständlich scheint uns das; aber keinem von uns würde es deshalb einfallen, über den Erwachsenen und sein Verhalten zum Kinde negativ zu denken. Sehen Sie, mein verehrter Leser, genau den gleichen Fall haben wir auch bei der Einstellung zum Alltagsmenschen. *Wir verachten ihn nicht, wir hassen ihn nicht, sondern ganz im Gegenteil, wir lieben ihn sogar. Nicht das, was wir an Negativem an ihm bemängeln, sondern seinen Kern, der ja nur noch nicht genügend entwickelt ist. Aber gerade deshalb müssen wir uns auch zu ihm richtig verhalten. Andernfalls wird er uns bestimmt enttäuschen, und nicht nur das, denn das wäre ja noch nicht einmal das schlimmste, sondern uns sogar daran hindern, ihm zu einer höheren Entwicklung zu verhelfen.*

Besonders wichtig!! Auch für die Ehe.

Erkenntnis, höhere Erkenntnis in allem!

Doch nun weiter in unserem Thema: Wann ist man von uns gefesselt? Wann freut man sich, daß man sich mit uns unterhalten und unsere Meinung hören kann? Wann schätzt man unsere Zuneigung und denkt überhaupt nicht daran, sie zu mißbrauchen? Machen wir es kurz:

Alles das tritt nur ein, wenn wir als Persönlichkeit geschätzt und geachtet werden.

Bitte, bringen Sie diese Erkenntnis in eine Beziehung zu unseren Fragen, und Sie werden augenblicklich feststellen, daß es so ist! Und gleichzeitig erkennen wir damit, daß alles bisher Gesagte schon zur Erfüllung dieses vierten Punktes gehörte. Ja, so ist es auch, denn die Beachtung und Pflege des äußeren Menschen, wie das Schweigen und die kluge Zurückhaltung, das Vermeiden von Streit, das Unterlassen von Schimpfworten, die klare Entschiedenheit unseres Wesens, die Höflichkeit des positiven Menschen und all das andere des richtigen Verhaltens dient ja dazu, uns als Persönlichkeit ganz klar in Erscheinung treten zu lassen.

Man schätzt überhaupt nur das Seltene.

Hierzu nun noch einige wichtige Ergänzungen: Ein bekanntes Sprichwort sagt: *„Willst du was gelten, dann komme selten!"*

Man sagt auch, du mußt dich *rar* machen, wenn man dich schätzen soll. — Richtig! Denn was man alle Tage sieht und alle Tage um sich hat, empfindet man schließlich überhaupt nicht mehr. Der Mensch ist nun mal ein Gewohnheitstier und darauf gründet sich auch diese Erfolgslehre. Selbst das Glück kann uns auf die Dauer nicht glücklich machen, wenn es nicht von Zeit zu Zeit mal wie die Sonne hinter den Wolken verschwindet, und es macht uns um so glücklicher, je länger und sehnsüchtiger wir darauf gewartet haben.

Der Mensch stumpft ab, darum müssen Sonnenschein und Regen abwechselnd sein.

Wir stellen überhaupt fest, daß alle Einflüsse auf unsere Sinne, sobald sie längere Zeit hindurch in gleicher Weise andauern, sämtlich einer Wirkung entgegensteuern: *der Ermüdung.* Die Ursache mag verschieden sein, doch das Resultat bleibt sich gleich. Ermüdung aber ist gleichbedeutend mit Interesselosigkeit und — Tod. Daher wächst sich auch jede Sache, die sich immer gleich bleibt, mag sie am Anfang noch so interessant sein, zur tödlichen Langweiligkeit aus, ganz gleich, ob es sich dabei um ein Spiel, einen technischen Vorgang, eine Arbeit oder die Wirkung eines Menschen handelt. Wohlverstanden, wenn keine Abwechslung eintritt, wenn nicht eine neue Phase kommt, die wir noch nicht erlebt haben.

Sehr wichtig, darum den Umgang wie überhaupt das Leben darauf abstellen!

Darum: Nur nicht langweilig sein und etwa dem Mitmenschen durch Einseitigkeit auf die Nerven fallen oder andauernd mit der gleichen Sache und in der gleichen Art in den Ohren liegen!

Nur nicht langweilig sein! Nur niemand auf die Nerven fallen!

Mehr braucht es nicht, um ihm schnellstens höchst unsympathisch zu werden. Oder mögen Sie den Mann, der dauernd dasselbe sagt, immer dasselbe, ohne Veränderung seines Mienenspiels, seiner Gesten, seiner Sprache? Zum Hals hängt er uns heraus, diese Karikatur eines wirklichen Menschen, und noch stärker und noch widerlicher, je mehr er, sei es im positiven oder negativen Sinne, aufdringlich wirkt. Glücklicherweise gibt es nur wenige dieser Sorte, wenn uns auch hin und wieder mal einer über den Weg läuft, der andauernd miesmacht oder ständig den gleichen Witz erzählt. —

Ein Erfolgsmensch in unserem positiven Sinne ist immer interessant, beständig wird sein Wesen neue Seiten enthüllen. Dessen ungeachtet bleibt er sich in der großen Linie gleich, aber *wie* er sich gibt, das macht ihn fesselnd und anziehend.

Der Erfolgsmensch ist ein interessanter Mensch, den man gerne kommen sieht und mit dem man sich gern unterhält. Das macht aber nicht vieles Reden, sondern „wie" er etwas sagt.

Nehmen wir uns zum Verständnis des Gesagten einmal die Malerei eines großen Meisters vor: Ist es nicht so, als wenn ein solches Kunstwerk lebt, ja, lebt es nicht überhaupt? Viele hundert Jahre sind diese Frauen- und Männerbildnisse oft alt, und doch ist es noch immer so, als wären sie eben erst auf das Leinen gebannt. Wie magnetisch wirkt z. B. Leonardos „Mona Lisa"? Und warum fesselt dieses Kunstwerk? Weil man nie richtig fertig wird mit seiner Ausdeutung, weil es unentwegt interessant bleibt. — Ich glaube, mein verehrter Leser, daß wir uns jetzt auch in diesem Punkte verstanden haben. Dem feinempfindenden Menschen braucht man diese Zusammenhänge nicht lange auseinanderzusetzen, denn er wird selber so viel Fingerspitzengefühl haben, um zu wissen, wie er sich bei dieser Voraussetzung des persönlichen Erfolges zu verhalten hat, und dann wird es ihm selbstverständlich sein, daß er sich niemand *aufdrängt.* Hierauf aber wollen wir jetzt hinaus:

Wenn jemand unsere Zuneigung schätzen soll, müssen wir beachten, daß wir uns ihm nie aufdrängen!

Für die meisten Menschen ist nur das wertvoll, was sie sich erringen müssen. Deshalb ist es klug, im Umgang stets eine gewisse Zurückhaltung zu beachten. Allzu große Bereitwilligkeit und Zuvorkommenheit haben nichts mehr mit Höflichkeit zu tun und schaden mehr als sie nützen. Man fällt damit lästig, man empfindet das als Kriecherei und vermutet Absichten. Ganz instinktiv nimmt man eine Abwehrstellung ein. —

Fingerspitzengefühl haben! Nicht lästig fallen! Immer wissen, wie weit man zu gehen hat! „Willst du was gelten, dann komme selten!"

Wenn wir wollen, daß man während einer Unterhaltung aufmerksam unseren Worten lauscht, dürfen wir nicht den Fehler machen, unaufgefordert einen Satz zu wiederholen, den man bei aufmerksamem Zuhören richtig verstanden

Nicht in den „leeren Raum" reden! Nicht nur sprechen, um sich selbst zu hören! Nicht gekränkt sein bei Unaufmerksamkeit!

hätte. Finden wir für ein Thema kein Interesse, oder läßt man sich durch Nebensächlichkeiten vom Thema ablenken, so verlangt der persönliche Einfluß, daß wir unserer Rede schnellstens ein Ende setzen. Dabei darf jedoch keinerlei Verstimmung im Schlußsatz liegen, wie man uns übrigens auch nie anmerken darf, wenn wir durch ein gleichgültiges Verhalten unserer Umwelt unangenehm berührt sind, besonders, wenn Stupidität die Ursache ist. Falls es jemand an unseren Worten liegen sollte, wird man uns dann ganz von selber auffordern, noch mehr über einen bestimmten Gegenstand zu sagen.
Es ist überhaupt gut, nicht mehr als unbedingt nötig über Angelegenheiten zu sprechen, die den Interessenkreis des andern berühren.
Hier ist es wie mit einer guten Speise: Stillt man nur den Hunger, so hat man immer Appetit.

Sehr wichtig: Stille nur den Hunger, nie den Appetit! Auch hier wieder: Richtigmachen = Erfolg! Falschmachen = Mißerfolg!

Wenn man Alltagsmenschen fesseln will, muß man auf ihre Wünsche achten, doch diese nie im Übermaß erfüllen!

Merken Sie sich: Jedesmal, wenn jemand darüber klagt, daß man seine Gutmütigkeit ausgenutzt habe, und das tut der Alltagsmensch sehr gerne, hat man diese wichtige Lehre des persönlichen Erfolges nicht beachtet. Es wird immer so sein, daß man von uns *alles* will, was immer nur in uns drin steckt und was immer wir nur bieten können, wenn wir aus Gutmütigkeit und ohne Distanz und Bestimmtheit dem Alltagsmenschen die Hand reichen. Sofort wird er maßlos anspruchsvoll und glaubt sich uns gegenüber alles herausnehmen zu können. Die Menschen tun das, ohne weiter darüber nachzudenken. An sich ist das aber noch nicht das schlimmste, wichtiger ist, daß wir durch Gutmütigkeit und Unachtsamkeit in diesem Punkte jeden persönlichen Einfluß verlieren. Im Nu ist man uns über den Kopf gewachsen und denkt überhaupt nicht mehr daran, positiv zu reagieren. Sagen wir dann etwas, wenn es uns zu bunt wird, ernten wir sofort schärfste Opposition, und ehe wir uns versehen, sind die vordem besten Freunde zu ärgsten Widersachern geworden.

Das sogenannte „gute Herz" ist fest in der Hand zu halten. Man soll wirklich gut sein, sich aber nicht ausnutzen lassen.

Die Klugheit gebietet deshalb stets die konsequente Wahrung bestimmter Grenzen!

Also: Wohl die Wünsche beachten, doch sie niemals im *Übermaß* erfüllen. Zügeln Sie sich in Ihrer Zuneigung und halten Sie Ihr „gutes Herz" fest, wenn es mit Ihnen durchgehen will!

Gutmütigkeit schadet fast ausnahmslos, und wenn wir durch sie Enttäuschungen erleben, so geschieht uns ganz recht! Nicht die andern, die uns ausnutzten, haben wir dann anzuklagen, sondern immer nur uns selbst. Unser Verhalten war falsch und entspricht nicht der Eigenart der Menschen.

Immer daran denken: Nur das Richtigmachen schafft Erfolg!

Daß dem so ist, beweist die Tatsache, daß immer nur wirklich gutmütige Menschen von ihrer Umgebung enttäuscht sind. Die klarsehende, konsequente Persönlichkeit klagt selten. Es ist eben so, daß der Gutmütige auf Grund seiner inneren Einstellung von allen Menschen seines Kreises stets das Beste erwartet und sich dem einfältigen Glauben hingibt, daß es schlechte oder minderwertige Charaktere darunter gar nicht geben könne. Das ist ein arger Trugschluß, und nur aus ihm ergeben sich die Enttäuschungen.

Man kann wohl das Beste von seinen Mitmenschen erwarten, aber nur wenn man sie ihren Eigenarten entsprechend behandelt! Andernfalls werden stets ihre negativen Seiten in Erscheinung treten.

Deshalb klug sein und stets die notwendigen Grenzen wahren! Nicht gedankenlos gutmütig, sondern g u t sein und mit Bedacht!

Haben Sie schon einmal beobachtet, welche Folgen die Gutmütigkeit bei der Erziehung eines Kindes hat? Es denkt nicht daran zu gehorchen und wird bei jeder Gelegenheit bockig. Nun, und wer ist wohl daran schuld? Will man etwa dem Kinde einen Vorwurf machen? *Nur die mangelnde Konsequenz ist die Ursache, die versäumt hat, den Seelenkräften des Kindes die richtigen Bahnen zu weisen.* Das Kind hat überhaupt keine Schuld, sondern einzig der Erzieher! Wer anders denkt, muß umlernen, denn er versteht nichts von der Seelen- und Charakterbildung. Je weniger man mit einem Kinde fertig wird, je weniger es gehorcht und Lehre annehmen will, um so erkennbarer wird damit, daß die Erziehungs- und Beeinflussungsmethoden falsch sind. Mit Ausnahme krankhafter Fälle wird der erfolgreiche Erzieher mit jedem Kinde fertig, und gerade dadurch stellt er seine Fähigkeiten unter Beweis.

Sehr wichtig für die Kindererziehung.

5. Verständnis zeigen!

Der Mensch strebt von Natur aus nach *Befriedigung.* Er will etwas vom Leben haben und so glücklich und zufrieden wie möglich werden. Es wäre unsinnig, ihm das verdenken zu wollen. Wie er sich sein Glück vorstellt, entspricht seiner jeweiligen Entwicklungs- und Erkenntnisstufe. Der eine sieht es in der Befriedigung materieller Wünsche, während andere ihren Blick auf seelische und geistige Dinge richten. Was nun zu unserem 5. Erfolgspunkt wichtig ist, das ist die *Tatsache,* daß wir einen um so besseren Kontakt mit unserer Umwelt finden, je mehr sie von uns *weiß* und *fühlt,* daß wir ihrem Streben nach Glück und Zufriedenheit irgendwie *dienen können.*

Der Mensch will etwas vom Leben haben.

Jedermann, der mit uns in nähere Beziehungen tritt, muß das ganz klare Gefühl gewinnen, daß er durch uns Vorteile hat und durch die Verbindung mit uns gewinnt.

Auch hier wieder: Richtigmachen Erfolg, Falschmachen Mißerfolg.

Grundsätzlich ist es so, daß jeder seinen eigenen Erfolg nur durch den Erfolg bzw. Nutzen eines anderen schaffen kann. Wie schon ausgeführt wurde, kommt Verdienen nur vom *Dienen.* Der positive Mensch denkt nicht daran, für sich einen Gewinn zu buchen, ohne nicht gleichzeitig auch seinen Mitmenschen einen Erfolg zu schaffen. Aber es kommt doch sehr darauf an, ob diese positive Absicht den Menschen unseres Kreises zum *Bewußtsein* kommt oder nicht. Und vor allem ist das wesentlich, weil ja der *äußere Schein* und damit die Möglichkeit des *falschen Denkens* von so großer Bedeutung sind.

Immer daran denken: Verdienen kommt von Dienen!

Zu den Eigenschaften des Alltagsmenschen gehört, wie wir wissen, die Abneigung gegen alles, was den eigenen Interessen und Wünschen zu schaden scheint, desgleichen die Empfänglichkeit für alles, was die eigenen Angelegenheiten zu fördern scheint. Wohlverstanden, nicht die Tatsache allein, sondern auch der „Schein“ von Tatsachen ist gemeint. Wenn es also so

Der „Schein" ist wichtig! Wir müssen unmißverständliche Klarheit schaffen, daß wir Chancen und Vorteile bieten. Und selbstverständlich muß diese Einstellung auch unserem innersten Wollen entsprechen.

scheint, als ob es so ist! Und hierauf nun hat unser Verhalten bei der Beachtung des 5. Erfolgspunktes Rücksicht zu nehmen. Das bedeutet, daß die Chancen und Vorteile, die wir unseren Mitmenschen zu bieten haben, in *unmißverständlicher Klarheit* zutage treten müssen. *Mauerblümchentum* und *Nicht aus sich herauskommen* sind also gänzlich fehl am Platze.

Die Vorteile müssen so deutlich herausgestellt werden, daß man unbedingt an sie glauben muß.

Bedingung ist selbstverständlich, daß man dem anderen auch wirklich etwas bieten *will*, aber das versteht sich ja nach unserer ganzen Einstellung zum Dienst am Nächsten von selbst.

Und wie macht man das?

Unmißverständliche Klarheit!

Indem man ganz individuell auf den Menschen eingeht, ganz offen mit ihm über seine Interessen und Wünsche spricht, für sie volles Verständnis zeigt, sie voll und ganz anerkennt und klar erklärt, daß man sich freut, wenn man ihm dienlich sein kann!

So handelt der kluge Geschäftsmann.

Das Ganze hat in einer völlig *bestimmten, wohlwollenden* Weise zu geschehen! Zum besseren Verständnis ein Beispiel: Herr Walter ist ein Kunde von Herrn Bergmann, kein guter, aber immerhin ein Kunde. Nun will ihn Herr Bergmann zu einem *guten* Kunden machen, alles soll er bei ihm kaufen, was er braucht. So fängt Herr Bergmann es an: *„Herr Walter, ich habe gehört, Sie erteilen Klavierunterricht! Ist das nicht ein recht anstrengender Beruf? Oh, es geht, wird Herr Walter antworten, ich übe ihn gerne aus, wenn ich nur recht viele Schüler hätte. Nun, vielleicht kann ich da etwas für Sie tun, Herr Walter, ich will Sie gern meinen Kunden empfehlen. Bitte, bringen Sie mir mal ein paar Adreßkarten von sich mit. Oh, wollten Sie das wirklich tun? Gewiß, sehr gern, Herr Walter, denn ich bin nicht nur bestrebt meinen Kunden immer die beste und vorteilhafteste Ware zu bieten, sondern auch sonst ihnen zu helfen, wo man helfen kann."*
Ich glaube, verehrter Leser, dieses Beispiel zeigt, was wir hier meinen.

Jawohl, so muß es sein! Immer Ursache und Wirkung.

Vorteile muß der andere spüren. Entgegenkommen, Verstehen der eigenen Wünsche und Billigung auch seines Erfolges!

Bitte beachten Sie diesen Erfolgspunkt recht genau, Sie werden staunen, was Sie damit erreichen! Ist es nicht meistens so, daß die lieben Mitmenschen uns unsere Wünsche und Erfolge kaum gönnen, geschweige Verständnis dafür zeigen? Freuen wir uns nicht selber, wenn jemand ganz persönlich auf uns eingeht und nicht nur immer von sich und immer wieder nur von sich redet? Ja, so ist es, ganz bestimmt ist es so, obwohl wir als positive Menschen über diesen Punkt ja erhaben sein sollen. Sehen Sie, und in noch viel stärkerem Maße empfindet das unsere Umwelt, und darum ist es gar kein Wunder, wenn Sie bei dieser Einstellung ihre Zuneigung und ihr Entgegenkommen finden.

Auch der Frau gegenüber Verständnis zeigen. Schluß machen mit jeder Selbstverbitterung des Lebens!

Was meinen Sie wohl, wie lieb unsere Frau und unsere Kinder zu uns sind und welchen vielfachen Erfolg wir bei ihnen ernten, wenn wir auch dort diese Einstellung betätigen? Unser Frauchen möchte gern ein neues Kleidchen, sie liebt doch nun einmal den gut angezogenen Menschen. Ist es da nicht

richtiger, Verständnis zu zeigen und ihr die Wunscherfüllung bei späterer „Kasse" in Aussicht zu stellen, als in grober Weise und mit heftigen Worten das Aussprechen dieses Wunsches zu rügen? Oh, wie verbittern sich doch die Menschen oft gegenseitig das Leben, wo man sich durch ein klein wenig Vernunft so herrlich gut vertragen und verstehen könnte. Und so erschweren wir uns auch den Erfolg und werfen uns selber Knüppel um Knüppel zwischen die Beine. Es ist schon so: *Der größte Feind des Erfolges ist der Mensch sich selber!* Man sieht es immer wieder und gerade auch beim Verhalten zur Umgebung.
Zum Schluß dieser Ausführungen über den fünften Erfolgspunkt sei noch erwähnt, daß damit die Ausführungen über Punkt vier in die richtige Beziehung zu setzen sind.

Zusammengefaßt heißt das:

Das Entgegenkommen und die Wunscherfüllung müssen wohlabgewogen sein! Niemals darf man sich dabei aus der Hand verlieren, und stets sind die Schwächen und Eigenarten des Menschen zu beachten!

Daß alle diese Überlegungen grundsätzlich nur für die Alltagsmenschen gelten, geht aus den Vorerklärungen hervor. Jedoch ist zu bedenken, daß recht oft auch solche Menschen Alltagsmenschen sind, die wir längst über alles Kleinliche erhaben denken und nicht selten auch unsere nächsten Angehörigen, vielleicht auch wir selber noch. Denn daß wir uns mit diesen Überlegungen befassen, schließt ja nicht aus, daß uns dennoch von Zeit zu Zeit der alte Adam überkommt.

Die positive Einstellung zur Arbeit

Mein verehrter Leser! Nachdem wir nun das Verhalten des erfolgreichen Menschen gegenüber seiner Umwelt genügend kennengelernt haben, ist es erforderlich, einige grundsätzliche Ausführungen über die Einstellung zur Arbeit zu hören. Dies ist um so wichtiger, als ja der Erfolg und Aufstieg *nur durch Arbeit* und immer wieder *nur durch Arbeit* kommt. Ob es sich dabei um eine selbständige Tätigkeit handelt, die wir in unserem eigenen Geschäft oder Gewerbe verrichten, oder um die, die wir als Mitarbeiter eines anderen ausführen, ist völlig gleich. Immer müssen wir wissen, wie wir die Arbeit an sich zu werten haben, denn nur dann werden wir sie im rechten Geiste und mit Erfolg tun.

Der Erfolg kommt nur durch positive Arbeit.

Jede Arbeit, sofern es eine ehrliche und anständige ist, hat eine *ethische*, also *sittliche* und eine *praktische* Seite. Die sittliche Seite fassen wir am besten, wenn wir uns vor Augen halten, daß die Welt *nur durch Arbeit* bestehen kann.

Arbeiten ist sittliche Pflicht!

Daraus ergibt sich die unbedingte Pflicht zur Arbeit für jeden gesunden Menschen. Wer versucht, ohne Arbeit durchs Leben zu kommen, ist asozial und versündigt sich an der Allgemeinheit und der göttlichen Ordnung.

Natürlich regelt sich die eigene Beteiligung an der Gesamtarbeit durch die Wirkung der Gesetze von der Selbsterhaltung und vom *Leistungserfolg*. Dennoch aber ist es gut, auch hier vollkommen klarzusehen:

Man lebt ganz anders, wenn man den höheren Sinn jeder Arbeit erfaßt hat, als wenn man nach seiner Meinung nur „schuftet" und weiß nicht „wofür".

Aber es ist notwendig, mein verehrtester Leser, daß man sich diesem höheren Sinn der Arbeit auch wirklich hingibt. Zudem gibt ja *nur die Arbeit* dem Menschen seinen Wert!

Man handelt nur klug, wenn man den Gedanken des Dienens ganz konsequent auch bei der einfachsten Arbeit für sich gelten läßt. Maßgebend sind hierfür nicht nur die verstandesmäßigen Überlegungen, sondern auch die positiven Kräfte, die wir damit in Aktion rufen.

Schaffen allein gibt dem Leben Sinn und Inhalt.

Was wir selber beitragen zum Leben und zum Glück der Allgemeinheit und unseres Nächsten, ist entscheidend!

Wir haben gesagt, daß *Verdienen* von *Dienen* kommt. Das ist die Folgerung aus diesen Erkenntnissen. Den größten Erfolg im Leben, und zwar ideell wie materiell, wird immer der Mensch haben, der sich ganz konsequent hiernach richtet, also den *höheren* Sinn jeder Arbeit *ganz für* sich gelten läßt. Der also aus den Notwendigkeiten zur Erhaltung und Förderung des Ganzen den Grund und die Richtung zu seiner eigenen Betätigung ableitet. —
Grundsätzlich ist folgendes zu sagen: Wohl leben wir keineswegs um zu arbeiten, vielmehr ist es umgekehrt, wir müssen *arbeiten,* um leben zu können. Es kommt aber darauf an, wie man das auffaßt. Man kann daraus ebenso eine *Last* wie ein Mittel zur Lebensfreude machen. Ersteres dann, wenn wir tatsächlich nur arbeiten, um nicht sterben zu müssen. Wer so denkt, der ist eigentlich kein Mensch, der lebt, sondern mehr ein „Etwas", das vegetiert. Außerdem hat er nicht begriffen, daß Schaffen allein dem Leben Sinn und Inhalt gibt.

Wer wahrhaft lebt, hat ein Ziel, dessen Erreichen ihm höchstes Glück bedeutet. Er dankt Gott für jeden Tag, der ihm geschenkt ist, um durch Fleiß und Tatkraft auf dem Wege zu diesem Ziel wieder ein Stück voranzukommen. Dieses Bewußtsein macht die Arbeit zu einer immerwährenden Quelle starker Lebenslust und Lebensfreude, durch die der Mensch erst wirklich zum Menschen wird. Arbeit ist darum der Schlüssel zum irdischen wie zum himmlischen Paradies, das allen Nichtstuern verschlossen bleibt. Die großen Kräfte in uns wollen nicht ausgelebt, sondern ausgearbeitet werden, wenn sie unserer Bestimmung gemäß unser Glück schaffen sollen.

Durch unser Schaffen werden wir uns erst bewußt, w e r wir sind und was wir können.

Arbeit adelt, doch nur die, die einem höheren Zwecke dient: Schaffen und Streben für die Allgemeinheit und den Fortschritt der Menschheit sollen es sein, für das wir unsere Kraft einsetzen. Es ist herrlich, nach Herzenslust arbeiten zu können! Arbeit ist das Mittel, unsere innere Natur nach außen sichtbar zu machen, denn in unserem Wirken liegt unsere Wesenheit. Durch unsere Arbeit werden wir unseres eigenen Selbst erst voll bewußt, wissen wir erst, daß wir sind!

Arbeit ist der Erlöser aus innerer Zerrissenheit, macht uns einig mit unserer inneren Natur, macht uns gesund, befreit uns von Spannungen, Minderwertigkeitskomplexen und Hemmungen, heilt alle Depressionen, gibt uns ein langes Leben und unserem ganzen Dasein Kraft, Glanz und Würde!

Jede Arbeit so gut wie möglich machen!

Aber nicht nur arbeiten soll der Mensch, sondern er soll auch jede Arbeit so gut wie möglich machen. Im allgemeinen hat der Mensch wohl das größte Interesse für seine eigenen Arbeiten, weniger aber für Arbeiten, die er aus beruflichen Gründen machen muß. Das ist vom Übel und verhindert, daß man sein bestes Können einsetzt. So ist hier die positive Einstellung: Wenn wir eine berufliche Tätigkeit verrichten, arbeiten wir nicht nur für einen Vorgesetzten, sondern zugleich für uns alle und alle übrigen Mitmenschen, weil ein Rad in der Welt immer in das andere greift.

Jeder, der für seinen eigenen Unterhalt und für seinen eigenen Erfolg schafft, arbeitet zugleich für den anderen mit. Diese Gesetzmäßigkeit macht jede auch noch so geringe Arbeit lebendig und wertvoll.

Ist man unwillig über seine Berufstätigkeit und empfindet man sie als drückende Last, so frage man sich: Kann ich es mit gutem Gewissen zulassen, daß andere für mich arbeiten, während ich die Hände in den Schoß lege? Der Bauer schafft im Schweiße seines Angesichts, was ich zum Leben brauche, der Schneider meine Kleidung, der Maurer mein Haus und — ich? Bin ich nicht auch verpflichtet, für den Bauer, Schneider, Maurer und alle anderen zu schaffen, die sich um meine Bedürfnisse bemühen? Der Alltagsmensch wird natürlich sagen: „Diese ganzen Leute arbeiten doch nicht für *mich*, sondern für sich, weil sie sich erhalten wollen!" Gewiß! Aber das ist ja gerade die wunderbare Gesetzmäßigkeit in der Welt, daß alle, jedem Egoismus zum Trotze, *füreinander* schaffen!

Wir denken zu wenig nach, nur dadurch kommen der gegenseitige Haß und das viele Elend in die Welt. Einer schafft für den andern unbewußt, ist das nicht Grund genug zum gegenseitigen Lieben? Diese Einstellung zur Arbeit ist die Voraussetzung zur wahren Nächstenliebe.

Das Geld, das wir als Lohn für unsere Arbeit erhalten, ist umgewertete Arbeit unserer Nächsten, für das auch wir als Gegenleistung Arbeit zu geben haben. Dieses Gesetz wirkt in jeder Arbeit, die wir für andere tun. Deshalb sollen wir unsere besten Kräfte und unser höchstes Können bei unserer Berufstätigkeit einsetzen und jede Arbeit so tun, wie wir das von dem wünschen, der für uns arbeitet. Einerlei, was für eine Arbeit wir im Augenblick auch machen, immer dient sie, wenn sie ehrlich ist, dem Ganzen und ist ein Baustein unseres eigenen Glückes, besonders dann, wenn wir sie bewußt tun. Deshalb müssen wir die Arbeit beseelen, unser ganzes „Ich", unser ganzes Denken in sie hineinlegen, dann macht sie nicht nur Freude, sondern bringt vor allem auch den rechten Erfolg!

Überlegungen vor der Arbeit

Nach diesen Gedanken über den Sinn der Arbeit nun eine Reihe von Überlegungen, die unsere Arbeit gewinnbringend und erfolgreich machen. Wir haben bereits über die Ausnutzung von Zeit und Kraft gesprochen. Diese Ausführungen sollen hier erweitert werden. Halten wir uns nochmals das positive Wort vor Augen:

„Was du mit einer Hand tun kannst, das sollst du nicht mit zweien tun! Und hat es Sinn, einen stumpfen Meißel mit ungeheurer Kraft in ein Stück Metall schlagen zu wollen, wenn ein leichter Schlag auf einen spitzgemachten Meißel genügt?"

Alles vermeiden, was den Erfolg erschwert! Die Arbeit einfach und unkompliziert machen.

Ja, das ist wahr und muß darum in unserem Tageslauf Berücksichtigung finden. *Alles einfacher machen und dadurch zur Mehrleistung kommen, muß fortgesetzt unser Bemühen sein.* Beobachten wir unsere alten Bekannten, die lieben Alltagsmenschen, wie unsagbar schwer sie sich das Leben durch verkehrtes und kompliziertes Arbeiten machen und lernen wir daraus! Die Situation ist doch ganz klar:

Wenn wir nicht erreichen, auf irgendeine Art mit unseren Arbeiten schneller und leichter vom Flecke zu kommen, gibt es einfach kein Vorwärts, denn nur durch erhöhte Arbeit kommt ja der Erfolg.

NACHDENKEN! NACHDENKEN!! NACHDENKEN!!! NUR RICHTIGMACHEN SCHAFFT ERFOLG! FALSCHMACHEN GANZ BESTIMMT UND IMMER MISSERFOLG!

Das Klagen über den ewigen Zeitmangel muß unbedingt aufhören und jede Ausrede muß als Schwäche aufgefaßt werden. Die Zeit, die der Erfolg von uns verlangt, ist ihm unbedingt zu verschaffen, koste es, was es wolle! Ja, was kostet's denn? *Nachdenken!* über die rationelle Ausnutzung von Zeit und Kraft und das ganz gründlich! — —

Der wesentlichste Faktor ist die *Eignung* zu einer bestimmten Tätigkeit. Trotz rationeller Arbeitsmethoden wird man nur dort das Beste leisten, wo die Anforderungen der Arbeit an Körper und Geist auch erfüllt werden können. Ohne den richtigen Beruf z. B. wird es beim besten Willen nicht zu guten Erfolgen zu bringen sein.

Damit ist nicht die Lust, sondern die *Befähigung* zu einem bestimmten Beruf gemeint. Die Arbeitslust kann man willkürlich entwickeln; sie entspricht der *geistigen Bereitschaft* zur Arbeit, die stark von der Gewohnheit abhängig ist. Hierzu ist die Wahl des richtigen Leistungs-Zieles wichtig. Es muß durch und durch der persönlichen Veranlagung entsprechen. Wenn auch viele Kräfte und Fähigkeiten in uns schlummern und entfaltet werden können, so haben wir doch alle eine ganz bestimmte Eignung für eine Reihe *spezieller Berufe.*

Höchste Leistung nur im richtigen Beruf! Man muß sich zu seiner Arbeit eignen, wenn man durch sie den rechten Erfolg haben will. Aber nicht Arbeitslust, sondern Befähigung ist gemeint.

Ein schwächlicher Mensch kann kein guter Schmied sein und ein farbenblinder kein guter Maler.

Arbeitswechsel! Unterbrechung der Arbeit.

Um recht erfolgreich seine Obliegenheiten zu erledigen, muß man auch der *Arbeitszeit* Aufmerksamkeit schenken. Dauert eine verantwortliche und sehr anspannende Tätigkeit zu lange, so versagt die Kontrolle über die Nerven, was bei Wiederholungen Störungen der Gesundheit mit sich bringt und dadurch die gewissenhafte Ausführung einer Arbeit unmöglich macht. Das gilt besonders bei angestrengter geistiger Tätigkeit, die nach mehrstündiger Dauer unbedingt eine größere Pause, mindestens aber einen Arbeitswechsel verlangt.

Es ist falsch und den Erfolgsgesetzen zuwider, sich in eine Arbeit hineinzustürzen und zu sagen, daß man nicht früher aufhört, bevor die Arbeit fertig ist. Wenn man merkt, daß die Kräfte zu einer Tätigkeit nur noch mit Mühe aufzubringen sind, muß man *aufhören*. Jede Überanstrengung ist schädlich und muß vermieden werden, wenn nicht die spätere Leistungsfähigkeit beeinträchtigt werden soll.

Überanstrengung vermeiden! Nicht alles auf einmal schaffen wollen.

Jede Überanstrengung ist schädlich.

Selbstverständlich darf man nicht immer gleich fürchten, sich zu überarbeiten; häufig wollen Geist und Körper nur nicht mehr, weil *keine Lust* zur Arbeit vorhanden ist. In diesem Falle muß *erst recht* weitergearbeitet werden, um die Unlust zu überwinden. Damit Schädigungen der Gesundheit vermieden werden, muß man zwischen Arbeitsunlust und Übermüdung genau zu unterscheiden wissen.

Um das rechte Maß für die eigene Leistungsfähigkeit zu finden, ist zunächst festzustellen, ob die richtigen Anlagen für den Beruf vorhanden sind. Ist das der Fall, erkundigt man sich nach den Leistungen derer, die im gleichen Berufe führend sind. Von ihnen wird ein Vorbild erwählt, dem man mit ganzem Wollen nachstrebt, wobei es heißt: „Was der andere kann, das kann auch ich!"

Man darf dabei aber nicht mit dem Kopf durch die Wand wollen. Wenn wir bisher nur zwei Stunden konzentriert arbeiten konnten, dürfen wir nicht aus Übereifer morgen gleich sechs Stunden arbeiten; wenn es auch wirklich geht, übermorgen können wir um so weniger leisten. Bei der Steigerung der Leistungen muß stets die organische Entwicklung in Rechnung gestellt werden. Ein Muskel, der heute fünfzig Pfund hebt, ist morgen unmöglich in der Lage, hundert zu heben; wenn das überhaupt geht, dann nur durch allmähliche Erhöhung des Gewichts.

Steigerung der Leistungsfähigkeit daher nur allmählich, immer etwas mehr, bis die individuelle Grenze erreicht worden ist.

Geht man langsam vor, wird man eines Tages bestimmt Bedeutendes in seinem Fach leisten, während man durch forciertes und plötzliches Vorgehen nicht nur ohnmächtig gegen Widerstände wird, sondern sogar seine augenblickliche Leistungsfähigkeit in Gefahr bringt.

Auch hierbei heißt es: Richtig machen!

Um die zur Erhöhung seiner Leistungen notwendige Ausdauer zu stärken und zu erhalten, muß man seine *Vorbilder* als die Verkörperung seiner persönlichen Möglichkeiten betrachten lernen, was Minderwertigkeitsgefühle und Zweifel am eigenen Können zum Schwinden bringt. —

Unsere Vorbilder zeigen uns, wie es sein wird, wenn wir erreicht haben, was wir wollen! — —

Hiermit, mein verehrter Leser, wollen wir die Überlegungen zur Arbeit beenden und uns einer Reihe anderer wichtiger Punkte im Tageslauf des erfolgreichen Menschen zuwenden. Jetzt interessiert uns das Verhalten des positiven Menschen auf der Straße, und besonders der Weg, den er jeden Morgen vom Heim aus zum Geschäft oder zur Arbeitsstätte zurücklegt. Die bewußte Lebensführung wird selbstverständlich auch auf diesen Weg übertragen, der uns dienlich ist, um unsere Gesundheit zu stärken, unsere Sinne zu schärfen und unseren Geist zu entwickeln.

Der Weg zur Arbeitsstätte: Atmen! Atmen! Atmen!

Nicht zu spät vom Hause weg! Der positive Mensch geht möglichst zu Fuß!

Nach unseren Grundsätzen einer wirklich gesunden Lebensweise versteht es sich, daß wir möglichst auf Schusters Rappen den Weg zur Arbeitsstätte zurücklegen. Um unterwegs etwas Zeit für eine Reihe von Beobachtungen zu haben, gehen wir etwas früher als sonst von zu Hause weg. Ruhig, in positivster Stimmung und mit festem Schritt schreiten wir aus, um in tiefen, vollen Zügen die herrliche Morgenluft in unsere Lungen aufzunehmen. Dabei haben wir Gelegenheit, beim Gehen recht oft Tiefatmung zu üben. Über die Bedeutung einer guten Atmung haben wir schon ausreichend gesprochen, so daß sich darüber weitere Erklärungen erübrigen. Nur eins ist jetzt doppelt wichtig: *Wir müssen erreichen, recht gleichmäßig ein- und auszuatmen, wobei wir unsere Aufmerksamkeit vor allem auf die Tätigkeit des Zwerchfells zu lenken haben. Die ganze Lunge muß atmen, nicht nur die oberen Teile.*
Die Betätigung des Zwerchfells erreichen wir, wenn wir, wie schon früher beschrieben, *riechend durch die Nase* atmen, wobei wir den Unterleib ausdehnen. So füllen wir durch gleichmäßiges, ruhiges Atmen zunächst die unteren Teile der Lunge, um schließlich immer mehr auch die oberen zu füllen. Hierzu soll man mehrere Sekunden gebrauchen.

Ist die Einatmung vorgenommen, so halten wir die Luft etwas fest, um dann in der gleichen ruhigen Weise wieder auszuatmen. *Einatmung, Festhalten der Luft* und *Ausatmung* müssen möglichst *rhythmisch* vor sich gehen.

Die Gewohnheit des rhythmischen Atmens stellt sich mit Sicherheit ein.

Wer die Kunst dieses positiven Atmens nicht beherrscht, wird damit in der ersten Zeit allerdings einige Schwierigkeiten haben und diesen Rhythmus nur einhalten können, wenn er direkt darauf achtet. Wird dies jedoch eine Weile strikt durchgeführt, so wird schließlich dieses langsame Atmen zur Gewohnheit. Dieses Ziel unbedingt zu erreichen, muß unser Bestreben sein. Wir eignen uns damit ein außerordentlich wichtiges Mittel zur dauernden Pflege unserer Gesundheit an, das unausgesetzt unserem Körper und unseren Nerven erhöhte Kräfte zuführt.

Bitte, mein verehrter Leser, führen Sie dies rhythmische Tiefatmen aber auch wirklich durch. Von seinem bloßen Kennenlernen haben Sie nichts, sondern nur von der *Praxis!* Ich weiß, daß so manche unserer Erfolgsanweisungen leicht übersehen wird. Keineswegs darf diese Unachtsamkeit aber diese Atemübung treffen, ebensowenig wie die *Vokalatmung* am Morgen. Sie würden sich dadurch empfindlich schädigen!

Auf diese gedankliche Einstellung ist deshalb nochmals ausführlich hingewiesen, weil sie von allergrößter Bedeutung ist. Also danach handeln! Nur die Tat entscheidet!

Von Wichtigkeit ist bei dieser rhythmischen Tiefatmung, wie überall, unser *Denken.* Beim Einatmen müssen wir uns ganz deutlich, also bildlich vorstellen, wie die herrliche Kraft der Luft unserem Körper zugeführt wird. Die Vorstellung muß so *deutlich* sein, daß wir direkt sehen, wie der Lebensstrom durch das Einatmen in uns aufgenommen wird.

Haben wir fertig eingeatmet, kommt die zweite Phase des rhythmischen Atmens, das Anhalten der Luft, die wir mit folgenden Vorstellungen verbinden:

„Jetzt wirkt und arbeitet in mir die wunderbare Lebenskraft des Sauerstoffs. Sie durchpulst alle Adern und alle Zellen und gibt mir Gesundheit, Leistungsfähigkeit und frohen Mut."

Atmen wir dann aus, so stellen wir uns vor, wie mit der *verbrauchten* Luft gleichzeitig auch *alles Kranke* und *Negative* den Körper verläßt.

Auch dieses *Kraftdenken* während des Atmens wird zur *Gewohnheit,* genau so, wie das rhythmische Tiefatmen, wenn wir es eine Zeitlang mit Hingabe üben. Was das für die Gesundung des Körpers und die Erstarkung unseres seelischen Menschen bedeutet, ist nach unseren Ausführungen über die Macht des Denkens ohne weiteres klar. Die Resultate, die mit dieser kombinierten Atem- und Denkübung eintreten, sind so überraschend, daß wir glauben könnten, ein besseres Mittel zur Gesundung gäbe es überhaupt nicht. Aus eigener Erfahrung wird man dann auch verstehen können, warum z. B. in der indischen Yogapraxis so großer Wert auf Atemübungen gelegt wird.

Wirklich, wunderbare Wirkung!

Alles Fahrige, Nervöse, Hastige wird wohltuend beeinflußt, und die große Ruhe, die der positive Mensch zur Durchsetzung seines Willens braucht, wird gerade durch diese Atemübung ungemein gefördert.

Die rhythmische Tiefatmung wird also morgens auf dem Weg zur Arbeitsstätte durchgeführt und, soweit überhaupt angängig, auch *während des ganzen Tages.* Sagen Sie nicht, daß dies nicht gehe. Selbstverständlich wird das *bewußte* Denken während der Arbeit in Fortfall kommen, das rhythmische Atmen aber behält unser unbewußt arbeitender Organismus ganz von selber bei, wenn wir es ihm erst einmal richtig beigebracht haben.

Auch während des ganzen Tages positiv atmen!

Sie müssen sich überhaupt merken, alles sieht immer viel, viel schwerer aus, als es in Wirklichkeit ist. Fangen Sie nur an, nach unseren Anweisungen zu handeln, und bald werden Sie sich davon überzeugen, daß eigentlich alles geht, was man ernstlich will, und daß es vor allem auch leicht geht. Schwer ist alles nur, solange es nicht zur Gewohnheit wurde!

Auch das positive Denken beim Atmen wird zur Gewohnheit. Es begleitet uns dann immer wie ein *Orgelakkord,* der die Grundstimmung unseres Wesens angibt.
Sie wissen ja, mein verehrter Leser, wir sollen *ganz positiv* werden und von *innen heraus* zum positiven Denken, Fühlen und Handeln kommen. Atmen Sie rhythmisch und denken Sie dabei fleißig in der angegebenen Weise, dann werden Sie dieses Ziel bestimmt erreichen.

Wir müssen uns möglichst zu jeder Zeit in positiver Stimmung befinden. Das wird möglich durch die Macht der Erkenntnis und der Gewohnheit.

Beobachten Sie einmal jene Menschen, die sich dauernd in einer frohen, zuversichtlichen Laune befinden. Glauben Sie, daß die Betreffenden fortwährend an diese gute Stimmung denken? Ausgeschlossen! *Die Stimmung ist einfach da und herrscht!* Es ist genau das gleiche wie bei übellaunigen Geistern, die von ihrer schlechten Laune besessen sind, auch ohne es selber zu wollen. *Unbewußte Seelenvorgänge!* Das ist die Erklärung; aber wie wunderbar, daß wir bei konsequent positiver Einstellung einen so großen Einfluß darauf haben. *Deshalb nutzen Sie die Macht der rhythmischen, beseelten Tiefatmung!*

Jawohl, die Stimmung ist einfach da und — herrscht! Sehr wichtig! Gut darüber nachdenken.

Auf der Straße und überall: Augen und Ohren auf!

Wir kommen jetzt zu sehr wichtigen Erkenntnissen, die die Selbsterziehung zur *Aufmerksamkeit* behandeln. Wir müssen jede Gelegenheit ausnutzen, um unsere geistigen Fähigkeiten zu trainieren. Dazu bietet sich dauernd Gele-

genheit und besonders auch auf dem Wege zu und von unserer Arbeitsstätte, also auf der Straße.
Unseren Ausführungen stellen wir ein kluges Wort von *Friedrich Rückert* voran, das wir uns recht fest einprägen wollen. Es lautet:

„Wer da sitzet in dem Röhricht und sich nicht da eine Pfeife schneidet, der ist töricht!"

Achtung! Wir sitzen dauernd im Röhricht!

Die Wichtigkeit dieses Wortes für den Erfolg ist ohne weiteres einzusehen. Wir müssen erreichen, daß es sich auch *unbewußt* in unserem Wollen äußert, zumal wir dauernd im *Röhricht* sitzen.

Immer sitzen wir im Röhricht, doch die meisten sehen den Wald vor Bäumen nicht.

Immer können wir für uns irgendwelche Vorteile schaffen, sofern wir nur dauernd auf dem Sprung sind. Ich habe hier nicht nur das materielle Streben vor Augen, sondern genau so Geist und Seele. Denken wir auch hierbei wieder an den Umgang mit unseren Mitmenschen: Auch hierbei sitzen wir doch dauernd im Röhricht und immer kommt es auf uns an, ob wir uns durch richtiges Verhalten einen Freund oder durch falsches einen Gegner schaffen. Wie oft haben wir z. B. die Wahl, durch das *Aussprechen* oder *Nichtaussprechen* eines einzigen Wortes Disharmonie oder Harmonie zu schaffen.

Sehr wichtig! Nachdenken und handeln!

Liegt uns ein Schimpfwort auf der Zunge und unterdrücken wir es, weil uns diese Erfolgslehre noch rechtzeitig zum Bewußtsein kam, so haben wir für uns sofort ein Plus erzielt. Gesagt soll damit sein, daß nicht nur aus dem Angenehmen, sondern auch aus dem *Unangenehmen* ein Erfolg zu schaffen ist.

Aus allen Situationen Vorteile und Erfolge schaffen!

Und der positive Mensch ist so eingestellt, daß er grundsätzlich aus allen Situationen einen Gewinn herausholt.
Übrigens, auf dieses Gebiet der Erfolgstechnik möchte ich Sie noch ganz besonders hinweisen: Unzählige Male haben wir es doch in der Hand, eine Situation ganz nach unseren Wünschen zu drehen, und zwar lediglich dadurch, wie wir uns zu ihr einstellen.

Die eigene Macht richtig ausnutzen! Immer mehr hineinwachsen in die Erfolgsgestaltung.

Daß dies für den Ablauf unseres Tageslaufes von entscheidender Bedeutung ist, ist einleuchtend. Ich überlasse es Ihnen, hieraus die Konsequenzen zu ziehen.
Was die Anwendung der Rückertschen Weisheit auf die Schulung unseres Geistes betrifft, so versteht sich das grundsätzlich für alle Gelegenheiten des Tages, wo es möglich ist, irgend etwas Neues aufzunehmen oder kennenzulernen, das uns irgendwie einmal dienlich sein könnte. Für die Praxis heißt das:

Augen und Ohren auf! Nicht dösen wie der Alltagsmensch und nicht planlos in der Weltgeschichte herumlaufen!

Alle Erfolgseinflüsse der Umwelt richtig ausnutzen!

Man muß *geistig aufgeweckt* sein, was bedeutet, daß wir mit lebendiger Anteilnahme das Leben und Geschehen um uns herum beobachten. Der aufgeweckte Mensch ist der *interessierte* Mensch, denn Interesse ist das A und O aller geistigen Lebendigkeit. Wer nur für sich selbst und seine eigenen Angelegenheiten aufgeschlossen ist, läuft nicht nur Gefahr, einseitig zu werden und den Kontakt mit seiner Umwelt zu verlieren, sondern schaltet sich auch von den Erfolgseinflüssen seiner Umwelt aus.
Daß wir den Erfolg nicht vollständig aus uns selber zu schaffen imstande sind, ist uns schon aufgegangen. Wir brauchen dazu unbedingt die Hilfe

Wir alle beeinflussen uns gegenseitig.

unserer Mitmenschen. Sei es, daß sie unsere Mitarbeiter werden oder sonstwie. Kein Geschäftsmann könnte einen Erfolg erzielen, wenn er nicht seine

Kunden hätte, kein Techniker ein großes Werk aufbauen, ohne die Mithilfe der arbeitenden Hand. Genau so sind wir aber auch *geistig* von unserer Umwelt abhängig, und zwar von ihrem Ideen- und Gedankenstrom, der uns alle regelrecht trägt, es fragt sich nur, wohin und ob zu unserem Besten oder zum Schlechten.

Für den positiven Tatmenschen kommt es darauf an, in diesem Strome schwimmen zu lernen, alle negativen Strömungen und verderblichen Strudel von sich abzuhalten, dagegen aber alles auf sich wirken zu lassen, was am eigenen Erfolg mithelfen kann.

Sehr wichtig!

Versteht man jetzt, daß dies ohne lebendigste Anteilnahme am Leben um uns herum gar nicht möglich ist, und daß man an den Vorgängen in seiner Zeit, und zwar auf allen Gebieten, unbedingt geistig beteiligt sein muß, wenn man darin bestehen und sich behaupten will? Vielfach wird darüber geklagt, daß ältere Menschen in ihrer Gesinnung und Einstellung verkalken, und daß das Alter kein Verständnis für die Jugend habe. Das trifft zu, aber nur für die Fälle, wo mit der Zunahme der Lebensjahre eine Isolation vom Fluß der Zeit eintrat. Das können wir aber nicht nur in der Einstellung des Alters zur Jugend beobachten, sondern grundsätzlich auf allen Gebieten des Lebens. Man geht einfach mit der Zeit nicht mit, weil man glaubt, es nicht nötig zu haben. Gut, wenn man keinen Wert auf Erfolge legt und sich selber zum alten Eisen rechnet, mag das recht sein; jedes Menschen Wille ist schließlich sein Himmelreich. *Wer jedoch vorwärts will, auch in Zukunft ein Wort mitreden und zumindest seine bisher erzielten Erfolge erhalten will, muß sich von dieser Einstellung lossagen.* Jeder, der am Leben aktiv beteiligt ist, muß darum unausgesetzt weiterlernen. Das aber ist es gerade, was hier mit der Anteilnahme am Leben um uns herum gemeint ist. Wenn Goethe sagt, daß wir ewig Schüler bleiben, obwohl wir Lehrer sein können, so hat er vollständig recht und jeder tut gut, sich danach zu richten.

Mitmachen, mitgehen, die eigene Zeit denkend durchleben!

Das Alter muß darum auch mit der Jugend gehen!

Unausgesetzt weiterlernen!

Wie notwendig es ist, immer mit der Zeit zu gehen und an allen Geschehnissen beteiligt zu sein, erkennen wir, wenn wir uns einmal vorstellen, wie die Welt jetzt aussieht und wie sie uns überraschen würde, wenn wir einmal ein paar Jahre nicht aus dem Hause kämen. Wie komisch wirkt doch ein Film, der vor 25 Jahren gedreht wurde. Beinahe können wir es gar nicht glauben, daß wir uns solchen Kitsch einmal angesehen haben. Und doch — waren wir zu jener Zeit nicht begeistert, lebten wir in diesem „Kitsch" nicht genau so mit, wie bei einem Großfilm von heute? Und das Sonderbarste, haben wir von dieser Entwicklung eigentlich etwas gemerkt? Nein, jedenfalls nicht soviel, wie der Unterschied zwischen den Filmen erwarten läßt. Und warum eigentlich? Weil sich diese Entwicklung nicht sprunghaft, sondern *allmählich* vollzog, und weil wir durch unsere Verbundenheit mit der Zeit auf jeden Schritt nach vorn zwangsläufig eingestellt waren. Ähnlich wie bei dem Film steht es auch mit der Mode: Können Sie glauben, daß die Zeit der riesengroßen Damenhüte, der unhygienischen langen Schleppkleider und der fürchterlich geschnürten Taille und des großen, hochgezwirbelten Schnurrbartes, der die Sehnsucht jedes jungen Mannes war, kaum 70 Jahre zurückliegt? Wenn wir heute Bilder aus dieser Zeit sehen, muten sie uns an, als stammten sie aus dem Mittelalter. Sehen Sie, mein verehrter Leser, genau

Wenn wir nicht aufpassen, schaltet uns die Zeit glatt aus!

so nun, wie sich das äußere Leben wandelt und unausgesetzt wandelt, verändern sich dauernd auch alle anderen Verhältnisse. Und können Sie verstehen, daß man deshalb unmöglich bei seiner augenblicklichen Entwicklung stehenbleiben darf, etwa in dem Bewußtsein, so, jetzt habe ich genug gelernt, nun weiß ich genug? Ehe wir uns versehen, rast die Zeit an uns vorbei und wir sind „veraltet". Daß wir dann unmöglich eine Aussicht auf Erfolg haben, ist leicht verständlich, denn nur, was dem Zuge der Zeit folgt und nicht rückständig ist, findet bei den Zeitgenossen Aufmerksamkeit. Damit ist nicht gesagt, daß wir verrückten Ausgeburten der Zeit zu folgen haben, dennoch aber allem *Fortschrittlichen,* und hierauf kommt es an. Und das meine ich auch damit, wenn ich sage, daß der Erfolgsmensch im Strome der Gedanken und Ideen seiner Umwelt schwimmen muß.

Stets offene Sinne für den Fortschritt haben.

Die praktische Auswertung dieser Einstellung besteht darin, daß wir unsere Beobachtungsfähigkeit permanent spielen lassen. Hierzu bieten sich während des Tages unzählige Gelegenheiten und vor allem auch auf unserem täglichen Weg zur Arbeitsstätte. Inwiefern? Nun, indem wir z. B. die Menschen unter die Lupe nehmen, die uns auf unserem Wege begegnen. Jeder einzelne hat uns etwas zu sagen und berichtet uns durch sein Aussehen, sein Verhalten von seinem Beruf, seiner inneren Haltung und seinem Leben. Selbstverständlich muß man dazu die Fähigkeiten zum *„Sehen"* besitzen, was verlangt, daß nicht nur unser äußeres, sondern auch unser *inneres Auge* aufgeschlossen ist. Wer sich schon einmal mit Menschenkenntnis beschäftigt hat, wird mich hier sehr genau verstehen, denn in der Haltung eines Menschen und seinem Gesicht steht seine Geschichte.

Jeder Mensch hat uns etwas zu sagen und jedes Ding!

Das innere Auge muß beteiligt werden.

Aber nicht nur die Menschen reden zu uns, obwohl sie gar nichts zu sagen brauchen, auch die Häuser mit ihrer Bauart, ihrem Anstrich, ihren Läden und Schildern, wie überhaupt alle Dinge, die unsere Sinne fesseln. Jeder einzelne Gegenstand hat uns etwas zu erzählen und es kommt nur darauf an, daß wir ihn *fragen.* Wieso fragen? Nun, indem wir *uns selber* über ihn befragen und dazu seine Eigenart, sein Verhältnis zu anderen Dingen und zu den Menschen und zum Leben untersuchen.

Wir müssen die Dinge fragen!!

Das ist gar nicht schwer und eigentlich nur davon abhängig, daß wir uns für das Leben in seiner Vielseitigkeit überhaupt interessieren. Ja, *Vielseitigkeit,* das ist das richtige Wort. Der Erfolgsmensch ist immer vielseitig, ohne daß er deshalb aber oberflächlich ist. Vielseitigkeit ist auch der beste Ausdruck für *geistige Aufgeschlossenheit.* Keineswegs braucht man deshalb alles gleich zu können, was andere fertigbringen, aber *bekannt* muß es einem sein und *begreifen* muß man es. Und keineswegs muß man auch alles *bejahen* und *gutheißen,* was man kennenlernt. Im Gegenteil, immer heißt es sorgfältig abwägen, vergleichen und prüfen, damit sich keine erfolgs- und entwicklungswidrige Einstellung in uns entwickelt. Die Worte, die man so häufig hört, das kann ich nicht begreifen, da kann ich nicht mit, das geht über meinen Horizont usw., sollten von Menschen mit positiver Einstellung überhaupt nicht ausgesprochen werden, zumindest jedoch nicht, ohne sich gründlich mit der zu verstehenden Sache auseinandergesetzt zu haben. Tatsächlich können viele etwas Neues nicht begreifen, eben, weil sie keinen Kontakt mit dem fließenden Leben haben. Deshalb muß man auch einfach auf der *„Höhe der Zeit"* bleiben und darf die Verbindung mit Menschen und Dingen

Der Erfolgsmensch ist vielseitig. Es gibt nichts, was ihn nicht interessieren könnte.

„Das kann ich nicht begreifen", so etwas gibt es nicht für den Erfolgsmenschen.

solange nicht unterbrechen, wie man sie braucht und von ihnen abhängig ist bzw. mit ihnen in Glück und Erfolg zusammen leben will.

Also alles, was sich unsern Augen bietet, müssen wir sorgfältig beobachten und innerlich befragen!

Meinen Sie, daß es Dinge gibt, die Sie auf Ihrem Weg, den Sie vielleicht schon seit Jahren jeden Morgen und jeden Abend zurücklegen, noch nicht gesehen haben? Ja, ich behaupte, daß es sogar ganz bestimmt der Fall ist, ja, daß es sogar tausend Dinge gibt und viele mehr, die alle noch darauf warten, um von Ihnen entdeckt zu werden.

Es gibt immer Neues, man muß es nur sehen können.

Ich sagte vorhin, daß nicht nur das äußere, sondern auch das *innere* Auge aufgeschlossen sein muß, um etwas zu sehen. Das ist auch die alleinige Ursache für unser Vorbeilaufen an so vielen Dingen.

Unsere Sinne nehmen grundsätzlich nur das wahr, worauf wir sie stoßen. Von allein machen Sie uns in den allerseltensten Fällen auf etwas aufmerksam, und dann auch nur, wenn irgendein lebenswichtiges Interesse berührt wird.

Sehr, sehr wichtig!!! Fest merken und beständig vor Augen haben: Was nicht interessiert, wird nicht registriert!

Sind wir an einer Sache interessiert, so ist es gerade, als ob uns alle Dinge entgegenkommen, die zu dieser Sache gehören, umgekehrt, als wenn sie uns regelrecht fliehen. Deshalb müssen wir den inneren Motor ankurbeln und die Kamera unseres Geistes unmittelbar auf die zu erfassenden Objekte einstellen lernen.

Wie mangelhaft unsere Sinne und unsere Beobachtung arbeiten, können Sie leicht an den Möbelstücken Ihrer Wohnung, ja sogar an Ihrer Kleidung und an Dingen beobachten, mit denen Sie täglich in engster Fühlung leben. Kennen Sie das Muster Ihrer Krawatte? Bitte, nehmen Sie ein Stück Papier und versuchen Sie dieses Muster aufzuzeichnen. Ja, es soll sogar vorkommen, daß man noch nicht einmal weiß, ob die Taschenuhr, die man jeden Tag mindestens zehnmal in die Hand nimmt, römische oder arabische Ziffern hat. So ergeht es uns bei tausend Dingen. Wenn es sich um belanglose Gegenstände handelt, spielt das weiter keine Rolle, schlimm ist nur, daß es uns oft auch in wichtigen Angelegenheiten so geht.

Prüfen Sie sich!

Viele werden mir antworten wollen, daß ihr *Gedächtnis* schlecht arbeite. Zugegeben, aber warum arbeitet es denn schlecht, und weshalb funktioniert es tadellos, wenn es sich um Ihr Steckenpferd und Ihre Liebhabereien handelt? Hier liegt der Hase im Pfeffer, mein verehrter Leser, und der Grund zum Versagen des Gedächtnisses ist nur das mangelhafte Interesse, das Sie all diesen Dingen, die Sie bisher vergaßen, entgegenbrachten.

Die „geistige Kamera" muß richtig eingestellt sein!

Aufmerksamkeit ist das Mittel zur Beseelung der Vorstellungen! Diese wichtige Lehre, die für unser positives Denken eine so bedeutsame Rolle spielt, ist auch hier entscheidend. Unser Geist denkt nicht daran, die Umwelt sicher und zuverlässig festzuhalten, wenn wir uns beim Photographieren des Gegenstandes nicht die Mühe machen, unser „Objektiv" auf höchste Schärfe und Lichtstärke einzustellen. Das aber verstehen wir unter „Beseelung".

Unbewußte Arbeit des Geistes bei genügendem Interesse.

Ganz von selber stellt sich die geistige Linse richtig ein, wenn wir die Dinge unserer Aufmerksamkeit nicht nur von außen, sondern auch von innen betrachten. Und darum sage ich:

Fragen Sie die Dinge, was sie Ihnen zu sagen haben, untersuchen Sie ihre Beziehungen zu anderen Dingen, zum Leben, zu den Mitmenschen usw. Jedes noch so kleinste Ding ist wichtig genug, um darüber nachzudenken, denn jedes ist ja ein Baustein im Gesamtgefüge der Schöpfung und des Entwicklungsgeschehens.

Was ist „notwendig"?

Selbstverständlich wird nicht von uns verlangt, daß wir deshalb jedes kleinste Ding untersuchen müssen, aber um das Wichtigste und vor allem um alles *Notwendige* müssen wir uns unbedingt bemühen. Hierzu sei jedoch gesagt, daß dieses „Notwendige" sich nicht danach richten darf, ob es jemand aus einem engen Horizont heraus für notwendig hält oder nicht, sondern vielmehr, ob der *Erfolg* und die *persönliche Einstellung* es zur Notwendigkeit erheben. Wer geistig bequem ist, der kann nur zu leicht von einer Sache behaupten, daß er sie nicht brauche, und daß es auch „so gehe". Ist man aber ehrlich und denkt ein bißchen nach, wird man feststellen, daß dieses „Nichtbrauchen" meist nur *mangelnder Voraussicht* entspricht.

Der positive Mensch disponiert auf lange Sicht, und was er an Wissen im Augenblick wirklich nicht benötigt, das behält er sich für die Verwirklichung seiner Fernziele vor.

Dies zeigt uns auch, daß der Umfang unserer geistigen Betätigung von unseren *Zielen* abhängig ist. Will ich ein großes Haus bauen, so muß der Grund, auf dem es stehen soll, ganz anders bearbeitet werden als bei einer kleinen Hütte.

Ein gutes Allgemeinwissen ist unerläßlich!

In einem Punkte müssen wir jedoch immer vielseitig sein, wenn wir als Persönlichkeit und nicht nur als Person wirken und gewertet sein wollen: Im *Allgemeinwissen,* das alle Gebiete des kulturellen und zivilisatorischen Geschehens wie des öffentlichen Lebens umfaßt. Das ist schon deshalb notwendig, um sich in allen gesellschaftlichen, sozialen und staatlichen Angelegenheiten ein richtiges Urteil bilden zu können. Man sage nicht, daß hierzu allein der gesunde Menschenverstand ausreiche; abgesehen, daß dieser ja sowieso ein Niederschlag von Erfahrungen ist.

Um sich zu behaupten und durchzusetzen, muß man geistigen Kontakt mit allen richtunggebenden Erkenntnissen haben, andernfalls wird man ein fünftes Rad am Wagen sein und bestenfalls von der Entwicklung mitgerissen werden, nicht aber, wie es sich für einen positiven Menschen gehört, aktiv daran beteiligt sein.

Blicken wir uns doch um in unserer Umwelt! Alle Menschen, die mit ihrem Wissen nicht auf der Höhe stehen, sind im Hintertreffen, und damit auch schonungslos allen auf sie einstürmenden Einflüssen ausgeliefert. Deshalb müsssen wir aufs innigste die Verbindung mit dem fließenden Leben pflegen und an allen Fortschritten Anteil nehmen. *Von großer Bedeutung ist hierzu das Studium der neuesten Literatur, der Tageszeitungen und illustrierten Blätter sowie Inanspruchnahme von Rundfunk und Fernsehen.*

Auf dem Weg zur Arbeitsstätte dient diesem Wissen vom Fortschritt ferner das Studium der *Anschlagtafeln* und *Plakatsäulen* sowie die Beachtung der *Schaufensterauslagen.* Auf alle diese Punkte bezieht sich unser Hinweis: *Augen und Ohren auf!*
Ich weiß, daß in dieser Hinsicht bei vielen etwas faul ist. Der eine will keine Bücher, der andere keine Zeitungen lesen, den dritten haben bisher Plakatsäulen am allerwenigsten interessiert usw., doch damit muß gründlich aufgeräumt werden.

Der Erfolg verlangt einfach, daß wir uns aller Mittel bedienen, durch die der Fortschritt zu uns spricht, ganz gleich, ob wir uns bisher dafür interessiert haben oder nicht.

Der Erfolg als Beruf!

Mein verehrter Leser, die Erfolgsgestaltung muß als regelrechter *Beruf* aufgefaßt werden. Von nichts kommt nichts, das ist eine alte Wahrheit und vor allem nicht die geistige Überlegenheit, die wir gerade in unserer Zeit des gesteigerten Wettbewerbs brauchen.
Wer beruflich sehr in Anspruch genommen ist, könnte hier sagen: „Ja, Herr Schellbach, das ist ja alles ganz bestimmt richtig, aber woher sollen wir die Zeit nehmen, die zu dieser dauernden Weiterbildung gehört?" Stimmt, doch wozu streben wir dann nach einem Tagesplan und einer genau überlegten Zeiteinteilung? Bitte, noch etwas Geduld, dann werden Sie sehen, daß auch der *Vielbeschäftigte* seine Weiterbildung im Fluß halten kann. Für die bisherigen Ausführungen sei jedoch gleich hinzugesetzt, daß die Weiterbildung auf dem Wege zur Arbeitsstätte nur einen minimalen Zeitaufwand verlangt.

Aufhören eine rollende Fleischkugel zu sein!

Vornehmlich kommt es ja darauf an, daß Sie keine „rollende Fleischkugel" sind, die sich zur Arbeitsstätte bewegt, sondern ein *lebendiger Mensch* mit *offenen Sinnen* und *beweglichem Geist.* Sehen wir uns doch unsere lieben Zeitgenossen an: Sind nicht die meisten regelrechte Schlafmützen? Als ob die Welt mit ihrer Buntheit überhaupt nicht für sie da wäre, so laufen sie an allem vorbei, was sie fördern und bilden könnte. In geistiger Hinsicht sind sie so bedürfnislos, daß man sich wundert, wie diese Menschen überhaupt denken und überlegen können. Na, wie weit diese Überlegung geht, wissen wir ja, umsonst treten nicht so viele Konflikte und Disharmonien auf.

Essen und Trinken und die geistigen Bedürfnisse der Allgemeinheit.

Die Armut und Seichtheit in allem, was das Denken und den Geist angeht, sind allgemein so entsetzlich, daß man buchstäblich an geistiger Unterernährung zugrunde gehen müßte, würde man davon abhängig sein. Um nichts anderes dreht sich das ganze Denken, als um die unmittelbaren Bedürfnisse des Leibes, und nur, was damit im Zusammenhang steht, findet richtig Beachtung. Da nützt aber kein Ärger und kein Schimpfen, sondern nur positive Aufbauarbeit. Denn daß der Großteil der Menschen geistig so teilnahmslos ist, liegt zumeist daran, daß man sich um die geistige Erschließung der Allgemeinheit noch nie richtig gekümmert hat.

Wir und der Durchschnitt.

Und wenn wir selber in vielen Dingen schon über dem Durchschnitt stehen, so können wir nur Gott danken, daß es die Ereignisse unseres Lebens so gut mit uns meinten. Solange das Leben im Gleichmaß dahinplätschert, unterbleibt meist jede Konzentration auf die Entfaltung geistiger Kräfte. Ganz allgemein folgt der Mensch nur der *eisernen Notwendigkeit.*

Die eiserne Notwendigkeit.

Darüber hinaus vollbringt nur der zur höheren Erkenntnis erwachte Mensch etwas. Und das ist gerade der springende Punkt:

es kostet ungeheuer viel, bevor die Menschen dahinkommen, denn Geisteskraft gehört eben nicht (oder noch nicht!) zur eisernen Notwendigkeit. Bis heute konnte man sich ganz gut ernähren, kleiden und — amüsieren, auch ohne gesteigerten Wert auf „Geist" zu legen.

Wollen wir unsere Mitmenschen geistig hinaufbilden, so müssen wir vor allen Dingen ihrem augenblicklichen Entwicklungsstand gerecht werden. Die Masse kann wenig dafür, daß sie so rückständig ist. Auch dies muß man einsehen und begreifen.

Wer aber tagaus, tagein und viele Jahre lang immer nur ganz einfache und nur auf die allgemeine Lebenshaltung eingestellte Gedanken in seinem Bewußtsein kreisen ließ, von dem ist unmöglich zu verlangen, daß er nun auf einmal höheren Erkenntnissen zu folgen vermag. Hierzu gehört die Beachtung der Gesetze des geistigen Aufbaus, die im Erwachsenen genau so wirken wie im Hirn des Abc-Schützen, der auch nicht den Lehrstoff der höheren Klasse begreift, wenn ihm nicht zuvor das Lesen und Schreiben beigebracht wurde. Aus diesem Grunde müssen wir auch Geduld mit unseren Mitmenschen haben, wenn sie auf höhere Gedankengänge zunächst überhaupt nicht reagieren, sondern müssen, genau so wie der gute Pädagoge, wieder und immer wieder ihr Interesse zu wecken versuchen. Daß wir dabei nur Erfolg haben, wenn wir von ihren *Wünschen* ausgehen, selbst wenn es ganz *primitive* und *rein materielle* sind, ergibt sich nach Kenntnis der Zusammenhänge von selbst. Wir können hier sagen: *Pack den Menschen bei seiner Sehnsucht und du hast ihn in der Hand!* Reagiert er erst einmal, dann gelingt es auch, ihn langsam weiterzuführen. Und in dem Maße, wie ihm dann ein Licht nach dem andern aufgeht, erobern wir ihn für ein höheres Leben.

Auch diese Gedankengänge, mein verehrter Leser, rechnen zum Tageslauf des positiven Menschen, denn es gehört zu den wichtigsten Aufgaben, daß wir zumindest die Menschen unseres engsten Kreises für eine Neuformung des Lebens auf positiver Grundlage gewinnen. Unsere Mühe wäre jedoch vergeblich, würden wir nicht genau wissen, wie das erreichbar ist.

Alles untersteht den Gesetzen des Lebens! Pestalozzi glaubte an die Entwicklung der Menschen. Tun Sie es auch, aber gehen Sie richtig vor.

Und wer an der Höherentfaltung und Hinaufbildung der Menschheit zweifelt, weil sie nach seiner Meinung nicht zu bessern sei, der beweist damit nur seine pädagogische Unfähigkeit: Willkürliches Vorgehen nach dem eigenen Kopf ist immer ein Rennen gegen Mauern. Und wenn Pestalozzi, der große Erzieher, für die Meinung kämpfte, daß fast aus jedem Kinde bei richtiger Behandlung etwas zu machen sei, so bezieht sich das auch auf die erwachsene Menschheit.

Die großen Mißerfolge auf dem Gebiete der Menschenbildung sind in der Hauptsache nur auf die mangelnde Erkenntnis der Gesetzmäßigkeiten zurückzuführen, nach denen sich Geist und Seele des Menschen entfalten.

Der Tageslauf des positiven Menschen

Zusammenfassung der wichtigsten Erfolgspunkte

1. Konsequente Erfolgseinstellung

Was während des Tages für den Erfolg, den Aufstieg, die Harmonie, das Lebensglück, die Gesundheit, das richtige Verstehen mit den Mitmenschen, die geistige Weiterbildung und Vervollkommnung und den persönlichen, materiellen Erfolg irgendwie getan werden kann, hat zu geschehen und damit basta! Es wird ganz korrekt ein Erfolgstagebuch geführt und Tag für Tag ein Vorsatz verwirklicht. Jeden Abend vor dem Zubettgehen wird Abrechnung gehalten und der Fortschritt verzeichnet. In jede Tasche kommt eine Erinnerungskarte, die Stunde um Stunde an das ernste Zielstreben mahnt.

2. Geisteshaltung

Nicht muckrig, nicht miesepetrig, nicht pessimistisch, sondern mit offenem, freiem Sinn und freudiger, positiver Geisteshaltung beginnt der Tageslauf, und auch während des Tages wird diese Einstellung beachtet. Angst oder Furcht finden keinen Nährboden! Nur aufbauende und fördernde Gedanken haben das Recht, sich im Bewußtsein aufzuhalten. Mit ganzer Kraft herrscht der tiefbegründete feste Glaube an das eigene Können, die eigene Tatkraft, den eigenen Erfolg! Alle Minderwertigkeitsgefühle prallen ab an dem Bewußtsein, daß die starke, einflußreiche Erfolgspersönlichkeit immer mehr aus dem Innern heraus geformt und gestaltet wird und unbedingt über jede Schwäche siegt.

3. Verhalten zum Körper

Der Körper ist die Maschine, das Werkzeug, das Instrument des Geistes und der Seele. Das Gesetz von Ursache und Wirkung diktiert unbarmherzig den Grad der Leistungsfähigkeit. Die gute Leistung kann nur verlangt werden, wenn alle Organe des Körpers tadellos arbeiten, der Stoffwechsel gut ist, der Darm sich gründlich entleert, die Sauerstoffzufuhr reichlich ist und die Ernährung den biologischen Gesetzen des körperlichen Aufbaues entspricht. Hierzu wird im Ablauf des Tages folgendes beachtet: 1. Am Morgen 10 Minuten gründliche gymnastische Durchbildung aller Muskeln. 2. Zur Kräftigung der Stimme, der Atmungsorgane, zur Beeinflussung des Stoffwechsels 5 Minuten konzentrierte Vokaltiefatmung und während des ganzen Tages ruhige, gleichmäßige Tiefatmung unter vielfach wiederholter bewußter Betätigung des Zwerchfells. 3. Einwandfreie Ernährung des Körpers, wenig Fleisch, viel Gemüse und Hülsenfrüchte, so oft wie möglich Salatbeilagen, Obstgenuß, kräftiges Vollkornbrot und Genuß von Milchprodukten aller Art. Es wird nicht unmäßig gegessen; nicht von dem, was der Mensch ißt, sondern von dem, was er verdaut, lebt der Mensch. 4. Es ist unbedingt dafür zu sorgen, daß jeden Tag eine gründliche Stuhlentleerung erfolgt. Das wird erreicht durch genügende Abwechslung in der Kost, durch Genuß von saurer Milch und evtl. einem guten Kräutertee, der auf die Darmfunktion einen anregenden Einfluß hat. 5. Konsequent wird Mäßigkeit in der Aufnahme aller Genußmittel geübt, die Gifte enthalten (Kaffee, Tee, Alkohol und Nikotin). 6. Außerdem sind alle Übertreibungen zu vermeiden, die das Nervensystem und die Gesundheit übermäßig beanspruchen.

4. Schlaf und Aufstehen

Zur Gesunderhaltung der Körpermaschine ist genügend gute Nachtruhe erforderlich. Bei spätem Zubettgehen sind mindestens 7 Stunden Schlaf erforderlich, bei frühem Zubettgehen vor Mitternacht genügen evtl. 6 Stunden. Entscheidend ist, daß der Schlaf genügend Tiefe besitzt. Nur wirklich tiefer Schlaf kräftigt und erholt den Körper. Bei tiefem Schlaf kann um 10 Uhr schlafen gegangen und — falls es der Erfolg oder die Arbeit an sich selbst erfordert — um 4 Uhr aufgestanden werden. Das Aufstehen hat zu der Stunde zu geschehen und augenblicklich, die man am Abend vorher festgesetzt hat. Man kommt leicht aus dem Bett, wenn man, ohne weiter über das Aufstehen nachzudenken, einfach aufsteht. Unmittelbar danach Ganzabreibung des Körpers mit kräftigem Frottierlappen oder Bürstenmassage, Gymnastik, innere Vibrationsmassage durch Vokaltiefatmung.

5. Einstellung zur Familie

Herstellung eines recht innigen Kontaktes durch freundliches, liebes Wesen. Unsere Mitmenschen sind keine Gedankenleser, und wenn wir ihnen wohlwollen, so muß das durch einen warmen Druck unserer Hand, ein liebes Wort und einen freundlichen Blick zum Ausdruck kommen. Man muß fühlen, daß man es gut meint und daß alles, was man sagt, aus ehrlichem Herzen kommt. Alle Mitmenschen behandeln wir unter bewußter Hinlenkung ihrer Aufmerksamkeit auf das Gute ihres Charakters und ihres Wesens: „Wenn wir die Menschen behandeln, wie sie sind, so machen wir sie schlechter; wenn wir sie dagegen behandeln, als wären sie bereits das, was sie sein sollen, so bringen wir sie dahin, wohin sie zu bringen sind." Dies bezieht sich ganz besonders auch auf die Behandlung der Kinder. Unser Verhalten zu ihnen muß so sein, daß wir den Glauben an die eigene Kraft und das Gute in der eigenen Brust bewußt pflegen und großziehen.

6. Einstellung zum Alltagsmenschen

Distanz und wohlwollende Bestimmtheit beherrschen das gesamte Verhalten. Immer ist dem positiven Menschen klar, daß die Schwächen des Alltagsmenschen vornehmlich nur dann zum Ausdruck kommen, wenn er ihnen durch falsches Verhalten Nahrung gibt. Auch bei den Alltagsmenschen ist konsequent so zu verfahren, daß die Aufmerksamkeit stets auf die vorhandenen positiven Eigenschaften gelenkt wird. Zur Distanz und wohlwollenden Bestimmtheit gehören: Pflege des äußeren Menschen, Beachtung der Sprache, des Blickes und der Gebärden. Grundsätzliches Vermeiden von allem, was uns in den Augen des Alltagsmenschen herabsetzt. Vorbild sein! Und in allen Handlungen beweisen, daß man eine starke, positive Persönlichkeit ist.

7. Einstellung zur Arbeit

Der positive Mensch ist ein Vielschaffer. Alle Zeitverluste, die durch Schwatzerei, Tratscherei, zögernde Haltung usw. entstehen, werden grundsätzlich und konsequent ausgeschaltet. Stets wird der kürzeste Weg zur Erfüllung einer Aufgabe gesucht. Was mit einer Hand getan werden kann, braucht man nicht mit zweien zu tun, und immer wird vorher der Meißel geschärft, bevor man zum Schlage ausholt. Äußerst rationelles Arbeiten, größte Leistung bei geringstem Kraftaufwand, beherrscht die Tätigkeit.
Die Arbeit selbst ist Pflicht für jeden gesunden Menschen. Deshalb auch größte Hochachtung vor der Arbeit aller Mitmenschen. Jede Arbeit adelt, wenn sie ehrlich ist! Für den materiellen Erfolg kommen grundsätzlich nur solche Arbeiten in Betracht, die dem Wohle des Ganzen dienen. Der positive Mensch strebt danach, eine ihm besonders liegende Aufgabe voll und ganz zu erfüllen. Alles Halbe ist zum Mißerfolg verurteilt. Nur die Sammlung

aller Kräfte auf ein Ziel ist der Schlüssel zum Erfolg! Es wird konsequent nach einem Tagesplan gearbeitet, dessen Zeiten so korrekt wie möglich eingehalten werden. Die Arbeit während des Tages erstreckt sich gleichzeitig auf drei Ziele: 1. ideelles Ziel, 2. Bildungsziel, 3. Leistungsziel.

8. Seelische Haltung zum Nächsten

Der positive Mensch ist sich darüber klar, daß jeder Egoismus seelische Blindheit ist. In allem, was er tut, will er das Beste des Nächsten und seiner Gemeinschaft. Stets ist er bestrebt, vor der Erreichung eigener Verdienste zuerst Diener zu sein. Er hat das Recht, von den Schätzen der Erde einen würdigen Teil für sich zu beanspruchen. Dieses Recht tritt jedoch nur in Kraft, wenn er es durch den Dienst am Ganzen auslöst. Diese Einstellung bezieht sich grundsätzlich auf jeden zu erstrebenden Erfolg. Verdienen kommt vom Dienen. Diese seelische Haltung ist auch gesetzmäßig der sicherste und beste Weg zur Erlangung von Wohlstand und Besitz. Die Umwelt reagiert infolge ihrer Einstellung am ehesten auf Leistungen und Vorteile, die wir ihr erweisen. „Was du willst, das dir die Leute tun sollen, das tue zuerst ihnen." „Mann, mit zugeknöpften Taschen tut dir niemand was zulieb', Hand wird nur von Hand gewaschen, wenn du nehmen willst, so gib!"

9. Verhalten in Streitfällen

Der positive Mensch hält sich stets vor Augen, daß er immer nur von sich und immer wieder nur von sich Gedankendisziplin und Selbstbemeisterung verlangen darf. Grundsätzlich wirkt er durch Ruhe und wohlüberlegtes Sprechen. Er denkt nicht daran, sich durch Beleidigungen aus der inneren Fassung bringen zu lassen, denn er kennt den Alltagsmenschen und weiß, daß seine Nerven nur zu leicht mit ihm durchgehen. Immer entscheidet für ihn die Klugheit, womit er seine eigene Nervenkraft und auch die seiner Nächsten schont. Positiv sein heißt, mit allen Menschen in Frieden auskommen! Stets denkt er an die besondere Eigenart des Alltagsmenschen: 1. Mangel an Objektivität (Urteil nach dem Schein). 2. Vorherrschen negativer Gedankenrichtung (Minderwertigkeitsgefühle). 3. Abneigung gegen alles, was den eigenen Interessen und Wünschen zu schaden scheint; Empfänglichkeit für alles, was die eigenen Angelegenheiten zu fördern scheint (Egoismus).

10. Die geistige Entwicklung

Der positive Mensch ist sich darüber klar, daß er stets mit dem fortschrittlichen, pulsenden Leben geistig verbunden sein muß. Er geht an nichts Wichtigem vorüber, ohne es in sich aufzunehmen. Wichtig ist alles, was seiner eigenen und der Gesamtentwicklung dient. Sein Allgemeinwissen ständig zu erweitern, ist ihm selbstverständlich. Ebenso die dauernde Fortbildung in seinem beruflichen Können. Stümper haben niemals Aussicht auf Erfolg, und jede Rückständigkeit ist ein Hemmnis. Demzufolge macht er überall, wo er geht und steht, Augen und Ohren auf und konzentriert seine Aufmerksamkeit auf das vollständige Erfassen seiner Umwelt. Kein Tag geht vorüber, ohne daß er nicht etwas Neues hinzulernt, und er betreibt diese Entwicklung ganz bewußt und planmäßig unter Zuhilfenahme des Schreibstiftes und der Kartei des Wissens. (Siehe daselbst.) Zur bewußten Förderung der Persönlichkeit gehört auch die immer bessere Urteilsbildung in allen lebenswichtigen Dingen. Diese ist aber nur möglich, wenn man einen möglichst großen Einblick in alle Zusammenhänge und Geschehnisse des Lebens hat. Darum treibt er Menschenkenntnis, deshalb liest er alle wichtigen neuen Bücher, ferner Tageszeitungen und Illustrierten Blätter und hört eifrig die Vorträge und Berichte des Rundfunks. Auf der Straße studiert er die Menschen, achtet auf die Anschlagsäulen und die Schaufensterauslagen. Überall, wo er geht und steht, bemüht er sich um die Vervollkommnung seines Wissens, denn er weiß: Wissen ist Macht!

Den ganzen Tag beherrscht die Erfolgsformel:

Richtigmachen = Erfolg!

Falschmachen = Mißerfolg!

VII. TEIL

POSITIVE ERFOLGSPLANUNG

Festlegung und konsequente Verfolgung des Zieles

Nicht zur Zerstörung der Schöpfung, zur weiteren Vervollkommnung sind wir geboren. Mühe sich jeder daher, durch planmäßige Ausnutzung von Zeit und Kraft das hohe Werk zu vollenden.
(Erkennen / Schaffen / Vollenden)

Bei allen Erfolgsüberlegungen haben wir uns stets von der Erkenntnis leiten lassen, daß alles Streben dem Gesetz von Ursache und Wirkung untersteht. So stellten wir fest, daß man nur vorwärts kommt und Erfolg hat, wenn man dauernd bemüht ist, alles *richtig* zu machen. Dies setzt voraus, daß wir uns restlos einer *planmäßigen Lebensführung* verschreiben, denn nur dadurch werden wir in die Lage versetzt, Zug um Zug unseren Aufstieg vorwärts zu treiben und alles gewissenhaft zu beachten, was die Voraussetzungen des Erfolges von uns verlangen. Wenn wir bis zur Stunde nun auch schon manche positive Erfolgsanleitung erhielten, so haben wir eine *wirklich planmäßige* Lebensführung noch nicht beachtet. Das ist ja auch gar nicht möglich, solange der Plan eben noch nicht feststeht. Überall, wo Menschen *bewußt* vorwärtsstreben, arbeitet man nach einem Plan. Anders ist ein großes Ziel nicht zu verfolgen und zu erreichen, und gerade diese Planmäßigkeit beweist auch, daß man über die Bedingungen, die zu einem Erfolg führen, nachgedacht hat.

Nur die Planmäßigkeit garantiert den Erfolg!

Planmäßigkeit verlangt genaue Disposition, genaue Verfügung über alle vorhandenen Erfolgsmittel. Man muß dabei einmal auskommen mit seinen Kräften und zum andern auch alles überhaupt Erreichbare mit ihnen schaffen.

Wie sehr wir diesen Einsichten zu folgen vermögen, darin zeigt sich unsere Befähigung zur bewußten Gestaltung des Lebens, ja überhaupt unsere Lebensmeisterschaft. Im gewöhnlichen Leben nennt man dieses Vorgehen das *Haushalten* mit seinen Kräften, was immer ihre richtige Einteilung und ihren richtigen Einsatz bedingt. Haushalten muß man mit seinem Geld, mit seiner Zeit, mit seiner Nervenkraft, seiner Gesundheit usw., und gerade der *Höhepunkt* des Haushaltens ist die *planmäßige Lebensführung.* Selbstverständlich wollen wir dabei nicht zum Pedanten werden, trotz allem soll unser Leben

Haushalten und planmäßige Lebensführung.

stets von einer gewissen Großzügigkeit geleitet sein, aber dennoch, ein Ziel, gleich wie es immer geartet ist, läßt sich doch nur erreichen, wenn wir über die uns zur Verfügung stehenden Mittel und Möglichkeiten *richtig disponieren.* Wir beginnen daher unsere planmäßige Lebensführung auch zunächst mit der *Feststellung unserer Möglichkeiten.* Nur wenn wir wissen, über welche Kräfte wir verfügen, gelingt uns ihr erfolggerechter Einsatz. Es ist falsch, sich mehr vorzunehmen als man zu leisten imstande ist. Dieses „*Sichübernehmen*" muß gesetzmäßig zum Mißerfolg führen. Dies bezieht sich jedoch stets auf den zeitbegrenzten Einsatz der Kräfte und immer auf die Erreichung eines Teil-Zieles. Deshalb, weil wir wissen, daß unsere Kräfte mit den vollbrachten Leistungen *wachsen.* Da wir nicht genau wissen, wie sehr unsere Kräfte wachsen und wie schnell, und welche besonderen Möglichkeiten sich im Laufe der Zeit für die bessere Ausnutzung der Kräfte noch ergeben, erstreckt sich unsere planmäßige Lebensführung auch nicht auf die Durchführung eines in allen seinen Einzelheiten für lange Zeit festliegenden Planes, sondern auf einen *Hauptplan* und eine Reihe *beweglicher Unterpläne.* Dadurch kommen wir zum *Lebensplan.* Das ist der große Hauptplan mit seinen großen Zielen. Ferner zu einer Reihe von 3-Jahres- und 5-Jahres-Plänen und daraus sich ergebend zu den einzelnen Jahres-, Monats-, Wochen- und schließlich Tagesplänen.

Sehr wichtig!! Wir wachsen mit unseren höheren Zielen! Eine Leistung kommt aus der anderen.

Hauptplan und bewegliche Unterpläne!

Grundsätzlich ist zu beachten, daß ein Plan in sich um so beweglicher zu gestalten ist, je größere Zeiträume er umfaßt und um so unverrückbarer, unbeweglicher und starr durchzuführender, je kleiner sein Zeitabschnitt ist.

Der Tagesplan ist demnach ganz strikt und konsequent durchzuführen und Abweichungen dürfen nur zugelassen werden, wenn es gar nicht anders geht und die absolute Notwendigkeit es gebietet. Mit dieser Konsequenz in der unbedingten Durchführung des Tagesplanes steht und fällt die ganze bewußte und planmäßige Lebens- und Erfolgsgestaltung.

Ganz streng alle Erfordernisse bedenken! Je gründlicher wir vorgehen, um so besser.

Stehen wir eisern zu dieser Konsequenz, so bedingt das natürlich, daß wir bei der Aufstellung des Tagesplanes ganz streng *alle Erfordernisse* bedenken, die das Leben an uns und auch wir selber an das Leben stellen. Kein einziger Punkt darf unberücksichtigt bleiben, der unser Ziel-Streben vereiteln oder unwirksam machen könnte.

Um diesen Bedingungen voll zu entsprechen, legen wir uns später 10 Fragen vor, die genauestens zu beantworten sind. Diese Fragen zeigen uns, was das Leben und der Erfolg von uns verlangen. — Doch bevor wir diese Fragen beantworten können, sind die großen Ziele festzulegen, die unser Leben einstmals krönen sollen, bzw. ist der *Hauptplan,* der große *Lebensplan* aufzustellen. Die erste Forderung hierzu gipfelt in der Frage:

Was kann ich unter Berücksichtigung meines bisherigen Lebens, meines Alters, meines Kräftezustandes, meiner Gesundheit, meiner festliegenden, unveränderlichen Veranlagung und Konstitution im Leben erreichen? Wo sind meine Grenzen?

Wir fragen hier nicht nach den großen Möglichkeiten, die uns durch unsere Erfolgssystematik gegeben sind, lieber Leser, sondern nach *unseren Grenzen,* denn Sie wissen ja: nur in den Grenzen seines Wesens ist das Wesen frei! Eine Frau kann nicht alles erreichen, was einem Manne möglich ist und ein Achtzigjähriger nicht die Ziele eines Dreißigjährigen. Ungewöhnliches ist möglich, sehr, sehr viel, aber dennoch heißt es, die Natur berücksichtigen und sich nur solche Ziele zu stecken, die auf jeden Fall auch erreichbar sind. Daß hierbei jedes auf seelische Ursachen gegründete Minderwertigkeitsgefühl auszuschalten ist, ist wohl selbstverständlich. Ein einfacher Arbeiter vermag durchaus ein reicher Mann, ein großer Gelehrter zu werden, nicht aber ein großer Künstler, ein großer Musiker, wenn er überhaupt kein Gefühl, kein Empfinden für Musik besitzt. Ich erinnere hier an Goethe:

Nur in den Grenzen unseres Wesens sind wir frei! Deshalb vernünftige Ziele setzen.

„Unsere Wünsche sind die Vorboten der Fähigkeiten, die in uns liegen!"

Ich führe diesen Ausspruch an, um darauf hinzuweisen, daß man sich selbst unter Umständen erst *entdecken* muß, um sich das richtige große Ziel zu stecken! Zur Aufstellung des Lebensplanes ist es nicht nötig, daß wir schon gleich genau wissen, wie wir unser Ziel *im einzelnen* erreichen wollen — das ergibt sich aus späteren Überlegungen und aus dem Verlauf des Lebens ganz von selbst — sondern vielmehr, daß wir überhaupt die große Linie unseres Lebens festlegen.

Haben Sie sich schon selbst entdeckt?

Die große Linie des Lebens festlegen, damit beginnt das Zielstreben.

Das ist von großer Bedeutung, denn gerade dadurch, daß man nicht weiß, wie man ein Ideal verwirklichen, ein großes Ziel erreichen kann, kommen die meisten Menschen nicht dazu, sich *endgültig* für eine bestimmte Lebensrichtung zu entscheiden. Die Schwierigkeiten scheinen ihnen derartig groß, daß sie es gar nicht wagen, endgültige Entschlüsse zu fassen, sondern immer nur grübeln sie daran herum, wie man die Hindernisse vor dem Ziel beseitigen könnte. Das ist vollständig falsch und führt zu einer Vergeudung, nicht aber zu einer Sammlung der Kräfte.

Die große seelische Leistung zur Erreichung eines hohen Zieles tritt nur ein, wenn den inneren Kräften Gelegenheit gegeben wird, sich in einer Zielrichtung, in einer Marschrichtung zu formieren, das aber bewirkt der endgültige Entschluß!

Der endgültige Entschluß.

Es ist durchaus möglich, daß Sie sich im Verlauf Ihres Lebens in Ihren großen Zielen, insbesondere im *Leistungsziel* nochmals neu orientieren. Sehr leicht kann sich das aus der eintretenden Entwicklung ergeben, doch darf Sie diese Tatsache nicht davon abhalten, schon heute ein großes Ziel festzulegen und energisch zu verfolgen. Tun Sie das nicht, so ist die ganze planmäßige Lebensführung illusorisch, denn nur das Ziel, das große Ziel, ist ihr Ausgangspunkt. Nach ihm ist die Planmäßigkeit aufzubauen, nach ihm, dem großen Ziel, richtet sich das ganze Streben.

Ohne das große Ziel ist alles Bemühen sinnlos!

Also entscheiden Sie, was Sie wollen! Legen Sie endgültig die Richtung fest, in der sich, zumindest in den nächsten Jahren, Ihre Kräfte betätigen sollen.

Ich weiß, mein verehrter Leser, daß ich mit der Frage nach dem großen Ziel ein Kapitel anschneide, das für viele das schwerste Problem des Lebens ist, und daß die meisten damit überhaupt nicht allein fertig werden. Und eigentlich nur deshalb erreichen viele kein wirklich glückliches und erfolgreiches Leben,

Auf die Zielsetzung kommt alles an!

weil diese Frage nie richtig geklärt wird. Wirklich *alles* ist von einer Klärung dieses Problems abhängig, und darum will ich Ihnen dabei auch recht zur Hand sein.

Der Lebensplan
Grundfragen zum Leistungsziel

1. Hauptfrage:
Bist du dir vollkommen klar über die Voraussetzungen des Erfolges und kennst du deine Grenzen?

Nicht Geld, noch Gut ist das Ziel, sondern die Leistung!

Das oberste Gesetz dieser Überlegung heißt: Nicht Geld noch Gut ist das Ziel, sondern die *Leistung.* Geld und Gut sind *Resultate,* sie werden bestimmt erreicht, wenn die Leistung entsprechend ist. Erfolg kommt von „folgen"! Es muß also dem Erfolg etwas *voraus*gehen, und das ist die *Leistung.* Diene deinem Nächsten, und er wird dich dafür belohnen. Der Lohn ist der Erfolg, der *Dienst* die ihm vorausgehende Leistung. Wenn du dir wünschst, dereinst als Baumeister zu Ehre, Ansehen, Ruhm und Besitz zu kommen, so mußt du dich vollkommen darauf konzentrieren, ein *tüchtiger Baumeister* zu werden. Willst du ein wohlhabender Kaufmann werden, so müssen deine Waren, die du deinen Kunden verkaufst, *gut* sein und dein Geschäftsgebaren in jeder Beziehung deine Kunden zufriedenstellen. Das ist die *Leistung* des Kaufmanns, der gesetzmäßig der Erfolg, als Ergebnis seines Bemühens, folgt. So ist es in jedem Falle, in jedem Berufe, in jedem Fach und überhaupt auf allen Erfolgsgebieten. Deshalb gibt es nur *eine* Zielrichtung des Aufstiegs: *die Richtung auf die Leistung!* Jede andere Erfolgsspekulation ist verfehlt und führt zum Mißerfolg und auf abschüssige Bahn. *Das ist Gesetz!*

Nur in den Grenzen seines Wesens ist das Wesen frei. Man muß sich selber wie ein Außenstehender betrachten, um die eigenen Möglichkeiten richtig zu erkennen.

Bevor du dein Ziel festlegen kannst, mußt du dir klar sein über die dir zur Verfügung stehenden *Möglichkeiten.* Es gibt Grenzen, die du nicht durchbrechen kannst. Diese Grenzen mußt du beachten. Nur wenn du die Voraussetzungen eines Zieles heute oder später bestimmt zu erfüllen vermagst, ist das Ziel *vernünftig.* Beklage dich aber nicht, wenn du schon zu alt bist für ein bestimmtes Ziel, sondern finde dich damit ab. Kannst du dieses eine Ziel auch nicht erreichen, so gibt es tausend andere, die deinem Alter entsprechen. Wie es hiermit ist, so ist es mit vielen anderen Voraussetzungen des Erfolges, die du vielleicht nicht erfüllen kannst. Hierbei muß jedoch ganz klar überlegt werden, ob die festgestellten Erfolgshindernisse tatsächlich vorhanden, also naturgegeben sind oder nur in der Einbildung bestehen. Denn nur zu leicht wird der Fehler gemacht, daß man sich selber und seine Leistungsfähigkeit unter dem Einfluß von *Minderwertigkeitskomplexen* sieht, die durch nichts begründet sind. Die richtige Zielsetzung verlangt deshalb vollkommene Objektivität. Man muß sich selber wie ein *Außenstehender* betrachten. Aber nicht wie ein pessimistisch Denkender, sondern wie einer, der es gut mit uns meint und dem nur daran gelegen ist, uns einen guten Rat zu geben. Außerdem ist zu bedenken, was guter Wille, Selbstvertrauen und fester Glaube zu erreichen vermögen. Die Weltgeschichte kennt unzählige Fälle, wo unter schwerster Behinderung einzelne Menschen kulturelle Großtaten vollbrachten, für deren Möglichkeit im Anfang nichts anderes als nur der Glaube der Betreffenden vorhanden war. Überhaupt zeigt uns ja das Studium der Erfolgsgesetze, daß dem ernsthaft Strebenden beinahe alles möglich ist, was Menschen je erreichen können. So ist auch die Absteckung der eigenen Grenzen nicht so aufzufassen, daß damit die Möglichkeiten beschnitten werden, sondern vielmehr sollen die naturbedingten Grenzen, über die es tatsächlich kein Hinaus gibt, richtig erkannt sein. Wenn du im nachstehenden daher gefragt wirst, ob du den Erfordernissen eines Zieles in jeder Hinsicht gerecht zu werden vermagst, um es eben mit Sicherheit anstreben zu können, so sind die bezüglichen Fragen stets unter diesen Gesichtspunkten zu betrachten. Ein Springer braucht gesunde Beine; der Steifbeinige taugt dazu nicht. Der Musiker braucht ein gutes Ohr, der Maler ein gesundes Augenlicht, der Schmied einen kräftigen Körperbau, der Chirurg eine ruhige Hand, der Sänger einen gesunden Kehlkopf usw. Wir wissen ferner, daß Körper und Geist voneinander abhängig sind. Es wäre unsinnig, wenn ein Mensch mit einem mangelhaften Auffassungsvermögen, das durch eine Gehirnerkrankung in der Jugend bedingt ist und sich nicht beseitigen läßt, ausgerechnet Mathematiker oder Astronom werden wollte. Vielleicht würde der Betreffende ein guter Kaufmann werden können und mit diesem Beruf gute Erfolge erzielen, während er im Gegenfalle zeitlebens versagt. Also die Grenzen sind gemeint, die *naturbedingt* sind, nicht jene, die aus der *Einbildung* oder aus *Minderwertigkeitskomplexen* stammen. — Bevor wir nun darüber nachdenken, wieweit zu den Anforderungen deines Zieles zu entsprechen vermagst, und wir die dazu notwendigen Fragen aufwerfen, gilt es eine zweite Hauptfrage zu beantworten.

Nur die naturbedingten Grenzen sind gemeint! Ganz allgemein vermag jeder Mensch viel mehr zu erreichen, als er sich zunächst zutraut.

2. Hauptfrage:

Steht das, was du vorhast und was du als dein Leistungsziel anstrebst, mit dem Wohl der Allgemeinheit im Einklang?

Bedenke genau, was hier gefragt wird, denn ohne eine restlose Bejahung dieser Frage ist jede weitere überflüssig! Du bist ein Glied der Menschheit, im besonderen der sozialen Gesellschaft aller arbeitenden Menschen und lebst nur durch sie. Ohne diese Gesellschaft bist du eine Null, ein Gefäß ohne Inhalt, ganz gleich, ob du das anerkennst oder nicht. Was du erstrebst, muß das Wohl der Allgemeinheit genau so fördern wie dich selbst, andernfalls bist du eine Drohne und verdienst den Untergang. Außerdem vermagst du überhaupt nur ein erfolgreiches Ziel zu erreichen, wenn es den Interessen der Allgemeinheit dient, denn du selber bist machtlos auf dem Wege zum Erfolg, wenn dir von seiten deiner Mitmenschen nicht geholfen wird. Solltest du mit List die Hilfe deiner Mitmenschen zur Erreichung eines schlechten Zieles gewinnen, so kannst du in einigen Fällen zwar einen Augenblickserfolg erzielen, um aber dann, durch die Kraft der Kausalität, ein Opfer deiner eigenen Charakterlosigkeit zu werden. Du sollst nach einem *Dauererfolg* streben, denn nur er macht dich glücklich und läßt dich ruhig sterben. Und gerade deshalb muß dein Ziel das Wohl deiner Mitmenschen fördern. Es ist

Der positive Mensch erstrebt den Dauererfolg. Auch hier heißt es wieder: Richtigmachen = Erfolg; Falschmachen = Mißerfolg!

ein Gesetz, daß ein Rad in der Welt immer das andere treibt. Auch du bist ein Rad im Naturgetriebe, aber die Antriebskraft, der auch du dich fügen mußt, ist nicht aus deinem, sondern aus göttlichem Willen. Trittst du ihm entgegen, so ist es in jedem Falle dein Untergang. *Die Kraft, die alles steuert, will Aufwärtsentwicklung, will Evolution, will Harmonie und das Glück aller Wesen. Sei mit deinem Ziele willig ihr Diener, ihr Arbeiter im Weinberge, und du selber wirst glücklich dabei.* Und nun, wenn du die zweite Hauptfrage aus ehrlichem Herzen bejahen kannst, wollen wir untersuchen, ob du fähig bist, dein Ziel zu erreichen.

Ohne Zielklarheit keine Konzentration der Kräfte, ohne Konzentration der Kräfte kein Erfolg!

Hast du überhaupt schon ein genaues Ziel? Diese Frage ist wohl berechtigt; denn ohne die Durcharbeit der nachfolgenden Fragen kannst du es ja eigentlich noch gar nicht haben; es sei denn, du hast es schon seit langem. Deshalb nämlich, weil du erst bei einer Beantwortung der Fragen über dich selber und deine Möglichkeiten gründlich im klaren bist. Um voranzukommen, nimm deshalb ein Blatt Papier und schreibe alle deine Wünsche auf, die du in bezug auf die Gestaltung deines Lebens hast. Doch bitte nur solche, die sich mit der 2. Hauptfrage vereinen lassen. *Schreib auf, was du gern leisten möchtest und wofür du dich begeistern kannst! Schreib alles auf, damit du es zunächst einmal vor dir hast und so dein Geist Gelegenheit findet, das Wertvolle zu einem plastischen Bilde zu formen.*

Bist du ohne rechte Einfälle, so öffne das Buch deiner Kindheit. Was träumtest du vom Leben, als du noch ein kleiner Bub, ein kleines Mädel warst. Oder sinne nach, was dich bislang immer am stärksten fesselte. Waren es Maschinen, waren es Bücher, war es ein blühendes Kornfeld, ein Mikroskop, ein Photoapparat, war es der bestirnte Himmel oder Musik, Malerei, schön gebaute Häuser, ein gut aufgezogener Geschäftsbetrieb, ein bestimmtes Handwerk, Altertumsforschungen, oder was war es sonst, was war es sonst? Oder denke nach, was je im Leben dir *mißfiel,* und wobei du dachtest, daß du es besser machen möchtest. *Prüfe alles, alles und schreibe jeden Gedanken auf!* Beginnst du erst damit und gibst dich dieser Arbeit restlos hin, mit deinem ganzen Menschen und wissend, daß dein ganzes Glück, deine ganze Zukunft davon abhängen, so kommt dir ein Gedanke nach dem anderen. Und wenn du gar drei Tage nacheinander schreibst, was bei der Wahl des rechten Zieles ratsam ist, so hast du bald eine mächtige Fülle guter Einfälle und Ideen beieinander.

Das richtige Ziel muß regelrecht erarbeitet werden. Dazu gehört ein glücklicher Einfall, der nur kommen kann aus der bewußten und unbewußten Abwägung aller Möglichkeiten der eigenen Kräfte, Fähigkeiten und Gegebenheiten des eigenen Lebens.

Alsdann gehst du daran, das Material zu sichten und daraus zu formen, was als dein Ziel, dein *Leistungsziel* in Erwägung zu ziehen ist. Ist das geschehen, dann erst bist du vorbereitet, an Hand der nun kommenden Fragen dich selber auf Herz und Nieren zu prüfen.

Doch eins noch ist wichtig: Weißt du ungefähr, was du möchtest, so vergewissere dich zunächst, ob du auch alles weißt, was ein bestimmtes Ziel für *Anforderungen* an dich stellt. Kennst du diese Anforderungen nicht, so ist die Prüfung deiner Möglichkeiten vergebliches Bemühen. *Informiere dich nach allen Seiten, nach jeder Richtung. Frage die Leute vom Fach und studiere die maßgebende Literatur. Bedenke: das Setzen eines Lebenszieles entscheidet über den Ablauf deines ganzen zukünftigen Lebens, denn hast du dir das große Ziel gesetzt, gibt es für dich nur noch ein Trachten: es unbedingt zu erreichen!* — Also vergewissere dich über die Anforderungen eines Zieles, über alles, was du leisten mußt, dein Körper, dein Geist, dein Charakter leisten müssen, wenn es erreicht werden soll. Je sorgfältiger du zu Werke gehst, um so besser ist es. Und hast du alle Informationen, siehst du ganz klar, dann erst prüfe dich. —

Konzentration ist die einzige Klugheit im Leben, Zersplitterung das einzige Übel. Wähle!

3. Hauptfrage:

Welche Leistungen, Fähigkeiten, Fertigkeiten verlangt das erwünschte Ziel?

Antworte ganz klar und entwirf vorher, also bevor du dich selber prüfst, ein genaues Bild über alle Anforderungen, die das erwünschte Ziel an die Leistungsfähigkeit, Persönlichkeit, den Charakter, die Körperbeschaffenheit usw. stellt.

Unterfragen:

1. *Wie alt bist du? Kann ein Mensch in deinem Alter dieses Ziel noch erreichen?* Wenn für dich besondere Umstände sprechen, so prüfe sie auf ihre Stichhaltigkeit. Vertraue ganz auf dich selbst, gib dich aber auch keinen Illusionen hin. Wenn das eine Ziel nicht erreichbar ist, gibt es tausend andere.

Alles, was das Lebensziel angeht, muß stichhaltig sein!

2. *Welche Anforderungen stellt das erwünschte Ziel an deinen Körper?* Wie muß die Gesundheit sein und die Beschaffenheit der Nerven? Wie die Leistungsfähigkeit der Muskeln, der Sinne (Gesicht, Gehör, Geruch, Geschmack, Gefühl)? Wie muß der äußere Mensch beschaffen sein, Aussehen? Körpergröße? Handbildung (z. B. beim Geigenvirtuosen lang und schmal), Gesichtsbildung? Frage dich bei jedem Punkt, ob *du* in deiner Konstitution den Voraussetzungen des Zieles entsprichst. Es gibt einige Ziele, die fragen überhaupt nicht nach dem Körper, wieder andere sind ganz von seiner Beschaffenheit abhängig. Stellst du bei dir Mängel fest, so frage dich, ob ihnen bei ernster Arbeit oder durch irgendeinen anderen Umstand abzuhelfen ist (Heilbehandlung, chirurgischer Eingriff u. ä.). Dieser Punkt ist bei der Antwort genau zu berücksichtigen.

3. *Welche Anforderungen stellt das erwünschte Ziel an die Leistungsfähigkeit deines Geistes?* Wie muß die Lernfähigkeit, das Gedächtnis, die Beobachtungsgabe, die geistige Beweglichkeit sein? Welche Stärke der Konzentrationsfähigkeit ist erforderlich? Verlangt das Ziel viel Initiative, schöpferisches Denken, Phantasie, Intuition? Welche Anforderungen stellt das Ziel überhaupt an die Intelligenz?
Bei der Beantwortung dieser Fragen ist genau zu berücksichtigen, was man aus sich selber machen kann. Wie wir wissen, ist eine große Steigerung der geistigen Leistungsfähigkeit möglich.

4. *Welche Anforderungen stellt das gewünschte Ziel an die Persönlichkeit?* Welche Anforderungen an Mut, Tatkraft, Entschlossenheit, Ausdauer, innere Festigkeit gegen äußere Einflüsse, an Kampfgeist, konsequentes Handeln, innere Sicherheit, Selbstbeherrschung, Korrektheit, Gewissenhaftigkeit, Fleiß, Ordnungsliebe, Sauberkeit usw. Ferner: Wie muß die äußere Wirkung sein? Sprache, Stimme, Blick, Mienenspiel, Auftreten?

Was heute nicht ist, wird die Zukunft bringen! Es kommt ganz darauf an, ob wir fest entschlossen sind, aus uns etwas zu machen.

5. *Welche besonderen seelischen Eigenschaften verlangt das Ziel?* Treue, Ehrlichkeit, Menschen- und Nächstenliebe, Verantwortungsbewußtsein, Pflichtgefühl, Hilfsbereitschaft, Aufopferungsfähigkeit. Bei besonderen Zielen Liebe zu Tieren und Pflanzen? Frage dich, wie groß und wie stark jede dieser Eigenschaften sein muß für ein bestimmtes Ziel und ob du dieses erforderliche Maß ehrlich aufzubringen vermagst.
Auch bei diesem Punkt, wie auch bei Punkt 4, spielt wiederum die mögliche Entwicklung eine große Rolle. Höhere Erkenntnis vermag alle guten Eigenschaften in dir zu wecken!

Es geht alles, was man wirklich ernsthaft will. Die meisten Menschen scheitern nicht an mangelnden Gaben und Anlagen, sondern tatsächlich nur am mangelnden guten Willen.

6. *Welche Anforderungen stellt das erwünschte Ziel an Bildung und Wissen?* Allgemeinwissen, Fachwissen, Sprachkenntnisse, Spezialstudium? Hast du schon die dazu nötigen Schulkenntnisse? Oder kommst du mit einfachen Kenntnissen aus? Was verlangt das Ziel von dir im Sprechen und Schreiben? Stil, Ausdrucksweise? Oder kommt es darauf nicht an? Wie steht es um die Umgangsformen, die gute Lebensart?

Jeder von uns hat die Wahl: Schlendrian oder bewußte Lebensführung!

Mein verehrter Leser! Meine Ausführungen über die Lebensplanung werden Ihnen gezeigt haben, daß es jetzt ernst wird mit der bewußten und planmäßigen Lebensführung. Jawohl, so ist es, und deshalb habe ich auch von Ihnen verlangt, daß Sie sich endgültig für ein festes Ziel entscheiden sollen. Mag dieses Ziel nun erst in zehn oder zwanzig Jahren zu erreichen sein, oder schon in fünf oder gar zwei Jahren, ist weniger wichtig als vielmehr die Tatsache, daß Sie sich überhaupt zu einem festen Ziele bekennen. Denken Sie daran:

Die große seelische Leistung zur Erreichung eines hohen Zieles tritt nur ein, wenn den inneren Kräften Gelegenheit gegeben wird, sich in e i n e r Marschrichtung zu formieren, das aber bewirkt der endgültige Entschluß.

Leben und streben Sie mit der Natur, dann ist der Erfolg gewiß!

Solche Worte wie diese, mein verehrter Leser, sind aber nicht geschrieben, damit Sie darüber hinweglesen, sondern damit Sie darüber *nachdenken* und sich danach *richten!* Richten Sie sich danach, dann ist jedesmal der Erfolg gewiß; ebenso gewiß kommt aber auch der Mißerfolg, wenn Sie die Ausführungen *nicht* beachten. Dem muß ja so sein, denn entweder gibt es einen kausalen Zusammenhang der Geschehnisse im Leben, oder alles ist Chaos, alles geschieht wild durcheinander. Daß letzteres nicht zutrifft, ist offensichtlich. Wie wäre es sonst denkbar, daß die Welt bestünde. Selbstverständlich gibt es auch ein Chaos, aber das ist dann auch nur die Folge entsprechender Ursachen und damit wiederum eine gesetzmäßige Erscheinung. Im übrigen zeugt auch die christliche Lehre von der großen Gesetzmäßigkeit allen Geschehens, wenn sie sagt: *„Irret euch nicht, GOTT läßt seiner nicht spotten, denn was der Mensch säet, das wird er auch ernten."* Bedeutsam sind auch diese Worte: *„Ohne SEINEN Willen fällt kein Sperling vom Dach, und selbst eure Haare auf eurem Haupte sind gezählt."*

Gott selber ist die regierende Gesetzlichkeit. Sehr wichtig! Es kann niemand ungestraft die Naturgesetze verletzen.

Wichtig ist nur, daß wir uns die Kraft Gottes, die Kraft des Schöpfers *nicht weltenfern* denken, sondern um und in uns wirksam. In der *Natur* wirkt Gott, und damit ist er selber die sie regierende Gesetzlichkeit. Indem wir gegen die Gesetze des Alls, also gegen die Gesamtharmonie verstoßen, rufen wir zwangsläufig die Natur gegen uns auf, die uns ohne Erbarmen richtet.

Man kann selbstverständlich diese Gedanken fassen, auch ohne daß man den Namen des Höchsten erwähnt, dessen ungeachtet bleibt aber das Geschehen gleich. Außerdem fragt das Höchste Wesen bzw. die Schöpferkraft der Natur nicht danach, ob wir seinen Namen anrufen, sondern einzig und allein, ob wir *seinen Willen* tun. Aus diesem Grunde kann es eine echte Gottes-Verehrung auch immer nur im *Tun,* immer nur im *Handeln* geben. Und jedes Bekenntnis zu Gott ist ohne Belang, sofern es nicht heilige, d. h. der Harmonie des Ganzen dienende *Taten* zeitigt.

Echte Gottesverehrung gibt es nur im Tun.

Wer Gott recht erfassen will, der darf nicht glauben, daß sein Wille ein Wille außerhalb der Schöpfung sei. Nein, in der Schöpfung selbst, in der Natur und allen ihren Wesen lebt und wirkt Gott. Und der Wille, der das Glück dieses Ganzen will, das ist der Wille des *Höchsten.* Wir erkennen diesen Willen mit jeder Erfahrung, die wir machen, und wenn sich uns eine Gesetzmäßigkeit zeigt, deren Beachtung der Vollendung dient und deren Mißachtung Zerstörung und Verfall im Gefolge hat, so ist der Wille Gottes ganz offenbar. Wenn ich daher von Ihnen fordere, daß die erste Grundbedingung Ihrer Zielsetzung die sein muß, daß sich ein erwünschtes Ziel mit den Forderungen der *Gesamtharmonie* vereinen läßt, so ist damit gleichzeitig klar, daß dieses der *Wille Gottes* ist.

Der Wille Gottes ist die Harmonie des Ganzen.

Doch nun zu weiteren Gedanken über die Zielsetzung. Gar mancher wird trotz meiner klaren Anweisungen sich immer noch kein ordentliches Ziel gesteckt haben. *Mangel an Selbstvertrauen* ist die Hauptursache. Um dem abzuhelfen, bleibt nichts anderes übrig, als sich zunächst ein *kleineres* Ziel zu stecken, eines, dessen Erreichen man sich auch bei schlechter Einschätzung seiner Kraft zutraut. Ohne Ziel, wie gesagt, geht es nicht, unsere ganze Erfolgsplanung würde damit illusorisch werden. Wir müssen ein *Jahresziel* haben, wenn wir einen Jahres*plan* aufstellen wollen und ein *Monatsziel* bei der Aufstellung eines Monats*planes* usw. Immer nur bestimmt das Ziel die Planung. Und außerdem: taugt das Ziel nichts, taugt auch die ganze Planung nichts, was soviel besagt, daß uns das Ziel so w e r t v o l l sein muß, daß wir es unter allen Umständen zu erreichen trachten. Ein schönes Dichterwort sagt: „Es wächst der Mensch mit seinen höheren Zielen!" Hat man aus mangelndem Glauben an seine Kräfte und seine Leistungsfähigkeit sich noch kein Ziel gesetzt, so traue man der Gesetzmäßigkeit, die dieses Wort zum Ausdruck bringt und setze sich unbedingt ein kleines Ziel. Hat man es ernstlich angestrebt und es erreicht, sind, dieser Gesetzmäßigkeit zufolge, inzwischen die Kräfte soweit gewachsen, daß man sich ohne Bedenken ein größeres Ziel stecken kann.

Das Ziel, das ganz feste Ziel bestimmt die Sicherheit der Planung.

Vertrauen haben! Das feste Ziel treibt unbedingt empor!

Unter Zugrundelegung dieser Erkenntnis soll sich überhaupt unser ganzes Erfolgsstreben vollziehen. Stufe um Stufe soll es vorwärtsgehen und die Kraft zum Höheren immer aus dem vorher Vollbrachten sich ergeben. Das wird bestimmt so sein. Daran zweifle man nicht und überlasse nur ruhig mir die Verantwortung, wenn man aus eigener Erkenntnis daran nicht zu glauben vermag. Nochmals zusammengefaßt:

Stufe um Stufe immer höher hinauf!

Wer also noch kein höchstes Lebensziel sich zu setzen wagt, der Grund ist Nebensache, der setzt sich ein Teilziel für den Zeitabschnitt, den er zu übersehen glaubt!

Das Ziel bestimmt die Planung!

Und nun, hurtig weiter: Wir sagten, das *Ziel* bestimmt die Planung. Jetzt kommen wir wieder zu unseren verschiedenen Fragen, die ja unter Zugrundelegung des Zieles zu beantworten sind. Haben Sie das gemacht, so wissen Sie genau, was Sie zu tun haben.

Jetzt heißt es die Zeiträume festlegen, in denen bestimmte Einzelleistungen erreicht sein müssen.

Der erste Schritt nach oben: lernen, lernen, damit man wirklich etwas kann.

Zuvörderst bezieht sich das auf die Ausbildung notwendiger Fähigkeiten und Fertigkeiten, denn nur durch *Können,* also durch *Leistung* sind ja Erfolge zu erringen. Grundsätzlich muß man sich zum Prinzip machen, nur das erreichen zu wollen, was man gründlich versteht! Das heißt, sich vorbereiten und ganz gehörig. Im Leben ist es wie in der Schule: man besteht kein Examen, ohne vorher gelernt zu haben. *Also erlernen Sie, was Sie zur Verwirklichung Ihrer Wünsche brauchen!*

Erfolgsformel zeigt den Weg!

Übrigens ergibt sich diese Forderung unmittelbar aus unserer Erfolgsformel. Wie kann man etwas richtig machen, ohne zu wissen, wie es richtig zu machen ist? Vorbereitung tut deshalb in jedem Falle not, zumindest muß man sich prüfen, ob man alles Rüstzeug zur Erzielung eines bestimmten Erfolges besitzt. Hat man es, so kann man selbstverständlich gleich an die Lösung der Hauptaufgaben herangehen. Grundsätzlich erinnere ich hierbei an die *Logik!* Alles *Vorbedingte* ist zuerst zu erreichen.

Logisch handeln! Das Unterste immer zuerst!

Vorbedingt ist immer das, was bei der logischen Prüfung als eine Voraussetzung von etwas Nachfolgendem angesehen werden muß.

Hierbei muß der Geist so umfassend wie möglich arbeiten. Alles, was überhaupt *ausschlaggebend, wesentlich* und *entscheidend* ist, muß er in Betracht ziehen. Das ist in manchen Fällen gar nicht so einfach, denn darauf kommt es an, für möglichst alle *Eventualitäten* gewappnet zu sein. Die beste Erfolgsplanung wird hinfällig, wenn uns dabei eine Unachtsamkeit unterläuft, wenn sich plötzlich etwas einstellt, mit dem wir vorher nicht gerechnet haben.

Richtigmachen = Erfolg!

Bedingung zur Erfassung aller wesentlichen und entscheidenden Erfolgsvoraussetzungen ist das folgerichtige Durchdenken aller Einzelvorgänge und ihrer kausalen Auswirkungen bis zum Endziel, bis zum angestrebten Zweck.

Was geschieht, wenn . . .

Diese Frage muß man sich bei allen Entscheidungen vorlegen.

Das ist die entscheidende Frage, die man sich immer wieder vorzulegen hat. Ist die Antwort im Sinne des Zieles absolut positiv, dann ist alles in Ordnung, aber auch nur dann!

Es soll zugegeben werden, daß oft trotz bester Umsicht nicht alle Möglichkeiten und Eventualitäten zu erkennen sind, dennoch darf das kein Grund sein, die Überlegungen, die ein Ziel erreichen lassen sollen, leichtfertig oder oberflächlich zu behandeln.

Die Erreichung eines Zieles ist um so sicherer, je weniger wir unter dem Einfluß unbegründeter Spekulationen handeln. Deshalb heißt es, Spekulation durch Wissen zu ersetzen und lieber zehnmal als ein-

mal über die verschiedenen Ursachenbedingtheiten eines Erfolges nachzudenken.

Mein verehrter Leser, Sie werden schon selbst erkannt haben, daß diese Erkenntnisse nicht nur für kleine, sondern auch für *große* Erfolgsplanungen Gültigkeit haben. Wenn ich Sie vor der Spekulation warne, d. h. vor einem Handeln, das auf Erfolg rechnet, *ohne* zu wissen, ob er sich auch wirklich einstellt, so soll Sie das selbstverständlich nicht zu einem Sicherheitskandidaten machen, der ohne Garantie überhaupt nichts unternimmt. Damit hätten Sie mich falsch verstanden, denn in gewissem Sinne bleibt ja jede Erfolgsplanung und jedes Erfolgsstreben eine Spekulation. Man kann noch so sicher sein und doch kann etwas Unvorhergesehenes dazwischen kommen; denn es ist ja nichts auf dieser Welt auf absoluter Festigkeit gebaut. Die Zeit hat gelehrt, daß selbst das unerschütterlich Scheinende urplözlich in sich zusammenstürzen kann. Eine gewisse Ungewißheit wird darum immer bestehen, doch daran darf man sich nicht kehren. Und Sie *sollen* sogar *wagen* und *kräftig sogar,* wenn die Aussichten einigermaßen günstig sind, dennoch aber nicht auf bloße Annahme hin und ohne daß Ihnen die Wahrscheinlichkeitsrechnung eine gute Chance einräumt. Und scheint es dennoch geboten, so nur, wenn man sich rückversichert hat und nicht *unnötigerweise* seine Existenz, seine Gesundheit oder sein Leben gefährdet. Ausnahmen gibt es selbstverständlich auch hier. Immer dann z. B., wenn durch die Größe des Zieles das eigene Leben oder die eigene Existenz zur Bedeutungslosigkeit herabsinken.

Aber kein Angsthase sein. In vielen Fällen gilt es, etwas einfach zu wagen!

Es kommt darauf an, für was man sich einsetzt.

Also nicht *unnötigerweise* soll man sich in Gefahr bringen und darum bei einem Wagnis niemals die *Vorsicht* außer acht lassen.

Der positive Mensch, der Erfolgsmensch in unserem Sinne, ist kein Lotteriespieler, sondern eine Persönlichkeit, die immer und stets von ihrer Überlegungsfähigkeit Gebrauch macht und die stets bemüht ist, alle Fehler, die sich vermeiden lassen, unbedingt zu vermeiden. Und nur aus diesem Grunde denkt diese Erfolgspersönlichkeit auch alle Zusammenhänge des Erfolges vom Anfang bis zum Ende folgerichtig durch.

Persönlichkeit sein! Auf keinen Fall unüberlegt handeln! Allein durch unsere Denkkraft meistern wir das Leben!

Wir kamen zu diesen ganzen letzten Gedankengängen durch die Sätze: *Alles Vorbedingte ist zuerst zu erreichen. Vorbedingt ist immer das, was bei der logischen Prüfung als eine Voraussetzung von etwas Nachfolgendem angesehen werden muß.* Die hierbei entscheidenden Zusammenhänge wollen wir uns einmal an einem Beispiel klarmachen.

Beispiel einer Zielsetzung und Erfolgsplanung

Ein junger Mann sagt sich ganz bestimmt: „Mein Leistungsziel soll darin bestehen, in zehn oder zwanzig Jahren eine führende Position als Konstrukteur im Kraftwagenbau zu haben."

Was hat er nun zu tun, wenn er dieses Ziel erreichen will? Die Antwort erhalten wir, wenn wir unter Berücksichtigung aller bisherigen Ausführungen über die Erfolgsplanung alle notwendigen Fragen stellen. Also beginnen wir:

Jede Planung ist abhängig von der Fähigkeit, eine Zielsetzung gründlich zu durchdenken. Die dazu erforderliche Denkkraft wächst durch ihren Gebrauch.

1. Hauptfrage:

Bist du dir vollkommen klar über die Voraussetzungen des Erfolges und kennst du deine Grenzen?

Antwort: Ja, meine Möglichkeiten glaube ich zu kennen, und auch die Erfolgsvoraussetzungen habe ich genau studiert.

2. Hauptfrage:

Steht das, was du vorhast und was du als dein Leistungsziel anstrebst, mit dem Wohl der Allgemeinheit im Einklang?

Antwort: Ja, unbedingt, denn ich will durch mein Ziel dem Fortschritt dienen.

3. Hauptfrage:

Durchdenken Sie an diesem Beispiel die Möglichkeiten, die sich zwangsläufig für den Erfolg ergeben, wenn man den Weg zu einem Ziel in allen Einzelheiten sich geistig erarbeitet.

Welche Leistungen, Fähigkeiten, Fertigkeiten verlangt das erwünschte Ziel?

Antwort: Die Geschichte des Automobilbaues zeigt, daß man dann am besten zum Erfolge kommt, wenn man von der Pike an im Automobilbau aufgewachsen ist. Man beginnt also am besten als Autoschlosser bzw. tritt in eine entsprechende Lehre ein. Später besucht man die technische Hochschule, um sich dann nach und nach zum Konstrukteur hinaufzubilden. Gleichzeitig muß die Persönlichkeit entfaltet werden. Alle Anforderungen sind zu erfüllen, die an einen fleißigen, strebsamen Arbeiter und positiven Vorgesetzten gestellt werden. Willensbildung, Charakterbildung, richtige Menschenbehandlung, Menschenkenntnis usw. Für die spätere Leitung eines Betriebes müssen die Geschäftsführung studiert werden sowie alle mit der Automobilbranche überhaupt zusammenhängenden Gebiete und Fragen: Kalkulation, Ein- und Verkauf, Buchhaltung, Lohnfragen, Steuerfragen usw. Außerdem sind alle Erfahrungen über wirtschaftliche Betriebsführung, Absatzmöglichkeiten und Propaganda zu studieren. Desgleichen laufend alle Neuerungen im Automobilbau des In- und Auslandes. Gleichzeitig ist dafür zu sorgen, daß der eigene Betrieb Sonderleistungen auf den Weltmarkt bringt. Wirtschaftliche Spezialkonstruktionen u. a. Um den gesellschaftlichen Anforderungen zu genügen, die eine höhere Stellung zwangsläufig mit sich bringt, ist auch das Bildungsniveau entsprechend zu fördern. Allgemeines Wissen, Kunst, Literatur, Welt- und Zeitgeschichte, Fragen des guten Geschmacks u. a., Umgangsformen, gutes Deutsch, gute Aussprache, Pflege des äußeren Menschen usw.

Jeder Mensch muß planen, wenn etwas Vernünftiges aus seinem Handeln herauskommen soll. Vernünftiges Planen erzieht zur Logik. Durch logisches Denken entdecken wir die Ursachen aller Erfolge.

So, damit hätten wir ein ungefähres Bild der Anforderungen zur 3. Hauptfrage. Bei der eigenen Zielsetzung muß selbstverständlich noch viel umfassender und genauer vorgegangen werden. Zu klären wäre in diesem Beispiel vor allem noch alles, was durch behördliche Vorschriften fest bestimmt ist. So z. B., welche Schulkenntnisse das technische Studium voraussetzt. Reichen die bisherigen Kenntnisse nicht aus, so muß ihre Ergänzung in die Erfolgsplanung mit aufgenommen werden. Und nun zur Beantwortung der Unterfragen zur 3. Hauptfrage:

Unterfragen:

1. Kann ein Mensch in deinem Alter dieses Ziel noch erreichen?

Antwort: Ja, unbedingt, denn ich bin erst 18 Jahre alt. Wenn ich mein Ziel erreicht habe, bin ich 40—45 Jahre alt.

2. Welche Anforderungen stellt das Ziel an deinen Körper? Erfüllts du alle Voraussetzungen?

Antwort: Ja! Ich bin gesund, habe zum Automobilschlosser eine gute Konstitution und auch die Funktion meiner Sinne ist gut. Mein äußerer Mensch ist auch in Ordnung, soweit jedenfalls, wie es meine spätere Stellung erfordert. Ein Adonis brauche ich ja nicht zu sein. Meine Zähne sind schlecht, aber die werde ich mir herrichten lassen.

3. Welche Anforderungen stellt das erwünschte Ziel an die Leistungsfähigkeit deines Geistes? Glaubst du diese Anforderungen erfüllen zu können?

Immer stets bedenken, was werden kann, wenn wir uns in der richtigen Weise zu uns selber und zum Leben verhalten.

Antwort: Ja! Meine Konzentrationsfähigkeit ist zwar nur mittelmäßig, aber das bessert sich durch mein zielbewußtes Streben und durch das richtige Verhalten zu den Gesetzen des geistigen Lebens. Desgleichen wird sich meine Lernfähigkeit bessern. Meine Intelligenz ist gut. Ich habe durch mein bisheriges Leben bewiesen, daß ich mir in allen Situationen zu helfen weiß. Schon seit Jahren bemühe ich mich außerdem aus eigener Kraft vorwärtszukommen. Meine Initiative ist auch gut. Wo es galt, handelnd einzugreifen, habe ich nie zurückgestanden. Im übrigen werde ich lernen, was ich nicht kann. Ich glaube ja ganz fest an mich.

4. Welche Anforderungen stellt das erwünschte Ziel an deine Persönlichkeit? Bist du davon überzeugt, auch diesen Anforderungen zu entsprechen?

Antwort: Ich bin noch jung und hatte noch nicht viel Gelegenheit, bewußt an mir zu arbeiten. Doch mein Erfolgswille ist so fest, daß ich bestimmt glaube, innerhalb einiger Jahre eine Persönlichkeit zu sein, wie es mein Ziel verlangt. Alle besonderen Eigenschaften der positiven Persönlichkeit als da sind Mut, Tatkraft, konsequentes Handeln, erfolgreiches Auftreten, innere Ruhe, Gewissenhaftigkeit, Selbstbeherrschung usw. werde ich durch systematische Planarbeit entwickeln. Ich habe eine genaue Liste aller erforderlichen Eigenschaften aufgestellt, die ich in meinem Tageslauf genau berücksichtige. Durch die Kenntnis von den Voraussetzungen der Entwicklung aller positiven Eigenschaften weiß ich, daß es nur der steten Arbeit an mir selbst bedarf, um die mir fehlenden Eigenschaften zu entwickeln.

5. Welche besonderen seelischen Eigenschaften verlangt dein Ziel von dir? Bist du sicher, auch diese Bedingungen zu erfüllen?

Charakter ist Schicksal! Ohne Erfolgscharakter sind wir keine positive Persönlichkeit.

Antwort: Auch hierüber bin ich mir vollkommen klargeworden. Ich erfülle die notwendigen Anforderungen unbedingt. Diese seelischen Qualitäten wie Treue, Ehrlichkeit, Pflichtgefühl, Verantwortungsbewußtsein, Nächstenliebe usw. brauche ich vor allem, um das Vertrauen meiner zukünftigen Vorgesetzten und später das meiner Mitarbeiter zu erwerben. Mein Ziel verlangt, daß ich ein leitender Mann werde, und gerade deshalb müssen diese seelischen Qualitäten besonders stark ausgeprägt sein. Mein Tageslauf und überhaupt die Gestaltung meines zukünftigen Lebens wird auch diesem Wollen besonderen Ausdruck geben. Ich habe den absoluten Willen zum Guten und alles, was ich schaffen werde, wird den aufrechten, anständigen Charakter kennzeichnen. Außerdem weiß ich, daß man nur als guter Mensch wirklich glücklich werden kann. Tatkräftig und gut soll meine Losung sein! Wenn ich auch in meinem bisherigen Leben manchmal stolperte, so habe ich heute den festen Glauben, daß ich mich immer stärker nach der positiven Seite entwickele. Dieser Glaube aber wird mich tragen.

6. Welche Anforderungen stellt das erwünschte Ziel an deine Bildung und dein Wissen? Wirst du auch in dieser Hinsicht genügen?

In zwei bis drei Jahren läßt sich enorm viel erreichen. Der Geist wird immer fähiger zum Aufnehmen und Lernen, sobald wir ihn erst einmal daran gewöhnt haben, daß er arbeiten muß.

Antwort: Hier liegt bei mir noch vieles im argen, aber es ist ja die Aufgabe meines jetzt beginnenden Zielstrebens, mich auf allen Gebieten zu schulen und auszubilden. Ich habe nur einfache Schulkenntnissse und auch diese sitzen nicht sehr fest in meinem Kopfe. Dennoch werde ich alles schaffen bei ruhiger planmäßiger Arbeit. Außerdem brauche ich ja nicht auf einmal das ganze Können, sondern jeweils immer

nur soviel, wie es die zunächst angestrebte Entwicklung verlangt. Wenn zehn Jahre vergangen sein werden, werden mein Wissen und meine Bildung allen Ansprüchen voll genügen.

So, mein verehrter Leser, damit hätten wir alle drei Hauptfragen durchgesprochen. Wir stellen fest, daß alle Voraussetzungen zum Erreichen des Zieles, das sich dieser junge Mann gesetzt hat, von ihm bei ernstem Willen zu erfüllen sind. Die Folgerung für ihn lautet: *WENN ICH WILL, ERREICHE ICH MEIN ZIEL!*
Wie steht es nun mit der Verwirklichung?

Der Etappenplan

Immer wieder daran denken: Nur Richtigmachen bringt Erfolg!

Wir wissen, *Zielklarheit* ist oberste Voraussetzung für einen Fortschritt. Nachdem nunmehr feststeht, welche Anforderungen das große Ziel stellt, heißt es einen *Etappenplan* aufzustellen, in welchem alle wichtigen Einzelleistungen in ungefähren Zeiträumen festgehalten sind. Ich sage absichtlich „ungefähre Zeiträume", denn die genauen Zeiten, die erforderlich werden, ergeben sich erst in der Praxis. Besonders trifft dies für solche Etappen- bzw. Teilziele zu, die erst in Jahren erreicht werden können. Überhaupt ist es ja so, daß wir die Zeit zum Erreichen eines Zieles um so schwerer feststellen können, je entfernter das Ziel ist. Das darf uns aber nicht daran hindern, dennoch eine ungefähre Einteilung der Wegstrecke zu treffen.

Ein guter Erfolgsplan ist wie ein guter Kompaß: Selbst in dunkelster Nacht setzen wir richtig ein Bein vor das andere, weil wir genau wissen, wie wir zu gehen haben.

Für unser Beispiel sieht der *Etappenplan* folgendermaßen aus:

18. Lebensjahr	**Beginn des Aufstieges. Lehrstelle als Autoschlosser. Besuch technischer Fortbildungsanstalten. Gründliche Vorbereitung auf Haupt-Etappe 1. (Ausführliche Darstellung des Erfolgsweges im 1. Fünfjahresplan.)**
23. Lebensjahr Haupt-Etappe 1	**Eintritt in eine kleinere oder mittlere Fabrik als technischer Mitarbeiter. Es soll möglichst schon der Betrieb sein, der das Hauptziel erreichen läßt. Jedenfalls müssen gute Aufstiegsmöglichkeiten vorhanden sein. Es ist sehr sorgfältig zu wählen. Bei guten Aufstiegsmöglichkeiten kann der Betrieb ruhig kleiner sein.** **Gründliche, strenge und gewissenhafte Vorbereitung auf Haupt-Etappe 2.**
28. Lebensjahr Haupt-Etappe 2	**Vertrauensstellung. Es muß genau erwogen werden, ob die nunmehr erreichte Stellung das oberste Ziel verwirklichen läßt. Alle etwa vorhandenen Widerstände sind herauszufinden. Falls keinerlei Aussichten für die Erreichung des Endzieles in den nächsten 5 bis 10 Jahren bestehen, ist der Wechsel der Stellung in Erwägung zu ziehen.** **Starke Förderung der persönlichen Entwicklung. Beruf, Bildung, Auftreten usw. Vorbereitung auf Haupt-Etappe 3.**
35.-40. Lebensjahr Haupt-Etappe 3	**Oberstes Ziel: Chefkonstrukteur. Die Ausbildung der Persönlichkeit hat eine große Höhe erreicht. Mit dem Leistungsziel ist gleichzeitig auch das ideelle Ziel und das Bildungsziel angestrebt worden. Öffentliche Ämter? Spezialstudium? Steckenpferde?**

So, also, mein verehrter Leser, sieht der Etappenplan unseres Beispiels aus. Eine ungefähre, grobe Unterteilung der Wegstrecke von 15 Jahren. Ich möchte nochmals erwähnen, daß es vollkommen unwesentlich ist, ob diese Teilziele genau so erreicht werden oder etwas anders. Wichtig ist einzig und allein, daß man seine Linie kennt und die *Ansatzpunkte* findet, die eine Entwicklung überhaupt erst möglich machen.

Wichtig ist, daß man unbedingt seine Linie kennt! Nur dann findet man die Ansatzpunkte des Aufstieges. Nicht auf die Umwelt hören!

Bitte, mein verehrter Leser, lassen Sie sich ja nicht bei der Festlegung Ihres Lebensweges von den Meinungen der Alltagsmenschen abhalten, die etwa sagen: Ach, wer weiß, was in fünf oder zehn Jahren los ist. Bis dahin kann man schon längst gestorben sein usw. Gewiß, „man kann" und „es kann sein", doch mit diesem Gerede hat der Erfolgsmensch nichts zu tun.

Vertrauen in die Zukunft ist oberstes Gebot jeder Zielsetzung! Sie müssen fest davon überzeugt sein, daß Ihnen Ihre Ziele erreichbar sind und in dieser Überzeugung unausgesetzt streben und schaffen. Kommt es dann wirklich anders und macht Ihnen das große Schicksal einen Strich durch die Rechnung, so mag es geschehen! Dann ist es der Wille höherer Fügung!

Denken Sie an meine Ausführungen über das „Unabänderliche".

Hier scheidet sich erneut der Alltagsmensch vom positiven Tatmenschen. Bitte, überblicken Sie doch nur den Verlauf Ihres bisnerigen Lebens. War es nicht Ihr größter Fehler, den Sie immer wieder gemacht haben, daß Sie viel zu wenig planmäßig gestrebt haben? Es gibt keinen anderen Weg, der positiv vorwärts führt, als der hier angegebene, und alle werden sich einfach danach richten *müssen,* wenn sie vorwärts wollen. Ob man diesen Weg nach seinen persönlichen Verhältnissen abändert, tut nichts zur Sache, wichtig ist nur das Grundsätzliche des planmäßigen Vorgehens.

Ja, es war Ihr allergrößter Fehler!

Das ist Erfolgsgesetz!

Immer wieder muß man daran denken, daß die in uns ruhende Erfolgskraft nur zur Auswirkung kommt, wenn das Ziel festliegt, an dem die Kraft sich messen kann.

Doch nun weiter in unserem Schulungsbeispiel. Die Hauptstrecken des Weges zum großen Ziel liegen also fest. Jetzt gilt es, die erste Etappe, das erste Teilziel zu erreichen.

Der Weg zur ersten Etappe

Hierzu heißt es für die veranschlagte Zeit ebenfalls wieder einen besonderen Plan aufzustellen. Im Falle unseres Beispiels ist das ein Fünfjahresplan, entsprechend den 5 Jahren, die im Etappenplan zur Erreichung der ersten Haupt-Etappe vorgesehen wurden. Dabei heißt es schon viel genauer überlegen, was zu tun ist, denn diese fünf Jahre binden fest an bestimmte Ziele. Die Aufstellung beginnt mit der klaren Herausstellung dieser Ziele. Hier ist die Praxis:

Bis zur Schulentlassung verlief unsere Entwicklung nach dem Schulplan. Jede Klasse arbeitete nach einem Jahresplan, dem wiederum Monats- und Wochenpläne zugrunde lagen. Allein durch eine solche Planung ist es möglich, wirklich Erfolge zu erzielen, weil nur dadurch den Gesetzen des organischen Wachstums entsprochen werden kann.

18. Lebensjahr Beginn des Zielstrebens → **Eintritt in eine Autoschlosserei als Lehrling. Bewußte Einstellung zum großen Ziel. Näheres im 1. Jahresplan.**

Die Zeit eilt mit Riesenschritten! Wie schnell ist nicht ein Tag, ein Monat, ein ganzes Jahr verflogen. Kaum war Sommer, schon ist wieder Winter. So verfliegt unser ganzes Leben, und am Ende stehen wir da und haben nichts erreicht. Allein durch Planung verhindern wir diese Bitternis.

19. Lebensjahr 2. Jahr des Zielstrebens	**Beginn des zweiten Lehrjahres. Neben der Berufsarbeit fleißiges Studium der Automobiltechnik als Vorbereitung zum Besuch der Fortbildungsanstalt (Techn. Hochschule). Vervollkommnung der Schulkenntnisse. Ausbildung aller geistigen Fähigkeiten. Festigung des Charakters.**
20. Lebensjahr 3. Jahr des Zielstrebens	**Beginn des dritten Lehrjahres. Dauernde Steigerung der beruflichen Leistungsfähigkeit. Weitere Ausbildung der geistigen Fähigkeiten. Fortsetzung der Vorbereitung zum Studium. Treue Pflichterfüllung. Das Lehrzeugnis muß erstklassig sein.**
21. Lebensjahr 4. Jahr des Zielstrebens	**Lehrzeit vollendet. Beginn des Studiums. Falls keine Mittel vorhanden, Teilnahme an Abendkursen. Tagsüber fleißig in der Praxis. Dem Meister ein gewandter, tüchtiger Geselle und Mitarbeiter. Wenn notwendig, Wechsel der Stellung. Dies unbedingt, falls Betrieb keine Steigerung des Könnens zuläßt. Nebenbei dauernde Förderung der Persönlichkeitsentwicklung.**
22. Lebensjahr 5. Jahr des Zielstrebens	**Beginn des zweiten Studienjahres. Restlose Konzentration auf das große Können im Automobilfach. In der Praxis erhöhte Tätigkeit, die zu Lob und Auszeichnungen führt. Den Verstand gebrauchen! Die erlangten Kenntnisse fleißig in der Praxis zur Anwendung bringen. Nach wie vor: Persönlichkeitsentwicklung.**
23. Lebensjahr 6. Jahr des Zielstrebens	**Erreichtes Ziel der ersten Etappe: Reif zum Eintritt in eine Automobilfabrik als befähigter Mitarbeiter. Gutes berufliches Können, entsprechende Zeugnisse aus den Fortbildungsanstalten und der praktischen Tätigkeit. Desgleichen entwickelt als Mensch und Charakter entsprechend den Voraussetzungen des großen Zieles.**

Mein verehrter Leser, wird Ihnen jetzt allmählich klar, was wir unter Erfolgsplanung verstehen? Bitte, stoßen Sie sich nicht an dem hier aufgestellten Beispiel. Es soll Ihnen ja nur zeigen, wie Sie die Planung *prinzipiell* durchzuführen haben.

Je kürzer ein Zeitraum der Planung, um so konsequenter und genauer muß das Handeln sein!

Nachdem nun der erste Hauptstreckenplan festliegt, geht es jetzt an die Ausarbeitung des ersten Jahresplanes. Verlangte schon der Etappenplan genaue Angaben, so erst recht der Jahresplan. *Jetzt heißt es ganz genau disponieren, denn daß die einzelnen Wegstrecken dieses Planes absolut korrekt zurückgelegt werden, entscheidet für jeden ferneren Erfolg. Nochmals sei darum erwähnt:*

Je kleiner der Zeitraum einer Erfolgsplanung, um so konsequenter sind die einzelnen Teilziele anzustreben.

Im großen muß ein Erfolgsplan immer elastisch sein und sich stets den jeweiligen Verhältnissen und Notwendigkeiten anpassen, nicht aber im kleinen, wo es gilt, ganz bestimmte Teilerfolge zu erzielen.

Hierbei stellen Sie unter Beweis, daß Sie ein positiver Tatmensch sind!

Der Teilerfolg verlangt größte Härte und Beharrlichkeit, nur dann kommen Sie vorwärts! Wer Sie hindern will, vorgenommene Teilerfolge zu erzielen, muß stets auf Granit beißen! Es wird weder links noch rechts gesehen, sondern nur geradeaus auf das Ziel!

Alles ist möglich, wenn wir nur *eisern wollen* und uns nicht beirren lassen. Halten Sie sich vor Augen: der Teilerfolg ist ein Baustein des Gesamtbaues. Im ganzen brauchen Sie davon vielleicht fünf- oder zehntausend. Meinen Sie, daß Sie es schaffen, wenn Sie schon über den ersten stolpern? Und noch eins: Wenn Sie konsequent vorgehen, ist es *ganz leicht,* mit einem einzelnen Baustein zu hantieren. Arbeiten Sie richtig, so machen Sie sich den Gesamterfolg ebenfalls leicht, denn jeweils schichten Sie dann immer nur Stein auf Stein. Haben Sie das genau verstanden?

Das ist ebenfalls ein Naturgesetz!

Die Schwierigkeit des Gelingens nimmt zu mit der Zersplitterung Ihrer Kräfte, wogegen sie abnimmt durch die Konzentration auf die einzelne Leistung! Deshalb muß der Gesamtleistung erst eine Aufteilung in lauter kleine Einzelleistungen vorausgehen, und gerade das ist das Ergebnis positiver Erfolgsplanung. Man muß wohl das Ganze wollen, darf jedoch immer nur das Nächstliegende, logisch Folgende tun! Und die vollendete Kunst des Könnens liegt darin, daß man durch eine vorhergegangene recht gute Einteilung seiner Arbeit oder Leistung fähig ist, ohne langes Nachdenken alle notwendigen Einzelheiten exakt hintereinander folgen zu lassen.

Die gute Erfolgsplanung ist schon der halbe Erfolg!

Jawohl, wir wissen schon, warum wir so großen Wert auf planmäßiges Vorgehen legen, denn die gute Planung ist schon der halbe Erfolg. Also nochmals: *Jedes Teilziel, das im Interesse des Fortschritts unerläßlich zu erreichen ist, wird mit eiserner Härte verfolgt!* Hierzu noch ein Beispiel: Sie werden bestimmt ein guter Klavierspieler, wenn Sie die jeweils erforderliche Teilübung mit größter Gewissenhaftigkeit durchführen. Heute heißt diese Teilübung vielleicht: „Zwei Stunden Gelenkigkeitsübungen!" Was braucht es Sie zu beschweren, welche Übungen später folgen? Jetzt wird erst mal feste gekloppt. Resultat: *Sie sind befähigt zur nächsten Übung! Also ein Fortschritt, ein Baustein des Erfolges.* So, nun kommt der nächste. Und wieder geht's vorwärts durch die volle Sammlung der Kräfte auf diese eine Übung, die im Augenblick notwendig ist. So geht es weiter, Tag für Tag, fünfhundert Tage lang. Ergebnis: *Sie können spielen und haben Ihre Freude!* War es schwer? Nein, überhaupt nicht, denn die *einzelne* Leistung haben Sie immer spielend geschafft. Und kamen schwerere Übungen, so waren Sie ja durch die vorangegangenen *immer vorbereitet!* Also schwere Übungen gab es dadurch eigentlich gar nicht.

So ist es in allen Dingen!

Das Gesetz des Wachstums macht auch bei Ihnen keine Ausnahme.

Ach, wir armseligen Würmer, warum machen wir uns durch unser dummes Denken nur das Leben so schwer! Alles geht doch, was menschenmöglich ist, aber das ist es ja gerade, immer verlangen wir dieses Mögliche in einem Augenblick von uns, wo wir gar nicht darauf vorbereitet sind, und nur darum wird es unmöglich. — — Da sitzt ein kleiner Mann irgendwo in Krumsbüchel, möchte gern hinein in die Welt der großen Leistung und auch was haben vom Leben, aber er sagt sich, ach, ich kann ja doch nicht vorwärtskommen, weil ich ja nur ein kleiner Mann bin. Armer, armer kleiner Mann! Ja, du bist wirklich zu bedauern, aber denkst du denn nicht daran, daß alle, die heute groß sind, auch einmal klein waren, ja sogar in den Windeln gelegen haben? Und wie kam denn ihr Fortschritt? Doch bestimmt nicht von selber! Sondern indem sie sich, wie alles, was wächst und groß wird,

Armer, kleiner Mann, ja, du bist wirklich zu bedauern!

langsam *organisch* entwickelten. Und du, kleiner Mann, glaubst du, bei dir macht das *Gesetz des Wachstums* eine Ausnahme? Auch du mußt ganz genau den gleichen Weg gehen, einen anderen gibt es nicht. Hierin allein liegt deine Kleinheit, kleiner Mann: du übersiehst das Gesetz des Wachstums und verlangst von dir Leistungen, die erst dann möglich werden, wenn du Kleineres vorher fertiggebracht hast. Und dein ganzer Erfolgskampf ist nur deshalb so schwer, weil du der *organischen Entwicklung* vorgreifen willst. Das Einfache, das Kleine, Bescheidene zu tun, scheint dir zu gering, ist dir zu uninteressant. Höre die Wahrheit, kleiner Mann: du bist zu *faul*, zu *träge*, zu *phlegmatisch*, die anderen, die vorwärtskamen, waren *fleißiger, strebsamer!* Erst lallt das Kind fünf Monate lang, dann papelt es lange, lange und dann erst fängt es an zu plappern. Aber schau das Kind an, wie *fleißig* es lallt und papelt und plappert. Ja, ja, kleiner Mann, hier liegt der Hase im Pfeffer. Eine Extrawurst willst du für dich gebraten haben, aber leider geht das nicht. Auch du mußt den Weg der *organischen* Entwicklung gehen, dann aber geht es auch mit dir ganz bestimmt vorwärts. Wie sagt doch Goethe so schön:

In Ruhe und Zuversicht muß man sich entwickeln!

Ja, so ist es!

„Übe dich nur Tag für Tag!
Und du wirst sehn, was das vermag:
Dadurch wird jeder Zweck erreicht,
dadurch wird manches Schwere leicht,
und nach und nach kommt der Verstand
unmittelbar dir in die Hand!"

Hierbei muß uns die Umgebung vollkommen Luft sein!

Ach, wir sind ja alle so schrecklich faul, obwohl wir uns fleißig dünken. Gewiß, wir schaffen und streben viel mehr als die meisten um uns herum und doch, vieles, vieles wird noch vernachlässigt, was so not tut. Doch wir wollen darob nicht resignieren, sondern uns bessern und immer fleißiger schaffen. Es ist so, man bildet sich immer ein, daß man fleißig ist. Besieht man sein Schaffen jedoch nach Jahren, dann erst weiß man, was man versäumte. Der Fehler ist, daß man sich selber nur zu gern nach den Leistungen seiner Umgebung mißt. Das ist grundfalsch, wenn wir danach gehen, leisten wir nie das Höchste. In der Beurteilung unserer eigenen Leistungen muß uns die Umgebung vollkommen Luft sein. Nach der Sonne müssen wir greifen, nach den fleißigsten und tüchtigsten Menschen, die jemals lebten. Und nur, wenn wir *ihren* Fleiß und *ihre* Tüchtigkeit unserem eigenen Wirken zugrunde legen, wissen wir, ob wir alles tun, was wir bei ernstem Bemühen tun könnten. Eine so große Sache, wie das eigene Leben, muß richtig angefaßt werden und nie und nimmer können uns deshalb auch die Alltagsmenschen unserer Umgebung maßgebend sein. Mögen sie verschlampern, wenn sie nicht hören wollen, mögen sie vertrotteln und versauern in ihrem Phlegma und ihrer Tatenlosigkeit, wir wollen uns daran nicht kehren.

Nach der Sonne müssen wir greifen, nach dem besten Vorbild des Fleißes und des Schaffens!

Unser Ziel ist der dauernde Fortschritt und die immer bessere Gestaltung des Lebens durch Fleiß, Tatkraft und Klugheit. Und gerade deshalb, mein verehrter Leser, zwingen wir uns auch zur Härte und Konsequenz in der Verfolgung unserer Teilziele. Es ist eine Lust, ein Schaffender zu sein! Triumph dem Schaffen, Untergang der Faulheit und dem Phlegma!

Das Wunder der Zeiteinteilung

Wenn wir aus unserem Leben etwas machen wollen, dann müssen wir immer zwei große Gesichtspunkte im Auge haben. *Diese heißen: Übersicht und Zeit gewinnen!* Übersicht über alles, was im Interesse unserer großen Ziele zu leisten ist, und zwar bis in die kleinsten Dinge, und Zeit, um auch alles durchführen zu können, was geleistet werden muß. Daß diese beiden Gesichtspunkte bei unserer bisherigen Erfolgsplanung schon voll berücksichtigt wurden, werden Sie schon selber festgestellt haben. Ganz besonders kommt das zum Ausdruck bei der Feststellung unserer *Möglichkeiten* bzw. unserer *natürlichen Grenzen.* Was außerhalb dieser Grenzen liegt, scheidet von vornherein aus, muß ausscheiden. Deshalb sagte ich Ihnen bei der Besprechung des Zieles: *Stecken Sie sich ein Ziel, das Sie auch wirklich erreichen können!*

Jeder unnötige Zeitverlust wird vermieden durch genaueste Erfolgsplanung.

Zur Erlangung der richtigen Übersicht legten wir uns dann eine Reihe von Fragen vor, die alle Notwendigkeiten des gesteckten Zieles und alle Anforderungen an unseren körperlichen, seelischen und geistigen Menschen in Erscheinung treten ließen bzw. in Erscheinung treten lassen, wenn wir diese Fragen mit einem bestimmten Ziele in Beziehung setzen.
Zur Gewinnung der Zeit führt uns die Aufstellung unserer *Erfolgspläne,* in die wir die jeweiligen Erfordernisse eines Zieles bzw. die Aufgaben, die zur Erreichung eines Zieles von uns zu erfüllen sind, nach bestimmten Zeiträumen eintragen.
Das ist überhaupt der Sinn der Erfolgsplanarbeit, daß wir in einem bestimmten Zeitabschnitt immer die Aufgaben erfüllen lernen, die in dieser Zeit zur Erreichung des Hauptzieles notwendig zu erfüllen sind. Man kann sich nicht dringend genug merken, daß die Schwierigkeiten zur Erreichung eines Zieles in dem Maße schwinden, wie wir die Hauptaufgaben in kleine Einzelaufgaben unterteilen. Nur dadurch steigert sich die Konzentration, und Sie wissen ja, ohne Konzentration ist keine Leistung möglich.

Schritt für Schritt müssen wir vorwärtsgehen lernen, Schritt für Schritt, immer einen Schritt nach dem andern!

Das Geheimnis der Ausdauer und Leistungskraft.

Hierdurch löst sich nicht nur das Problem der *Ausdauer,* die wir brauchen, um ein hohes Ziel zu erreichen, sondern auch das Problem der *Leistungskraft.* Es ist so, wie ich schon ausführte: *Wir müssen uns an die Gesetze des organischen Wachstums* halten. Tun wir das, so erwächst uns die Ausdauer und die Kraft, die wir zu einem *zweiten* Schritt brauchen, stets aus dem *ersten* bzw. aus dem vorhergehenden. Wir müssen so vorwärtsgehen, daß wir das *Wunder der Zeiteinteilung* erleben. Ein Wunder deshalb, weil den meisten unserer Mitmenschen dieses große Wachsen durch richtige Planarbeit unverständlich ist. Stehen diese Mitmenschen eines Tages vor einer Leistung, die dadurch entstanden ist, so werden sie nie und nimmer zugeben, daß auch ihnen die gleiche Leistung möglich geworden wäre, hätten sie nur genau so planvoll und überlegt gehandelt. Dann heißt es: Ja, du hast eben *Glück* gehabt, du bist ein *Talent,* du bist ein *Genie!* Daß die Leistung nur durch immerwährendes Streben entstand und nur die Frucht planmäßiger, konsequenter Arbeit ist, will ihnen nicht in den Kopf. Gewiß, es soll zugegeben sein, daß es unter den Erfolgreichen eine ganze Menge gibt, die von Natur aus besondere Begabungen zeigen und darum leichter vorwärtskommen können. Tatsache

Nicht Glück, nicht Zufall, sondern das Ergebnis positiven Zielstrebens müssen wir erwarten.

Ziehe nur kristallklar positiv deine Straße in steter Erkenntnis der Kräfte, die dir Gott in deine Seele legte, dann spürst du, wie machtvoll ein Mensch sein kann: Ein winziges Staubkorn dem Körper nach, doch ein Gigant durch die Kraft seines Erkennens

Auf den Fleiß und die Gründlichkeit kommt es an!

ist aber, daß diese Begabten durchaus nicht immer auch die Erfolgreichsten sind. Meist gesellt sich zu dieser Begabung *Oberflächlichkeit* und *Faulheit*, wodurch die ganze Begabung hinfällig wird. Wie oft hören wir von Talenten, die trotz ihrer Fähigkeiten gar nichts erreichen.

Nicht darauf kommt es an, wie groß unsere Begabung ist, sondern was wir aus unseren Fähigkeiten zu machen verstehen!

Sehr wichtig!

Und hier gerade zeigt sich das *Wunder richtiger Zeiteinteilung und positiver Planarbeit.* Im übrigen ist es so, daß unsere Begabungen nicht jetzt schon offenbar sein müssen. Erst muß der Natur Gelegenheit gegeben werden, sich zu zeigen und das kann sie nur in der Praxis. So manches „Talent", von dem wir bei Beginn eines Studiums entzückt sind, erweist sich hinterher als Niete, während umgekehrt so mancher talentlose Mensch sich in der Praxis glänzend entpuppt. Erinnert sei hier an die Macht der *Notwendigkeit.* Die Natur folgt, wenn es zu ihrer Selbsterhaltung dient und die Vorbedingungen des Wachstums erfüllt sind.

Die Macht der Notwendigkeit!

Sind wir mit Ernst und voller Hingabe bei der Sache, so wird der gleiche Einflußgrad auf die Entfaltung unserer Kräfte und Fähigkeiten wirksam, wie bei der Notwendigkeit.

Demzufolge müssen wir auch das Erreichen unserer Ziele einfach als *Notwendigkeit* auffassen. Deshalb auch niemals sagen: ich will mal *versuchen,* ob ich dies und das erreichen kann, sondern: *unter allen Umständen wird geschafft, was ich will, mag es biegen oder brechen!* Aus diesem Grunde verlange ich auch *eiserne Härte* von Ihnen, wenn es gilt, die vorgenommenen *Teilziele* zu erreichen. Es ist absolut so, wie ich vorhin sagte:

Im Zielstreben muß jede, aber auch jede Weichheit aufhören!

Prägen Sie sich diese Sätze ganz fest ein und handeln Sie danach!

Der Teilerfolg verlangt größte Härte und Beharrlichkeit, nur dann kommen Sie vorwärts!
Wer Sie hindern will, vorgenommene Teilerfolge zu erzielen, muß stets auf Granit beißen! Es wird weder links noch rechts gesehen,

sondern nur geradeaus auf das Ziel! Die Schwierigkeit des Gelingens nimmt zu mit der Zersplitterung der Kräfte, wogegen sie abnimmt durch die Konzentration auf die einzelne Leistung!

Nur durch die volle Konzentration auf die *einzelne Leistung* kommen Sie auch zu der notwendigen *Ruhe* in Ihrem Erfolgsstreben, die wir bei den meisten Menschen vermissen und die gerade die Ursache dafür ist, daß man mit seiner Nervenkraft nicht auskommt. Schauen Sie sich doch einmal Ihre Mitmenschen an, wie zappelig und fahrig sie sind, wenn sie etwas vorhaben. Die meisten sind schon mit ihrer Nervenkraft fertig, bevor es erst richtig losgeht. Aber nicht die eigentliche Leistung hat sie dann kaputtgemacht, sondern einzig und allein die nervöse Hast *vor* der Leistung. Sehr deutlich stellen Sie das aus der Handschrift fest; jedes längere Schriftstück redet Bände. Die Handschrift des konzentrierten Menschen zeigt die gleiche Ruhe und ausdauernde Ebenmäßigkeit wie sein Handeln. *Jeder einzelne Buchstabe steht handfest da und wenn er auch schnell geschrieben ist, so ist er immer leserlich und in seinen Wesenszügen korrekt ausgebildet.* Ganz anders dagegen die Schrift des fahrigen und unkonzentrierten Menschen: So hippelig wie er im Leben hin und herspringt, bald dieses, bald jenes anfangend und wieder in die Ecke werfend, so springt auch seine Schrift hin und her. Ein total ungleichmäßiges Bild, ohne einheitliche Zeilen- und Buchstabenrichtung, ohne Sorgfalt bei der Ausbildung der Buchstaben, ohne gleichmäßigen Druck, ohne genaue Interpunktion, ohne gleichmäßigen Abstand der Zeilen. Es ist bestimmt kein Wunder, wenn ein solcher Mensch im Leben nicht vorwärtskommt, denn nie und nimmer kann er soviel Kraft entwickeln, um trotz dieser Unruhe den Anforderungen eines großen Zieles gerecht zu werden. Wie ich vorhin sagte, daß es nicht darauf ankommt, wie groß unsere Begabung ist, sondern darauf, was wir aus unseren Kräften und Fähigkeiten machen, so kommt es auch nicht zuerst darauf an, wie stark unsere Nervenkraft ist, sondern wie wir mit ihr *umgehen* bzw. wie wir es verstehen, mit ihr *hauszuhalten.* Wem es an innerer Ruhe mangelt, der verpufft seine Kraft unnütz. Er gleicht einem Dampfkessel, dessen Hauptleitung undicht ist.

Die Handschrift des positiven Tatmenschen erweist seine Ruhe und Kraft.

Die Handschrift des zappeligen und fahrigen Alltagsmenschen.

Je größer die innere Ruhe, um so leichter das Vorwärtsstreben.

Das ist eine große Kunst des Erfolges, alle Kräfte nur auf den Verbrauch durch die zeitweilige Notwendigkeit einzustellen, und gerade diese Erfolgsfähigkeit scheidet die Geister.

Jeder unnötige Leerlauf muß deshalb aufhören, jeder Kraftverschwendung muß Einhalt geboten werden!

Dies bezieht sich aber nicht nur auf unsere Handlungen, sondern erst recht auf unser *Denk-* und *Innenleben,* denn gerade das ist es ja, was das unkonzentrierte Wesen und auch alle Hast und Unruhe in den Nerven erzeugt. Daß hier unsere ganze positive Lebenseinstellung das Machtwort zu sprechen hat, ist ohne weiteres klar, denn ohne den Positivismus in unserer ganzen Lebensführung und in allem Denken und Handeln kommen wir nicht aus. Ärger, Aufregung und Sorge müssen ebenso gebannt werden wie alle Unvernünftigkeiten in der Lebensweise. —

So, und nun lassen Sie uns weiter zu unserer Erfolgsplanung kommen, mein verehrter Leser.

Der Jahresplan

Die Notwendigkeit einer absoluten Konzentration auf die Erfüllung der einzelnen Teilaufgaben des Erfolges wird Ihnen jetzt wohl vollständig eingegangen sein. Jetzt kommt es darauf an, diese Teilaufgaben so genau wie möglich zu bestimmen. Hierzu wird im Rahmen des *Etappenplanes* der *Jahresplan* aufgestellt, aus dem wir dann je nach den Erfolgsaufgaben weitere Unterpläne entwickeln. Bitte, mein verehrter Leser, immer wieder ist entscheidend, möglichst *kleine* Teilaufgaben zu erfüllen, denn je kleiner die Aufgabe, um so geringer ist der Kraftverbrauch und um so sicherer die Erfüllung. Bedacht muß nur werden, daß *alle kleinen Teilaufgaben untereinander in vollkommen logischer Beziehung stehen müssen,* und gerade deshalb muß auch die Erfolgsplanung sehr gewissenhaft und unter Berücksichtigung aller Erfolgsfaktoren durchgeführt werden.

Die Erfolgsplanung ist eine Arbeit, eine regelrechte, ganz gewissenhaft durchzuführende Arbeit.

Zur weiteren Information führen wir unser Schulungsbeispiel fort. An der Verfolgung des großen Lebenszieles, das wir dem jungen Manne gesteckt haben, sehen wir übrigens, daß sich die großen Schwierigkeiten, die anfänglich der Erreichung im Wege standen, immer mehr in Wohlgefallen auflösen. Heute kann dieser junge Mann noch gar nichts, und doch will er in fünfzehn Jahren ein maßgebender Mann in einer großen Fabrik sein. Für den Alltagsmenschen ein schier unmögliches Unterfangen. Kaum auszudenken für die meisten, und doch, erkennen wir die Leistungen, die in den einzelnen Lebensabschnitten zu vollbringen sind, so gewinnt der Plan schon an Wahrscheinlichkeit, die immer mehr wächst, je mehr wir wissen, in welch logischer Folge sich eine Leistung und ein Teilziel auf dem andern aufbauen. Und die Schwierigkeiten schwinden vollends, wenn wir nun den ersten *Jahresplan* unter Betracht stellen.

1. Das Ziel des ersten Jahres

Eintritt in eine Autoschlosserei als Lehrling zur Erlangung der notwendigen beruflichen Ausbildung. Schaffung der geistigen Grundlagen zum Erreichen des großen Lebenszieles neben der Berufsausbildung. (Vergleiche hierzu immer wieder den Weg dieses Erfolgsbeispiels von Anfang an.)

2. Der Weg zu diesem Ziel

Dieses Beispiel läßt sich ohne Schwierigkeit auch auf andere Leistungsziele anwenden. Man fange nur an ganz genau danach vorzugehen.

Um alle Möglichkeiten in Betracht zu ziehen, nehmen wir an, daß unser junger Mann vollkommen allein in der Welt steht, also niemand hat, der ihm die Mittel zur Verfügung stellt, um die notwendige Lehrzeit durchzumachen. In diesem Falle wäre das Endziel des ersten Zieljahres, daß er es erreicht, überhaupt die berufliche Ausbildung zu erlangen. Bis zur Stunde ist unser Freund ein ungelernter Arbeiter mit einem wöchentlichen Verdienst von netto ca. 250,— DM. Seinen Wohnsitz verlegen wir in eine kleine Stadt. Seinen Plan kann er nur verwirklichen, indem er sich die folgenden 6 Fragen vorlegt:

1. Besteht die Möglichkeit, meine Lehrzeit in meinem Orte durchzuführen, gibt es hier eine anständige Autoschlosserei, in der ich etwas Vernünftiges lernen kann?

Antwort: Ja, die Autowerkstatt Bergmann kommt in Frage. Dort sind zwei Lehrlinge und drei Gesellen tätig. Der Meister ist ein zuverlässiger, tüchtiger Mann. Das Unternehmen besteht schon über zwanzig Jahre.

2. Wie bekomme ich einen Kontakt mit dem Meister, denn er muß Interesse für mich gewinnen und es gern sehen, wenn ich in seinem Betrieb arbeite.

Antwort: Ich muß gründlich die zukünftige Arbeit studieren und schon viel vom Auto verstehen. Dann unter irgendeinem Vorwand zum Meister gehen und mit ihm in ein Gespräch kommen. Hierbei muß er fühlen, wie sehr mich die Autoschlosserei interessiert und die Überzeugung gewinnen, daß ich ein recht tüchtiger Arbeiter und Helfer sein könnte.

3. Wie kann ich mir Kenntnisse der Autoschlosserei aneignen und mich schon irgendwie praktisch betätigen?

Ein erprobter Erfolgshelfer ist eine „Kartei des Wissens". Näheres hierüber im IX. Teil.

Antwort: Fachbücher anschaffen und studieren. Mit möglichst vielen Leuten über Automobile sprechen. Bewußt Gelegenheit dazu suchen. Vor allem Erfahrungen kennenlernen. Eine Kartei anlegen, die alles enthält, was ich studiere und erfahre. Alle Bekannten aufsuchen, die ein Auto haben und in der Praxis den Aufbau des Autos studieren. Dann einen Fahrkursus mitmachen und den Führerschein erwerben. Bei dieser Gelegenheit ganz gründlich das Wissen vertiefen und den Fahrlehrer bitten, in freien Stunden in seinem Betrieb sich praktisch betätigen zu dürfen.

4. Welche Geldmittel sind notwendig, um die erste Teilstrecke meines Zieles erfolgreich zurückzulegen?

Antwort: Die Hauptausgabe ist die Erlangung des Führerscheins. Hierzu brauche ich 600 DM. Außerdem brauche ich 100 DM für Bücher und 200 DM für Berufskleidung. Insgesamt also 900 DM.

5. Wie schaffe ich mir diese Geldmittel?

Antwort: Zunächst durch große Sparsamkeit. Ich muß von meinem Verdienst wöchentlich 30 DM für meine Ausbildung erübrigen. Dies geschieht durch sehr genaue Einteilung meines Lohnes. Hierzu muß ich alle regelmäßigen Ausgaben für Nahrung, Wohnung, Kleidung und Wäsche überprüfen und sehen, wie ich auf der ganzen Linie noch vorteilhafter als bisher durchkomme. — Zweitens schaffe ich mir Geldmittel durch die Erarbeitung kleiner Nebenverdienste. Die Möglichkeiten hierzu sind: 1. Gelegentliche Überstunden in meiner jetzigen Stellung. Hierzu muß ich mir einen guten Kontakt mit meinem Chef schaffen. 2. Durch gelegentliche Arbeiten im Fachgeschäft Hermanns, wo ich schon öfter nebenbei verdienen konnte.

Ordnung hilft haushalten! Man kann nicht sparsam sein ohne Sorgsamkeit, Sauberkeit und pflegliche Behandlung seiner Habe.

Nachdem diese Vorfragen erledigt sind, werden nunmehr die einzelnen Haupt-Etappen des ersten Jahresplanes festgestellt. Auch dies geschieht durch entsprechende Fragen. Also lassen wir unsern jungen Freund fragen:

Was ist die wichtigste Etappe?

Antwort: Beginn des Fahrkursus zu Erlangung des Führerscheins.

Welche Voraussetzungen sind dazu zu erfüllen?

Antwort: Dazu brauche ich 300 DM zur Anzahlung auf das Ausbildungshonorar.

Die zweite Haupt-Etappe ist in der Fahrprüfung zu sehen. Diese wird 6 Wochen später, also nach Absolvierung des Fahrkursus stattfinden.
Als dritte Haupt-Etappe kommt dann die Eröffnung des Kampfes um die Lehrstelle in Frage, was in sechs Monaten, also ein volles halbes Jahr vor dem Antritt

Sparsamkeit und bewußte Selbstbeschränkung müssen Sinn haben. Die Lebensfreude darf darunter nicht leiden. Das ist der Fall, wenn wir Tag für Tag im Vorgefühl des kommenden Erfolges leben. Hieran ist die ganze Lebenskunst beteiligt, die sich aus unserem Positivismus ergibt.

der Lehrzeit, der Fall ist. Bis zum Beginn dieses Kampfes muß die persönliche Ausbildung im zukünftigen Beruf schon so weit fortgeschritten sein, daß ich meinem Lehrherrn sattelfest gegenübertreten kann und den vollen Beweis zu erbringen vermag, daß ich ihm ein Mitarbeiter sein werde, den er gut gebrauchen kann.

So, mein verehrter Leser, jetzt kann der Jahresplan für unseren jungen Mann aufgestellt werden. Die Aufstellung weiterer Unterfragen, welche vornehmlich die Ausbildung betreffen, können wir uns sparen. Jeder kann diese Fragen selber stellen, wenn man das Schema des Jahresplans durchgeht.

Die Teilstrecken des ersten Jahresplanes

Die Kraftleistung beim Erfolgsstreben ist in erster Linie eine Sache der Ausdauer. Tausend kleine Schläge ergeben hier mehr Wucht als ein großer Schlag, zu dem wir außerdem nicht fähig sind. Millionen Beispiele hierfür bietet das Wachstum der Natur. Welche Riesengewalt entwickelt das zuerst so schwache Würzelchen eines Baumes beim Eindringen in steinigen Boden.

Festlegung aller Erfordernisse des Zielstrebens nach den Ergebnissen der vorangegangenen Fragen.

1. Erfolgs-Monat:

120 DM sparen und für den Fahrkursus zurücklegen. Nebenverdienst schaffen! Alle Gelegenheiten zur Ausbildung auskundschaften. Zielbewußt an der eigenen Entfaltung arbeiten. Zusehen, wie am billigsten Bücher über die Automobiltechnik zu beschaffen sind und diese Bücher besorgen. Außerdem an der Persönlichkeitsentfaltung arbeiten. In der Tagesarbeit wie immer fleißig und zuverlässig!

2. Erfolgs-Monat:

120 DM sparen! Am Ende des Monats müssen 240 DM für den Fahrkursus vorhanden sein. Ausbildung weiterbetreiben! Kartei aufbauen und dauernd Fortschritt kontrollieren. Auch in der Persönlichkeitsentfaltung muß dauernd Fortschritt um Fortschrit erzwungen werden. Während der Tagesarbei gleichmäßig positiv!

3. Erfolgs-Monat:

120 DM sparen! Nicht locker lassen im Sparen! Am Ende des Monats schon 360 DM für den Fahrkursus vorhanden. Weitere Fortschritte in der Ausbildung. In der Tagesarbeit stets positiv! Nebenverdienst schaffen durch besonderen Fleiß und besondere Tüchtigkeit!

4. Erfolgs-Monat:

Daß diese hier entwickelte Erfolgsklugheit nur möglich werden kann, wenn man in allen Dingen nach den Lehren des Erfolges handelt, versteht sich von selbst.

120 DM sparen! Am Schluß des Monats müssen 480 DM Anzahlung für den Fahrkursus da sein. Außerdem muß ich das Kraftfahrzeug schon in seinem ganzen Aufbau kennen und genau wissen, was der Autofahrer alles zu beachten hat, wenn er seinen Wagen beherrschen will. Ferner alles allgemeine Wissen über die Entwicklungsgeschichte des Automobils von den ersten Anfängen an. Dazu alles Notwendige über die Verkehrsordnung, Verkehrszeichen und Fahrsicherheit. Wenn ich den Fahrkursus antrete, muß ich schon vollständig im Bilde sein. Während des ganzen Monats außerdem fleißig Persönlichkeitsentwicklung. Ich muß frei auftreten können und Vertrauen und Zuneigung entwickeln. Trotz der starken Konzentration auf die Ausbildung keinerlei Vernachlässigung der Tagesarbeit.

5. Erfolgs-Monat:

Weitere 120 DM sparen und Nebenverdienst schaffen! Beginn des Fahrkursus. Unterricht nach der Tagesarbeit. Während des Tages stets gleichbleibende Erfüllung aller Pflichten. Kartei auf dem laufenden halten und mit allem Wissen ergänzen, das der Fahrunterricht vermittelt.

Immer wieder: Richtigmachen = Erfolg! Falschmachen = Mißerfolg!

6. Erfolgs-Monat:

120 DM sparen! Volle Konzentration auf ein gutes Bestehen der Fahrprüfung. Erlangung des Führerscheins. In der Tagesarbeit unausgesetzt weiter in treuer Pflichterfüllung.

7. Erfolgs-Monat:

120 DM sparen! Beginn des Kampfes um die Lehrstelle. Vorsichtig Kontakt mit dem Meister suchen. Von den Wünschen noch nicht sprechen, sondern nur das große Interesse offenbaren. Eigene Ausbildung tüchtig weiter betreiben! Kartei muß vorbildlich sein und beweisen, wie sauber und gewissenhaft ich arbeite. Außerdem Persönlichkeitsentwicklung weiter betreiben. Dauernde Selbstkontrolle durch das Erfolgstagebuch. In der Tagesarbeit wie immer positiv und treu.

8. Erfolgs-Monat:

120 DM sparen! Kontakt mit Meister vertiefen! Kartei zeigen und erneut das große Interesse beweisen. Die Erlaubnis erbitten, bei Gelegenheit zur eigenen Übung praktisch mit zugreifen zu dürfen. Außerdem: sich eng mit den Lehrlingen anfreunden und ihnen an Hand der Kartei beweisen, wie sehr man sein Wissen und Können durch richtige Planarbeit steigern kann. Unter allen Umständen einen guten Einfluß auf die Lehrlinge ausüben. Der Einfluß muß so stark sein, daß sie in ihrer Arbeit besser werden und dem Meister Bericht erstatten. Eventuell wird der Kontakt mit dem Meister überhaupt nur über die Lehrlinge möglich. Ständig weiterarbeiten an der eigenen Entfaltung und nach wie vor die gleiche Treue und Pflichterfüllung in der Tagesarbeit.

9. Erfolgs-Monat:

120 DM sparen! Nicht locker lassen in der Sparsamkeit. Immer weiter Nebenverdienste schaffen! Kontakt mit Meister vertiefen und gelegentlich äußern, daß man gern als Autoschlosser arbeiten möchte. Letzte Absicht noch nicht enthüllen! Jede Voreiligkeit schadet! Jede Frucht braucht Zeit zum Reifen! Niemals das letzte Ziel äußern! Immer nur die Arbeit in den Vordergrund stellen. Kenntnisse müssen in diesem 9. Erfolgs-Monat schon sehr beachtlich sein. Desgleichen muß die Persönlichkeitsentwicklung große Fortschritte gemacht haben.

Alles braucht seine Zeit zum Reifen. Soll Glaube entstehen, muß der Boden gut vorbereitet werden.

10. Erfolgs-Monat:

120 DM sparen! Jetzt kann der Wunsch geäußert werden, beim Meister in die Lehre zu treten. Die Vorteile, die er durch meine Einstellung hat, sind dem Meister nun ganz klar. Nicht drängen! Es sind noch zwei Monate Zeit vorhanden. Wenn der Meister will, selbstverständlich freudige Zustimmung zum schnellsten Lehrantritt. Jetzt ist auch der Zeitpunkt da, um dem Meister zu sagen, daß ich mich schon seit 10 Monaten darauf vorbereitet habe, um bei ihm arbeiten zu dürfen. In der Zwischenzeit dauernde Weiterarbeit am eigenen Fortschritt.

11. und 12. Erfolgs-Monat:

Wieder größte Sparsamkeit und Ausnutzung aller Chancen zur Schaffung von Nebenverdienst. Fortsetzung der Ausbildung. Bilanz des ersten Erfolgsjahres. Sorgfältige Erfolgsplanung für das zweite Zieljahr. Volle Konzentration auf den erwählten Beruf und das große Leistungsziel.

Das Entscheidende: Planung erleichtert den Erfolg! Diese Tatsache kennzeichnet auch den Wert von Arbeitsmethoden aller Art. Ein guter Lebensplan für konsequentes Zielstreben ist eine Meisterleistung der Logik und positiver Erfolgstechnik.

So sieht also der erste Jahresplan unseres jungen Freundes aus, mein verehrter Leser. Sie sehen, jeder wichtige Punkt ist genau durchdacht und festgelegt. Wird Ihnen klar, daß durch eine derartige Planung der Erfolg zum Kinderspiel wird, ja, werden *muß?* Und noch leichter wird das Streben, wenn nunmehr aus den Monats-Etappen der jeweilige Wochen- bzw. Tagesplan entwickelt wird. Schließlich bleibt für den einzelnen Tag nur noch eine ganz kleine Anzahl Aufgaben übrig, die einfach jeder erledigen kann, wenn er nicht an chronischer Unfähigkeit leidet. Nun liegt es an Ihnen, mein verehrter Leser, aus diesen Darlegungen den Nutzen zu ziehen. Unser Beispiel gibt Ihnen Hinweise genug, um auch das eigene Streben planmäßig durchzuführen. Über allem steht immer wieder unsere treffliche Erfolgsformel:

Richtigmachen = Erfolg!

Falschmachen = Mißerfolg!

Daß dem Richtigmachen eine ganz klare Überlegung voranzugehen hat, die erst das Richtige zutage fördert, wird wohl nun auch voll erkannt worden sein. Ich habe früher gesagt, daß man den Erfolg im Leben nicht durch brutale Gewalt, sondern nur durch die *feinen Kräfte des Denkens* steuert. Die Richtigkeit dieser Erkenntnis ist durch unsere Erfolgsplanung unter Beweis gestellt. Ja, so ist es tatsächlich, und selbst das Größte kann man leisten, wenn man es nur logisch anfängt. —

Der Erfolg muß einfach kommen, wenn man es richtig anfängt!

Und nun, mein verehrter Leser, bringe ich Ihnen die bereits erwähnten zehn Fragen zur Aufstellung des Tagesplanes. Es ist darin alles enthalten, was der Erfolg und das Leben an speziellen Forderungen stellen. Alles, was Ihr eigenes Leben angeht, müssen Sie dazuschreiben. Diese Fragen sollen Ihnen den Überblick über das Gesamtgebiet der positiven Lebensführung erleichtern, ebenso wie die anschließend folgende Zusammenfassung aller Notwendigkeiten einer positiven Erfolgsplanung.

Zehn wichtige Fragen zur Aufstellung des Tagesplanes

Antworten recht genau und umfassend geben unter Berücksichtigung alles bisher erlangten Erfolgswissens und der Forderungen des persönlichen Lebens.

Fragen! Fragen! Immer wieder fragen und fragen, damit kommt man Zusammenhängen am besten auf die Spur und schafft sich die für positives Erfolgsstreben unerläßliche Begriffsklarheit.

1. Tagesvorsatz! Forderungen aus dem Charakterspiegel zur planmäßigen Ausschaltung von Hemmungen, Angewohnheiten, negativen Eigenschaften usw. (Autosuggestion!)

2. Gesundheit, Lebenskraft, Leistungsfähigkeit des Körpers und der Nerven. Was muß täglich getan werden, um diese Forderungen zu erfüllen? Wieviel Zeit brauche ich dazu? Wann führe ich Übungen durch? Wie steht es mit der Ernährung? usw. usw. (Einzelheiten im Tageslauf des positiven Menschen.)

3. Was verlangen das Glück und die Harmonie der Familie täglich von mir? Eltern, Ehe, Kinder, Geschwister, Verwandte. Welche Pflichten und Erfolgsgesetze sind zu erfüllen? (Tageslauf, Vergoldung des Alltags u. a.)

4. Was verlangen die Berufspflicht und die gegenwärtige Arbeit zur Schaffung des Einkommens täglich von mir? Wieviel Zeit bzw. Stunden am Tage? Von wann bis wann? usw. usw.

5. Seelischer Aufstieg (Ideelles Ziel). Was verlangt die Pflege der positiven Geisteshaltung täglich von mir? Höhere Erkenntnis, innere Harmonie usw. (VI. Teil: Ideelles Ziel.)

6. Geistiger Aufstieg (Bildungsziel). Was verlangt die Aneignung eines guten und umfassenden Allgemein- und Erfolgswissens täglich von mir, sowie die Entwicklung eines klaren, sicheren Urteils und die Ausbildung meiner Erfolgskräfte und Fähigkeiten? (VI. Teil: Bildungsziel.)

7. Persönlicher Aufstieg (Leistungsziel). Was habe ich täglich an meinem großen Lebensziel zu leisten bzw. an der Erfüllung meines Lebensplanes? (VI. Teil: Leistungsziel.)

8. Pflege des äußeren Menschen! Gesicht, Hände, Kleidung usw. usw. Was habe ich zu beachten? Wann pflege ich mich und wieviel Zeit ist notwendig?

9. Pflege der Geselligkeit, der Lebensfreude und Lebenslust. Liebhaberei, Steckenpferd, Tanz, Unterhaltung usw. Wieviel Zeit brauche ich dazu? Welche Ansprüche stelle ich?

10. Wichtige besondere Pflichten, die ich übernommen habe und die tägliche Ansprüche an mich stellen.

Alles dient uns nur zur Anregung! Jedes Menschen Leben ist eine ganz und gar persönliche Sache. Wenn man jedoch ein Vorbild hat, dann kommen leicht die richtigen Gedanken.

Zusammenfassung der Erfolgsplanung

1. Klarheit verschaffen über die drei großen Ziele des Lebens. 1. Ideelles Ziel, 2. Bildungsziel, 3. Leistungsziel (siehe Tageslauf des positiven Menschen).

2. Genaue Kenntnis verschaffen über alle Erfordernisse einer positiven Lebensführung (Gesamtwissen des Erfolgssystems).

3. Bearbeitung der 10 Fragen zur Aufstellung des Tagesplanes. Ergebnisse im Tagesplan berücksichtigen.

4. Beantwortung der Fragen zum Lebensplan und zur Setzung des Leistungszieles.

5. Aufstellung des großen Etappenplanes zur Erreichung des Leistungszieles.

6. Aufstellung des ersten Planes zur Erreichung der ersten Hauptetappe.

7. Aufstellung des ersten Jahresplanes zur Erreichung der ersten Teilstrecke der ersten Hauptetappe unter genauer Berücksichtigung aller zu stellenden Fragen.

8. Aufstellung der sich aus den Monatszielen ergebenden Wochen- bzw. Tagesleistungen und Eingliederung dieser Leistungen in die Erfordernisse der zielbewußten positiven Lebensführung (Tagesplan!).

Beispiel zur Aufstellung des Tagesplanes

Zum Abschluß meiner Ausführungen über die Erfolgsplanung bringe ich Ihnen jetzt die Aufstellung eines Tagesplanes mit allen Einzelheiten eines zielbewußten, positiven Erfolgsstrebens, damit Sie in keiner Frage mehr im unklaren sind.

Stets genau beachten!

Sicher wie eine Schraube muß man sich vorwärts und aufwärts bohren!

Nochmals erwähne ich, daß sich die Aufstellung des Tagesplanes aus der großen *Lebensplanung* ergibt und im besonderen aus dem jeweiligen Teilziel. Immer wieder sei daran erinnert, daß man etappenweise vorwärtsstreben muß, wenn man etwas erreichen will. Dabei ist streng zu beachten, daß man sich niemals mehr vornehmen darf, als man in einer bestimmten Zeit auch wirklich leisten kann. Richtiges Einschätzen der eigenen Kraft bzw. der jeweiligen Leistungsfähigkeit ist unerläßlich, denn es kommt ja darauf an, daß man ein Ziel nicht nur anstrebt, sondern es auch *tatsächlich erreicht*. Ich habe hierüber schon an anderer Stelle gesprochen, ich erwähne diese Vorbedingung des Erfolges nur nochmals, weil sie zur Planung sehr genau beachtet werden muß. Es gibt Menschen, die sich in einer besonders positiven Stunde tausend Dinge vornehmen, um aber bald nachher schon wieder alles vergessen zu haben. Mit dem „guten" Willen allein geht es nicht, es müssen auch die realen Grundlagen für eine Leistung vorhanden sein, und gerade darauf kommt es an, diese für den einzelnen Erfolgsfall maßgebenden realen Grundlagen richtig zu erkennen bzw. zu schaffen. Für manchen „Schwachen" ist es daher entschieden besser, zunächst einmal im *„Schneckentempo"* vorwärtszustreben, in diesem Tempo dann aber bestimmt vorwärtszukommen, anstatt infolge Übereilung auf halber Strecke zu versagen. Natürlich wird der Erfolgsmensch jeden unnötigen Umweg vermeiden und darauf sehen, sein jeweiliges Ziel stets auf die schnellste Weise zu erreichen. Zu schnell gestrebt, kann aber recht oft *doppelt langsam* sein. Macht der Architekt einen Rechenfehler, muß er unter Umständen das ganze Haus wieder niederreißen. Es ist so, daß grundsätzlich jedes Ding „seine Zeit" braucht, sei es zur Reife oder sonstwie. Vornehmlich gilt das auch für die Entwicklung unserer Fähigkeiten. Diese „richtige Zeit" muß wenigstens annähernd genau bestimmt werden, wobei man sich an die bisher gesammelten Erfahrungen hält. Prüft man diese Erfahrungen auf ihre Begleitumstände bzw. auf die Bedingungen hin, durch welche sie möglich wurden, dann erkennt man auch, ob sich zur Erzielung eines gleichen Resultates noch irgendwie Zeit sparen läßt oder nicht, um dadurch dann die Mindestzeiten für die eigenen Verhältnisse zu finden.

Jedes Ding braucht seine Zeit.

Nun eine Einflechtung: So mancher Besserwisser und Neunmalweise wird mir auf diese Überlegung erwidern, daß eine so genaue Erfolgsplanung, wie sie von mir vorgeschlagen wird, gar nicht not täte, und daß man schon beim Vorwärtsstreben sieht, wieweit man kommt. Auch ich habe vor 30 Jahren so gedacht, um dann aber, Gott sei Dank, schon bald einzusehen, daß damit niemals große Erfolge errungen werden können. Und nochmals erkläre ich deshalb: *Je sorgfältiger Sie die Erfolgsplanung durchführen, um so sicherer werden Sie ein großes Ziel erreichen!* Ich kann verstehen, daß es manchen Menschen vor innerer Ungeduld buchstäblich in den Fingern kribbelt, weil er es einfach nicht abwarten kann, bis ein Erfolg sich nach gesetzmäßiger Entwicklung einstellt. Aus diesem Grunde kommen viele überhaupt nicht zu einer richtigen Erfolgsplanung und einer Disposition auf lange Sicht. Alles wird angefangen, kurze Zeit durchgeführt und dann wieder stehengelassen. So wird Woche um Woche und Monat um Monat verplempert, ohne auch nur den geringsten Fortschritt zu erzielen. *Diese „unruhigen Geister" sind sichere Kandidaten für ein verpfuschtes Leben!* Mangel an Ausdauer, sagt

Disposition auf lange Sicht!

Mangel an Erkenntnis! Mit dem Erfolg kommt die Ausdauer.

man zu diesem Hin und Her. Für mich ist es Mangel an rechter *Erkenntnis,* denn wenn man einsieht, daß jedes Ding seine Zeit braucht und daß der Erfolg gesetzmäßig einfach kommen muß, wenn man ihm richtig entgegenarbeitet, dann stellt sich auch die Ausdauer zum gleichmäßigen, positiven Handeln ein. Wem bisher noch gar nichts gelang, der sehe zu, daß er zunächst einmal ein *kleines* Ziel erreicht, eine kleine Erfolgsaufgabe erfüllt, wie ich das schon früher gesagt habe. Damit wächst gesetzmäßig seine Kraft und bald ist er fähig, Größeres zu leisten. Deshalb sagt auch einer unserer großen Denker:

Zuerst ein kleines Ziel erreichen, eine kleine Erfolgsaufgabe erfüllen.

Die beste Belohnung für eine Leistung besteht darin, daß wir fähig werden, noch Größeres zu vollbringen! —

So, mein verehrter Leser, und nun studieren Sie bitte unser Beispiel der Tagesplanung. Der Plan ist so aufgestellt, daß er für jeden Anregung bringt. Es ist angenommen, daß es sich dabei um den positiven Tageslauf eines kaufmännischen Angestellten handelt, auf den die folgenden Daten zutreffen:
Alter 35 Jahre, verheiratet, zwei Kinder. Leistungsziel: In zwei Jahren Selbständigkeit als Vertreter in der Holzwarenindustrie. Schwächen: nervöse Sprechstörungen, Aufgeregtheit, Konzentrationsmangel, starker Raucher, disharmonisches Verhalten in der Familie.
Monatsziel: Positive Umformung des ganzen inneren Menschen. Ruhe! Selbstbemeisterung! Harmonisches Wesen! Einflußreiches Sprechen! Herabsetzung des Rauchens auf 5 Zigaretten je Tag! Für den Beruf: Gründliches Studium der verschiedensten Erzeugnisse der Holzindustrie für den Haushalt.

Es ist wohl selbstverständlich, daß jeder seinen Tagesplan ganz nach seinen Verhältnissen aufbaut. Dieses Beispiel soll lediglich zeigen, wie man das am besten macht.

Tagesplan für Mittwoch, 20. Februar

Vorsatz:

Ich komme mit allen Mitmenschen und meiner Familie in Ruhe und Frieden aus!

Dieser Vorsatz wird in das Erfolgstagebuch geschrieben!

6.40 Uhr: Sofort aufstehen! Kalte Abreibung; Gymnastik, Vokalübung, Körperpflege, Autosuggestion zur Stärkung des Selbstvertrauens! Erfolgstagebuch! Ruhe beim Anziehen! Radiomusik! Innere Fröhlichkeit!

7.10 Uhr: Kaffeetisch. Ruhe! Ruhe! Friede, Freude, Verträglichkeit! Nicht schimpfen! In Ruhe essen!

7.30 Uhr: Zu Fuß ins Geschäft! Offene Sinne! Alles ist interessant! Plakatsäulen erzählen, Schaufenster sprechen! Neues aufnehmen! Kräftig atmen!

8.00 Uhr: Pünktlicher Arbeitsbeginn! Fleißig sein! Besser machen! Nützlich sein! Augen und Ohren auf! Arbeiten wie im eigenen Geschäft! Ruhe! Ruhe! Nicht ärgern! Streit vermeiden! Richtigmachen = Erfolg! Falschmachen = Mißerfolg! Erfolgreiches Verhalten zur Umwelt! Wir sind alle aufeinander angewiesen!

17.00 Uhr: Nach Hause durch den Park zu Fuß! Kräftig atmen! Augen auf! Unterwegs ein Blümchen kaufen für die Frau! Ruhe! Ruhe! Nicht rauchen! Natur beobachten! Seelenbildung!

17.40 Uhr: Ankunft zu Hause. Freundliches Gesicht! Liebe zu Frau und Kindern! Die Schularbeiten der Kinder besprechen. Unterhaltung über den Tag. Ruhe! Ruhe!

18.30 Uhr: Mit Freude gemeinsam essen! Besprechen, was man am Abend noch machen kann. Ruhe! Nicht aufregen! Nicht schimpfen!

20.00 Uhr: Radio. Fernsehen! Nachrichten! Unterhaltung mit der Familie. Ruhe, Friede, Freude, Verträglichkeit! Seelische Bindung!

22.00 Uhr: Erfolgsstudium! 15 Minuten Kartei des Wissens! 15 Minuten „Mein Erfolgs-System"! 15 Minuten Sprechübungen! Richtigmachen = Erfolg! Falschmachen = Mißerfolg! Leistungsziel! Warenstudium! Anlage einer Spezialkartei und Studium von Fachkatalogen.

23.00 Uhr: Erfolgsplanung für den nächsten Tag bzw. Tagesbilanz im Tagebuch! Autosuggestion! Ich werde ganz ruhig und leistungsstark! Körperpflege und Ausschaltung des Alltags!

Jawohl, nur die Tat befreit!

Es gibt keine Erfolgsschablone! Jeder führt sein eigenes Leben, aber es soll glücklich und erfolgreich sein.

Hiermit, mein verehrter Leser, beenden wir die hinter uns liegende Hauptabteilung dieses Lehrbuches. Gerade die ausführlichen Darlegungen über die Lebens- und Erfolgsplanung werden Ihnen gezeigt haben, wie sehr wir in der Lage sind, unser Leben zu bemeistern. Bedingung zu allem ist natürlich immer wieder, daß Sie meine Ausführungen nicht nur lesen, sondern praktisch danach handeln. *Nur die Tat befreit!* Ich verlange durchaus nicht, daß Sie sich mit pedantischer Genauigkeit an meine Erfolgsanweisungen halten. Das ist gar nicht notwendig, sondern vielmehr, daß Sie überhaupt Ihr Leben soweit wie möglich planvoll gestalten. Jeder einzelne Mensch führt im Rahmen des Ganzen sein persönliches Leben, deshalb gibt es auch keine Erfolgsschablone, die auf jeden paßt. Aber die *Gesetze des Erfolges* gibt es und nach denen haben wir uns zu richten, wenn wir erfolgreich sein wollen. Für Ihr eigenes Leben müssen Sie diese Gesetze so beachten, wie es Ihren persönlichen Verhältnissen entspricht. Tun Sie das gehörig, dann ist es selbstverständlich, daß Sie den Ablauf Ihres Lebens weitgehend in der Hand haben.

Zum Abschluß dieses Kapitels noch einen besonderen Hinweis: Wenn Sie es ernst meinen mit der positiven Lebensführung, mein geschätzter Leser, dann werden Sie das Erfolgssystem bestimmt wiederholt durcharbeiten, denn es ist unmöglich, die Fülle des Wissens gleich auf Anhieb zu fassen. Nun, dann benutzen Sie beim zweiten Studium klugerweise ein *Merkheft,* in das Sie alles Wichtige hineinschreiben, was ganz besonders für Sie in Frage kommt. Noch besser: Bauen Sie sich eine *Kartei* auf, die alles für Sie Wissenswerte enthält. Näheres über dieses ausgezeichnete Hilfsmittel bei der Besprechung der Möglichkeiten zur Steigerung der geistigen Leistungsfähigkeit. —

Einmal gab es eine Zeit, da wußte ich vom Erfolg und seinen Gesetzmäßigkeiten ebensowenig und noch weniger als Sie, mein lieber Leser. Zudem war ich ein einfacher Volksschüler und Sohn armer Eltern. Auch nicht sonderlich begabt war ich, einfach nur ein suchender Mensch, wie Sie auch. Frage ich mich heute, wie ich es trotzdem dahin brachte, meine Kenntnisse von den Ursachen des persönlichen Erfolges so zu entwickeln, daß ich schon über dreißigtausend Folioseiten damit füllen konnte, so ist dies die Generalantwort: ich ließ keinen Tag vorübergehen, ohne nicht wenigstens einen guten Gedanken zu durchdenken und festzuhalten. Nicht die einmalige große Leistung, sondern die Regelmäßigkeit und die Ausdauer haben das Werk vollbracht. Ich blieb immer bei der Stange, um es einfach zu sagen. Folgen Sie diesem Beispiel, und machen Sie es genau so! Es ist gar nicht schwierig, das ganze Wissen des Erfolgssystems sich so zu erarbeiten, daß man es immer in sich trägt. Man muß nur Tag für Tag ein Schrittchen weitergehen und ebenfalls bei der Stange bleiben. Tag für Tag natürlich auch jedesmal ein Schrittchen weiter in der Wandlung zum positiven Menschen, nicht nur in der Theorie, versteht sich. Getreu dem Sprichwort: Mit Geduld und Spucke fängt man jede Mucke! Ich wollte, Sie könnten einmal eine Woche lang in meinem Lehrinstitut erleben, wie man schon in ganz kurzer Zeit in der positiven Lebensführung so zu Hause sein kann, wie ein Fachmann der Lebensbemeisterung. Apropos, Fachmann! Soweit muß es übrigens kommen, mein lieber Leser. Viel Freude und Glück dazu!

VIII. TEIL

DIE GEISTIGE ARBEIT DES POSITIVEN MENSCHEN

Entwicklung starker Konzentrations- und Gedächtniskraft

Die einzige Klugheit im Leben ist Konzentration,
das einzige Übel Zersplitterung.
R. W. Emerson

Dieses Kapitel, mein verehrter Leser, bildet die Fortsetzung meiner Ausführungen über die geistigen Ursachen des Erfolges und das Geheimnis der Erfolgskraft. Schon dort habe ich Sie teilweise über das Unterbewußtsein informiert, dessen Wesen wir jetzt noch tiefer ergründen wollen; denn das Unterbewußtsein spielt bei der geistigen Arbeit des Erfolgsmenschen die Hauptrolle. Vor allem das *produktive* geistige Schaffen ist nur durch seine Hilfe möglich. Und produktiv *muß* doch der Erfolgsmensch sein, wenn er im Leben vorankommen will. Kann man sich einen Erfolgsmenschen überhaupt vorstellen, der nicht aus *eigener* Quelle zu schöpfen vermag? Auch Sie sollen zu denen gehören, die *Neues* schaffen! Deshalb müssen Sie in die Tiefe Ihres Wesens eindringen lernen, in die Werkstatt Ihres inneren Genius, in das Reich des Unterbewußten, aus dem alle großen Menschen ihre Schätze holen.

Zweifeln Sie nicht daran, daß auch in Ihnen unermeßliche Quellen geistigen Reichtums sind, die nur erschlossen zu werden brauchen, um Ihnen und Ihrem Erfolg zur Verfügung zu stehen.

Nicht alle Menschen können Gleiches auf geistigem Gebiete leisten, doch fast jeder hat irgendwelche besonderen Fähigkeiten in sich ruhen, bestimmt auch Sie.

Auch Sie sind begabt!

Den Weg zu Ihren Fähigkeiten zeigen Ihnen Ihre Wünsche und Interessen.

Die Wünsche zeigen den Weg; aber keine unvernünftigen Wünsche haben.

Vielleicht haben Sie Talent zur Kunst, oder aber Sie sind ein geborener Techniker — und wenn das nicht, dann vielleicht ein guter Kaufmann. Was Sie innerlich sind, wo Ihre Begabungen liegen, müssen Sie selber feststellen; ich kann Ihnen nur den Weg zeigen, den Sie einschlagen müssen, um Ihre geistigen Schätze zu heben und zu verwerten. —

Folgen Sie mir nun auf den Weg zum Unterbewußtsein, das Sie als einen außerordentlich wertvollen Mitarbeiter zum Erfolg erkennen werden.

Das Wichtigste bei jeder geistigen Arbeit ist ein gutes Gedächtnis oder richtiger, ein gutes *Erinnerungsvermögen.* Manche Leute haben wohl ein großes Wissen, doch wenn sie es verwerten wollen, fällt ihnen nichts davon ein, dann kommt es ihnen nicht zum Bewußtsein. Wie oft findet man z. B. Redner, die glänzende Theorien während ihres Vortrages entwickeln und dabei nicht in der Lage sind, auch nur eine kurze vernünftige Abhandlung über ihr Thema zu schreiben. Desgleichen findet man Schriftsteller, die dicke Bücher verfaßt haben, dennoch aber keine halbe Stunde lang richtig über ihre Ideen sprechen können. Das liegt am *Erinnerungsvermögen,* dessen gute Funktion an ganz bestimmte Gewohnheiten gebunden ist. Das Erinnerungsvermögen, das der Erfolgsmensch braucht, muß selbstverständlich immer und zu jeder Zeit gut arbeiten; der Erfolgsmensch muß seine Gedanken ebensogut mündlich wie schriftlich entwickeln können. Zu diesem Zwecke muß er das Erinnerungsvermögen wie auch seine sonstigen geistigen Funktionen unter seinen Einfluß bringen.

Sich an alles erinnern können, was man weiß, das ist die Kunst, die man beherrschen muß.

Die Geheimnisse der Erinnerungstätigkeit

Wie Sie schon wissen, wird das Leben des Menschen, sein physisches wie auch sein seelisches, von bestimmten Vorstellungen geleitet, die im Unterbewußtsein wirken*. Diese Antriebe sind auch die Ursachen der verschiedenen *Gewohnheiten.* Sie sind die Beamten einer großen Zentrale, die schalten und walten wie es ihnen ihre Natur vorschreibt. Bestimmte Arten dieser Vorstellungen wirken auch auf die Erinnerungsvorgänge ein, indem sie das Einströmen von Erinnerungsbildern und Ideen *fördern* oder *hemmen.*

Um das gegenseitige Verhältnis und die Wirkungsweise von Ober- und Unterbewußtsein und damit auch die Vorgänge bei der Erinnerungstätigkeit zu verstehen, muß man sich zwischen beiden eine *Verbindungstür* denken, die Ober- und Unterbewußtsein in zwei Bezirke der Geistestätigkeit trennt. Im Unterbewußtsein muß das eigentliche Zentrum des Wirkens der *Seele,* die ja das eigentliche „Selbst" im Menschen ist, angenommen werden. Dort ist auch das Gedächtnis und dort findet auch das schöpferische Denken statt.

Die Verbindungstür zwischen Unter- und Oberbewußtsein.

---

* Diese Vorstellungen schaffen Mechanismen, die etwa so wirken wie ein Relais, das in einer komplizierten Apparatur eine ganz bestimmte Schaltung bewirkt. Man kann natürlich auch sagen, daß ganz bestimmte Reize bestimmte Gehirn- bzw. Nervenzentren veranlassen, ein Gedächtnisbild zu entwickeln, das einen „Organisationseffekt" hervorruft und dadurch den Ablauf der Reaktionen und Vorgänge steuert. Wichtig ist die Tatsache des Wirkens von Kräften in uns, die sich der Kontrolle des Oberbewußtseins entziehen und in vielen Fällen gegen unseren Willen aktiv sind. Da diese Vorgänge die Grenzvorgänge zwischen Körper und Seele angehen und mit den bisherigen Forschungsmethoden erst teilweise geklärt werden konnten, sprechen wir der Einfachheit halber einfach von der Macht der „Vorstellungen", womit wir in jedem Falle den Kern der Zusammenhänge treffen. Nicht zuletzt deshalb, weil wir ja über das Vorstellungsleben, wobei die Macht des Gefühls und die Macht des Glaubens eingeschlossen sind, einen willkürlichen Einfluß auf die Vorgänge im Körper und in der Seele ausüben können.

Entscheidend ist bei diesen Zusammenhängen zwischen dem „Unbewußten" und dem Körpermenschen die Rolle des ebenfalls unbewußt arbeitenden sensorischen bzw. sympathischen Nervensystems, das nach den neuesten Forschungen jede Zelle im Körper innerviert. Hierdurch ist das physische Bindeglied gegeben, wodurch es dem Unbewußten möglich ist, seine Befehle an den Körper weiterzugeben und beliebige Reaktionen der Zellen oder einzelner Zellkomplexe hervorzurufen. Es ist wahrscheinlich, daß die ganze Wissenschaft von den Krankheiten und deren Heilung dadurch eine Revolution erlebt. Viele Phänomene der Seele, die der Verstand bislang nicht verarbeiten konnte, bekommen dadurch eine wissenschaftlich faßbare Erklärung.

Die Seele selbst ist sich ihres Wirkens im Unterbewußtsein nicht voll bewußt, denn ihr Bewußtsein ist das, was wir Oberbewußtsein nennen.

Die Seele ist ein Wesen höherer Natur.

Sie ist ein Wesen höherer Natur und mit schöpferischer Kraft begabt; sie ist der Mensch mit seinem Erkennen. Was der *Mensch* erkennt, erkennt auch die *Seele.*

Dabei ist sie nicht das Resultat der Gehirntätigkeit, sondern ein Geschöpf, das unabhängig vom Gehirn existiert*.

Aber sie braucht das Gehirn, weil sie ohne seine Hilfe im Unbewußten lebt, wenigstens auf ihrer jetzigen Entwicklungsstufe; denn sie ist ein unsterbliches Wesen, das sich die Form (Gehirn) schafft, um dadurch sich selbst zu erkennen.

Die Seele ist groß!

Die Seele ist groß; alles Materielle zusammengenommen ist unbedeutend gegen ihren Reichtum. Ihre Bewußtwerdung als höchstes Wesen, als Krone der Schöpfung ist das hohe Ziel des göttlichen Schöpfungsplanes. Und doch ist die Seele immer nur das, was sie im Augenblick durch ihre Form erkennt.

Es ist der Geist, der sich den Körper baut.

Schiller sagt: „Es ist der Geist, der sich den Körper baut." Je *erkennender* die Seele ist, um so vollendeter gestaltet sie den Gehirnmechanismus. Je vollkommener entwickelt das Gehirn ist, um so mehr können ihre hohe Natur und ihre schöpferische Kraft zur Entfaltung kommen, desgleichen, je besser und einwandfreier es arbeitet, denn das Gehirn ist ihr *Instrument,* mit dessen Hilfe sie sich offenbart. Ist es verstimmt oder sind gar Saiten zerrissen, dann ist ihr Wirken erfüllt von Disharmonie.
Diese letzte Erkenntnis bestätigt die Richtigkeit des Wortes: „Mens sana in corpore sano". (Ein gesunder Geist [wohnt nur] in einem gesunden Körper.) Darauf ist überhaupt unsere ganze Lehre von der Erhöhung der geistigen Leistungsfähigkeit gegründet.

Die Erkenntnis, die Sie stets leiten soll!

Ein gesunder Körper, insbesondere gesunde Nerven und ein gesundes Gehirn, sind die unerläßlichen Vorbedingungen zum erfolgreichen geistigen Schaffen.

Was zur Erfüllung dieser Vorbedingungen erforderlich ist, hörten Sie bereits ausführlich an anderer Stelle. Kurz zusammengefaßt ergab sich eine vernünftige und geregelte Lebensweise und *positives* Denken. Beides ist notwendig, um Gehirn und Nerven die Kraft zu erhalten, ohne die sie keine

* Wenn man sich noch nicht zu dem Glauben durchgerungen hat, daß die Seele ein Wesen ist, das unabhängig vom Körper existiert, so tut das den Erkenntnissen von der Steigerung der geistigen Leistungsfähigkeit keinen Abbruch, denn die Vorgänge und Gesetze sind entscheidend, die dem Geiste das Arbeiten ermöglichen. Wenn man es so will, dann mag sich eben alles im Gehirn abspielen, was mit dem Denken, Erkennen und der Intuition erreichbar ist. Eine „denkende" Gehirnzelle hat sich aber bisher noch nicht auffinden lassen, und man wird sich auch vergeblich darum bemühen. Statt dessen aber haben völlig in Zersetzung übergegangene Gehirne noch vernünftig denken können. Auch die allerneueste Gehirnforschung weiß noch nicht, wo sich das Denken lokalisiert. Man kennt wohl die Funktionszentren der Sinne, weiß, welchen Einfluß bestimmte Gehirnbezirke für die Arbeit der Organe haben, daneben viele Tausend Einzelheiten, die Trübungen der geistigen und seelischen Gesundheit bewirken, doch das ist letztlich alles von untergeordneter Bedeutung, gemessen an dem, was das Denken, die Vernunft und überhaupt das W e s e n des erkennenden Menschen ausmacht. Die Hypothese einer unabhängig vom Gehirn existenten Seele ist nicht nur glaubhafter als die Lehre von denkenden Gehirnzellen — wodurch der Mensch gar keine Person, gar kein Wesen an sich sein würde, vielmehr nur eine Reflektion von chemo-physikalischen Reaktionen —, sondern auch der Würde des Menschen a l l e i n entsprechend. Alle ethischen Werte bekommen dadurch erst ihre wirkliche Bedeutung. Auf einen gespiegelten Menschen können wir weder bauen noch stolz sein!

brauchbaren Organe der Seele sind. Wir kommen nun zum Gedächtnis zurück, das wir recht genau kennenlernen müssen, um uns in dem großen Gebiet der Geistestätigkeit zurechtzufinden. Der Sitz des Gedächtnisses ist, wie gesagt, im Unterbewußtsein. Es ist in erster Linie eine Ansammlung von Sinneseindrücken, die im Laufe der Zeit teils bewußt, teils unbewußt aufgenommen wurden. Im Gedächtnis selbst gibt es Unterabteilungen für die verschiedenen Arten der Sinneseindrücke, so z. B. für die Wahrnehmungen der Augen, der Ohren usw. Daneben ist es weiter unterteilt in ein Wort-, Zahlen-, Farben- usw. Gedächtnis. Das Gesamtgedächtnis, dessen viele Bezirke und Abteilungen sich gar nicht alle anführen lassen, gleicht einem riesigen Magazin. Über den unzähligen Dingen, die darin aufgespeichert sind, steht klärend, ordnend, sondierend und abwägend unser „inneres Selbst", das daraus unser Denken und Erkennen entstehen läßt wie ein Maler aus den Farben auf seiner Palette das Bild.

Der Sitz des Gedächtnisses ist im Unterbewußtsein.

Das Denken und Erkennen, die auch das produktive Schaffen einschließen, sind um so höher und vollendeter, je mehr dieses innere Selbst bzw. die Seele sich ihr unterbewußtes Schaffen zum Bewußtsein zu bringen vermag.

In den Grenzen seiner Erkenntnis ist jedes Wesen frei!

Es lernt gleichsam wie ein Kind an seinen eigenen Schöpfungen und bildet sich an seinen eigenen Werken immer mehr hinauf. Es kann auch um so vollendeter schaffen, je mehr Eindrücke ihm von der Außenwelt zur Verfügung stehen. In beiden Fällen ist es jedoch zunächst abhängig von der *Funktion des Gehirnapparates;* denn mit seiner Hilfe erst kann es die Bilder der Außenwelt in sich aufnehmen und seine selbstgeschaffene Welt erkennen, die es, wenn erst die Ahnung seiner inneren Größe erwacht, fortgesetzt bemüht ist, vollkommener zu gestalten.

Das höhere „Ich" ist abhängig von der guten Funktion des Gehirns. Darum ist auch die Gesundheit des Gehirns Vorbedingung zum großen geistigen Schaffen.

Mit dem Grade der Erkenntnis wächst das Selbst auch über alles Niedere und damit über alle Irrtümer hinaus und beginnt die schöpferischen Kräfte, die es in seiner Blindheit oft zu negativem Wirken nützte, in reinste Bahnen zu höchsten Zielen zu lenken.

Dann wird sein Trieb nach Licht, der in der Seelendunkelheit den Egoismus hervorbrachte, sein Erleuchter und Befreier aus Nacht und Finsternis, ein Führer zu seinem Ursprung, zu Selbsterkenntnis und Selbstbewußtsein, zu — Gott. —

Dies alles, mein verehrter Leser, müssen Sie wissen; denn je klarer Sie sich selbst und den Zweck Ihres Strebens erkennen, desto sicherer können Sie Ihrem inneren Genius zur Offenbarung seiner Fähigkeiten verhelfen.

Daß auch Ihr „inneres Ich" nach Licht und Leben, nach Entfaltung seines Könnens strebt, ist erkenntlich an Ihrem Wunsch, im Leben nicht stehenzubleiben, sondern immer weiterzukommen.

Dieser Wunsch geht seiner Verwirklichung entgegen, wenn Sie nach den Erkenntnissen dieses Buches leben; denn dadurch schaffen Sie dem „Ich" das Instrument, auf dem es ungehemmt die Fülle seiner Melodien und Akkorde ertönen lassen kann. Selbstverständlich müssen Sie ihm eine umfassende Notenkenntnis ermöglichen und ihm auch Veranlassung zum Üben geben, denn wie jeder Künstler wird auch das unterbewußte Selbst nur durch Übung Meister. Die Noten, die es braucht, sind die Eindrücke der Außenwelt, insbesondere das Wissen, das Sie im Gedächtnis aufnehmen.

Darum ist Wissen Macht!

Je größer und umfassender Ihr Wissen ist, um so vollendeter kann daraus Ihr inneres „Ich" Beweise seiner Genialität bilden.

Das Wesen der Konzentration

Nach diesen vorbereitenden Ausführungen kommen wir nun zu den Mitteln erfolgreicher geistiger Arbeit. Im Zentrum steht die Macht der *Konzentration,* die der Schlüssel hoher Leistungsfähigkeit ist.

Konzentration heißt Sammlung und Hinlenkung aller geistigen Kräfte, insbesondere der Aufmerksamkeit, auf einen Vorgang, einen Gedanken, eine Idee.

Vorgänge bei der Konzentration.

In bezug auf die Gehirntätigkeit bedeutet Konzentration eine Hinlenkung aller entbehrlichen Nervenkraft auf ein bestimmtes Zentrum des Gangliensystems, das mit dem Gegenstand der Konzentration in Beziehung steht; alle übrigen Zentren bewußter Geistestätigkeit sind während der Konzentration ganz oder teilweise außer Tätigkeit. Dadurch erklärt sich, daß ein starkkonzentrierter Mensch alles um sich her vergessen kann und auf etwaige Sinneseindrücke, wie z. B. Geräusche, bei geistiger Arbeit nicht mehr reagiert, ja, diese überhaupt nicht mehr empfindet. Auch die verhältnismäßig große Unempfindlichkeit des Boxers während eines Kampfes kommt nur durch die Konzentration zustande. Wie ich schon früher sagte, empfinden wir Sinneseindrücke nur dann, wenn die durch die Sinneseindrücke im Bewußtsein hervorgerufenen Vorstellungen unsere Aufmerksamkeit finden. *(Vgl. hiermit die Ausführungen im Kapitel „Die geistigen Ursachen des Erfolges": Aufmerksamkeit ist das Mittel zur Beseelung der Vorstellungen.)*

Bewußte und unbewußte Konzentration.

Es gibt eine bewußte und unbewußte Konzentration. Die unbewußte Konzentration ist in der Regel die stärkste. Sie wird fast immer vollkommen mühelos erreicht, da sie entweder durch die Gewohnheit oder durch großes Interesse hervorgerufen wird.

Was manchen Menschen schwerfällt, ist die *bewußte* Konzentration. Sofern ihre physischen Voraussetzungen (genügend Nervenkraft) erfüllt sind, liegt dies entweder an „seelischen Hemmungen", oder der Betreffende weiß nicht, wie man sich *leicht* konzentrieren kann, oder er hat in der Konzentration keine *Übung.* Wird bewußte Konzentration ganz planmäßig betrieben, so fällt sie nach einiger Zeit genau so leicht wie die unbewußte Konzentration. Fällt Ihnen z. B. das Sprechen schwer? Doch sicher nicht! Sehen Sie, dabei konzentrieren Sie sich *unbewußt;* denn ohne Konzentration können die das Sprechen bewirkenden Vorstellungen keinen Einfluß auf das Nervensystem zur Bewegung der Muskeln der Sprechorgane ausüben. Außerdem ist ohne Konzentration ein Erfassen irgendwelcher Gedanken und damit jedes Begreifen einer Sache vollkommen unmöglich, weil erst durch sie die Gedanken bzw. die geistigen Bilder so verdichtet werden, daß sie mit dem schon zum Bewußtsein gekommenen Erkenntnisschatz in Beziehung treten können.

Konzentration ist der wesentlichste Faktor bei der geistigen Arbeit des Erfolgsmenschen; denn durch ihre Hilfe wird nicht allein das bewußt-logische*, sondern auch das unterbewußt-logische Denken sowie das schöpferische, also produktive geistige Schaffen ermöglicht.

Beachten Sie die Fußnote!

Die Entwicklung der Konzentrationsfähigkeit

Wie entwickeln wir nun eine starke Konzentrationsfähigkeit? Durch *Autosuggestion* und *planmäßige Übung*. Autosuggestion ist nötig, um die erwähnten seelischen Hemmungen zu beseitigen. Alle Gedanken wie: ich kann mich nicht konzentrieren, das Konzentrieren fällt mir schwer usw., müssen aus dem Bewußtsein heraus. Wie Sie das zu machen haben, habe ich schon eingehend durch meine Ausführungen über die Autosuggestion gezeigt.

Autosuggestion anwenden!

Soviel sei jedoch noch erwähnt, daß Sie immer der Gedanke beherrschen muß, sich sehr leicht und immer leichter bei geistiger Arbeit sammeln zu können, und daß durch die regelmäßigen Konzentrationsübungen, die ich Ihnen gleich klarlegen werde, die Konzentrationsfähigkeit immer besser wird. Denn wie Sie wissen, sind Gedanken Kräfte, die auch unsere geistigen Funktionen fördernd oder hindernd beeinflussen.

Gedankeneinstellung in bezug auf die Konzentration.

Hervorragende Konzentrationsübungen

Und nun zu den Konzentrationsübungen. Hierbei gilt es, die Aufmerksamkeit ganz unter den Einfluß des Willens zu bringen. Die erste Übung zur Entwicklung der Konzentrationsfähigkeit setzt im praktischen Leben ein:

Von heute ab müssen Sie jede Kleinigkeit, jede Handlung mit größter Aufmerksamkeit ausführen, nichts dürfen Sie mehr gedankenlos machen. Bei jeder Sache müssen Sie überlegen: Wie kann ich am einfachsten, besten und zweckmäßigsten tun, was ich will?

Hierfür einige Beispiele: Wenn Sie einen Brief schreiben, so geben Sie sich die größte Mühe, ihn so schön und korrekt wie möglich zu schreiben, auch dann, wenn Sie meinen, daß es nicht nötig sei. Achten Sie beim Schreiben sorgfältig darauf, daß Sie alle i-Punkte korrekt setzen, daß Sie den Brief

So handelt der konzentrierte Mensch!

*** Unter „bewußt-logischem" Denken verstehen wir im allgemeinen das bewußte Erfassen aller Einzelglieder einer Gedankenreihe, die folgerichtig aneinandergefügt werden und dadurch eine neue Erkenntnis, und zwar die einzig mögliche Erkenntnis einer Folgerung entstehen lassen. Die durch bewußtlogisches Denken entstandene Erkenntnis ist wahr, wenn auch nur relativ, weil die Folgerung der Erkenntnis erfahrungs-wissenschaftlich durch die Glieder der Gedankenreihe, die ihrerseits wiederum gefolgerte Erkenntnisse sind, begründet ist. Leichter fassen wir den Begriff „bewußt-logisches Denken", wenn wir ihn mit „verstandesmäßiges Denken" übersetzen.**
Unter „unterbewußt-logischem Denken" verstehen wir im Prinzip den gleichen Vorgang wie beim bewußt-logischem Denken, nur daß uns seine Einzelheiten nicht zum Bewußtsein kommen. Was wir vom unterbewußt-logischen Denken erkennen, ist bereits das Resultat des Gedachten, das sich, wenn auch nicht immer, nachträglich durch bewußt-logisches Denken als richtig nachweisen läßt. Als Ergebnis unterbewußt-logischer Denkvorgänge zeigt sich die Intuition; aber auch das „instinktiv" richtige Verhalten in allen möglichen Situationen, das sich oft erst hinterher als richtig erweist, ist darauf zurückzuführen.

absolut fehlerlos schreiben, daß der Abstand des Randes gleichmäßig und die Zeilenrichtung gerade ist.
Die gleiche Korrektheit müssen Sie beim Sprechen beobachten:

Sprechen Sie immer ganz deutlich und jedes Wort vollständig aus; verschlucken Sie keine Silbe.

Besonders achten Sie darauf, daß Sie unnötige Worte beim Reden vermeiden, z. B.: nicht wahr? — und so weiter — nicht?

Nichts halb zu tun, ist edler Geister Art.

Überhaupt müssen Sie alles, was Sie vorhaben, ganz tun, niemals halb. Zu diesem Zwecke dürfen Sie sich jeweils nur mit einer einzigen Sache beschäftigen.

Damit ist nicht gesagt, daß Sie kein vielseitiger Mensch sein sollen. Gerade dadurch, daß Sie sich im Augenblick nur mit *einer* Sache beschäftigen, können Sie vielseitig sein. Was Sie machen, muß Ihre ganze und restlose Hingabe finden.

Jede Oberflächlichkeit müssen Sie aus Ihrem Wesen ausrotten, wenn Sie die Fähigkeit guter Konzentration erlangen wollen.

Das ist keine Pedanterie, sondern einfach Korrektheit. Nur ein gewissenhafter und gründlicher Mensch kommt im Leben weiter. Oberflächlichkeit und Flüchtigkeit bewirken nicht nur Konzentrationsmangel, sondern führen gleichzeitig zu einem Mangel an Ausdauer. Beides aber muß Ihnen fernliegen, wenn Sie Ihre Ziele erreichen wollen.

Jeder Sport entwickelt die Konzentrationsfähigkeit. — Warum wohl?

Was weiter die Konzentrationsfähigkeit entwickelt und steigert, ist die Beschäftigung mit Arbeiten, die ohne große Aufmerksamkeit nicht ausgeführt werden können. Auch die Betätigung auf sportlichen Gebieten ist für die Steigerung der Konzentrationsfähigkeit von großer Bedeutung.

Eine sehr gute Übung.

Eine sehr gute Konzentrationsübung ist das laute Lesen in einem interessanten, lehrreichen Buche. Dabei muß großer Wert auf die absolut deutliche Aussprache der einzelnen Wörter gelegt werden.

Wird diese Übung *täglich nur zehn Minuten* korrekt durchgeführt, so wird man schon nach kurzer Zeit eine Besserung der Konzentrationsfähigkeit bemerken. Wenn großer Konzentrationsmangel und Flüchtigkeit vorliegen, ist diese Übung unschätzbar. Gesagt werden muß jedoch, daß sich der volle Erfolg nicht auf einmal, sondern allmählich, immer mehr steigend, einstellt.

Auch bei den Konzentrationsübungen führt nur die Ausdauer zum Ziel.

Man soll nicht nur üben, wenn man gerade mal Lust hat, sondern täglich, wenn möglich immer zu einer bestimmten Zeit. Hierzu, wie überhaupt zur Entwicklung seines Geistes und seiner Persönlichkeit, setzt man am besten eine regelrechte Fortbildungsstunde in den Tagesplan ein.

Übungen für Fortgeschrittene

I.

Wir kommen nun zu einer Reihe von Übungen, die Sie ausführen müssen, wenn Sie die bisher besprochenen Übungen schon einige Zeit durchgeführt haben.
Zur Ausführung der ersten Übung gebrauchen Sie ein Glas, das Sie ganz bis an den Rand mit Wasser füllen. Dieses Glas nehmen Sie in die rechte Hand und strecken dann den Arm vollständig aus, um es so etwa eine Minute ganz ruhig zu halten. Es kommt darauf an, daß Sie während dieser Zeit keinen Tropfen Wasser vergießen. Anschließend nehmen Sie das Glas in die linke Hand und machen das gleiche Experiment. Allmählich steigern Sie die Dauer der Übung, und zwar alle 3—4 Tage um je eine Minute, bis Sie so weit sind, daß Sie das Glas, ohne einen Tropfen Wasser zu verschütten, volle fünf Minuten mit dem ausgestreckten Arm halten können.

II.

Haben Sie die vorstehende Übung mit Erfolg durchgeführt, dann gehen Sie zu einer weiteren, noch schwierigeren über. Hierzu benötigen Sie ein Buch oder eine Tageszeitung, die Sie jedoch *nicht* gelesen haben dürfen. Aus ihnen wählen Sie einen bestimmten Aufsatz, den Sie durchlesen müssen, um bestimmte Buchstaben herauszufinden, die gleichzeitig zu zählen sind. Das Heraussuchen der Buchstaben, z. B. der kleinen „e" oder „f", geschieht jedoch nicht etwa durch die Zuhilfenahme eines Bleistiftes, sondern *ganz frei,* lediglich durch genaues Betrachten und Verfolgen der einzelnen Wörter und Zeilen. Diese Übung führen Sie in der ersten Zeit etwa 3—5 Minuten aus. Nach und nach steigern Sie die Zeit bis auf 15 Minuten. Wichtig ist bei dieser Übung, daß Sie unter keinen Umständen den Text *lesen* dürfen. Sie haben Ihre Aufmerksamkeit lediglich darauf zu beschränken, daß Sie die bestimmten Buchstaben herausfinden und zusammenzählen.

III.

Zu der dritten Übung setzen Sie sich auf einen Stuhl in Ihrem Zimmer und sehen die Wand an, an der Sie sich eine *Linie* vorstellen, die Sie rings um das Zimmer herum, immer in gleicher Höhe weiterzudenken haben. Auf diese Linie müssen Sie sich in Gedanken so fest einstellen, daß Sie diese als *wirkliche* Linie vor sich sehen. Das gelingt unbedingt bei ausdauernder Übung.

IV.

Zur Ausführung der vierten Übung gebrauchen Sie das Bild einer Ihnen *bekannten* Person oder einer *bekannten* Landschaft. Dieses Bild betrachten Sie einige Minuten lang, worauf Sie die Augen schließen und es sich geistig, und zwar mit allen Einzelheiten, vorstellen. Diese Übung ist so lange zu machen, bis es Ihnen gelingt, das Bild innerlich klar und deutlich zu sehen. Ist das der Fall, dann führen Sie die Übung mit anderen Bildern durch. Wichtig ist dabei, das Bild möglichst nur geringe Zeit betrachten zu brauchen und es dennoch geistig vor sich zu haben.

Damit beenden wir die Reihe der Konzentrationsübungen. Sie genügt vollauf, um den Weg zur Entwicklung der Konzentrationsfähigkeit selbständig beschreiten zu können. Wer noch weitere Ubungen wünscht, kann sich bei einigem Vertiefen in das Wesen der Ubungen selbst noch einige dazu ausarbeiten.

Wichtig für alle Ubungen!

Zum genauen Verständnis sei nochmals darauf hingewiesen, daß es bei der Konzentration und ihren Ubungen im Prinzip immer darauf ankommt, die Aufmerksamkeit ganz bewußt auf einen bestimmten Vorgang zu lenken und diesen restlos mit allen erfaßbaren Einzelheiten durch das Denken zu umspannen und zu durchdringen. Alles, was nicht mit diesem Vorgang im Zusammenhang steht, bleibt während der Konzentration völlig unbeachtet.

Wenn also, wie bei der vorletzten Ubung, eine *Linie* an der Wand des Zimmers gedacht werden soll, so sieht man lediglich die Linie, nicht die Tapete oder ein Bild. Alles, was nicht zum Gegenstand der Konzentration gehört, ist absolut ausgeschaltet, einerlei, ob es sich dabei um äußere oder innere Einflüsse handelt. Konzentrieren heißt: sich sammeln, auf einen Punkt einstellen und diesen in das hellste Licht des Bewußtseins rücken, d. h. ihn mit allen Einzelheiten erfassen.

Der konzentrierte Mensch ist der ganz gründliche Mensch; Oberflächlichkeit ist der Feind der Konzentration.

Nur wer sich ohne Ablenkung mit einer Sache befaßt, kann ihr auf den Grund kommen. Dies gilt auch von den Konzentrationsübungen.

Gründlich, gewissenhaft üben, wenn auch die Ubung belanglos scheint, das ist der Anfang zur Entwicklung der Konzentrationsfähigkeit.

Kein Meister fällt vom Himmel.

Alles Große wurzelt in ganz kleinen Anfängen, auch die Macht der Konzentration. Wer sich gut konzentrieren kann, ist wahrhaftig beneidenswert, denn er besitzt das Mittel aller Mittel, geistigen und materiellen Gewinn in Fülle zu schaffen. Deshalb lernen Sie sich zu konzentrieren, Ihre Kräfte auf ein einziges Ziel zu lenken!

Zu allen Konzentrationsübungen ist zu sagen, daß Sie sofort mit Uben aufhören müssen, wenn sich etwa Kopfdruck einstellen sollte.

Wer übertreibt, der verbleibt!

Auch die Konzentrationsübungen dürfen nicht übertrieben werden, sonst schaden sie mehr als sie nützen. Halten Sie sich stets vor Augen, daß die Konzentration nicht nur ein geistiger, sondern auch ein körperlicher Vorgang ist. Wenn Sie Ihr Gehirn durch eine forcierte Ubung überanstrengen, wird nicht eine Stärkung, sondern eine Schwächung der Konzentrationsfähigkeit die Folge sein.

Betreiben Sie die Konzentrationsübungen genau so wie die Übungen zur Ertüchtigung Ihres Körpers.

Jedes Training ist nur so lange fördernd und kräftigend, als es nicht übertrieben wird.
Anschließend an jede schwierige Konzentrationsübung empfehle ich Ihnen, eine *Ruheübung* zu machen. Wie beim Training zur Entwicklung der Muskeln stellt sich auch beim Training des Gehirns unmittelbar nach den Übungen eine gewisse Erschlaffung ein, die jedoch schnell wieder verschwindet und einer um so größeren Leistungsfähigkeit Platz macht. Die Ruheübung, die nachfolgend beschrieben wird, ist auch nach jeder anderen geistigen Anstrengung von großem Vorteil. Wer irgend Zeit hat, sollte sie mindestens einmal täglich ausführen, da ihre Wirkung sich nicht nur auf die Nerven, sondern auf das ganze seelische Wesen erstreckt.

Die Ruheübung — Totalentspannung von Nerven und Geist

Diese Ruheübung ist ganz ungewöhnlich wohltuend. Wenn Sie sie genau nach Vorschrift ausführen, wirkt sie Wunder. Für überanstrengte Nerven ist sie die beste Medizin.

Bei der Ruheübung kommt es darauf an, daß jegliche *Spannung* aus dem Körper weicht. Um das zu erreichen, setzt man sich auf einen Stuhl, oder, was noch besser ist, legt sich auf ein Bett oder Sofa, schließt die Augen und läßt alle Glieder vollständig *erschlaffen.* Der ganze Körper muß wie gelähmt sein. Ist die Entspannung aller Muskeln erfolgt, dann gilt es, auch eine *geistige* Entspannung herbeizuführen. Zu diesem Zwecke muß alles aus dem Kreislauf der Gedanken ausgeschaltet werden, was zum Überlegen oder Nachdenken zwingt. Das wird ganz sicher erzielt, wenn man sich allen Dingen gegenüber vollkommen *gleichgültig* verhält und lediglich an *Ruhe* denkt, die während der ganzen Übung als das *Schönste* und *Beste,* was man haben kann, anzusehen ist. Von Wichtigkeit ist dabei, daß der *Eintritt* der Ruhe als *selbstverständlich* betrachtet wird. Sie kommt auch ganz selbstverständlich, wenn man sich ihr mit seinem ganzen Gefühl hingibt. Ein gutes Hilfsmittel ist hierbei die Einbildungskraft.

Ganz ruhig, ohne gewaltsame Konzentration, bildet man sich ein, wie alle Nervenerregungen ausklingen und eine wohltuende, feierliche Stille in den Körper einzieht.

Gleichzeitig muß man sich dann auf den *Genuß* der Ruhe einstellen, die man, wie ich schon sagte, als das *Schönste* und *Beste* ansehen muß.
Wenn man so denkt, dann kommen alle Nerven zur Ruhe und die volle Entspannung, welche die Nerven kräftigt und wieder leistungsfähig macht, ist da. Wird diese Ruheübung richtig ausgeführt, dann ist sie, besonders für stark überanstrengte Nerven, die beste Medizin. Aber wie alles andere, muß sie *regelmäßig* ausgeführt werden.
Die Dauer der Übung richtet sich nach der Zeit, die einem dazu zur Verfügung steht. Viel länger als 10 Minuten braucht sie jedoch nicht zu dauern.

Wecker verwenden!

Es versteht sich von selbst, daß man die Übung nur in solchen Räumen vornimmt, wo man ungestört sein kann. Um absolut entspannt zu sein, läßt man sich am besten durch einen Wecker die Beendigung der Übung anzeigen.

Die Ausbildung des Gedächtnisses

Nachdem Sie nun den Weg zur Erhöhung der Konzentrationsfähigkeit kennengelernt haben, wollen wir uns mit der Ausbildung des Gedächtnisses beschäftigen. Wie ich schon an anderer Stelle sagte, ist ein gutes Gedächtnis, oder richtiger, ein gutes Erinnerungsvermögen zum Erfolg unerläßlich.

Alle Gegenstände und Dinge der Außenwelt und alle Erkenntnisse, denen ein Wert beizumessen ist, müssen wir uns so fest einprägen lernen, daß eine Erinnerung an sie mit Leichtigkeit möglich wird.

Interesse bewirkt Aufmerksamkeit; Aufmerksamkeit ist das Mittel zur Beseelung der Vorstellungen.

Das Mittel dazu ist die *Konzentration*. Vermöge ihrer Kraft werden die durch die Sinnestätigkeit in unserem Bewußtsein entstehenden Vorstellungen so stark, daß sie ohne Schwierigkeit im Gedächtnis haften. Zu diesem Zwecke muß man sich mit jedem neuen Gegenstand ganz *eingehend* beschäftigen und sich ihm restlos mit seinem ganzen *Interesse* hingeben.

Interesse ist beim Behalten überhaupt alles!

Dinge, für die wir kein Interesse haben, die uns nicht ganz gefangennehmen, kehren, einmal aus dem Oberbewußtsein entschwunden, nur schwer wieder dahin zurück.

Behalten ist leicht!

Um sich zu beweisen, wie *leicht* man eine Sache behalten kann, für die man großes Interesse hat, braucht man nur einmal daran zu denken, wie viele Dinge man doch eigentlich weiß, ohne sie „gelernt" zu haben. Ich gehe nicht fehl, wenn ich behaupte, daß unser Wissen zu einem sehr großen Teil nicht gelernt, sondern *ganz nebenbei* aufgenommen worden ist.

Überall bereichern wir das Wissen.

Überall, wo wir gehen und stehen, im Theater, im Konzert, im Kino, auf der Straße, bei der Unterhaltung, beim Besuch von Versammlungen, Vorträgen und Ausstellungen, beim Lesen von Zeitungen usw. bereichern wir unser Wissen, ohne uns dessen voll bewußt zu werden.

Selbstverständlich nimmt der eine mehr, der andere weniger in sich auf, und zwar je nach der Neigung, die er für die Dinge hat. Jemand, der musikliebend ist, wird jede ihm sympathische Melodie behalten, während ein anderer, der mehr Sinn für die Malerei hat, alle bedeutenden Gemälde in sein Gedächtnis aufnimmt. Wenn wir das wissen, ist uns auch der Weg zur Bereicherung unseres Gedächtnisschatzes klar:

Interesse ist unerläßlich; machen Sie sich darum die Dinge interessant.

Wir werden alle Dinge mit Leichtigkeit behalten, wenn wir ihnen nur genügendes Interesse entgegenbringen.

Beweis: das Kind!

Das beste Beispiel hierfür bietet uns das Kind, besonders in seinen ersten Lebensjahren. Ohne die geringste Absicht, etwas in sein Gedächtnis aufnehmen zu wollen, behält es dennoch alles, was seinen Interessenkreis berührt. So lernt es z. B. in denkbar kürzester Zeit seine Muttersprache.

Das Geheimnis des leichten Behaltens ist beim Kinde ganz offenbar, denn das ständige Fragen des Kindes nach dem Warum, nach dem Grund der Dinge, zeigt uns sichtlich sein großes Interesse für das Wesen der Dinge.

Leichtes Lernen und Behalten ist schon für viele vorwärtsstrebende und nachdenkende Menschen ein Problem gewesen. Die beste Lösung ist nur möglich durch eine psychologische Einfühlung in die Bewußtseinsvorgänge beim Kinde. Dabei wird uns der von der *Natur vorgezeichnete* Weg zum Erkennen der Erscheinungswelt klar, der das Behalten der Sinneseindrücke als selbstverständlich einschließt. Jeder andere Weg erweist sich als unvorteilhaft.

Mancher ist der Ansicht, daß das Gedächtnis um so schlechter wird, je mehr man nach seiner Meinung im Kopfe zu behalten hat. Genau das Gegenteil ist der Fall.

Eine irrige Meinung vom Gedächtnis.

Das Gedächtnis kann nie überfüllt oder schwach werden, und je mehr man lernt und behält, um so mehr kann man behalten.

Natürlich *kann* durch vieles Lernen Gedächtnisschwäche eintreten; das liegt aber dann am Lernen selbst. Man vergegenwärtige sich stets, daß das Erinnerungsvermögen an die *Gehirntätigkeit* gebunden ist. Wird beim bewußten Lernen ein falscher Weg beschritten, so wird die Nervenkraft zu sehr in Anspruch genommen, wodurch die Gehirntätigkeit und damit das Erinnerungsvermögen versagen kann und muß.

Immer daran denken: Die Erinnerung ist an die Gehirntätigkeit gebunden.

Die Leistungsfähigkeit des Gedächtnisses ist phänomenal!

Wie kolossal leistungsfähig das Erinnerungsvermögen ist und wieviel das Gedächtnis aufzunehmen vermag, sieht man z. B. an den Sprachgelehrten, von denen mancher den Wortschatz von 30 und mehr Sprachen in seinem Gedächtnis hat und dabei jede Sprache so wie seine Muttersprache beherrscht. Große Gedächtnisleistungen zeigen häufig auch Registraturbeamte und Bibliothekare. 10 000 bis 20 000 verschiedene Registraturnummern und Namen im Kopf zu haben, ist für viele nichts Besonderes. Derartige Riesenleistungen des Gedächtnisses werden nur verständlich, wenn wir damit das *Unterbewußtsein* in Beziehung bringen, in welchem der Sitz des Gedächtnisses ist.

Auch Ihr Gedächtnis ist zu ganz großen Leistungen befähigt!

Steht das Oberbewußtsein mit dem Gedächtnis in einem guten Kontakt, vollzieht sich also der Erinnerungsprozeß ohne Hemmungen, dann ist die Leistungsfähigkeit des Gedächtnisses überhaupt nicht zu begrenzen.

Für die Annahme, daß die Erinnerungstätigkeit zum größten Teile eine Tätigkeit des Unterbewußtseins ist, spricht die Feststellung, daß Schwachsinnige sehr oft Gedächtnisphänomene sind. Treffend ist hier ein Fall in München. Dort lebte ein schwachsinniger junger Mann, namens Karl S., der weder rechnen, schreiben noch lesen konnte, dennoch aber ein ganz erstaunliches Gedächtnis besaß. Er wußte jeden Tag und jede Stunde aller Ereignisse, die

Schwachsinnig und doch ein Gedächtnisphänomen.

seine Umgebung betrafen, aus dem Kopf. Doch damit nicht genug: er war imstande zu sagen, was für ein Wochentag z. B. der 6. April des Jahres 1918 war. Besonders diese Fähigkeit machte ihn zu einem Phänomen, denn er wußte alle Tage der Daten der Jahre 1916 bis 1940 anzugeben, und zwar, was das Erstaunlichste dabei ist, *ohne sich erst einen Augenblick besinnen zu brauchen.* Das Beachtenswerteste dabei jedoch war, daß er stundenlangen Prüfungen standhielt, ohne daß auch nur das geringste Zeichen einer geistigen Ermüdung erkennbar wurde. Den meisten sind diese Leistungen ein Rätsel, denn es ist möglich, rechnerisch festzustellen, ob z. B. der 1. Juli 1916 ein Montag oder Mittwoch war, dazu gehören aber beachtliche *rechnerische* Fähigkeiten, die S. jedoch nicht hatte. Er konnte lediglich das kleine Einmaleins, weil er es auswendig gelernt hatte. Zudem vermochte er die Tage nicht aus dem Kalender zu lernen, weil er diesen nicht lesen konnte. Es bleibt daher keine andere Lösung, als diese Rechenkünste und Gedächtnisleistungen auf die Tätigkeit des Unterbewußtseins zurückzuführen, das in diesem Falle besonders auffällig in Erscheinung trat.

Obwohl ich in meiner Praxis viele ähnliche Fälle von Gedächtnisleistungen kennengelernt habe und bezeichnenderweise sehr oft bei solchen Personen, die vorgaben, *bewußt* nur sehr schwach behalten zu können, so stelle ich dennoch diesen Fall in den Vordergrund, weil er nicht nur die Fähigkeiten des Unterbewußtseins beweist, sondern gleichzeitig auch zeigt, daß der Erinnerungsprozeß *ohne besondere Anstrengungen* vor sich gehen kann.

Denken wir zurück an das, was über bewußte und unbewußte Konzentration gesagt wurde: *unbewußte* Konzentration strengt in keiner Weise an, *bewußte* Konzentration nur dann, wenn sie gegen Hemmungen zu kämpfen hat. Eigentlich gibt es keine bewußte und unbewußte Konzentration, sondern nur *Konzentration.* Wir brauchen jedoch die Unterscheidung, um damit dem Wesen der Konzentration möglichst nahezukommen. Wenn wir von *bewußter* Konzentration sprechen, meinen wir eine *erzwungene* Sammlung der Aufmerksamkeit. Bei der unbewußten Konzentration tritt diese Sammlung unwillkürlich ein, und zwar, wie schon erwähnt, durch die Gewohnheit oder durch das Interesse, das wir einer Sache entgegenbringen.

Wichtig: Bewußte Konzentration gleich erzwungener Konzentration.

Nun wissen wir auch, warum Interesse beim Behalten alles ist. Es bewirkt unbewußte Konzentration.

Die Beseelung der Dinge

Die Aufgabe, die Sinne zu großen Leistungen zu befähigen, um dadurch kräftige Vorstellungen und Empfindungen zu schaffen, besteht also darin, für das, was wir zu behalten wünschen, unser *Interesse* zu wecken. Zu diesem Zwecke müssen wir die Aufmerksamkeit genau wie das Kind auf die Seele der Dinge richten.

Interesse und nochmals Interesse, darauf kommt es an!

Das geschieht, wenn wir einen Gegenstand nicht nur rein äußerlich wahrnehmen, sondern über seine Bedeutung, seinen Zweck, seine Beschaffenheit und seine Beziehungen zu anderen Dingen und zu uns selbst nachdenken.

Alle Dinge leben, sind nicht nur Stoff, sondern auch *Geist,* auch die, die wir als tote Materie kennen. Leblos ist für uns ein Gegenstand nur dann, wenn wir ihn durch unser Denken nicht zum Leben erwecken. Das können wir jedoch durch unser Interesse in jedem Fall.

Interesse belebt und beseelt die Dinge.

Was unbeseelt ist, ist vergänglich; was nicht in unseren Gedanken lebt, werden wir vergessen.

Betrachten wir auf Grund dieser Erkenntnisse eine Zahl. Die Nummer 1298 ist an sich scheinbar leblos. Selbst wenn wir sie mit Gewalt unserem Gedächtnis einprägen, werden wir sie nach einiger Zeit nicht mehr wissen, weil sie für uns ohne Bedeutung ist. Nun aber denken wir, daß die Zahl 1298 unsere Telefonnummer sei. Ist sie nun auch noch leblos? Zweifellos nicht mehr, denn dadurch, daß sie unsere Telefonnummer ist, knüpfen sich an sie unsere Interessen, wodurch sie ein Glied unserer Gedankenketten wird und dadurch zum Leben erwacht.

Wir wollen nun einmal einen Namen von diesem Standpunkt aus betrachten, z. B. den Namen des Komponisten *Flotow.* Wie leicht wird er behalten, wenn man erst seine Opern kennt. Vorher ist er tot, ohne Belang, daher ein Name wie tausend andere, die sämtlich vergessen werden. Und doch, wie wenige wissen es, daß es Flotow war, der die Oper „Martha" geschaffen hat, obwohl sie die Oper schon gehört haben und auch Melodien aus ihr kennen. Warum wissen die Betreffenden den Namen nicht? Haben sie ihn noch nie gelesen oder gehört? Doch, denn er stand ja im Programm, das beim Besuch der Oper gekauft wurde. Und trotzdem weiß man ihn nicht! Woher dies kommt, ist leicht zu erklären: Der Name des Komponisten wurde gelesen, *ohne* daß man sich dabei etwas dachte. Nach unserer Theorie blieb er dadurch *leblos* und mußte demzufolge vergessen werden.

Das sind die wahren Ursachen der Vergeßlichkeit: Mangelndes Interesse und Gedankenlosigkeit.

Der Name Flotow wird genau so leicht behalten, wie die Telefonnummer, sofern man in der Werkstatt des Geistes seine Seele erweckt, mit anderen Worten, wenn man ihn nicht nur rein äußerlich betrachtet, sondern ihn sogleich mit seinem Träger in Beziehung bringt.

Und was ergibt sich daraus für eine Lehre? Immer wieder, daß wir die *Seele* der Dinge kennenlernen müssen, daß wir nicht gedankenlos über eine Sache hinweggehen dürfen. Die Menschen wundern sich, daß sie ein so schwaches Gedächtnis haben, und sind selber schuld daran.

Das Gedächtnis ist schon gut, jedoch müssen die Voraussetzungen des guten Behaltens erfüllt werden.

Auch Ihr Gedächtnis ist bestimmt gut!

Einer meiner Hörer, ein „Streber", sagte eines Tages zu mir: Herr Schellbach, ich bewundere Ihr gutes Gedächtnis; wie kommt es nur, daß Sie so viele Dinge behalten, obwohl Sie diese nur einmal gehört haben? Sehr einfach! erwiderte ich, weil ich mich nicht darum kümmere, ob ich diese Dinge behalte, sondern mich ihnen mit meinem ganzen Interesse hingebe und über sie nachdenke. Wenn Sie es genau so machen, werden auch Sie ein gutes Gedächtnis bekommen. —

Wie gesagt, der Betreffende war ein Streber. Er wollte möglichst viel lernen. Nicht, um damit seiner Erkenntnis zu dienen, sondern nur, um als „wissender Mann" zu gelten. Deshalb las er viel und versuchte den Inhalt von Büchern

Glaub an deine Seele!

Hast du schon einmal in sternenklarer Nacht über dich selbst, dein Sein, dein Leben nachgedacht? Und spürtest du da, erbebend und beseligend zugleich, das heilige Regen deiner Seele?
Oder bliebst du kalt und ungerührt, dein Hirn mit Zweifeln nur erfüllt? Mein Freund, den einen guten Rat befolge, ganz gleich, wie sonst dein Denken ist: G l a u b a n d e i n e S e e l e und glaub, daß sie ein Lichtstrahl G o t t e s ist, bestimmt, aus unfaßbarem Wirken in dir B e w u ß t s e i n zu erlangen.
Was ist dein Hirn: Erde — und Erde auch dein ganzes körperliches „Ich". Bist du das selbst, bist du nicht mehr? Wo bleibt dein Geist und alles Glühen deines Herzens?
Element auf Element geschichtet gibt den Bau, auf tausend feinen Nervensaiten aber greift ein Spielmann: deine Seele. Aus Ewigkeiten kommend, wallt sie fort ins Unerschöpfliche, Unendliche. Und was von ihrem Saitenspiel seit gestern und bis morgen klingt, bist du — du selbst — M e n s c h.

Dieser Mann gehört zu den vielen, die nie etwas im Leben erreichen.

fast wörtlich sich einzutrichtern. Wie zu erwarten, mit negativem Erfolg, denn kaum war er auf den letzten Seiten eines Buches angelangt, so hatte er den Inhalt der ersten Seiten schon wieder vergessen. Hörte er von mir einen neuen Namen oder einen neuen Begriff, so wiederholte er ihn gleich mehrmals und das mit besonderer Gebärde, die etwa sagte: „Fein! wieder einmal etwas, womit ich den Leuten imponieren kann." Das Resultat war natürlich auch in solchen Fällen meist negativ: acht Tage später war alles vergessen!

Auf die Seele der Dinge kommt es an! Die Äußerlichkeiten kommen erst an zweiter Stelle. Diese prägen sich automatisch ein.

Das Kind ist das beste Beispiel! Die große Lernfähigkeit des Kindes, insbesondere vom 3. bis 8. Lebensjahr, ist also nicht nur auf die besondere Aufnahmefähigkeit des Gehirns zurückzuführen. Das Kind macht es eben richtig, und wir müssen es genau so machen.

Wie macht es doch ein Kind? Es sieht zum ersten Male einen Ball, sieht ihn rollen, spielt mit ihm und sagt, ganz mit seinem Interesse dabei: B—a—l—l. Das Wort „Ball" ist ihm ein gänzlich neuer Begriff, der sich jedoch seinem Gedächtnis ganz selbstverständlich einprägt, nicht, weil es ihn fassen und behalten will, sondern weil es am *Ball Interesse, Freude* hat.
So ist es mit Hunderten von Dingen. Alles fließt dem Kinde nur so ins Gedächtnis, lediglich, weil es seine Aufmerksamkeit der Seele der Dinge zuwendet. So lernt ein Kind spielend, unabsichtlich, mühelos. Sollte der Erwachsene nicht auch so lernen können? Selbstverständlich, und er tut es auch schon, nur nicht auf allen Gebieten. Prägt sich nicht auf gleiche Weise eine Melodie ein, die wir ganz zufällig irgendwo hören? Natürlich — und oft so stark, daß sie uns nicht selten tagelang im Kopfe herumgeht.
Genau so kann es mit allen Dingen sein, nur in sich *aufnehmen* muß man sie. Die Namen der Dinge sind flüchtig, wir müssen sie festbinden an ihren Träger

und diesen in uns, durch unser Denken, verankern. Nochmals: das Gedächtnis ist schon gut, nur die Voraussetzungen des guten Behaltens müssen erfüllt sein.

Ihr Gedächtnis ist bestimmt gut!

Täglich das Gedächtnis üben!

Allerdings ist das Gedächtnis auch von der Ubung abhängig. Deshalb sagte ich auch an anderer Stelle: je mehr man behält, um so mehr kann man behalten. Die Ubung kommt jedoch wiederum ganz von selbst, wenn wir an den Dingen interessiert sind.

Wie wir wissen, gibt es verschiedene Gedächtnisfunktionen, z. B. das Zahlen-, Farben-, Wort- und Personengedächtnis. Jede Funktion muß besonders in Tätigkeit gehalten werden, weshalb wir auch für die verschiedensten Dinge Interesse haben müssen. Schwindet z. B. unser Interesse für Musik, so kommt das dafür in Frage kommende Gedächtnis aus der Ubung und wird schwach. So ist es mit allen Zentren des Gedächtnisses, und daraus erklärt es sich, daß so viele an einseitiger Gedächtnisschwäche leiden. Die Betreffenden haben ihr Gedächtnis vernachlässigt, sind aus der Ubung gekommen. Man wird selten jemand über ein schlechtes Zahlengedächtnis klagen hören, der den ganzen Tag mit Zahlen umgeht. Ähnlich steht es in anderen Fällen, immer natürlich vorausgesetzt, daß man durch geistige Uberarbeitung seinen Nerven nicht geschadet oder durch eine Krankheit keine Störung des Gehirns erlitten hat.

Halten Sie Ihr Gedächtnis in Ubung, sonst rostet es ein!

Wie gesagt: das Behalten fällt leichter, je mehr man lernt und behält, und es fällt schwerer, je weniger man lernt. Deshalb muß man täglich üben, täglich einige neue Dinge seinem Gedächtnis einverleiben. Ohne dauernde, intensive Ubung ist kein gutes Gedächtnis zu erlangen.

Eine eminent wichtige Aufgabe:

Um das zum guten Behalten erforderliche gründliche Erfassen neuer Gegenstände laufend zu stärken, muß man sich die Aufgabe stellen, jeden Tag eine bestimmte Anzahl bisher noch nicht gekannter Dinge zu behalten und kennenzulernen.

Ein hervorragender Gedanke für den täglichen Fortschritt!

Zur Erfüllung dieser Aufgabe bietet sich überall Gelegenheit, z. B. auf dem Wege zur Arbeitsstätte, wie wir das im Tageslauf des positiven Tatmenschen schon ausführlich besprochen haben.

Training der Beobachtungsgabe

Die *Beobachtungsgabe* muß überhaupt besonders gefördert werden, denn sie ist unerläßliche Vorbedingung zur Bereicherung des Gedächtnisschatzes. Die meisten Menschen gehen tatsächlich mit geschlossenen Augen und verstopften Ohren durch die Welt, eben weil sie kein Interesse für die Dinge haben.

Gut beobachten! Immer Augen und Ohren weit aufmachen.

Es ist alles interessant und wertvoll genug, um es kennenzulernen. Natürlich muß man sich mit den Dingen befassen, wenn sich ihr Wert zeigen soll.

Der Begriff „B e - fassen" zeigt schon, wie sehr wir mit den Dingen, die wir behalten wollen, in „Tuchfühlung" kommen müssen.

Die Beobachtungsgabe wird ganz automatisch geschult, wenn die Erfüllung der vorstehenden Aufgabe zur ständigen Gewohnheit wird. Wir erfüllen sie am besten unter Zuhilfenahme eines *Notizblockes,* den wir ständig bei uns führen müssen. Bietet sich keine Gelegenheit, einer neuentdeckten Sache sofort auf den Grund zu kommen, vielleicht weil es an Zeit mangelt, so machen wir uns über sie eine kurze Notiz und denken dann abends in der Fortbildungsstunde ausführlich darüber nach.

Ja nicht oberflächlich sein!

Lesen wir irgendwo ein Wort, z. B. ein Fremdwort, dessen Sinn wir noch nicht kennen, so dürfen wir nicht oberflächlich darüber hinweggehen, sondern müssen uns durch Nachschlagen in Wörterbüchern oder durch Befragen kundiger Personen unbedingt über seine Bedeutung informieren.

Viel wird in dieser Hinsicht beim Lesen von Büchern und Zeitschriften gesündigt. Man liest einen Aufsatz und begnügt sich damit, die darin enthaltenen unbekannten Bezeichnungen und Wörter *nur ungefähr* zu verstehen.

Keine geistige Überlegenheit ohne großes Wissen.

Da der fortschrittliche Mensch unbedingt die Fähigkeit braucht, sich über möglichst viele Dinge ein eigenes Urteil zu bilden, muß er größten Wert darauf legen, die Zusammenhänge und gegenseitigen Beziehungen der Dinge und Geschehnisse immer besser zu erkennen*.

Aus diesem Grunde muß man auch allen Gedankengängen, die man hört und liest, auf den Grund gehen und sie geistig verarbeiten, d. h. sie mit seinem bisherigen Wissen und seinen Erfahrungen in Verbindung bringen und vergleichen. Dazu ist unbedingt notwendig, daß der *Sinn* unbekannter Wörter gründlich erforscht wird.

Nicht nur lesen, sondern auch tun!

Wenn man Bücher und Zeitungen liest, so habe man stets einen Bleistift zur Hand, um unklare Wörter oder Sätze anzustreichen. Über kein Wort darf hinweggegangen werden, bevor es nicht ganz verstanden ist.

Einprägen neuer Wörter

Um seinem Wortschatz neue Wörter hinzuzufügen, ist es keineswegs erforderlich, sie sich durch oftmaliges Hersagen einzupauken. Es genügt, wenn man sie aufmerksam liest, und, wie gesagt, ihrer Bedeutung nachgeht. Da-

* Wir hörten an anderer Stelle, daß die „Masse" so lange dumm bleibt, solange sie für dumm „verkauft" wird. Soll hier ein positiver Wandel eintreten, so kommt es auf die vielen Hunderttausende an, die geistig schon ahnen, worauf es ankommt, wenn man aus dem Durchschnittsdenken erwachen will. Die schon wissen, daß man sich gegen die Dummheit wie gegen eine Krankheit wehren muß, will man sie überwinden. Der gute Wille und das Aufbegehren genügen aber nicht. Man muß lernen, dieser Schwäche planmäßig zu Leibe zu gehen. Hier, in den Methoden des Erfolgs-Systems, sind dazu Mittel und Wege gegeben. Der Ruf: „Heraus aus der Masse!" ist die beste politische Losung. Eine ganz neue Zeit muß anbrechen, das Zeitalter der Persönlichkeit. Es gibt keinen Grund, auch dem einfachsten Menschen diese Losung nicht immer wieder als vordringlich nahezubringen. Man muß nur einmal den Versuch unternehmen, in diesem Sinne zu breiten Volksmassen zu sprechen, und man wird einen Sturm von Begeisterung erleben. Jeder fühlt wohl, worauf es ankommt, aber das erlösende Wort wird nirgends gesprochen. Und noch weniger wird den breiten Massen gezeigt, wie man es anstellen kann, um mit den Problemen der geistigen Befreiung fertig zu werden. Man will äußere Freiheit und vergißt ganz, daß sie nur werden kann aus vorangehender innerer Freiheit. Nochmals sei wiederholt: Die politische Ertüchtigung der Massen steht und fällt mit der Kenntnis der Gesetze vom Denken! Und solange ist wirkliche Demokratie gänzlich unmöglich, solange den Massen durch Suggestiv-Einwirkungen das eigene Nachdenken vernebelt, erschwert oder gänzlich unmöglich gemacht wird.

durch werden sie geistig mit dem bereits vorhandenen Wortschatz verwoben und ihr Behalten ist sicher.

Nimmt man ein so verarbeitetes Wort zum zweiten Male wahr, dann kommt seine Bedeutung spontan zum Bewußtsein. Sollte sie nicht ganz klar sein, so muß man abermals ein Nachschlagewerk zur Hand nehmen und *nochmals* über den Sinn des betreffenden Wortes aufmerksam nachlesen.

Damit ein neues Wort auch seinem Buchstabengefüge nach im Gedächtnis haftet, muß man es auch beim wiederholten Lesen ganz aufmerksam betrachten, damit es immer völlig klar und kräftig mit allen seinen Einzelheiten, wie Schreibweise und Aussprache, zum Bewußtsein kommt.

Aufmerksamkeit ist . . . Wissen Sie, wie der Lehrsatz weiter heißt?

Mit anderen Worten: man muß konzentriert bei dem neuen Worte verweilen, bis man es ganz verstanden hat. Konzentriertes Lesen braucht durchaus nicht schleppend vor sich zu gehen, obwohl der Ungeübte natürlich langsamer lesen muß.

Es kommt lediglich darauf an, das neue Wort, das wir unserem Gedächtnis einfügen wollen, ganz klar zu erfassen.

Das geht um so schneller, je mehr man darin *Übung* hat. Deshalb nochmals: Üben! *Täglich* Neues in sich aufnehmen!

Bei dieser Gelegenheit erinnere ich an den amerikanischen Sprachgelehrten *Elihu Burritt.* Ursprünglich einfacher Schmied, brachte er es neben seiner schweren Arbeit fertig, sein Gedächtnis durch fortgesetzte Übung so zu entwickeln, daß er über 30 Sprachen beherrschte.

Das war ein einfacher Schmied. Glauben Sie ganz fest, daß Sie ebensoviel können!

Maßgebender Lehrsatz für sicheres Behalten

Alles, was auf den letzten Seiten über das Behalten gesagt wurde, behandelt in der Hauptsache die *Aufnahme* der Sinneseindrücke in das Gedächtnis. Kurz zusammengefaßt, ergibt sich der nachstehende Lehrsatz:

Jeder Sinneseindruck, der sicher behalten werden soll, muß ganz klar und mit allen seinen erfaßbaren Einzelheiten in den Vordergrund des Bewußtseins treten und mit dem bereits vorhandenen Wissen durch das Interesse in Verbindung und Beziehung gebracht werden.

Dieser Lehrsatz gilt für jeden Fall, für das Behalten allgemeinen und besonderen Wissens und auch für das Erlernen fremder Sprachen.

Vorgänge bei der Erinnerung

Nun müssen wir uns speziell den Erinnerungsvorgängen zuwenden. Sagte ich früher, daß das Gedächtnis in Bezirke unterteilt ist (Zahlen- und Namengedächtnis usw.), so müssen wir nun noch beachten, daß auch das gesamte *Wissen,* das sich aus den verschiedensten Eindrücken und unserem Denken ergibt, einer Ordnung untersteht. Es besteht aus Komplexen von Gedächtnisbildern aller Art, in deren Mittelpunkt jeweils eine Leitidee steht. Im Prinzip verstehen wir darunter einen *Begriff,* an den sich alle damit in Beziehung stehenden *Vorstellungen* angliedern.

„Psychische Komplexe" — Sie müssen ganz genau wissen, was damit gemeint ist.

Um hier klar zu sehen, wollen wir uns das an einem Beispiel erläutern. Das Wort „Stuhl" ist z. B. ein *Begriff*. Hören wir dieses Wort, so wissen wir sofort, was gemeint ist, nämlich ein Möbel, das zum Sitzen dient. Dabei denken wir nicht an einen bestimmten Stuhl, sondern zunächst an einen Stuhl überhaupt. Erst beim weiteren Nachdenken kommt uns eine bestimmte Art Stuhl, seine Form, sein Material usw., zum Bewußtsein. Letztere sind die dem Begriff „Stuhl" zugehörigen „Vorstellungseinheiten".

Das Assoziationsgesetz

Was für den Erinnerungsvorgang und damit auch für das Denken wichtig ist, ist folgendes:

Denken Sie recht genau nach, damit Sie dieses Gesetz ganz genau erfassen, es hängt sehr viel davon ab.

Nach einem bestimmten Gesetz, dem „Assoziationsgesetz", rufen ein Begriff und auch eine Vorstellung automatisch die ihnen zugehörigen Vorstellungen oder Begriffe ins Bewußtsein, sofern die „Assoziation" (Verbindung bzw. Verkettung der Vorstellungen und Begriffe) nicht durch irgendwelche Einflüsse, z. B. durch den Willen, unterbrochen wird. Die Reihenfolge der nacheinander ins Bewußtsein einströmenden Bilder wird in der Hauptsache bedingt durch ihre Stärke und unser Interesse.

Ja nicht oberflächlich über das Assoziationsgesetz hinweggehen. So lange nachdenken, bis es ganz klar ist.

Auf dieses Gesetz gründen wir unsere Lehre von der Erinnerung. Bevor wir weitergehen, müssen wir noch wissen, daß eine Assoziation *um so besser* und *um so schneller* eintritt, je mehr beim Aufnehmen von *neuen* Eindrücken diese mit dem ihnen zugehörigen „Komplex" verbunden werden und *je öfter* die *gleiche* Assoziation eintritt.

Ferner müssen wir noch wissen, daß auch innerhalb der Komplexe selbst das Assoziationsgesetz wirksam ist, daß also ein Komplex gesetzmäßig den anderen ins Bewußtsein ruft, und daß eine bestimmte Verbindung von Vorstellungen und Begriffen durch bestimmte äußere Eindrücke hervorgerufen werden kann.

Assoziation und Erinnerungsprozeß. Ein sehr wichtiges Beispiel.

Um Ihnen diese Gesetzmäßigkeit zu beweisen und um dadurch zu zeigen, wie äußerst wertvoll diese Erkenntnisse für den Erinnerungsprozeß sind, wollen wir einmal einen für unsere Zwecke geeigneten Erinnerungsvorgang an einem Beispiel kennenlernen: Es ist eine bekannte Tatsache, daß man manchmal eine ganze Reihe von Geschehnissen vergessen kann. So kann es kommen, daß Sie auf einmal nicht mehr wissen, wo Sie vor fünf Jahren gewohnt haben und was sich in dieser Zeit Besonderes ereignete. Es ist, als ob sämtliche Begebenheiten aus Ihrem Gedächtnis entschwunden sind. Wie Sie gleich sehen werden, ist dies jedoch nicht der Fall. Sie haben lediglich die *Verbindung* mit dieser Erlebniskette bzw. mit diesem Komplex verloren, weil Sie vielleicht jahrelang nicht mehr daran gedacht haben. Er ruht wie tausend andere Komplexe in den unermeßlichen Tiefen des Unterbewußtseins, aus denen er jedoch leicht heraufsteigen kann, wenn es Ihnen gelingt, sich wenigstens an *eines* der Ereignisse vor fünf Jahren zu erinnern. Angenommen, Sie würden nun rein zufällig in Ihren Briefschaften herumstöbern und dabei auf einmal ein Bild finden, das aus dieser Zeit stammt, vielleicht das

Bild eines Freundes. Was geschieht dann? Nun, wenn Sie etwas nachgedacht haben, wissen Sie es bereits: Durch das Bild erwachen plötzlich nacheinander alle Erinnerungen, und mit einem Male sehen Sie klar und wissen wieder, was Sie damals erlebten. Und was bewirkte diese Rückerinnerung? Das *Bild,* und zwar kraft des Assoziationsgesetzes.

Und was ergibt sich daraus? Daß wir durch Beachtung dieser Vorgänge die Erinnerung ganz leicht gestalten können.

Die Erinnerung wird ganz leicht.

Wäre Ihnen das Bild nicht in die Hände geraten, so hätten Sie sich unter Umständen stundenlang anstrengen müssen, um die betreffenden Vorgänge wieder zu wissen. Durch das Bild jedoch geschah es leicht, ohne besondere Mühe und vor allem schnell.

Die Erinnerung arbeitet völlig selbsttätig, wenn wir unsere Aufmerksamkeit durch Konzentration auf einen bestimmten Komplex lenken.

Vorbedingung ist jedoch, daß wir mindestens *eine* Vorstellung dieses Komplexes im Bewußtsein haben, denn sonst können wir ja die Aufmerksamkeit nicht einstellen.

Oberfläche und Tiefe des Gedächtnisses

Oberfläche und Tiefe des Gedächtnisses.

Zum besseren Verständnis müssen wir das Gedächtnis sehen wie einen tiefen See. An der Oberfläche befinden sich dabei alle Vorstellungen, die unserem bewußten Geistesleben zugrunde liegen, insbesondere jene, die wir häufig gebrauchen.
Findet ein Erinnerungsbild längere Zeit keine Beachtung, so sinkt es in die *Tiefe* des Gedächtnisses, wodurch wir uns seiner nur schwer oder überhaupt nicht mehr erinnern können. Wie Sie aus dem obigen Beispiel ersehen haben, bleibt es nichtsdestoweniger im Gedächtnis, nur daß es zeitweilig unseren Blicken entschwindet. Die Vorstellungen bzw. Erinnerungsbilder haben überhaupt eine schier unbegrenzte Lebensdauer, wenn sie erst einmal richtig in das Gedächtnis aufgenommen worden sind, d. h. fest mit unserem Geistesleben bzw. mit unserem Erkennen verbunden sind. Wenn wir sie dennoch aus der Erinnerung verlieren, so liegt das daran, daß wir sie nicht durch öfteres Wachrufen an der Oberfläche des Gedächtnisses erhalten.

Daraus ergibt sich die Lehre, daß wir unser Wissen tüchtig gebrauchen müssen!

Sehr wichtig!

Ich komme nun auf die früheren Ausführungen über das Gedächtnis zurück. U. a. wurde da gesagt, daß man sich zwischen Ober- und Unterbewußtsein eine Verbindungstür zu denken hat.
Um die Erinnerungsvorgänge genau zu verstehen, müssen wir jedoch nicht nur eine, sondern unzählige Türen annehmen. Jede führt zu einem bestimmten Bereich des Gedächtnisses. *Die Erinnerung besteht nun darin, daß wir im Öffnen und Schließen der Türen Übung haben.* Zum besseren Verständnis wollen wir jedoch nicht Türen, sondern „Kontaktstellen" sagen. Denken Sie dabei an eine riesige Telephonzentrale: Hunderttausende von Stöpsellöchern verbinden den Teilnehmer mit allen möglichen Stationen. Die Verbindung mit einer bestimmten Station bekommt er jedoch nur dann, wenn

er die Nummer des betreffenden Anschlusses bzw. Stöpselloches genau kennt und wenn die betreffende Leitung unter „Strom" steht. Den Anschluß herstellen heißt, die *Aufmerksamkeit* auf ein bestimmtes Gedächtniszentrum auf einen bestimmten Komplex lenken. Die Leitung ist unter „Strom", wenn das im Gehirn befindliche Zentrum des jeweils verlangten Komplexes gut funktioniert, also geübt und gesund ist.

Wieder ist die Aufmerksamkeit von Bedeutung.

Die Erinnerung ist vom „Vergessen" abhängig!

Nun müssen wir nachfolgendes wissen: Genau so, wie man von den vielen Kontaktstellen einer Telephonzentrale nur *eine* zur Zeit benutzen kann, so kann man zur Zeit auch nur mit einem Gedächtniszentrum erfolgreich in Verbindung treten. Und wie man nur *dann* etwas verstehen kann, wenn ein Wort nach dem anderen gesprochen wird, nicht alle Worte auf einmal, so können uns die verschiedenen Erinnerungsbilder auch nur *nacheinander* zum Bewußtsein kommen.

Sehr wichtig! Genau lesen und sich klar werden!

Dies ist von großer Wichtigkeit, weil es uns zeigt, daß die Erinnerung vom Vergessen abhängig ist.

Ganz verständlich gesprochen besagt dies: es kann nur *dann* ein neues Erinnerungsbild kräftig in das Bewußtsein einströmen, wenn das vorhergehende Platz gemacht hat. Je mehr Bilder wir *gleichzeitig* im Vordergrund des Bewußtseins haben, um so weniger kommt das einzelne Bild zur Geltung und um so weniger können neue Bilder aus der Erinnerung auftauchen. Das bedingt, daß wir uns mit der „Kunst des Vergessens" beschäftigen müssen, die ich als *Vorbedingung* großer Gedächtnisleistungen ansehe.
Manche Leute jammern und stöhnen ständig über das, was sie alles im „Kopfe" haben müssen, und haben eine ständige Furcht, daß sie irgend etwas vergessen könnten. Warum tun sie das? Weil sie tatsächlich vieles vergessen. Und weshalb? Weil sie sich aus *Furcht* vor dem Vergessen nicht bemühen, das, was sie nicht vergessen wollen, zu vergessen; natürlich aus Unwissenheit.

Diese Erkenntnis ist von ausschlaggebender Bedeutung.

Man merke sich folgendes: Je mehr man im Kopf hat, um so weniger hat man im Kopf, und je weniger man im Kopf hat, um so mehr kann man im Kopf haben.

Eigentlich erscheint das widersinnig, aber nur, wenn man die Zusammenhänge nicht kennt. Man kann überhaupt nichts vergessen, wenn man es erst einmal richtig in sich aufgenommen hat. Höchstens kann die Erinnerungstätigkeit gehemmt sein, und zwar, wie gesagt, weil man nicht *vergessen* kann. Selbstredend ist hier mit dem „Vergessen" die *Ablenkung der Aufmerksamkeit* gemeint.

Die Aufmerksamkeit ablenken heißt: bereit sein, das nachfolgende Erinnerungsbild aufzunehmen.

Auch hier wieder durch Gewohnheit zum Ziel.

Wie muß man es nun machen, um ein Meister *dieses* Vergessens zu werden? Sehr einfach, indem man sich daran *gewöhnt. Gewohnheit ist alles,* auch das Erinnern und dadurch zuletzt auch das ganze Denken.

Denken wir zurück an das Gedächtnisphänomen Karl S. An ihm haben wir gesehen, wie sehr das Unterbewußtsein an der Erinnerung beteiligt ist. Infolge seines Schwachsinns können sich in sein Bewußtsein überhaupt keine hemmenden Vorstellungen eindrängen, weil eben sein bewußtes Denken so gut wie gar nicht ausgebildet ist. Er versteht demzufolge auch nicht, was „Vergessen" heißt, wenigstens schenkt er dieser negativen Vorstellung in keiner Weise seine Aufmerksamkeit, zumal es ihm ja infolge seines schwachen Verstandes völlig gleichgültig ist, ob er irgend etwas behält oder nicht. Gerade deswegen aber sind seinem Unterbewußtsein bzw. seinem Gedächtnis keine Schranken gezogen, so daß es sich ungehemmt entfalten kann.

Wir müssen also alle Hemmungen der Erinnerungstätigkeit beseitigen und dazu in erster Linie die „Furcht vor dem Vergessen" verlieren, die ja, als negative Vorstellung, das Einströmen von Erinnerungsbildern in das Bewußtsein hemmt. Nach den Lehren der Macht über uns selber müssen wir zu diesem Zwecke an die gute Funktion unseres Erinnerungsvermögens felsenfest glauben lernen.

Positiv denken! Weg mit der Furcht vor dem Vergessen!

Nie die Autosuggestion außer acht lassen!

Dies können wir mit gutem Recht, denn es funktioniert tatsächlich ganz wunderbar und ganz von selbst, eben den besprochenen Gesetzen zufolge.

Die Erinnerung arbeitet automatisch

Hier zeigt sich das Unterbewußtsein als ein guter und absolut gewissenhafter Mitarbeiter. Einige Beispiele: Sie brauchen notwendig eine Sache vom Kaufmann und sagen sich, daß Sie diese bei der nächsten Gelegenheit besorgen werden. Bevor sich jedoch dazu Gelegenheit bietet, vergehen mehrere Tage, während der Sie die Angelegenheit wieder vergessen. Nun müssen Sie aber doch zum Kaufmann wegen einer anderen Sache. Sie besorgen diese Sache und wollen gerade wieder aus dem Laden heraus, da schießt Ihnen auf einmal der Gedanke durch den Kopf: Richtig, ich wollte ja noch — — —

Das Unterbewußtsein als unser bester Mitarbeiter.

Nun, ist es Ihnen noch nicht so ergangen? Sicher, denn alle Tage beobachten wir derartige Vorkommnisse. Und wie kommt es, daß Sie sich dennoch dieser Angelegenheiten erinnern, obwohl Sie diese anscheinend vergessen haben? Sie werden erinnert, Ihr *Unterbewußtsein* erinnert Sie. Es weiß im obigen Falle genau, daß Sie etwas brauchen, und macht Sie unbedingt darauf aufmerksam, wenn Sie ihm nur Gehör schenken.

Sie werden erinnert!

Wir brauchen uns um nichts zu sorgen, unser gesamtes Wissen kommt von selbst ins Bewußtsein und immer dann, wenn es erforderlich ist.

Das muß man wissen!

Natürlich muß man dem Unterbewußtsein dazu die Möglichkeit geben. Dies geschieht eben dadurch, daß wir erstmalig die Eindrücke *kräftig* und *lebendig* gestalten.

Wie entwickeln wir nun die Gewohnheit des guten Vergessens und zugleich den Glauben, daß uns alles zur rechten Zeit wieder einfallen wird?

Neben der dauernden Stärkung durch positives Denken müssen wir uns täglich Beweise erbringen, daß die Erinnerung tatsächlich vollkommen automatisch funktioniert.

Das Mittel dazu ist ein sogenanntes *Erinnerungsbuch*.

Planmäßige Ordnung der Erinnerungsvorgänge

Genau wie das Tagebuch des Erfolgsmenschen, ist auch das Erinnerungsbuch unerläßlich.

Wir haben früher gesehen, daß dem Assoziationsgesetz zufolge *eine* Vorstellung aus einem bestimmten Komplex genügt, um die mit ihr verbundenen Vorstellungen in Erinnerung zu bringen. Diesen Umstand nutzen wir durch das Erinnerungsbuch aus. Es genügt zu diesem Zweck ein einfaches, kleines Notizbuch, auf dessen erster Seite mehrere Felder geschaffen werden. Jedes einzelne Feld ist für ein bestimmtes Gebiet unserer Handlungen bestimmt, z. B. Feld 1 für alle Angelegenheiten des Haushaltes, Feld 2 für Besuche, Feld 3 für Posterledigungen usw. Man wird natürlich die Felder nach seinem Beruf einteilen. Gemeint sind vor allem jene Gebiete unserer Tätigkeit, bei denen sich die obengenannte Furcht vor dem Vergessen zeigt. Das wird besonders dann der Fall sein, wenn das Vergessen einer Angelegenheit unangenehme Folgen hat. Sind die Felder eingeteilt, werden die Namen der Gebiete hineingeschrieben, für die sie bestimmt sind. Dann verteilen wir die übrigen Blätter des Buches, z. B. Feld Haushalt: Seite 2—6, Feld Besuche: Seite 7—10 usw. Ist das Erinnerungsbuch so vorgerichtet, dann kann die *Übung des Vergessens* losgehen.

Wenn Sie meinen bisherigen Ausführungen aufmerksam gefolgt sind, wissen Sie jetzt schon, was wir mit diesem Buche bezwecken: Die zur Auslösung der Erinnerung notwendige *erste* Vorstellung festlegen, und zwar durch ein *Stichwort.*

Anwendung des Erinnerungsbuches

Die Praxis: Sie erhalten den Auftrag, ja nicht zu vergessen, morgen gelegentlich Ihrer Besorgungen bei Herrn H. mit vorzusprechen. Ohne die negative Beeinflussung zu beachten, die in diesen Worten liegt, betrachten Sie den Besuch bei Herrn H. gleich als *selbstverständlich,* denken eine Weile darüber nach, um den Auftrag fest im Gedächtnis zu verankern, nehmen dann Ihr Erinnerungsbuch zur Hand und schreiben in die Abteilung „Besuche" den Namen des Herrn H. Ist das geschehen, stecken Sie Ihr Buch wieder fort und — vergessen den Auftrag. Schon dabei werden Sie erkennen, daß Sie dies nun ruhig tun können, denn todsicher werden Sie morgen an Herrn H. denken. So machen Sie es grundsätzlich mit allen Angelegenheiten, doch beachten Sie wohl: *nicht gedankenlos etwas aufschreiben.*

Nie gedankenlos etwas aufschreiben.

Das Aufschreiben geschieht nicht, damit Sie es nicht vergessen, sondern damit Sie unbesorgt vergessen können, zum Zwecke automatischer Erinnerung.

Am nächsten Tage machen Sie dann Ihre Besorgungen. Wenn Sie glauben, alles erledigt zu haben, holen Sie Ihr Erinnerungsbuch aus der Tasche und werfen einen Blick über die einzelnen *Felder.* Sofern die in Frage kommenden Angelegenheiten noch nicht ihre Erledigung gefunden haben, wird Ihr Blick wie magnetisch von dem Felde angezogen werden, wo noch irgend etwas zu erledigen ist. Meist wird Ihnen bei dieser Gelegenheit schon das Betreffende einfallen. Sollte es nicht der Fall sein, so jedoch sicher, wenn Sie Ihr Stichwort in der Abteilung des bestimmten Feldes finden.

Wenn Sie es jeden Tag so machen, dann wird Ihre Furcht vor dem Vergessen bald verschwinden, und das ist die Absicht, die wir dabei haben.

Sehen Sie bitte in dem Erinnerungsbuch nicht eine Gedächtnishilfe, sondern das Mittel zur Entwicklung des Erinnerungsvermögens.

Sehr wichtig!!

Sie sollen auch keineswegs *immer* dieses Erinnerungsbuch gebrauchen, lediglich nur so lange, bis Sie sich davon überzeugt haben, daß der Erinnerungsvorgang vom Unterbewußtsein geleitet wird und absolut sicher und ohne Anstrengungen vor sich geht, wenn Sie die „Kunst des Vergessens" beherrschen.

Alles ist Gewohnheit, sagte ich: Wenn Sie ein Vierteljahr das Erinnerungsbuch nach obigen Vorschriften gebraucht haben, dann ist nicht nur das Behalten für Sie eminent leicht geworden, sondern auch die notwendige Konzentration bei der Aufnahme der Eindrücke geht spielend vor sich.

Alles ist Gewohnheit, aber soweit muß man kommen.

Der sichere Weg zum großen Wissen

Die Erkenntnisse, die uns das Erinnerungsbuch gebrauchen lassen, können wir selbstverständlich auch noch anderen Zwecken dienstbar machen, und zwar der Erweiterung des Wissens. Wie ich schon gleich zu Beginn dieses Abschnittes sagte, kommt es bei dem Wissen, das wir in uns aufgenommen haben, in erster Linie darauf an, daß es uns bei *passender Gelegenheit,* nämlich dann, wenn wir es *gebrauchen* und *anwenden können,* auch zum *Bewußtsein* kommt.

Wissen Sie, wieviel Sie wissen? Genau nicht, aber sicher sehr viel, würde Ihre Antwort sein, wenn ich Sie persönlich fragen könnte. Wenn ich Sie dann bäte: Nennen Sie mir einmal alle deutschen Städte, die Sie mit Namen kennen, würden Sie mir vielleicht 200 nennen, dann aber wäre es sicher zu Ende mit Ihrem Wissen. Ist es tatsächlich erschöpft? Keineswegs! Es kommt Ihnen nur kein weiterer Name zum Bewußtsein; im Gedächtnis ruhen noch viel mehr. Das erweist sich, wenn ich Sie an weitere Namen erinnern würde.

Wissen Sie, wieviel Sie wissen?

Ähnlich steht es mit unserem gesamten übrigen Wissen. Nur einen Bruchteil von dem, was wir in uns haben, können wir in der Regel von uns geben. Wenn sich negative Dinge der Erinnerung entziehen, so ist dies recht, oft aber ist es gerade umgekehrt. Im Interesse des Erfolges darf dies natürlich nicht sein.

Je mehr wir Herr sind über unser gesamtes Wissen, um so sicherer lernen wir uns auf allen geistigen Pfaden der Menschheit bewegen.

Alles, was wir an wertvollem Wissen in uns aufnehmen, müssen wir bleibend gestalten.

Im allgemeinen kennen Sie bereits den Weg, der dazu führt. Nun wollen wir noch eine besondere Methode zur planmäßigen Erweiterung und Festigung des Wissens kennenlernen:

Wie wir uns von den täglich zu erledigenden Angelegenheiten Stichworte notieren, so machen wir es auch mit unserem *Wissen.* Lesen wir ein gutes Buch, dessen Inhalt wir dauernd an der Oberfläche unseres Bewußtseins zu haben wünschen, so müssen wir zunächst die einzelnen Abschnitte *gründ-*

Die meisten lesen nur, Sie jedoch sollen nachdenken, nachdenken und nochmals nachdenken.

lich lesen und dann *geistig verarbeiten,* wobei wir die Gedanken des Autors mit unseren eigenen Erkenntnissen und Erfahrungen vergleichen. Dadurch müssen wir zu einer festen Stellungnahme gegenüber dem Inhalt des Buches kommen.

Reichen die eigenen Kenntnisse nicht aus, um sich über neue Ideen ein Urteil zu bilden, so muß man weitere Werke über die gleichen oder über die damit verwandten Gebiete lesen. Zudem muß man sehen, bei strittigen Fragen Bücher mit entgegengesetzter Ansicht kennenzulernen.

Die Kartei des Wissens

Ist man beim Studium zu einer eigenen Meinung gekommen, so formt man diese in einige kurzgefaßte Sätze und schreibt sie auf eine Karteikarte, die alsdann mit einer Nummer versehen wird. Diese überträgt man, und zwar gleichzeitig mit einem Stichwort, aus welchem eindeutig der Inhalt der Karte hervorgeht, in ein alphabetisches Verzeichnis.

Haben wir z. B. ein Buch über Kindererziehung gelesen, so könnte das Stichwort Erziehung heißen, das wir dann unter dem Buchstaben „E" einfügen müssen. Gleichzeitig können wir dann noch das Stichwort „Hans", womit wir vielleicht unseren eigenen Jungen meinen, oder auch den Namen des Autors in das Verzeichnis einfügen, natürlich immer unter den in Frage kommenden Buchstaben und mit der Kartennummer dahinter. Ist das geschehen, so können wir unbedenklich das ganze Buch aus unserem Oberbewußtsein ausschalten; sein Inhalt wird uns nun stets greifbar sein.

Der Weg zur richtigen Meinung geht über die Objektivität. Objektiv sein heißt, eine Angelegenheit ohne ein persönliches „Für" oder „Wider" beurteilen.

Es braucht wohl keiner besonderen Erwähnung, daß man stets so vorgehen muß, wenn man sein Wissen sicher erweitern will. Über jedes Buch, einerlei, ob es sich darin um berufliche, künstlerische oder wissenschaftliche Fragen handelt, macht man sich seine *eigenen* Gedanken und schreibt sie nach der angegebenen Methode auf.

Und nun der Zweck: Auch hierbei, bei dieser „Erinnerungskartei", handelt es sich nicht allein um eine äußerst wirksame Gedächtnishilfe, sondern ebenfalls wieder um das Mittel zur *Entwicklung des Erinnerungsvermögens.*

Jeden Sonntagvormittag ½ Stunde für den Geist

Während man die Eintragungen in die Kartei und damit gleichzeitig auch die Bearbeitung der einzelnen Wissensgebiete in seinen Fortbildungsstunden vornimmt, nimmt man seine Erinnerungskartei zur Verstärkung des Wissens jeden Sonntagvormittag eine halbe Stunde zur Hand und geht systematisch die Karten durch. Dabei macht man die gleiche Feststellung wie in dem Beispiel mit dem Bilde.

Nachdenken, immer nachdenken!

Beim aufmerksamen Durchlesen der Aufzeichnungen drängt sich ganz von selbst alles ins Bewußtsein, was wir über die einzelnen Themen wissen.

Wichtig ist, daß beim Durchgehen der Karten immer wieder über die einzelnen Fragen nachgedacht wird. Dadurch treten immer wieder die gleichen

Assoziationen ein, wodurch sie, wie Sie früher hörten, ganz gesetzmäßig immer *leichter* eintreten und immer schneller zum Bewußtsein kommen, schließlich auf die geringste äußere Anregung hin und in ununterbrochener Folge.

Dadurch hat man sein Wissen stets in der Hand, was nicht nur für das Erfolgsleben wichtig ist, sondern auch die Erkenntnisfähigkeit immer mehr steigert.

Wer die Absicht hat, etwas ganz Besonderes auf einem Gebiete zu leisten, kann sich dafür eine *Sonderkartei* anlegen, in die nur *das* Wissen hineinkommt, das zu dem betreffenden Studiengebiet gehört.

Sehr wichtig!

Die Kartei des Wissens ist für die Ausbildung des Geistes von ungeheurer Bedeutung. Es läßt sich dadurch eine Erfolgstechnik entwickeln, die verblüffende Erfolge zeitigt. Da wir uns mit der Steigerung unseres geistigen Könnens eingehend beschäftigen müssen, behandele ich das Wesen der Kartei, ihre genaue Handhabung und alle damit in Beziehung stehenden Probleme noch ausführlicher. Vorher wollen wir noch eine Reihe grundlegender Erkenntnisse über das *produktive Schaffen kennenlernen.*

Produktives Schaffen

Produktiv sein, heißt schöpferisch sein, aus gegebenen Bausteinen etwas Neues, noch nicht Vorhandenes schaffen.

Diese Tätigkeit vermag allein das „innere Selbst" befriedigend auszuüben. Nur im Reich jenseits des Verstandes kann wahrhaft Großes und Vollkommenes geboren werden. Und es wird geboren, wenn wir nicht müßig sind und dem Unterbewußtsein Bausteine und Anstoß geben. Die Bausteine sind das Wissen von den Dingen, die wir in unser Gedächtnis aufnehmen, sind die „Notenkenntnisse", die wir dem großen inneren Künstler zur Verfügung stellen, damit er die Fülle seiner Melodien und Akkorde ertönen lassen kann.

Der Anstoß ist unsere Liebe und unser Interesse für das Neue und Besondere eines jeden Dinges. Unsere Wünsche sind dem Unterbewußtsein Richtlinien für seine Tätigkeit.

Es wirkt und schafft in jeder Richtung, für die wir uns interessieren. Dem Kaufmann gebiert es neue Verkaufsmöglichkeiten und neue Reklameeinfälle, dem Erfinder gibt es neue Ideen, dem forschenden Geist löst es Probleme, dem Dichter und Künstler ist es Inspirator und dem nach Vollendung und Erlösung Strebenden gibt es höhere Erkenntnis und Ahnung des Göttlichen.

Interesse ist der Anfang des produktiven Schaffens.

So wirkt das Unterbewußtsein in jedem als Quell alles Neuen, schöpferisch, selbsttätig und in jeder Richtung unserer Wünsche. Wenn es erst einmal den Anstoß zur Tätigkeit erhalten hat, dann wirkt es ununterbrochen und gestaltet und schafft, bis es das Höchstmögliche erreicht hat. Wenn wir dann unsere inneren Augen und Ohren offen haben, Mund und Hand sich willig von ihm führen lassen, dann tritt seine schöpferische Tätigkeit auch äußerlich in Erscheinung.

Auch Sie sind hochbegabt!

Ich behaupte, jeder normal entwickelte Mensch ist ein *Genie,* einerlei auf welchem Gebiete, aber er ist es. Wenn seine Genialität bis heute nicht in Erscheinung trat, so sagt das nichts. Es beweist lediglich, daß er bis heute noch keine richtige Verbindung mit dem Unterbewußtsein fand und noch keine Gelegenheit nahm, seine Genialität in Erscheinung treten zu lassen.

Beweist sich nicht die große Meisterschaft des Unterbewußten schon durch die wunderbare Funktion unseres Körpers?

Welcher Maschinenmeister oder Organisator könnte wohl von sich behaupten, daß er auch nur annähernd so viel leisten könnte? Und nun die Exaktheit und Regelmäßigkeit im Aufbau unseres Körpers! Welcher Mathematiker hat wohl größere Fähigkeiten als die, welche notwendig sind, um das Zellensystem des Körpers zu konstruieren? Dies alles bewirkt das innere Selbst!

Dieser Erkenntnissatz ist sehr wichtig! Wenn Sie ihn restlos erfassen, begreifen Sie selbst das letzte Geheimnis des höchsten Schaffens.

Doch nur in den Grenzen seines Erkennens ist das Wesen frei!

Mit bloßem Verstande können wir diese Genialität allerdings kaum erfassen. Wie dem auch sei, jeder ist im Innern seines Wesens genial, und dies im allerhöchsten Grade. Helfen wir dieser Genialität, daß sie auch außerhalb des Körpers durch Hand oder Mund in Erscheinung tritt. —

Wenn die Seelenkräfte zu wirken beginnen, lernt der Mensch schaffen, ohne daß er sich quält. Er wird Künstler auf seinem Gebiete. Alles fliegt ihm zu und geht von selbst. Die größte geistige Leistung wird zur Lust und zum Genuß. Oft entsteht die Leistung ohne jegliche Mitwirkung des Verstandes. Dann arbeitet der innere Mensch ganz allein, und unsere Hand ist ihm nichts als Werkzeug.

Goethe, der die inneren Kräfte des Menschen tief erfühlte, sagt von seinem „Werther", daß er dies Werk fast *ohne Wissen* geschaffen habe. Erst beim Durchlesen auf Verbesserungen kam ihm das Geschriebene zum Bewußtsein. *Fontane* meint, daß er alles wie ein Psychograph träumerisch geschrieben habe, ohne rechte Überlegung und Kritik.

So urteilen auch Sie, wenn Sie erst einmal den Kontakt mit Ihrem inneren Menschen hergestellt haben!

Ähnliches behauptet *Hebbel,* der wie geistesabwesend bei seinen Spaziergängen dichtete. Bedeutsam sind *Nietzsches* Worte: *„Man hat, man sieht nicht; man nimmt, und man fragt nicht, wer da gibt; wie ein Blitz leuchtet ein Gedanke auf mit Notwendigkeit und in der Form und ohne Zögern — ich habe nie die Wahl gehabt. Eine Entzückung, deren ungeheure Spannung sich in einem Tränenstrom auslöst, bei der der Schritt unwillkürlich bald stürmt, bald langsam wird, ein vollkommenes Außersichsein . . . Alles geschieht im höchsten Grade unfreiwillig, aber wie im Sturme von Freiheitsgefühl, von Unbedingtsein, von Macht, von Göttlichkeit. Die Unfreiwilligkeit des Bildes, des Gleichnisses ist das Merkwürdigste. Alles bietet sich als der nächste, der richtigste, der einfachste Ausdruck. Es scheint wirklich, als ob die Dinge selbst herankommen und sich zum Gleichnis anböten."*

Ich bin überzeugt, daß Ihnen diese Schilderungen genügen werden, um nun auch an der Entfaltung Ihrer eigenen schöpferischen Kräfte zu arbeiten. Das Mittel, um die unterbewußten Fähigkeiten zu wecken, ist wiederum die *Konzentration.* Üben Sie sich mit ihrer Hilfe zunächst im *bewußten* schöpferischen Schaffen. Es mag zwar Stückwerk sein, doch es ist notwendig, weil dadurch gleichzeitig das „innere Selbst" zur Tätigkeit angeregt wird.

Doch beachten Sie eins: Fassen Sie das, was Sie erreichen wollen, mit großer Lust und Liebe an, denn nur dadurch wird eine starke Konzentration möglich!

Lust und Liebe zur Sache.

Der Weg zur geistigen Höhe

Die Arbeit beginnt mit der Sammlung von möglichst umfassenden Kenntnissen über das von Ihnen erwählte Gebiet, wodurch wir dem Unterbewußtsein die Bausteine schaffen, aus dem es später die neuen Gebilde erstehen lassen soll.

Auch hier wieder ganz und gar planmäßig vorgehen!

Sind genügend Kenntnisse gesammelt, fügt man sie zusammen und beginnt sie zu ordnen und logisch untereinander zu verbinden, um daraus etwas Neues zu schaffen.

Mag auch anfänglich nichts Gescheites dabei herauskommen, nie darf man den Glauben verlieren, daß es die Anfänge eines großen und erfolgreichen Schaffens sind.

Der erste Versuch des Kindes, ein „i" zu schreiben, ist meist so jämmerlich, daß man kaum glauben kann, daß es eines Tages flott zu schreiben vermag. So ist es auch bei den Anfängen geistigen Schaffens.

Halten Sie nichts für gut genug getan!

Geben Sie sich stets die größte Mühe, so vollkommen wie möglich zu arbeiten. Halten Sie nichts für gut genug getan, sondern versuchen Sie immer wieder, es besser zu machen. Nur dauerndes Bemühen, seine eigenen geistigen Höchstleistungen immer wieder zu überbieten, und zwar aus Freude am hohen Können, macht Sie befähigt, Höchstes und Vollkommenes zu erreichen.

Während Sie so ganz bewußt arbeiten, suchen, forschen, vergleichen und nachdenken, wie irgend etwas gebessert werden kann, macht sich ganz spontan das Unterbewußte bemerkbar, das Ihnen ganz plötzlich *neue* Gedanken und Ideen eingibt. Nicht immer kommen neue Ideen direkt bei der Arbeit, sondern manchmal unvermittelt, wenn Sie mit etwas ganz anderem beschäftigt sind.

Achten Sie auf solche Eingebungen und halten Sie diese sofort auf Ihrem Notizblock fest.

Sehr wichtig!

Es kommt oft vor, daß diese plötzlichen Einfälle wieder spurlos aus der Erinnerung verschwinden, wenn Sie ihnen keine Beachtung schenken. Diese unerwarteten Gedanken und Erkenntnisse sind oft die besten, weil sie direkte Produkte unterbewußter Geistestätigkeit sind.

Übrigens häufen sich diese spontan kommenden Gedanken in dem Maße mehr, wie Sie ihnen Aufmerksamkeit schenken.

Goethes „Faust" bestand aus lauter einzelnen Notizen, die erst später von ihm technisch verarbeitet wurden.

Schreiben Sie wahllos alle Ideen auf, und zwar so, wie sie Ihnen kommen.

Dieser Punkt ist besonders zu beachten!

Manchmal scheint es, als wenn diese untereinander gar keine Beziehungen haben, und doch stellt sich oft nachher heraus, daß sie sämtlich Glieder einer großen, logisch verbundenen Ideenkette sind.

Wenn sich Ihnen das Können des Unterbewußtseins offenbaren soll, müssen Sie in Stimmung sein, d. h., es darf Sie keine negative Vorstellung beherrschen.

Positiv denken! Alles, was die Konzentration hemmt, muß planmäßig ausgeschaltet werden.

Treiben Sie in solchen Fällen Autosuggestion. Wenn Sie immer positiv denken, kommt es natürlich überhaupt nicht oder kaum vor, daß Sie von negativen Vorstellungen beherrscht werden. In Stimmung sein heißt: *empfänglich* sein für das Wirken des Unterbewußten in uns. Dazu gehört auch die richtige körperliche Verfassung. Wenn Sie sich matt und abgespannt fühlen, ist das geistige Schaffen Energieverschwendung, weil es unfruchtbar ist. Halten Sie sich in solchen Fällen von der geistigen Arbeit fern und ruhen Sie sich aus.

Überhaupt müssen Sie jeden Zwang beim produktiven Schaffen ausschalten. Allem, was die Konzentration hemmt oder erschwert, müssen Sie aus dem Wege gehen. (Mit Ausnahme der Arbeitsunlust, gegen die Sie ganz energisch anzugehen haben.)

Gewalt ist immer das ungeeignetste Mittel, das produktive Schaffen zu erzwingen.

Wenn Sie über eine Angelegenheit nachdenken, um neue Ideen zu bekommen, so dürfen Sie diese nicht mit Gewalt herbeiziehen wollen.

Haben Sie genügend vorgearbeitet, dann kommen neue Ideen ganz von selbst. Durch einen Zwang verschließen Sie neuen Gedanken den Eintritt ins Oberbewußtsein. Falls durch ruhiges Nachdenken keine neuen Ideen kommen, lenken Sie die Aufmerksamkeit auf eine andere Angelegenheit. Hören Sie Musik oder lesen Sie in einem Buche. Dadurch geben Sie dem Unterbewußtsein Gelegenheit, neue Ideen zu erzeugen und sie Ihnen einzugeben.

Beobachten Sie einmal einen nachdenklichen Menschen. Wenn ihm keine Gedanken kommen wollen, dann trommelt er mit den Fingern gegen die Tischplatte, schlenkert mit den Beinen, beginnt vor sich hinzupfeifen, läuft im Zimmer hin und her, zündet sich eine Zigarette an oder wiederholt den soeben ausgesprochenen Satz. Dies alles macht er in der Regel ganz unbewußt. Es sind dies die Bemühungen des Unterbewußten, die Aufmerksamkeit für einen Augenblick abzulenken, damit es Gelegenheit hat, neue Gedanken in das Oberbewußtsein eintreten zu lassen.

Also nicht mit Gewalt neue Gedanken herbeiziehen wollen!

Bewußte Konzentration strengt an, unbewußte Konzentration fällt leicht.

Wenn dies mitunter auch gelingt, so wird doch dabei unnütz viel Energie verbraucht. Der Geistesarbeiter muß ökonomisch mit seiner Nervenkraft umgehen, deshalb muß er bestrebt sein, *jede* gewaltsame Konzentration nach Möglichkeit zu vermeiden.

Eine gute Ablenkung ist ein aufmerksamer Gesellschafter, der nicht immer alles besser wissen will.

Sprechen Sie mit ihm über irgendwelche Ihnen sympathische Angelegenheiten oder legen Sie ihm das bisher Ausgearbeitete vor. Ein bekannter, erfolgreicher Dichter las seine Dichtungen seiner Magd vor, wobei ihm die kostbarsten Einfälle kamen.

Überhaupt ist die Umgebung sehr von Einfluß auf das geistige Schaffen, besonders das Verhalten der Frau zum Manne und umgekehrt.

Hier ist ein Ausspruch Goethes im Gespräch mit Eckermann wichtig: „Es ist nicht gut, daß der Mensch allein sei, und besonders nicht, daß er allein arbeite; vielmehr bedarf er der Teilnahme und Anregung, wenn etwas gelingen soll."

Ein krittelnder, nörgelnder Ehegatte kann die Produktivität des anderen vollkommen lähmen. Mir sind viele Fälle bekannt, wo dies so ist. Wenn Sie eine unsympathische Umgebung nicht von sich bannen können, dann gehen *Sie* fort, irgendwohin, wo Sie unbeeinflußt arbeiten können.
Sehr wichtig ist beim produktiven Schaffen, daß der *Anfang* zu einer Arbeit schnell gefunden wird. Langes Grübeln und Suchen nach Ideen ist dabei vom Übel. Man fängt einfach an zu arbeiten, selbst wenn man dauernd denkt, daß es falsch ist, was man macht.

Ruhig anfangen, nicht erst lange zaudern und auch das Falsche ruhig niederschreiben.

Sehr wichtig!!

Dabei kommt dann, weil der Zwang auf das Unterbewußtsein aufgehört hat, ganz von selbst das Richtige in den Sinn. Es macht doch nichts, wenn der Anfang nicht ganz stimmt. Hat man erst einmal den Kontakt mit dem Unterbewußtsein gefunden, ist er bald verbessert.

Wenn man fühlt, daß überhaupt keine Ideen kommen wollen, muß man seine Arbeit eine Weile in Ruhe lassen.

Es gibt für jeden Menschen Tage und Perioden, in denen jegliche geistige Leistungsfähigkeit unterbunden zu sein scheint. Das wissen wir von vielen großen Dichtern und Denkern, z. B. von Grillparzer, der 1826 beobachtete, daß alle seine „inneren Quellen" versiegt waren. In derartigen Zeiten muß man sich mit solchen Arbeiten beschäftigen, die ohne direkte Mitwirkung des Unterbewußtseins zu erledigen sind, z. B. Ordnen und Sichten von Unterlagen für spätere Arbeiten.

Wer sich an stetes Arbeiten gewöhnt hat und sich richtig beobachtet, fühlt deutlich bestimmte Perioden, in denen er geistig leistungsfähiger ist. Es versteht sich von selbst, daß man solche Zeiten ganz gründlich ausnutzt.

Das Zettelsystem

Zum Abschluß dieses Teiles nun noch ein kurzer Hinweis auf eine besonders vorteilhafte Arbeitsmethode: Wer schöpferisch tätig sein will, muß also sehen, daß er neue Gedanken nicht mit Gewalt aus dem Unterbewußtsein herauszupressen versucht und vor allem nicht in einer *bestimmten Reihenfolge*. Auf das letztere kommt es doppelt an, daher merke man sich:

Das Unterbewußtsein produziert um so leichter und besser, je weniger man ihm auf die Finger sieht und beim Schaffen bevormundet.

Wir können auch sagen, je *krampfloser* es arbeitet, je *ungezwungener*, je *spielerischer* demzufolge. Aus meinen vorhergehenden Erklärungen wird Ihnen das schon klargeworden sein. Wie erreichen wir diese krampflose Arbeit nun aber am besten? Einfach dadurch, daß wir *mitspielen* bzw. dem Unterbewußtsein in allen feinsten Regungen ein ganz gefügiger Herr sind. Mit anderen Worten:

Das Unterbewußtsein muß spielend arbeiten!

Wir müssen es vollkommen so in uns schaffen lassen, wie es will, und erst wenn die Produktion ihr Ende erreicht hat bzw. eine schöpferische Pause eingetreten ist, darf der Verstand bzw. die Kritik walten.

Dann erst darf das Beurteilen, Vergleichen, das technische Verarbeiten und Bearbeiten des Gewonnenen einsetzen. Je mehr wir an uns selber herumnörgeln bei der einzelnen *kleinen* Leistung, die eine *Teilleistung* des Unterbewußtseins ist, um so schwerer kommen wir in den eigentlichen schöpferischen Zustand hinein, das aber ist das Wesentlichste. Darum sich so einstellen: *Jede einzelne kleine Leistung des inneren „Ichs" dankbar begrüßen als ein Geschenk und sich darüber herzlich freuen wie ein Kind.*

Man muß sich freuen über jeden Einfall, den das Unterbewußtsein produziert!

Sind die Leistungen unvollkommen, so ruhig auch das Unvollkommene hinnehmen. Es sind dies die *ersten Versuche* des inneren Genius, das *Vollkommene zu schaffen.* Behalten wir dabei die Freude am Arbeiten und zugleich den Glauben an die mögliche Höchstleistung, so steigert sich das Unterbewußtsein bestimmt zur vollkommenen Leistung empor. Aus all diesen Erkenntnissen sagte ich Ihnen deshalb auch, daß Sie alle Ideen so aufschreiben sollen, wie Ihnen diese kommen, also vollkommen *wahllos.* Die Hauptsache ist ja auch, daß überhaupt Ideen kommen und darum muß auch alles getan werden, was ihren reibungslosen Eintritt ins Oberbewußtsein erleichtert. Hier nun, mein verehrter Leser, kommt unser *Zettelsystem* zur Bedeutung. Was es ist und will, ist nicht schwer zu erraten. Ein Haufen kleiner weißer Zettel, die uns die geistige Arbeit ganz wesentlich erleichtern. Alle Ideen, die uns bei der Sammlung auf ein bestimmtes Thema kommen, werden so, wie sie uns einfallen, auf die Zettel notiert, und zwar jede Idee auf einem besonderen Zettel für sich. Der Zweck ist klar, denn haben wir das getan, so können wir nach der schöpferischen Leistung alle eingefallenen Gedanken mühelos sichten, ordnen und damit hantieren, aufbauen und zusammenbauen, wie wir es nur wollen und außerdem mühelos alle unbrauchbaren Einfälle aussortieren, die wir aufgeschrieben haben, um den Schöpfungsprozeß nicht zu unterbinden. Dieses Zettelsystem ist ein Erfolgshelfer ersten Ranges. Bitte arbeiten Sie damit, mein verehrter Leser, Sie werden Ihre helle Freude daran haben.

IX. TEIL

DIE KARTEI DES WISSENS

Der Weg zur Mobilisierung und Steigerung des Wissens und der Schöpferkräfte des Denkens

Niemand wird kultiviert, sondern jeder hat sich selbst zu kultivieren. Alles bloß leidende Verhalten ist das gerade Gegenteil von Kultur. Bildung geschieht durch Selbsttätigkeit und zielt auf Selbsttätigkeit ab.
Johann Gottlieb Fichte

Im nachfolgenden zeige ich nun den Weg, der durch korrekte Beachtung der Erkenntnisse meines Buches innerhalb kurzer Zeit einen guten geistigen Fortschritt ermöglicht. Es handelt sich dabei um die Entwicklung der Denkkraft sowie um einen weiteren mächtigen Einfluß auf die Schöpferkräfte des Unterbewußtseins. Zum besseren und leichteren Verständnis der Gesetzmäßigkeiten des geistigen Lebens werde ich alle entscheidenden Erkenntnisse meiner bisherigen Darlegungen in Erinnerung bringen. Es ist notwendig, daß man sich außerdem meiner Erläuterungen im vorigen Kapitel stets gegenwärtig ist.

Die Schöpferkräfte des Unterbewußtseins sind das große Geheimnis jeder Genialität.

Doch zu unserem Thema:

Das Wichtigste ist die Frage, von welchen Voraussetzungen das geistige Wachstum abhängig ist.

Antworten wir kurz und bündig: *Vom Wissen und von der richtigen Verarbeitung des Wissens!* Unter letzterem verstehen wir das produktive Schaffen bzw. das *schöpferische Denken.* Es kommt zustande durch die höheren Funktionen unseres Geistes, der durch eine Zugrundelegung allen bisher aufgenommenen Wissens und aller bisher gewonnenen Erfahrungen durch Kombination, vergleichendes und folgerndes Denken neue Ideen produziert. Grundsätzlich ist hierbei zu bemerken, daß die Funktionen des Geisteslebens ganz bestimmten Gesetzmäßigkeiten folgen. Solche Gesetzmäßigkeiten gibt es bei der Tätigkeit der Erinnerung, wie auch unmittelbar beim schöpferischen Denken.

Unbewußte, automatische Tätigkeit des Geistes

Es ist ein gewaltiger Unterschied, ob man nur „büffelt", um seinen Geist in Form zu bringen, oder ob man sich in voller Kenntnis der Voraussetzungen des geistigen Erfolges an seine Ausbildung heranmacht.

Durch die Wirksamkeit dieser Gesetze ergibt sich, daß der wesentlichste Teil unserer geistigen Leistungsfähigkeit gewissermaßen zwangsläufig und unbewußt zustande kommt. Der Geist arbeitet von selbst und fast ganz automatisch.

Allerdings sind wir in der Lage, durch eine entsprechende Einstellung, wie sie eine bewußte Konzentration mit sich bringt, die Richtung und den besonderen Ablauf des geistigen Innenlebens zu beeinflussen. Auf das richtige Verstehen gerade dieses Punktes kommt es bei der Erlangung guter geistiger Leistungsfähigkeit ganz besonders an. Erkennen wir erst einmal die Gesetzmäßigkeit des automatischen Ablaufs unserer Geistestätigkeit, so gelingt es uns auch, auf unser Innenleben so einzuwirken, daß wir von innen heraus zu großer Geisteskraft kommen.

Die Ursache mangelnder Intelligenz.

Wenn wir auf einen Menschen treffen, dessen Intelligenz zu wünschen übrig läßt, so dürfen wir nicht ohne weiteres annehmen, daß er dumm geboren sei. Oft ist nur eine negative Beeinflussung des Unterbewußtseins an seinem Versagen schuld.

Nur in den Grenzen seines Wesens (seiner Erkenntnis) ist das Wesen frei!

Selbstredend machen wir trotzdem die geistige Leistung abhängig von einer guten Verfassung des Gehirns; denn wenn diese Apparatur versagt, dann versagt auch der Geist.

Das Gehirn ist wie das Instrument eines Virtuosen: ist es verstimmt und gebrauchsunfähig, kann der Künstler nicht virtuos spielen.

Die Quelle für unser geistiges Vermögen ruht in der Kraft, die wir als „Natur" kennen. In jedem Menschen ist diese Kraft gleich. Wenn sie sich verschiedenartig äußert, so liegt das nicht an ihr selbst, sondern vielmehr an dem Organ, durch das sie sich offenbart.

Vergleich: elektrischer Strom und treibende geistige Kraft.

Die treibende geist-dynamische Kraft im Menschen ist wie der elektrische Strom: Je kunstvoller das Gerät oder die Maschine ist, in dem er wirkt, je wunderbarer sind die Phänomene, die er hervorbringt.

Außer der speziellen Beschaffenheit des Gehirns gibt es zwei Ursachen, welche die Äußerung schöpferischer Geisteskraft verhindern können.

1. Organische Störungen der Gehirntätigkeit, die auf mangelnde Gesundheit zurückzuführen sind, und
2. die Wirksamkeit bestimmter Gesetze der Denkvorgänge, denen zufolge die geistigen Kräfte in falschen Richtungen arbeiten.

Nervenkraft und Konzentration.

Was die organischen Störungen anbelangt, so handelt es sich dabei im wesentlichen um die Zusammenhänge zwischen Nervenkraft und Konzentration. Die Konzentration ist, wie wir schon wissen, abhängig von einer entsprechenden Kraftfülle der Nerven-Batterie.

An dieser Stelle beschäftigen wir uns zur Hauptsache mit den *Gesetzen des Denkens,* die, wie gesagt, die Geistestätigkeit in falsche Bahnen drängen können. Um diesen Zusammenhängen näherzukommen, kehren wir zunächst wieder zu der *Notwendigkeit des Wissens* zurück, das wir ja als eine wichtige Voraussetzung der geistigen Höchstleistung erkannten. Unsere Aufgabe dabei muß es sein, unser Wissen vor allem erst einmal zu aktivieren.

Neues Leben in alles „vergessene" Wissen

Ich gehe hierbei nicht nur von der Tatsache aus, daß wir uns ständig zu bemühen haben, fortgesetzt neues Wissen unserem Gedächtnis einzuverleiben, sondern vielmehr auch *das im Laufe unseres Lebens bereits aufgenommene Wissen* zum positiven Leben zu erwecken. Die Denkträgheit, an der viele Menschen leiden und die den Anschein erweckt, als ob manche geistig tot sind, ist in einer ungewöhnlich großen Reihe von Fällen lediglich darauf zurückzuführen, daß das Wissen dieser Menschen in der Tiefe des Gedächtnisses einen Schlaf des Gerechten schläft.

Ursache der Denkträgheit.

Leben ist immer die Äußerung von Bewegung und Schwingung! So lange die vielen tausend Eindrücke der Außenwelt, die im Laufe der Zeit uns beeindruckt haben, nicht in eine wirbelnde Bewegung kommen, sind wir Schlafmützen.

Das Wichtigste ist aber hierbei, daß dieser Wirbel des Gedächtnisinhaltes nicht etwa dadurch erzeugt werden kann, daß wir uns mit *Gewalt* zusammenreißen und uns mit *Gewalt* innerlich in Bewegung setzen, sondern daß diese Bewegung des Wissens nur der Erfüllung ganz bestimmter Voraussetzungen folgt. Wenn wir nach einer Methode suchen, die es uns ermöglicht, diese Voraussetzungen zu erfüllen, kommen wir zu unserer „Kartei des Wissens". Durch sie haben wir das Instrument in der Hand, ganz bewußt und planmäßig:

1. *alles auf dem Grunde unseres Gedächtnisses liegende Wissen wie mit einem Magneten wieder ins Bewußtsein zu ziehen, und*
2. *ganz bewußt und planmäßig unsere höheren geistigen Funktionen zu schöpferischer Denkarbeit zu veranlassen.*

Systematik und Planmäßigkeit müssen verbunden werden. Unsere Methode entspricht dieser Bedingung.

Hierzu ist hervorzuheben, daß die Kartei ebensowenig als Gedächtnisstütze fungieren soll wie das Erinnerungsbuch, über welches wir im vorigen Kapitel sprachen; sie ist vielmehr das *technische Mittel* zur Entwicklung des Geistes.

Erste Bedingung: Ordnung im Geistesleben

Bevor wir Näheres über die Arbeit mit der Kartei des Wissens hören, müssen wir folgendes wissen: Soll die Tätigkeit unseres Geistes erhöhte Intelligenz erzeugen, also z. B. schnelle Auffassungsgabe, schnelles Überlegen, klares Urteil usw., so muß neben dem Erwecken des bisher toten Wissens vor allem dafür Sorge getragen werden, daß das gesamte Wissen im „Magazin" des Gedächtnisses wohl geordnet ist.

Unser Wissen muß leben!

Die Ordnung im Geistesleben — jeder Begriff, jede Vorstellung, jedes Bild, jede Idee usw. an den Platz, wo sie hingehören — ist eine unerläßliche Vorbedingung für eine erfolgreiche Arbeit unseres inneren Menschen.

Wir müssen uns denken, daß die Tätigkeit unseres Geistes etwa wie die Tätigkeit eines Laboranten ist: Tausend verschiedene Stoffe und Mittel stehen vor ihm, aber jedes an seinem Platz. Ist es da nicht selbstverständlich, daß in einer solchen Ordnung die Arbeit leichter fällt, als wenn alles durcheinander liegen würde?

Man kann sagen, daß das Gedächtnismagazin vieler Menschen wie eine Rumpelkammer aussieht: Alles liegt durcheinander, kein Ding am rechten Ort. Es ist kein Wunder, wenn der Geist in einer solchen Unordnung sich nicht zurechtfindet.

Wie in der Praxis rationelles Handeln streng an die Ordnung gebunden ist, so in noch viel stärkerem Maße die erfolgreiche Geistestätigkeit. Je größer die Unordnung im Arbeitsfeld des Denkens, um so mehr bedarf es starker Konzentration, um zu einer geistigen Klarheit zu kommen.

Sehr wichtig! Nur Richtigmachen schafft Erfolg!

Da wir aber unter allen Umständen große geistige Klarheit benötigen, müssen wir deshalb als erstes dafür sorgen, daß sich die Gedächtnisbilder so ordnen und zusammenfügen, wie es eine gute Intelligenz verlangt.

Denken Sie gut darüber nach, was ich soeben gesagt habe; es ist sehr wichtig. Wie aber machen wir nun das, und vor allem, wie bringen wir das ohne besondere Anstrengung fertig? Denn wir wissen aus der Erfahrung, wenn diese Ordnung viel Mühe von uns verlangt, kommen wir nie dahin, sie zu erzielen. Aber darum haben wir ja schließlich unser Erfolgssystem, um auf möglichst einfachem Wege unsere Ziele zu erreichen. Das ist auch hier durchaus möglich, und eben durch die Kartei des Wissens.

Die äußere Form der Kartei des Wissens.

Rein äußerlich betrachtet besteht die Kartei des Wissens aus einer Reihe von Karteikarten in Postkartenformat, die in einem entsprechenden Karteikasten untergebracht sind.

Jede einzelne Karte trägt auf der rechten Seite eine fortlaufende Nummer

Als Ergänzung der Kartei dient ein Register, das zur Aufnahme bestimmter Stichwörter bestimmt ist. Soweit die äußere Form.

Ihren Namen hat unsere Kartei aus einem ganz speziellen Grunde. Auf ihren Karten wird alles registriert, was an wichtigem Wissen im Magazin unseres Gedächtnisses aufbewahrt wird.

Hierbei ist jedoch wichtig, daß wir unter diesen Aufzeichnungen lediglich sogenannte Orientierungssätze zu verstehen haben, die das Resultat einer vorangegangenen geistigen Verarbeitung ganzer Wissenskomplexe darstellen.

Um den Zusammenhang zu begreifen, müssen wir uns noch etwas eingehender mit den Vorgängen befassen, die der Arbeit unseres *„ordnenden Prinzips"* in der sogenannten „Werkstatt der Seele", worunter wir das Unterbewußtsein verstehen, zugrunde liegen.

Die Kartei als Mittel zum Zweck

Die Bausteine des Denkens sind das Wissen auf allen Gebieten des Lebens.

Wie Sie wissen, sprachen wir davon, daß das auf dem Grunde unseres Gedächtnisses liegende Wissen erst dann eine Bedeutung für die geistige Arbeit gewinnt, wenn es aus seinem Schlafe erwacht und zum Leben kommt. Das denkende Prinzip in uns ist nur dann imstande, Intelligenzleistungen hervorzubringen, wenn ihm hierzu die Bausteine des Denkens, also das Wissen, das wir im Laufe der Zeit in uns aufgenommen haben, zur Verfügung stehen.

Um diese Voraussetzung zu erfüllen, arbeiten wir mit unserer Kartei.

Dazu ist erforderlich, daß wir in Zukunft mit allen Mitteln unsere Denkfähigkeit anregen. Es gibt nur einen Weg, um das zu erreichen: Über alles, was in den Wahrnehmungsbereich unserer Sinne kommt, ganz gehörig nachdenken!

Angenommen, wir lesen zur Erweiterung unserer Bildung ein Buch. Um das geistige Material dieses Buches in uns aufzunehmen, muß es *erforscht* und nicht nur gelesen werden. Das geschieht, wenn wir über jeden Satz solange nachdenken, bis wir ihn wirklich verstanden haben.

Dieses Durchdenken gleicht einer geistigen Verdauung und bewirkt, daß sich neues Wissen zwangsläufig an der Stelle unseres Unterbewußtseins einordnet, wohin es logischerweise gehört.

Die zwangsläufige Verknüpfung des Wissens.

Von Wichtigkeit ist bei dieser Einordnung jedoch, daß diese Einordnung zu einer *zwangsläufigen Verknüpfung* und Verkettung mit dem bereits in uns vorhandenen geistigen Material wird.
Nur dann, wenn eine derartige Verknüpfung des neuen mit dem alten Wissen erfolgt — in diesem Falle sprechen wir von der Bildung einer *Assoziation* —, werden die Voraussetzungen erfüllt, die das neue Wissen unter die Gesetze der Erinnerungstätigkeit stellen, wodurch uns dieses neu aufgenommene Wissen erstens dem Gedächtnis erhalten bleibt, und zweitens auch der schöpferischen Geistestätigkeit als Baumaterial zur Produktion neuer Ideen und Erkenntnisse dient.

Die notwendige geistige Beziehung zu neuen Erkenntnissen.

Bei der geistigen Verarbeitung der Gedanken und Erkenntnisse eines Buches —, es kann ebensogut natürlich ein Vortrag sein, dem wir neue Gedanken und neues Wissen entnehmen — kommt es darauf an, daß wir auch wirklich in eine geistige Beziehung zu dem Inhalt dieser Gedanken und Erkenntnisse treten.

Diese Beziehung tritt ein, wenn wir durch die Verarbeitung des neuen Materials zu einer eigenen Meinung bzw. zu einem eigenen Urteil über seine Richtigkeit bzw. seine Logik kommen.

Sehr wichtig!

Wir erreichen das am besten, wenn wir uns grundsätzlich *kritisch* zu jedem neuen Gedanken und zu jeder neuen Erkenntnis einstellen.
Diese Kritik, die im wahrsten Sinne des Wortes zum besten Helfer der geistigen Durchdringung einer neuen Materie wird, muß selbstverständlich auf strenger Wahrheitsliebe und Objektivität gegründet sein.

Wir müssen uns so einstellen, als ob es uns durch Logik gelingen könnte, das Neue, was sich da unseren Sinnen darbietet, zu widerlegen.

Vorurteile lähmen die Objektivität! Man sieht dadurch alles falsch.

Kritisch sein, heißt Fehler suchen; Fehler in der Logik oder auf was es gerade ankommt. Allerdings müssen wir bei dieser Einstellung wohl beachten, daß wir nicht einem *Vorurteil* zum Opfer fallen. *Vorurteile lähmen die Objektivität!* Diese aber ist die Grundlage logischen Denkens.
Haben wir einen bestimmten Denkstoff verarbeitet, so müssen wir also zu einer eigenen Meinung gekommen sein. Dieses Bilden der Meinung darf auf keinen Fall deshalb unterbleiben, weil man meint, man sei nicht kompetent

genug, um eine Sache zu beurteilen. Wer geistig wachsen will, muß eine eigene Meinung haben, und zwar selbst auf die Gefahr hin, daß er zunächst eine falsche Meinung hat. Menschen des Mißerfolges sind fast durchweg Menschen ohne eigene Ansichten, ohne eigene, aus der selbständigen Denktätigkeit herausgeborene Urteile! Es ist jedoch zu fordern, daß man stets bereit sein muß, die eigene Meinung zu korrigieren.

Der positiv geistige Mensch fügt sich stets der besseren Einsicht. Gegenüber der Vernunft ist ihm jedes „Rechthaben" ohne Belang. Auf die Wahrheit kommt es ihm an, und er ist glücklich, wenn er ihr näherkommen kann.

Der Geist wacht auf!

Die Schatzkammern des Geistes müssen aufhören ein Friedhof zu sein!

Dadurch, daß wir unter allen Umständen bestrebt sind, *eigene* Ansichten und *eigene* Gedanken zu entwickeln, die wir formen unter Zugrundelegung all unseres bisherigen Wissens und all unserer bisherigen Erfahrungen, wird erreicht, daß mit einem Male Leben und Bewegung in die Schatzkammern unseres Geistes kommt.
Nun aber das Wesentliche für unsere Kartei des Wissens:

Die praktische Arbeit mit der Kartei des Wissens.

Haben wir einen bestimmten Gedankengang verarbeitet und unsere Meinung über einen Gegenstand des Denkens fest formuliert, so schreiben wir diese Meinung in zwei oder drei recht inhaltsvollen Sätzen auf eine unserer Karteikarten.

Wohlverstanden, nicht etwa einen Teil des Buches oder Vortrages oder einen markanten Satz daraus, sondern unser *Urteil,* unsere *Ansicht,* unsere *Meinung* kommt auf die Karteikarte!

Gleichzeitig erfolgt eine Zusammenfassung des Inhalts der Karte in einem Stichwort, das wir oben in die linke Ecke der Karteikarte schreiben und das uns sagt, welche Materie eine bestimmte Karteikarte behandelt. Ist das geschehen, dann tragen wir dieses Stichwort auch in unser alphabetisches Register ein, womit der erste Teil der Arbeit mit der Kartei des Wissens beendet ist.

Sehr wichtig! Unbedingt danach handeln, es bringt großen Fortschritt!

Grundsätzlich bearbeiten wir so alles neue Wissen. Also nicht nur das, was wir aus Büchern und Vorträgen schöpfen, sondern auch das, was sich aus der unmittelbaren Beobachtung ergibt. Hierzu gehören auch alle Wahrnehmungen, die uns in ihrer Verfolgung zu neuen Ideen verhelfen können.

Die Macht der Aufmerksamkeit

Was wir wahrnehmen.

Wie wir wissen, ist es unsere Aufgabe, zu einer recht produktiven Denkkraft zu kommen. Dazu müssen die schöpferischen Fähigkeiten unseres Geistes ständig durch neue Anregungen gefördert werden. Die Erfahrung beweist aber, daß derartige Anregungen nur kommen, wenn wir uns dafür *empfänglich* zeigen, weshalb wir unsere Sinnesapparate direkt auf neue Anregungen einstellen müssen; denn wir sehen und hören keineswegs das, was *da* ist, bzw. was im Wahrnehmungsbereich unserer Sinne liegt, sondern lediglich *das* nehmen wir wahr, worauf wir mit unserer Aufmerksamkeit unmittelbar eingestellt sind.

Diese Erkenntnis ist außerordentlich wichtig. Sie zeigt uns, warum viele nicht auf den richtigen Erfolgsgedanken und die richtige Erfolgsidee kommen.

Im Grunde genommen ist der Erfolg das „Ei des Columbus". Aber wenn man nicht weiß, wie man dieses Ei auf die Spitze zu stellen hat, bleibt trotz der Einfachheit der Erfolg aus.

Der Erfolg das Ei des Columbus

Aus dem Umstand, daß unsere Augen nicht unbedingt das sehen müssen, was vor ihnen steht, und unsere Ohren nicht unbedingt das hören müssen, was in ihrem Hörbereich liegt, erklärt sich die Tatsache, daß viele Menschen bei den einfachsten Erfolgsangelegenheiten glatt versagen.

Wir suchen zum Beispiel irgendein Aktenstück. Ist es Ihnen da nicht auch schon passiert, daß Sie immer wieder dieselben Schriftsachen durchwünlten und das fragliche Aktenstück dauernd in der Hand hielten, ohne daß Sie es bemerkten? Es ist oft, als wenn uns eine unsichtbare Macht zum Narren halten will. Irgend etwas, was wir suchen, liegt vor unseren Augen, und doch sehen wir es nicht.
So erklärt sich auch, warum manchmal Fehler entstehen, die doch unbedingt hätten vermieden werden können. Ursache: Unsere Sinne haben auf den Fehler nicht reagiert! Und darum müssen wir uns gründlich merken:

Unsere Augen sehen nur das, worauf unsere Aufmerksamkeit bewußt oder unbewußt eingestellt ist, und unsere Ohren reagieren nur auf solche Schwingungen, die ebenfalls der Kontrolle unterliegen, und so steht es mit allen Sinnesfunktionen.

Diese Erkenntnis ist von größter Bedeutung.

Aus diesen Gründen versteht es sich von selbst, daß wir, um neue Erfolgsanregungen zu bekommen, uns grundsätzlich von dem nachfolgenden Erfolgsgedanken beherrschen lassen müssen, und zwar überall, wo wir gehen und stehen, und bei allem, was wir sehen und hören:

Wie kann ich das, was da vor mir steht oder mit dem ich gerade zu tun habe, so gestalten, daß ein Fortschritt dabei herausspringt, bzw. wie läßt sich irgendeine Verbesserung oder Vervollkommnung dieser Sache ermöglichen?

Wenn wir uns dauernd von diesem Gedanken leiten lassen, ja, wenn der Wille dieses Gedankens uns dauernd beherrscht und uns schließlich sogar unbewußt beherrscht, muß es da nicht selbstverständlich sein, daß unser Geist tausend Anregungen zur lebendigeren Tätigkeit erhält?
Die meisten Menschen sind wirklich Schlafmützen im Geiste, sind Träumer, die mit offenen Augen träumen. Jeder Erfolg hat doch eine Ursache! Woher sollen denn unsere geistige Leistungskraft, unser Ideenreichtum, unsere Klugheit kommen, wenn wir nicht fortgesetzt unsere Denkfunktionen in Aktion halten?

Richtigmachen schafft allein den Erfolg, hier sehen wir es wieder einmal ganz deutlich!

Oh, wir können sehr schnell geistig wachsen, wenn wir diese wichtigen Punkte beachten! Aber wir müssen uns einmal gründlich wachrütteln aus dieser Träumerei und anfangen, mit offenen Augen und offenen Ohren durch die Welt zu gehen!

Mit Überlegung leben!

Das aber heißt dann, mit Überlegung leben, und darum ist die *Überlegung* auch der Anfang zu produktiver Tätigkeit des Geistes und das Wichtigste zu seiner Entfaltung.

Richtig nachdenken! Man muß wissen, was gemeint ist.

Doch weiter: Neuschöpfungen der organisierenden, gestaltenden Kräfte unseres inneren Menschen verlangen erst eine Verarbeitung des Bisherigen, des Alten. Darum ist es notwendig, daß wir möglichst viele Erfahrungen vieler Menschen in uns aufnehmen. *Es darf kein Tag vergehen, wo wir nicht in der Erweiterung unseres Wissens einen kontrollierbaren Fortschritt machen.*

Zu diesem Zweck müssen wir immer den schon erwähnten *Notizblock* bei uns führen: Kommt uns auf der Straße beim Beobachten irgendeines Objektes ein neuer Gedanke, aus dem wir irgendwelchen Nutzen ziehen können, so wird er sofort mit ein paar Stichworten festgehalten.

Wir werden nur dann wirklich leistungsfähig, wenn wir versuchen, alles beständig einfacher und zugleich besser und vollkommener zu machen.

Wer sich mit dem Gegenwärtigen zufrieden gibt, bleibt stehen. Stillstand aber ist Rückschritt, weil in der gleichen Zeit, wo wir stehenbleiben, andere voraneilen. Aber natürlich ist es so, daß wir von dem Gedanken des Bessermachens nur dann ständig gelenkt werden, wenn wir uns gewissermaßen unter den *Druck* dieses Gedankens setzen. Das heißt: *Dieser Gedanke muß zum organisierenden Hebelgedanken in uns werden. Sein Einfluß muß so aktiv sein, daß wir in einer Willensrichtung reagieren und nach ihm handeln, auch ohne es zu wissen.*

Gewohnheitsmäßig erfolgrichtig eingestellt müssen wir werden!

Haben wir das erreicht, dann haben wir schon einen mächtigen Schritt nach vorwärts getan, denn das ist eigentlich der Unterschied zwischen dem Menschen des Erfolges und dem des Mißerfolges in dieser Sache, daß der Erfolgreiche immerfort *zwangsläufig* von dem Gefühl des Bessermachens beherrscht wird, im Gegensatz zum andern, der den Problemen und Möglichkeiten des Fortschritts passiv gegenübersteht.

Die Arbeit des inneren Mechanismus

Der Blitz aus heiterem Himmel.

Der M-Positivismus lehrt uns, daß die Denkvorgänge im Menschen des Erfolges ganz anders funktionieren wie in dem Menschen des Mißerfolges. Der Erfolgsmensch reagiert auf jeden Eindruck der Außenwelt immer positiv, das heißt, jeder Eindruck ruft sofort ein Erfolgsdenken, ja, im Hinblick auf neue Ideen, ein Erfolgsspekulieren wach. Er wird zwangsläufig von diesen inneren Impulsen getrieben und plötzlich, wie der Blitz aus heiterem Himmel, kommt dann mit einem Male eine neue Idee.

Wir haben bereits dargelegt, daß die Vorgänge in uns bestimmten Gesetzen unterliegen und daß das schöpferische Denken, wie überhaupt alle Funktionen unseres Geistes automatisch in Tätigkeit sind. In diesem Zusammenhange müssen wir wissen, daß die schöpferische Arbeit unseres Denkvermögens ebensogut automatisch *falsch* wie *richtig* sein kann.

Sehr wichtig!

Ist sie *automatisch falsch,* werden wir nicht nur keine neuen Erfolgsideen bekommen, sondern überhaupt auch in unserer ganzen Lebensführung *dauernd Fehler* machen, und zwar *völlig unbewußt.*

Unbewußt, das ist das Wichtigste!

Ist sie dagegen *automatisch richtig,* das heißt, arbeitet sie nach den Voraussetzungen und Gesetzen des Erfolges, so wird das Ergebnis genau das Gegenteil sein. Wie kommen wir nun dazu, zwangsläufig, also automatisch, alles richtig zu machen und auch auf die Anregungen der Außenwelt erfolgsrichtig zu reagieren?

Wir erreichen diesen wünschenswerten Zustand, indem wir uns vollkommen bewußt zu unserer Geistestätigkeit einstellen. Tun wir das eine Zeitlang mit aller uns zur Verfügung stehenden Gründlichkeit und mit notwendiger Begeisterung, so stellt sich unser ganzer Geistesmechanismus schließlich nach unseren Wünschen ein.

Wir müssen daran denken, daß unser Unterbewußtsein, in dem sich alle Vorgänge unseres Geisteslebens abspielen, wie ein Mitarbeiter von außerordentlichem Können zu betrachten ist. Die Triebfeder zur Betätigung des Unterbewußtseins sind unsere *Wünsche.*

Alles, was wir mit ganzer Kraft wünschen und wollen, ist dem Unterbewußtsein Befehl zur entsprechenden Betätigung.

Doch nun wieder zu unserer Kartei: Wir schreiben also auf die Karteikarten nicht nur Meinungen, Urteile und Ansichten, sondern auch ganz bestimmte *Erfolgsideen,* die uns durch Beobachtungen, Vergleiche, Überlegungen und durch Nachdenken gekommen sind. Wenn wir fleißig arbeiten, haben wir schon binnen kurzem eine stattliche Anzahl Karten beschrieben.

Sehr wichtig! Erfolgsideen!!

Und nun die weitere Arbeit: An früherer Stelle wurde ausdrücklich bemerkt, daß diese Kartei nicht als Gedächtnisstütze zu fungieren hat, sondern lediglich ein *technisches Hilfsmittel* zur Erzielung geistiger Höchstleistungen darstellt. Was wir mit unseren täglichen Erfolgsüberlegungen durch bewußte Einstellung zu unserer Geistestätigkeit bisher nicht erreicht haben, gelingt uns jetzt durch eine weitere Bearbeitung des in der Kartei angesammelten Wissens.

Kartei des Wissens nicht nur Gedächtnisstütze, sondern technisches Hilfsmittel ersten Ranges.

Jetzt kommt der zweite Teil unserer planmäßigen Arbeit zur Steigerung der Denk- und Geisteskraft. Halten wir uns noch einmal vor Augen, worauf es zuerst dabei ankommt:

Wir müssen alles Wissen, das wir im Laufe der Jahre in uns aufgenommen haben und das unserem Gedächtnis verlorenging, weil wir uns zuwenig damit beschäftigten, aus der Tiefe des Unterbewußtseins wieder heraufholen. Denn nur dadurch, daß uns immer möglichst viel Wissen jederzeit greifbar zur Verfügung steht, werden wir groß in der Denkfähigkeit.

Wenn unserem Geiste bei der Entwicklung eines Urteils oder bei der Formulierung von Entscheidungen nicht möglichst viele Erfahrungen zur Verfügung stehen, werden diese Urteile und Entscheidungen immer Fehler aufweisen.

Nicht wieviel Sie wissen, ist maßgebend, sondern was Ihnen davon zur Verfügung steht.

Geistige Schärfe im Urteil ist das Resultat geistiger Klarheit. Woher aber soll Klarheit kommen, wenn nicht durch die Zugrundelegung eines möglichst umfassenden Wissens? Bei der Nutzbarmachung des Wissens kommt es jedoch nie darauf an, wieviel wir eigentlich wissen, oder richtiger: wieviel Wissen wir im Laufe der Jahre in uns angesammelt haben, sondern einzig und allein darauf, wieviel uns von diesem Wissen immer dann, wenn wir es brauchen, einfällt.
Die meisten versagen doch tatsächlich nur deshalb im Leben, weil sie nicht in der Lage sind, in gegebenen Erfolgsaugenblicken die Initiative zu ergreifen und zu handeln. Deshalb ist die Kunst, im rechten Augenblick richtig handeln zu können, ein wesentlicher Punkt zum bewußten Gestalten des persönlichen Schicksals.

Nutze den Augenblick!

Jeder Augenblick ist kostbar und wird zum Baustein unseres Glückes und Erfolges, wenn wir ihn richtig verwenden!

George Stephenson, der Erfinder der Lokomotive, benutzte die Stunden der Nacht, um Lesen, Schreiben und Rechnen zu lernen, da er des Tages über zwölf Stunden bei der Maschine tätig sein mußte. Die zwölfstündige Arbeitszeit, das Studieren und Zerlegen der Maschine, wie auch die fortgesetzten Kraftübungen, ließen ihm zwar nur wenig Zeit zu geistiger Ausbildung, aber er wußte solche Momente richtig zu verwerten. Er verdankte seinen armen Eltern einen gesunden Körper, er verdankte ihrem Beispiel die Gewöhnung an Reinlichkeit, Sparsamkeit und Tätigkeit; sie hatten ihn nach Kräften gut erzogen und seinen Charakter gebildet, aber eine wissenschaftliche Bildung hatten sie ihm bei ihrem geringen Erwerb und ihren wenigen Kenntnissen nicht geben können. Er hatte jetzt, als er in das Mannesalter trat, noch alle die Anfänge des Wissens durchzumachen, die ein anderes Kind schon frühzeitig in der Schule lernt. Mit festem Willen und beharrlichem Streben besiegte er indessen die Schwierigkeiten, die ihm im Wege standen; er belehrte sich bestmöglich selbst . . . Drei Nächte in jeder Woche nahm George Buchstabier- und Lesestunde. Das Stundengeld betrug 3 Pence die Woche, und obschon der Unterricht kein guter war, lernte der wißbegierige George doch bald lesen. So wertete dieser große Mann sein Leben aus, so begann seine Laufbahn . . .

Aber dieses Richtighandeln ist eben abhängig von der tadellosen Funktion unseres Gedächtnisses oder vielmehr unseres Erinnerungsvermögens, denn wenn in wichtigen Augenblicken das Gedächtnis versagt, so ist nicht eigentlich das, was wir Gedächtnis nennen, schuld, sondern das Erinnerungsvermögen funktioniert nicht.

Die Kunst, im richtigen Augenblick richtig handeln zu können!

In diesem Zusammenhange ist die Kartei des Wissens ein unbezahlbares Mittel, das Erinnerungsvermögen systematisch so zu trainieren, daß es jeden Augenblick tadellos arbeitet. Wir werden das erkennen, wenn wir uns über die Erinnerungsvorgänge ganz klargeworden sind. Jetzt ist der Augenblick da, wo wir uns nochmals mit den Gesetzen der Assoziation beschäftigen müssen.

Nach diesen Gesetzen funktioniert die Erinnerung vollkommen automatisch, d. h. ein beliebiges Erinnerungsbild fällt uns durch irgendeine Anregung von außen oder auch von innen zwangsläufig ein.

Zwei Arten von Assoziationen: Erinnerung und schöpferisches Denken.

Wir sprachen schon davon, daß unser Wissen im Magazin des Gedächtnisses einer Ordnung untersteht, die bestimmte Begriffe mit den ihnen zugehörenden Vorstellungen (Bilder und Eindrücke aller Art) zu Komplexen zusammenfügt.

Bei dieser Zusammenfügung haben wir im wesentlichen zwei Arten von Assoziationen zu unterscheiden, und zwar einmal solche von Vorstellungen oder Vorstellungsreihen, die in einer ganz bestimmten Folge fest zusammenhängen und auch in diesem festen Zusammenhange immer wieder ins Bewußtsein treten, und zum anderen Male solche, die erst im Augenblick des Denkvorganges von der produktiven Tätigkeit des Geistes gebildet und zusammengefügt werden.

Die erste Art dieser Abläufe entspricht im wesentlichen den allgemeinen Erinnerungsvorgängen. Ihr ist es zu verdanken, wenn uns längst entschwundene Gedächtnisbilder der Vergangenheit wieder einfallen, überhaupt, wenn wir uns an etwas, was wir einmal in uns aufgenommen, gelernt oder in uns geistig konstruiert haben, wieder erinnern können.

Diese Assoziationsvorgänge sind aber auch gleichzeitig die Grundlage für die höhere Funktion des Geistes beim *produktiven* Schaffen.

Untersuchen wir einmal diese Art der Gedanken und Vorstellungsverknüpfungen etwas ausführlicher, damit wir genau wissen, was wir damit meinen:

Erinnerung an ein gelerntes Gedicht.

Angenommen, wir lernen ein Gedicht auswendig, so vollzieht sich das in der Weise, daß wir ein Wort nach dem anderen, die das Gedicht ausmachen, geistig aneinanderreihen. *Es entsteht also eine ganz bestimmte Bindung von ganz bstimmten Wörtern bzw. Vorstellungen.* Daß uns diese Bindung in der gleichen Weise und Reihenfolge, wie wir sie gelernt haben, wieder einfällt, ist auf die Wirksamkeit der Assoziationsgesetze zurückzuführen. Es ist dabei gerade so wie bei einem Filmstreifen, wo die einzelnen Bilder ebenfalls in einer bestimmten Reihenfolge aneinandergekoppelt sind. Läuft der Film, so muß durch diese Bindung gesetzmäßig immer nach einem bestimmten Bild das dazugehörige nächste kommen usw.

Der Gedankenfilm.

Das Wichtigste ist nun hier, daß beim Ablaufen dieses — in unserem Falle — Gedankenfilms, ebenfalls ganz zwangsläufig die richtige Reihenfolge eingehalten wird, wenn erst einmal eine bestimmte Folge von Bindungen in unserem Unterbewußtsein eingeschaltet ist.

Schillers Glocke!

Denken wir hierbei einmal an Schillers Glocke: Haben wir dieses Gedicht richtig gelernt, was soviel besagt, daß durch das Lernen eine entsprechende Assoziation gebildet ist, so brauchen wir nur an den Anfang von Schillers Glocke zu denken, und schon rollt ganz automatisch Wort für Wort in richtiger Reihenfolge in unserer Erinnerung ab. Kaum haben wir z. B. das Wort „Fest" von Schillers Glocke in unserem Oberbewußtsein empfangen, als schon automatisch das Wort „gemauert" hinterherfolgt. Kaum hat auch dieses Wort unser Bewußtsein passiert, gliedern sich schon automatisch die weiteren Wörter an.

Denke genau nach!

In dieser Art funktioniert die gesamte Erinnerung. Wir können daraus schließen, daß unser gesamtes Wissen im Magazin des Gedächtnisses in Erinnerungskomplexe geordnet ist. Versagt unser Gedächtnis auf irgendeinem Gebiete, so handelt es sich um eine Erinnerungshemmung, die dadurch hervorgerufen werden kann, daß die Aufmerksamkeit, die die einzelnen Erinnerungsbilder zum Bewußtsein bringt, durch eine andere Vorstellung abgelenkt wird; denn wir müssen wissen, daß auch der Erinnerungsvorgang an sich große Ähnlichkeiten mit der Vorführung eines Filmstreifens aufweist. Solange unsere Aufmerksamkeit durch ein anderes Gedächtnisbild in Anspruch genommen ist, solange kann ein gewünschtes Gedächtnisbild in unserem Bewußtsein nicht aufleuchten.

Darum hörten wir im 8. Teil: Die Erinnerung ist vom „Vergessen" abhängig.

Daraus ergibt sich, daß die Erinnerung um so besser funktioniert, wenn es uns gelingt, unsere Aufmerksamkeit jeweils nur mit einer Sache beschäftigen zu lassen. Wir können daraus formulieren, daß die Fähigkeit der guten Erinnerung abhängig ist von der Fähigkeit, gegenwärtig im Bewußtsein auftretende Erinnerungsbilder schnell wieder verschwinden zu lassen.

Eine ganz wichtige Sache: Der Kontakt mit den Komplexen.

Natürlich werden wir uns an bestimmte Gedächtnisbilder immer nur dann mit Erfolg erinnern, wenn es uns gelingt, zu diesen Komplexen des Wissens einen *Kontakt* zu finden. Darum sprachen wir an anderer Stelle von einer *Beseelung* des Wissens. Nur jenes Wissen liegt in uns frei, mit dem wir uns dauernd direkt oder indirekt beschäftigen. Vernachlässigen wir eine bestimmte Art des Wissens, so sinkt sie entseelt in die Tiefe des Unterbewußtseins und steigt erst dann in unserer Erinnerung wieder auf, wenn wir eine neuerliche Beseelung vorgenommen haben.

Wenn es uns nicht gelingt, über das Wissen zu verfügen, das wir im Laufe der Jahre durch unsere Geistestätigkeit in uns wachgerufen haben, so ist das also darauf zurückzuführen, daß wir es bisher nicht verstanden haben, diese fraglichen Komplexe des Wissens so miteinander zu verbinden, daß sie sich in einer dauernden gegenseitigen Beziehung befinden und dadurch dauernd unter dem Einfluß der Geistestätigkeit bleiben.

Aus diesen Darlegungen ergibt sich aber auch, daß nur das Wissen bleibend zur Verfügung steht, das wir schon bei der Aufnahme in unser Unterbewußtsein mit dem bereits in uns vorhandenen Wissen richtig verknüpft bzw. verbunden haben. Das ist überhaupt die Vorbedingung zum guten Behalten, und darum haben wir der *„Überlegung"* als der Grundlage der geistigen Entwicklung so das Wort gesprochen.

Jetzt werden wir auch verstehen, warum der erste Schritt zur Entwicklung unseres Geistes mit Hilfe unserer „Kartei des Wissens" darin besteht, bei allem, was wir an Neuem in uns aufnehmen, durch das Bilden eines eigenen Urteils und einer eigenen Meinung zu einer entsprechenden geistigen Klarheit zu kommen. Dieser Prozeß, der sich bei der Vorarbeit in unserem Unterbewußtsein abspielt, schafft also ganz bestimmte Verknüpfungen und Verbindungen, die zwangsläufig unter die Gesetze der Erinnerung kommen.

Das eigene Urteil und die eigene Meinung entscheidend!

Haben wir erst einmal eine Sache ganz gehörig und gründlich durchdacht und innerlich verarbeitet, können wir sie auch so leicht nicht wieder vergessen; denn sobald wir bei Gelegenheit wieder an die gleiche Sache denken, fällt uns sofort durch die Auswirkung des Assoziationsgesetzes nacheinander alles wieder ein, was mit dem in Frage stehenden Gegenstand unseres Denkens in Beziehung steht.

Das Allerwichtigste ist hierbei jedoch nicht, daß uns die mit dem Gegenstand des Denkens in Beziehung stehenden Einzelheiten bei der Bearbeitung des gleichen Problems bewußt in die Erinnerung fallen müssen, sondern daß diese Einzelheiten durch das Assoziationsgesetz unserem Geiste spontan beim *schöpferischen Denken* zur Verfügung stehen. Denn wie gesagt, der Hauptteil unserer Geistestätigkeit vollzieht sich unterbewußt und automatisch.

Geheimnisse der Schöpferkraft. Jeden Satz auf die Goldwaage legen!

Wenn wir, angenommen, plötzlich irgendeinen sinnreichen Einfall bekommen, so erfolgt die Bildung dieses Einfalles im Unterbewußtsein durch die unbewußte Zusammenwirkung all des Wissens, das wir zur Produktion dieses Einfalles im Laufe der Zeit in uns aufgenommen haben. Wie keine Wirkung ohne eine Ursache ist, so entsteht auch das schöpferische Denken in uns nur durch die Zusammenwirkung ganz bestimmter Faktoren des Denkens.

Wir sind erstaunt, daß uns die besten und schönsten Ideen oft wie ein Blitz aus heiterem Himmel überfallen. Wir bezeichnen uns deshalb vielleicht als „genial", vergessen aber dabei, daß diese Einfälle das Resultat der Zusammenwirkung aller in uns zusammenwirkenden Komplexe des Wissens sind.

Wie gesagt, alle Fähigkeiten zum höchsten schöpferischen Können liegen in uns, aber es wird wohl nun auch verständlich sein, daß diese Möglichkeiten des Könnens nur in Erscheinung treten, wenn durch eine bewußte Hinsteuerung Leben in die maßgebenden Zonen des Geistes gebracht wird.

Alle Fähigkeiten zum schöpferischen Können liegen in uns!

Um Ihnen zu zeigen, wie wir mit Hilfe einer äußeren Anregung, und damit erst recht mit der „Kartei des Wissens" im Laufe der Zeit verlorengegangenes Wissen aus der Tiefe des Unterbewußtseins wieder heraufholen können, habe ich Ihnen im vorigen Abschnitt ein treffendes Beispiel angeführt. Entsinnen Sie sich noch? Es war das Beispiel mit dem Bild! Hier haben Sie nochmals eine Wiederholung des Vorganges, wenn auch in etwas anderer Form:

Es kann sein, daß Sie einen ganzen Abschnitt Ihres Lebens vergessen haben. Sie können sich z. B. nicht mehr erinnern, was Sie im Jahre 1950 gemacht haben, wo Sie gewohnt haben usw. Es ist Ihnen, als wenn in Ihrem Gedächtnis eine bestimmte Klappe zugezogen wäre, wodurch die Erinnerung unmöglich wird. Sie können sich anstrengen, Sie können sich konzentrieren, nichts fällt Ihnen ein; Sie finden einfach keinen Kontakt, alles ist wie weggeblasen. Wie werden Sie es nun anstellen, um sich dennoch der Vorfälle aus dem Jahre 1950 zu erinnern? — Rein zufällig oder bewußt blättern Sie in Ihren Briefschaften aus den früheren Jahren herum. Auf einmal finden Sie ein Bild des Freundes, mit dem Sie im Jahre 1950 zusammen waren. Was geschieht jetzt? In dem Augenblick, wo Sie das Bild in der Hand haben, beginnt sich die Klappe im Unterbewußtsein, welche die Bilder der Vergangenheit verborgen hielt, zu öffnen, und nun auf einmal wird Ihnen die Erinnerung wieder möglich. Ein Erlebnis nach dem andern fällt Ihnen ein; zunächst die wichtigsten und stärksten der damaligen Eindrücke und allmählich auch die weniger wichtigen.

Die „Klappe" im Unterbewußtsein muß sich öffnen!

Was zeigt uns dieses Beispiel? Es zeigt uns die Wirksamkeit der Assoziationsgesetze: Fällt uns ein bestimmter Gedanke oder eine bestimmte Vorstellung einer bestimmten Vorstellungsreihe ein, so ziehen diese automatisch die mit ihnen in Zusammenhang stehenden Vorstellungen ins Bewußtsein, wodurch die Erinnerung ermöglicht wird. Also genau dasselbe, wie beim Einfallen der Worte von Schillers Glocke.

Sehr wichtig!!!

Und was ergibt sich daraus für eine Folgerung in Hinsicht auf die Beherrschung des in uns aufgestapelten Wissens?

Gelingt es uns, uns stets an eine besonders markante und wichtige Vorstellung eines gewünschten Wissenskomplexes zu erinnern, dann haben wir die Möglichkeit in der Hand, uns gleichzeitig auch die Einzelheiten dieses Komplexes ins Bewußtsein zu rufen.

Kontakt-Vorstellungen unvergeßlich machen!

Was wäre also unsere Aufgabe? Wir müssen nach einer Methode suchen, die es uns ermöglicht, diese *Kontakt-Vorstellungen* uns *unvergeßlich* zu machen. Hier ist das Gesetz, das dieser Methode zugrunde liegen muß:

Ein Erinnerungsbild fällt uns um so leichter ein, je öfter es uns einfällt und je stärker wir uns mit ihm seelisch beschäftigen.

Die praktische Ausnutzung der Kartei

Hier kommen wir nun zur praktischen Ausnutzung unserer Kartei des Wissens: Wenn wir ihren geistigen Inhalt in regelmäßigen Zeitabständen durcharbeiten, erreichen wir, daß, den Gesetzen der Erinnerung entsprechend, automatisch alles erfüllt wird, was die Nutzbarmachung des in uns liegenden Wissens ermöglicht.

Am besten jeden Sonntagvormittag.

An einem bestimmten Tage der Woche und möglichst immer zur gleichen bestimmten Stunde arbeiten wir von nun an regelmäßig an der Entwicklung unseres Geistes. Wie wir wissen, sind zwei Hauptvoraussetzungen zu erfüllen:

1. **Die ständige Bewegung unseres Wissens, also das regelmäßige Daranerinnern, und**
2. **die bewußte Anleitung unseres Geistes zur schöpferischen Denkfunktion.**

Beide Voraussetzungen werden durch diese regelmäßige Arbeit mit der Kartei des Wissens in hervorragender Weise erfüllt. Diese Arbeit vollzieht sich folgendermaßen: Wir beginnen bei der ersten Karteikarte und lesen die auf dieser Karte stehenden Urteile bzw. die darauf niedergeschriebenen wichtigen Gedanken. — Was geschieht, wenn wir uns den Inhalt der Karteikarte zum Bewußtsein bringen? Automatisch werden die Erinnerungsgesetze ausgelöst, und nacheinander kommt uns bei richtiger Hingabe an den Inhalt der Karte alles zum Bewußtsein, was mit ihm in Beziehung steht. Warum? *Dieser Satz, der auf der Karteikarte steht, ist die für die Auslösung des Assoziationsgesetzes wichtige Orientierungsvorstellung.* Und wie lautete das für die Erinnerung maßgebende Gesetz:

Genau aufmerken! Diese Technikt führt unbedingt zu vollstem Erfolg!

Fällt uns ein bestimmter Gedanke oder eine bestimmte Vorstellungsreihe ein, so ziehen diese die mit ihnen in Zusammenhang stehenden weiteren Vorstellungen automatisch ins Bewußtsein.

Auf diesem wichtigen Gesetz baut die Methode des Erfolgs-Systems auf!

Mit anderen Worten: In dem Augenblick, wo wir die von uns als den Extrakt eines Wissenskomplexes auf der Karteikarte niedergelegten Gedanken von neuem lesen, erscheint der gesamte Komplex des betreffenden Wissens wieder im Bewußtsein.

Sind wir jetzt vollkommen bei der Sache, d. h. widmen wir uns dem neuen Auftauchen der bereits in uns aufgenommenen Gedanken mit der gleichen Hingabe, so wird der Eindruck bzw. das Haften des Wissens derartig verstärkt, daß wir uns bei Wiederholung des gleichen Vorganges schließlich mit Leichtigkeit daran erinnern.

Diese Feststellung ist außerordentlich wichtig, denn da wir erkannt haben, daß die Erinnerung automatisch arbeitet, und da wir wissen, daß uns nur das Wissen einfällt, das gewissermaßen an der Oberfläche des Gedächtnisses sich befindet, so bedeutet dieses planmäßige Heraufziehen des aufgenommenen Wissens ins Bewußtsein seine *Verankerung* an der Oberfläche des Gedächtnisses, was besagt, daß dieses Wissen in die aktuellen Denkprozesse eingegliedert wird. Bei dieser Bearbeitung unserer Kartei kommt es jedoch nicht nur darauf an, bestimmte Erinnerungsbilder aus der Tiefe unseres Unterbewußtseins aufsteigen zu lassen und um dadurch ein großes Wissen zu haben, auch darauf, daß dieses Wissen neben der Entwicklung neuer Gedankengänge gleichzeitig zur Ursache einer ständigen Steigerung unserer Intelligenz, und im besonderen, unserer *Urteilskraft* wird.

Die Verankerung des Wissens zum ständigen Gebrauch.

Nun hatten wir gehört, daß wir uns bei allem Neuen, das wir sehen, hören oder lesen, stets eine *eigene Meinung* bilden sollen. Dabei wurde gleichzeitig gesagt, daß wir im Interesse von Vernunft und Wahrheit stets bereit sein müssen, diese Meinung zu korrigieren.

Diese Korrektur darf aber nicht etwa auf Anregung eines andern erfolgen, sondern wir selbst müssen dafür sorgen, daß unsere Urteile, Meinungen und Ansichten immer vollkommener werden.

Hierauf kommt es an! Nur die selbständige Denkarbeit fördert.

Da wir wissen, daß jede Einsicht durch die unterbewußte Arbeit des geistigen Prinzips unter Benutzung des in uns ruhenden Wissens gebildet wird, so versteht es sich natürlich von selbst, daß bei einer intensiven Heranziehung des Wissens, wie es durch die Arbeit mit unserer Kartei ermöglicht wird, das Unterbewußtsein *automatisch* auch zu einer Verbesserung der Meinungen und Urteile beeinflußt wird. Es kann sein, daß durch diese Tätigkeit der schöpferischen Kräfte binnen kurzem eine grundlegende Wandlung in der Auffassung über einen Gegenstand in uns eintritt.

Ergebnis höherer Erkenntnis!

Diese innere Wandlung vollkommen sich bewußt zu machen und insbesondere diese bessere Arbeit des Unterbewußtseins dauernd neu anzuspornen, ist eine weitere Hauptaufgabe unserer Arbeit mit der Kartei:
In dem Augenblick, wo wir unser eigenes Urteil über einen fraglichen Gegenstand lesen, müssen wir zugleich dieses Urteil einer scharfen Kritik unterziehen. Wir müssen uns fragen: Hat das, was du da auf die Karte geschrieben hast, auch jetzt noch unbedingte Gültigkeit? Ist es nicht möglich, daß du dich in einem Punkte geirrt hast? Stellen wir uns die Frage mit voller Hingabe an die reine Erkenntnis, so werden wir erleben, wie uns plötzlich ganz neue Einfälle zu der fraglichen Angelegenheit kommen.

Bildet sich in uns bei der zweiten Bearbeitung der Kartei ein neues Urteil, so versteht es sich von selbst, daß wir das Alte aufheben und an seine Stelle das Neue setzen.

Die Beeinflussung der inneren Kräfte.

Wir erreichen durch diese Bemühung das, was wir anstreben: *nämlich die Beeinflussung unserer inneren Kräfte in Richtung auf Logik und geistige Schärfe.*
Wir müssen wissen: unser Unterbewußtsein ist zwar unser bester Mitarbeiter, und alles, was je ein Mensch als geniale Geistesleistung hervorbringen kann, ist nur auf die Kräfte des Unterbewußtseins zurückzuführen, aber dieser Mitarbeiter betätigt sich nur dann, wenn eine *Notwendigkeit* zur Betätigung vorliegt.

Die Macht der Notwendigkeit schaffen!

Diese Notwendigkeit für das Unterbewußtsein zu schaffen, ist eine weitere wichtige Aufgabe. Wir schaffen sie durch den intensiven Wunsch, auf ganz bestimmten Gebieten des geistigen Lebens Außergewöhnliches zu leisten, denn unsere Wünsche sind dem Unterbewußtsein die Befehle bei seiner Arbeit.

Es muß immer klar sein, daß der schöpferische Prozeß wie die konstruktive Tätigkeit eines Baumeisters zu werten ist. Wann wird ein Baumeister richtig arbeiten können? Wenn er nicht nur den Plan, sondern auch die Bausteine zur Verfügung hat.

Wissen und — Anstoß!

Da wir wissen, daß unserem inneren Baumeister das *Wissen* die Bausteine sind, so ist es unsere Aufgabe, ihm dieses Wissen zur Verfügung zu stellen, was aber zugleich einschließt, daß auch der *richtige Anstoß* zur Aufnahme der Bautätigkeit, also zur schöpferischen Ideenentwicklung erfolgen muß.

Bezüglich der Genialität unseres inneren Wesens ist bedeutungsvoll, daß es gleichzeitig auf den verschiedensten Gebieten arbeiten kann und daß die größten geistigen Leistungen gerade dadurch möglich werden.

Oberbewußt dürfen wir uns aber trotzdem nur immer mit *einer* Sache zur Zeit beschäftigen, was natürlich nicht ausschließt, daß wir diesen einen Gegenstand nacheinander von tausend Seiten bearbeiten und daß alle Ergebnisse dieser Bearbeitung *gleichzeitig* im Blickfeld des Geistes verbleiben. Das ist aber dann schon wieder eine Leistung des inneren Mitarbeiters. Wie die Erinnerung funktioniert, nämlich in der Weise, daß zur Zeit immer nur *ein* Gedächtnisbild voll zum Bewußtsein kommt, und das nachfolgende erst dann, wenn das vorhergehende aus dem unmittelbaren Blickfeld der Aufmerksamkeit wieder verschwunden ist, so verhält es sich bei oberbewußter Geistestätigkeit auch mit der Bearbeitung schöpferischer Gedanken. Darum:

Oberbewußte und unterbewußte Tätigkeit des Geistes.

Immer zuerst freier Kopf!

Es muß unter allen Umständen dafür gesorgt werden, daß sich in aller Ruhe ein Gedankengang in uns zu entwickeln vermag. Jede Ablenkung zerstört die Klarheit des Denkens. Zu diesem Zwecke ist es notwendig, eine ganz bestimmte Technik zur Ausschaltung nicht erwünschter Gedankengänge zu beherrschen.

Vor der Bearbeitung einer neuen Ideenreihe muß also zuerst der Kopf ganz klar sein. Es darf auf keinen Fall ein Gedanke den anderen überlagern oder überhaupt eine Konfusion im Denken eintreten.

Hierzu das Wichtigste: Durch die systematische Arbeit mit unserer Kartei lernen wir diese Technik des Ausschaltens beliebiger Gedankenreihen ganz gehörig und gründlich beherrschen. Wir verstehen das sofort, wenn wir vor Augen haben, daß man in dieser „Ausschaltung" eine entsprechende *Übung* haben muß. Vertiefen wir uns wieder in die Arbeit mit unserer Kartei:

Technik der Ausschaltung unerwünschter Gedankengänge.

Der jeweilige Gedankengang, der auf einer Karte seine Orientierungsvorstellung findet, wird vollkommen gründlich von uns bearbeitet. Es interessiert uns nicht, was auf den nächsten Karten steht. Allein die zur Zeit vor uns liegende Karte findet unser vollstes Interesse. Haben wir die Einzelheiten des zur Bearbeitung stehenden Wissens gründlich durchdacht, d. h. ist für uns diese eine Karte erledigt, dann schalten wir vollkommen und restlos diesen ganzen Ideenkomplex aus, indem wir die jeweilige Karte einfach wegstecken und die Angelegenheit damit vergessen.

Wir können das ganz beruhigt tun, denn es ist unmöglich, daß uns die Erinnerung an jenen Komplex versagt, weil wir ja jederzeit durch die bearbeitete Karte den Kontakt wiederaufnehmen können.

Diese innere Beruhigung ist eine Voraussetzung zur intensiven und konzentrierten Hingabe an die Bearbeitung der zweiten Karteikarte,

Die innere Ruhe und ihr Einfluß auf die Funktionen des Geistes.

die wir anschließend an die vorhergehende mit derselben Gründlichkeit und Genauigkeit bearbeiten.

Alsdann schalten wir auch den gesamten Komplex dieser Karte wieder aus unserem Bewußtsein aus. Anschließend erfolgt dann die Bearbeitung der dritten und nächsten Karte usw. und genau in der gleichen Weise.
Man sieht ohne weiteres ein, daß nur durch ein derartiges Vorgehen wirklich konzentriert die einzelnen Teilgebiete des gesamten Wissens bearbeitet werden können.
Da die Bearbeitung des *gesamten* Wissens jedoch die Voraussetzung zu hervorragender schöpferischer Tätigkeit unseres Geistes ist, so ergibt sich von selbst, daß eine bestimmte Gedankenentwicklung durch die Aktivierung dieses *gesamten* Wissens von unserem Unterbewußtsein nunmehr ganz anders durchgeführt werden kann, als wenn die zur Bearbeitung einer bestimmten Materie notwendigen Wissensabteilungen zum Teil oder gänzlich brachliegen.

Der Erfolg ist absolut gewiß!

Die Tragweite einer derartigen systematischen Arbeit kann sich nur der ausrechnen, der einmal ernstlich darangeht, für einige Monate so an der Ausbildung seiner geistigen Aufwärtsentwicklung zu arbeiten.

Zur korrekten Durchführung dieser Ausbildung und Anregung des Geistes ist zu beachten, daß *jede einzelne Karteikarte in der Regel dreimal nacheinander* bearbeitet werden muß. Durch diese *dreimalige Beseelung des Wissens* und Anregung des Geistes, der dadurch gezwungen wird, sich mit allen Fragen zu beschäftigen, wird jede Voraussetzung erfüllt, die uns im logischen Denken und in der Bildung von richtigen Urteilen und Meinungen sicher macht.

Zu dieser planmäßigen Bearbeitung unseres geistigen Materials gehört selbstverständlich, daß wir nun nicht nur während unserer Stunde des Geistes uns mit unserem Wissen und Ideen beschäftigen, sondern überall, wo es nur überhaupt eine Gelegenheit gibt, von unserem Ideenreichtum Gebrauch machen und diesen auch in den Kreislauf unseres Sprechens einschalten.

Gelegenheiten schaffen!

Dies geschieht, indem wir *uns selber* alle möglichen Gelegenheiten schaffen, wo wir von unserem Wissen Gebrauch machen können. Das ist möglich durch das Verfassen von Aufsätzen über die verschiedenen Probleme und durch schöpferische Gespräche.

„Es ist nichts so vollkommen, als daß es nicht noch vollkommener gemacht werden könnte." (Henry Ford)

Immer müssen wir dabei von dem Gedanken geführt werden, irgend etwas noch klarer auszudrücken bzw. besser zu verstehen und zu beurteilen.

Durch dieses dauernde Streben nach Vervollkommnung erhält das Unterbewußtsein immer neuen Antrieb, und fortgesetzt bleibt dadurch auch das Gedächtnis in Übung.
Von ganz entscheidender Bedeutung ist die korrekte Bearbeitung unserer Kartei des Wissens bei der Bearbeitung *eigener Ideen und Einfälle:*

Kommt uns plötzlich ein wertvoller Gedanke, so muß er unbedingt in der Kartei festgehalten werden, und zwar auch dann und gerade erst recht, wenn er noch nicht ausgereift ist.

Sehr wichtig!

Wenn wir nach einiger Zeit bei der Durcharbeit unserer Kartei dann wieder auf diesen Gedanken stoßen und wir haben vorher diesen Gedanken niedergeschrieben mit dem Bewußtsein, daß er bis zur nächsten Bearbeitung der Kartei durch die schöpferische Tätigkeit des Unterbewußtseins *weiter ausreift,* dann erleben wir eine fortgesetzte, unbewußte, automatische Weiterentwicklung seines Ideengutes.

Die neuen Ideen reifen von selber weiter!!

Da die Führung der Kartei selbst bei vielseitigster Bearbeitung unser oberbewußtes geistiges Schaffen kaum belastet, eben weil wir zur Zeit *immer nur einen* Gedanken bearbeiten, entwickeln wir binnen kurzer Zeit eine derartige Fülle reifer Gedanken, wie noch nie zu einer anderen Zeit.

Wichtig ist, daß wir dieses unbewußte Ausreifen bestimmter Gedanken nicht etwa nur auf Probleme des geistigen und seelischen Lebens, sondern auch in der Geschäfts- und Berufspraxis zur Anwendung bringen können. Nur müssen wir stets beachten, daß wir einen einmal aufgenommenen Ideengang *fortgesetzt weiter fördern,* indem wir unserem Unterbewußtsein dauernd mit neuem Baumaterial über die bestimmte Materie dienen.

Auf allen Gebieten läßt sich diese Technik zur Anwendung bringen.

Wo wir irgendwelche Erkenntnisse fassen können, sei es durch Beobachtung oder Studium, müssen diese der weiteren schöpferischen Tätigkeit unseres Geistes dienstbar gemacht werden!

Und nun, mein verehrter Leser, auf zur Praxis! Ich empfehle Ihnen, diese Arbeit über die Kartei des Wissens nicht einmal, sondern **zehnmal** zu lesen und **gründlich durchzudenken.** Je besser Sie die geschilderten Zusammenhänge verstehen, je tiefer Sie eindringen in die Vorgänge, die unserer schöpferischen Geistestätigkeit zugrunde liegen, um so selbstverständlicher wird Ihnen der Erfolg sein, den Sie durch die planmäßige Arbeit mit der Kartei des Wissens erzielen. Rütteln Sie sich auf, wenn Sie bisher eine Schlafmütze im Geiste waren! Verlangen Sie von sich selber die ganz große, ja die **allerhöchste Leistung!** Je höher die Anforderungen sind, die Sie an Ihren Geist stellen, um so überraschendere Ergebnisse zeitigen Sie. Aber handeln Sie nicht planlos, sondern planvoll!

Benutzen Sie dieses hervorragende technische Hilfsmittel genau so, wie es in dieser Arbeit geschildert wurde. Wissen ist Macht, war der Grundsatz des großen Edison. Aber nicht von selbst kommt die große Idee, sondern nur durch intensive Beschäftigung mit unserem Wissen.

Erfinden: 1% Inspiration und 99% Transpiration!

Darum stimmt es auch, wenn Edison vom Erfinden sagt: Erfinden, das ist 1 Prozent Inspiration und 99 Prozent Transpiration!

Achtung! Der Inhalt der beiden Hauptabschnitte „Die geistige Arbeit des positiven Menschen" und „Die Kartei des Wissens" muß Ihnen, wie man sagt, vollständig e i n g e h e n , mein verehrter Leser, d. h. absolut klarwerden! Wenn Sie dieses Kapitel über die Kartei des Wissens fertig studiert haben, dann arbeiten Sie nochmals den ganzen Abschnitt über die geistige Arbeit durch. Prüfen Sie dabei, welche Gedanken sich gegenseitig ergänzen und was hier wie dort an Grundsätzen herausgestellt wurde. Zur Arbeit mit der Kartei des Wissens gehört u. a. auch die Einrichtung eines „Stichwörterbuches", von dem aber nur im IX. Teil, und zwar auf S. 246 die Rede ist. Arbeiten Sie unbedingt auch mit B u n t s t i f t e n ! Ob Sie die Erkenntnisse dieser beiden wichtigen Abschnitte unseres Buches richtig erfassen oder nicht, das entscheidet darüber, was für geistige Leistungen Ihnen in der Zukunft möglich sein werden.

X. TEIL

RICHTLINIEN ZU GEISTIGER SELBSTÄNDIGKEIT

Schärfung der Sinne und der Urteilskraft, Entwicklung von Logik und Initiative

Zu eigener Weisheit gelangen ist besser, als sich auf die Weisheit anderer verlassen zu müssen.

I. Schärfen Sie Ihre Sinne!

Alles eine Frage der Konzentration und des Glaubens an den Erfolg!

Es ist erwiesen, daß die Naturvölker viel besser entwickelte Sinne haben als die meisten Menschen der Zivilisation. Der Indianer hört z. B. meilenweit den Hufschlag eines Rosses. Die Ursache der Schärfe der Sinne liegt zur Hauptsache in ihrem richtigen und dauernden Gebrauch. Übung vermag auch hier Ungewöhnliches zu leisten.

Wer seine Sinne schärfen will, muß sie ganz bewußt gebrauchen lernen und überzeugt sein, daß sie sich entwickeln lassen.

Die Entwicklung der Sinne ist eine Angelegenheit der Konzentration. Absolute Sammlung der Aufmerksamkeit auf eine ganz bestimmte Wahrnehmung, darauf kommt es an.
Wie Sie früher hörten, ist die Konzentration am vollkommensten, wenn sie unbewußt, durch das Interesse, hervorgerufen wird. Wenn wir also volles Interesse für eine Wahrnehmung haben, dann sind wir immer dabei, bestimmte Sinne voll zu gebrauchen.
Da die Sinneswahrnehmungen auf gehirnelektrischen Vorgängen beruhen, kann man sich leicht ein Bild machen von den Prozessen, die sich bei der Tätigkeit unserer Sinne in uns abspielen.

Oberflächlichkeit immer zum Schaden!

Ist die im Gehirn vorhandene elektrische Apparatur durch die Konzentration richtig geschaltet, fließen also in dem Augenblick der Wahrnehmungen keine gehirnelektrischen Ströme in falschen Nervenleitungen, so muß die Wahrnehmung vollkommen sein. Um diesen Zustand zu erreichen, muß man dauernd in Übung bleiben, d. h. wir dürfen uns möglichst nie eine Oberflächlichkeit bei bewußten Wahrnehmungen gestatten. Hören wir einen Vortrag, so müssen wir *genau* zuhören. Lesen wir ein Buch, so müssen wir *ge-*

nau lesen. Das ist vor allen Dingen in solchen Fällen sehr wichtig, wo eine gewisse Bequemlichkeit und Gleichgültigkeit uns verleiten will, einer Mühe in der Wahrnehmung zu entgehen. Das ist *Gift* für die Sinne, das genau so schädlich wirkt wie eine Überreizung. Darum: nicht bequem sein, sondern auch Schwierigkeiten in der Wahrnehmung gern ertragen und überwinden. Wie jede geistige Funktion schließlich eine Gewohnheit ist, so stellt sich auch die Tätigkeit der Sinne ganz auf Gewohnheiten ein.

Achten wir eine gewisse Zeit darauf, alles besser zu sehen, zu hören und zu empfinden, und geben wir uns Mühe, richtig wahrzunehmen, dann wird gutes Sehen, Hören usw. zur Selbstverständlichkeit.

Das aber ist notwendig, denn ohne scharfe Sinne geht uns manches verloren, was den Erfolg mit begründen hilft.

Aufpassen; zu jeder Zeit, und ganz frei werden von jeder Indolenz, das kräftigt und schärft die Sinne!

II. Seien Sie wach!

Augen auf! Geistige Regsamkeit bewußt entwickeln!

Wollen Sie wissen, warum viele keinen Erfolg im Leben haben, so brauchen Sie nur einmal in der Straßenbahn zu beobachten, wie der größte Teil der Fahrgäste dasitzt. Träumen nicht die meisten mit offenen Augen? Wäre es nicht angebrachter, anstatt zu träumen und gedankenlos auf das Ziel zu warten, neue Eindrücke in sich aufzunehmen?
Wie sich die Menschen in der Straßenbahn verhalten, so verhalten sie sich ähnlich überall im Leben. Ist es da ein Wunder, wenn man keinen Erfolg hat?

Wer vorwärts will, muß wach sein, muß mit offenen Sinnen durch die Welt gehen, damit er die Umstände erkennt, die sein Glück bewirken.

Woher soll die geistige Regsamkeit, die geistige Selbständigkeit kommen, wenn wir unserem Geiste nicht ständig neue Nahrung zuführen?
Schon im Tageslauf des positiven Tatmenschen zeigte ich Ihnen den Weg zur täglichen Bereicherung Ihres Wissens. Sie sollten jeden Tag einige neue Dinge in sich aufnehmen. Haben Sie das getan? Wenn ja, so haben Sie schon viel zur Entfaltung Ihrer geistigen Fähigkeiten getan, wenn nicht, so lernen Sie jetzt endlich erkennen, daß es ohne den täglichen, geistigen Fortschritt nicht weit zu bringen ist.

Wach sein! Die Beobachtungsgabe täglich stärken und entwickeln, und jeden freien Augenblick benutzen, um neue Eindrücke in sich aufzunehmen.

Aufpassen und Nachdenken! Wir sitzen immer im „Röhricht"!

Suchen Sie täglich nach neuen, geistigen Anregungen. Nehmen Sie nicht nur wie ein Automat Eindrücke in sich auf, sondern lassen Sie diese den Ausgangspunkt zu eigenem Nachdenken sein. Die Mehrzahl der Menschen ist im wahrsten Sinne des Wortes denkfaul, d.h. sie hat einfach keine Lust zu geistiger Arbeit, weil sie ihr angeblich große Mühe macht. Die wahre Ursache dieser Denkfaulheit ist aber nicht etwa die Unfähigkeit zum Nachdenken, sondern die mangelhafte Erkenntnis, daß allein durch geistige Selbständigkeit, die im Nachdenken ihren Anfang nimmt, der Erfolg zu begründen ist.

Handeln Sie anders! Nehmen Sie jede Gelegenheit wahr, um geistige Schätze zu sammeln. Was Sie im Laufe der Zeit lernen und durch Ihr Nachdenken produzieren, wird vielfachen Lohn bringen. Denken Sie an Friedrich Rückerts wunderbares Wort:

„Wer da sitzet in dem Röhricht und sich nicht da eine Pfeife schneidet, der ist töricht."

Wenn Sie die Augen aufmachen, merken Sie, daß Sie eigentlich immer im Röhricht sitzen.

Also, auf zum Pfeifenschneiden!

III. Seien Sie kritisch!

Nicht gutgläubig sein!

Wenn Sie einmal darüber nachsinnen, wo der Hauptfehler liegt, der geschäftliche Verluste und sonstige Enttäuschungen einbrachte, so erkennen Sie vor anderm die Gutgläubigkeit als das größte Übel. Glauben Sie nicht alles, was Ihnen die lieben Leute sagen, nehmen Sie alles mit Vorbehalt in sich auf und schaffen Sie sich Beweise für die Richtigkeit der Behauptungen. Mit anderen Worten: seien Sie kritisch! Allerdings müssen Sie sich vor Vorurteilen hüten, denn das ist mit „kritisch" nicht gemeint.
Wer viel Lebenserfahrung hat, wird ganz von selbst kritisch, weil ihm das Leben den Beweis erbrachte, daß bestimmt nicht alles Gold ist, was glänzt. Stellen Sie sich zu allen Dingen so ein, als hätten auch Sie diese Erfahrung durch und durch erlebt, dann bewahren Sie sich vor Leichtgläubigkeit. Kritik üben, heißt keineswegs mißtrauisch, sondern *vorsichtig* sein, eine Vorsicht jedoch, die nicht durch Furcht oder Angst begründet sein darf.
Wie Sie sich entsinnen werden, heißt es im ersten Teil unseres Buches: „Vermeide prinzipiell alles, was dem Erfolg schadet." Um diesen Satz jederzeit anwenden zu können, ist eine kritische Beobachtung der Dinge einfach unerläßlich.
Halten Sie sich stets vor Augen, daß Menschen keine Engel sind.

Wer Ihnen irgendeinen Vorteil bietet, sei es im Geschäft, Beruf oder sonstwo, hat in der Regel immer seinen eigenen Vorteil im Auge.

Nicht ausnutzen und übervorteilen lassen!

An sich kann man das niemandem verdenken, wenn nicht ein „aber" dabei wäre: Viele spiegeln Ihnen einen Vorteil nur vor, ohne daß etwas Ernstes dabei für Sie herauskommt. Wohl sollen Sie bestrebt sein, allen Menschen zu dienen, nicht aber sollen Sie sich ausnutzen oder übervorteilen lassen. Deshalb seien Sie ständig auf der Hut:

Seien Sie kritisch!

Niemand kann etwas verschenken! Denken Sie daran, wenn Sie ein angeblich sehr billiges Angebot einer Ware erhalten. Niemand wird Ihnen ewig dankbar sein, wenn Sie ihm einen Gefallen erweisen. Niemand wird sich seiner selbst entäußern, wenn er es auch tausendmal beteuert. Ausnahmen gibt es, aber ihre Seltenheit bestätigt nur diese Regel. Wenn Sie sich das immer vor Augen führen und im gegebenen Falle nicht vergessen, werden Sie bestimmt *kritisch* sein und sich dadurch vor manchem Schaden bewahren.

IV. Denken Sie logisch!

Front gegen die geistige Laschheit!

Wer seine Sinne richtig gebraucht, geistig wach und kritisch eingestellt ist, der kommt ganz von selbst immer mehr zum logischen Denken. Folgerichtiges Denken, also in der Reihenfolge richtig denken, ist für den geistig geschulten Menschen eine Selbstverständlichkeit. Und dennoch, selbst in gebildeten Kreisen wird oft recht unlogisch gedacht. Die Ursache finden wir in einer geistigen *Laschheit*, die verhindert, daß man sich mit den Elementen der Logik näher beschäftigt.
Logik bedeutet geistige Klarheit, absolut klares Erfassen der Einzelglieder des Erkennens. Ferner heißt es, diese Einzelglieder ihrem Werte nach so zu ordnen, daß sich schließlich eins nach dem andern von selbst ergibt, oder eins immer die unerläßliche Voraussetzung und Begründung des anderen ist. Logisch denken, darunter verstehen wir auch „im Zusammenhang denken", d. h. alle Vorstellungen unseres Gedankenlebens, die eine bestimmte Materie betreffen, von einem einheitlichen Gesichtspunkte aus betrachten und sie untereinander verbinden.

Die Grundlage der Logik ist Klarheit über die Begriffe.

Den festen Willen zur größtmöglichsten Gedankenklarheit haben!

Ohne diese Klarheit ist logisches Denken unmöglich. Haben wir einen Begriff in seiner vollen Weite erfaßt, so ist er mit dem Erfahrungswissen in Beziehung zu bringen, woraus sich, genügend Erfahrungswissen vorausgesetzt, ganz von selbst weitere Folgerungen ergeben.
Aus dieser Erkenntnis ergibt sich, daß zum logischen Denken auf irgendeinem Gebiete eine möglichst umfassende Kenntnis alles bisher Erkannten und Erforschten dieses Gebietes unerläßlich ist. Jedenfalls ist dann das Ergebnis des logischen Denkens der Wahrheit am nächsten.
Wer zu Erfolgen kommen will, muß *vernünftig* handeln. Vernunft aber hat die Logik zur Voraussetzung. Unvernünftig handelt z. B. jemand, der mit dem Kopfe durch die Wand will. Würde er logisch denken, so käme ihm die Erfolglosigkeit seiner Anstrengungen *schon im voraus* zum Bewußtsein. Immer wieder wurde gesagt, daß man mit Überlegung handeln soll, jetzt wissen wir, daß damit das logische Denken erstrebt wurde.

Der auf Logik eingestellte Mensch wird immer das Bestreben haben, allen Dingen auf den Grund zu kommen. Nie wird er sich einer besseren Erkenntnis verschließen, die auch nur eine geringe Möglichkeit bietet, mehr als seine bisherige zum Erfolg beizutragen.

Oberflächlichkeit — der Feind der Logik.

Oberflächlichkeit ist der Feind der Logik. Wo der Erfolg große Anforderungen an die Erkenntnis der Erfolgsfaktoren stellt, wird der Oberflächliche keinen Schritt weiterkommen. Und gerade heute, wo mehr denn je die geistige Kraft die Voraussetzung zum Erfolg bildet, ist tiefgründiges, logisches Denken einfach unerläßlich.
Von größter Bedeutung ist die Logik vor allem in unseren *Entscheidungen.*

Wer sich bemüht, in allen Dingen geistig klar zu sehen, sich nicht von einem falschen Gefühl oder von der Umgebung beeinflussen läßt, jede gefundene Erkenntnis nach allen Seiten hin einwandfrei zu begründen

versucht und die Auswirkung der praktischen Anwendung einer Erkenntnis objektiv ergründet, der denkt logisch und wird in seinen Entscheidungen meist das Richtige treffen.

Darum pflegen Sie Ihr logisches Denken, indem Sie keine Oberflächlichkeit und Laschheit bei Ihren Überlegungen dulden, indem Sie sich frei machen von subjektiv begründeten Vorurteilen, immer empfänglich sind für neue Erkenntnisse und ständig danach streben, alle Dinge, Zusammenhänge und Geschehnisse *tiefer* zu erfassen. Daß Sie nur dadurch Ihre geistige Selbständigkeit erlangen, ist — *logisch!*

V. Treiben Sie Philosophie!

Alles ist wertvoll genug, um darüber nachzudenken.

Wer ist ein Philosoph? Wer einen Sinn in die Dinge hineinlegt und versucht, die Gesetze zu erfassen, die den Dingen das Dasein geben. Und was führt dazu? Nun, zweifellos das *logische* Überlegen.

Es gehört zur geistigen Selbständigkeit, daß wir auch des öfteren über Zusammenhänge nachdenken, die für den Alltagsmenschen entweder wertlos oder Rätsel sind.

Der Philosoph achtet nichts als zu gering, um es nicht gedanklich zu erfassen. Jedes Ding auf der Welt muß irgendeinen Zweck, jede Wirkung irgendwie eine Ursache haben.

Durch philosophisches Denken entwickelt der positive Mensch in erster Linie eine klare Lebensauffassung und einen festen Begriff vom Sinn und Zweck des Daseins und des ganzen Strebens. Sinn und Zweck, und zwar einen höheren, der im Geistigen liegt, muß man in sein Leben hineinlegen, oder richtiger, darin erkennen; denn nur um materieller Ziele willen verlohnt sich der Kampf ums Dasein nicht.

Ohne Glauben an einen höheren Daseinszweck steht es traurig um den Menschen, der schwere Erlebnisse durchzumachen hat. Der Philosoph ist sich vollkommen darüber klar, daß solche Ereignisse eines Tages bestimmt kommen können, doch seine Erkenntnis macht ihn mutig und gefaßt. Er weiß und fühlt, daß jedes Geschehen einen tiefen Grund hat und eine höhere Macht, auch durch Schicksalsschläge, nur sein Bestes will.

Wir hängen nicht in der Luft! Alles hat seine Ursache und seine Beziehungen. Der Mensch ist mehr als „Erde".

Durch diese Art philosophischer Lebensbetrachtung entwickelt sich ein großer Glaube an eine ewige Gerechtigkeit, wenn sich diese auch nicht immer offensichtlich zeigt, und daraus eine von allen schweren Gedanken erlösende Kraft, die befähigt, groß zu werden im Verstehen und Verzeihen.

Der Philosoph steht geistig auf einer höheren Warte, die jenseits vom Schein die Menschen und Dinge so erkennen läßt, wie sie erkannt werden müssen, um ihren Daseinszweck und ihre Handlungen, im Rahmen eines großen Ganzen, gerechtfertigt zu finden.

Darum treiben Sie Philosophie! Werden Sie ein Glied der geistigen Gemeinschaft Höherdenkender! Dann meistern Sie nicht nur den materiellen Erfolg, sondern werden auch wahrhaft glücklich und zufrieden, weil Sie sich aussöhnen lernen mit allem Gegensätzlichen.

Elihu Burrit

der gelehrte Schmied, schrieb die an das Wunderbare grenzenden Erfolge seiner Sprachstudien nicht etwa angeborenem Genie zu, welches er entschieden ableugnete, sondern einfach der sorgfältigen Benutzung jener unschätzbaren Zeitfragmente, welche man „müßige Augenblicke" nennt. Während er sein Brot als Grobschmied verdiente, und meist zehn Stunden täglich den Hammer schwang, erlernte er nach und nach ungefähr 40 alte und neue Sprachen. Die fast übermenschlichen Anstrengungen, die er gleichzeitig Körper und Geist zumutete, hatten häufig Kopfschmerz und andere Beschwerden zur Folge; dennoch schonte er sich nicht. Sein Tagebuch aus dem Jahre 1837 gibt davon einen merkwürdigen Beleg. In diesem Tagebuch finden sich folgende Aufzeichnungen: „Montag, 18. Juni: Kopfschmerz; 40 Seiten von Couvier's Theorie der Erde, 64 Seiten Französich gelesen, elf Stunden geschmiedet. Dienstag: 65 Zeilen Hebräisch, 30 Seiten Französisch, 10 Seiten Couvier's Theorie, 8 Zeilen Syrisch, 10 Zeilen Dänisch, 10 Zeilen Böhmisch, 9 Zeilen Polnisch gelesen, 15 Namen von Sternen auswendig gelernt, 10 Stunden geschmiedet. Mittwoch: 25 Zeilen Hebräisch, 50 Seiten Astronomie gelesen, 11 Stunden geschmiedet." Dabei ist der Mann sehr bescheiden und schlägt seine Leistungen durchaus nicht hoch an. Er schrieb einem Freunde: „Wer meinen Charakter von Kindesbeinen an gekannt hat, wird meine Aufrichtigkeit nicht in Zweifel ziehen, wenn ich sage, daß es mir niemals in den Sinn gekommen ist, mich mit irgendwelcher meiner Leistungen zu brüsten ... Alles, was ich schon erreicht habe oder noch zu erreichen hoffe, schulde ich und werde ich schulden jenem mühsamen, geduldigen und beharrlichen Prozeß des Wachstums, welcher den Ameisenhügel häuft, — Teilchen zu Teilchen, Gedanken zu Gedanken, Tatsache zu Tatsache fügend. Und wenn jemals der Ehrgeiz die Triebfeder meiner Handlungen gewesen ist, so reichte deren höchstes und wärmstes Trachten nicht über die Hoffnung hinaus, den jungen Leuten meines Vaterlandes ein Beispiel zu geben, wie sie jene unschätzbaren Bruchstücke (Fragmente) der Zeit, ‚müßige Augenblicke' genannt, anzuwenden haben."

VI. Steigern Sie ihre Urteilskraft!

Objektivität entwickeln!

Einen besonderen Beweis für die geistige Selbständigkeit bringt die Fähigkeit, irgend etwas *objektiv und richtig* beurteilen zu können. So leicht ein Urteil über eine Sache zu fällen ist, so schwierig ist es manchmal, das richtige

Urteil zu treffen. Es braucht wohl nicht betont zu werden, daß die Ausführungen über Logik und Philosophie in diesem Zusammenhang von größter Bedeutung sind.
Von einem einzigen Urteil kann unter Umständen der ganze Erfolg einer Angelegenheit beeinflußt werden, denn das Urteil ist mit den Entscheidungen eng verknüpft. Wenn wir falsch urteilen, werden wir falsch entscheiden.

Um die Urteilskraft zu stärken, muß man sich in der Beurteilung der verschiedensten Dinge üben.

Abstand haben! Aus der Entfernung ist vieles besser zu übersehen.

Auch hier muß wieder erwähnt werden, daß, genau wie beim logischen Denken, das gründliche Erfassen aller Einzelheiten einer Sache und besonders auch ihrer Beziehungen zu anderen Dingen unbedingte Voraussetzung ist. *Wer eine Sache nicht gründlich kennt, kann und darf sich kein Urteil über sie erlauben.* Nicht umsonst gibt es z. B. eine große Reihe von Sachverständigen beim Gericht.
Damit ist jedoch keineswegs gesagt, daß ein Urteil absolut richtig sein muß, nur weil es jemand abgegeben hat, der eine Materie gründlich zu kennen glaubt. Maßgebend sind vielmehr die geistigen Fähigkeiten des Urteilenden, die unter Umständen durch seelische Einflüsse, z. B. subjektive Einstellung zu einer Angelegenheit, genau das Gegenteil einer richtigen Erkenntnis konstatieren können.
Von Bedeutung ist das richtige Urteil vor allem bei der Beurteilung der Handlungsweise und der Leistungen unserer Umgebung. Hier heißt es unter allen Umständen ganz *objektiv* sein. Wie Sie wissen, urteilt der Alltagsmensch nur nach den Handlungen und dem äußeren Schein.

Wenn Sie andere richtig beurteilen wollen, müssen Sie in erster Linie die Beweggründe ihrer Handlungen untersuchen.

Vor dem „Schein" der Dinge, Handlungen der Menschen usw. hüten!

Wenn *Sie* auch feste Begriffe über Moral, Tugend, Empfinden, guten Ton, Geschmack usw. haben, so dürfen Sie trotzdem diese Begriffe nicht ohne weiteres bei anderen voraussetzen, da Sie ja nicht wissen, wie der andere zu diesen Dingen steht. Maßgebend ist hierbei z. B. der Bildungsgrad, die Erziehung und die Lebenserfahrung des anderen.

Sie würden bestimmt manchen Fehler Ihrer Nächsten milder beurteilen, wenn Sie die wahren Ursachen der Fehler kennen würden.

Tugend gründet sich auf Wissen!

Wer richtig urteilen will, muß weise sein. Weisheit aber ist der Ausdruck eines höheren Denkens, das nicht nur die materielle, sondern auch die seelische Welt umfaßt.
Der Weise versetzt sich bei der Beurteilung der Handlungen und Äußerungen eines anderen in dessen seelische Verfassung; nur dadurch kann ihm das rechte Urteil kommen.
Denken Sie an Sokrates, dessen Erkenntnissatz an dieser Stelle nochmals erwähnt sei: „Tugend gründet sich auf Wissen." Schließen Sie nicht von sich auf andere, bevor Sie nicht wissen, wo der andere geistig steht.
Von großer Wichtigkeit ist das Urteilsvermögen in solchen Fällen, wo die Wirkung einer Ursache im voraus beurteilt werden soll. Auch hierbei ist die Anwendung des Erfahrungswissens von ausschlaggebender Bedeutung. Aber wie gesagt, Wissen allein ist noch nicht alles, wenn nicht logische Über-

legung es so fügt, daß sich daraus die richtige Erkenntnis ergibt. Vorausbeurteilung einer Wirkung ist mit Vorausberechnung des Erfolges identisch: Kein weitblickender, klar urteilender Theaterdirektor wird ein Stück auf den Spielplan seines Programms setzen, von dessen guten Wirkungen er nach seinen Erfahrungen nicht voll überzeugt ist; kein kluger Geschäftsmann wird eine Propaganda machen, die nach den Erfahrungen keinen Erfolg verspricht; kein einsichtsvoller Pädagoge wird ein Erziehungssystem anwenden, das sich nicht gründlich bewährte. So sollte es in jedem Falle sein, wo der Aufwand an Mühe, Zeit und Geld nicht vergeblich sein soll.
Darum steigern Sie Ihre Urteilskraft! Üben Sie sich in der richtigen Beurteilung der verschiedensten Dinge und vergleichen Sie nachher Ihre Meinung mit dem Urteil *der* Menschen, die Sie für den Einzelfall als kompetent erachten.

Immer nur nach gründlichster Überlegung urteilen! Sich nicht verführen lassen von egoistischen Gefühlen.

Urteilen Sie aber in jedem Falle mit gründlichster Überlegung und begründen Sie Ihr Urteil durch Erkenntnisse und Beweise, die stichhaltig sind.

Sehr wertvoll ist es, diese Begründung *schriftlich* vorzunehmen und in der Kartei des Wissens festzuhalten, wie das übrigens schon empfohlen wurde. Stimmt Ihr Urteil über eine Sache mit dem Urteil einer maßgebenden Persönlichkeit nicht überein, so müssen Sie immer bereit sein, Ihre Ansicht zu korrigieren, wenn sich das Urteil des anderen auf größere Erfahrung und bessere Argumente stützt.

Der Kluge beugt sich immer der richtigen Erkenntnis.

VII. Erproben Sie Ihre geistigen Kräfte!

Wie der Sportsmann nur durch den Wettkampf die höchste Entfaltung seiner Kräfte erreicht, so ähnlich steht es auch auf dem Gebiete des geistigen Könnens.

Man muß es wagen, sich geistig zu entwickeln!!!

Wer nicht wagt, sich zu erproben, erklimmt nie den Gipfel zur geistigen Höhe.

Wohl bilden sich die geistigen Fähigkeiten zuerst in der Stille ernster Arbeit, die unerläßlich ist, um festen Fuß zu fassen, doch das große Ziel wird fast immer nur durch den Kampf mit Widerständen erreicht.
Deshalb haben Sie auch den Mut, sich bei wertvollen Gelegenheiten mit in den Brennpunkt zu stellen! Nicht um zu glänzen, sondern um Ihr Wissen und Können sich selber zu beweisen.
Durch die Unterhaltung mit geistig Höherstehenden bietet sich hierzu hinreichend Gelegenheit. Debattieren Sie über alles Wissenswerte und Interessante.

Werfen Sie schwierige Fragen auf, und versenken Sie sich in die Lösung von Problemen.

Fast jeden Tag passiert irgend etwas in der Welt, mit dem man sich ernstlich beschäftigen kann. Sprechen Sie über solche Ereignisse und lassen Sie dabei Ihr Wissen in Erscheinung treten. Versuchen Sie, die Stellungnahme der

Immer wieder auch hier: Nur Richtigmachen schafft Erfolg!

anderen zu erfahren und widerlegen Sie irrtümliche Ansichten durch bessere Erkenntnis. Mit einem Wort: machen Sie von Ihren geistigen Fähigkeiten Gebrauch und vor allem dann, wenn Sie auf entgegengesetzte Meinungen stoßen. Selbstverständlich muß man, ebenso wie die seine, auch die Überzeugung der anderen achten, aber wenn Sie merken, daß diese grundsätzlich falsch ist, dann sollen Sie nicht davon abstehen, geistige Klarheit zu schaffen.

In der Belehrung der anderen bilden Sie sich selber immer weiter fort. Sie werden erstaunt sein, wie viele neue Gedanken Ihnen bei solchen Gelegenheiten ins Bewußtsein strömen. Das hängt zusammen mit der produktiven Kraft des Unterbewußtseins, das, einmal angeregt, nicht müde wird, immer neue Erkenntnisse zu schaffen.

Natürlich soll mit vorstehendem nicht gesagt sein, daß Sie sich jemand aufdrängen, aber man darf auch bei gegebener Gelegenheit nicht eine falsche Bescheidenheit an den Tag legen.

Sie kommen nur in den Brennpunkt, wenn Sie die Initiative ergreifen! Entscheidend ist jedoch nicht das Geschwätz, sondern allein die echte Leistung.

Initiative ergreifen, sich selbst beim Schopfe nehmen und vorwärts und aufwärts führen!

Schreiben Sie über kritische Fragen kleine Aufsätze und stellen Sie diese in einem kleinen Kreise vernünftiger Menschen zur Diskussion. *Es ist gut, wenn man Ihre Ansichten kritisiert, denn dadurch kommen Sie am besten voran.* Man kann sich natürlich auch ganz allein immer mehr weiterbringen, denn es gibt ja genug Bücher, aus denen man andere Meinungen kennenlernen kann, jedoch können sie die unmittelbare, persönliche Anregung nicht voll ersetzen. Und dann noch eins zu diesem Punkt: Wenn man mit anderen in ein schöpferisches Gespräch kommt und schließlich durch ein klares Denken Anerkennung findet, steigert sich hervorragend das Selbstvertrauen.

Deshalb suchen Sie Gelegenheit, Ihre geistigen Kräfte zu erproben!

Daß dies alles auch für die politische Initiative Geltung hat, versteht sich von selbst. Wir leben in einer Demokratie. Die Befähigtsten des Volkes machen sich zu Sprechern der andern. Es ist gut, wenn viele Befähigte da sind, um so besser wird man den Willen der Allgemeinheit erkennen und verwirklichen können. Viele kluge Köpfe kommen auf bessere Gedanken, als wenn einer oder ein paar einzelne allein überlegen. Sie haben nicht nur ein Recht, sondern auch die Pflicht, in diesem geistigen Ringen mitzutun, wenn Sie erkennen, daß die Vernunft eine Gasse braucht.

XI. TEIL

DER DENKSCHLUSSEL

Denkdisziplin zur Folgerung der unbekannten Ursachen und Gründe eines Erfolges

Was haben wir denn schon getan für uns, um aus Überzeugung sagen zu können, daß wir zu großem Schaffen nicht befähigt seien? Wie der Arm uns gehorcht, wenn wir ihn trainieren, so gehorcht uns auch das Hirn. Wir müssen es nur darauf ankommen lassen!

Auch hier wieder: Richtigmachen = Erfolg! Falschmachen = Mißerfolg!

Mein verehrter Leser! Schon oft haben wir davon gesprochen, daß ein Erfolg nur möglich wird, wenn wir ihn in seinen Ursachen richtig begründen. Deshalb stellten wir uns konsequent auf den Standpunkt unserer Erfolgsformel und legten auf den verschiedensten Gebieten des Lebenserfolges und der Lebenskunst die Erfolgsvoraussetzungen bloß. Nun ist es aber so, daß es unmöglich ist, für alle Gegebenheiten des Lebens und für jeden einzelnen Fall des Handelns einen speziellen Hinweis für die Praxis zu geben. Für diese Fälle müssen wir eine Methode haben, durch deren Anwendung es möglich wird, aus *eigener Überlegung* die richtigen Erfolgsursachen festzustellen bzw. zu folgern. Eine solche Methode muß bewirken, daß unsere Denkmaschine *vollkommen logisch* arbeitet; denn allein der logische Schluß ist das Mittel zum Offenbarwerden unbekannter Zusammenhänge. Grundsätzlich ist es so, daß wir aus der schöpferischen Kraft der inneren Wesenheit zur rechten Erkenntnis kommen. Insofern ist auch die *Intuition,* die Eingebung von seiten des Unterbewußtseins, die Ursache der höchsten genialen Leistung. Doch damit die innere Kraft sich betätigt und überhaupt auf einem bestimmten Erkenntnisgebiete zu wirken beginnt, müssen wir erst *oberbewußt,* d. h. *mit voller Überlegung und Sammlung* die Tätigkeit der Geistesmaschine in Gang bringen.

Um es ganz klar zu sagen:

Aus guter Gewohnheit logisch denken lernen.

Durch eine bewußte Erziehung unseres oberbewußten Denkens zur Logik erziehen wir gleichzeitig auch unser Unterbewußtsein.

So kommt es, daß wir selbst im Schlaf logisch denken können, d. h. ohne besondere Absicht und einfach aus guter Gewohnheit. Im übrigen ist es ja so, daß das Unterbewußtsein überhaupt die Aufgabe hat, uns bzw. unserem bewußten Denken so viel wie möglich alle Arbeiten abzunehmen. Nur im Anfang einer Arbeit, gewissermaßen zur Ankurbelung, zur Anlernung des Unterbewußtseins, haben wir mit voller Überlegung und bewußter Konzentration zu arbeiten. Streng genommen macht ja unser Oberbewußtsein eine Arbeit sowieso nie allein, das kann es ja auch gar nicht, denn die Funktionen zur Ausübung einer Tätigkeit, auch der einfachsten, ruhen ja immer in der Wirkungsebene des inneren Menschen. Wir ergreifen mit unserem bewußten Denken darum nur die *Initiative,* indem wir *bewußt* oder *gefühlsmäßig* den *Befehl zum Aufbruch unserer Kräfte* erteilen. Was dazu notwendig ist, haben wir schon weitgehend erkannt. Wir müssen für das, was wir wollen, größtes Interesse haben und uns für die jeweilige Leistung begeistern.

Nicht nur durch eigene Erfahrungen klug werden wollen!

Dennoch braucht der Geist eine Anleitung, die bewirkt, daß ihm das *Bewußtsein* für die eigene Leistungsfähigkeit aufgeht. Demzufolge ist das Wissen, welches wir ihm vermitteln, das geistige Baumaterial zur Herausstellung und Offenbarung der eigenen Größe. Mit den einfachsten Sinneswahrnehmungen beginnt das geistige Erwachen, mit der Empfindung von Licht und Dunkelheit, Wärme und Kälte, Stille und Geräusch. Langsam formt sich daraus das aufdämmernde Verständnis für die körperliche Welt, um, durch die Ansammlung von Millionen von Einzeleindrücken, schließlich den geistigen Mechanismus soweit zu betätigen, daß auch das seelische Geschehen Verständnis finden kann. Es ist ein langer Weg, den unser inneres Wesen bis zur Menschwerdung durchmacht, ein Weg, der millionenfach zwischen Täuschung und Wahrheit hin und her führt. Und ein besonders langer, wenn wir allein durch eigene persönliche Erfahrung klug werden wollen. Diesen Weg ganz gewaltig abzukürzen ist die Aufgabe der bewußten Lebensführung. Dies bedingt den vollen und richtigen Gebrauch der Denkmaschine. Durch planmäßiges Vorgehen, wie wir es kennenlernten, erlangen wir tiefe und umfassende Einsichten in die Wirklichkeiten des Lebens, befreien uns von allen Phantastereien und Illusionen und lernen so das Leben meistern aus rechter Erkenntnis.

Doch nun zu unserer Methode. Der Zweck ist klar: Die Methode soll bewirken, daß wir auch zu solchen Ursachen-Erkenntnissen kommen, die für den einzelnen Fall nicht angegeben werden können, insbesondere soll unsere Denkmaschine zur *Logik* erzogen werden.

Zur Einführung in die Lehren der Lebensbemeisterung stellte ich die *Zielklarheit,* und dem vorausgehend, die *Gedankenklarheit* unter besondere Betrachtung. Es wurde gesagt: *In allem, was wir vorhaben, müssen wir uns vor Beginn restlos über das jeweilige Ziel klar sein.* Dies bedingt, daß wir uns vor allem auch über alle Begriffe, und zwar bis zur letzten Auslegung, vollkommen klar werden müssen, mit denen unser Geist zu arbeiten hat bzw. arbeiten soll. Mit unklaren Begriffen kann der Geist nichts anfangen, sie sind *tot,* genau so wie alle Gedächtniseindrücke, die keine Beziehung zum Leben haben.

Begriffsklarheit ist das A und O zur Entfaltung des geistigen Vermögens.

Unbekannte Begriffe, d. h. in ihrem Inhalt nicht erfaßte Begriffe, sind leere Begriffe, durch die wir zu keiner Erkenntnis kommen können. Darum ist auch die erste Stufe zur Erkenntnis immer die, daß wir zunächst einmal ganz eingehend das Baumaterial des Geistes, also die

zum Bauen einer Erkenntnis notwendigen Begriffe sorgfältig studieren. Jede Oberflächlichkeit rächt sich bitter, und wenn es so viele Menschen gibt, die einfach eine Sache geistig nicht verdauen können, so liegt es fast immer nur an einem unvollkommenen Erfassen bestimmter Begriffe. Das Erkenntnisvermögen weigert sich einfach zu arbeiten, oder richtiger, kann einfach nicht arbeiten, wenn die Vorbedingungen nicht erfüllt sind.

Es hieße ein Pferd beim Schwanz aufzäumen, wollte man ohne allerstrengste Beachtung dieser entscheidenden Voraussetzung auskommen. Ohne vollkommene Klarheit des Geistes ist nichts zu machen! Unsere Erfolgsformel heißt: Richtigmachen = Erfolg; Falschmachen = Mißerfolg. Um irgend etwas aber richtig machen zu können, muß *richtiges Denken* vorausgehen. Kein Mensch würde bei der Erlangung des Erfolges einen Fehler machen, wäre er sich im Augenblick einer Erfolgshandlung vollkommen klar über die Folgen. Jeder glaubt es richtig zu machen, was er tut, bis sich durch das Fehlresultat der Irrtum herausstellt. Da der Erfolg kausalgebunden ist, kann das ja auch gar nicht anders sein.

Der Schlüssel zur logischen Folgerung

Richtigdenken, eine Sache, die man lernen muß.

Es ist wichtig, daß wir unsere Forderung nach restloser Begriffsklarheit auch auf den Begriff „Logik" zur Anwendung bringen, denn wie sollten wir zum logischen Denken kommen, ohne nicht ganz genau zu wissen, was wir darunter zu verstehen haben. Bitte hier ist zunächst die allgemeine Definition:

Logik ist die Lehre von den Gesetzen des richtigen Denkens.

Logisch heißt somit: *denkrichtig!* Bitte, graben Sie diese Erklärung ganz fest in Ihr Gedächtnis ein: *logisch = richtig; falsch = unlogisch.* Es ist nicht schwer, jetzt zu erkennen: ein erfolgreicher Mensch ist ein *logisch* denkender, ein Pechvogel und Unglückswurm ein *unlogisch* denkender Mensch. Das muß zwar nicht in jedem Falle zutreffen, trifft aber meistens zu.

Nun die weitere Erklärung: Es kommt also darauf an, *richtig* zu denken. Mit dem Begriff „richtig" können wir nur wenig anfangen, wenn wir ihn nicht ebenfalls erklären, zerlegen und ausdeuten. Hierbei lernen wir ein wichtiges Hilfsmittel erfolgreicher Denkarbeit kennen: den *Denkschlüssel.* Dieser Denkschlüssel bzw. seine Anwendung ist die Methode zur Erzielung einer logischen Arbeitsweise der Denkmaschine, welche wir einleitend forderten. Bitte verfolgen Sie, *wie* ich Ihnen den Begriff „Logik" erkläre und nahebringe, damit Sie mit dieser Erkenntnismethode umgehen lernen:

Mit dem Begriff „richtig" können wir also nur wenig anfangen, untersuchen wir ihn daher auf seine Beziehungen zur Umwelt.

Wir fragen:

Die meisterliche Kunst, richtig fragen zu können.

(Die Anwendung des Denkschlüssels gebietet, immer zu fragen, und zwar so lange, bis ein Gegenstand oder eine Kausal-Reihe [d. h. die Ursachen-Verbundenheit von Wirkungen, Gegenständen und Wirkungen] ganz klar und zweifelsfrei herausgestellt wurde.)

Was ist „richtig"?

Wenn wir etwas nachdenken und dieses Wort nach allen möglichen Seiten wenden und von allen erdenklichen Seiten mit unserem Erfahrungswissen in Beziehungen setzen *(Erfahrungswissen ist dasjenige Wissen, das wir mit unseren Sinnen, durch Beobachtung, Nachprüfung, wie überhaupt durch den Ablauf der Ereignisse usw. als tatsächlich zu Recht bestehend erkannt haben),* kommt uns folgende Gedankenreihe: „Richtig" muß mit „Ordnung" im Zusammenhang stehen, also einer *Ordnung* entsprechen! Was kann ich alles *„richtig"* machen? Zum Beispiel *„richtig schreiben"*, darunter vrstehen wir sich an eine ganz bestimmte, feststehende Schreibregel halten. Weiter kann ich *„richtig bauen"*. Auch hier spielen ganz bestimmte Regeln bzw. Gesetze eine Rolle, denn baue ich *nicht richtig,* wird das Haus schief und wird darum einfallen. *„Richtig"* kann ich auch auf die Ernährung des Körpers anwenden. Mache ich es falsch, verstoße ich ebenfalls gegen ganz bestimmte Gesetze, und die Gesundheit bzw. der Körper kommt in Gefahr. Damit haben wir schon Beispiele genug, um zu erkennen, welch besonderer *Inhalt* und welche besondere Bedeutung dem Begriff „richtig" zukommen. *Dies zu erkennen, war der Zweck dieses Nachdenkens.*

Was ist richtig? Was ist darunter zu verstehen?

Setze ich nun den klar erkannten Begriff „richtig" mit dem Begriff „logisch" in Beziehung, so weiß ich jetzt ganz genau, zumindest in der Erscheinungswelt, was mit Logik und „logisch" gemeint sein muß.

Erkannten wir vorhin diesen Begriff als „Richtigdenken", so ist uns jetzt klar, daß damit ein Denken nach einer Gesetzmäßigkeit bzw. nach einem Ablauf gemeint ist, der ganz streng den naturnotwendigen Zusammenhang von Ursache und Wirkung bei allen Erscheinungen und Geschehnissen berücksichtigt.

Nach diesem Ablauf muß unser Denken funktionieren. Das ist das Gesetz, nach dem die Denkmaschine nicht nur bewußt, sondern auch unbewußt arbeiten muß.

Die Unerläßlichkeit eines guten und umfassenden Erfolgs-Wissens.

„Richtigmachen" und „Richtigdenken" sind immer unlösbar mit der genauen Kenntnis aller Einzelheiten, Gesetzmäßigkeiten, Eigentümlichkeiten und Bezüglichkeiten der Gegenstände unseres Handelns bzw. unseres Denkens verbunden. Auf deutsch:

Nur was ich weiß und ganz genau kenne, kann ich richtig machen!

Darum ist es auch ganz selbstverständlich, daß nur der den größten Erfolg im Leben haben kann, der sein Erfolgswissen auf das gewissenhafteste und sorgfältigste ausbildet. Das Fehlen auch nur eines einzigen Bausteines im Gesamtgebäude des Wissens kann es zum Einsturz bringen, und es ist darum wirklich wahr, was ich früher sagte: *die meisten Fehler des Lebens werden nur aus Unwissenheit gemacht! Aber alles Wissen ist trotzdem für die Katz, wenn es nicht logisch und dadurch schöpferisch verarbeitet wird.*

Der nachfolgende Aufbau zeigt, wie der Weg aussieht, der zum richtigen, also logischen Denken führt:

Die Logik vermeidet sprunghaftes Denken. Jeder Schritt vorwärts muß begründet sein.

1. Stufe:

Schaffung eines umfassenden Wissens über das Gebiet, auf dem man zu bestimmten Überlegungs- bzw. Forschungsergebnissen kommen will.

2. Stufe:

Durchdringung des zusammengetragenen Wissens bis zur völligen Klarheit über jeden einzelnen Begriff.

3. Stufe:

Durch die erlangte Begriffsklarheit weiter vorwärts zur vollkommenen, genauesten Zielklarheit (man muß eindeutig wissen, was man will) und zur logischen Verknüpfung der herausgestellten Begriffe.

Die Grundlage bildet in jedem Falle also das Wissen. Der zweite Schritt ist die Ordnung des Wissens. Das wird erreicht durch eine gründliche Klarheit über alle Begriffe, wodurch wir dann zur Zielklarheit und von da zum erfolgrichtigen, erfolggerechten Denken kommen. *Richtigmachen = Erfolg; Falschmachen = Mißerfolg!*

Diese Erfolgsformel gilt ganz besonders auch hier. Nur die genaue Einhaltung des vorgezeichneten Weges führt zum Ziel! Bitte, halten Sie sich das ständig vor Augen und glauben Sie nicht, daß Sie in den ungeklärten Fragen des Erfolges auf einem anderen Wege zur Klärung und Lösung kommen.

Die Aufgabe des Denkschlüssels · Methodisch Ursachen und Fehler finden.

Nun kommen wir noch zu den Richtpunkten unseres Denkschlüssels. *Wir verstehen darunter also die Methode, mit der wir zu arbeiten haben, um in allen ungeklärten Erfolgsfragen die richtige Antwort zu finden. Es ist die Denkmethode, durch die wir alle bisher erkannten Erfolgspunkte über Zielklarheit und Logik berücksichtigen.*

Es müssen sechs Punkte beachtet werden, die nachstehend ausgeführt sind. Bitte, machen Sie sich diese Punkte gründlich zu eigen und verbinden Sie die daraus sich ergebenden Einsichten mit allen grundsätzlichen Ausführungen über die Gedankenklarheit.

Wenn Sie bis heute an diszipliniertes Denken nicht gewöhnt waren, darum aber auch nicht sonderlich schöpferisch sein konnten, so wird sich der Denkapparat zunächst weigern, nach festen, geordneten Richtlinien zu arbeiten. Trotzdem muß er natürlich aus dieser Schlamperei heraus.

Nur ein absolut logisch arbeitendes Denkvermögen befähigt zu Großleistungen im schöpferischen Denkprozeß!

Wenn Sie Schwierigkeiten bei der Durcharbeitung dieser Fragen haben, so bleiben Sie dennoch fest. Ich verspreche Ihnen, daß Sie ganz bestimmt zu größter geistiger Klarheit kommen, wenn Sie genau so vorgehen, wie es nachstehend angegeben ist.

Denkschlüssel

Das planmäßige Vorgehen beim Aufsuchen, Herausfinden bzw. Folgern einer neuen Erkenntnis oder Erfolgsursache.

1. Zergliederung aller bei einer Denkleistung, also bei einer Überlegung mitwirkenden und in Beziehung stehenden Begriffe bis zur letzten greifbaren Klarheit.

2. Untersuchung, Nachprüfung und richtiger Aufeinanderbau der einzelnen Denkglieder, angefangen beim einfachsten Grundbegriff. (Es muß vor allem die Reihenfolge, d. h. die Aufeinanderfolge der Begriffe, richtig, also zweckrichtig sein. Bei einem Hause kommt erst das Fundament, also das Allerunterste, dann das Erdgeschoß, dann das Zwischengeschoß und dann erst das Dach. So ist die zweckrichtige Aufeinanderfolge von Erdgeschoß, Zwischengeschoß usw. beim Bau eines Hauses. Der Zweck bzw. das *Ziel* ist also das Haus. Nach seinen Gesetzen, Eigenarten usw. hat sich die Aufeinanderfolge zu richten. Genau so ist grundsätzlich auch bei jeder anderen Überlegung vorzugehen! Stets müssen alle Überlegungen vom Zweck aus bestimmt werden. Daher die Notwendigkeit genauester Zielklarheit.)
3. Dann erst
langsames Vorgehen
im spekulativen Denken und
in der Ursachen-Untersuchung!
4. Sofort Halt im Denkprozeß und in einer Gedankenkette wieder zurück zum Ausgangsbegriff, sobald sich die geringste Unklarheit nicht klären will.
5. *Eiserner Grundsatz: In allen wichtigen Fällen niemals mit Schein-Erklärungen zufrieden geben, sondern immer auf den möglichst greifbaren bzw. beweisbaren Grund sehen.*
6. Ständige Kontrolle der *unbewußten* Denkarbeit! Die Denkmaschine muß dauernd überwacht werden. Wir laufen Gefahr, daß sich bei ungenügender Aufmerksamkeit Scheingründe, herrührend aus Fremdeinflüssen und früherer falscher Erkenntnis in den Denkprozeß einschalten.

Ergänzende Überlegungen

Nicht was man meint, sondern was tatsächlich ist!

In allen Fällen des Erfolges kommt es nicht darauf an, was irgend jemand über eine Sache meint, sondern einzig und allein darauf, was richtig ist!

Wir müssen uns gründlich abgewöhnen, in Sachen des Erfolges mit dem Kopf durch die Wand zu wollen! Es geht nun mal nicht, und immer verlangt der Erfolg strengste Anerkennung seiner Gesetze. Dies bedeutet aber nichts Geringeres, als daß wir uns von allen falschen Meinungen über die Erlangung des Erfolges gründlich kurieren müssen. An sich leuchtet das ein, denn jedes Kind kann ja begreifen, daß tatsächlich nur das Erfolg bringen kann, was richtig gemacht wird. Und doch ist ein Haken bei der Sache:

In vielen Fällen wissen wir gar nicht, daß wir eine falsche Meinung, eine falsche Ansicht in unserem Handeln betätigen.

Im Gegenteil, wir schwören sogar darauf, daß wir im Recht sind, bis wir dann im Resultat unseres falschen Handelns die Bescherung erleben.
Man merke sich: *Jeder Mensch hat zu wählen zwischen Klugheit und Verbohrtheit.* Entweder wir handeln so, wie es die Gesetze des Erfolges gebieten, das bedeutet Klugheit, oder wir machen alles nach unserem eigenen Kopfe, und zwar ohne uns um die Erfolgswissenschaft zu kümmern.

Es gibt zwei Wege zur Lebensklugheit: Den Weg des Erkennens, Durchforschens und Studierens und den Weg der traurigen, mühseligen Erfahrung.

Leider gibt es immer noch eine Anzahl Leute, die meinen, der letzte Weg, also der Weg durch mühselige Erfahrung, sei der richtigere, und in dieser tatsächlichen Verbohrtheit rennen sie tagaus und tagein fortgesetzt gegen Mauern. Wenn wir so viel Wert auf Gedankenklarheit legen, so zeigt sich auch hier sehr genau, warum. Untersuchen wir einmal die Situation mit ganz klarem Kopf.

Wie ein Mathematiker ganz nüchtern denken!

Beispiel für den Gedankengang im Sinne des Denkschlüssels.

Also was wollen wir? Ein glückliches, frohes, erfolgreiches Leben führen! — *Wodurch erreichen wir das?* Durch folgerichtiges Vorgehen, Handeln und Verhalten nach den Gesetzen, die beachtet werden müssen, um glücklich, erfolgreich und froh zu werden! — *Worauf kommt es also an?* Auf die *Gesetze* des Erfolges, die vorhanden sein sollen, und die man beachten muß! — *Wie kann ich zunächst Kenntnis dieser Gesetze erlangen?* Kenntnis hängt mit Fassen, Begreifen, Erfahren, Erleben zusammen. Also durch eine Beobachtung meines Lebens, durch meine Erfahrung vermag ich diese Kenntnis zu erlangen. — *Ist das ganz gewiß und wie lange dauert das?* Nein, es ist nicht ganz gewiß, denn wenn ich nicht richtig beobachten kann, kommt mir auch nicht die Kenntnis. So kann es sein, daß wir schon zu einer einzigen Erfahrung unser ganzes Leben nötig haben, um endlich daraus zu lernen. *So ist also das Klugwerden durch eigene Erfahrung zweifelhaft?* Ja, das ist es bestimmt, denn wir wissen nicht genau, ob uns unser Lebensablauf zum Klugwerden aus Erfahrung überhaupt Gelegenheit bietet. Es ist ein Lotteriespiel, weil wir im vorhinein die Chancen und Nieten nicht kennen. *Ja, wir müssen aber doch unter allen Umständen die Kenntnis der Erfolgsgesetze erlangen, weil wir nur dann das Leben bewußt gestalten können, wenn wir genau wissen, wie wir uns zu verhalten haben. Gibt es daher noch einen anderen Weg zur Erlangung des notwendigen Wissens?* Ja, den Weg, den auch die Wissenschaft beschreitet. Es ist der Weg des Studiums der bisherigen Gesamterfahrungen über ein Wissensgebiet. — Kann man denn eigene Erfahrungen durch Wissen ersetzen? Ja, unbedingt, jedoch nur, wenn dieses Wissen auch wirklich *gewußt* wird. *Wieso, besteht denn ein Unterschied zwischen Wissen und Wissen?* Auf jeden Fall! Es gibt viele Leute, die sagen wohl, sie wissen und beweisen auch durch ihr Reden, daß sie wissen, und doch wissen sie im Grunde nicht, weil sie nicht danach *handeln!* Hierauf allein aber kommt es an, wenn ein Erfolg eintreten oder ein Mißerfolg verhütet werden soll. Wenn irgendeine Weisheit wirklich *gewußt* wird, dann steckt sie mir so tief im Blut, daß ich einfach danach handeln *muß!*

Immer kommt d a s zuerst, was notwendigerweise im v o r a u s zu bedenken ist. Es ist also z. B. die Frage zu stellen: Was ist das Wichtigste? Oder: Welche Folgen? Welche Bedingungen? Immer auch Fragen, die sofort erkennen lassen, ob eine Sache überhaupt Sinn hat oder nicht.

Wissen und Wissen ist nicht dasselbe!

Fehler machen wir immer nur, weil uns die Folgen unserer Handlungen nicht gegenwärtig sind! Hier der Beweis: Würden Sie je auf den Gedanken kommen, eine Dynamitbombe in Ihrem Kachelofen zu verbrennen?

Denke immer daran, wo du gehst und stehst: niemals ägern, niemals die Ruhe verlieren, immer positiv sein, ganz positiv! Jeder Ärger schadet nur den Nerven! Es geht auch so, denk daran! Stehe über den lächerlichen Banalitäten des Lebens!

Auf das geglaubte Wissen kommt es an!

Ganz ausgeschlossen! — Ja, und warum nicht? Weil Sie auch *ohne* (!) eigene Erfahrung das Bild einer grauenhaften Verwüstung Ihrer ganzen Wohnung vor Augen haben! Und nur dieses *„absolute Wissen der Folgen"* hält Sie vor dieser Tat zurück. Dieses Beispiel ist zwar etwas kraß, aber es zeigt Ihnen genau, was ich meine. Doch weiter: Wie kamen Sie doch zu diesem absoluten Wissen über die Wirkung des Dynamits? Wenn Sie nicht gerade Chemiker oder Sprengstoffsachverständiger sind, wissen Sie es nicht genau. Oder glauben Sie, daß sich der einfache Mensch z.B. Gedanken über die Luftverdrängung bei der Sprengstoffwirkung macht, wo er doch kaum weiß, daß der Schwede Nobel es war, der 1867 das Dynamit erfand? Also woher hat man dieses Wissen? *Aus Berichten, Erzählungen, aus Gelesenem!* Und wie kam es, daß sich daraus ein so klares und einflußreiches Wissen formte, durch das es uns nie einfallen würde, mit dem Dynamit zu spielen? Weil die Berichte und Erzählungen über die Wirkungen des Sprengstoffes unser *ungeteiltes Interesse* fanden, weil wir uns einfach nach diesem Wissen in unserem Handeln richten *müssen,* wollen wir uns nicht größten Schaden zufügen und zugrunde gehen.

Unser Geist ist nicht gegenwärtig, wir sind immer irgendwie umnebelt, solange wir nicht positiv sind!

Wir sagten: Fehler machen wir immer nur, weil uns die Folgen unserer Handlungen *nicht gegenwärtig* sind! Das werden wir jetzt ganz genau verstanden haben, und daraus ergibt sich auch, weshalb die Menschen in den *großen* Dingen des Lebens eigentlich wenig Fehler machen, desto mehr aber dafür in tausend, ja, zehntausend *kleinen Dingen!*

Das Kleine, Unscheinbare erscheint uns zu unwichtig, zu bedeutungslos, und doch ist das ganze Leben und jeder Erfolg wie auch jeder Mißerfolg nichts anderes als lediglich eine Verkettung von lauter einzelnen kleinen Dingen!

Die Macht der Kleinigkeiten

So ist die Einstellung und Handlungsweise der Alltagsmenschen:

Man schneidet sich nicht den Hals durch, aber man bringt sich langsam um *durch lauter kleine Verstöße gegen die Gesundheit;*

man tobt zwar nicht mit Gewalt gegen seine Umgebung, untergräbt aber desto sicherer jede Sympathie *durch Nichtbeachtung kleiner und kleinster Erfolgspunkte im Umgang;*

man wirft sein Geld zwar nicht mit einem Schlag zum Fenster hinaus, *doch verplempert man es durch hundert Kleinigkeiten;*

man will wohl ein großes Ziel erreichen, *doch denkt man nicht daran, das dazu erforderliche Wissen und Können durch Kleinarbeit aufzubringen;*

Fragen Sie sich selbst: Es geht doch nur alles, wenn man bereit ist, die Ursachen zu beachten und zu schaffen!

man will wohl reich werden, doch man achtet nicht darauf, *daß der sichere Gewinn zuerst nur aus der Summierung von Pfennigen erwächst;*

man will wohl eine häßliche Charaktereigenschaft loswerden, vergißt jedoch, daß die *Selbstbemeisterung bei dem leisesten negativen Gedankenkeim beginnen muß;*

man möchte wohl eine bestimmte geistige Fähigkeit erlangen, vergißt jedoch, *die kleine, unscheinbare Übung Tag für Tag vorzunehmen;*

man möchte wohl starke Muskeln und einen gut trainierten Körper haben, *doch fällt es einem nicht ein, täglich auch nur fünf Minuten Körperschulung zu treiben!*

Und dann steht man da und wagt zu behaupten, man hätte nur deshalb keinen Erfolg, weil es die Sterne nicht wollten, oder weil man kein Glück habe, oder weil die Kraft nicht reicht und der Wille nicht stark genug sei!

Ausreden, lauter faule Ausreden, hochwerte Alltagsmenschen! Aber wir machen da nicht mit! — Diese Einstellung gründet sich natürlich auf *Unwissenheit.* Unwissenheit von den tatsächlichen Ursachen des Erfolges. Alles Große entsteht aus Keimen, aus dem Unscheinbaren, aus dem Einfachsten und Unkompliziertesten. Nur darum ist auch der Erfolg im Grunde genommen eine kinderleichte Sache, und nur darum ist es auch möglich, daß ihn ausnahmslos jeder vernünftige Mensch *erzwingen* kann.

Alles ist im Grunde ganz einfach, man muß nur dieses Einfache tun.

Schwer ist nur jede größere Aufgabe, die wir *mit einem Schlage* lösen wollen, doch sie wird leicht, wenn wir uns gründlich darauf vorbereiten und sie deshalb zunächst in *Unteraufgaben* zergliedern und sie *etappenweise* erfüllen, wie wir das auch bei der Erfolgsplanung lernten.

Für das allgemeine Leben erscheint jedem das selbstverständlich, nur nicht für die Erlangung des persönlichen Erfolges. Dabei steht man auf dem Standpunkt: entweder man hat Erfolg oder man hat ihn nicht. Daß dieser Standpunkt total falsch ist, wird man jetzt begreifen können, und durch richtiges Vorgehen kann tatsächlich aus dem Pechvogel ein Glückspilz werden.

In Verfolg unseres Gedankenganges wissen wir nun auch, daß nicht nur die großen Selbstverständlichkeiten des Lebens ausschlaggebend sind, sondern genau so die *kleinsten* und *allerkleinsten Dinge,* die ja das Baumaterial alles Großen sind. Und wenn wir von dem Erfolgswissen und den Erfolgserfahrungen sprechen, so sind damit neben den großen auch die allerkleinsten Dinge gemeint, die wir kennen und beachten lernen müssen. Ferner ist uns auch klar, daß wir dieses Erfolgswissen (bis auf unerläßliche eigene Erfahrungen) nicht auf dem Wege eigener Erfahrung, sondern durch Studium uns

Denken Sie an Bacon: Der Menschen Wissen und Macht fällt in eins zusammen, weil Unkenntnis der Ursachen den Erfolg vereitelt.

anzueignen haben. Und des weiteren, daß dieses Studium so gewissenhaft wie überhaupt nur möglich durchgeführt werden muß. Nur dann wird es uns zum wirklichen Wissen und bewahrt uns vor Fehlern. Denn nur dann hat das erlangte Erfolgswissen einen Wert, wenn wir uns zufolge dieses Wissens in allen Entscheidungen des Lebens genau so klar und eindeutig richtig, d. h. den jeweiligen Erfolgsgesetzen entsprechend verhalten wie in dem angeführten Beispiel von der Dynamitbombe. In klarer Beachtung unserer Erfolgsformel kann das ja auch gar nicht anders sein: Nur *Richtig*machen kann Erfolg bringen, und jeder Mißerfolg ist stets der absolute Beweis, daß wir irgendeinen Fehler gemacht haben.

Tausend kleine Fehler ergeben den Mißerfolg! Tausendmal in kleinsten Dingen richtig gehandelt, den unbedingten Erfolg!

Kleinigkeiten sind das Geheimnis, immer zur Hauptsache nur Kleinigkeiten!

Vollständig klar wird uns jetzt auch sein, daß der Erfolg wirklich leicht zu erzwingen ist, da es im Augenblick immer nur darauf ankommt, *Kleinigkeiten* zu beachten. Kleinigkeiten, die sich von selbst immer mehr zu einem großen Ganzen zusammenfügen, aus dem dann zwangsläufig und gesetzmäßig der große Erfolg einfach entstehen muß.

Das Fragen nach dem Warum

Zu unseren ganzen letzten Betrachtungen kamen wir durch die erneute Forderung nach *Gedankenklarheit.* Wir begannen mit der Frage: „Was wollen wir?" Bei dem dieser Frage folgenden „Frage- und Antwortspiel" gingen wir unseren früheren Ausführungen über Logik und Begriffsklarheit nach und beachteten damit die wichtigsten Punkte unseres „Denkschlüssels".

Geistige Klarheit verlangt Fragen und immer wieder Fragen nach dem „Warum" und dem Grund der Dinge.

Beim Fragen nach dem „Warum" immer beim Einfachsten anfangen.

Aber nicht sinnloses, sondern *nur folgerichtiges Fragen* führt zum Ziel. Wollen wir irgend etwas Unbekanntes wissen oder hinter den Zusammenhang einer Sache kommen, fangen wir stets beim *Einfachsten* und *Begreiflichsten* an, und *erst dann,* wenn wir uns davon überzeugt haben, daß wir dieses *Einfache* vollkommen verstehen, fragen wir nach dem Nächstliegenden. Wohlverstanden, nach dem *Nächst*—liegenden.

Keinen Sprung im Fragen machen, sondern folgerichtig, in der Aufeinanderfolge richtig, eine Frage aus der andern entwickeln und mit der ersten richtigen Antwort und dem Zweck des Fragens in logische Beziehung setzen.

Dabei ist notwendig, daß wir auch jeden Begriff zuerst bei seiner *sinnfälligen* Seite zu fassen versuchen. Dann erst gehen wir dazu über, ihn mit unseren sonstigen Erkenntnissen in Verbindung zu bringen. Punkt 1 unseres Denkschlüssels verlangt die *vollständige Klarheit* über alle *Begriffe,* die bei einer Überlegung mitzuwirken haben. Das ist auch gemeint, wenn wir von der *sinnfälligen* Seite eines Begriffes sprechen.

Greifbar muß ein Begriff uns werden, ganz genau verständlich, das ist dann auch sinnfällig.

Überlegen Sie bitte den nachfolgenden Satz: *„Nach dem heutigen Stande der Chirurgie ist die Bedeutung der Daktyloskopie für den Erkennungsdienst nahezu überholt."* Wenn Sie jetzt nicht wissen, was *Daktyloskopie*, *Erkennungsdienst* und *Chirurgie* heißen, sind Sie einfach außerstande, zu begreifen, was damit gemeint ist. Und doch ist der Inhalt des Satzes etwas ganz Einfaches und Verständliches.

Ohne Begriffsklarheit keine Möglichkeit zum Erkennen.

Genau wie hier, steht es aber grundsätzlich auf allen Gebieten der Erkenntnis. Nachstehend nun ein besonderes Beispiel für das richtige Erfragen einer Erfolgsursache:

Beispiel:

Wollen wir z. B. wissen, wie wir zum Erfolg kommen, und kennen den Weg nicht dahin, so beginnen wir unsere Überlegung mit der Frage: Was ist Erfolg, bzw. was verstehen wir darunter? (Also ganz unten fangen wir an zu fragen, wirklich beim **Nächstliegenden.**)

Unser Geist ist ratlos, wenn wir ihn nicht darauf bringen, worauf es ankommt.

Antwort: Erfolg ist ein Resultat, ein Ergebnis von irgend etwas. Es muß also, damit es eintritt, irgend etwas vorausgehen. Jetzt untersuchen wir die Antwort. Aus ihr ergeben sich zwei weitere Fragen. Erste Frage: Was für ein Resultat ist in unserem Falle Erfolg? Zweite Frage: Was muß diesem Erfolg vorausgehen? Antwort: Unser Erfolg ist hier Geldverdienen. (Ebensogut kann natürlich auch jeder andere Erfolg gemeint sein, denn Erfolg besteht nicht nur im Geldverdienen!) Nächste Frage: Was ist Geldverdienen? Antwort: Geld für irgend etwas einnehmen. Weitere Frage: Für was kann man Geld einnehmen? Antwort: Für einen Dienst, für eine Leistung, für eine Ware usw. Nächste Frage: Was für einen Dienst kann ich leisten, welche Leistung ist mir möglich? Antwort: Ich bin ein selbständiger Tischler, ich kann also alles anfertigen, was die Leute aus Holz gebrauchen können. Nächste Frage: Was können die Leute gebrauchen? (Hier ergibt sich wieder eine Unterfrage, denn „Leute" ist nicht zielklar genug!) Frage: Was sind Leute? Antwort: Es sind die Kunden und Abnehmer in den verschiedensten Kreisen. Frage: Welche Kreise muß ich beliefern, um Erfolg zu haben? Antwort: Jene Kreise bzw. jene Leute, die etwas gebrauchen können. Frage: Wer kann etwas gebrauchen? Antwort: 1. Leute, die dringenden Bedarf haben, aus irgendeiner Notwendigkeit nämlich, und 2. wer etwas aus Annehmlichkeitsgründen ergänzen, erweitern oder ersetzen will. Frage: Wer braucht dringend irgendwelche Möbel- oder Tischlerarbeiten? Hier folgt jetzt eine genaue Untersuchung aller Absatzmöglichkeiten. Antwort: Möbel- und Tischlerarbeiten werden z. B. gebraucht bei: Wohnungsumzügen, Geschäftseröffnungen, Neubezug von Wohnungen durch jungverheiratete Paare usw.

Bei dieser Aufzählung lassen sich bei eingehender Nachforschung und weiterer Fragenstellung Hunderte der verschiedensten Möglichkeiten anführen, wo überall Möbel- und Tischlerarbeiten gebraucht werden. Aus der Gesamtzahl aller durch das genaue Fragen gewonnenen Möglichkeiten werden dann jeweils wieder die nächstliegenden untersucht und mit den eigenen Möglichkeiten in Beziehung gebracht. Und so wird gesiebt und gesiebt und gefragt und gefragt, bis immer mehr der eigentliche und dann auch gangbare Weg zum Erfolg in Erscheinung tritt.

Immer fragen und fragen und sieben und sieben, nicht glauben, daß wir schon gleich alles wissen.

Mag auch manchem das sich recht einfach anhörende, fortgesetzte Fragen und Antworten auf den ersten Blick überflüssig erscheinen, so liegt aber dennoch gerade darin eines der größten Geheimnisse der *Gedankenklarheit*, der *Logik* und damit des *Erfolges*. Das wird sofort offenbar, sobald man sich

an die Ausdeutung und Zerlegung einer schwierigen Materie heranmacht. Was wir grundsätzlich durch das Beispiel begreifen sollen, ist die außerordentliche Leichtigkeit, mit der wir auf diesem Wege zu den Ursachen des Erfolges kommen. Wir müssen uns nur die Mühe nehmen, beim Folgern und Überlegen richtig vorzugehen.
Als Ergebnis unseres Nachdenkens wollen wir ständig vor Augen haben:

Alle technischen Hilfsmittel des Erfolgs-Systems ausnutzen und sich noch immer neue dazu erfinden. Sobald man sich erst richtig vertraut gemacht hat mit den obwaltenden Gesetzmäßigkeiten, kommt ein guter Gedanke nach dem andern ganz von selber.

Erst wenn ich ganz genau weiß, was ich tun muß, um Erfolg zu haben, kann ich erfolgreich vorgehen!

Hiermit, mein verehrter Leser, wollen wir diese wichtigen Ausführungen über den Denkschlüssel beschließen. Erinnern will ich noch daran, daß wir zur Sammlung und Bearbeitung des Wissens selbstverständlich die Kartei des Wissens und auch das Zettelsystem benutzen. Im übrigen bilden die Ausführungen dieses Kapitels die Fortsetzung und Ergänzung aller Darlegungen über die geistige Arbeit des positiven Tatmenschen. Nutzen Sie die Erkenntnisse, mein verehrter Leser, Sie erzielen erstaunliche Leistungen.

XII. TEIL

DIE GEISTIGEN URSACHEN DER AUSDAUER

Überwindung der Unlust — Ring der Leistungssteigerung

Kein Segen kommt dem der Arbeit gleich, und nur der Mensch, der sein ganzes Leben lang mit Leib und Seele gearbeitet hat, kann sagen: „Ich habe gelebt!" *Joh. Wolfg. v. Goethe*

Kein „Erfolgs-Möchter" sein, sondern wirklich ein positiver Tatmensch!

Mein verehrter Leser! Der VI. Teil, das Kapitel über die bewußte Lebensführung, wurde mit einem sehr wichtigen Ausspruch von Francis Bacon eingeleitet: *„Der Menschen Wissen und Macht fällt in eins zusammen, weil Unkenntnis der Ursachen den Erfolg vereitelt."* Jawohl, Unkenntnis, und wir wissen auch warum, weil wir tatsächlich nur dann richtig handeln können, wenn wir wissen, was wir zu tun haben. Diese Feststellung zieht als roter Faden durch unsere ganze Schulung, und immer wieder sagten wir uns deshalb: Nur Richtigmachen schafft Erfolg, Falschmachen unbedingt Mißerfolg. In enger Beziehung steht diese Erkenntnis auch mit den Ursachen der Ausdauer.

Es gibt Menschen, die ich als *„Erfolgsmöchter"* bezeichne. Diese Menschen *wollen* wohl gern Erfolg haben und sie studieren auch seine Ursachen, doch kommen sie nie zu positiven Taten. Die Taten allein sind es aber doch, die uns befreien und emporheben.

Fangen diese „Erfolgsmöchter" wirklich einmal an zu handeln, so geraten sie bei der ersten Schwierigkeit schon wieder ins Stocken. Damit ist an ein Weiterkommen natürlich nicht zu denken, denn ohne *ausdauerndes Vorwärtsstreben* auf gleicher Wegstrecke gibt es keinen Fortschritt. Da leider sehr viele an dieser mangelnden Ausdauer leiden — es ist wirklich ein Leidenszustand — ist es erforderlich, die Ursachen dieses Übels klar zu erkennen. Daß mangelnde Ausdauer eine *Hemmung des Erfolges* ist, ist einleuchtend, daß diese Hemmung jedoch meist die Auswirkung einer regelrechten *seelischen Hemmung* ist, wissen nur wenige. Analysieren wir den Zustand eines Menschen, der an diesem Übel leidet, so stellen wir regelmäßig eine *Lustlosigkeit* fest, die sich einstellt, wenn eine bestimmte Tätigkeit — körperlich oder geistig — ausgeübt werden soll. In Verbindung damit tritt eine mehr oder minder starke *körperliche Ermüdung* auf. Diese Er-

Lustlosigkeit und körperliche Ermüdung.

müdung kommt jedoch nur in ganz seltenen Fällen unmittelbar durch die jeweilige Arbeit, sondern sie tritt einfach ein, wenn wir *keine Lust* mehr haben. Als erstes gilt es darum auch festzustellen, daß wir in dieser Ermüdung keine *echte* Ermüdung des Körpers vor uns haben, sondern vielmehr ein *Streiken des Körpers.* Er will einfach nicht, er versagt, und zwar, weil seine Herrin, die Seele bzw. unser innerer Mensch versagt. Das geht soweit, daß wir bei einer Arbeit — vor Faulheit, sagt man — regelrecht einschlafen und sogar ständig einschlafen. Stellen wir uns jedoch auf eine andere Arbeit um, oder auf ein — *Vergnügen,* so ist der Körper sofort wieder da und tut seine Pflicht mit allen Nerven. Das Besondere ist aber nun nicht etwa das Eintreten der Müdigkeit und Lustlosigkeit an sich, sondern, daß dieser Zustand *gegen unseren guten Willen* eintritt, denn wir *wollen* ja die vorgenommene Arbeit tun, wir *wollen* ja studieren, wir *wollen* ja Körperschulung treiben, wir *wollen* ja ein bestimmtes Ziel erreichen.

Der Körper streikt!

Faulheit und Vergnügen.

Daß es nicht immer an der körperlichen Verfassung liegen kann, wenn wir lustlos und müde werden, ersehen wir daraus, daß wir auf anderen Gebieten, in unserer Berufsarbeit z. B., eine sehr große Ausdauer entwickeln. Ebenso zeigt sich eine große Beharrlichkeit in der Verfolgung unserer Liebhabereien, unserer Steckenpferde. Bis in den hellen Morgen hinein können wir einen spannenden Roman lesen, stundenlang können wir tanzen, und so mancher nächtelang Skat spielen. Nur wenn es an eine *Bildungsarbeit* geht, dann wird gestreikt, dann sind wir zu müde, dann haben wir keine Lust. Und das alles, trotzdem wir so gerne *möchten* und uns schon tausend Vorwürfe gemacht haben, daß wir zwar immer wieder wollen, aber nicht *handeln.* Was ist denn nun eigentlich der Generalnenner für diesen leidigen Zustand? Mein verehrter Leser, es gibt nur eine Antwort darauf: Es sind die Bedingungen zu der kritischen Tätigkeit nicht erfüllt, wodurch die Arbeit unserem Geiste und auch unserem Körper einfach zu *schwer* wird, und nur deshalb tritt die Unlust ein. Ja, zu schwer, trotzdem die Arbeit, genau genommen, vielleicht ganz leicht ist. Denken wir hierbei z. B. an das Schreiben eines Briefes. Ist es nicht so, daß viele Menschen lieber Kohlen schleppen, bevor sie einen Brief schreiben? Man hat eine förmliche Angst vor dem Schreiben, trotzdem es doch die einfachste Sache von der Welt ist. Entschließt man sich trotzdem zum Schreiben, vielleicht, weil man muß, dann sitzt man stundenlang am Tische und druckst und druckst und bekommt nur mit größter Mühe ein paar vernünftige Sätze aufs Papier. „Schwerarbeit! Wirkliche Schwerarbeit und nur nicht so schnell wieder!" Und diese ganze fürchterliche Anstrengung — eine Anstrengung ist es tatsächlich für viele Menschen —, trotzdem man nur die gleichen Worte aufzuschreiben brauchte, die man jemandem persönlich sagt. Aber gerade hier sitzt der Haken. *In dem Augenblick, wo man schreiben will, ist der Kopf wie leer und nicht ein einziges Wort, trotzdem man alles vorher wußte, will einem einfallen.* Wiederholt sich ein solcher Zustand mehrmals, so bleibt ein derartiges *Unbehagen* im Innern zurück, daß schließlich eine völlige Abneigung gegen das Schreiben eintritt, die sich bis zum Schreibkrampf auswirkt. Und warum, ebenfalls nur, weil die Bedingungen zur Erledigung der Arbeit nicht erfüllt wurden. Es ist eine Erfahrungstatsache, daß nur durch derartige *Unlustzustände* viele Handwerker

Berufsarbeit und Steckenpferde.

Die Bedingungen sind nicht erfüllt.

Das Briefeschreiben.

und Gewerbetreibende sich andauernd um die Erledigung ihrer Buchführungsarbeiten herumdrücken und tausend Ausreden, auch vor sich selber, suchen, nur um sie nicht zu machen. Ständig hört man die Ausrede „ich komme nicht dazu", obwohl man klar nachweisen kann, daß noch viel mehr Zeit als dazu nötig wäre, durch Gespräche oder unwichtige Beschäftigung verlorengeht. Selbstverständlich soll das kein Vorwurf sein, sondern vielmehr Zusammenhänge aufdecken helfen, die jedem von uns den Erfolg erschweren. Denn genau so, wie die Nichterledigung der Buchführungsarbeiten den Geschäftsmann schädigt, weil sie eine positive Entwicklung seines Unternehmens verzögert, hindern wir durch die Nichterfüllung unserer Erfolgsvoraussetzungen das eigene Vorwärtskommen. Wir wissen alle: Nur die Tat entscheidet und die Ausdauer siegt! Absolut richtig, aber was hilft das, wenn wir die zum Streben notwendige Ausdauer nicht haben und uns dauernd Unlustzustände überkommen, gegen die wir selbst beim besten Willen nicht aufkommen? Denn damit ist es nicht getan, daß wir dem Ratschlag Neunmalweiser folgen, die uns weiter nichts zu sagen wissen als: Reiß dich zusammen! Gewiß, zusammenreißen müssen wir uns, doch reicht leider einfach die Kraft nicht aus, um auf die *Dauer* dieses Zusammenreißen beizubehalten. Und wenn es einigen dennoch gelingt, so sind das die ganz starken, ganz zähen Naturen, alle anderen fallen um. Ergebnis: Nur wer einen *starken Willen* hat, kommt vorwärts und setzt sich durch! Die übliche Ansicht über den Erfolg, mit der wir jedoch glücklicherweise in einigem Widerspruch stehen. Insofern, wie Sie ja wissen, mein verehrter Leser, als wir ja die *Erkenntnis* und nicht den Willen als die eigentliche Erfolgsmacht ansprechen. Und das mit Recht, denn gerade auch der Mangel an Ausdauer beweist es. Das wird Ihnen klar, wenn wir jetzt an die *Bedingungen* denken, die bei der Verrichtung einer Arbeit erfüllt werden müssen, und ohne deren Beachtung ja gerade der Unlustzustand und die Ermüdung eintreten.

Die übliche Ausrede: „Ich komme nicht dazu!"

Ich sprach vorhin davon, daß durch Nichterfüllung der Bedingungen die auszuführende Arbeit zu schwer sei. Ja, das ist sie und darum kann auch nur der starke Wille bzw. die starke Konzentration dagegen an und sie bezwingen. Es ergibt sich daraus diese Folgerung: Sind die Bedingungen erfüllt, ist die Arbeit leicht, wodurch auch ein kleiner oder schwacher Wille sie bezwingt. Verstanden? Ja, bis auf die Bedingungen! Natürlich, denn darüber sprachen wir ja noch gar nicht, obwohl sie ganz leicht zu erfassen sind. Also hören Sie bitte: Wir haben in unseren früheren Kapiteln, speziell im IV. Teil, „Das Geheimnis der Erfolgskraft", ganz ausführlich das Problem des Willens und der Willenskraft behandelt. Als Haupterkenntnis hörten wir dort: Willenskraft ist *Kraftfreiheit,* Willensschwäche *Krafthemmung!* Dieser Satz führt zur Lösung des Rätsels und bestätigt uns auch, daß *„Mangel an Ausdauer"* und der mit ihr auftretende Zustand der Arbeitsunlust und Ermüdung die Auswirkung einer regelrechten seelischen Hemmung sind. Einer Hemmung, die verhindert, daß die *innere Apparatur,* aus der die Willenskraft quillt, bzw. durch deren Funktion die *Kraft zum Können* in Erscheinung tritt, sich voll und ganz auf das Gelingen einschaltet. Hierdurch arbeitet nur unser guter Wille, der die Leistungen der schwer behinderten geistigen Apparatur regelrecht mit Gewalt, d. h. durch stärkste Konzentration erzwingt, bzw. ihr diese Leistungen buchstäblich abpreßt. Und nur unter diesen

Der gute Wille muß auf die Dauer versagen, wenn es nicht gelingt, die inneren Reibungen, die Hemmungen auszuschalten.

Umständen wird die Arbeit zu einer Quälerei und auf die Dauer undurchführbar. Daß es nicht an einem *inneren Kraftmangel* liegen kann, beweist die Tatsache, daß wir auf anderen Arbeitsgebieten Leistungskraft und Ausdauer entwickeln. Dessenungeachtet *fühlen* wir aber einen Kraftmangel in der kritischen Sache, und die *Ermüdung* bei der betreffenden Tätigkeit tritt ja auch tatsächlich ein. Nur darum ist man ja auch so fest davon überzeugt, daß man etwas Bestimmtes nicht kann und — nie können wird, eben, weil man seine Ohnmacht wirklich *fühlt*. Daraus ergibt sich dann die Vorstellung von der eigenen Willensschwäche, und, dem folgend, ein ganzes Heer von Minderwertigkeitskomplexen.

Trotzdem ist das alles Unsinn, denn man kann auch das, was man erst nicht kann, — und sogar ganz leicht kann man es, und zwar in dem Augenblick, wo es gelungen ist, ohne Reibung die innere Apparatur zur Tätigkeit zu bringen. Hierin liegt das ganze Geheimnis, denn ist erst der innere Mensch zur Leistung eingespannt, tut sich jede Arbeit so gut wie von selbst.

Zum Verständnis dieser Zusammenhänge denken Sie einmal an das Laufen. Nun, ist es nicht so, daß die Beine von selber sich bewegen, wenn Sie mit Ihren Freunden einen Ausflug machen? Oder denken Sie bei jedem Schritt über die Zusammenziehung der Muskeln nach? Und wenn Sie ermüdet sind, hat da nicht eine flotte Musik sofort Einfluß auf die schwach gewordenen Knochen? Natürlich, natürlich, also muß der Laufapparat zusammenhängen mit dem *seelischen* Mechanismus. So ist es, und nur aus ihm entspringt auch das *„Schwerfallen"* des Laufens, wenn Sie es mit *Unlust* tun. Dann denken Sie weiter an das Sprechen. Es ist doch so, daß der Mund ganz von *allein* spricht, wenn Ihnen Gedanken in den Sinn kommen, die Sie einem andern mitteilen wollen. Oder ist es etwa so, daß Sie mit Überlegung und Willensanstrengung den Mund auf- und zumachen und zu bestimmten Vokalen oder Konsonanten formen? Nein, ganz allein, ganz automatisch geht das alles, und nur ein Stichwort braucht die innere Apparatur, das Unterbewußtsein, um gleich eine ganze Schwadron von Wörtern zu bilden. Vorausgesetzt — aha, jetzt kommen wir dahin, wohin wir wollen — daß wir innerlich nicht *gehemmt* sind. Noch eins: Haben Sie schon einmal einen Wüterich beobachtet und festgestellt, wie ihm, *ohne jede Überlegung,* Schimpfwort um Schimpfwort aus dem Munde kommt? Wörter, die er später überhaupt nicht gesagt haben will? Wissen Sie, daß man von einem solchen Menschen sagt: „Er weiß nicht, was er tut?" Aber er tut doch etwas, *wer* also tut es? — Das innere Ich, das Unterbewußtsein! — Und dann weiter: Glauben Sie, daß eine Kraft, die vollkommen logisch *Negatives* fertig bringt, wie im vorstehenden Falle das Bilden der Schimpfwörter, nicht ebenso logisch und auch vollkommen von selbst *Positives* und *Vernünftiges* tun kann? Auch das muß zugegeben werden, denn wenn die Beine von selber richtig laufen, ist das ja auch logisch und vernünftig. Sehen Sie, damit packen wir das ganze Problem bei der Wurzel.

Laufen und Sprechen.

Der Wüterich!

Wer tut es?

Der innere Mechanismus der Seele und unseres Geistes kann vollkommen selbständig arbeiten, sofern er nur richtig eingeschaltet ist.

Dann aber, wenn er von selber arbeitet, arbeitet er wie im Spiel mit einem Minimum von Kraftaufwand.

Die Arbeit im Spiel!

Und *spielt* er nicht, dann reiben sich also seine Lager, um es bildlich auszudrücken. Ja, so ist es, und darum müssen wir eben sehen, daß er spielen lernt. Jetzt kommen wir zur Unlust und zu ihrer Beseitigung durch die Erkenntnis, denn die Unlust ist es nämlich, die das einwandfreie Arbeiten der inneren Apparatur verhindert. Doch hierzu die Hauptsache:

Diese Unlust entstammt nicht unserem bewußten Wollen, sondern wird ebenfalls durch den inneren Mechanismus hervorgerufen. Es ist gewissermaßen die Sprache des Unterbewußtseins, das uns sein Nichtkönnen bzw. Gehemmtsein gefühlsmäßig vermittelt. Die Ursache dafür ist das mangelnde Erkennen der Leistungsmöglichkeit und der fehlende Impuls zum Schaffen durch die mangelnde Freude und das geringe Interesse.

Ein regelrechter Kreislauf! Mehrfach lesen, die Zusammenhänge müssen gut erfaßt werden.

Wir erleben einen regelrechten Kreislauf der Wirkungen, wie Sie gleich sehen werden. Wir gehen dabei von der Frage aus, ob sich unser Geist zu entfalten vermag (oder auch unser Körper). Diese Entfaltung ist absolut möglich, wenn wir uns ausdauernd mit der Ausbildung unserer Fähigkeiten beschäftigen. Diese Ausdauer, so stellten wir fest, fehlt bei vielen. Der Grund ist das Unlustgefühl bei der Arbeit und die festgestellte „Schwere" der Arbeit. Diese Schwere entsteht, weil sich das innere Ich nicht genügend betätigt. Das innere Ich betätigt sich deshalb nicht, weil kein Impuls durch Freude und Interesse da ist. Weil das innere Ich sich nicht richtig betätigt und Sie trotzdem arbeiten, entsteht das Unlustgefühl, dieses Unlustgefühl läßt die Freude an der Arbeit immer kleiner werden. Die immer kleinere Freude betätigt das Unterbewußtsein immer weniger. Dadurch wird die Hemmung des inneren Mechanismus immer größer, wodurch die Arbeit immer schwerer fällt und das Unlustgefühl stärker und stärker wird, bis schließlich die Arbeit gänzlich aufhört.

Die Macht der Erkenntnis.

Sie sehen, ein regelrechter Kreislauf, der mit Sicherheit jede Ausdauer vernichtet, wenn, nun wenn ihm nicht durch die *Macht der Erkenntnis* ein Riegel vorgeschoben wird.

Ja, so ist es bei den meisten Menschen.

Wie genau das stimmt, erzählt uns das tägliche Leben. Bei 99 von 100 Menschen ist es so: Erst wird eine Sache, die Ausdauer und Arbeit kostet, mit größter Begeisterung aufgenommen. Man geht ran wie ein Besessener und glaubt schon an den Sieg. Dann läßt langsam, erst ganz langsam, das Interesse nach, weil die ersten Anzeichen des Unlustgefühls sich bemerkbar machen, das mangelnde Interesse lähmt den inneren Menschen und verstärkt dadurch die Unlust so, daß schließlich der ganze Plan fallen gelassen wird. Zehntausendmal kann man das beobachten, und nur in den Dingen und Zielen wird standgehalten, hinter denen entweder ein Zwang oder eine *echte Erfolgsüberzeugung steht.* Apropos, Erfolgsüberzeugung! Das ist es, worauf es uns hier ankommt, mein verehrter Leser!

Das Interesse läßt meistens nach, weil man nicht s o f o r t einen Erfolg sieht und nicht bedenkt, daß jedes Wachstum Zeit braucht. Also nur Kurzsichtigkeit und wiederum Mangel an Erkenntnis.

Sie werden mit absoluter Sicherheit zur ausdauernden Arbeit an sich und der Ausbildung Ihres Geistes kommen, wenn Sie bejahen lernen, daß auch für Sie die Arbeit sich lohnt. Doch weiter: wann können Sie bejahen? Antwort: indem Sie sich durch meine Darlegungen hineinführen lassen in die gesetzmäßigen Vorgänge der Entfaltung Ihres Geistes, womit ich Ihnen den Beweis erbringe für die Möglichkeiten, die auch in Ihnen liegen. Folgen Sie meinen Ausführungen recht aufmerksam und leben Sie sich vollständig hinein in die Erkenntnisse eines zielbewußten positiven Lebens, so wird zwangsläufig der Glaube an das eigene Können immer größer und fester werden. Dann aber werden Sie gern mit äußerstem Fleiß an sich arbeiten, weil Sie die großen Vorteile dieser Arbeit klar erkennen. Und das nicht etwa mit einem Empfinden von Anstrengung, sondern ganz spielend und mit größter Genugtuung und Freude. Das ist es ja überhaupt, worauf es ankommt und was erreicht wird durch die Erkenntnis. Auch hierbei haben Sie wieder einen Kreislauf. Diesmal läuft er aber anders herum. Es ist der Kreislauf des großen Schaffens, wie wir ihn nennen können.

Der Ring beginnt mit der Macht der Erkenntnis. Durch sie verschaffen Sie sich die Überzeugung, daß Sie bei ernster Verfolgung Ihrer Ausbildung und Ertüchtigung bestimmt Ihre Leistungsfähigkeit und Ihr Können von Tag zu Tag steigern. Diese Überzeugung schafft ein großes Interesse an der Ausbildungsarbeit, wodurch sich zwangsläufig das Unterbewußtsein betätigt. Hierdurch fällt die Arbeit immer leichter, was die Liebe zu ihr ständig steigert. Immer konzentrierter und freudiger gehen Sie an Ihre Ausbildung heran, was in steigendem Maße den inneren Mechanismus zu selbständiger Arbeit bringt und schließlich geht alles, alles ganz von selbst.

Auch im einfachsten Menschen werden große Kräfte frei!

Ganz Außerordentliches wird möglich, mein lieber Leser, und auch im einfachsten Menschen werden große Kräfte frei. Das ist ja auch verständlich, denn in uns waltet ja die Natur, und die kann — alles! Blicken Sie empor zu den führenden Geistern der Menschheit, um ein rechtes Bild menschlichen Könnens zu erhalten. Mancher große Sprachgelehrte spricht — bitte, das ist menschenmöglich — über 100 verschiedene Sprachen. Dabei ist der Kopf eines solchen Mannes auch nicht größer als der Ihre. Beweis dafür, was alles hineingeht in so einen Kopf. Wie ist nur möglich, daß all die vielen Hunderttausende, ja Millionen Einzeleindrücke gedächtnismäßig verarbeitet werden können? Ist es nicht einleuchtend und absolut sonnenklar, daß der Mensch doch noch etwas mehr sein muß als nur Fleisch und Blut? Glauben Sie mir, ich spreche nicht umsonst soviel von der Seele des Menschen, ich weiß schon warum. Das Gehirn ist nichts anderes als ein fein geartetes Instrument der Seele. Wir bedürfen seiner, aber die Seele selber ist es nicht. Und der Geist, das ist das *Bewußtsein* der Seele. Erkennen wir als die Ursache der Seele die *göttliche Natur,* dann wird uns auch klar, daß wir mit zunehmender Entfaltung unseres Geistes, was einer Evolution, einer Emporentwicklung der Seele entspricht, auch immer Größeres leisten können.

Deshalb begeistern Sie sich an Ihrer Vollendung, mein verehrter Leser, und streben Sie danach, täglich zu wachsen!

Vielleicht stehen Sie in einer führenden Stellung. Mit höherer Erkenntnis werden Sie eine noch viel größere Verantwortung tragen können als bisher. Wenn Sie in Ihrem Erkennen wachsen, wachsen Sie gleichzeitig als Charakter und Persönlichkeit. Das ist gut für uns alle, denn der führende Mensch kann gar nicht erkennend genug sein. Es ist angebracht, uns an dieser Stelle an Goethes Faust zu erinnern: *„Nur wer immer strebend sich bemüht, den können wir erlösen."*

Was der Mensch vermag

Wir hörten schon einmal:

Wünsche sind die Vorboten der Fähigkeiten, die in uns liegen!

Das sagt uns kein geringerer als Goethe. Es scheint übertrieben, so zu denken, und doch ist es so. Die Frage ist nur, ob wir den Willen aufbringen, um den Bedingungen zu entsprechen, die das Erwachen der Fähigkeiten bewirken. Ob wir bereit sind, den *Preis* zu bezahlen, ohne den dieser Erfolg nicht zu haben ist. Die positive Beantwortung dieser Frage entscheidet darüber, was aus uns werden wird im Laufe der Jahre, ob wir uns eines Tages einreihen dürfen in die Reihen der Erfolgreichen oder ob der „Knopfgießer" auf uns wartet.

Vergegenwärtigen Sie sich die Möglichkeiten eines intensiven Schaffens an den Leistungen der Großen der Welt:

Vorbilder zeigen uns, wie es sein wird, wenn wir am Ziele sind!

Jeder ist imstande, aus seinem Leben ein Meisterwerk zu machen!

Nicht jeder kann ein Robert Koch, ein Justus v. Liebig, ein Werner v. Siemens oder ein Edison werden, aber doch, irgendwie eine bedeutende Lebensleistung kann jeder vollbringen, sofern er es nur wirklich ernsthaft und ganz entschlossen will. Jeder ist imstande, aus seinem Leben ein Meisterwerk zu machen, und sei es, daß er wenigstens als Mensch kein Versager ist.

Viele glauben sich mit vierzig Jahren schon zu alt, um noch nennenswerte Leistungen fertigzubringen. Tatsache ist, daß dann erst das Leben richtig beginnt. Hat man bis zu dieser Zeit sein Nervensystem schon stark heruntergewirtschaftet, so muß eine gründliche Regeneration eingeleitet werden, die unbedingt möglich ist, wenn man nach den Lehren des Erfolgs-Systems vorgeht. Wenn irgendwo, so zeigt sich hier die umwälzende Bedeutung der Macht der Erkenntnis.

Geistige Regsamkeit wirkt lebensverlängernd!

Ein ganz beträchtlicher Teil der bedeutendsten Persönlichkeiten der Welt kam erst nach dem fünfzigsten Lebensjahr in die Zeit des großen Schaffens. Bei richtiger Beanspruchung und kluger Behandlung läßt die Leistungsfähigkeit des Geistes im Alter nicht nach, sondern nimmt zu. Auch die körperliche Frische und Gesundheit stehen in Wechselbeziehung zum geistigen Schaffen. Intensive Regsamkeit wirkt lebensverlängernd, insbesondere, wenn damit eine positive Lebensführung verbunden ist und die Lebenskraft nicht durch Leidenschaften aufgezehrt wird. Man muß sich darüber klar werden, ob man seine Kräfte zur Hauptsache dem Lebensgenuß oder einer beglückenden Aufgabe dienstbar machen will.

Tizian: 1477—1576.

In bestaunenswerter Fruchtbarkeit und ungebrochener Gestaltungskraft schuf *Tizian*, der große Maler der venezianischen Hochrenaissance, bis an seinen Tod Kunstwerke von unerhörter Mannigfaltigkeit, und erst die Pest nahm dem Neunundneunzigjährigen den Pinsel aus der nie erlahmenden Hand.

Michelangelo: 1475–1564.

Michelangelo übernahm als Einundsiebzigjähriger die Fertigstellung der Peterskirche in Rom, und trotz aller Hemmnisse förderte er den Bau so, daß die berühmte und unvergleichliche Kuppel nach seinem Entwurf fertiggestellt werden konnte.

Giuseppe Verdi: 1813–1901.

Giuseppe Verdi bietet im Bereich des musikalischen Schaffens das Beispiel eines ständigen Wachsens mit zunehmendem Alter. Hatte er in den Jahren um die Sechzig mit der Oper „Aida" bereits die Stufe des Dramatikers erreicht, so konnte er nach einer auffälligen Ruhepause von zwölf Jahren in seinen beiden letzten Opern „Othello" und „Falstaff" verwirklichen, was ihm als Lebensziel vorschwebte. Als Fünfundachtzigjähriger schuf er dann, zu fast überirdischer Reife abgeklärt, die „Vier religiösen Stücke".

Thomas Alva Edison: 1847–1931.

Thomas A. Edison, der geniale Erfinder auf dem Gebiet der Elektrotechnik, leitete seine Laboratorien und Fabriken bis zum Tode selbst. Während seines langen Lebens war er nicht einen Tag krank, konnte mit einem Minimum an Schlaf auskommen und wurde zum erstenmal am letzten Abend seines Lebens müde. Bezeichnend ist sein Ausspruch, daß zum erfolgreichen Erfinden 1 Prozent Inspiration und 99 Prozent Transpiration gehören.

Immanuel Kant: 1724–1804.

Immanuel Kant wurde erst in Annäherung an die Sechzig zu dem kritischen Denker, als der er dann zum klassischen Repräsentanten der Aufklärungsphilosophie aufstieg. Mit 57 Jahren: „Kritik der reinen Vernunft." Als Einundsiebzigjähriger: „Zum ewigen Frieden". Mit 74 Jahren: „Streit der Fakultäten".

Samuel Hahnemann: 1755–1845.

Eine überaus große Vitalität bewahrte sich fast bis zum 90. Lebensjahr der Begründer der Homöopathie *Samuel Hahnemann.* Nach einem kampfreichen Leben verließ er, 66jährig, seine Leipziger Dozentur und folgte einem Rufe als Leibarzt des Herzogs von Anhalt-Köthen. Hier faßte er seine Erfahrungen in einem vierbändigen Werk über die chronischen Krankheiten zusammen, das 1828 erschien, und es hatte den Anschein, als ob damit das Leben des Forschers abgeschlossen sei. Statt dessen heiratete Hahnemann mit 80 Jahren eine junge Französin und eröffnete in Paris eine neue, höchst erfolgreiche Praxis, die er bis zu seinem Tode ausübte.

Wilhelm Wundt: 1832–1920.

Ebenfalls zu einer erstaunlichen Altersleistung brachte es *Wilhelm Wundt,* der bekannte Psychologe. Nicht nur, daß er bis zum 85. Lebensjahr sein Lehramt innehatte, wandte er sich in seinen beiden letzten Lebensjahrzehnten dem neuen Gebiet der Völkerpsychologie zu, das er in einem zehnbändigen Werk erschloß.

Gottfried Galle: 1812–1910.

Auch *Gottfried Galle,* der bedeutende Astronom und Entdecker des Neptun, kam zu einem fruchtbaren Schaffen im späten Alter: Mit 82 Jahren veröffentlichte er noch ein grundlegendes Werk über berechnete Kometenbahnen, während er bis zu seinem 85. Jahre der Breslauer Sternwarte als deren Leiter verbunden blieb.

Karl Friedrich Gauß: 1777–1855.

Galle gleichzustellen in seinem Altersschaffen ist der große Meister der höheren Mathematik und der Astronomie *Karl Friedrich Gauß,* dem die ungewöhnliche Schärfe und Klarheit des wissenschaftlichen Denkens bis zu seinem Tode treu blieb.

Christoph Wilhelm Hufeland: 1762–1836.

Gedacht sei in dieser Hinsicht auch des berühmten Arztes *Christoph Wilhelm Hufeland,* der ebenfalls bis nahe an seinen Tod weder die Feder noch seine Praxis ruhen ließ.

Eine besondere Beachtung verdient das Lebenswerk des großen Musikers *Franz Liszt.* Er verkörpert einen überaus seltenen Fall von Schaffenskraft: In jüngsten Jahren bereits ein Wunderkind, entfaltete er bis in ein hohes Alter als Komponist eine geniale Fruchtbarkeit.

Franz Liszt: 1811—1886.

Desgleichen das Lebenswerk *Leonardo da Vinci's,* der universellsten künstlerischen Erscheinung der italienischen Renaissance. Schöpfer des Abendmahls im Kloster St. Maria della Grazia bei Mailand und der berühmten „Mona-Lisa" im Pariser Louvre. Genialer Maler, Bildhauer, Denker, Anatom und Erfinder in einer Person. Von seinem Schaffen hat sich bis zu uns noch nicht ein Prozent erhalten, trotzdem wird er stets an erster Stelle genannt, wenn von großen künstlerischen Leistungen gesprochen wird. Auch Leonardo war bis zu seinem Tode beseelt von höchster Schaffenskraft.

Leonardo da Vinci: 1452—1519.

Von geradezu geschichtlicher Einzigartigkeit ist das Spätaltersschaffen *Johann Wolfgang Goethes* mit seinem späten Liebeserlebnis mit Ulrike von Levetzow als Dreiundsiebzigjähriger. Als Liebender gescheitert, entlud der Titan seine ungebrochene Kraft in einer neuen Schaffensperiode, in deren Mittelpunkt, neben der Beendigung anderer Werke, der zweite Teil des „Faust" stand. Als Einundachtzigjähriger befand er sich in produktiver Hinsicht niemals wohler als gerade in dieser Zeit. Dies nach seinen eigenen Worten zu Eckermann.

Johann Wolfgang v. Goethe: 1749—1832.

Die Aufzählung der Lebens- und Altersleistungen bedeutender Menschen könnte beliebig lange fortgesetzt werden und sie würde Hunderte, ja Tausende klingender Namen umfassen, Namen wie den *Theodor Mommsens,* des großen Deuters der römischen Antike, der mit 82 Jahren sein drittes Hauptwerk über die Geschichte Roms veröffentlichte, oder des Gründers des Deutschen Museums, *Oscar v. Miller,* der mit 75 Jahren noch fähig war, ein Gutachten über die Elektrizitätsversorgung Deutschlands zu bewältigen, oder des Erfinders der dynamo-elektrischen Stromerzeugung, *Werner v. Siemens.* Dazu die Großen unserer Zeit, eingeschlossen alle, die noch am Leben sind und Tag für Tag unter Beweis stellen, was ein Mensch vermag, wenn er nur entschlossen ist, mit seiner ganzen Kraft einem großen Werk zu dienen. Und nicht zu vergessen die Riesenzahl jener Menschen, denen die Furie des Krieges den Leib zerriß und die trotzdem nach einem meisterlichen Leben streben. Männer wie der Frankfurter Maler und Graphiker *C. E. Fischer,* der seine Kunst mit dem Munde weiterbetreibt, nachdem ihm beide Arme durch Bombensplitter zerfetzt wurden, und nach der Ansicht von Fachleuten sogar noch besser als früher.

Beweise der Gegenwart: Die Leistungen der Kriegsbeschädigten.

Maler ohne Arme! Immer ist das große Geheimnis die Wunderkraft der Seele!

Alle diese Beispiele beweisen, daß nur wir selber die Schuld tragen, wenn nichts Rechtes aus unserem Leben werden will. Daß wir unsere Zeit vertrödeln und verplempern mit Halbheiten und Durchschnittsdingen, anstatt sie zu unserem und zu anderer Glück wirklich positiv zu nützen.

Man mag darüber denken wie man will: Wahrheit ist, daß nur der schaffende Mensch wirklich ein vollwertiger Mensch ist. Doch das ist nicht nur eine Sache von Anlage und Begabung, viel mehr noch eine des guten Willens! — Es ist eine *Charaktersache!*

XIII. TEIL

DER WEG ZUM „ICH"

Zwiesprache mit sich selbst

Welch größere Wohltat kann man einem suchenden Menschen erweisen, als daß man ihm zu seinem eigenen „Ich" den Weg finden hilft. *Immanuel Kant*

Unseren Weg des Erfolges können wir gut und gern als die „Hohe Schule" der Lebensmeisterschaft bezeichnen. Das wird Ihnen klar, wenn Sie den Begriff „Persönlichkeit" recht erfassen. Eine Persönlichkeit kann nur der Mensch sein, der weit über dem Durchschnitt steht. Das aber ist einer (oder eine), der ausgeprägte Eigenart besitzt und sich dieser Eigenart zudem bewußt ist, wie ja überhaupt das *Selbstbewußtsein,* das Wissen um sich selber den persönlichen Menschen ausmacht.

Die meisten Menschen sind unreif. Ewig handeln sie wie Kinder, und nur deshalb wirft sie das Leben hin und her. Anstatt daß *sie* mit dem Leben spielen, spielt das Leben mit ihnen. Dort aber beginnt die Persönlichkeit, wo einer anfängt, den Lauf der beeinflußbaren Dinge bewußt nach eigenem Willen zu lenken. Das hängt zuallererst davon ab, wie man sich selber zu den Dingen in Beziehung setzt, welche *Rolle* man einnimmt, und zwar *selber* einnimmt. Denn es kommt sehr darauf an, ob man aus eigener Initiative oder aus fremdem Antrieb handelt. Persönlichkeit sein heißt nicht, getrieben werden, sondern aus eigenem Wollen und eigener Einsicht seine Straße ziehen. Das verlangt einen hohen Grad von *Unbeeinflußbarkeit,* die ihrerseits aber nur möglich wird durch ein entsprechendes Selbstbewußtsein und, was dieses bildet und ausmacht, durch ein recht hohes geistiges Kapital an Einblicken und Einsichten in das wirkliche Leben, in das Leben *hinter* dem Schein. Apropos Kapital! Ziehen Sie eine Parallele zum Geld, dann verstehen Sie leicht, was ich meine. Was ist seine vorzügliche Wirkung? Daß es *unabhängig* macht; jedenfalls war es bis heute so! Unabhängig von den Sorgen des kleinen Mannes, unabhängig von den materiellen Nöten. Und hat das Geld nicht auch einen Einfluß auf das Selbstbewußtsein und die innere Sicherheit? Ja! — So mancher leidet nur an Minderwertigkeitskomplexen, weil er arm und mittellos ist. Ein guter Anzug, eine gefüllte Brieftasche sind für viele Menschen ausgezeichnete Medizin. — Natürlich ist das falsch und der echten

Welche Rolle nehmen Sie ein?

Wirkung und Macht des Geldes.

Persönlichkeit entgegengesetzt, doch da es bis heute so war, demonstriert es gut, was ich meine. Wie nun dieses weltliche Kapital Unabhängigkeit und Sicherheit verschafft und eine Hervorkehrung des eigenen Menschen gestattet, so tut es auch das Gut des Geistes, das geistige Kapital, der innere Reichtum. Ja, erst recht und erst vollendet, denn alle Persönlichkeitswerte, die sich auf materiellen Besitz gründen, sind nur *Schein-Werte.* Zuletzt dominiert nur der geistige Reichtum; die wirkliche Persönlichkeit wird niemals durch das Bankguthaben. Ganz im Gegenteil sogar, eher verliert man dadurch noch an echten Werten. Daß jemand ein „großer Mensch" geworden wäre durch Geld, habe ich noch nirgends gehört, wohl aber und oft, daß die Not und Armseligkeit den starken Charakter gebar.

Alle materiellen Werte sind nur Scheinwerte.

Mein verehrter Leser, wichtig ist es, daß Sie genau erfassen, welcher *Art* der geistige Reichtum sein muß, um die Persönlichkeit zu bilden. Wissen von allen möglichen Dingen macht es nicht, obwohl es dazu gehört, sondern vielmehr die *Summe der Einsichten in das wirkliche Leben.* Es kann einer ein wandelndes Lexikon sein, und er ist doch nur ein ganz gewöhnlicher Alltagsmensch.

Allein auf die Einsichten, auf die höhere Erkenntnis vom Leben, vom Sein, vom Menschen und dem Lauf der Dinge kommt es an.

Die Summe der Einsichten.

Das ist der Fels, den wir in uns errichten müssen, das starke Bollwerk gegen die Einflüsse des Lebens. Die Persönlichkeit ist der *innerlich starke* Mensch, der Mensch, der in sich selbst gegründet ist und immer nur so handelt, wie es seine Erkenntnis gebietet und nicht so, wie es die Beeinflussungskräfte wollen. Das heißt aber nicht, daß er sich nicht fügt, wenn es geboten ist, sondern daß sein „Sich-fügen" geboren wird aus eigenem, freien Entschluß. Hierauf kommt es an, wieweit einer mitmacht, ohne innerlich einverstanden zu sein. Die Persönlichkeit *ist* einverstanden und billigt in jedem Falle das eigene Handeln. Wichtig ist dabei, daß man sich selber kein *Theater* vorspielt, denn die Fälle, wo man sich das Einverstandensein aus purer Schwäche einredet, sind Legion. Hier ist ein ausschlaggebender Punkt des Selbstbewußtseins:

Der freie Entschluß.

Man muß lernen, zu sich selber ganz ehrlich und aufrichtig zu sein! Das erfordert das rückhaltlose Eingeständnis der eigenen Schwächen und das Sich-eingestehen jedes, aber auch jedes Hintergedankens.

Solange wir mit uns selber Versteck spielen, sind wir von der Persönlichkeit noch weit entfernt, denn diese spielen wir uns dann lediglich vor. Nur daraus erklärt sich auch das Versagen im entscheidenden Augenblick.

Wenn wir sagen, daß wir an uns *glauben* müssen, so kommt es darauf an, daß wir auch tatsächlich das *sind,* was wir von uns halten. Ansonsten ist alles nur Theaterspielerei, die uns in gleichmäßigen Zeiten zwar beruhigt, in allen entscheidenden Lebenslagen jedoch schmählich versagt.

Sich nicht selbst Theater vorspielen.

Wir wissen, daß wir von der Natur mit außerordentlich starken Willenskräften ausgerüstet sind, denn die Kräfte des Lebens sind gleichzeitig die Kräfte des Willens. Gleichzeitig wissen wir aber auch, daß sich diese Kräfte nur betätigen können, wenn wir sie durch unser *Bewußtsein* in *Aktion* setzen. Und eben darauf kommt es an, daß dieses Bewußtsein *echt* und nicht nur *gespielt* ist. Alle Überzeugungen, die uns lenken sollen und denen die Kräfte

Alle Glauben müssen echt sein!

des Willens folgsame Diener sein sollen, alle *„Glauben"* also, müssen durch und durch *echt* sein. Der Mensch ist nur zu leicht geneigt, sich in Illusionen zu wiegen, der Persönlichkeit liegt das fern, und gerade hierbei zeigt sich die Ehrlichkeit gegenüber sich selbst. Wie wir durch Kleidung, Schminke und Puder nach außen unsere Schönheitsfehler zu verbergen suchen, so macht es der Großteil der Menschen auch mit seinem inneren Menschen, wenn auch ohne klare Überlegung, sondern vielmehr als Folge anerzogener falscher Arbeit seines Denkvermögens.

Hierauf nun kommt es an, daß wir uns selber weitgehend erkennen lernen und damit ein Bewußtsein vom eigenen „Selbst" entwickeln, das der Wahrheit möglichst nahekommt.

Wir haben früher, und zwar an Hand des Charakterspiegels, danach gestrebt, alle negativen Eigenschaften aus uns zu verbannen, alle Eigenschaften, die man gemeinhin als niedrig, schlecht, tierisch und menschenwidrig bezeichnet.

Jetzt muß diese Selbstanalyse ausgedehnt werden auf unser gesamtes Innenleben, auf jeden entscheidenden Gedanken, der unser Hirn kreuzt, auf jede Ansicht und jede Meinung, die wir von einer Sache haben.

Es muß erreicht werden, daß wir unsere Einstellung und unser Verhalten zu uns selbst, zum Leben, zur Natur und zu den Menschen so fixieren, also so festlegen, daß sich daraus immer mehr unumstößliche Maximen, also Richtlinien für unser Verhalten und Handeln ergeben.

Was sich aus diesem Vorgehen ergibt, das ist *Persönlichkeit!* Das schafft die positive *Eigenart* und das umfassende *Selbstbewußtsein.*

Der Weg zum „Ich".

Zugleich ist dieser Weg zum „Ich", wie wir ihn nennen können — denn wenn wir die Außenwelt mit uns selber in die rechte Beziehung setzen, werden wir uns erst selber in unserer Eigenart und Stellung richtig klar —, auch der einzige Weg zur Meisterung des Lebens durch den Geist. — Warum? Nun, nur indem wir über alle wichtigen Dinge zu *eigener Meinung* und *eigenem Urteil* gelangen und dadurch zu *echten Überzeugungen,* setzen wir das Räderwerk unserer Geistesmaschine so in Schwung, daß es fähig wird zu höchster schöpferischer Leistung, die neben dem positiven Charakter ein Höchstwert der Persönlichkeit ist.

Nicht, was einer will, sondern was er kann und was er tut, gibt die Macht über das Leben.

Vergleich: Die Grundwasserpumpe.

Mit unserem Geiste ist es so wie mit einer Grundwasserpumpe. Von selber kommt das Wasser nicht hoch, erst muß es angesaugt werden, was voraussetzt, daß der Mechanismus kräftig in Tätigkeit tritt. Das schöpferische Können schlummert tief in uns, hinter der Schwelle unseres Oberbewußtseins, in geistigem Urzustande. Soll es erwachen, so müssen wir uns rühren und unaufhörlich bohren und schüren.

Das Licht des Geistes gleicht dem Feuer.

Das Licht des Geistes gleicht dem Feuer. Gleichwie im kleinsten Funken die Kraft der mächtigsten Flamme ruht und es nur unseres Zutuns bedarf, um sie auflodern zu lassen, so steht es um die Entfal-

tung des Geistes. Feuer und Geist, beide sind göttlichen Ursprunges, aber der Mensch hat die Macht, sie zu größter Entfaltung zu bringen. Doch der Nahrung bedürfen beide, des Mediums, der Berührung mit dem geeigneten Stoff. Indem wir nachdenken, überlegen, vergleichen und sinnen und nicht gleichgültig sind gegenüber den Problemen des Lebens und unseres eigenen Seins und uns fortdauernd tiefere Gedanken machen, nähren wir den göttlichen Geistesfunken in uns, und daß er heranwächst zur mächtigen Flamme, zur mächtigen Leuchte, ist nur eine Frage der Zeit und unseres dauernden Bemühens. —

Mein verehrter Leser! Die Entfaltung zur Persönlichkeit soll uns ja nicht Selbstzweck sein, womit ihr Wert übrigens illusorisch würde, sondern *Mittel zum Zweck.* Als Ziel steht vor uns der Mensch, der das Leben meistert, jener, der alle Kräfte, die ihm gegeben wurden von der Natur, zu großer Wirksamkeit bringt. *Ist ein solcher Mensch denkbar ohne regstes und schöpferisch gestaltendes Arbeiten des Geistes?* Nur ein solcher Mensch wird frei sein im Handeln und, was ganz selbstverständlich ist, ist auch frei in der Darlegung seiner Gedanken durch das *gesprochene* und *geschriebene Wort.*
Der Weg vom fertigen Gedanken zu seiner Äußerung durch den Mund oder die Hand ist nur ein kleiner. Viel wichtiger ist es, den Gedanken zu *bilden.* Nur wo Geist ist, kann sich Geist äußern! Verwenden wir darum alle Sorgfalt darauf, der vollen Entwicklung unseres Innenlebens Tür und Tor zu öffnen.

Nur wo Geist ist, kann sich Geist äußern.

Das Tagebuch des Lebens

Nach diesen Ausführungen werden Sie verstehen, verehrter Leser, warum ich jetzt den Rat gebe, von nun an, wie jede große Persönlichkeit, ein *„Tagebuch des Lebens"* zu führen. Es ist für viele gar nicht so leicht, zum richtigen Nachdenken zu kommen. Das ist eine Fähigkeit, die man erst ausbilden muß und die nur durch dauernde Übung groß wird. Die meisten Menschen können ja überhaupt nicht mit sich allein sein. Sind sie es, so langweilen sie sich zumeist. Das macht die *innere Flachheit, die Oberflächlichkeit* des Wesens.

Der größte Teil der Menschen lebt das Leben nicht in die Tiefe, sondern nur in die Länge. Das hört auf, wenn wir anfangen, mit Erkenntnis zu leben und uns über jedes Ding unsere eigenen Gedanken machen.

Über jedes Ding eigene Gedanken machen.

Wir müssen lernen, uns mit uns selber auszusprechen. Das ist der Sinn dieses Tagebuches; denn mit dem Geist ist es so, daß die tieferen Gedanken *erst dann* kommen, wenn vordem die flachen und weniger tiefen unser Bewußtsein passierten. So geht es uns, wenn wir uns mit einem duldsamen Menschen aussprechen, und erst recht, wenn wir vermittels des Tagebuches mit uns selber verkehren. Hier wirkt ein wichtiges Gesetz des produktiven Schaffens.

Der Sinn des Tagebuches.

Sehr wichtig!

Das kommt ins Tagebuch.

Selbstverständlich werden wir nur wertvolle Dinge in unseren Aufzeichnungen behandeln. Wichtige Begebenheiten des Tages, Gedanken über einen Vortrag, den wir hörten, über ein Buch oder ein wichtiges Wort, das wir lasen, über eine Unterhaltung, die wir führten usw. Kurz, alles das schreiben wir auf und besprechen wir, was einen Menschen angeht, der nicht mit Scheuklappen durchs Leben läuft. Dieses Tagebuch ist zugleich die wertvolle Ergänzung der Kartei des Wissens. Probleme, die in der Kartei nur durch Stichworte angedeutet werden, finden im Tagebuch ihre Würdigung. Insonderheit soll das Tagebuch aber nicht dem Wissen, sondern der Vertiefung unserer höheren Erkenntnis über alle wichtigen Lebensfragen dienen und in erster Linie solchen, mit denen wir während des jeweils abgelaufenen Tages in enge Berührung kamen. Hierin besteht auch der grundsätzliche Unterschied zwischen Kartei und Tagebuch.

Es gibt jeden Tag eine Menge Dinge, über die man mit sich selber sprechen kann, und täglich werden es mehr, wenn wir erst einmal richtig anfangen, aus dem Stadium des „Leidens" in das der Aktivität hinüberzuwechseln.

Die Führung des Tagebuches wird Ihnen schon nach kurzer Zeit zu einem regelrechten *Genuß*, sobald Sie erst feststellen, wie Sie mit Sturmesschritten dadurch wachsen. Drücken Sie sich deshalb um diese Arbeit nicht herum. Und auch dann nicht, wenn Sie nur langsam und schlecht schreiben können. Sie werden sehen, daß sich auch Ihre Handschrift bessert, wenn sich Ihr Geist entfaltet. *Hier herrschen Wechselbeziehungen, die sehr schnell offenbar werden.* Übrigens muß es für Sie selbstverständlich sein, sich eine tadellose und schnelle Handschrift anzueignen. Die Geschwindigkeit erzielen Sie aber nicht, indem Sie sofort schnell schreiben, sondern indem Sie zunächst großen Wert auf eine *sorgfältige Ausbildung aller Buchstaben legen.* Es kann sein, daß hierdurch das Tempo des Schreibens zunächst sogar verlangsamt wird. Das macht aber nichts, denn es kommt darauf an, daß der innere Mechanismus sich vor allem an *korrektes Schreiben* gewöhnt. Jede Flüchtigkeit ist vom Übel! Hat der „innere Schreiber", also das *Unterbewußtsein* die Korrektheit angenommen, so läßt sich das Tempo leicht beschleunigen. Daß Sie hierdurch außerdem der Entwicklung Ihrer Konzentrationsfähigkeit einen großen Dienst leisten, macht diese Übung doppelt wertvoll.

Auf jeden Fall das Tagebuch führen!

Sorgfältige Ausbildung aller Buchstaben dringend notwendig. Jede Flüchtigkeit ist vom Übel.

Nur die Regelmäßigkeit führt zum Ziel.

Von größter Wichtigkeit ist es, daß Sie Ihre Aufzeichnungen auch wirklich *täglich* machen, denn nur die Regelmäßigkeit führt auch hier zum Ziel. Gebrauchen Sie keine Ausrede! Es ist immer so viel Zeit da, um sich jeden Tag kurze Zeit mit sich selber zu beschäftigen. Arbeiten Sie stets im Bewußtsein des außerordentlich hohen Lohnes, den Sie erhalten! Oder stimmt das etwa nicht? Bekommen Sie für die Arbeit an sich selbst nicht die beste Bezahlung der Welt?

Sie erhalten die beste Bezahlung der Welt.

Es gibt keinen größeren Schatz, als sich selbst zu besitzen, aber nur soviel können wir von ihm unser eigen nennen, wie wir uns von ihm selber erarbeiten. —

Und nun, mein verehrter Leser, einige Beispiele für die Führung des Tagebuches. Bitte richten Sie sich danach!

Beispiele von Tagesaufzeichnungen

Montag, 15. Oktober:

Der ganze Tag ist ziemlich ruhig verlaufen. Es war so, als herrschte Windstille auf dem Ozean des Lebens. Nur gegen 16 Uhr kam eine kleine Unterbrechung: Hans Bergmann kam und klagte von neuem sein Leid. Immer wieder stelle ich fest, daß jeder Mensch an seinem Schicksal selbst die größte Schuld trägt. Aber wem nicht zu raten, dem ist nicht zu helfen; so geht es auch bei B. Hundertmal habe ich ihm erklärt, er solle klug sein und sich zu seinem Bruder anders verhalten und nicht immer gleich auffahren, wenn ihm dieser etwas sage. Schließlich ist B. doch von ihm abhängig. Jetzt ist die Bescherung da! —

Mit dem geistigen „Strom" aus der eigenen Tiefe ist es wie mit einer Wasserleitung: Man muß den Hahn aufdrehen und das Wasser genügend laufen lassen, wenn man klares und gutes Wasser wünscht.

Heute war ein trüber, regnerischer Tag! Ein lustloser Tag! Auch die Menschen waren so in ihrem Verhalten. Keine Bewegung, keine rechte Freude. Auch ich selber war anfänglich „grau in grau"; aber dann dachte ich über mich nach und stellte mich um. Man sieht doch daran, wie sehr man seine Stimmung beeinflussen kann. Schade, daß so wenige Menschen diese Positivität besitzen. Es liegt am Denken. Am Nachdenken einmal und dann am bewußten Denken ganz bestimmter positiver Gedanken. —

Dienstag, 16. Oktober:

Heute war ein wundervoller Tag, ganz das Gegenteil von gestern. Sonne, Sonne, nichts als Sonne und das mitten im Herbst. Auch die Menschen waren anders. Es bestehen unverkennbar Beziehungen zwischen dem Wetter und dem Befinden des Menschen. Der Mensch ist eben ein Teil der Natur und darum auch in all seinen Regungen von ihr abhängig. Aber das ist sicher, daß nicht auf jeden Menschen die ungünstigen Einflüsse wirken müssen, bzw. daß man durch seinen Willen, richtiger durch seine Erkenntnis diese negativen Einflüsse ausschalten kann. Man muß daher auch von einem Grad der Abhängigkeit sprechen. —

Der Tagesverlauf war durch und durch positiv. Mühelos habe ich meine Arbeit geschafft und auch den heutigen Vorsatz durchgeführt. Ich hatte mir vorgenommen, alles, was ich ausspreche, ganz deutlich und klar zu sagen, denn ich habe erkannt, daß einwandfreies Sprechen für mein Fortkommen unerläßlich ist. Durch meine Erinnerungsmethode, die ich mir ausgedacht habe, ging es tadellos. Immer wenn ich mein Taschentuch mit dem Knoten fühlte, gab ich mir innerlich einen Ruck. Gegen Abend ging das Sprechen schon beinahe automatisch einwandfrei. Ich bin überzeugt, daß ich bestimmt eine tadellose Aussprache aller Wörter erziele, wenn ich diese Methode einen Monat lang konsequent durchführe. Alles ist Gewohnheit, und wenn man sich an eine gute Gewohnheit erst gewöhnt hat, dann handelt man gewohnheitsmäßig richtig. Diese Erkenntnis ist von größter Bedeutung, ein ungeheurer Einfluß auf das Leben ist dadurch möglich. Warum, liegt klar auf der Hand: Handelt man gewohnheitsmäßig in möglichst vielen Dingen richtig, müssen die entsprechenden Wirkungen spielend folgen.

Mittwoch, 17. Oktober:

Heute abend war ich im Odeon und sah Grock. Was mag sich wohl dieser Mann von seinem Publikum denken, wenn er es durch seine Späße zum Lachen bringt? Wird er sein Publikum ernst nehmen? Was würde wohl Grock sagen, wenn er sich selber sehen und hören würde? Würde er auch so lachen können? Eigenartig ist überhaupt das Ganze: Da sitzt man nun als reifer Mensch und lacht und lacht! Und worüber? Über das blödeste und albernste Zeug der Welt! Ein unmöglich geschminkter Mann spielt Geige und rutscht dabei dauernd mit seiner Sitzgelegenheit aus. Und das Tollste: Für diesen tatsächlichen Blödsinn bezahlt man außerdem einen teuren Orchestersitz und — ist zufrieden dabei. Es würde sich lohnen, hierüber ein Buch zu schreiben, etwa mit dem Titel: Die Philosophie des Lachens. — Sehr interessant war

Es ist die Frage, ob man sich für wertvoll hält oder nicht, wenn man die nötige Ausdauer zur Arbeit an sich selbst aufbringen will. Die Antwort hierauf ergibt sich aus dem Studium der Möglichkeiten, die jeder gesunde Mensch hat.

die Darbietung eines Seiltänzers. Es schien, als gäbe es für diesen Menschen überhaupt kein Schwergewicht. Jede Anziehung der Erde schien für ihn aufgehoben. Dabei ist er aber doch genau so ein Mensch wie alle anderen. Was ihn unterscheidet, ist lediglich die Bemeisterung seines Gleichgewichtes, das er genau regulieren kann. Übung! Ja, Übung und die aus der Übung sich ergebende G e w o h n h e i t. Im Grunde genommen immer dasselbe: ein Mensch setzt sich zum Ziel, durch planmäßige Übung die tausend Muskeln seines Körpers nach s e i n e r Weise, im Sinne s e i n e r Arbeit, s e i n e r Aufgabe funktionieren zu lassen. Und es glingt! Er wird ein Künstler, denn der Körper tut, was man eisern will, tut es unbedingt, wenn man ihm nur fest genug seinen Willen aufzwingt. Und zwar tut er es, weil er es kann, weil ja die unglaublichsten Möglichkeiten in ihm stecken. Und außerdem: Es kommt ja nur darauf an, daß sich die mit allen Möglichkeiten ausgestattete Körpermaschine entsprechend der Aufgabe bewegt bzw. betätigt. So formt sich der Künstler! Aber nur deshalb ein Künstler, weil er das Ungewöhnliche leistet, weil er d a s leistet, was die anderen nicht zu können glauben. Natürlich gibt es spezielle Begabungen, Menschen, denen das Außergewöhnliche leichter fällt als allen anderen. Hat man keine große Begabung, muß man nur um so fleißiger sein, um ebenfalls gute Leistungen zuwege bringen zu können. Dann ersetzt der Fleiß das Genie. Ich habe klar erkannt: man muß sich ein Ziel setzen und ganz, ganz fleißig sein.

Nochmals: Es gibt keinen größeren Schatz, als sich selbst zu besitzen. Doch man muß sich erst erschließen, damit man erkennt, was man an sich selber für ein Kleinod haben kann.

Achtung! Dieses Tagebuch der nachdenklichen Lebens- und Selbstbetrachtungen hat nichts mit dem Kassabuch des Erfolges, mit dem Erfolgstagebuch zu tun. Das ist unabhängig hiervon zu führen und dient ausschließlich dem Zielstreben und der täglichen Erfolgskontrolle.

Wenn einer sagt, Du kannst nicht, so lach' ihm ins Gesicht!
Auch tausendfacher Zweifel verringert kein Gewicht!

WAS IST EIGENTLICH POSITIVISMUS?

Zwiegespräch über die Grunderkenntnisse positiver Lebensgestaltung

Suchender: Sie sprechen dauernd vom positiven Leben, was meinen Sie eigentlich damit? Nach meiner Ansicht ist doch jeder Mensch positiv, der einfach lebensbejahend ist?

Erkennender: Jawohl, damit haben Sie recht, und doch müssen wir den Begriff „positiv" und insbesondere den Hauptbegriff „Positivismus" noch viel weiter fassen.

Suchender: Das ist mir nicht recht klar, denn es gibt doch in diesem Sinne eigentlich gar nichts Höheres, als lebensbejahend zu sein.

Erkennender: Ja, auch damit haben Sie recht, jedoch nur solange, wie einer wirklich die Kraft hat, das Leben zu bejahen, und das gerade macht das Wesen des Positivismus aus, dadurch gerade fähig zu werden zur Bejahung, und zwar auch dann, wenn dazu die Voraussetzungen zu fehlen scheinen.

Suchender: Was sind denn diese Voraussetzungen?

Erkennender: Nun, vor allem liegen sie begründet in den Verhältnissen, in denen ein Mensch lebt. Es ist leicht, das Leben zu bejahen, wenn es einem gut geht, wenn alles nach Wunsch verläuft und keine Sorgen drücken, weder materielle noch seelische. Und dann liegen die Voraussetzungen auch in der Veranlagung des Menschen begründet. Hat man eine sogenannte glückliche Veranlagung, findet man sich leicht mit allen Widerwärtigkeiten ab und ist auch dann noch vergnügt und fröhlich, wenn andere, nicht so glücklich veranlagte Menschen längst dem Verzweifeln nahe sind.

Suchender: Das leuchtet mir ein, doch kann man denn durch den Positivismus seine Veranlagung irgendwie ändern und außerdem den Einfluß niederdrückender Verhältnisse zunichte machen?

Erkennender: Jawohl, das kann man, und gerade darin liegt die Macht des Positivismus begründet.

Suchender: Sie wollen damit sagen, daß man gegen diese negativen Einflüsse ankämpfen und sie durch seinen Willen bezwingen muß, und das bezeichnen Sie dann als „Macht des Positivismus"?

Erkennender: Nein, das stimmt nicht, und hier gerade zeigt sich der Unterschied zwischen dem Menschen, der wirklich weiß, was man unter Positivismus versteht und dem, der mit dem Begriff Positivismus einzig und allein nur Lebensbejahung meint. Denn es ist ja so, daß es bei der Bezwingung der negativen Einflüsse des Lebens nicht nur auf den guten, sondern vor allem auf den starken Willen ankommt, und hat man diesen starken Willen nicht, was ja bei sehr vielen Menschen der Fall ist, so hilft kein noch so guter Rat, wenn eben nicht doch etwas anderes dazu kommt, um dennoch das Negative zu bezwingen.

Suchender: Jetzt wird für mich Ihre Rede rätselhaft. Sie machen mich wirklich neugierig, denn es scheint so, als ob Sie meine bisherigen Ansichten über den Willen gänzlich verwandeln wollen. Ich kann mir nicht vorstellen, wie einer überhaupt einen Einfluß auf sein Schicksal, denn um das handelt es sich ja, ausüben will, wenn er keinen starken Willen hat. Denn meiner Ansicht nach kann doch überhaupt nur durch den Willen ein Einfluß erzielt werden.

Erkennender: Jawohl, ich will Ihre Ansichten wandeln, obwohl ich den letzten Teil Ihrer Meinung durchaus unterstreiche. Also es kommt unbedingt auf den Willen an, und nur ein starker Wille kann überhaupt zur Lebensbemeisterung führen. Und hier liegt das Entscheidende: es kann auch der Mensch sich einen starken Willen anschaffen, dem dieser bisher zu fehlen schien, und das gerade bewirkt der Positivismus.

Suchender: Ich verstehe, Sie denken dabei an die Entwicklung des Willens durch ganz bestimmte Übungen, wodurch der Wille sich so kräftigt wie der Muskel eines Armes durch entsprechendes Training!

Erkennender: Genau danebengeraten! Nein, daran denke ich nicht, obwohl ich solche Willensübungen durchaus bejahe. Ich denke vielmehr noch viel tiefer, und zwar denke ich an die eigentliche Ursache und die Natur des Willens bzw. der Willenskraft.

Suchender: Ist das so entscheidend?

Erkennender: Ja, das ist überhaupt das wichtigste von allem. Denn angenommen, man wollte bestimmte Willensübungen machen, die zu einer Entfaltung und Steigerung der Willenskraft führen, doch man hätte noch nicht einmal soviel Energie, um die Anfangsübungen konsequent durchzuführen, was dann? Und ist es nicht so, daß die meisten Menschen eine zielbewußte Entfaltung des Willens nur deshalb nicht anstreben, weil sie sich infolge ihrer Willensschwäche einfach nicht aufraffen können, die dazu notwendigen Übungen zu machen?

Suchender: Ja, das stimmt allerdings, auch an mir selber habe ich das schon wiederholt beobachtet, und gerade deshalb habe ich z. B. auch meine gymnastischen Übungen zur körperlichen Ertüchtigung bis heute unterlassen. Immer „wollte" ich wohl, doch ist es stets bei dem Vorsatz geblieben.

Erkennender: Sehen Sie, lieber Freund, jetzt kommen wir uns schon näher. Was helfen dem Menschen die besten Systeme zur Entwicklung und Entfaltung des Willens, wenn er nicht danach lebt, wenn er nicht danach handelt, und gerade deshalb müssen wir tiefer greifen, um nämlich die Ursache für dieses Versagen zu erkennen und zu beseitigen.

Suchender: Ich fange an, klarzusehen: Der Positivismus ist dadurch in erster Linie keine Willenslehre, sondern vielmehr eine Erkenntnislehre.

Erkennender: Richtig, so ist es, und das ist das erste große Geheimnis, das Ihnen vom Positivismus aufgeht, und deshalb sagen wir auch nicht, der Wille, sondern die „Erkenntnis" macht uns frei. Mit anderen Worten, man muß einsehen und begreifen, was in einem vorgeht, wenn man zu einer Willensleistung kommen will. Ist man über sich im unklaren, rennt man gegen Mauern an, bringt man es einfach nicht fertig, die Quelle seiner Willenskraft zu erschließen.

Suchender: Und das soll durch Erkennen möglich sein, nur einfach durch Erkennen?

Erkennender: Ja, so ist es, denn „Erkenntnis an sich" ist Macht, und das ist das zweite große Geheimnis des Positivismus.

Suchender: Sie werden mir nicht verübeln, wenn ich das nicht gleich richtig begreife, denn ich muß Ihnen ehrlich gestehen, daß ich schon oft eine Sache eingesehen habe, ohne aber dadurch die Kraft zur Abänderung bekommen zu haben. Ist es nicht so bei jeder Leidenschaft, in deren Bann man steht? Man sieht ein, daß man sich selber schadet, und trotzdem wird man immer wieder ihr Opfer.

Erkennender: Lieber Freund, wir reden aneinander vorbei, wenn wir uns nicht zunächst einmal darüber klarwerden, was wir eigentlich mit Erkenntnis meinen und worauf sich im wesentlichen bei der Betrachtung der Ursache der Willenskraft diese Erkenntnis bezieht. Denn wenn wir sagen, daß Erkenntnis an sich Macht ist, so muß man vor allem die ungeheure Tragweite dieses Satzes richtig erfassen. Sie verstehen mich leicht, wenn ich Ihnen erkläre, daß wir uns unter dem Willen nicht eine Kraft an sich vorstellen dürfen, sondern vielmehr eine Kraftäußerung. Kann sich diese Kraft frei und ungehindert auswirken, so zeigt sich ein starker Wille, wo wir dann von „Kraftfreiheit" sprechen. Kann sich die hinter dem Willen stehende Kraft nicht frei äußern, so tritt Willensschwäche in Erscheinung, wobei wir dann von einer „Krafthemmung" sprechen.

Suchender: Ich glaube, mir wird jetzt etwas ganz Wichtiges klar, das nämlich, daß das, was wir unter Willenskraft verstehen, ausnahmslos in jedem Menschen vorhanden sein muß, und zwar ganz gleich, ob er sich heute als willensstark oder willensschwach zeigt.

Erkennender: Richtig, so ist es genau: In jedem Menschen ist diese Kraft vorhanden, und selbst in kranken und körperlich schwachen Menschen noch, denn daraus allein wird nämlich erklärlich, warum wir die größten Willensleistungen oft noch bei solchen Menschen feststellen können, die schon mit einem Fuß im Grabe stehen. Während andererseits oft die gesundesten und körperlich kräftigsten Menschen buchstäblich Kinder in der Willenskraft sind. Aber darauf kommt es an, daß sich diese Kraft zu äußern vermag, daß sie wirksam wird, völlig ungehemmt wirksam wird, wenn es notwendig ist.

Suchender: Ich verstehe, man muß also über seinen Willen verfügen können, womit sich zeigt, daß der Wille sozusagen ein Werkzeug von etwas Höherem sein muß.

Erkennender: Ins Schwarze getroffen, lieber Freund, Sie haben vollkommen recht, und ich freue mich, daß wir uns schon soweit nahegekommen sind. Die Kraft des Willens ist eine seelische Kraft und der Wille selber ein dienstbarer Geist des Menschen. Er tritt ins Erscheinen, wenn vom Menschen dazu die Voraussetzungen geschaffen sind oder, wenn er selber noch nicht zur Erkenntnis seiner eigenen Wesenheit erwacht ist, wenn die äußeren Einflüsse der Verhältnisse usw. die Voraussetzungen zum Inkrafttreten des Willens schaffen.

Suchender: Langsam fange ich an zu begreifen, was Sie mit Erkenntnis meinen. Die Erkenntnis des eigenen Wesens meinen Sie vor allem, die Erkenntnis der eigenen Natur, wie überhaupt den Grund des eigenen Wesens.

Erkennender: Ja, man muß begreifen und erkennen lernen, warum man überhaupt da ist, aus welchem Grunde man überhaupt ein Mensch ist und ferner, was es bedeutet, ein Mensch zu sein.

Suchender: Und was ist das Ergebnis dieses Begreifens?

Erkennender: Das vor allem — und damit kommen wir zum dritten Geheimnis des Positivismus —, daß allein aus dem Denken sich innere Freiheit gestalten kann und daß überhaupt nur aus dem Denken heraus Lebens- und Schicksalsbemeisterung möglich ist.

Suchender: Ich erfasse: und daß dadurch eben der Gedanke und die Macht des Denkens sich als das größte Geheimnis des Menschseins und der bewußten Schicksalsgestaltung erweisen.

Erkennender: Richtig, und deshalb sagen wir: Gedanken sind Kräfte, die Himmel und Erde bewegen können. Was du denkst, das bist du, und was du dauernd denkst, bestimmt das Wesen deines Menschseins. Denkst du Gedanken der Freiheit, bist du frei, denkst du Gedanken der Hemmung und des Unvermögens, bist du unfähig zu irgendeiner Kraftentfaltung.

Suchender: Nur durch das Denken, durch das einfache Denken?

Erkennender: Nein, sondern durch die Macht der Erkenntnis und daraus sich entwickelnd durch die Macht des „Glaubens“ und der „Überzeugung“, die aber nur entstehen kann, wenn vorher durch das Denken die Voraussetzungen geschaffen wurden.

Suchender: Das ist mir einleuchtend, denn jeder weiß ja, welche gewaltigen Leistungen möglich sind, wenn die Überzeugung von einer Sache und der Glaube an eine Sache erst einmal im Menschen wirksam sind. Hierdurch lerne ich auch begreifen, daß der Wille tatsächlich keine Macht an sich sein kann, sondern wirklich vielmehr die Äußerung einer seelischen Kraft, deren Dasein bzw. deren Wirksamkeit durch den Glauben und durch die Überzeugung gegeben sind. Seltsam, daß ich daran früher noch nicht gedacht habe, ich habe wirklich immer gemeint, den Willen müsse man richtig so entwickeln wie einen seelischen Muskel. Jetzt auf einmal ist mir etwas aufgegangen, und nun ist mir auch mit einem Male klargeworden, warum Menschen sich plötzlich ändern können und vom Willensschwächling zum Willensriesen plötzlich heranwachsen, wenn durch irgendeinen Umstand ein mächtiger Glaube in ihnen entfacht worden ist.

Erkennender: Ich bin wirklich erfreut über das so schnelle Wachsen Ihrer Erkenntnis, lieber Freund. Jetzt können wir uns schon viel leichter verstehen und darum wollen wir festhalten: Willenskraft ist einfach da, aber irgend etwas muß eintreten, damit sie lebendig wird. Bis dahin schläft also die Willenskraft, und wenn der einzelne glaubt, er besäße keinen Willen, so ist das einfach ein Irrtum, eine falsche Ansicht über das Wesen der inneren Kräfte.

Suchender: Wie kommt es aber nun, daß man durch Übungen seinen Willen entwickeln kann, denn das ist doch eine unangreifbare Tatsache?

Erkennender: Ja, das ist sie auch, womit jedoch an unserer Erkenntnis nicht das geringste geändert wird. Deshalb nämlich nicht, weil die Übungen zur Entwicklung des Willens einfach ein Weg zum Bewußtmachen der Willenskraft sind. Es gibt viele Wege, die zur Seligkeit führen und genau so viele, die den Willen aktiv machen. Hier ist es die Übung, das zielbewußte Training, bei einem andern Menschen die Wucht eines großen Schicksalsschlages, die Not, die auf den Menschen einpeitscht und ihn dadurch zwingt, sich aufzuraffen oder unterzugehen, und wieder in einem andern Falle die klare und eindeutige Erkenntnis über das innere Vermögen und die aus einer höheren Erkenntnis möglich gewordene kluge Verwendung des inneren Reichtums. Sklavennaturen müssen gepeitscht werden, um einen starken Willen zu entwickeln.

Zum gewöhnlichen Erkennen befähigte Naturen müssen weise gelenkt werden durch Übungen, wodurch Willenskraft in Erscheinung tritt als Ergebnis bewußt entwickelten Gehorsams gegenüber einem höheren Ziel, während alle zur höheren Erkenntnis befähigten Menschen den Weg der Einsicht und Vertiefung in das Wesen der seelischen Kräfte gehen. Jeder dieser drei Wege führt unbedingt zum Erfolg, vorausgesetzt, daß sie konsequent gegangen werden. Und dieser letzte Weg, der Weg der Einsicht, ist besonders wichtig.

Suchender: Ich erkenne, er ist deshalb besonders wichtig, weil es viele Menschen gibt, die sich erstens nicht in einer so großen Not befinden, daß das Schicksal dauernd wie mit einer Peitsche hinter ihnen her ist, um sie aus ihrer mittelmäßigen Leistung herauszureißen, und die zweitens auch keine Gelegenheit haben, sich im Gehorsam gegenüber einem hohen Ziele dauernd so zu üben, daß daraus die größere Willensleistung entsteht. Wollen nun diese Menschen trotzdem zu einem starken Willen und damit zu einer zielbewußten Gestaltung des Lebens kommen, so ist der Weg der Einsicht und Erkenntnis der gegebene.

Erkennender: Wunderbar erfaßt, lieber Freund, ganz so ist es, und damit wird der Positivismus zu einer regelrechten Lehre des Glücks für unzählige Menschen, die sich danach sehnen, aus eigener Kraft zu höheren Leistungen und zur Meisterung des Lebens zu kommen. Hierbei kommen wir auf unsere Eingangsfrage zurück: Durch die Macht des Positivismus lernt auch der Mensch lebensbejahend und wahrhaft positiv zu sein, bei dem die Voraussetzungen zu fehlen scheinen. Wie wir erkannt haben, fehlen diese Voraussetzungen jedoch nicht. Was fehlt, ist lediglich — —

Suchender: Lediglich die Erkenntnis, die Erkenntnis von der wahren Ursache der Willenskraft und damit zugleich die Erkenntnis von der Macht des Willens, welche die Voraussetzung ist zur Erlangung mächtiger, Berge versetzender Überzeugungen und die ihrerseits die Äußerung der Willenskraft ermöglichen.

Erkennender: Herrlich, wie Sie das begriffen haben, doch vorläufig bleibt das alles trotzdem nur graue Theorie, und warum wohl? Deshalb, weil Sie die Natur der Gedanken und insbesondere die Gesetze und die Macht des Denkens noch nicht kennen.

Suchender: Ja, das muß ich zugeben, denn es ist ja so, daß man meist gar nicht Herr ist seiner Gedanken. Man denkt nicht selber, sondern die Gedanken kommen von allein. Aber warum ist es so? Ist das eine Folge dieser Gedankenmacht, die Sie meinen?

Erkennender: Ja, das ist eine Folge davon, dennoch gibt es eine Erkenntnis, die Sie auch in diesem Punkte mit einemmal klarsehen läßt. Sie selber sind in diesem Augenblick dafür das beste Beispiel. Denn wie kommt es, daß Ihnen bis jetzt die Gedanken gerade so gekommen sind, wie das für unser Erkennen nützlich war?

Suchender: Ich weiß, weil Sie durch Ihre Darlegungen meine Gedanken bewußt geleitet haben. Mein Denken bleibt dadurch nicht sich selbst überlassen, sondern folgt einem geschickten und klugen Führer. Aus mir selbst wäre ich niemals auf diese Ideen und Erkenntnisse gekommen, nur weil Sie mir alles so klargelegt haben, ging mir ein Licht nach dem andern auf.

Erkennender: Sehen Sie, lieber Freund, damit kommen wir wieder einen mächtigen Schritt vorwärts, und gerade an Ihrem eigenen Beispiel lernen Sie auch begreifen, wenn wir sagen, daß Erkenntnis uns frei macht. Wir sind solange unfähig, uns aus eigener Kraft zu behaupten, aus eigener Kraft uns selbst und unserem Willen gegenüber unsere Gedanken durchzusetzen, wie wir sozusagen im Dunkeln tappen. Man muß darum sehend werden, um den Weg zu gehen, der zum Ziele führt. Und wer nicht selber sehen kann, in dem es innerlich noch nicht leuchtet, dem muß ein anderer innerlich Licht machen. Hierzu ein Gleichnis: Stellen Sie sich vor, Sie befinden sich in einem Haus mit tausend Räumen. In diesem Hause wäre aber kein Licht, sondern überall nur tiefste, undurchdringlichste Dunkelheit. Da Sie in dieses Haus hineingesetzt wurden, ohne von seinen Räumlichkeiten unterrichtet worden zu sein, wissen Sie sich gar nicht zu helfen. Trotzdem vermag Ihnen aber dieses Haus mit seinen Annehmlichkeiten alle Wünsche zu erfüllen. Ist es Ihnen einleuchtend, daß Sie davon solange keinen Gebrauch machen können, wie Sie in diesem dunklen Hause nicht Bescheid wissen und gerade darum auch die Gänge und Türen nicht finden können, die Sie zu der Verwirklichung Ihrer Wünsche führen? Sie sind völlig machtlos in dieser Finsternis und erst recht, das werden Sie ebenfalls einsehen, wenn Sie versuchen sollten, mit dem Kopf durch die Wände zu rennen. Nur das eine bleibt Ihnen übrig: sich tastend vorwärts zu fühlen durch die Finsternis. Vielleicht will es dann der Zufall, daß Sie wenigstens eins der verborgenen Ziele bald erreichen. Will es das Unglück, rennen Sie jedoch überall gegen Mauern. — So, mein lieber Freund, ist es mit dem Leben. Haargenau gleichen unsere Seele und unser Körper diesem Haus der Finsternis. Wunderbare Möglichkeiten der Kraftentfaltung und des Könnens gibt es, aber wie finden wir uns in diesem Schaltwerk der Kräfte zurecht, wie kommen wir heraus aus dieser Finsternis, um alle unsere Möglichkeiten auszunutzen? Allein das ist die große Frage, und den Schleier lüftet das Denken. Indem wir denken, richtig denken, vernünftig denken, tasten wir uns vorwärts. Das Denken erweist sich dadurch als der Leitstern zu unserm Glück. Erst geht durch das Denken ein ganz kleines Lichtlein in uns auf, irgend etwas, vielleicht erst ganz Nebensächliches, wird uns klar, aber wir verzweifeln nicht und haben den Mut zum Weitersuchen, und so wird das Licht größer, indem wir immer weiter denken und uns dadurch immer weiter vortasten im Reich des Unbekannten, bis wir schließlich in den ersten Vorhof unserer Erkenntnis eingedrungen sind und dadurch befähigt werden zu den ersten Leistungen. Langsam keimt der Glaube an das eigene Können in uns auf, immer mehr Nahrung erhält dadurch die Flamme, die in uns brennt und durch deren Schein wir dann immer weiter finden, uns immer besser zurechtfinden in dem Labyrinth des seelischen Dunkels. —

Und nun denken Sie an sich selbst, lieber Freund: Auch in Ihnen war zunächst ein großes Dunkel über das Wesen des Willens, ganz zu schweigen von der großen Wunderwelt des Positivseins, von der Sie bis jetzt erst ein ganz kleines Eckchen erfaßt haben. In dieser Dunkelheit stellten Sie Fragen an mich, die ich auf einfachste Weise zu beantworten suchte. Was sich daraus ergab, war das Aufglimmen des kleinen Lichtleins. Doch sein Schein genügte, um die erste Wegstrecke zu erkennen, die wir gehen müssen in das große Reich unseres inneren Wesens. Langsam erfolgen so die ersten Schritte, die sich ergaben aus unserem Frage- und Antwortspiel. Doch das alles, lieber Freund, zeigt Ihnen schon das Geheimnis um die Macht der Erkenntnis. Alles geht zuletzt, was einer will, wenn er erst weiß, daß er es kann. Und nur aus diesem Wissen um das eigene Können, aus dieser Überzeugung, aus diesem Glauben wächst der Wille.

Doch ein andermal mehr hiervon und ein andermal mehr auch darüber, was wir im vollen Umfange meinen, wenn wir vom Positivismus und von positiver Lebensführung sprechen. Wir leben wahrhaftig in einer Wunderwelt großer Geheimnisse, sie zu entschleiern und damit zu beherrschen, ist die Aufgabe des Positivismus, der damit wirklich zur Macht über das Schicksal verhilft und in einem noch viel größeren Umfange, als jemand sich träumen läßt.

Unerläßliches

Daß wir unser Ziel klar sehen

Daß wir unbeirrt an uns glauben

Daß wir Tag für Tag einen Schritt voran tun auf unserem Wege

Daß wir uns durch Fehlschläge nie beirren lassen

Daß wir hellwach sind gegenüber negativen Gedanken und Beeinflussungen

Daß wir bewußt aufbauende Gefühle hegen

Daß wir uns verständig zeigen gegenüber allem, was gut und richtig ist

Daß uns immer das Wohl unseres Nächsten am Herzen liegt

Daß wir wissen, daß ohne den Segen des Himmels unser Weg ein Irrweg ist

GLÜCKSSUCHE UND SELBSTERKENNTNIS

Das „Dennoch" und „Trotzdem" aus schöpferischer Einsicht

Was ist das, was wir als das Glück unseres Daseins ansehen? Ist das bloßer Erfolg? Nein! Erfolg ist bestenfalls Mittel zum Zweck, eine von vielen Möglichkeiten, um dem Glück nahezukommen, sofern es auf materieller Ebene liegt, aber auch nur dann. Ersehnen wir uns *inneren* Reichtum, so ist uns mit materiellem Erfolg nur soweit gedient, wie wir dadurch ein gutes Maß an Unabhängigkeit von Existenzsorgen erlangen. Bleiben wir innerlich arm dabei, so wird uns das Leben trotzdem zur Last. Dies beweist die Tatsache, daß es viel mehr Unglückliche unter den Reichen als unter armen Leuten gibt. Kurz vor seinem Tode äußerte der amerikanische Petroleumkönig Rockefeller, daß er während seines ganzen Lebens nicht einen einzigen wahren Freund gehabt habe.

Glück ist ein Zustand unseres gefühlsmäßigen Befindens und eine reine Denk- und Bewußtseinssache. Es kennzeichnet sich durch seelische Zufriedenheit und dadurch bedingte innere Harmonie.

Aber die Frage ist, wodurch diese Harmonie in unserem eigenen Falle, also in uns selber, zustande kommt, denn jeder von uns hat sein eigenes Glück, entsprechend seiner ganz speziellen Eigenart. Wir sind keine Massenware, sondern eine Frucht am Baume der Menschheit, die es nur ein einziges Mal auf dieser Erde gibt, mögen sich auch noch so viele Ähnlichkeiten mit der allgemeinen Spezies „Mensch" ergeben. Und so, wie wir selber „original" sind, so steht es auch mit den Reaktionen unseres Gefühls, wenn wir, und noch dazu auf die Dauer, wirklich glücklich werden wollen.
Was uns glücklich macht, muß etwas sein, was ganz und gar dieser Eigenart entspricht und so, wie es ist, darum auch nur für uns volle Bedeutung hat. Natürlich ist damit nicht gesagt, daß wir unsere spezielle Eigenart und das danach sich ausrichtende Glücksverlangen vor uns selber gutheißen müssen, denn wir können so spleenig und verrückt beschaffen sein, durch eine kuriose Mischung von Anlagen, Empfindungen, Gefühlen und Gewohnheiten, daß wir alles andere als vernünftig in unserem Glücksstreben sind und wobei dann auch unser Hauptproblem der Lebensbemeisterung auftaucht, nämlich wie wir uns selber so umschalten und umändern, daß wir trotzdem glücklich werden.

Hier jedoch, meine verehrten Freunde, ist eine Klippe, die Klippe der Selbsttäuschung, und mit ihr zeigt sich auch, daß wir mit allgemeinen Ratschlägen zur Lebensbemeisterung wohl in äußeren Dingen, nicht aber bei uns selber echte Erfolge erzielen können, wenn damit nicht gleichzeitig das Erwachen der Schöpferkräfte unserer Seele Hand in Hand geht. Deshalb nämlich, weil das, was uns ganz allein angeht und in seiner vollen Bedeutung nur von uns selber wirklich klar erkannt und gewußt werden kann, auch nur von uns selber schöpferisch zu formen bzw. zu verändern ist. So bedauerlich das für manchen klingt, so wahr ist es trotzdem, daß es kaum jemand gibt, der uns in unserer Eigenart richtig begreift und versteht. Bei der Originalität unseres Wesens ist das natürlich kein Wunder, und womit auch nicht gesagt ist, daß wir uns selber richtig begreifen und verstehen. Die Möglichkeit dazu ist jedoch gegeben, besonders wenn man sich so mit den Triebkräften des menschlichen Wesens beschäftigt, wie wir das tun. Doch auch das setzt schon eine schöpferische Tätigkeit der Seele voraus, weil wir uns nur mit ihrer Hilfe auf die Entdeckungsfahrt ins eigene Innere begeben können, zu der, wie wir wissen, oberbewußte Sinnestätigkeit und bloßes Verstandesdenken nur „Türöffner" sind. —

Es kommt also ganz allein auf uns selber an, wenn wir glücklich werden wollen. Und dann ist entscheidend, daß wir beim *Suchen* des Glücks nicht im *Dunkeln* tappen und dadurch das Glück in etwas ganz anderem suchen, als es unserer individuellen Eigenart gemäß der Fall sein muß. Aber gerade das setzt Selbsterkenntnis voraus, und dazu ein hohes Maß an Freiheit von Illusionen. Und hier ist auch die Klippe der Selbsttäuschung, von der wir sprachen, und um die wir herumkommen müssen, ohne seelischen Schaden zu erleiden. Denn wenn sich eines Tages erweist, daß wir in unserem Glücksstreben einer Einbildung zum Opfer gefallen sind, sich unsere Glücksideale also als trügerisch erweisen, kann ein so großes seelisches Vakuum in uns entstehen, daß wir vor Verzweiflung über die innere Leere nicht mehr aus noch ein wissen. Es kann dann passieren, daß wir von einem Extrem ins andere fallen und dabei alle guten Vorsätze über Bord werfen, die wir vielleicht lange Zeit hindurch als unumstößliche Maximen unserer Lebensführung betrachtet haben. Und alles, weil wir plötzlich merken, daß wir ja gar nicht dem Verlangen unseres inneren Menschen entsprechen und wodurch allein der Zustand eintreten kann, der, als Inbegriff des Glücks, zu wirklicher Befriedigung und Harmonie führt.

Eine Aufhellung dieser Zusammenhänge tritt ein, wenn man über die Gründe nachdenkt, die Menschen dazu bewegen, ihrem Leben freiwillig ein Ende zu machen. Eine unerträgliche seelische Disharmonie ist die Ursache, Angst und Verzweiflung aus dem Gefühl grenzenloser innerer Leere und seelischer Nacht. Man kann sein Leben nicht mehr ertragen, weil alles Mühen darum sinn- und zwecklos scheint, und die Flucht aus dieser Hoffnungslosigkeit ergibt sich in dieser Depression als die einzige noch mögliche Konsequenz. Alle guten Ratschläge und selbst bester Trost sinken hierbei zur Bedeutungslosigkeit herab, weil sie nicht die Stelle der Seele berühren, auf die es ankommt, ebensowenig wie man mit materiellen Schätzen dieses Vakuum auffüllen kann. Nur religiöser Glaube vermag allenfalls noch Halt zu bieten, dies jedoch nur dann, wenn die inneren Abläufe es zulassen, sich also keine vom Verstand errichtete Wand des Zweifels dagegenstellt.

Wir verstehen, was damit gesagt sein soll: Wenn das, was wir Glück nennen, ein Zustand seelischer Harmonie ist, der Eintritt dieser Harmonie aber ganz und gar abhängig ist von unserer individuellen Eigenart, so muß damit unser Glücksstreben genau übereinstimmen, wenn wir wirklich glücklich werden wollen. Und das setzt voraus, daß wir zuerst zu einer Klarheit über uns selber kommen müssen, damit wir auch tatsächlich *wissen,* was im Sinne dieser Erkenntnisse unserem Glücke dienlich ist.

> Wir dürfen also nicht bedenkenlos einem Glücksziel nachjagen, das den Anschein erweckt, als ob es uns glücklich machen könnte. Und stellen wir fest, daß wir so geartet sind, daß kaum jemals unser inneres Sehnen erfüllt werden kann, um die innere Zufriedenheit zu erleben, die wir als den Zustand des Glücks erkannt haben, so ist es falsch, sich mit einem „Ersatzglück" zu begnügen, wenn damit nicht eine durch schöpferische Erkenntnis bewirkte Erlösung von unerfüllbaren Hoffnungen und Wünschen zusammenwirkt.

Bitte, richtig verstehen: Nicht *Verdrängung* und *Unterdrückung* von Hoffnungen und Wünschen sind gemeint, sondern eine Befreiung unseres inneren Menschen von ihren Einflüssen, und deshalb, weil wir nur damit den Gefahrenherd in uns beseitigen, der eines Tages das Ersatzglück als Selbsttäuschung entlarvt, und was es ja auch ist, solange der innere Mensch nicht aufhört, im Banne der ursprünglichen Glücksvorstellungen zu schwingen.
Die Konsequenzen hieraus sind von größter Tragweite für uns alle, einerlei, ob wir das gleich erkennen oder nicht. Und mancher von uns liegt vielleicht schon seit Jahren und Jahrzehnten in einem beständigen Ringen um die Konsolidierung seiner inneren Situation. Er ist weder „Fisch" noch „Fleisch", schwankt dauernd hin und her und ist darum weder richtig glücklich noch eigentlich unglücklich. Wenn er manchmal längere Zeit hindurch von dem inneren Gefahrenherd nichts merkt, so ist er wieder einer neuen Selbsttäuschung unterlegen, die so lange das innere Gleichgewicht ausbalanciert, bis ihm dann doch wieder durch irgendein Ereignis die Augen über sein wirkliches Befinden aufgehen. Hieraus resultieren die Depressionszustände, an denen so viele Menschen leiden, die Mutlosigkeit und die Hoffnungslosigkeit im Blick auf den Sinn des Lebens und den tatsächlichen Wert menschlichen Daseins vom Standpunkte wahrhafter seelischer Befriedigung. Alle diese Menschen gleichen verschlagenen Schiffen auf stürmischen Meeren. Sie haben weder einen Hafen noch einen Anker, die Sicherheit geben. Man hängt in der Luft und fühlt sich allein. Und alles deshalb, weil man sich selbst gegenüber blind ist, weil man im Dunkeln tappt auf der Suche nach dem Glück. Weil man von unerfüllbaren Hoffnungen und Wünschen gemartert wird und noch niemals ernstlich den Versuch unternahm, sich davon durch schöpferische Selbsterkenntnis zu erlösen. — Dies aber nicht, um zu *verzichten,* und das ist das Positive, was wir hiermit anstreben, sondern um dem „großen Schicksal", mit dem wir uns dabei auseinandersetzen, ein aus tiefstem Herzen kommendes „Dennoch" und „Trotzdem" entgegenzurufen. *Dennoch,* weil wir gerade durch diese Selbsterlösung erst erkennen, welche Fülle an individuellen Glückswerten es gibt, die das Leben trotzdem lohnen, einerlei, ob die Hoffnungen und Wünsche, von denen wir uns befreien, eine unerreichbare Liebe, unerreichbare Ideale oder unerreichbare materielle Güter umfassen. Zuletzt ist alles ersetzbar, was glücklich machen kann, aus der Macht höherer Erkenntnis. Und gelingt es uns auf diesem Wege, uns selber zu entdecken, dann haben wir sogar mehr gewonnen, als wir je vermissen können. Leiden sind, von höherer Warte aus gesehen, in Wahrheit Boten des Glücks, denn erst die Überwindung des Leides macht den Menschen fähig, das höchste Licht zu erblicken.

XIV. TEIL

SUGGESTIV-REPETITORIUM

Die leichtfaßliche Methode zur Aneignung der geistigen Grundhaltung des positiven Menschen

Was in der Physik die Formel ist, die Macht gibt über Stoffe und Naturkräfte, das ist beim Willen und der Geisteskraft die rechte Erkenntnis um die gesetzmäßigen Vorgänge in uns selbst. Die Entfaltung starker seelischer und geistiger Kräfte ist daher zuallererst eine Frage des Wissens, und dies um so mehr, je kleiner der Glaube an das eigene Können ist.

Mein verehrter Leser, wie Sie aus allen vorangegangenen Abschnitten entnommen haben, kommt es für den Leser des Erfolgs-Systems sehr darauf an, daß er sich mit dem Begriff „positiv" eingehend vertraut macht. Hier ist dieser Begriff nicht nur der Ausdruck einer bejahenden Lebenseinstellung, sondern der Inbegriff echten, aufrechten Tatmenschentums. Hören Sie, was wir im einzelnen damit meinen:

Positivismus im Sinne der Lehre des geistigen Positivismus (Mental-Positivismus*) verkörpert Lebensmut, Tatkraft, Konzentration, Zielstrebigkeit und Selbstbemeisterung, ein individuelles Höchstmaß an Geisteskraft und persönlicher Freiheit durch höhere Erkenntnis, Ehrlichkeit und Güte des Wesens, Hingabe an die Ideale der Menschheit, Liebe zum Schöpfer und zum Nächsten, neben einer entschiedenen Bejahung alles Liebenswerten und Schönen in unserer Welt und jeder Möglichkeit und jeden Fortschritts, der das menschliche Dasein auf Erden fruchtbarer, angenehmer und glücklicher machen kann. — Wer in diesem Sinne positiv werden will, muß täglich und stündlich dieses kraftvolle, harmonische Wesen in sich bewußt machen und zu erleben trachten. Er muß es bilden und aufbauen aus den Bausteinen seines Erkennens und es zur tragenden Grundidee seines ganzen Menschen machen. Wie ein Künstler muß er dazu innerlich formen und meißeln, bis auch sein äußerer Mensch Kunde von der inneren Haltung gibt.

* Näheres über den Mental-Positivismus im XV. Teil: „Der M-Schlüssel".

Das also verkörpert uns der Begriff „positiv", mein verehrter Leser. Welchen Weg wir beschreiten müssen, um dieser glückhaften Zielsetzung weitgehend zu entsprechen, das zeigt uns in jeder Hinsicht unser Erfolgs-System.
Eine seiner wichtigsten Lehren bezieht sich dabei auf die Meisterung der Vorgänge hinter der Schwelle des Bewußtseins:

Es muß erreicht werden, daß wir vollkommen spontan, also ganz ohne Absicht und Zwang positiv denken lernen, entsprechend der Lehre: Der Erfolgsmensch ist ein Richtigdenker aus Gewohnheit, während der Mensch des Mißerfolges ein Falschdenker aus Gewohnheit ist.

Gelingt uns das, so ist der größte Teil des Weges zum positiven Menschen bereits zurückgelegt, denn so, wie wir denken, so reagieren und handeln wir. Wir erreichen das durch die Ausnutzung eines geistigen und eines seelischen Mittels, wodurch wir die Macht der Überzeugung in uns aufrichten.
Das geistige Mittel besteht darin, daß wir unseren Verstand zur Bejahung in der Anwendung des seelischen Mittels bringen. Dies geschieht, in dem wir ihm von allen Seiten klarmachen, daß es durchaus möglich ist, weitgehend das eigene Schicksal zu meistern. Gleichzeitig heißt es ihn davon zu überzeugen, daß dies nur über die Macht der Seele möglich ist.
Das seelische Mittel besteht darin, daß wir unser Denken nach den obwaltenden Gesetzen für eine positive Lebensbeeinflussung einrichten. Hierzu studierten wir die Lehre vom suggestiven Einfluß auf die im Unterbewußtsein wirkenden Antriebe unseres Verhaltens und Handelns. Wir analysierten unseren Charakter und nahmen uns vor, unseren ganzen inneren Menschen entsprechend den Voraussetzungen eines positiven Daseins umzubauen. Wir legten dabei einen Weg zurück, der uns das Rätsel der menschlichen Person von allen Seiten aufzuhellen versuchte. Das Wissen, das wir uns dabei aneigneten, war so vielseitig, daß sich daraus eine ganz neue Lebensschau ergab: Die Welt des positiven Menschen, die Welt ohne Ärger und Hast, ohne Angst und Furcht, überhaupt ohne negatives Denken! Dazu die Möglichkeiten einer klugen Lebenskunst und einer sicherwirkenden Erfolgstechnik, gegründet auf eine tiefe Einsicht in das Wesen der Natur und ihre Gesetzmäßigkeiten.
Über jedem neuen Gedankengang stand immer wieder der Leitsatz: „Nicht der Wille, sondern allein Erkenntnis macht uns frei." Was hülfe uns aber all' dieses ganze Wissen, mein verehrter Leser, wenn daraus nicht die Konsequenz gezogen würde, unseren inneren Menschen umzustimmen und ganz dahin zu bringen, daß er wirklich nur noch im Geiste dieser neuen Lebensschau denken, fühlen und handeln kann.

Das bedeutet, daß wir uns die Grundsätze der positiven Lebensführung immer wieder von neuem verdeutlichen und vor Augen führen, und dies nicht nur, um uns im oberbewußten Denken damit zu erfüllen, sondern erst recht und vor allem im unterbewußten.
Das bedingt einerseits, daß wir das Studium der Lehren des Erfolges zu einer richtigen Hauptaufgabe machen, und andererseits, daß wir die erlangten Einsichten in das Wesen der suggestiven Selbstbeeinflussung auch für diesen Zweck gründlich ausnutzen. Und die Praxis hierzu ergibt sich aus dem Suggestiv-Repetitorium.

Schon der Name sagt, was wir damit meinen: Wir erreichen damit, daß wir uns auf dem Wege der Selbstbeeinflussung wissensmäßig wie seelisch zu einer Total-Beherrschung aller entscheidenden positiven Lebenslehren bringen können, und wozu wir nur nötig haben, die autosuggestiven Texte des Repetitoriums immer wieder auf uns wirken zu lassen und in uns aufzunehmen.

Es versteht sich von selbst, daß dies im Geiste der Einstellung geschieht, die für Suggestiv-Wirkungen entscheidend ist. Also absolut zuversichtlich und in der selbstverständlichen Erwartung, daß es so ist und so kommt, wie wir zu uns selber sprechen.

Was wir lesen, sprechen wir langsam und beseelt in unserem Denken und zugleich mit unseren Lippen. Wir brauchen nicht laut zu sprechen, jedoch so, daß es unsere Ohren hören. Wichtig ist dabei auch die *Imagination,* die, wir wir wissen, schon im voraus fühlbar macht, was werden soll. Es verlohnt sich, wenn Sie hierzu noch einmal überlesen, was im zweiten Teil des Erfolgssystems über das Wesen der Selbstbeeinflussung gesagt wurde.

Von großer Bedeutung ist auch die *Entspannung* vor jeder Übung. Machen Sie also vorher eine *Ruheübung,* bevor Sie in die eigentliche Selbstbeeinflussung eintreten. Anschließend an die Suggestion ist es gut, erneut eine Ruheübung vorzunehmen. Hierdurch dauert der wohltuende Einfluß der jeweiligen Selbstsuggestion an und beeinflußt um so tiefer die Struktur im Unterbewußtsein.

Wir denken hierbei an die Ruheübung im Kapitel über die geistige Arbeit des positiven Menschen. Um absolut entspannt zu sein, ist es ratsam, sich dabei eines *Weckers* zu bedienen. Wenn man ihn so einstellt, daß er nach zehn Minuten klingelt, kann man sich noch viel besser entspannen, als wenn man immer das Ende der Übung nebenbei in den Gedanken hat.

Natürlich muß man auch diese Technik in seine Erfolgsplanung einbauen. Man wird also bestimmte Zeiten in der Woche dafür vorsehen. Einschließlich der beiden Ruheübungen dauert die Gesamtübung jeweils 30 Minuten. Man nimmt sich zur Zeit immer nur eine Übung vor, die im Laufe der Zeit so oft durchgenommen wird, bis man innerlich fühlt, daß Satz für Satz der Übung im Unterbewußtsein verankert ist. Das reine Auswendiglernen ist dabei aber nicht gemeint, sondern das durch den suggestiven Einfluß der Übung bewirkte positive innere Schwingen. Im übrigen erlebt man ja an der Wandlung seines Wesens, wie sich die Suggestivkraft der Texte immer mehr bemerkbar macht, und das ist dann der beste Maßstab für die Anzahl der Wiederholungen jeder einzelnen Übung.

Hierbei wirkt sich das Gesetz des organischen Wachstums aus, auf das man fest vertrauen kann.

Wie früher schon gesagt wurde, ist es dabei wie mit einem Samen, den man in die Erde senkt: Daß der Keim aufgeht, bewirkt die Beständigkeit im Üben.

Von den insgesamt 8 Suggestionstexten wählt man sich diejenigen aus, die am besten den eigenen Wünschen und Zielsetzungen entsprechen. Wenn man alle Übungen — immer eine Übung zur Zeit — durchgearbeitet hat, beginnt man wieder von vorn. Der eifrige Leser wird sich täglich eine Übung vornehmen. Es genügt aber auch, wenn man jeden zweiten oder dritten Tag eine halbe Stunde Zeit dafür einsetzt.

Während des Tages muß man so oft wie möglich Gelegenheit nehmen, an den Inhalt der Übungen zu denken. Das ruft jedesmal einen neuen Impuls zur Förderung des

inneren Wachstumsprozesses wach. Und selbstverständlich wird man sich auch bemühen, ganz im Sinne der Übung zu denken und zu handeln. Da die Forderungen der Übungen ganz und gar übereinstimmen mit allen Forderungen aus dem Tageslauf des positiven Menschen und unserer ganzen Erfolgstechnik und Lebenskunst, ist das ohne Belastung möglich, denn wir entsprechen ja damit nur unseren Vorsätzen. Und überhaupt soll ja durch das Suggestiv-Repetitorium in erster Linie erreicht werden, daß wir nun ganz so handeln, wie es der Erfolg gebietet, und dies immer mehr aus dem *Gefühl* heraus. Das positive Denken wird durch die geistige Technik, die dem Suggestiv-Repetitorium zugrunde liegt, sehr bald zur zweiten Natur.
Ich denke, mein verehrter Leser, Sie sehen nun vollständig klar. Jetzt liegt es an Ihnen, hieraus die Nutzanwendung zu ziehen.

ÜBUNGSTEXTE DES SUGGESTIV-REPETITORIUMS

1. Übung: So stehe ich über den Dingen

Wer ein ganzer Mensch und wirklich positiv sein will, muß über den Dingen stehen! ... Es ist notwendig, daß ich ganz genau erfasse, worauf es hierbei ankommt: Es gibt den Standpunkt des Alltagsmenschen und den des positiven Menschen ... Der Alltagsmensch betrachtet alle Dinge des Lebens und alle Angelegenheiten seiner Mitmenschen nur von der Warte eines kleinen Krämergeistes. Er sieht nur das Äußere, nur den äußeren Schein, nur den vergänglichen Leib mit seinen tausend Unvollkommenheiten, nicht aber zugleich die Seele und die Ewigkeitswerte des Alls. Und immer nur denkt er daran, was ihm zustoßen, mißraten und ihn verfolgen könnte oder an die Schwächen und Fehler seiner Mitmenschen ... Ist es ein Wunder, wenn ein solcher Mensch in den Banalitäten, Albernheiten und Lächerlichkeiten des Lebens versackt und im Grunde genommen mehr tot ist als lebendig? ... Niemals kann ein solcher Alltagsmensch wirklich glücklich und zufrieden sein ... Niemals kann seine Seele befreiend aufatmen in den unendlichen Schönheiten, die uns das Leben zu bieten vermag ...
Es ist ganz selbstverständlich, daß ein Mensch mit dieser Einstellung zum Leben nur ein negatives Leben führen kann, denn unausgesetzt wird er gepeinigt und verfolgt von seinen griesgrämigen und ängstlichen Gedanken ...
Ganz anders dagegen die Einstellung des positiven Menschen: Für ihn gibt es nur das Schöne, das Heitere, das Freudvolle des Lebens. Niemals ein Hadern mit dem Schicksal, niemals eine negative, unfruchtbare Einstellung zu seiner Umwelt! ... Gewiß, auch er weiß ganz genau, daß nicht alles vollkommen und gut ist. Gewiß, auch er sieht die Schattenseiten des Lebens. Aber zugleich auch das Licht in seiner Fülle, und darauf kommt es an! Es gibt viele Unabänderlichkeiten des Daseins, die wir in Kauf nehmen müssen. Diesen Unabänderlichkeiten gegenüber steht aber eine solche Fülle des Glücks, daß ich niemals einen Grund zur Verzweiflung zu haben brauche! ... Aller-

dings, eins ist notwendig: ich muß fähig sein, die glücklichen Umstände meines Lebens zu sehen und zu erfassen. Das innere Auge, das seelische muß dafür aufgehen, das nur zu leicht geschlossen bleibt durch unerfüllbares Wünschen und Hoffen ...
Darauf kommt es an, daß ich mich zuerst mit meinem großen Schicksal aussöhnen und abfinden lerne. Habe ich das erreicht, dann erst erwacht mir mein Blick für das Glück meines Lebens und meines besonderen Lebens ... Darum befreie ich mich von allen Illusionen und Phantastereien und erkenne meine Grenzen! ...
Alles Unabänderliche bestimmt meine Grenzen ... Je klarer ich das erkenne, um so besser ist das für mich ... Also alles Unabänderliche ... alles Unabänderliche ... Darüber bin ich aber nicht traurig, sondern werde durch diese Klarheit erst recht zum glücklichen und frohen Menschen. Das wird bestimmt geschehen, weil ich mich innerhalb meiner Grenzen als Meister erweise ...
Viele tausend Schönheiten bietet das Leben, auch in den engsten Grenzen, ... aber richtig leben muß ich und über dem Materiellen vor allem die seelische Welt erkennen ... Was ist denn Glück? Zuletzt doch gar nichts anderes als glückliches Denken ...
Hier zeigt sich, ob ich positiv bin oder nicht: Daß ich das Leben liebe mit ganzer Hingabe, mit ganzer Kraft, daß ich schaffe und gestalte und forme und arbeite, aber dennoch *über* den Dingen stehe! ... In allem, was sich meinem Auge zeigt, sehe ich ein Gleichnis: Alles fließt, alles geht vorbei, ... und worauf es ankommt, ist nicht das Materielle, das Körperliche, sondern allein, was an seelischen Werten aus dem Werden und Vergehen geboren wird, ... und nur, um die Seele zu vervollkommnen und glücklich zu machen, lebe und schaffe ich, und nur deshalb bekommt das Dasein überhaupt Sinn und Zweck ...
Daran denke ich, und diese Erkenntnis ist die Grundlage meines ganzen Strebens: Alles Materielle verliert seinen Sinn ohne die Seele, und wenn die Welt überhaupt glücklich machen kann, so nur um der Seele willen ... Darum reiße ich mich heraus aus dem Alltagsmenschentum und lerne über den Dingen stehen! ... Ich erstrebe den Fortschritt und immer höhere Entwicklung, aber ich lasse mein Streben nicht Selbstzweck sein, sondern Diener und Vollender der Seele ... Nur als geistig strebender Mensch komme ich meiner Bestimmung nahe, dem wahren Ziel meines Daseins, dem Erwachen meiner Seele zum Licht ...

2. Übung: So meistere ich alle Hemmungen

Die positive Einstellung zur vergänglichen Welt ist die Voraussetzung zur Ausschaltung von Angst und Furcht, die der Nährboden negativer Gedanken und aller Hemmungen sind ... Seelische Hemmungen können niemals in mir entstehen und sich in mir breitmachen, wenn ich ihnen keine Nahrung gebe ... Wenn ich Angst habe, ernähre ich die Hemmungen und mache sie stark, so daß es gar kein Wunder ist, wenn ich von ihnen beherrscht werde ... Damit erkenne ich den Weg, den ich gehen muß, um mich von allen Parasiten meines seelischen Lebens zu befreien: Aufhören mit der Ernährung der Hemmungen und die Kraft meiner Aufmerksamkeit nur auf das Positive, nur auf das Lebensbejahende und Aufbauende richten! ... Darauf kommt es an und das beachte ich! ... Das Geheimnis der Freiheit ist das Geheimnis einer richtigen Steuerung meiner Aufmerksamkeit! ... Alle Hemmungen verschwinden, wenn ich ihnen einfach mein Interesse entziehe! ...

Es ist vollkommen falsch, mit Gewalt gegen Hemmungen vorzugehen ... Nicht darauf kommt es an, daß ich sie unterdrücke, sondern daß ich mich von ihnen erlöse, ... und zwar durch richtige Erkenntnis und positive Gedankeneinstellung ... Wie aber sollte ich das, wenn ich nicht zuerst jede Angst vor ihnen verlieren würde? ... Deshalb heraus mit jeder Angst und Furcht aus mir! ... Ich muß kühn und mutig gegenüber meinen Hemmungen werden, nur dann werde ich sie los! ... Und wie mache ich das? ... Einfach dadurch, daß ich sie an mich herankommen lasse, und indem ich überhaupt alles an mich herankommen lasse, was mich unsicher, unruhig oder ängstlich macht! ...

Wer Angst und Furcht hat, ist ein Feigling des Lebens! ... Das Leben ist Kampf, aber es kann ein froher und befriedigender Kampf sein! ... Es kommt ganz darauf an, wie ich das Leben betrachte und wie ich mich zum Leben einstelle ... Werde ich von Angst und Furcht beherrscht, so habe ich von vornherein verloren ... Dann kämpfe ich nicht gegen wirkliche Widerstände, sondern gegen Feinde, die ich selber geschaffen habe! ...

Wenn ich weiß, daß mein Interesse und meine Aufmerksamkeit den Hemmungen Nahrung geben, so tue ich klug, wenn ich mich überhaupt nicht mehr mit meinen Hemmungen beschäftige ... Statt dessen muß ich mich im positiven Denken üben ... Tag für Tag, Stunde für Stunde! ... Und nicht nur positiv denken muß ich, sondern auch positiv handeln! ... Ich muß unter Beweis stellen, was ich kann! ... Ich muß mutig sein und wagen ... und auch dann, wenn ich Angst habe vor einem Mißerfolg ... Ich muß mir unter allen Umständen beweisen, was ich kann! ... Und wenn ich vorläufig nur kleine Erfolge erziele, so steigern sie dennoch unaufhörlich mein Selbstvertrauen, und darauf kommt es an! ...

Was sind denn Hemmungen? Nichts anderes als Bilder in meinem Unterbewußtsein, die von dort aus meine Nerven und mein Gefühl beeinflussen ... Wenn sie mich beherrschen, so nur deshalb, weil ich ihnen durch meine falsche Lebenseinstellung und mein negatives Denken dazu die Möglichkeit gebe ...

Aber nicht nur auf mein eigenes Denken kommt es an, sondern auch auf den Einfluß meiner Umgebung ... Ich schütze mich gegen jeden negativen Einfluß durch eine immer größere Untermauerung meines Selbstvertrauens! ... Nur ich selber bin für meine Leistungsfähigkeit entscheidend! ... Nur ich selber bin der Herr in meinem Gedankenhause! ... Ich kann alles, was ich ernstlich will! ... Und was mir heute noch nicht möglich ist, das wird mir morgen möglich sein! ... Doch ich muß stets bedenken, wie groß die Macht ist, die aus dem Denken kommt ... Darum muß ich positiv denken ... immer nur ganz positiv! ... Nur Gedanken der Kraft, des Lebensmutes, der Freude und des Erfolges dürfen mein Bewußtsein erfüllen! ... Und was mir an negativen Gedanken einfällt, darf ich nicht beachten! ...

Wie ich meinen Körper ernähre, so ernähre ich auch meinen Geist und meine Seele ... Alles was ich liebe und alles was ich fürchte, erzeugt einflußreiche Gedanken ... Die Gedanken, die ich mit Ausdauer denke, werden stark und immer stärker, bis sie mein Gefühl beherrschen. Dann aber haben diese Gedanken Macht und erzeugen Wirkungen ... Es ist nicht wichtig, wie klein im Anfang ein positiver Gedanke ist ... Ich muß ihn nur immer wieder denken, immer wieder ihm meine Aufmerksamkeit schenken, dann wächst er mit Sicherheit und wird zur Macht! ...

Ich ernähre meinen Körper klug, ich tue es auch mit meinem Unterbewußtsein! ... Nur positive Gedankennahrung macht mich stark, frei und erfolgreich, ... nur positive Gedankennahrung! ... Darum denke ich positiv, nur positiv, ... nur positiv! ...

3. Übung: So erlange ich Mut und Tatkraft

Das tägliche Leben verlangt von mir ein großes Maß an Mut und Tatkraft ... Ich bin mir darüber im klaren, daß nur durch diese Erfolgseigenschaften Erfolge im Leben möglich sind ... Nur dann kann man die Chancen des Lebens ausnutzen, nur dadurch ein großes Ziel erreichen ... In der Hauptsache kommt es darauf an, mutige und klare Entscheidungen zu treffen ...
Es ist notwendig, daß ich mich im richtigen und schnellen Entscheiden fortdauernd übe ... Jede Gelegenheit muß ich begrüßen, wo ich diese Fähigkeit unter Beweis stellen kann ... Es kommt dabei auch auf die kleinsten Entscheidungen an ... Ich denke nach, wie ein richtiger Erfolgsmensch handelt: Jeder Griff sitzt! Alles was er macht, beweist Zielsicherheit und Geistesklarheit! Er denkt nicht lange nach, er handelt! ... Dadurch hält er sich nicht auf und kommt vorwärts ... Seine Tatkraft wächst also aus der Fähigkeit zur schnellen Entscheidung ...
Mut und Tatkraft heißt vor allem, daß ich weiß, wie ich am besten meine Zeit ausnütze! ... Wenn ich es nicht verstehe, die vielen Entscheidungen jedes Tages glatt und spielend zu bewältigen, komme ich immer nur langsam vom Fleck! ... Ich muß also nachdenken, was mich am schnellen Entscheiden hindert ... Ich erkenne, daß es vor allem Angst und Furcht und kleinliches Denken sind! ... Meine höhere Einstellung zum Leben beweist auch hier ihre bergversetzende Kraft! ... Wenn es sein muß, dann muß ich bereit sein, auch Unliebsames zu ertragen! ... Viel Mühe! Viel Kraftaufwand! Viel Erduldung! ...
In meiner Entscheidungsklarheit zeigt sich meine Zielklarheit! ... Ich muß immer genau wissen, wo ich den Hebel anzusetzen habe ... Deshalb muß ich mich im zielklaren Denken üben ... Allem auf den Grund gehen, nicht oberflächlich sein, ganz gründlich und genau sein! ... Wenn ich nach Genauigkeit strebe, arbeitet mein Geist immer genauer, denn Genauigkeit übt sich! ... In jedem Falle bestimmt meine Zielklarheit die Kraft meines Handelns! ... Ziellosigkeit macht schlapp und schwach und unsicher ... Die inneren Kräfte haben keinen Ansatzpunkt ... Es ist keine Konzentration möglich ...
Es ist ein Irrtum, wenn man von sich glaubt, ohne Kraft und Mut zu sein ... Dann fehlt der richtige Lebensinhalt, ... das richtige Ziel! ... Was in uns wirkt und schafft, ist die Kraft der Natur, ... wo sie kein Ziel hat, da entfaltet sie keine Kräfte! ... Darum wird auch jedes Organ schwach, das wir nicht betätigen! ... Es ist ein Fehler, für den Geist und die Seele nicht gelten zu lassen, was für den Körper selbstverständlich ist ...
Darum müssen wir unserem Streben einen klaren Zweck geben, aber einen solchen, der auch dem Verlangen unserer Seele gerecht wird. Denn jeder andere Zweck ist ohne Bedeutung ... Der Sinn des Lebens ist nicht der, nur da zu sein, sondern glücklich zu sein! Entspricht unser Ziel nicht dem inneren Verlangen, so arbeiten wir unausgesetzt gegen das Wollen unserer Seele; dadurch aber versagt unsere Kraft, und Mutlosigkeit und Depression sind die Folge ...
Alle Methoden, alle Übungen und alle Kuren gegen die Mutlosigkeit werden überflüssig durch den richtigen Lebensinhalt!! ... Es handelt sich hierbei um die Auswirkung der Grundgesetze des Lebens ...
Deshalb verfolge ich ein schönes Ziel, ein Ziel, das meinem inneren Menschen entspricht und mein Leben wertvoll macht! ... Nur das richtige Ziel läßt meine Kräfte und Fähigkeiten voll erwachen ... Ich habe das richtige Ziel, darum erwachen meine

Kräfte ... Ich bin ganz klar in mir ... Ich weiß, wozu ich lebe ... Ich weiß, wozu ich lebe ... Mut und Tatkraft sind mir darum auch nichts Fremdes ... Ich brauche Mut und Tatkraft, und darum habe ich sie ...

4. Übung: So meistere ich meine Nerven

Wenn meine Nerven mir Sorge machen, wenn sie mich peinigen, wenn sie gegen meinen Willen vibrieren und arbeiten, oder wenn sie mit mir durchgehen und nicht gehorchen, vielleicht in einer plötzlichen Aufwallung von Zorn oder Mißmut, oder wenn sie plötzlich erregt werden durch Angst oder Furcht, so muß ich mir ganz klar darüber sein, daß nur mein Denken und immer wieder nur mein Denken den Zustand beseitigen kann ...

Meine Nerven sind die Mittler zwischen Körper und Seele ... Sie sind die tausend Werkzeuge der Seele, und wenn ich will und ganz fest entschlossen bin, gehorchen sie mir unbedingt! ... Aber damit sie gehorchen und damit ich sie restlos in der Gewalt habe, muß ich selber Herr in mir sein! ...

Ich stelle mir vor, der Mensch sei ein großer Fabrikbetrieb ... Ich selber bin der Fabrikherr, meine Gedanken sind meine Untergebenen und meine Nerven die elektrischen Leitungen, die die Maschinen des Betriebes arbeiten lassen ...

Kann ich mir vorstellen, daß ein Fabrikbetrieb einwandfrei arbeitet, wenn der Wille des Fabrikherrn nicht ständig zu spüren ist? Wenn der Fabrikherr schläft und damit die ganze Anlage unbeaufsichtigt bleibt? ... Unmöglich! Denn dort, wo der Kopf und die höhere Leitung versagen, kann es niemals vorwärtsgehen. Deshalb kann es nur eins geben, was mich zur Gesundung führt, die richtige Einstellung zur Macht des Denkens! ...

Der negative Einfluß auf meine Nerven muß verschwinden, und alle Befehle, die ich den Nerven erteile, müssen positiv sein! Hierzu muß ich aufhören, mich von den Wellen des Lebens treiben zu lassen und ganz bewußt mein Leben lenken ... Das kann ich aber nur, wenn ich richtig mit meinen Gedanken umgehe und aufhöre, ihnen jede Freiheit zu gestatten ...

Hat sich erst ein Gedanke meiner Nerven bemächtigt, und spüre ich schon, wie mein Körper dadurch erregt und schädlich beeinflußt wird, so ist es sehr schwer, diesen Einfluß zu meistern. Soweit darf es überhaupt nicht kommen! ...

Deshalb muß ich das Negative bezwingen lernen, noch bevor es zu einem Einfluß auf Nerven und Körper kommt ... Das bedeutet, daß ich schon im Keim alles Störende, Krankhafte und Unruhigmachende vernichte! ... Hierzu aber muß ich auf dem Posten sein und mein Gedankenleben so sorgfältig überwachen, daß ich schon im Anfang die Entwicklung eines negativen Einflusses erkenne. Das aber heißt, bewußt leben und Schluß machen mit dem geistigen Schlendrian des Alltagsmenschen! ...

Die zielbewußte Beherrschung des Denkens ist um so leichter möglich und braucht um so weniger Kraft, je kleiner und unscheinbarer die gedanklichen Störenfriede sind ... Bin ich in der Kontrolle meines Denkens nachlässig und gleichgültig, und überlasse ich mich willenlos allen Stimmungen und äußeren Einflüssen, so entwickelt sich schnell die kleinste Ursache zur größten Wirkung. Und ist erst einmal ein negativer Gedanke groß und stark in mir geworden, so beherrscht er auch schnell mein Gefühl ... Dann bin ich machtlos und nicht mehr Herr, sondern nur noch ein Opfer meines Denkens ...

Nie kann ich ärgerlich, wütend oder mutlos werden, nie den inneren Halt verlieren, wenn ich so klug bin, schon gleich bei Beginn das Negative auszuschalten!!! Deshalb lasse ich es erst gar nicht so weit kommen, daß mich das Negative erfaßt, sondern schalte mich sofort auf positives Denken! ... Lenke ich alles Negative ab, schon gleich im Entstehen, dann bin ich immer der Herr in meinem Hause und meistere jede Situation! Daß diese Ablenkung am allerbesten gelingt, wenn ich eine höhere Einstellung zum Leben habe und alle Dinge von der Warte des positiven Menschen sehe, versteht sich von selbst! ... Deshalb ist auch das beste Mittel gegen ein rebellisches Nervensystem die ruhige, klare, nüchterne Überlegung ...

Wenn ich an meine Seele glaube und mich mutig abfinde mit allem Unabänderlichen und gegenüber meinen Mitmenschen von verstehender Liebe mich beherrschen lasse, werde ich innerlich ganz ruhig, ... und diese Ruhe wird um so größer, je öfter ich mich darin übe, mich von ihr durchdringen zu lassen ... Damit aber bin ich schon Herr meiner Nerven! ... Deshalb strebe ich nach dieser Ruhe und entwickele sie immer mehr in mir als den starken Pol gegen die wirbelnden, nervös- und aufgeregtmachenden Einflüsse des Lebens ...

Positiv sein, heißt nicht nur das Leben bejahen, mutig, tatkräftig und strebsam sein, sondern auch weise sein! ... Vor mir selber muß ich dastehen wie ein Fels im Meer, das aber bewirkt die Weisheit ... Und je weiser ich werde, um so ruhiger werde ich innerlich ... und je ruhiger, um so weniger haben negative Kräfte Einfluß auf meine Nerven ...

5. Übung: So bin ich erfolgreich im Umgang

Ich muß meiner Umgebung gegenüber nicht nur eine Person, sondern eine Persönlichkeit sein! ... Der Erfolg kommt nicht zufällig, sondern durch die Beachtung kleiner und kleinster Ursachen ... Will ich mit meinen Mitmenschen gut auskommen, so darf ich sie nicht so behandeln, wie sie sind, sondern so, wie sie sein sollen ... Ich selber werde von der Umgebung nicht nach meinen innersten Gedanken beurteilt, sondern so, wie ich scheine ... Will ich geliebt werden, so muß ich liebenswert sein ... Es kommt darauf an, was ich sage, ich kann so sprechen, daß man mich völlig verkennt ... Meine Mitmenschen sind keine Gedankenleser! ... Außerdem beurteilt man mein Verhalten stets von seinem eigenen Standpunkt aus ... Das ist um so wichtiger, je mehr meine Mitmenschen Alltagsmenschen sind ... Der Alltagsmensch ist nicht frei in seinem Denken, ... er muß so denken, wie es seiner geistigen Verfassung entspricht ...

Soll man mich als einen positiven Menschen betrachten, so muß das in meinem ganzen Verhalten zum Ausdruck kommen ... Mein Auftreten muß frei und sicher sein! ... Mein Sprechen muß ruhig, beseelt und fest sein! ... Ich darf nicht schwatzhaft, nicht überschwenglich, nicht prahlerisch sein! ... Jede Übertreibung, jedes unschöne und häßliche Wort muß meine Sprache vermeiden! ... Was ich sage, muß Hand und Fuß haben, muß zielklar sein, muß wissen, was es will! ... Im Gespräch muß ich ein aufmerksamer Zuhörer sein! ... Nie darf ich reden, nur um mir selber zu gefallen! ... Niemals meiner Umwelt auf die Nerven fallen! ... Klugheit entscheidet, nicht meine Eitelkeit! ...

Auch mein äußerer Mensch ist wichtig! ... Mein Aussehen! ... Mein Anzug! ... Meine Bewegungen! ... Mein Blick! ... Immer muß ich positiv wirken! ... Immer gepflegt! ... Immer anziehend und sympathisch! ... Nachlässigkeiten in äußeren Dingen geben ein schiefes Bild von mir! ... Wenn ich will, daß ich geschätzt und geachtet werde, ist die Beachtung der Äußerlichkeiten unerläßlich! ... Auch meine Körperpflege! ... Auch meine Körperhaltung! ... Auch mein Gang! ... Nirgends Übertreibung, doch überall Korrektheit, Ordnung, Sauberkeit, Sicherheit! ... Das erzieht zugleich meinen inneren Menschen zur Korrektheit und Ordentlichkeit! ... Auch im eigenen Interesse darf ich also meinem äußeren Menschen gegenüber nicht nachlässig und gleichgültig sein! ...

Gegenüber allen Menschen, die nicht zu meinem engsten Umkreis gehören, muß ich stets Distanz beachten! ... Übergroße Vertraulichkeit schadet ebenso wie abweisendes Wesen ... Nie eindringen in das Privatleben eines andern! ... Jeder muß selber wissen, was er tut! ... Das gilt auch für mich! ... Deshalb schweige ich über alles, was ein anderer nicht zu wissen braucht ... Ich rede weder aus Neugier noch aus Mitteilungsdrang! ... Wenn ich im Gespräch das Wort habe, so meide ich alles, was andere nur um der Rederei willen in ein schiefes Licht setzt ... Ich meide also bewußt jeden Klatsch! ... Habe ich zu urteilen, so bin ich stets ohne Vorurteil und Gehässigkeit ... Ich darf meine eigenen Rechte und Vorteile jederzeit wahrnehmen, aber darf niemand schaden dabei! ... Ich bin kein Alltagsmensch, sondern ein positiver Mensch! ... Stets muß ich mit den Kräften der Seele und des Himmels rechnen! ... Augenblickliche kleine Vorteile schlagen auf die Dauer in das Gegenteil um, wenn ich ungerecht, unehrlich und egoistisch handele! ...

6. Übung: So erlange ich Sympathie und Vertrauen

Jeder liebt den kraftvollen, lebensbejahenden und harmonischen Menschen! ... Ich weiß warum: weil von ihm ein Fluidum des Vertrauens und der Zuneigung ausgeht! ... Ich muß dieses Fluidum ganz ernst nehmen und nicht meinen, daß damit eine Wirkung nur äußerer Dinge gemeint ist! ... Es strömen unaufhörlich seelische Kräfte von Mensch zu Mensch und nur diese Kräfte sind entscheidend, wenn Vertrauen und Sympathie entstehen sollen! Während mein äußerer Mensch die Nerven meiner Umwelt beeinflußt und den Verstand urteilen läßt, verbinden mich meine fluidalen Kräfte mit seiner Seele und rufen dadurch gute oder schlechte Wirkungen hervor ...

Meine Strahlung kann nur gut und positiv sein, wenn ich auch in meinem Innern gut und positiv bin! ... Deshalb ist auch die persönliche Wirkung stets nach zwei Seiten zu bedenken: Mein äußerer Mensch muß sympathisch sein und mein innerer Mensch muß den seelischen Kontakt schaffen ...

Für die Wirkung des inneren Menschen sind alle Gedanken und Gefühle von Bedeutung, die mich im Laufe der Zeit bewegen und denen ich meine Aufmerksamkeit schenke ... Sie sind das Baumaterial meiner inneren Struktur, die genau so wie mein körperlicher Mensch aus vielen Billionen von Einzelheiten besteht ... Ich weiß, daß alle niedrigen, egoistischen, neid- und haßerfüllten Gedanken und Gefühle Niederschläge in mir zurücklassen und dadurch mein ganzes Fluidum verunreinigen ... Dadurch ist es kein Wunder, wenn ich anstatt anziehend, abstoßend und negativ wirke ...

Will ich Vertrauen und Sympathie erzeugen, so muß ich mich also immer mehr innerlich verfeinern und veredeln, ... immer anständiger, sauberer und aufrichtiger denken! ... Immer muß ich vor Augen haben, daß Gedanken Kräfte sind ... Das Böse in mir erzeugt ein abstoßendes Fluidum! ... Ich will Vertrauen und Zuneigung, darum erzeuge ich ein anziehendes Fluidum! ... Der Weg dazu ist mir restlos klar: Meine

Gedanken und Gefühle erzeugen diese Macht der Anziehung! Ich muß innerlich so werden, daß man mich gern hat! ... Ich muß innerlich so werden, daß man mir Vertrauen entgegenbringt! ... Egoismus ist Gift für meinen Einfluß! ... Gerechtes, wohlwollendes Denken der Magnet positiver Wirkung! ... Gedanken sind Kräfte! ... Mein Glaube an das Gute strahlt reine Kräfte aus! ... Mein Glaube an meine eigene Kraft läßt auch die andern an mich glauben! ... Gedanken sind Kräfte! ... Ich muß Liebe ausstrahlen, wenn ich Liebe ernten will! ... Nicht nur mit meinen Worten, sondern auch mit meinen Gedanken! ... Worte schaffen nur den äußeren Kontakt, erst meine Gedanken sind Kräfte! ... Immer denke ich daran, ... immer denke ich daran! ... Wie ich denke, so strahle ich aus! ... Wie ich denke, so ist mein persönliches Fluidum! ...

7. Übung: So lerne ich mich gut konzentrieren

Das größte Hindernis der Konzentration ist mangelndes Selbstvertrauen! ... Äußere Umstände spielen nur eine untergeordnete Rolle ... Die Hauptsache ist, daß ich Vertrauen zu mir selber habe! ...
Dann ist entscheidend, ob die absolute innere Bereitschaft zu einer Konzentrationsleistung da ist! ... Jede Arbeit wird zu einer Qual, mit der ich innerlich nicht einverstanden bin ... Alles geht leicht und spielend, woran ich Interesse habe und was mir Freude macht ... Dann macht die Seele mit, und darauf kommt es an! ... Mein innerer Mensch muß einverstanden sein und mitmachen! ... Das ist ein seelisches Problem, das ich vor jeder Arbeit lösen muß ... Das wird möglich durch Nachdenken und Überlegen ... Sinn und Zweck einer Arbeit müssen mir klar sein! ... Der Zusammenhang meiner Arbeit mit einem positiven Endziel! ... Und meine Seele, mein innerer Mensch muß dieses Endziel bejahen und sich dafür einsetzen! ... Dadurch erhält das Schaffen Sinn und die Lösung einer Aufgabe wird zur Selbstverständlichkeit ...
Jede Arbeit kann Freude machen, wenn ich ihren tieferen Sinn erfasse ... Es liegt in jeder Arbeit, die positiv ist, ein tiefer Sinn! ... Eine Arbeit ist positiv, wenn sie dem Leben und dem Fortschritt dient ... Wenn sie dazu beiträgt, um die Existenz der Menschheit zu sichern oder um das Dasein der Menschen mit Freude und Glück und Wohlergehen zu erfüllen ... Auch die einfachste Arbeit ist notwendig hierzu ... Das muß ich einsehen und begreifen! ... Und weiter, daß ich selber nur von der Arbeit anderer Menschen existiere! ... Würden andere nicht arbeiten, würden andere nicht beständig ihre Pflicht erfüllen, müßte ich selber ein elendes Leben führen, wäre mein Leben freudlos, dumpf und primitiv! ... Ich kann nicht zulassen, daß andere für mich arbeiten, während ich selber faul und untätig bleibe! ... Ich will dienen, wie mir die anderen dienen! ... Und darum hat meine Arbeit Sinn, ist meine Arbeit notwendig und unerläßlich! ...
Wenn ich lasch, bequem, nachlässig, oberflächlich, unsauber und unordentlich in meiner Arbeit bin, so bin ich entweder ein dummer Mensch, der den Sinn einer Arbeit nicht erfassen kann, oder ein schlechter Mensch, ein Egoist ... Das ist die reine Wahrheit! ... Und auch dann, wenn ein anderer durch meine Arbeit verdient! ... Der andere kann nur verdienen, wenn er meine Arbeit verkaufen kann ... Man kauft die Arbeit nur, wenn sie Nutzen bringt ... Sie kann nur Nutzen bringen, wenn sie gut gemacht ist! ... Und nur wenn man meine Arbeit verkaufen kann, dadurch Vorteile schaffen kann, kann auch ich selber dafür belohnt werden! ... Das ist mir völlig klar,

und darum macht auch meine Seele mit, wenn ich zu arbeiten habe! ... Ich weiß, daß es immer nur auf das richtige Denken ankommt ... Durch folgerichtiges Denken entsteht in mir die Erkenntnis für den tieferen Sinn und höheren Zweck meiner Arbeit, und dann ist es selbstverständlich, daß der innere Mensch mitmacht ...
Ein anderes Hemmnis der Konzentration ist der Mangel an Zielklarheit ... Ich muß immer genau wissen, was ich will! ... Wenn man keinen Punkt sieht, kann man seine Kraft nicht darauf einstellen! ... Ich darf keine Mühe scheuen, um in mir Klarheit über meine letzten Absichten zu schaffen ... Ich muß mich entscheiden, ganz genau entscheiden! ... Das Ziel genau festlegen und den Weg, die Marschrichtung bestimmen, und zwar unwiderruflich und unantastbar! ... Dazu muß ich herausarbeiten, was sein wird, wenn das Ziel erreicht ist! ... Die inneren Kräfte wollen, daß ich mich entscheide, bevor sie zu arbeiten beginnen, ... sie wollen einen klaren Auftrag von mir, ... eine ganz klare Arbeitsanweisung! ... Innere Unklarheit schafft Unordnung im Einsatz der Kräfte, ... die Hebel der inneren Zentrale werden nicht so geschaltet, wie es bei guter Konzentration sein muß ... Soll Konzentration leichtfallen, so muß im Geiste alles spielen, die ganze Aufmerksamkeit muß bei der Sache sein, das ganze Interesse! ...
Wenn mich äußere Umstände von der Sammlung meiner Gedankenkraft ablenken wollen, so ist passive Resistenz notwendig! ... Nicht mit Gewalt diese Ablenkungen auszuschalten versuchen, sondern durch Interesselosigkeit! ... Ich denke so: Alles was draußen los ist, geht mich nichts an, interessiert mich nicht, läßt mich in Ruhe! ... Ich höre nicht hin, ich will nichts wissen, ich brauche es nicht, es geht auch trotzdem! ... Erst will diese Einstellung schwerfallen, aber ich bleibe dabei, und weil ich dabei bleibe, darum geht es dann doch! ...
Konzentration ist völlige Hingabe an das, was ich tue. Sind mir der Wert und die Notwendigkeit eines Vorhabens vollkommen klar, so schaltet sich die Konzentration ohne große Anstrengung von selber ein, ... ganz von selber ...
Bedingung ist, daß ich Nervenkraft habe, denn Konzentration ist auch ein elektrischer Vorgang in den Nerven ... Meine Batterie hat immer genügend Spannung, wenn ich mit meinen Kräften keinen Raubbau treibe! ... Das kann auch der Fall sein, wenn ich mich immer mit Gewalt konzentriere, also bei der Konzentration gegen Hemmungen und seelische Widerstände kämpfe ... Darum muß ich an mich glauben! Darum muß ich Selbstvertrauen haben! ... Darum muß ich mit meiner Arbeit innerlich einverstanden sein! Darum muß ich meine Arbeit lieben! ... Darum muß ich sie so gestalten, daß sie mir Freude macht ... Ist das so, dann komme ich mit einem Minimum an Nervenkraft aus, dann kann ich mich lange hintereinander konzentrieren, ohne meinen Nerven zu schaden ...
Die Konzentrationsfähigkeit läßt sich bewußt entwickeln durch regelmäßiges Training, wenn ich alles beachte, was sie begünstigt ... Dann kann ich mich immer vollkommener konzentrieren ... Alles folgt dem Gesetz der Gewohnheit! ... Die Schalthebel des Geistes legen sich immer sicherer und schneller in die richtige Stellung, je öfter ich den gleichen Vorgang bei guter Nervenverfassung wiederhole! ... Es ist dabei genau so wie beim Training der Muskeln ... Das ist ein Gesetz, ich kann mich also fest darauf verlassen, daß es so kommt! ... Ich muß nur üben und immer wieder üben! ... Ich bin selber schuld, wenn ich mich nicht gut konzentrieren kann! ... Nicht meine Nerven sind schuld, sondern meine falsche Selbstbehandlung! ... Auch ich bin begabt! ... Auch ich verfüge über große geistige Kräfte! ... Ich muß es nur richtig machen, dann erwachen die Kräfte ...

8. Übung: **So lerne ich erfolgreich reden**

Redekunst ist Geisteskunst! ... Jeder kann reden, der sprechen kann! ... Ich kann sprechen, darum lerne ich auch reden! ... Vor allem ist das eine Sache des Selbstvertrauens! ... Wenn ich immer positiv denke, dann wird mein Glaube an meine eigene Kraft immer größer und stärker! ... Wenn ich positiv denke, dann bekomme ich eine gute Meinung von mir! ... Dann steigert sich meine Selbstachtung! ... Dann weiß ich, daß ich ein wertvoller Mensch bin! ... Dann weiß ich, daß ich klar und objektiv denke! ... Dann weiß ich von mir, daß ich über starke, geistige Kräfte verfüge! ... Ich weiß es, weil das positive Denken den Schleier beseitigt, der mir vor dem inneren Auge hängt, solange ich negativ denke und unter Hemmungen und Minderwertigkeitsgefühlen leide ...
Das Selbstvertrauen ist das Wichtigste! ... Auf was soll ich aber vertrauen, wenn ich mich gar nicht kenne? ... Ich kann mich nicht kennen, solange mich Hemmungen daran hindern, meine Kräfte zu erproben! ... Durch positives Denken befreie ich mich von Angst und Furcht in jeder Form! ... Wenn ich keine Angst habe, dann ist das Haupthindernis weg, das mich am Reden hindern kann! ... Reden ist sprechen in anderer Form, sonst weiter gar nichts! ... Wer im Gespräch gute Gedanken entwickeln kann, der kann das auch vor einer großen Zuhörerschaft, ... und wenn er es nicht kann, dann ist er gehemmt! ... Ich weiß, was gehemmt ist: der Gedankenfluß, die Logik, das Denkvermögen im Unterbewußtsein! ... Und zwar durch die Angst, daß es so oder so kommt oder so kommen könnte ... Die Angst wird nur ungewiß bewußt, es macht sich nur ein Gefühl bemerkbar, daß es nicht geht, daß etwas innerlich zu ist, was sonst offen ist, daß etwas innerlich stille steht, was sonst läuft und arbeitet! ... Das ist die Hemmung, das ist die Macht des negativen Denkens! ...
Ich muß genau bewußt machen, was mich bedrückt, wenn ich reden will ... Die Sorge aufzufallen? ... Die Angst steckenzubleiben? ... Meine unvollkommene geistige Klarheit? ... Die Angst vor Gegnern? ... Die Angst vor einer Blamage? ... Meine schwache Stimme? ... Meine schlechte Aussprache? ... Meine allgemeine Unsicherheit durch meine bisherige Scheu vor dem Reden? ... Meine mangelnde Begeisterung für einen Stoff? ... Meine Lustlosigkeit aus sachlichen Erwägungen? ... Die Scheu vor dem Wissen der Zuhörer? ... Oder was sonst? ... Ich muß ganz klarsehen und jeden Punkt erfassen, genau abwägen auf Vorteile und Nachteile und dann durch Arbeit an mir selbst unwirksam machen! ... Das ist leichter als es scheint, ich muß es nur tun, denn was andere können, das kann in diesem Falle auch ich! ...
Wenn ich vor einem Zuhörer sprechen kann, wenn ich einem Menschen meine Gedanken entwickeln kann, dann kann ich das auch vor tausend Menschen! ... Und wenn ich das nicht kann, dann halte ich nichts von meinen Gedanken und darf dann auch nicht darüber reden! ... Ist es die Angst vor den Augen, die mir den Mut zum Reden nimmt, dann denke ich, daß jeder meiner Zuhörer ja nur ein einzelner Zuhörer ist ... Jeder einzelne Zuhörer blickt nur mit seinen eigenen Augen auf mich, nicht zugleich mit den Augen der andern! ... Es ist richtig, daß der einzelne in der Masse sich mit der Ausstrahlung der anderen verbindet, aber es liegt an mir, die Gesamtstrahlung positiv für mich auszunutzen! ... Das ist der Fall, wenn ich Selbstvertrauen und Sicherheit ausstrahle! ... Sofort ist dann der Gesamteinfluß auf meiner Seite und macht meine Kraft noch stärker! ... Es besteht also eine Wechselwirkung der Kräfte! ... Wenn der Redner fühlt, daß er gefällt, wachsen seine Fähigkeiten zusehends! ... Daß dieses Fluidum entsteht, dafür sorgt schon der erste Satz, die erste

Bemerkung! ... Der Anfang meiner Rede muß sofort einschlagen, sofort zünden, sofort Interesse wachrufen, sofort gefallen, sofort für mich sprechen, sofort Sympathien für mich auslösen! ... Anfang gut, halb gewonnen! ... Wie ich auf das Rednerpult steige, ... wie meine Bewegungen sind, ob sicher oder unsicher, ... wie meine Stimme einsetzt, ob klar, bestimmt, kraftgeladen oder unsicher, zögernd oder ängstlich, wie mein Gesichtsausdruck ist, ob gewinnend oder verkrampft, ob überlegen oder gehemmt, alles das ist wichtig! ... Angst vor einer Blamage ist das Lächerlichste! ... Was kann mir denn schon passieren, wenn ich nicht gefalle oder mich nicht behaupte? ... Muß nicht jeder einmal anfangen? Reden lernt sich nur durch Üben! ... Man muß sich erproben, sich vorbereiten und dann den Mut haben, sich zu blamieren! ...
Richtig reden und zündend reden, erfordert eine gute Schulung ... Wenn ich die richtigen Wendungen finden will, so muß ich sie vorher in meinem Gedächtnis verankert haben ... So ist es auch mit dem Gedankenreichtum: ein hohler Kopf bleibt immer hohl! ... Ich muß also meine Denkkraft schulen und entwickeln, mein Wissen steigern, die sprachliche Ausdrucksform beständig veredeln und verbessern, meine Sprechtechnik immer mehr vervollkommnen! ... Aber alles hat nur Sinn, wenn ich zuerst an mich glaube und mir zutraue, ein guter Redner zu werden! ...

Meditation

Das Gute, das wir wollen, daß es über uns komme wie ein Segen, findet seine Ursache in uns selber, es ist wie das Wasser, das zum Segen wird durch Rückkehr vom Himmel.

Ohne Ausstrahlung des Guten, kein Kreislauf des Guten, keine Rückkehr auf uns. Dies gilt für unsere Gefühle, unsere Gedanken, alle Worte, die unserem Atem entströmen und für alle unsere Wünsche.

Liebe strahlt Liebe zurück, Verstehen zeugt Verstehen, Entgegenkommen schafft Entgegenkommen.
Wir haben die Wahl: Harmonie auszulösen oder Disharmonie. Unser Wollen ist Schicksal, unser Einfluß ist riesengroß. Die Weisheit gebietet, daß wir die Harmonie vergrößern, nicht die Disharmonie.

Liebe strahlt Liebe zurück. Bei uns selber liegt in jedem Fall der Anfang des Guten. Jederzeit können wir Anfang sein. Das ist Macht, ungeheure Macht, wenn wir sie nützen!

Zum Anfangen des Guten gehört Kraft! Wir haben diese Kraft, weil wir Wissende sind. Liebe strahlt Liebe zurück! Das Gute, das wir wollen, daß es über uns komme wie ein Segen, findet seine Ursache in uns selber.

(Meditationen aus: „Erkennen/Schaffen/Vollenden“ von Oscar Schellbach)

XV. TEIL

DER M-SCHLUSSEL

Einführung in die Erkenntnislehre des Mental-Positivismus

Der Mental-Positivismus wirkt durch die Macht der Erkenntnis und die dadurch aktiv werdenden Kräfte der Seele.

Mein verehrter Leser! Im Kapitel über das Geheimnis der Erfolgskraft hörten Sie: „Wir müssen in uns die Überzeugung entwickeln, daß wir zu irgendeiner Erfolgsleistung tatsächlich befähigt sind." Dazu wurde gesagt: „Nur in den Grenzen seines Erkennens ist das Wesen frei!" Diese beiden Lehren führen uns unmittelbar hinein in die Erkenntnislehre des Mental-Positivismus.

Alles was bisher über die Gesetze der Lebensbemeisterung ausgeführt wurde, war die Praxis, die sich aus dem Mental-Positivismus ergibt. Wir sprachen einfach von positiver Lebensführung und gaben die Regeln an, um unser Leben positiv zu machen. Natürlich untermauerten wir diese Regeln bereits mit vielen Einsichten in die gesetzmäßigen Zusammenhänge, damit wir wußten, warum wir so handeln sollen, wie es uns das Erfolgs-System sagt. Dies alles aber in einer Art, die mehr an das *Gefühl* als an den Verstand appellierte, nicht zuletzt deshalb, um auch bei gering entwickelter Denkkraft Nutzen zu haben.

Nun geht es uns so, wie einem Schüler in der Schule, der durch die vorangehenden Schulklassen fähig gemacht wurde, nach dem Abc und dem Einmaleins nun auch Algebra und Physik zu begreifen. Deshalb sprechen wir jetzt auch nicht nur vom Positivismus, sondern vom *Mental*-Positivismus. Warum eigentlich? Ist beides nicht das gleiche? Es kommt darauf an, ob man mit dem Begriff „positiv" wirklich einen von der Seele her gesehenen Positivismus meint, oder einen materialistisch orientierten Verstandes-Positivismus. Der Verstandes-Positivismus glaubt nur, was man sehen kann, das ist ihm *positiv*. Seine positive Haltung ist Bejahung schlechthin, im Gegensatz zur Verneinung, im Gegensatz zur Ablehnung. An geistige und seelische Zusammenhänge und Kräftewirkungen wird dabei nur gedacht, soweit sich diese auf Tatsachen der Erscheinungswelt stützen.

Das ist der Positivismus des wissenschaftlichen Materialismus, der das Wesen Mensch nur als Produkt stofflicher Vorgänge sieht. Er steht nur auf einem Bein, im Gegensatz zum *Mental*-Positivismus, der neben der materiellen Welt immer zugleich auch die seelische sieht, ja noch mehr, dem ohne klare und zweifelfreie Bejahung der Seele der Mensch überhaupt kein Mensch ist, und ein um so höheres Wesen, je vollkommener ihm dieser göttliche Urgrund seiner Person bewußt wird und in ihm zur Wirkung kommt. Das aber bedeutet dann, daß ein in diesem Sinne positiver Mensch nicht nur klar denken, nicht nur willensstark handeln kann, sondern zugleich immer auch zum *Guten* strebt.

Wenn wir von vornherein das Wesen des positiven Menschen im Blickfeld dieser höheren Auffassung vom Menschen gesehen haben, so deshalb, weil der materialistische Positivismus im Gefühl der Allgemeinheit keine Verankerung hat, sondern tatsächlich nur ein Positivismus unserer Auffassung. Mag man dabei an eine Seele glauben oder nicht, immer ist dem Gefühl ein positiver Mensch zugleich ein anständiger Charakter, oder zumindest einer, der kein Bösewicht ist und nach bestmöglicher Anständigkeit strebt.

Nicht nur Verstand haben, sondern auch *Herz,* das ist positiv! Mit der Bejahung dieser Forderung sind wir aber dann schon der Anerkennung des Menschen als eines Wesens mit Seele rein gefühlsmäßig so nahe, daß es nur noch eines kleinen Schrittes bedarf, um *ihr* und nicht der materiellen Form das Primat einzuräumen. Tun wir das, so ist erfüllt, was den Positivismus zum Mental-Positivismus macht.

Doch der Mental-Positivismus ist noch weit mehr als eine Lehre bloßer Verhaltungsweisen. Indem er die Seele zum Ausgangspunkt aller Überlegungen macht, bemüht er sich zugleich um ihre *Bewußtmachung* und erschließt uns dazu die Möglichkeiten. Dies jedoch nicht über unverständliche Abstraktionen und schwer zugängliche Maximen, sondern auf dem einfachen Wege verstandesmäßig leicht faßbarer Einsichten in die rätselhaften Vorgänge des Bewußtseins, deren Richtigkeit durch die Praxis jederzeit zu erproben und nachzuweisen ist. Und er ist gerade deshalb — nämlich weil er sich in den Bezirken des durch die Erfahrung Beweisbaren hält — *Positivismus.*

Was er lehrt, dient nicht philosophischer Spekulation, sondern dem Leben, und zwar nicht einem imaginären, sondern dem realen Leben. Der Mental-Positivismus spricht nicht nur von den Kräften und Fähigkeiten der Seele, sondern macht sie *erlebbar* und für das praktische Leben *anwendbar.* Insofern ist der Mental-Positivismus eine Nützlichkeitslehre. Man kann etwas damit anfangen und sogar sehr viel. Und gerade darum ist es auch wieder Positivismus!

Der Begriff „Mental" kennzeichnet das Schwergewicht der mentalpositivistischen Lebensschau und Verhaltungsweisen. Um es kurz zu sagen: man muß nicht nur im Handeln, sondern auch und zuerst im *Geiste,* in der *Seele,* und das heißt, im *Denken* und *Fühlen* positiv sein! Jedoch nicht nur, weil dann das Leben angenehmer, sonniger und fruchtbarer wird, sondern weil nur auf diese Weise dem Leben und seiner bewußten Gestaltung beizukommen ist. Dies jedoch auch wieder nicht aus Gefühlsgründen, etwa weil Lebensmut besser ist als Verzweiflungsstimmung, sondern auf Grund ganz nüchterner Einsichten in die Gesetzmäßigkeiten, denen das Vorstellungs-, Denk- und Seelenleben des Menschen untersteht und durch deren Aufhellung und Beeinflussung es dem Menschen möglich ist, bewußt in den Ablauf seines Lebens und in seine geistige Entwicklung und Ertüchtigung einzugreifen.

Was ist unser Leben? Was unser Ringen um das Glück? Ist es nicht ein dauernder Kampf mit der menschlichen Unzulänglichkeit und der menschlichen Schlechtigkeit? Warum will unser Kind nicht gehorchen, warum tut es genau das Gegenteil von dem, was wir möchten? Weshalb bringen wir beim besten Willen unseren Mann oder unsere Frau nicht zur Einsicht für eine selbstverständliche, beide Teile dienende Sache? Warum werden wir mit uns selber nicht fertig, werden wir immer wieder das Opfer von negativen Charaktereigenschaften, Unklugheiten und niederen Trieben? Tausend Fragen dieser Art lassen sich stellen, und alle laufen sie darauf hinaus, daß

der Mensch ohnmächtig ist gegenüber einer Macht, die ihn gegen seine besten Absichten beherrscht. (Paulus: „Das Gute, das ich will, das tue ich nicht, aber das Böse, das ich nicht will, das tue ich!") Hier hilft der Mental-Positivismus und schafft gründlichen Wandel! Aber nicht durch Gewalt, nicht durch Kampf, sondern durch die Lehre von der *„Macht der Erkenntnis!"* Durch *Bewußtmachung* ebensowohl der Kräfte, die den Menschen wider seinen guten Willen beherrschen, wie auch des *Heilmittels,* durch das er sich von der Herrschaft des Negativen befreien kann.
Der Schlüssel zu diesem Heilmittel ist das Verstehen und die Beachtung der Gesetze des *Denkens.* Eine Lebensführung nach diesen Gesetzen richtet eine Herrschaft des eigenen Willens in uns auf, wie wir sie bisher überhaupt noch nicht gekannt haben, so daß wir uns nicht nur gegenüber Hemmungen durchsetzen lernen, sondern auch Einfluß haben auf die Schöpferkräfte des Unbewußten und diese bewußt in den Dienst unseres Erfolges und Lebensglückes stellen lernen.

Im Mittelpunkt der Praxis, die sich daraus ergibt, steht das schöpferische Neudenken nach der Methode des M-Schlüssels.

Was damit erreicht wird, beweisen die Freunde des Mental-Positivismus, die ihre Erfahrungen, die sich über drei Jahrzehnte erstrecken, in vielen tausend Urteilen und Erfolgsberichten niedergelegt haben.
Mehr als 90% aller Menschen leben „gegen den Strich", nutzen ihre seelischen Kräfte nur zu einem Bruchteil aus, altern frühzeitig, treiben Raubbau mit ihrer Nervenkraft und machen sich und der Umwelt das Leben unnötig schwer. Das muß alles nicht sein, aber man muß wissen, wie man diesen Zustand ändern kann. Der M-Schlüssel verwirklicht den Satz: „Mens agitat molem" (Der Geist bewegt die Materie). Mit seiner Hilfe gelingt das für manchen Unglaubliche: Die Verwandlung des Menschen im positiven Sinne.

Die Methode des M-Schlüssels ist der Weg zur Unabhängigkeit vom „Mechanismus der Natur", der Weg in die „Freiheit vom seelischen Zwang". Das magisch anmutende Geheimnis dazu ist die Entdeckung eines revolutionär neuen Blickfeldes in uns selbst, durch das wir auf die unbewußten Antriebe unseres Wesens und unseres Charakters Einfluß gewinnen.
Wesen und Charakter bestimmen unser Schicksal: negative Eigenschaften verdammen uns zum Unglück, positive machen uns stark, leistungsfähig und glücklich. Es war von jeher das Hochziel der Schulen der Weisheit, dem Menschen Macht zu verschaffen über sich selbst. Wir müssen erkennen, daß dies solange unmöglich ist, wie wir uns im Banne von geistigen und seelischen Zwangsabläufen befinden.

Mein verehrter Leser! Alles, was Sie an Praktiken für die bewußte Lebensbemeisterung im Erfolgs-System lesen, entspricht bereits den Methoden des M-Schlüssels. Sie können die Wirksamkeit aller Methoden jedoch noch bedeutend steigern, und viele neue Lehren aus eigenem Nachdenken noch dazu entwickeln, wenn Sie sich die Mühe machen, die *Formel* zu studieren, die dem Erfolgs-System die Basis gibt. Das ist der M-Schlüssel. Wir verstehen darunter den Lehrsatz, der uns sagt, was der Mental-Positivismus will und auf welchem Wege er seine Ziele erreichen läßt. Wer sich diesen Lehrsatz fest einprägt, ihn richtig versteht und zu beachten weiß, der besitzt den Schlüssel zur Meisterung des Lebens nach den Lehren und Erkenntnissen des Mental-Positivismus.

Wortlaut des M-Schlüssels:

„Mental-Positivismus ist die Lehre der Herrschaft über alles Negative durch die Macht der Überzeugung, die als Resultat der Beachtung der Gesetze des Denkens entsteht und somit das Ergebnis der Macht der Erkenntnis ist."

Sie werden mehrfach diesen Kernsatz durchlesen müssen, mein verehrter Leser, bis Sie ihn in seiner ganzen Bedeutung erfaßt haben. Wenn Sie das Erfolgs-System bislang nicht nur überflogen, sondern ernsthaft durchgearbeitet haben, werden Sie die Beziehungen erkennen, die der M-Schlüssel zu allen Erfolgslehren hat, gleich, ob es sich dabei um die Selbstbehandlung, die Menschenbehandlung oder die Arbeit mit den Kräften des Geistes handelt. Besonders deutlich wird die Lehre, nach der uns nicht der W i l l e, sondern die Erkenntnis frei macht, und daß Willenskraft nicht Kraft an sich, sondern Willens*freiheit,* und Willensschwäche Willens*hemmung* ist.
Die ganze Tragweite des M-Schlüssels wird offenbar, wenn Sie die Gesetze des Denkens kennen, auf die er seinen Einfluß gründet. Wir sprachen von der Macht des Gefühls und formulierten: *„Große, starke Gedanken, die das Gefühl beherrschen, lenken und leiten uns, lassen uns siegen oder untergehen!"* Damit entsprechen wir bereits einem wichtigen Gesetz des Denkens. Ebenso wenn wir sagen: *„Aufmerksamkeit beseelt die Gedanken."* Oder: *„Das Gefühl ist stärker als der Wille."* Oder: *„Angst und Furcht sind der Nährboden negativer Vorstellungen"* usw.
Der M-Schlüssel gründet sich auf 16 solcher Gesetze bzw. Kernsätze des Denkens. Es kommt aber nicht nur darauf an, daß man ihren Wortlaut kennt, sondern sie völlig begreift in ihrer Wirksamkeit und besonders auch in ihrer Zusammenwirkung.

Es ist dazu notwendig, daß man die rätselhaften Vorgänge hinter der Schwelle des Bewußtseins erfaßt. Es muß klarwerden, daß der Mensch ein unfreies Wesen ist, solange ihm nicht durch höhere Erkenntnis das Licht des Geistes aufgegangen ist. Daß er viel mehr ein Getriebener ist, als eine selbständige Person, mag er auch in praktischen Dingen noch soviel Freiheit vortäuschen.

Wir haben hierüber wiederholt gesprochen, und es wurde auch der Weg gezeigt, wie dieser Zwangszustand zu überwinden ist. Hierauf baute sich der Tageslauf des positiven Menschen auf und unsere ganze Methode der positiven Selbstbehandlung, eingeschlossen die Autosuggestion und das Suggestiv-Repetitorium. Alles das war schon die *Praxis* des schöpferischen Neudenkens. Nun kommt es uns aber nicht nur darauf an, nur jenen Leserkreis mit den Gesetzmäßigkeiten einer zielbewußten positiven Lebensführung vertraut zu machen, dem es völlig genügt, wenn er die bloßen Erfolgsregeln kennt, deshalb, weil er von vornherein entschlossen ist, es genau so zu machen wie vor ihm andere, die auch auf diesem Wege ihre Kräfte wecken und ihr Leben meistern lernten, sondern auch jenen Kreis, der nur über den *Verstand,* nur über *kritisches Nachdenken* zu gewinnen ist.
Wenn wir sagen, nicht der Wille, sondern allein Erkenntnis macht uns frei, so läßt das der Verstand wohl gelten für die Meisterung der Naturkräfte, im gewissen Umfange auch für die Gesundheit und Leistungsfähigkeit des Körpers, nicht aber für die Meisterung des persönlichen Schicksals, und erst recht nicht in dem von uns behaupteten außerordentlichen Umfange. Und weil er daran nicht glaubt, darum unternimmt er erst gar nicht den Versuch, im Sinne der aufgezeigten Gesetzmäßigkeiten

zu handeln. Zwangsläufig kann ihm dann auch kein Erfolg zuteil werden, eben, weil der Erfolg nur kommen kann, wenn man gemäß seinen Voraussetzungen handelt.
Dieses Hindernis ist das größte aller Hindernisse, und oft ist ein ganzes verpfuschtes Leben nötig, um endlich zu besserer Einsicht zu gelangen. Es ist hierbei wie bei einer Arznei: eine Hilfe kann man nur erwarten, wenn man sie gemäß der Verordnung des Arztes einnimmt. Das setzt voraus, daß man dazu bereit ist. Man ist bereit dazu, wenn man sich Hilfe verspricht. Und man verspricht sich Hilfe, wenn man entweder einfach den Erfahrungen seines Arztes vertraut, oder sich dadurch eine Gewißheit verschafft, daß man die biologischen Wirkungen des Heilmittels studiert. Und der ganze Vorgang ist um so komplizierter, je größer die Umstände sind, die mit der heilenden Kur verbunden sind. Doch man scheut diese Umstände nicht, wenn man überzeugt ist, daß der Erfolg eintritt.
Nun ist es aber nicht so, daß wir einfach nur zu wollen brauchen, um unseren Verstand zu einer besseren Einsicht zu bekehren. Das ist nur zu einem Teil eine Sache des guten Willens, ebenso wichtig ist es, daß wir dazu auch *fähig* sein müssen. Und gerade hierin zeigt sich die Schwierigkeit des Problems. Es ist kein geringeres als das des Sieges über die eigene geistige Gefangenschaft.
Die guten Charaktere unter den ungläubigen Menschen beneiden die Gläubigen. Sie möchten auch gern gläubig sein, aber sie können es nicht. Sie sehen ein und begreifen sehr genau, daß ein gläubiger Mensch überlegen ist, und doch können sie an dem Zustande nichts ändern. Das bezieht sich auf alle Arten von Gläubigkeit, und auch auf alle Arten Phänomene, die durch Gläubigkeit in Erscheinung treten.
Es ist nicht etwa so, daß der Verstand *dieser* Menschen die Phänomene des Glaubens in Abrede stellt, etwa es nicht für möglich hält, daß eine Kraft im Menschen vorhanden ist, die sogar Naturgesetze auf den Kopf stellen kann, wie es z. B. beim Heilwunder oder den Leistungen der Yogis der Fall ist, aber sie vermögen sich nicht zu der Überzeugung durchzuringen, daß auch in ihnen die gleichen Kräfte wirksam werden können, und sie können sich auch nicht die Frage beantworten, warum das nicht der Fall sein kann. Und weil sie nicht glauben, darum können sich diese Menschen auch nicht dazu bringen, in ihrem Handeln und Denken den Bedingungen zu entsprechen, die eine Wandlung dieses Zustandes herbeiführen könnten.
Wenn das jedoch trotzdem der Fall sein soll, und was die Betreffenden selber wünschen, so gibt es dafür zwei Möglichkeiten. Eine davon ist die Überwindung der die geistige Klarsicht hemmenden Kräfte durch Beeinflussung. Die andere Möglichkeit ist die der *Selbstbefreiung* durch die *Macht der Erkenntnis,* wobei der Verstand zu einer Treppe ins geistige Licht und zum Glauben wird, die er sich selber zu bauen vermag. Dieser zweiten Möglichkeit bedient sich der M-Schlüssel, und gerade deshalb ist auch der Mental-Positivismus eine Lehre, die aus der Kraft der Erkenntnis wirksam wird und nicht aus blindem Glauben.

Alles was der Mental-Positivismus lehrt, und gerade darum ist er positiv, sagt er zuerst unserem Verstande. Und erst wenn der Verstand mitmacht, entfaltet er seine Kraft.

Vergleichen Sie hierzu den Wortlaut des M-Schlüssels, der diesen Gedankengang klar zum Ausdruck bringt. Es wird gesagt: „Mental-Positivismus ist die Lehre der Herrschaft über alles Negative (also über Hemmungen, Mangel an Willenskraft, Charakterschwächen und alles, was sich daraus ergibt) durch die Macht der Überzeugung."

Doch mit der Überzeugung hört es nicht auf, vielmehr wird auch gesagt, *wodurch* die Macht der Überzeugung entsteht, nämlich durch die „Beachtung der Gesetze des Denkens". Doch auch damit noch nicht genug: Es wird auch gesagt, daß diese Beachtung eine Sache der Erkenntnis ist und womit die Macht der Überzeugung, die das Negative bezwingt, das Ergebnis von Einsichten ist, die zwangsläufig die Macht der Überzeugung hervorrufen.
Ich weiß, mein verehrter Leser, daß es nicht möglich ist, hier spielend zu folgen. Aber schon daran sehen Sie, daß das Verstehen des Mental-Positivismus nicht eine Gefühlssache, sondern eine ganz klare Sache des *logischen Denkens* ist. Es ist nicht die Aufgabe des Erfolgs-Systems, in alle Gesetzmäßigkeiten des menschlichen Daseins hineinzuleuchten. Doch das Verstehen der Gesetze des Denkens ist eine so eminent wichtige Sache, daß man keine Mühe scheuen darf, um sie in ihrer Natur und Wirksamkeit zu begreifen. Hierzu wird anschließend Gelegenheit gegeben durch drei Gespräche über den Mental-Positivismus und den M-Schlüssel, und zwar zwischen einem Leser meiner Bücher und mir.
Schon einmal haben wir durch ein Gespräch den tieferen Sinn der Lehre von der Macht der Erkenntnis zu erschließen versucht, als wir fragten: „Was ist eigentlich Positivismus?" Nun ist der Augenblick gekommen, wo uns die Macht der Seele, die durch die Macht der Überzeugung offenbar wird, eine ganz selbstverständliche Wahrheit zu werden beginnt. Das aber ist das Ziel unserer Bemühungen.

Der Mensch in seinem inneren Wesen ist das größte Wunder, aber man muß dem Wunder die Möglichkeit geben, in Erscheinung zu treten. Durch die Atomphysik gab die Macht der Erkenntnis dem Menschen die Möglichkeit, die Elemente zu verwandeln und, wenn er es wollte, alles Leben auf der Erde auszulöschen oder ein Paradies der Fruchtbarkeit zu schaffen. Die Erkenntnis der Gesetze des Denkens führt zu einer Atomphysik der Kräfte der Seele.

Daß der Glaube an die Macht der Seele keine Einbildung ist, ist uns heutigen Menschen eine Tatsache. Tag für Tag gesunden Menschen von schwersten Krankheiten durch dieses Phänomen. Wie der Weg ist, durch den die Seelenkraft sich stofflich durchzusetzen vermag, ist Gegenstand zahlreicher Forschungsinstitute in der ganzen Welt. Auch auf seelischem Gebiet ist ein totaler Umbruch im Gange. Schon wankt das Gebäude der Erbbiologie und erweist sich als relativ! Der Mensch ist mehr als Kreatur, sein Geist befähigt, Schranken zu heben, die bislang für unüberwindlich galten. Mag uns das ganz Große auch vorenthalten bleiben, dennoch sind auch wir schon fähig, die Grenzen unserer Möglichkeiten weit hinauszustecken.

Der Vergleich der modernen Atom-Physik mit den neuesten Forschungen auf dem Gebiete der Nutzbarmachung der Seelenkräfte ist übrigens ungewöhnlich treffend: So, wie wir das letzte Geheimnis des Atoms wissenschaftlich nicht zu fassen vermögen, jedenfalls vorläufig nicht, so können wir auch das letzte Geheimnis der Seelenkraft nicht entschleiern. Aber die erkannten Gesetzmäßigkeiten genügen vollauf, um allergrößte und total umwälzende Wirkungen hervorzurufen.

THEORIE UND PRAXIS DES MENTAL-POSITIVISMUS

Drei Gespräche über die Gesetze des Denkens und den M-Schlüssel

Erstes Gespräch:

Wie man in sich die Überzeugung entwickelt, daß es Gesetzmäßigkeiten der Lebensbemeisterung gibt und daß durch ihre Beachtung das eigene Schicksal tatsächlich weitgehend zu beeinflussen ist.

Leser: „Ich finde, daß es doch viel Mühe erfordert, um den Mental-Positivismus und besonders den M-Schlüssel zu begreifen, und wenn man durch seinen Beruf stark in Anspruch genommen ist, bringt man kaum die Zeit auf, um sich richtig gründlich damit zu beschäftigen."

Verfasser: „Es ist gut, daß Sie diese Frage zuerst stellen, denn von ihrer positiven Beantwortung hängt es ab, ob Sie überhaupt jemals einen wirklichen Einfluß auf Ihr Leben erlangen. Hören Sie hierzu eine Gegenfrage: Würden Sie das Studium der Erfolgsgesetze einer positiven Lebensführung betreiben, wenn Sie dadurch wöchentlich oder monatlich ein gutes Nebeneinkommen hätten?"

Leser: „Sicherlich wohl, denn diesen finanziellen Vorteil würde ich mir wohl kaum entgehen lassen."

Verfasser: „Das würde bedeuten, daß Sie dann also unter allen Umständen die Zeit zum Studium finden würden. Irgendwie würden Sie es schon einrichten, um sich täglich etwa 30 Minuten dieser Tätigkeit zu widmen. Daraus ergibt sich, daß alles nur eine Frage der richtigen Planung und Zeiteinteilung ist. Nun, und warum planen Sie jetzt nicht entsprechend, wo doch der in Aussicht stehende Gewinn um vieles höher, ja, unberechenbar höher ist? Es gibt darauf nur eine Antwort: Sie sind noch nicht restlos davon überzeugt, daß man durch Erkenntnis der Gesetze des Lebens und ihre praktische Anwendung sein Leben grundlegend wandeln kann. Denn wären Sie überzeugt, so würden Sie auch entsprechend handeln."

Leser: „Doch, ich glaube schon, daß man Einfluß nehmen kann, und auch die Erfolge sind mir klar, die mir dadurch zuteil werden. Aber trotzdem mache ich nicht Ernst mit der Praxis. Immer wieder kommt irgend etwas dazwischen und immer wieder stelle ich fest, daß es bei dem bloßen Vorsatz bleibt."

Verfasser: „Dann liegt es also nicht an dem Mangel an Zeit, sondern an der mangelnden Entschlußkraft und dem Mangel an energischem Wollen. Fragen Sie sich selbst, ob das stimmt!"

Leser: „Sie können recht haben: Ich w i l l vielleicht gar nicht ernsthaft, sondern ich m ö c h t e nur, und dabei bleibt es. Aber w a r u m will ich nicht ernsthaft? Irgend etwas schwingt in mir unbehaglich, wenn ich jetzt plötzlich wirklich Ernst machen wollte. Es ist so, als ob dann eine große Unbequemlichkeit auftreten würde, die mich so belastet, daß ich dann doch lieber meinen bisherigen Weg weitergehe, obwohl ich genau weiß, daß im Endergebnis nicht viel dabei herauskommt."

Denkfehler verhindert entschlossenes Wollen

Verfasser: „Hier machen Sie einen Denkfehler. Es ist nicht wahr, daß Sie genau wissen, daß im Endergebnis nicht viel herauskommt, vielmehr glauben Sie im geheimen, daß Sie es trotzdem irgendwie schaffen werden, also auf dem bequemeren, Sie nach Ihrer Meinung weniger belastenden Wege."

Leser: „Sie können recht haben, und der Grund für diese meine Haltung findet sich darin, weil so viele andere ja auch ohne das Studium der Lebensgesetze immer irgendwie zurechtkommen und weiterfinden. Der Kranke geht zum Arzt und schluckt die verordnete Medizin und wird dadurch wieder gesund. Warum soll er an sich arbeiten, um aus eigener Kraft zu gesunden? Der Stellungslose geht zum Arbeitsamt und wartet, bis ihm neue Arbeit zugewiesen wird. Und wer mit seiner Arbeit nicht fertig wird, der läßt sie eben liegen und kommt trotzdem weiter. Im übrigen läßt sich jeder tragen von den Verhältnissen und nutzt die Chancen aus, die sich ihm dabei bieten. Und wem das Leben keine Chance bietet — nun, der hat dann eben Pech."

Verfasser: „Damit entwickeln Sie das Bild vom menschlichen Dasein, das in der Mehrzahl aller Menschen lebt. Man verläßt sich nicht konsequent auf sich selber und auf die eigene Kraft, sondern läßt sich von den Ereignissen schieben und tragen. Dadurch wird das eigene Nachdenken gespart und nur nach der eigenen Bequemlichkeit gehandelt, mit dem Resultat, daß man im Endergebnis nicht sich selber, sondern allein die Verhältnisse und das traurige Schicksal verantwortlich macht für alles, was auf diesem Wege an Unannehmlichkeiten, Krankheit, Not und Sorge das Leben kreuzt. Typisches Bild für die Denkart des Alltagsmenschen. Ergebnis: Unser Charakter ist schuld, wenn es so ist, und gerade darum ist auch unser Charakter unser Schicksal."

Leser: „So kann ich also sagen: Weil ich keinen festen, starken und erfolgreichen Charakter habe, bequeme ich mich nicht zu entschlossenem Handeln in positivem Sinne. Was aber soll ich tun, wenn mich die negativen Eigenschaften meines Charakters immer wieder zu Boden drücken und die besten Vorsätze zunichte machen?"

Verfasser: „Diese negativen Eigenschaften überwinden! Den Charakter ändern! Ein ganz neuer Mensch werden im Denken, Fühlen und Handeln! So werden, wie man eben sein muß, wenn man sich durchsetzen will im Leben! Wir Menschen sind das, was wir t u n. Allein aus unseren T a t e n wächst unser Geschick. Tun wir das, was zur eigenen Entwicklung und zum Erfolg in irgendeiner Hinsicht notwendig ist, so tritt die positive Wirkung als gesetzmäßiges Ergebnis in Erscheinung. Das gilt im Kleinen wie im Großen, und ebensowohl in bezug auf unsere geistige, seelische und körperliche Entwicklung wie im Hinblick auf unseren materiellen Erfolg."

Leser: „Man muß also t u n , was der Erfolg verlangt, und nicht glauben, daß der Erfolg auf einem anderen Wege als dem der positiven Tat kommen könnte. Das heißt, daß man den Erfolg nicht erwartet von zufälligen Ereignissen oder von dem, was man im allgemeinen ‚Glück' nennt."

Verfasser: „Ja, so ist es! Doch zu den r i c h t i g e n Taten kommt es nur, wenn man v o r h e r weiß, was zu tun ist. Das ist so bei jeder materiellen Sache und auch so im geistigen und seelischen Leben. Ja, das ist grundsätzlich überall so, wo etwas durch menschliches Handeln geschieht, und nur darauf gründet sich auch die Möglichkeit einer Einflußnahme auf das Schicksal. Und gerade das beweist auch, daß es eine G e s e t z m ä ß i g k e i t des Erfolges gibt."

Leser: „Gut, daß Sie das so genau erklären, denn wenn von der Gesetzmäßigkeit des Erfolges bisher gesprochen wurde, so habe ich das immer nur halb verstanden. Die Gesetzmäßigkeit zeigt sich also darin, daß einfach etwas so kommen m u ß , wie es beabsichtigt ist, wenn man das Richtige macht. Also keine schwerverständliche, hochgeistige Angelegenheit, sondern eine ganz simple und alltägliche Sache ist diese ‚Gesetzmäßigkeit'."

Verfasser: „Ganz richtig! Und so ist überhaupt das Verstehen der Beeinflussungskunst des Lebens im Grunde ganz einfach, aber erst dann, wenn man wirklich w e i ß , worauf es ankommt. Und deshalb gilt auch hier wie nirgends der Satz: Wissen ist Macht — oder im Sinne unseres Mental-Positivismus: E r k e n n t n i s ist Macht."

Ursachenwissen eine Lebensnotwendigkeit

Leser: „Das würde bedeuten, daß das Wissen um die einzelnen genauen Ursachen des Erfolges in irgendeiner Hinsicht einfach eine unerläßliche Lebensnotwendigkeit ist, und daß man schon sofort auf halbem Wege ist, wenn man sich die Kenntnis dieser Ursachen verschafft hat."

Verfasser: „Richtig! So ist es in der Tat: Unser ganzes Wollen scheitert einfach nur an unserer U n w i s s e n h e i t , und gerade darum ist auch der Ausspruch von Bacon so ungemein wichtig: ‚Der Menschen Wissen und Macht fällt in eins zusammen, weil Unkenntnis der Ursachen den Erfolg vereitelt'. Nun, und weil Ihnen das jetzt klar vor Augen steht, wird Ihnen auch b e w u ß t , woiin das G r u n d ü b e l besteht, durch das Sie so wenig Gebrauch machen von den großen Glücksmöglichkeiten, die ein zielbewußtes Leben enthält. Sie leben in den Tag hinein, und zwar Tag für Tag und Stunde um Stunde, ohne im B e w u ß t s e i n dieser wichtigen, Ihr ganzes Leben revolutionierenden Erkenntnis zu stehen. Denn nur dieses Bewußtsein ist die dynamische Kraft, die Sie dazu bewegen kann, ganz radikal Ihr Leben in positivem Sinne zu ändern und zu wandeln."

Leser: „Jetzt beginnt es in mir aufzuleuchten, warum der Mental-Positivismus lehrt, daß Bewußtsein S c h ö p f u n g ist! Ich lebe ohne das Bewußtsein von der Macht des Ursachenwissens. Nur darum komme ich nicht weiter und bleibt alles beim alten, denn dadurch komme ich gar nicht darauf, alles, was ich treibe im Denken und Handeln, von d i e s e m Gesichtspunkt aus zu betrachten, wodurch ich allein in der Lage wäre, überhaupt erst einmal zu m e r k e n , welche katastrophalen Fehlhandlungen ich unentwegt begehe, wie sehr ich immerzu genau das Gegenteil von dem tue, was ich tun m ü ß t e , um den Erfolg zu erzeugen."

Verfasser: „Mit anderen Worten: Sie sind vielmehr ein G e t r i e b e n e r von Gedanken und Kräften, als daß Sie wie ein Baumeister bewußt Stein auf Stein schichten, um Ihr Leben erfolgreich zu gestalten. Bestenfalls fällt Ihnen immer hinterher ein, was Sie für Fehler gemacht haben, dann aber ist es jedesmal bereits zu spät. Und das Schlimmste ist dabei, daß es nicht die großen Fehler unseres Lebens sind, die unser Leben verpfuschen, sondern die vielen kleinen Verstöße gegen die Gesetze des Erfolges, die unentwegt wie Tropfen den Stein höhlen und in ihrer Addition dadurch den Mißerfolg ergeben."

Leser: „Das wäre dann also das große Geheimnis, das man zunächst kennen muß, daß man a n f ä n g t , wirklich b e w u ß t zu leben, d. h. mit w a c h e m G e i s t , mit kritischem Geist, mit weit geöffneten, sehenden Augen."

Schöpferisch wirkende zentrale Erkenntnis

Verfasser: „Ja, aber geleitet von einer zentralen Erkenntnis, die alle aufbauenden Kräfte in uns zur schöpferischen Aktion bringt. Und diese zentrale Erkenntnis heißt:

Du hast Macht über dein Schicksal, wenn du in allen deinen Handlungen stets bedenkst, daß du so handelst, wie es der von dir angestrebte Erfolg verlangt, eben weil Unkenntnis der Ursachen — und deren Nichtbeachtung — den Erfolg vereitelt. Erreichen wir, daß uns dieses Wissen immerfort beseelt, daß wir immerfort davon geführt und bestimmt werden, so ergibt sich daraus eine Seelen- und Geisteshaltung von so starker schöpferischer Kraft, daß jedes andere Erfolgsproblem dagegen ein Kinderspiel ist."

Leser: „Und welche Konsequenzen ergeben sich daraus?"

Verfasser: „Nun, daß Sie wie ein Jäger immerfort auf der Fährte des Wildes sind. Und was ist dieses Wild, dem Sie nachspüren?"

Leser: „Zweifellos die Erfolgsursachen, und zwar überall, wo Fortschritte und Erfolge erzielt werden sollen."

Verfasser: „Richtig! Doch nun kommt es darauf an, daß Sie die Kenntnis dieses Ursachenwissens vor allem auch auf die Entwicklung Ihrer Persönlichkeit und Ihres Charakters beziehen. Denn wenn es auf das Tun ankommt, so muß man auch die Kraft haben, das auch tun zu können, was man für richtig erkannt hat. Das Wissen vom Erfolg ist nur die eine Seite, die andere, ebenso wichtige, ist die Kunst des Könnens. Nur durch das Tun wird ein Vorsatz zur Tat, nur aus den Taten wächst der Erfolg."

Leser: „Dann gibt es also auch ein Ursachenwissen, durch das man den Charakter wandeln und ändern kann, und die Gesetzmäßigkeit des Erfolges, von der wir vorhin gesprochen haben, bezieht sich auch hierauf?"

Verfasser: „Ja, so ist es, und dieses Erfolgswissen ist zudem absolut ausschlaggebend. Hier ein Beispiel aus der Praxis: Es ist sicher, daß unser Körper bedeutend leistungsfähiger und gesunder wird, wenn wir keinen Tag vorübergehen lassen, ohne eine Reihe von Gesundheitsübungen zu machen. Dazu gehören u. a. ein paar Atemübungen und ein paar gymnastische Übungen. Jeder von uns weiß, wie wohltuend der Einfluß dieser Übungen ist. Doch das Wissen darum ist wenig nütze, wenn wir die Übungen nicht ausführen. Und warum geschieht das nicht? Weil wir charakterlich zu schlapp sind, um uns von der Vernunft leiten zu lassen. Es fehlt der entschlossene Wille zur Tat. Und genau so geht es uns in hundert Dingen während des Tages. Unsere ganze Lebensweise steht im Zeichen dieses Ablaufs: Immer ist unser Charakter schuld daran, wenn wir den verkehrten Weg gehen statt den richtigen."

Zwei Arten Erfolgswissen notwendig

Leser: „Es gehört also zweierlei Erfolgswissen dazu, um Meisterschaft über das Leben zu erlangen: Die eine Seite bezieht sich auf die jeweiligen direkten Ursachen des Erfolges, bei der Gesundheit z. B. auf die biologischen Ursachen der Leistungsfähigkeit und eines gesunden und langen Lebens usw., und die andere Seite auf die Kunst, den direkten Erfolgsursachen entsprechend auch charakterlich und willensmäßig gerecht zu werden."

Verfasser: „Und daraus wird auch klar, warum die meisten Menschen im Lebenskampf versagen müssen, auch wenn sie sonst intelligente und kluge Menschen sind: Der Charakter steht ihnen im Wege, es fehlt die Fähigkeit zum konsequenten Zielstreben!"

Leser: „Das würde bedeuten, daß man bei sich herausfinden muß, wo die Ursache für diese Schwäche liegt."

Verfasser: „Richtig, und außerdem, daß man das Wissen erstreben muß, um diesen Mangel zu überwinden und auszuschalten."

Leser: „Ganz recht. Es ist also genau so wie bei der Beseitigung einer Krankheit: Die Diagnose genügt allein nicht, man muß auch das Heilmittel kennen, um der Krankheit Herr zu werden."

Verfasser: „Ausgezeichnet! Sehen Sie, und darum studieren wir den Mental-Positivismus und im besonderen unseren M-Schlüssel. Wir erarbeiten uns dadurch die Fähigkeit, mit uns selber etwas Rechtes anfangen zu können, uns selber für den Erfolg richtig einsetzen und gebrauchen zu lernen."

Leser: „Ja, so muß es ja auch sein, denn wenn Erfolg kommen soll, kann er ja wirklich nur durch unser Handeln kommen. Wir selber sind die Hauptperson. Alles, was wir machen, ist entscheidend. Nicht daß unsere Hände arbeiten, sondern wie sie arbeiten, läßt z. B. eine Aufgabe richtig gelingen. Die Hände können dabei flüchtig sein oder aber auch sehr gewissenhaft und korrekt."

Verfasser: „Doch daß sich die Hände richtig verhalten, liegt an der Stelle in uns, der die Hände als Werkzeuge unterstehen. Darum sind auch nicht die Hände schuld beim Versagen, sondern die geistigen Kräfte, die sie in Tätigkeit halten. Arbeiten diese Kräfte flüchtig, so sind auch die Handbewegungen flüchtig, ist die Führung dagegen gewissenhaft und konzentriert, so ist auch das Ergebnis danach. Und was für die Hände gilt, das gilt grundsätzlich auf allen Gebieten unserer Betätigung als Mensch und Persönlichkeit."

Leser: „Und deshalb ist auch die Selbsterkenntnis und im besonderen das Wissen um die eigenen Möglichkeiten von größter Wichtigkeit, und wie wir es schaffen können, um die eigenen Möglichkeiten auszunutzen. Und das alles vermittelt uns der Mental-Positivismus und der M-Schlüssel?"

Verfasser: „Das ist der Fall, und zwar deshalb, weil wir dadurch die Macht erlangen, unmittelbar in die Vorgänge in uns selber einzugreifen, was auf einem anderen Wege nur sehr schwer oder gar nicht zu erreichen ist. Bitte beantworten Sie die Frage, weshalb das so ist."

Leser: „Weil wir durch den Mental-Positivismus und den M-Schlüssel in die Lage versetzt werden, auch bei der Entwicklung zur positiven Persönlichkeit so zu handeln, wie wir handeln müssen, um den erstrebten Erfolg zu erzielen, was bedeutet, daß auch dieser Erfolg von Gesetzmäßigkeiten abhängig ist. Erkenne ich die richtigen Ursachen, die ich beachten muß, um meinen Charakter zu ändern, so muß dieser Erfolg also eintreten als ein gesetzmäßiges Ergebnis bei Beachtung dieser Ursachen."

Verfasser: „Ausgezeichnet! So ist es wirklich. Und das ist auch das Geheimnis, warum wir mit völliger Gewißheit den Erfolg erwarten dürfen, wenn wir nach der Methode des M-Schlüssels handeln. Es ist jedoch nötig, daß Ihnen die Zusammenhänge bis zum letzten I-Punkt klar sind. Wiederholen Sie deshalb bitte die bisherigen Überlegungen in ihrer logischen Reihenfolge."

Erfolgswissen und Erfolgscharakter

Leser: „Jeder Erfolg hat eine Ursache. Im allgemeinen Geschehen des Daseins geht jeder Wirkung ein Ereignis oder eine Handlung voraus, wodurch das eintritt, was als gesetzmäßige Folge angesehen wird, z. B. Erfolg, aber auch Mißerfolg. Im besonderen bezieht sich das auf unser persönliches Verhalten und Handeln. Ist dieses Verhalten und Handeln *richtig*, d.h. so, wie es sein muß, um den Erfolg zu bewirken, so *muß* der Erfolg kommen. Das bedingt, daß man genau wissen muß, welche Ursachen den erstrebten Erfolgen zugrunde liegen, weshalb *Kenntnis* der *Ursachen* einer von den beiden Punkten ist, durch die man den Erfolg erzwingen kann. Der andere Punkt ist der, daß man die Kraft und die Fähigkeiten hat, um auch das durchzuführen, was zum Erfolg erforderlich ist. Das ist in erster Linie eine Frage des Charakters, der willensstark und zielstrebig sein muß. Nur die positive Persönlichkeit ist in der Lage, das Wissen von den Ursachen des Erfolges in die Tat umzusetzen. Daraus ergibt sich, daß man seinen Charakter umbauen muß, wenn Kräfte und Fähigkeiten fehlen, die zum entschlossenen Zielstreben unerläßlich sind. Deshalb ist unser Charakter unser Schicksal. Auch die Wandlung des Charakters ist eine Erfolgsaufgabe, und weil er ausschlaggebend ist, sogar die entscheidendste und wichtigste. Dazu gehört zuerst das Wissen um die Ursachen dieser Wandlung, die ebenfalls eine Folge vorangehender Ursachen ist. Daraus ergibt sich, daß Macht über unseren Charakter sich nur ergeben kann, wenn wir die gesetzmäßigen Zusammenhänge verstehen, die bestimmte Eigenschaften hervorrufen oder verschwinden lassen. Diese Kenntnis vermitteln der Mental-Positivismus und der M-Schlüssel, die zugleich in die Lage versetzen, diesen Gesetzmäßigkeiten so zu entsprechen, daß eine Entwicklung zur erfolgreichen positiven Persönlichkeit möglich wird."

Verfasser: „Vollkommen richtig! Und nun gleich noch einen Schritt weiter: Wenn wir erkannt haben, daß auch die Wandlung des Charakters Gesetzmäßigkeiten untersteht und daß wir nur dadurch die Möglichkeit haben, Macht über uns zu gewinnen, so versteht es sich doch von selbst, daß wir das Studium, das uns diese Gesetzmäßigkeit offenbar macht, mit größter Gründlichkeit betreiben. Denn gelingt es uns, damit Charaktereigenschaften zu entwickeln, durch die wir so handeln können, wie es die Gesetzmäßigkeiten des Erfolges verlangen, so eröffnet sich uns daraus eine Meisterschaft über das Leben, auf die wir sonst keine Aussicht haben. Ist Ihnen das völlig klar, oder haben Sie hiergegen irgendeinen Einwand?"

Leser: „Höchstens den, daß unser Wollen selbstverständlich nicht von Einflüssen des großen Schicksals durchkreuzt werden darf, was natürlich jederzeit möglich ist."

Verfasser: „Sie haben recht, doch das gilt nur für den Ausnahmefall. Der Mental-Positivismus antwortet hier mit dem Glauben an die große Liebe des Schöpfers, die unserem Willen eine viel größere Freiheit einräumt, als wir allgemein annehmen. Aber es kommt darauf an, daß wir diese Freiheit auch wirklich ausnutzen und vor allem ausnutzen *können*, was wieder eine Frage der richtigen Ursachenerkenntnis ist. Wir weiten die Grenzen unserer Freiheit immerfort durch die Erweiterung der Grenzen unseres Wissens."

Leser: „Deshalb lehrt auch der Mental-Positivismus: ‚Nicht der Wille, sondern die Erkenntnis macht uns frei!', und daß die Grenzen der eigenen Möglichkeiten bestimmt werden vom Grade des jeweiligen Erkennens."

Verfasser: „So muß es ja sein, denn nur mit dem Bewußtwerden der *Ursache* einer bestimmten Leistungsfähigkeit wird es ja erst möglich, die Willenskraft zu betätigen und einzusetzen. Ein riesiges Kraftwerk mit hunderttausend Pferdekräften läßt sich mit dem leichtesten Druck auf einen Schalter in Betrieb setzen. Allein die Erkenntnis löst diese Kräfte aus. Das Wollen dazu muß zwar vorhanden sein, doch selbst ein Kind bringt es auf, wenn es nur weiß, wo der Schalter sich befindet, der betätigt werden muß. Es ist ein gewaltiges Geheimnis um die Macht des Erkennens. Es gibt keine Leistung, die nicht mit ihrer Hilfe möglich wäre."

Leser: „Ich denke hierbei daran, was eingangs über das Bewußtsein gesagt wurde: Was bewußt wird, das ist ja Erkennen, und darum muß ja Erkenntnis Macht sein, während umgekehrt Nichterkennen zur Machtlosigkeit verurteilt."

Verfasser: „Ja, aber das gilt nicht nur für die Handlungen beim Umgang mit der Umwelt, sondern auch beim Umgang mit uns selbst. Weil sich die Menschen so wenig selber kennen und verstehen, können sie so wenig mit sich anfangen, sind sie so machtlos in den Fragen des Charakters und des Willens. Und wenn wir sagen: ‚Nicht der Wille, sondern Erkenntnis macht uns frei', so hat das seine größte Bedeutung gerade für die Wandlung des Wesens und den Gebrauch der uns vom Schöpfer eingeräumten Freiheit."

Leser: „Ich beginne zu erfassen, daß darum auch die Erkenntnisphilosophie beim Mental-Positivismus eine so hervorragende Rolle spielt. Denn alle Macht gründet sich ja immer irgendwie auf das Wissen um die gesetzmäßigen Zusammenhänge der Dinge und Geschehnisse, und wenn das für die äußere Welt schon so große Bedeutung hat, wieviel größer muß dann die Bedeutung erst sein für uns selbst."

Wahrheit im Sinne gesetzlicher Richtigkeit

Verfasser: „Es kommt auf die Erkenntnis der Wahrheit an in allen entscheidenden Dingen, Wahrheit im Sinne einer gesetzlichen Richtigkeit; nicht vom Menschen aus gesehen, sondern von der göttlichen Ordnung aus, von der Ordnung im Weltenbau. Erkennen wir die Wahrheit, so erkennen wir das waltende Gesetz, und indem wir diese Erkenntnis haben, besitzen wir das Mittel, um dadurch frei zu werden von allem, was durch den Irrtum als Disharmonie in Erscheinung tritt. Das führt unmittelbar zur seelischen Ebene des Daseins und damit zum Ebenbild Gottes im Menschen."

Leser: „Will das heißen, daß wir frei sein können von allen Schwächen, wenn wir uns von der Unwissenheit erlösen, und daß wir nur deshalb versagen, weil wir vom Irrtum beherrscht werden?"

Verfasser: „Ja, genau das wird damit gesagt, das gilt nicht nur für die Schwächen des Charakters, sondern auch für die großen geistigen Höhen, die uns erreichbar sind. Immer wirkt das gleiche Gesetz: Allein der Irrtum macht uns kraftlos und schwach, während das Erkennen uns stark macht und frei. Wie die Menschheit immer mehr die Materie meistern lernte durch Kenntnis der Naturgesetze, so können wir durch Erkenntnis auch die Vorgänge im geistigen und seelischen Geschehen meistern."

Leser: „Wenn jedes Versagen aus dem Irrtum kommt, so müßte ich also sagen, daß mich der Irrtum dauernd im Banne hat, weil ich immer wieder von neuem versage. An meinen Mißerfolgen und Fehlschlägen müßte sich der Grad meiner Abhängigkeit vom Irrtum ablesen lassen."

Verfasser: „Richtig, denn die Mißerfolge und Fehlschläge sind ja der Beweis, daß Fehler gemacht werden, bzw. gegen die Voraussetzungen des Erfolges verstoßen wird."

Leser: „So muß es sein, denn sonst gäbe es ja keine Gesetzmäßigkeit des Erfolges. Da ich den Mißerfolg jedoch nicht will, und natürlich ebensowenig gegen die Gesetze des Erfolges verstoßen will, ergibt sich, daß ich im Banne einer negativen Handlungsweise stehen muß."

Verfasser: „Das stimmt, und noch mehr: Auch das Denken muß einem negativen Einfluß unterliegen und vom Irrtum beeinflußt werden, deshalb, weil der Vorgang des Versagens bei seinem Ablauf nicht als Verstoß gegen die Gesetze des Erfolges bewußt wird."

Leser: „Das würde bedeuten, daß der Mensch des Mißerfolges zu einem großen Teil nur deshalb Mißerfolg hat, weil er oft tatsächlich nicht weiß, was er tut. Gibt es aber, wenn das möglich ist, überhaupt eine Freiheit des eigenen Willens?"

Freiheit muß gegenwärtig sein

Verfasser: „O ja, und sogar in weitem Umfange! Aber sie muß uns im Bewußtsein gegenwärtig sein, damit wir in rechter Weise von ihr Gebrauch machen können. Ist sie uns nicht gegenwärtig, so reagieren wir in unserem Denken und Handeln unkontrolliert wie ein mechanischer Betrieb ohne Aufsicht."

Leser: „Es muß uns also in jedem Augenblick völlig bewußt sein, was wir tun. Unser Geist muß gegenwärtig sein, sonst besteht Gefahr."

Verfasser: „Mit anderen Worten: Unser Denken, Fühlen und Handeln muß weitgehend unter Kontrolle stehen, und wenn wir uns entscheiden, so darf das immer nur so sein, daß damit den Voraussetzungen des Erfolges entsprochen wird."

Leser: „Für die Praxis würde das bedeuten, daß man alle Entschlüsse, auch die kleinsten, nur mit Überlegung fassen darf, daß man immer überlegen muß, ob das, was man gerade tun will, wirklich für den Erfolg gut und richtig ist."

Verfasser: „Jedenfalls in den Bezirken unseres Denkens und Handelns muß das so sein, wo wir innerlich noch nicht auf den Erfolg geschaltet sind; mit anderen Worten: wo noch nicht erreicht wurde, daß wir u n b e w u ß t richtig reagieren und handeln."

Leser: „Bitte machen Sie das an einem Beispiel klar, durch das sich dieser Ablauf sofort begreifen läßt."

Verfasser: „Hier haben Sie ein Beispiel: Sie wissen, daß man vom Gang und der körperlichen Haltung auf das Wesen eines Menschen schließen kann. Der mutige Mensch z. B. geht selbstsicher seinen Weg, der ängstliche unsicher und zaghaft. Beide Naturen wollen nicht so gehen, wie sie gehen, sondern tun es unbewußt, weil das innere Wesen die Gangart bestimmt. Nun weiß man aber, daß z. B. persönlicher Einfluß sehr davon abhängt, wie das Auftreten ist. Die Erkenntnis dieser Erfolgsursache müßte also den Erfolgsuchenden bestimmen, auch in dieser Hinsicht auf seine persönliche Wirkung zu achten. Was muß geschehen? Er darf sich nicht mehr gehen lassen, wie es in ihm geht, sondern muß sich bewußt bemühen, in seinem Auftreten fest und sicher zu werden. Das setzt voraus, daß er zunächst einmal weiß, wie ungünstig eine unsichere Haltung wirkt, und weiter, daß er b e w u ß t auf seine Haltung achtet. Er darf also seine Haltung nicht aus seinem Bewußtsein verlieren, solange jedenfalls nicht, bis er dieses Teilziel des Erfolges erreicht hat. Das ist der Fall, wenn die Festigkeit im Auftreten zur Gewohnheit geworden ist."

Leser: „Entspricht das bereits einem Vorgehen nach der Methode des M-Schlüssels?"

Das 16. Denkgesetz im Beispiel

Verfasser: „Ja, denn die Anwendung des M-Schlüssels besteht ja darin, die im geistigen und seelischen Geschehen wirkenden Gesetzmäßigkeiten zu respektieren und sich nach ihnen auszurichten und einzustellen. Im Falle unseres Beispiels tritt das 16. Denkgesetz in Kraft, welches sagt: *‚Wiederholung, bewußt oder unbewußt, verstärkt die Antriebe bis zum Automatismus der Vorgänge, begünstigt und bewirkt also Zwangsabläufe körperlicher, geistiger und seelischer Art, und zwar ebensowohl in negativer wie in positiver Hinsicht (Gesetz der Gewohnheit).‘* "

Leser: „Das ist mir klar, aber es ist doch so, daß man einen guten Vorsatz immer wieder vergißt, womit man auch vergißt, einen gewollten positiven Vorgang bis zum Eintreten des Automatismus bewußt zu wiederholen."

Verfasser: „Das stimmt, aber darum haben wir ja gerade unsere Erfolgstechnik, die uns bei der Stange hält. Mit dieser Vergeßlichkeit, richtiger, mit diesem Wiederabkommen von guten Vorsätzen müssen wir immerzu rechnen, weil unsere Aufmerksamkeit ja dauernd abgelenkt wird. Um trotzdem in der Übung zu bleiben, bedienen wir uns der Selbstkontrolle durch unser Tagebuch und unsere Erinnerungshelfer, durch die wir immer wieder von neuem auf unseren Vorsatz gebracht werden. Und immer wieder von neuem rufen wir dadurch das Urbild in uns wach, das wir verwirklichen wollen. Bejahen wir diesen Vorgang in positiver Weise vom Standpunkt der Selbstverständlichkeit des Erfolges, der durch unser Vorgehen gesetzmäßig kommen muß, so wirkt dieser Befehl an unser Inneres als eine SUGGESTION, die im Unterbewußtsein von selber weiterwirkt, auch wenn wir sie für Stunden nicht mehr im Oberbewußtsein haben. Je hartnäckiger eine negative Gewohnheit ist, um so mehr zeigt sie die Tendenz, sich sofort wieder unseres Wesens zu bemächtigen, sobald wir sie aus den Augen lassen. Wissen wir das, so müssen wir die Zeiten zwischen den Erinnerungen an unseren Vorsatz zunächst sehr klein halten, immer mit dem Bestreben, daß sich das 16. Denkgesetz im Sinne unserer angestrebten positiven Gewohnheit betätigt und nicht im Sinne des bisherigen negativen Ablaufes."

Leser: „Daß uns eine negative Gewohnheit völlig gegen unseren eigenen Willen beherrschen kann und daß man selbst mit den besten Belehrungen und selbst mit groben Vorwürfen dagegen nicht ankommen kann, habe ich schon vielfach beobachtet, z. B. daß jemand eine Zimmertür immer wieder laut zuschlägt, trotzdem ihm schon zehnmal und öfter gesagt wurde, daß er sich diese Nachlässigkeit abgewöhnen müsse, und oft geschah das wenige Augenblicke später, nachdem er von neuem auf sein fehlerhaftes Verhalten aufmerksam gemacht wurde. Es ist wirklich so, daß das Innere mit dem Menschen durchgeht. Man ist ganz bei der Sache, will sich eine Untugend abgewöhnen, wird dann aber gedanklich abgelenkt, und schon ist das alte Übel wieder da."

Verfasser: „Sie erkennen also, worauf es ankommt: Die neue, bessere Gewohnheit muß zum Automatismus werden. Das geht, indem wir uns in der neuen Gewohnheit üben und das 16. Denkgesetz für sie wirksam werden lassen. Auch dieses letzte Beispiel ist für uns von größter Wichtigkeit. Warum wohl?"

Leser: „Weil wir daran erkennen, daß wir viel mehr unbewußt als bewußt leben, und daß die ganze Arbeitsweise unseres geistigen und seelischen Mechanismus von automatischen Abläufen abhängt."

Verfasser: „Ja, und alles vollzieht sich dabei streng nach Gesetzmäßigkeiten, doch durch Fehlschaltungen werden ebensogut harmonische wie disharmonische Ergebnisse möglich. Das kann sich steigern bis zu den Erscheinungen der Hysterie und den seltsamsten Phänomenen. Beweis hierfür ist u. a. jede Krankheit, die durch Einbildung entsteht."

Leser: „Es kommt also immer auf den inneren Schaltvorgang an und auf die Ideen, die als unbewußte Antriebe in uns herrschen."

Verfasser: „Richtig, und damit kommen wir auch gleich dem Geheimnis der Willenskraft auf die Spur. Wer den M-Schlüssel beherrscht, der arbeitet mit den Gesetzmäßigkeiten, die das Seelen- und Geistesleben beherrschen, und die Macht geht dabei ausschließlich von der Erkenntnis aus. Indem man die wirksamen Gesetzmäßigkeiten begreift, und sich danach richtet, treten die Wirkungen in Erscheinung, und auf diesem Wege entsteht auch die Macht der Überzeugung, die das Geheimnis der Macht des M-Schlüssels ist."

Leser: „Hier finde ich mich noch nicht ganz durch, obwohl ich weiß, daß die Kraft, die der Überzeugung die Macht gibt, jene Kraft ist, die als Schöpferkraft der Seele die Ursache unseres ganzen Könnens ist."

Verfasser: „Halten Sie gedanklich fest, was Sie soeben sagten, denn Sie haben damit ausgesprochen, was uns mit kristallener Schärfe bewußt werden muß, nämlich: Es gibt keine andere schöpferische Realisationskraft in uns, als einzig und allein die Kraft unserer Seele, und immer ist nur entscheidend, in welcher R i c h t u n g sich diese Kraft bewegt."

Ursache seelischer Fehlleistungen

Leser: „Dann kommen also auch alle negativen Kräftewirkungen durch die Seele zustande? Alle Störungen der Gesundheit, alle Fehlhandlungen und auch alles Böse und Widerwärtige im Menschen?"

Verfasser: „Das scheint schwer verständlich, aber es ist so. Sie sehen klar, wenn Sie alles Negative als Irrtum erkennen und die große Bedeutung der B e w u ß t w e r d u n g der W a h r h e i t erfassen."

Leser: „Wieso ist z. B. Krankheit I r r t u m ? Die Krankheit ist doch da, man fühlt und erlebt sie doch."

Verfasser: „Gewiß ist die Krankheit da, doch daß sie kommen konnte, ist eine F e h l l e i s t u n g der Seelenkraft. Die Seele hat Gewalt über alle Organe; wenn sie will, gibt es keine Krankheit. Aber es kommt darauf an, daß sie frei ist in diesem Wollen, einerseits in den Grenzen des großen Schicksals, andererseits in den Grenzen des Erkennens."

Leser: „Die F e h l l e i s t u n g ist also Irrtum, gerade so, als ob man aus geistiger Blindheit oder Kurzsichtigkeit Unfug anrichtet mit den Naturkräften?"

Verfasser: „Ja, und indem man vielleicht sogar meint, damit das Beste und Richtigste zu machen, und sich obendrein furchtbar klug und überlegen vorkommt."

Leser: „Dann wäre es ja im Seelischen genau so, wie beim Versagen im praktischen Leben, im Beruf, in der Ehe oder sonstwo?"

Verfasser: „Selbstverständlich, nur daß wir in diesem Fall die Unordnung und die Unlogik eine Etage höher erleben, ganz abgesehen, daß das Versagen im materiellen Dasein ja auch nur die Folge eines seelischen Versagens ist."

Leser: „Das würde heißen: In dem Teil in uns, den wir nicht sehen, der aber die Quelle aller Vorgänge ist, herrscht der Irrtum, während wir selber meinen, daß alles in bester Ordnung sei. Dann brauchen wir uns ja gar nicht zu wundern, wenn so vieles nicht klappt?"

Probleme unkompliziert sehen

Verfasser: „Ich freue mich, daß Sie jetzt anfangen, die Probleme unkompliziert zu sehen. Gehen Sie nur einfach von den T a t s a c h e n aus, dann kommt schon die Klarheit. Sagen Sie, daß alles eine Ursache haben muß, auch wenn diese nicht sofort greifbar ist. Und stellen Sie fest, daß Mängel in Ihnen vorhanden sind, gleich ob das Krankheiten oder Charakterschwächen sind, so stimmt der innere Ablauf nicht, dann liegt ein Fehler in der Zentrale vor."

Leser: „Der Ausspruch: ‚Irren ist menschlich' bezieht sich also auch unmittelbar auf unsere Seele? Daraus ginge dann auch hervor, daß der g a n z e Mensch die Seele ist? Es wird Ihnen komisch vorkommen, wenn ich so frage, das kommt aber daher, weil man immer irgendwie geneigt ist, seine Seele gesondert zu betrachten, als ein höheres Wesen also."

Verfasser: „Das ist sie ja auch, und der ganze Mensch ist darum auch ein höheres Wesen, genau so, wie ein kleines, dummes Kind ja auch schon ein richtiger Mensch ist. Doch daß die Seele ihre höhere Natur voll zur Geltung bringt, ist eine Frage ihres Erkenntnisstandes. Wie ein Kind einfältig handelt, so handelt auch die Seele einfältig, und das ist solange der Fall, bis ihr das Bewußtsein ihrer höheren Wesensart aufgeht, und solange ist sie auch nicht imstande, von den ihr eingeborenen Kräften richtigen Gebrauch zu machen."

Leser: „Ja, aber das bezieht sich ja dann alles auf uns kleine Menschen, also auch auf unseren Körper und unsere Sinnesorgane und alles, was wir fleischlich empfinden und fühlen können, und wir wären ja dann klein und groß zugleich."

Verfasser: „Ganz richtig, genau so wie das Kind, das ja auch schon gleich von Geburt an alle Fähigkeiten in sich trägt, die im Laufe des Lebens offenbar werden, und wo man auch nicht sagen kann, solange es klein ist, was einmal alles aus ihm werden wird. Übertragen Sie das Beispiel vom ‚körperlichen' Kinde auf das ‚Seelenkind' Gottes, und Sie sehen sich selber im vollen Lichte höherer Erkenntnis.

Nun, und so ist es auch mit dem Irrtum: Wie das Kind irrt und dadurch mit seinen Kräften und Fähigkeiten nichts Richtiges anfangen kann und größtes Unheil anrichten würde, wollte man es immer frei gewähren lassen, so steht es auch mit dem Irrtum der Seele und der Freiheit der Seele, und darum ist auch Freiheit nicht etwas gleich Gegebenes, sondern etwas Werdendes, ein Z i e l , und von der Vollkommenheit und Ewigkeit aus gesehen, das schönste und beglückendste, das uns Gottes Liebe setzen konnte.

Wie ein Kind immerfort dabei ist, die Grenzen seiner Möglichkeiten immer besser zu ertasten und herauszufinden, indem es von vorangehenden Freiheiten aus sich neue Freiheiten erarbeitet und erobert, und langsam dadurch Macht gewinnt über das Leben durch sinnvollen Gebrauch der eigenen Freiheit, indem es sich zurechtfinden lernt in seiner Umwelt und im Dasein, genau so ergeht es unserer Seele, nur daß die Möglichkeiten im Reiche Gottes, in das sie durch immer besseres Erkennen immer mehr hineinwächst, unendlich größer sind als die Möglichkeiten im stofflichen Dasein."

Leser: „Jetzt verstehe ich auch, wenn von Metaphysik die Rede ist, denn dieses Reich ist ja schon die erweiterte Welt der Seele. Aber man muß lernen, sich darin ebenso zurechtzufinden wie in den Gesetzmäßigkeiten des materiellen Daseins."

Verfasser: „Richtig! Und darum studieren wir ihre Gesetze, durch deren Kenntnis wir dann ebenso wirken können wie durch die Macht des Wissens in den Bezirken des materiellen Geschehens. Braucht es überhaupt noch eines besonderen Beweises, daß das Reich der Seele genau so wirklich ist, wie unser Umgang mit dem Stoff? Ist nicht schon jeder Gedanke, der in uns aufblitzt, ein exakter Beweis dafür, daß außer dem, was wir mit unseren Augen sehen und mit unseren Ohren hören können, noch etwas Besonderes und Höheres in uns vorhanden sein muß? Wir lassen das gelten für jeden Apparat, für jeden Mechanismus, den wir durch unsere Intelligenz konstruieren: keiner dieser Apparate funktioniert ohne eine zusätzliche Kraft, ohne eine geistige Zentrale, ohne die Mitwirkung einer dem Mechanismus übergeordneten Intelligenz. Für uns selber, für unseren Körper, für unseren stofflichen Apparat sollte das keine Geltung haben? Ganz aus den Atomen heraus sollten wir so wunderbar funktionieren? Und sollten denken können, daß wir s i n d , ohne wirklich auch d a zu sein? Als Geschöpfe eines noch weit größeren Baumeisters, als wir es sind gegenüber den von uns geschaffenen Apparaten? Nur der I r r t u m kann solche Ansichten zeugen, doch die Tatsache, daß menschliches Denken überall zwischen Irrtum und Wahrheit schwankt, macht ihn auch in diesem Falle begreiflich. Die Unmündigkeit der Seele ist die Ursache, die mangelnde Reife, die durch die Entwicklung gegebenen Grenzen des Erkennens."

Weitung der Grenzen des Erkennens

Leser: „Wie erreichen wir, daß sich die Grenzen unseres Erkennens weiten, und damit die Grenzen unserer Freiheit und dadurch unserer Möglichkeiten?"

Verfasser: „Es gibt nur eine Antwort: Auf dem Wege über die Praxis! Indem wir auch im Seelischen genau so vorgehen, wie das Kind bei der Eroberung der stofflichen Welt, nur mit dem Unterschied, daß wir uns schon gleich als intelligent, klug und vernünftig erweisen können."

Leser: „Ich verstehe: Damit ist gesagt, daß wir in unserem bereits entwickelten Denk- und Erkenntnisvermögen die besten Mittel haben, um die höheren Kräfte und Fähigkeiten unserer Seele zu erschließen. Und der Weg zum Einsatz dieser Mittel ist die Praxis."

Verfasser: „Richtig! Und wie die Praxis aussehen muß, das ergibt sich aus dem Wissen um die geistigen und seelischen Gesetzmäßigkeiten, wie sie der Mental-Positivismus und unser M-Schlüssel lehren."

Leser: „Das ist mir klar. Trotzdem fällt es mir aber schwer, daraus eine Methode zur Beachtung dieser Gesetzmäßigkeiten abzuleiten, woraus sich ja dann die Erfolgspraxis ergeben müßte. Es scheint mir, daß man so vieles dabei beachten muß, daß man gar nicht weiß, wo man zuerst anfangen soll."

Verfasser: „Das kommt daher, weil Sie zu wenig den Wortlaut des M-Schlüssels vor Augen haben. Und dann, weil Ihnen die Gesetze des Denkens in ihrer Bedeutung erst

zum Teil aufgegangen sind. Und außerdem, weil Sie immer wieder die Neigung haben, die Zusammenhänge, und vor allem auch das B e g r e i f e n der Zusammenhänge, viel zu kompliziert zu sehen. Oft sehen Sie dadurch keinen Wald vor lauter Bäumen. Doch auch das ist durchaus in Ordnung, weil ja auch jeder Erkenntnisvorgang einen gesetzmäßigen Verlauf hat.
Stellen Sie sich vor, das Erkenntnisgebäude des Mental-Positivismus wäre eine Wandmalerei mit Hunderten künstlerischer Details: Glauben Sie, daß Sie dieses Kunstwerk in sich aufnehmen könnten ohne richtige Distanz? Andererseits: daß Sie wirklich die ganze Schönheit des Werkes erfassen könnten, ohne aufmerksamstes Studium der künstlerischen Einzelleistungen? B e i d e s ist notwendig, also: Abstand u n d Nähe, und nur wenn diese beiden Bedingungen erfüllt sind, ergibt sich auch für den Mental-Positivismus das rechte Erfassen."

Leser: „Ich weiß, was das bedeutet: Zielklarheit und Begriffsklarheit!"

Verfasser: „Gut getroffen! Ohne Zielklarheit ist kein Aufbruch der Kräfte möglich. Man muß wissen, wohin die Reise geht. Und je begeisternder das Ziel, um so aktiver der Krafteinsatz, die Lust und Liebe zur Sache. Doch man kann erst dann mit seinen Kräften etwas anfangen, wenn das erste N a h z i e l bewußt ist, und dazu führt die Begriffsklarheit. Und Begriffsklarheit schaffen, das ist, um im Bilde zu bleiben, das gründliche und aufmerksame Studium der Details, in denen man sich selbstverständlich auch nicht verlieren darf."

Leser: „Ich verstehe, warum Sie das erwähnen: weil nämlich sonst Gefahr besteht, daß man auf dem Wege zum Ziel ermattet, solange man eine gewisse Höhe im Erkennen noch nicht überschritten hat."

Verfasser: „Sehr gut! Darum ‚sehe zu, daß er nicht falle, wer da schon stehet!' Es ist wie beim Studium jeder Wissenschaft: Sie hört erst dann auf, trocken zu sein, wenn man sie praktisch anwenden kann. Aber bei unserem Mental-Positivismus ist das ja so, weshalb auch nur für den Gefahr besteht, dem vorläufig sowieso nur durch die Peitsche des Schicksals weiterzuhelfen ist."

Vom Wachsen der Vernunft

Leser: „Benjamin Franklin gemäß: ‚Wer der Vernunft nicht Gehör schenken will, dem schlägt sie mit dem Stock auf die Finger.' Apropos V e r n u n f t : Die kommt aber doch auch nur zustande, wenn bereits Freiheit im Erkennen vorhanden ist. Man muß hier genau aufpassen, damit man keinen Denkfehler macht, denn man kann ja nur dann Vernunft erwarten, wenn auch dazu die Voraussetzungen erfüllt sind."

Verfasser: „Ich sehe, daß Sie anfangen, wirklich begriffsklar zu denken. Tatsächlich ist Vernunft eine Sache, die man schon haben muß, um mit ihr zu arbeiten, jedoch mit dem Hinweis, daß die ersten Äußerungen der Vernunft bereits im einfachsten Verstehen wirksam sind, wozu natürlich auch wieder die Fähigkeiten vorhanden sein müssen. Es ergibt sich daraus, daß Vernunft ebenso wie Freiheit etwas Wachsendes, etwas Werdendes ist. Es stimmt also, daß ein Mensch immer vernünftiger werden kann; Bedingung dazu ist jedoch, daß er von den Kräften, die Vernunft hervorrufen, wirklich Gebrauch macht. Hierüber ist viel zu sagen, zuerst, daß die Verständigkeit und tiefere Einsicht, die dem vernünftigen Denken zugrunde liegen, sich nur entwickeln können aus der geistigen Klarsicht in entscheidenden Einzeldingen, die man lernen muß, in ihre logische, d. h. gesetzlich richtige Beziehung zueinander zu setzen.

Das erfordert ernste, objektive Kleinarbeit des oberbewußten Denkens, des bewußten Messens und Wägens der Dinge, Vorgänge und Geschehnisse. Das alles sind Fragen der Begriffs- und Zielklarheit. Doch daß sich Vernunft daraus bildet, ist noch eine andere Sache, denn so genau auch der Verstand zu differenzieren vermag, so messerscharf sein Unterscheidungsvermögen auch entwickelt werden kann, er ist und bleibt damit doch nur ein Werkzeug jener der Seele eingeborenen Kraft, die das Wesen der Vernunft ausmacht und die oft sogar völlig unabhängig von einem scharfen Verstande in Erscheinung tritt, wie z. B. in der Mutterliebe.
Wer Vernunft bislang nur in geringem Maße in sich spürte, und das geht mehr oder weniger jeden von uns an, gemessen an der Erhabenheit des göttlichen Logos, dem ist im rechten Gebrauch und der beständigen Übung des Verstandes die Möglichkeit gegeben, sich für den immer vollkommeneren Kontakt mit der reinen Wahrheit, die Vernunft entstehen läßt, empfänglich zu machen. — Über Vernunft zu sprechen und diese Zusammenhänge zu begreifen, setzt schon ein hohes Maß an Erkenntniskraft voraus. Waren Sie fähig, geistig zu folgen?"

Leser: „Soviel ist mir jedenfalls klar, daß jedes wirkliche Verstehen mit Begriffsklarheit beginnt, und besonders darin habe ich Sie gut verstanden, daß man den Verstand wirklich wie ein Werkzeug gebrauchen lernen muß."

Verfasser: „Ja, und daß der Weg dazu über die Entwicklung ganz bestimmter geistiger Fähigkeiten führt. Können Sie mir diese Fähigkeiten nennen?"

Leser: „Nun vor allem die Fähigkeit zur Konzentration, und dann die Fähigkeit logischer Gedankenverknüpfung auf Grund richtiger Erfassung der Gegenstände des Denkens."

Verfasser: „Ausgezeichnet! Damit läßt sich schon viel anfangen. Durch die Konzentrationsfähigkeit wird auch erreicht, daß unsere Sinnesorgane genau arbeiten, daß wir also befähigt werden, die Dinge der Außenwelt mit möglichst vielen Einzelheiten richtig zu erfassen. Das ist Vorbedingung zum Entstehen einer präzisen Vorstellungswelt, die im ersten Stadium des schöpferischen Denkprozesses ein Abbild der äußeren Welt ist, und wodurch wir in die Lage versetzt werden, unabhängig von der Außenwelt geistig zu sondieren, zu differenzieren, zu klassifizieren, zu urteilen und Schlüsse zu bilden. Das alles ist jedoch ungenau und darum für unser Erkenntnisvermögen auch nicht verläßlich, wenn durch mangelhafte Konzentration Sinneswahrnehmungen mit Unklarheiten und Verzerrungen aufgenommen werden."

Leser: „Besonders gut kann ich das vom Standpunkt der Begriffsklarheit verstehen, weil ja das Erfassen von Begriffen und das Eindringen in ihre Natur zunächst von der bildlichen Vorstellung der uns umgebenden Dinge abhängig ist."

Erschließung des Seelengedächtnisses

Verfasser: „Richtig, denn bevor wir zum abstrakten Denken gelangen, bedient sich das Erkenntnisvermögen der stofflichen Dinge als Medium. Verstehen und Begreifen im Kleinen wie im Großen ist eine eingeborene Fähigkeit der Seele. Diese Fähigkeit führt darauf zurück, daß alles, was die Seele wissen kann, bereits im Grunde ihres Wesens gegeben ist. Allein deshalb ist auch jeder Vorgang des Erkennens nichts anderes als eine Bewußtwerdung des im Urzustande schon vorhandenen Wissens."

Leser: „Das Streben nach Klarheit im Erfassen eines Begriffs wäre dann die Technik, um auf diesem Wege gerade an den Punkt des unterbewußten Seelengedächtnisses zu gelangen, aus dem heraus unser Erkenntnisvermögen in der Lage ist, in einer Sache wirklich klarzusehen."

Verfasser: „Ich bin erstaunt, wie gut Sie folgen! Und nun verstehen Sie wohl auch, warum es in manchem Falle so unendlich schwer ist, einem anderen eine neue Sache wirklich so klarzumachen, daß es bei ihm zündet, daß es wirklich zu einem richtigen Begreifen kommt. Denn wo nicht bereits über den Verstand die entsprechende Vorarbeit geleistet wurde, die ja darin zu sehen ist, daß entscheidende Dinge des Lebens ein möglichst naturgetreues Abbild im Gedächtnis haben, muß erst von Grund auf eine umfassende Kleinarbeit geleistet werden, um zum Ziel zu gelangen, eben deshalb, weil man sonst den Gesetzmäßigkeiten im Erkenntnisprozeß nicht gerecht wird. Versuchen Sie hierfür ein Beispiel zu finden, am besten im Ablauf des kindlichen Denkens."

Leser: „Das ist nicht schwer, wenn man z. B. an die Schule denkt. Man kann ganz unmöglich verlangen, daß die Fähigkeit zum Rechnen, die ja auch auf die eingeborene Erkenntniskraft der Seele zurückgreift, sich im Kinde entwickelt und entfaltet, wenn man nicht zunächst den Sinn für das Begreifen von Zahlen wachruft, und das kann nicht dadurch geschehen, daß man dem Kinde einen Vortrag über die Bedeutung der Zahlen hält, sondern indem man sich über Erlebnisinhalte seines bisherigen Daseins in sein Inneres einblendet, wobei sich dann, sozusagen als geistiges Nebenprodukt, langsam das Begriffsvermögen für Zahlengrößen bildet, z. B. über die Bewertungen von ‚Groß' und ‚Klein' als Vorläufer zum Begreifen der Zahlen ‚1' und ‚2'."

Entscheidende Lehre für den Umgang

Verfasser: „Das Beispiel ist treffend! Und welche Lehre ergibt sich daraus für den Umgang mit Kindern und der Umwelt, und nicht zu vergessen, auch für den Umgang mit uns selbst?"

Leser: „Daß wir nur mit größter Mühe ein geistiges Ziel erreichen oder einem neuen Gedankengang zur Wirksamkeit verhelfen können, wenn die Voraussetzungen des Verstehens dazu nicht gegeben sind, daß wir also auf Erfolg nur dann hoffen können in solcher Hinsicht, wenn wir dabei diese Gesetzmäßigkeiten auf keinen Fall außer acht lassen." — — —

Verfasser: „Spüren Sie, daß es wahr ist, wenn wir sagen: ‚Erkenntnis ist Macht'? Denn nachdem Sie in diesem wichtigen Punkte klarsehen, ist es Ihnen jetzt schon möglich, also von diesem Augenblick an, einen geradezu magischen Einfluß auf die Erkenntnisvorgänge im eigenen Bewußtsein und im Bewußtsein Ihrer Mitmenschen auszuüben. Doch das ist erst ein Anfang der Möglichkeiten, die sich aus der Anwendung unseres M-Schlüssels, der hier das große Geheimnis ist, ergeben."

*

Zweites Gespräch

Einführung in das Verstehen der Gesetze des Denkens und wie man sich aus negativen Zwangsabläufen im Unterbewußtsein befreit und ein Richtigdenker aus guter Gewohnheit wird.

Verfasser: „Sie sagten, daß wir nur mit größter Mühe einem neuen Gedanken zur Wirksamkeit verhelfen können, wenn die Voraussetzungen des V e r s t e h e n s nicht erfüllt sind. Daß wir also auf Erfolg nur d a n n hoffen können, wenn wir die Bedingungen dazu auf keinen Fall außer acht lassen. Welche Konsequenzen ergeben sich nun daraus, wenn wir diese Lehre betrachten unter Berücksichtigung des M-Schlüssels? Mit anderen Worten: Wie kommen wir damit zur Praxis? Was wäre der erste Schritt dazu?"

Leser: „Zu allererst, daß wir erreichen, diese wichtige Lehre ständig vor Augen zu haben."

Verfasser: „Stimmt, und zwar deshalb, weil wir sehr oft nicht so handeln können, wie wir es in Stunden ruhiger Betrachtung uns vorgenommen haben, sondern nur so, wie wir auf Grund unserer inneren Abläufe handeln müssen. Immer, wenn es gerade darauf ankommt, richtig zu handeln, versagen wir, geht alle Vernunft mit uns durch, sind die besten Vorsätze vergessen, es ist dann gerade so, als ob wir mit Blindheit geschlagen sind."

Leser: „Und darum haben auch alle Ratschläge und Lehren für den Erfolg immer nur bedingten Wert, so gut und so richtig sie auch sein mögen. Es nützt also gar nichts, wenn es heißt: ‚Der Menschen Wissen und Macht fällt in eins zusammen, weil Unkenntnis der Ursachen den Erfolg vereitelt.' Es bleibt doch alles beim alten, wenn man daraus nicht die Konsequenzen zieht, oder — und richtiger, wenn man nicht fähig ist dazu."

Verfasser: „Jetzt ist wohl kein Zweifel mehr, warum wir unsere Methode des M-Schlüssels zuerst vor allem auf uns selber anwenden müssen, denn ohne eine Wandlung unserer Persönlichkeit geht es eben nicht. Und so weit muß die Wandlung gehen, daß wir das, was wir heute nicht fertigbringen, bald aus reiner Gewohnheit tun."

Leser: „Und natürlich bezieht sich das in erster Linie auf das Denken."

Richtig-Denker aus Gewohnheit

Verfasser: „Ganz recht! So wie wir heute ein Falsch-Denker aus Gewohnheit sind, so müssen wir morgen ein Richtig-Denker aus Gewohnheit sein. Erreichen wir das, so ist das Problem der eigenen Wandlung schon zum größten Teil gelöst, denn so, wie wir denken, so handeln wir. Aber entscheidend ist dabei, daß diese Umstellung nicht nur das oberbewußte Denken betrifft, sondern auch die Vorgänge im Unterbewußtsein."

Leser: „Ich weiß, warum: Weil wir in dem Augenblick des Handelns meist gar nicht in der Lage sind, bewußt auf alle Erfolgspunkte zu achten, die das Erreichen eines Zieles ermöglichen."

Verfasser: „Richtig! Unser oberbewußtes Denken ermöglicht bestenfalls die Initialzündung, doch daß sich die Erfolgskräfte betätigen, und wie sie sich betätigen, ist eine Sache des unterbewußten Ablaufes. Genau so, wie die innere Zentrale die gesamten Lebensfunktionen unseres Organismus überwacht und in Gang hält, ohne daß wir uns oberbewußt darum zu kümmern brauchen, so ist es bei der Aktivierung der Kräfte und Fähigkeiten, die zur Erreichung eines Zieles notwendig sind. Und das bezieht sich nicht nur auf das Verhalten unseres Körpers, z. B. auf unseren Gang, unser Auftreten, den Tonfall unserer Stimme, den Blick unserer Augen, die Ruhe in den Nerven usw., sondern auch auf die Funktion unseres Geistes."

Leser: „Wie wir also im Augenblick denken, was uns im Augenblick gerade einfällt, auch das würde dann vom Unterbewußten her gesteuert?"

Verfasser: „In der Regel, ja, und darum ist ja gerade der unbewußte Ablauf so unerhört wichtig. Wie kein Dichter arbeiten kann ohne Eingebung, so kann auch das normale Denken nur durch die Genialität der inneren Schaltzentrale funktionieren. Dort werden die Einfälle und Ideen entwickelt, die zustande kommen durch die Art und Qualität der jeweiligen Schaltungen. Es sind Erzeugnisse einer Geisteswerkstatt, einer Gedankenfabrik von unerhörter Vielseitigkeit und kaum begrenzbaren Möglichkeiten. Und das ist die Aufgabe, daß wir auf diesen inneren Betrieb einen durch und durch positiven Einfluß gewinnen, damit die dort entstehenden und über unser Gefühl uns beherrschenden Gedanken genau von der Art sind, wie sie es sein müssen, damit wir in unserem Verhalten und Handeln im Sinne der Voraussetzungen des Erfolges reagieren."

Leser: „Ich verstehe, und darum ist es auch so wichtig, daß wir selber der Herr in unserem Hause sind, daß wir also auch wirklich Einfluß auf uns selber haben und nicht von außen auf uns einwirkende fremde Kräfte."

Verfasser: „Ja, und das nicht allein. Daß wir vor allem das „Erbe" in uns überwinden, die vielleicht schon von unserer Jugenderziehung her in uns aktive negative Schaltung, deren fortwährendes Opfer wir bis heute geworden sind. Denn daß wir so sind in unserem Wesen, wie wir sind, so negativ in unserem Denken und so falsch in unserer Einstellung zum Leben, zur Welt und zur Umwelt, und eingeschlossen darin auch unser negatives Verhalten zu unserer eigenen geistigen Leistungsfähigkeit, einschließlich aller Hemmungen usw., das ist nur die unentwegte traurige Folge dieser Erbschaft. Sie verfolgt uns unser ganzes Leben hindurch, wenn wir nicht endlich einen Schlußpunkt setzen und uns davon befreien."

Leser: „Ja, und das geht nicht durch Gewalt, indem wir uns mit allen Kräften dagegen zu wehren suchen, sondern nur auf dem Wege der Erkenntnis."

Verfasser: „Haben Sie das aber auch wirklich richtig verstanden? Wie z. B., wenn man einen Menschen, der unter einer negativen Schaltung leidet, dadurch zur Gesundheit führt, wenn man ihn in eine frohe, positive Umgebung bringt?"

Leser: „Ich verstehe, was Sie damit sagen wollen: Sie denken an Fälle, wo man ein positives Ergebnis erzielt, ohne daß man um die herrschenden Gesetzmäßigkeiten weiß. In diesen Fällen handelt man dann unbewußt nach den Voraussetzungen des Erfolges, durch die der M-Schlüssel seine Wirkung entfaltet."

Verfasser: „Und woraus ergeben sich nun die Methode und die Planmäßigkeit in der bewußten Anwendung des M-Schlüssels?"

Leser: „Nun, wenn ich Sie bisher recht verstanden habe, aus der Beachtung der Gesetze des Denkens. Doch ich muß ehrlich gestehen, damit kann ich noch nicht viel anfangen, wenn ich das sage. Vielleicht liegt es an mir, daß ich bisher zu wenig darüber nachgedacht habe, worin eigentlich, genau gesagt, die Beachtung der Denkgesetze besteht. Gewiß, ich weiß, das erste Denkgesetz heißt: *‚Bewußtsein ist Schöpfung.'* Ein anderes: *‚Gedanken, die unser Gefühl beherrschen, lenken und leiten uns, lassen uns siegen oder untergehen.'* Doch wie fange ich es an, damit sich daraus für mich ein methodisches und planmäßiges Vorgehen ergibt?"

Verfasser: „Sie berühren damit eine Frage, die man sich nur dann selber beantworten kann, wenn man den Mental-Positivismus wirklich gründlich studiert hat und dazu den Ablauf des Lebens in Beziehung zu setzen vermag. Natürlich muß dazu auch alles Beachtung finden, was über Begriffs- und Zielklarheit gesagt wurde, weil ja nur dann die Voraussetzungen zur schöpferischen Funktion des Geistes erfüllt sind. Es kann uns kein schöpferischer Einfall kommen, der vorhandene Erkenntnislücken schließt, wenn der Geist ratlos dasteht und nicht weiß, wie er es anstellen soll. Man könnte sagen: Wer nicht von selber auf den Trichter kommt, dem mangelt es an Intelligenz. Das ist aber nicht so, jedenfalls in vielen Fällen nicht, deshalb, weil die die Intelligenz offenbarenden Einfälle sozusagen vor versperrter Tür warten. Also müssen wir die Tür aufmachen und die Hemmungen beseitigen."

Leser: „Was kann ich damit anfangen? Wie soll ich in diesem Falle die Gesetze des Denkens beachten?"

Richtiges Verstehen des ersten Denkgesetzes

Verfasser: „Nun, indem Sie vor allem das erste Denkgesetz wirklich richtig begreifen. Hören Sie zu: Wenn wir sagen *‚Bewußtsein ist Schöpfung'*, so ist darunter zu verstehen, daß erst in dem Augenblick ein Gedankengang in uns schöpferisch zu wirken beginnt, wenn dieser uns wirklich vollkommen klar ist, also in seiner ganzen Tragweite wirklich bewußt ist. Was haben Sie also zu tun, um das zu erreichen?"

Leser: „Ich muß das Neue, das in mir zur Wirkung kommen soll, so von allen Seiten betrachten und mit Hilfe des Vorstellungsvermögens zu einem in allen Einzelheiten klaren Bilde formen, daß es in mir über seine Natur, seine Eigenart und seine Wirkungsweise überhaupt keinen Zweifel mehr gibt. Dadurch erst wird das Neue wirklich begriffs- und zielklar, was gleichbedeutend ist mit einer Beseelung des neuen Gedankens."

Verfasser: „Ganz ausgezeichnet! So muß es sein. Und je intensiver Sie sich mit dem Neuen befassen, um so wirksamer und mächtiger ist die Beseelung, die in besonderen Fällen so weit getrieben werden kann, daß Sie der neue Gedanke überhaupt nicht mehr losläßt. Das verstehen wir, wenn wir sagen: *‚Bewußtsein ist Schöpfung.'* Und anzuwenden ist dieses Gesetz überall, wo es sich um eine Beeinflussung irgendeines Vorganges im Seelenleben handelt, also nicht nur z. B., um unsere schöpferische Geistestätigkeit anzuregen oder zu inspirieren, sondern auch in jedem Fall, wo wir eine wirksame Beeinflussung unseres Charakters beabsichtigen. Der Erfolg tritt immer ein durch das Denkgesetz ‚Bewußtsein ist Schöpfung'.

„Suggerierte Kälte" als Beispiel

Verfasser: „Zum besseren Verständnis wollen wir an ein hypnotisches Experiment denken: Der Hypnotisierte empfindet ganz deutlich, daß er sich in einem eiskalten Raume befindet, wenn es der Suggestioneur versteht, ihm die Kälte dieses Raumes mit realistischer Deutlichkeit zu schildern. Die dadurch eintretende Beseelung der Suggestion kann so intensiv werden, daß der Hypnotisierte auch organisch so reagiert, als wäre die eingeredete Kälte eine physikalische Wirklichkeit. Die Tatsache, daß dadurch die Herztätigkeit herabgesetzt und die Haut zusammengezogen wird, zeigt, wie stark sich die suggerierte Idee im Hypnotisierten verkörpern kann. Ist Ihnen jetzt klar, was mit dem 1. Denkgesetz gemeint ist?"

Leser: „Man muß sich also stets vor Augen halten, daß alles, was erreicht werden soll in uns, sei es über die Nervenbahnen, sei es über die Funktionen des Geistes oder über bestimmte Charaktereigenschaften, in Erscheinung gerufen werden kann durch völlige Bewußtmachung des jeweiligen Zieles und natürlich auch der Auswirkung einer bestimmten Zielsetzung."

Verfasser: „Richtig! Und gerade das letztere ist entscheidend. Beispiel: Ein Kranker, der nachts nicht schlafen kann, kommt zum Arzt. Der Arzt hat sofort erfaßt, daß die Ursache der Schlaflosigkeit nur in einer negativen Zwangsschaltung zu suchen ist. Dagegen hilft keine Medizin, und wenn, dann nur auf einem Umweg. Es ist also im Grunde gleichgültig, was für ein Mittel verordnet wird, wenn nur, ja wenn nur der Kranke dazu gebracht wird, an die Wirksamkeit des Mittels zu glauben. Denn das ist das Ziel, daß der Kranke, wenn er sich zu Bett gelegt hat, das Eintreten des Schlafes mit größtmöglicher Sicherheit erwartet. Geschieht das, so ist die Hemmung beseitigt und der Schlaf ist da.
Also sagt der Arzt zum Patienten: ‚Hier haben Sie eine vortreffliche Schlafmedizin. Sie beruhigen dadurch Ihre Nerven so gut, daß Sie schon sehr bald von Ihrer Schlaflosigkeit befreit sein werden. Das Mittel nehmen Sie 1/2 Stunde vor dem Zubettgehen, und zwar jeweils 10 Tropfen auf ein Glas lauwarmes Wasser.' Gesagt, getan: Schon in kurzer Zeit ist das Übel behoben. Erst wollte das Mittel nicht gleich wirken, aber dann kam doch der Schlaf, und schließlich tritt die Schlafgewohnheit wieder in ihr altes Recht. Geheimnis der Medizin: Eine Auflösung von Traubenzucker oder eine andere Harmlosigkeit. *Bewußtsein ist Schöpfung!* Der Arzt hat es verstanden, das, was geschehen soll, mit einer solchen Selbstverständlichkeit dem Patienten vor Augen zu führen, daß kein Zweifel an der Wirkung des verordneten Mittels bestand."

Leser: „*Gedanken sind Kräfte!* Das zeigt das Beispiel von der Hypnose und auch das letzte Beispiel. Ich beginne zu erkennen, wie groß die Tragweite dieses 1. Denkgesetzes ist. Aber wie Sie schon sagten: Man muß es verstehen, das Gesetz in eine Beziehung zum Leben zu setzen. *Man muß also wissen, was man daraus machen kann.*"

Verfasser: „Ja, das ist überhaupt das ganze Geheimnis. In der Hand eines Urwaldmenschen ist der kostbarste Diamant nicht viel mehr als ein Stück schillerndes Glas, in unserer Hand dagegen das materielle Glück eines ganzen Lebens: ein prächtiges Haus mit einem schönen Garten, ein Auto, Reisen ins Ausland, oder was wir uns sonst an materiellen Glücksgütern wünschen. Aber auch nur, wenn wir es verstehen, mit dem ‚schillernden Glas' etwas Vernünftiges anzufangen."

Leser: „Also auf die Praxis kommt es an, wie Sie immer wieder sagen. Nur aus der Anwendung der Lehren des Erfolges kann sich der Erfolg ergeben. Und gerade deshalb sind für mich auch Beispiele so instruktiv."

Verfasser: „Wissen Sie eigentlich, warum? Auch hierbei erfüllt sich eine Erfolgsvoraussetzung: Das Beispiel schafft *Begriffs-* und *Zielklarheit!* Und sobald die da sind, tritt in Ihrem Erkennen die gewünschte Klarheit ein."

Leser: „So stößt in diesem Falle also das Beispiel die Tür auf, von der wir vorhin gesprochen haben, um den schöpferischen Erkenntniseinfall in unsere Geisteswerkstatt einzulassen."

Verfasser: „Und nun wird Ihnen auch klar sein, daß die Wandlung unseres Wesens tatsächlich nur möglich werden kann, wenn wir zunächst einmal die Forderungen des 1. Denkgesetzes beachten. Wissen Sie, was ich damit sagen will?"

Leser: „Daß wir keinen Fortschritt verbuchen können, wenn wir nicht zuerst die *Idee*, das *geistige Urbild* des positiven Menschen mit vollkommener Deutlichkeit in uns entwickeln."

Verfasser: „Ja, und das muß mit solcher Gründlichkeit geschehen, daß diese Idee so in der inneren Schaltzentrale zu wirken beginnt, wie es die Vorstellung tut, die in einem Hypnotisierten arbeitet."

Leser: „Würde das nicht bedeuten, daß wir uns auch durch einen fremden Einfluß verwandeln lassen könnten? Mit anderen Worten: daß wir uns durch Hypnose zu einem neuen Menschen machen lassen?"

Verfasser: „Zweifellos geht das, und doch hat die Sache einen Haken: Wir wären dann nicht eigentlich wir selbst, sondern der Hypnotiseur wäre der Leiter unserer inneren Schaltanlage. Wir würden dadurch in eine Abhängigkeit geraten, die die möglichen Vorteile wiederaufhebt. Im übrigen brauchen wir keineswegs das Beispiel der Hypnose, um zu verstehen, was hiermit gemeint ist."

Menschen unter Zwang

Leser: „Ich kann mir denken, was Sie damit sagen wollen: Es gibt Lagen genug, wo Menschen unter Zwang handeln, ohne vorher hypnotisiert worden zu sein. Das Sprichwort ‚Schlechter Umgang verdirbt den Charakter' ist bezeichnend für solche Fälle."

Verfasser: „Natürlich setzt das voraus, daß man für solche Einflüsse eine Bereitschaft mitbringt. Für labile Charaktere sind das große Gefahrenklippen."

Leser: „Das sind solche Menschen, die wenig Willenskraft haben?"

Verfasser: „Damit geben Sie ein Stichwort. Aber Labilität ist noch mehr: Labile Menschen sind unsichere, schwankende Naturen, deren charakterliche Struktur kein Rückgrat aufweist und die dazu nur ein geringes Selbstbewußtsein haben."

Leser: „Selbstbewußtsein, das ist das Bewußtsein vom eigenen Ich, vom eigenen Selbst?"

Verfasser: „Erkenntnisphilosophisch gesehen, ja, aber in diesem Falle vor allem nach der Seite des Willens hin. Das Bewußtsein vom eigenen Werte, daß man von sich selber etwas hält, von seiner eigenen Person überzeugt und durchdrungen ist, und natürlich im positiven Sinne, nicht etwa im negativen. Selbstbewußte Menschen wissen, daß sie sich auf sich verlassen können. Sie haben darum auch keine Minderwertigkeitskomplexe, die das Auftreten, Verhalten und Handeln hemmen können. Es sind sogenannte fertige Menschen, wenn auch nur im Rahmen einer bestimmten Entwicklungsstufe, wobei aber immer auch entscheidend ist, aus welcher letzten Quelle das Selbstbewußtsein seine Nahrung bezieht, und danach richtet sich auch der persönliche Wert solcher Menschen. Man kann in Gott wurzeln, aber auch ganz und gar in der Materie. Selbstbewußte Menschen der letzteren Art kennen meist keine Rücksichten, wenn es um die Durchsetzung der eigenen Absichten geht.

Selbstbewußtsein des Diesseitsmenschen

Der Begriff „Selbstbewußtsein" schließt also keineswegs das ganze Wesen ein, wenn er nur in Richtung auf den Diesseitsmenschen angewendet wird. Und außerdem ist nicht gesagt, daß das Bewußtsein von der eigenen Kraft auch wirklich erkenntnismäßig vor dem eigenen Auge steht. Sehr oft äußert es sich nur über das Gefühl. Die Betreffenden sind dann charakterstark und überlegen, ohne eigentlich zu wissen, warum. Sie sind es einfach, ebenso wie der labile Mensch schwach und beeinflußbar ist, auch ohne zu wissen, wo der Grund dafür liegt. Höchstens wundern sie sich hinterher,

(Fortsetzung auf S. 356)

Gesetze des Denkens

16 Kernsätze zur Erschließung der großen Möglichkeiten des schöpferischen Neudenkens nach der Methode des M-Schlüssels

(Unbedingt auswendig lernen!)

1. Kernsatz: Bewußtsein ist Schöpfung

2. Kernsatz: Anfang und Ursache jeder Erscheinung und Wirkung ist die Idee, als Urbild und Seele der Erscheinungen und Wirkungen

3. Kernsatz: Dasein erlangt die Idee in der „Werkstatt der Seele" durch unsere eigene Schöpferkraft oder durch äußeren Einfluß

4. Kernsatz: Die „Werkstatt der Seele" ist das Unterbewußtsein. Dort verdichtet sich die Idee von der einfachen Vorstellung bis zum ausgereiften starken Gedanken, der dadurch zum Wesen mit zielgerichtetem eigenem Willen wird

5. Kernsatz: Gedanken, die unser Gefühl beherrschen, lenken und leiten uns, lassen uns siegen oder untergehen

6. Kernsatz: Aufmerksamkeit ist das Mittel zur Beseelung der Gedanken

7. Kernsatz: Konzentration sammelt und lenkt die Aufmerksamkeit auf bewußtem und unbewußtem Wege

8. Kernsatz: Wünsche, Interessen, Neigungen, Ängste, Gewohnheiten, Triebe und Leidenschaften lenken unbewußt die Aufmerksamkeit (Unbewußte Konzentration)

9. Kernsatz: Bewußte Konzentration ist Sache von Interesse, Willensfreiheit, Übung und Nervenleistung

10. Kernsatz: Willensfreiheit ist Kraftfreiheit, Willensschwäche ist Krafthemmung (Wille gesehen als Funktion)

11. Kernsatz: Im Kampf mit dem Gefühl siegt der Wille durch Kraftwirkung und Anstrengung in den Nerven, daher schwacher Wille bei geringer Nervenkraft

12. Kernsatz: Kampf gegen die Nerven ist Kampf gegen Wirkungen, daher falscher Krafteinsatz

13. Kernsatz: Nicht in der Ablehnung, sondern in der Bejahung liegt das Geheimnis größter geistiger Machtentfaltung

14. Kernsatz: Fortdauernde Behauptung einer Möglichkeit wird zum Glauben und aktiviert dadurch die Kräfte zur Verwirklichung der Behauptung

15. Kernsatz: Alle Antriebe in uns existieren aus der Beachtung (durch Gegenwirkung) und hören auf zu sein durch Nichtbeachtung (Aufhebung der Gegenwirkung)

16. Kernsatz: Wiederholung, bewußt oder unbewußt, verstärkt die Antriebe bis zum Automatismus der Vorgänge, begünstigt und bewirkt also Zwangsabläufe körperlicher, geistiger und seelischer Art, und zwar ebensowohl in negativer, wie in positiver Hinsicht (Gesetz der Gewohnheit) warum sie so schlapp und beeinflußbar sind. Wer im Rahmen eines bestimmten Entwicklungsstandes ein großes Selbstbewußtsein hat, versagt häufig, sobald er mit Menschen in Berührung kommt, deren Selbstbewußtsein aus einem höheren Reifegrad fließt. Dadurch erleben wir das Schauspiel, daß vordem mächtige Persönlichkeiten plötzlich klein und nichtssagend werden. Strömt die Kraft aus rein materieller Verankerung, so kommt es zum Kampf, der oft bis zur Selbstvernichtung geht."

Leser: „Das alles würde besagen, daß man einerseits sich nicht überschätzen, andererseits sich aber auch nicht unterschätzen darf und daß man die Grenzen der eigenen Möglichkeiten richtig einschätzt."

Verfasser: „Und darüber hinaus, daß man dauernd an sich arbeitet und formt wie ein Künstler an seinem Werk, um die anhaftenden Schwächen und Unvollkommenheiten immer mehr auszuschalten. Und gerade dazu gehört auch das Verstehen der seelischen Abläufe und Prozesse im eigenen Innern."

Leser: „Ich erkenne immer mehr, wie entscheidend wichtig es doch ist, sich auch mit Philosophie zu befassen, und warum der Mental-Positivismus die Meisterung des Lebens ganz und gar aus religiös-philosophischer Schau heraus betreibt."

Verfasser: „Freiheit ist das erstrebenswerte Ziel. Immer größeres Loslösen von jedem Zwang durch den Mechanismus der Natur, Befreiung vom kurzsichtigen Willen des Triebhaften in uns, eine Hinwendung zu immer größerer Vermenschlichung, wobei der Körper nur noch die Rolle einer gehorsamen Apparatur zu spielen hat. Handeln zu lernen in völliger geistiger Klarheit als der oberste Leiter eines Betriebes, der darin ganz genau Bescheid weiß und ein absoluter Fachmann auf seinem Gebiete ist. Es ist das Ziel, das der ganzen Menschheit von Gott gesetzt ist, ungeachtet, daß der Weg bis zum Erreichen des letzten Gipfels ein unabsehbar weiter und langer ist. Aber darauf kommt es nicht an, vielmehr darauf, daß wir uns heute schon in der Richtung auf dieses Ziel bewegen und jeder Lebenstag, den wir verbringen, als ein *Teilerfolg* dazu gebucht werden kann.
Doch zurück zum Ausgangspunkt: Wir gingen davon aus, daß Bewußtsein S c h ö p f u n g ist. Können Sie das in eine Beziehung setzen zur Steigerung der Willenskraft?"

Leser: „Unser Wille ist stark, wenn wir *wissen,* daß wir einen starken Willen haben. Aber dieses Wissen muß *Überzeugung* sein."

Verfasser: „Ganz richtig. Und wodurch entsteht diese Überzeugung?"

Leser: „Nachdem wir uns im klaren darüber sind, welche Gesetzmäßigkeiten das Bewußtsein der Willensfreiheit entwickeln, müssen wir uns in der Praxis danach verhalten."

Verfasser: „Nun, und wie macht man das?"

Leser: „Ich glaube, hier rede ich mich fest. Immer ist noch etwas in mir, was ich nicht verstehe. Gefühlsmäßig möchte ich sagen, daß alles damit im Zusammenhang steht, was den M-Schlüssel betrifft."

Das geistige Band zum Verstehen der Denkgesetze

Verfasser: „Ich weiß, was Sie sagen wollen: Es fehlt Ihnen noch das geistige Band, sozusagen der Schlüssel, durch den Sie die Zusammenwirkung der Denkgesetze verstehen, die den M-Schlüssel zur Anwendung bringen lassen. Hören Sie hierzu zunächst noch einmal den Wortlaut des M-Schlüssels:

„Mental-Positivismus ist die Lehre der Herrschaft über alles Negative durch die Macht der Überzeugung, die als Resultat der Beachtung der Gesetze des Denkens entsteht und somit das Ergebnis der Macht der Erkenntnis ist."

So, und nun gleich zu den 16 Kernsätzen bzw. Gesetzen des Denkens: Warum ist das 1. Denkgesetz

„Bewußtsein ist Schöpfung"

das wichtigste von allen?"

Leser: „Weil das A und O jedes schöpferischen Denkprozesses das Bewußtsein ist."

Verfasser: „Aus diesem Grunde müssen wir das 1. Denkgesetz auch dauernd vor Augen haben, und das will heißen, daß wir bei allem, was wir tun und vorhaben, uns stets fragen müssen, ob die Voraussetzungen zur richtigen Bewußtwerdung eines angestrebten Zieles auch wirklich erfüllt sind. Ist das vollkommen klar?"

Leser: „Das weiß ich nun ganz genau."

Verfasser: „Schön. Und nun zum 2. Denkgesetz:

„Anfang und Ursache jeder Erscheinung und Wirkung ist die Idee, als Urbild und Seele der Erscheinungen und Wirkungen."

Haben Sie dazu eine Frage?"

Leser: „Eigentlich keine, denn der Wortlaut sagt ja ganz deutlich, was dieser 2. Kernsatz will, nämlich das: Wenn etwas durch uns werden soll, beginnt alles zunächst in der Idee."

Verfasser: „Gut, gleich nun der 3. Kernsatz:

„Dasein erlangt die Idee in der ‚Werkstatt der Seele' durch unsere eigene Schöpferkraft oder durch äußeren Einfluß."

Was haben Sie hierzu zu sagen?"

Leser: „Daß es darauf ankommt, daß eine neue Idee wirklich in unserem Innern zum Leben erwacht, daß sie eindringt in die Tiefe unseres Wesens und sich einarbeitet in den dort vorhandenen Mutterboden, der ihr Wachstum bewirkt."

Verfasser: „Und welche Konsequenzen ergeben sich daraus z. B. für die Praxis der Selbsterziehung oder die Erziehung von Kindern?"

Leser: „Daß wir ganz genau darauf achten müssen, daß das Innere auch wirklich Feuer fängt, daß die Aufmerksamkeit davon gefangen wird, daß die neue Idee packt und wirklich wahrgenommen wird. Man darf also nicht gleichgültig bleiben."

Die Zusammenwirkung der Denkgesetze

Verfasser: „Sie sehen schon hieran, daß das gar nicht möglich ist, ohne gleichzeitige Beachtung und Mitwirkung des 1. Denkgesetzes, denn nur B e w u ß t s e i n bewirkt ja Schöpfung. Doch zunächst weiter zum 4. Kernsatz unserer Denkgesetze:

„Die Werkstatt der Seele ist das Unterbewußtsein. Dort verdichtet sich die Idee von der einfachen Vorstellung bis zum ausgereiften, starken Gedanken, der dadurch zum Wesen mit zielgerichtetem eigenem Willen wird."

Ist Ihnen klar, warum dieser Wortlaut so wichtig ist, daß er als selbständiger Kernsatz herausgestellt wurde?"

Leser: „Bestimmt deshalb, damit immer vor Augen steht, auf welchem Wege Einflüsse bzw. Ideen in das Unterbewußtsein, also in die Werkstatt der Seele, hineingelangen."

Verfasser: „Richtig! Es kommt zunächst darauf an, daß über die *sinnliche* Wahrnehmung ein mehr oder weniger starker Eindruck in uns selber oder einem anderen erzeugt wird, der im Unterbewußtsein eine Vorstellung wachruft und die dann in einer ganz bestimmten Zielrichtung zu wirken beginnt. Entscheidend ist, daß der Eindruck wie ein Samenkorn in die Tiefe unseres Wesens dringt und gemäß dem 1. Denkgesetz geeignet ist, etwas im Innern bewußt werden zu lassen, was vordem nicht bewußt war, doch aber innere Reaktionen nach sich zieht, sobald die Bewußtwerdung erst einmal eingetreten ist. Verstehen Sie, was ich damit sagen will?"

Leser: „Das will sagen, daß der in das Unterbewußtsein hineingesenkte Eindruck eine Bedeutung haben muß für irgendeine Seite unseres Wesens, die sich innerlich im Schwingen befindet und wodurch wir veranlaßt werden, über etwas nachzudenken oder wodurch ganz bestimmte Empfindungen, Erwartungen oder Ängste in uns ausgelöst werden."

Verfasser: „Hierzu gleich ein Beispiel: Ich sagte, eine sinnliche Wahrnehmung muß sich in die Tiefe unseres Wesens senken, womit aber nicht gemeint ist, daß uns dieser Eindruck sofort klar zum Bewußtsein kommen muß. Dennoch wird er aber vom Unterbewußtsein aufgenommen, wie z. B. der eigentümliche Händedruck eines Menschen, dem wir zum erstenmal die Hand geben. Sofort kann dadurch Sympathie oder Antipathie bewirkt werden. Antipathie z. B., wenn uns der Betreffende kaum seine Fingerspitzen zum Gruße reicht und keinerlei Gegenwärme spürbar ist. Sind wir sensibel veranlagt, so kann es passieren, daß durch einen solchen unangenehmen Eindruck sogar unser Traumleben beeinflußt wird. Für die Praxis ergibt sich daraus, daß wir z. B. gut darauf zu achten haben, wie der Klang unserer Stimme und der Unterton unserer Rede sind: ‚C'est le ton qui fait la musique', ‚Der Ton ist's, der die Musik macht!' — So, und nun zum 5. Denkgesetz:

„Gedanken, die unser Gefühl beherrschen, lenken und leiten uns, lassen uns siegen oder untergehen."

Erkennen Sie bereits das geistige Band, das diese bisher besprochenen 5 Denkgesetze miteinander verbindet? Mit diesem 5. Denkgesetz wird gesagt, daß sich ein neuer Gedanke in uns selber oder in einem anderen ganz gewiß und ganz bestimmt durchsetzt, wenn es gelingt, das G e f ü h l davon durchdringen zu lassen. Das muß also das Ziel sein, wenn wir Erfolg haben wollen, und so lange müssen wir unsere Bemühungen fortsetzen, bis dieser Punkt erreicht ist; der Arzt z. B., bis der Kranke fühlt, daß er gesund wird, und wir bei uns selber, bis wir z. B. fühlen, daß uns eine Hemmung, eine Charakterschwäche oder sonst ein seelischer Widerstand nichts mehr anhaben können."

Leser: „Für die Kindererziehung würde das z. B. bedeuten, daß wir erst dann von einem erzieherischen Erfolg sprechen können, wenn es uns gelungen ist, das jeweilige *Gefühl,* z. B. für Ordnung, Fleiß und Gehorsam, im Kinde wachzurufen, und das Geschick unserer pädagogischen Maßnahmen besteht darin, auf dem Wege über die Beachtung aller Denkgesetze diesen Erfolg zu erringen."

Verfasser: „Jawohl, und wichtig ist dazu, daß wir dabei keineswegs von der Vernunft des Kindes ausgehen dürfen, sondern von seiner unbewußten Reaktion auf die von außen auf das Kind einwirkende Beeinflussung, was zudem in vielen Fällen nicht nur für Kinder gilt, sondern auch für eine Unzahl von Erwachsenen. Das beste Beispiel hierfür bietet das Kleinkind, bei dem man ja in keiner Weise an Einsicht appelieren kann. Das schließt natürlich nicht aus, daß man auch über die Vernunft beeinflussende und charakterformende Gedankenkräfte wachrufen kann und muß, immer jedoch nur dort, wo sie in den Bezirken schon aktiv ist, auf die es ankommt. — So, nun weiter zum 6. Denkgesetz:

„Aufmerksamkeit ist das Mittel zur Beseelung der Gedanken."

Jetzt zeigen sich uns die t e c h n i s c h e n Mittel zur Beseelung des Denkens, wie Sie sehen und wie es schon dieses Denkgesetz beweist. Dazu müssen Sie natürlich wissen, was wir unter Aufmerksamkeit zu verstehen haben. Ist Ihnen das klar?"

Bewußte und unbewußte Sammlung der Aufmerksamkeit

Leser: „Ich denke daran, daß die Aufmerksamkeit einer Lichtquelle vergleichbar ist, die die Dinge beleuchtet und dadurch sichtbar macht."

Verfasser: „Richtig! Diese Lichtquelle muß also da sein, sonst ist es unmöglich, irgendein geistiges Bild oder einen Gedanken erkennbar oder im Sinne des 1. Denkgesetzes b e w u ß t zu machen; und je kräftiger und stärker die Lichtquelle ist, um so lebendiger und plastischer leuchtet dann auch der anvisierte Gedanke auf. Wie wir das erreichen, zeigen uns das 7., 8. und 9. Denkgesetz. Zunächst das 7. Denkgesetz:

„Konzentration sammelt und lenkt die Aufmerksamkeit auf bewußtem und unbewußtem Wege."

Die Betonung liegt hier auf den beiden Wörtern ‚bewußt' und ‚unbewußt'. Weshalb wohl?"

Leser: „Es kommt ganz auf den Fall an und auf das Ziel, das wir erreichen wollen. Wir haben zu überlegen, wieweit in einem Falle die Voraussetzungen zur b e w u ß t e n Konzentration erfüllt sind. Wir selber können uns wohl zu bewußter Konzentration zwingen, insbesondere wenn wir die Technik der bewußten Konzentration beherrschen. Ob wir aber einen anderen dazu bringen können, ist fraglich, denn dazu gehört die Bereitschaft des anderen, der gute Wille also."

Verfasser: „Ja, und nicht zu vergessen auch ein entsprechendes Maß an *Unabhängigkeit* von den inneren Zwangsabläufen. Bewußte Konzentration ist nicht zuletzt eine Sache der *Übung:* Wer darin keine Übung hat, bei dem reicht nur selten und in Ausnahmefällen die Kraft aus, um längere Zeit hindurch in einer ganz bestimmten geistigen Zielrichtung zu denken. Man ist nicht Herr in sich selber und kann darum auch nicht willkürlich über seine Sinnestätigkeit und das Schaltwerk des Denkens verfügen. Jedoch das 8. Denkgesetz zeigt, was man beachten muß, um unter solchen Umständen dennoch Konzentration zu bewirken:

„Wünsche, Interessen, Neigungen, Ängste, Gewohnheiten, Triebe und Leidenschaften lenken unbewußt die Aufmerksamkeit."

Damit haben wir alle Möglichkeiten in der Hand, die wir ausnutzen können, um einen Gedanken zu beseelen, den wir durch bewußte Konzentration niemals so verstärken könnten, daß er schöpferisch zu wirken beginnt. Dieses Denkgesetz ist von so unerhörter Wichtigkeit, daß wir mindestens 14 Tage lang nachdenken müßten, um seine Anwendungsmöglichkeiten für den persönlichen Erfolg voll zu erschöpfen. Wohlverstanden, das aber immer im Zusammenhang mit den vorangehenden Gesetzen des Denkens.

8. Denkgesetz: Mächtiger Hebel des Erfolges

Vergegenwärtigen wir uns ganz kurz die Situation: Was uns oder einen anderen ein Ziel erreichen läßt, wird bewirkt durch eine Idee, für die wir durch starke Beseelung das Innere zum Ansprechen bringen müssen, die sozusagen zu einer Hebel-Idee in uns wird und gerade dadurch sich realisiert. Eine starke Beseelung ist jedoch nur möglich durch Sammlung einer größtmöglichen Fülle von Aufmerksamkeit auf diese Idee. So stark muß die Beseelung sein, daß sie schließlich das *Gefühl* beherrscht. Die Frage ist also: Wie bringen wir es fertig, daß die erforderliche Sammlung der Aufmerksamkeit möglich wird? Und das geschieht durch Beachtung des 8. Denkgesetzes. Erfassen Sie die Tragweite dieser Erfolgslehre?"

Leser: „Jetzt, nachdem mir die vorangehenden Denkgesetze schon so klargeworden sind, spüre ich hier einen mächtigen Hebel des Erfolges, und zwar für das Erreichen vieler meiner Zielsetzungen, nicht nur zur Wandlung meines eigenen Wesens, sondern auch in beruflicher, geschäftlicher, gesellschaftlicher und familiärer Hinsicht."

Verfasser: „Nennen Sie mir einen Punkt, der Ihre eigene Entwicklung zur Persönlichkeit betrifft."

Leser: „Das ist leicht gesagt: Ich würde mich z. B. überhaupt nicht so mit dem Mental-Positivismus beschäftigt haben, wie ich es bisher getan habe, wenn dabei nicht meine ganz persönlichen Wünsche und Lebensinteressen angesprochen würden. Denn dadurch machte es mir Freude, die erforderliche Kleinarbeit z. B. beim Aufbau der ‚Kartei des Wissens' zu leisten, und die Arbeit fiel mir immer leichter, je mehr ich erlebte, wie mir die Zusammenhänge immer klarer wurden. Anfänglich mußte ich mich zwingen, eine halbe Stunde lang bei der Sache zu bleiben. Jetzt könnte ich Stunden damit zubringen, um immer sauberer und immer besser die verschiedenen Details herauszuarbeiten."

Verfasser: „Das ist zweifellos ein Erfolg unbewußter Konzentration. Aber wir können das noch viel verständlicher machen, was dieser wichtigen Lehre ihre Tragweite gibt. Wir gehen z. B. ins Kino und halten uns zwei Stunden lang in einem dunklen Raume auf, wo wir in schlechter Luft die ganze Zeit über ruhig auf einem Stuhle sitzen müssen. Das ist eine bedeutende Leistung, denn die Nerven, die die verschiedensten unangenehmen Körperempfindungen vermitteln, haben während dieser ganzen Zeit nichts zu melden. Sie finden einfach kein Gehör, weil wir keinerlei Aufmerksamkeit für sie zur Verfügung haben, und allein deshalb, weil wir gebannt sind durch das Erleben auf der Leinwand. Ohne Konzentration könnte dieser Vorgang nur mit großer Schwierigkeit ertragen werden. Das Geheimnis ist die unbewußte Konzentration, die über das innere Erleben eintritt. Was aber im Kino möglich ist, das ist z. B. auch bei der Arbeit möglich, und darf dann auch nicht schwerer fallen, vorausgesetzt, daß auch dabei unsere Wünsche, Interessen und Neigungen berührt werden."

Leser: „Mit dauernden Ermahnungen kann man ein bislang unerzogenes Kind schwer dazu bewegen, eine Zeitlang still zu sein, mit Leichtigkeit dagegen, wenn man ihm das rechte Spielzeug gibt."

Verfasser: „Im Vordergrund steht, daß man *gefesselt* sein muß. Man k a n n dann nichts anderes denken als das, was mit der ‚Fesselung' zusammenhängt. Die Aufmerksamkeit ist konzentriert, ohne daß man es zu w o l l e n braucht, und weil man nicht wollen, richtiger, nicht gegen Ablenkungen k ä m p f e n muß, darum strengt unbewußte Konzentration auch nicht an."

Leser: „Mir ist jetzt völlig klar, warum gerade das 8. Denkgesetz ein unerhört wichtiges Mittel zu jeder Fremdbeeinflussung ist. Dabei werden mir auch gleich alle Gefahren bewußt, die sich aus dem Mißbrauch dieses Gesetzes ergeben."

Verfasser: „Sie berühren damit einen Punkt, in dem man gar nicht klar genug sehen kann. Tatsächlich gründet sich hierauf die Macht der Beeinflussung, soweit jedenfalls, wie es die ‚geistige Verführung' angeht, wie ich es nennen möchte, und zwar in gutem wie in bösem Sinne; im besonderen, soweit es sich darum handelt, eine Beeinflussung über die sinnliche Wahrnehmung zu erreichen, wobei dann noch zwischen bewußter und unbewußter Beeinflussung zu unterscheiden ist. Die genaue Kenntnis der Auswertungsmöglichkeiten dieses entscheidenden Denkgesetzes gibt Macht in allen Dingen des persönlichen Erfolges, wo es darauf ankommt, durch Rede, Schrift, Auftreten, Gesten, Gebärden und Handlungen Vertrauen, Zuneigung und Bereitschaft zu erlangen. Im negativen Sinne: die Sinne zu umnebeln, das Urteilsvermögen herabzusetzen oder den Widerstandswillen zu schwächen."

Leser: „Erneut steht mir jetzt vor Augen, weshalb der Mental-Positivismus stets das Heil der eigenen Seele in den Vordergrund stellt und weshalb er die Bemeisterung des Daseins nur vom Standpunkt einer Zielsetzung sieht, die jederzeit vor Gott verantwortet werden kann. Denn wäre es nicht so, würde durch einen Mißbrauch der Gesetzmäßigkeiten des Seelenlebens mehr Schaden als Nutzen entstehen."

Verfasser: „Und nicht nur für die Mitmenschen und die Allgemeinheit, sondern auch für den Betreffenden selbst, der sich unterfängt, einen negativen Gebrauch zu machen."

Leser: „Andererseits bringt die Kenntnis dieser Geheimnisse aber auch noch einen ganz besonderen Vorteil mit sich, der darin besteht, daß der Einfluß negativ handelnder Personen gebrochen wird, sobald man weiß, wie dieser Einfluß zustande kommt. Durch Kenntnis der Zusammenhänge kann man sich selber und andere vor diesem Einfluß schützen."

Die Illusion des „als ob"

Verfasser: „Richtig, und gerade das ergibt auch wieder Selbstvertrauen und Lebenssicherheit. Man lernt, sich nicht mehr vor dem Vergänglichen und in uns suggestiv hervorgerufenen Scheinwerten zu beugen. Die Wertbeurteilung wird zurückgeführt auf die tatsächlich vorhandenen Werte der Persönlichkeit: Ein König in Unterhosen macht dem gehorsamen Untertanen viel weniger die Knie schlottern, als derselbe König im Marschallsrock, wie ja überhaupt von den Kleidern ein mächtiger Einfluß ausgeht. Ein gut Teil allen Entgegenkommens und aller Hochachtung und Wertschätzung verdankt rein äußerlichen Dingen seine Ursache. Damit wird die Illusion des ‚als ob' erzeugt, die der Meinungs- und Komplexbildung weiten Spielraum läßt und Machtfaktoren erzeugt, die in Wirklichkeit gar nicht vorhanden sind. Das alles aber nur, weil über die Wünsche, Interessen, Neigungen, Ängste, Gewohnheiten, Triebe und Leidenschaften durch die unbewußte Konzentration eine Beeinflussung der Denkvorgänge möglich ist."

Leser: „Und wie kommt man dazu, um die positiven Möglichkeiten des 8. Denkgesetzes möglichst vollkommen für die Lebensbemeisterung auszuwerten?"

Verfasser: „Damit haben wir das Gesamtgebiet unserer Erfolgs-Systematik und Lebenskunst vor uns, einschließlich aller Ratschläge für den persönlichen Erfolg, wie sie von den Denkern und Dichtern aller Zeiten vermittelt wurden. Wenn Goethe in seinen Lebensweisungen z. B. sagt: ‚Mann, mit zugeknöpften Taschen tut dir niemand was zulieb; Hand wird nur von Hand gewaschen, wenn du nehmen willst, so gib!', so ist sofort der Zusammenhang mit dem 8. Denkgesetz erkennbar, ebenso wie bei seiner Anweisung zu kluger Menschenbehandlung: ‚Wenn wir die Menschen behandeln, wie sie sind, so machen wir sie schlechter. Wenn wir sie dagegen behandeln, als wären sie bereits das, was sie sein sollen, so bringen wir sie dahin, wohin sie zu bringen sind.'

Hören Sie hierzu noch ein paar Lehren aus dem Erfolgs-System, die Sie schon kennengelernt haben. Achten Sie dabei auf den Wortlaut des 8. Denkgesetzes und vergleichen Sie im Geiste. Es fällt nicht schwer, die Beziehungen zu finden:

‚Jedermann, der zu Ihnen in Beziehungen tritt, muß das Gefühl haben, daß er durch Sie Vorteile hat und durch die Verbindung mit Ihnen gewinnt.'

‚Wenn es dir schlecht geht, ziehe deinen besten Rock an und setze den Zylinder auf.'

‚Ihr äußerer Mensch schafft den Kontakt. Wer persönlichen Einfluß erlangen will, muß mit den Eigenarten der Menschen rechnen, sonst erreicht er nichts! Besonders die Zuneigung verlangt eine kluge Beobachtung: Alles, was auf die Umgebung einen unangenehmen Eindruck macht, was sie in ihrem Gefühls- und Empfindungsleben irgendwie unsympathisch berührt und ihr unliebsame Vorstellungen ins Bewußtsein ruft, muß vermieden werden.'

‚Unsere Mitmenschen sind keine Gedankenleser, und wenn wir so erkannt werden wollen, wie wir es wünschen, so liegt es an uns, uns so zu verhalten, damit das unserer Umwelt auch möglich wird.'

Im Erfolgs-System finden Sie Dutzende von Erfolgslehren, die zum 8. Denkgesetz in Beziehung stehen. Haben Sie das Grundsätzliche erfaßt?"

Leser: „Ja, völlig klar, immer muß man davon ausgehen, daß die eigenen Wünsche und Interessen im Menschen vorherrschend sind und das Denken bestimmen, und wenn man dem entspricht, daß man dann selber Interesse findet. Das aber bewirkt dann eine u n b e w u ß t e Konzentration auf das, was wir erreichen wollen."

Verfasser: „Richtig, und auch wir selber kommen leicht zur Sammlung der Aufmerksamkeit, wenn unseren Wünschen und Interessen damit gedient wird. Mit diesen Ausführungen ist das 8. Denkgesetz natürlich noch längst nicht erschöpft. Besondere Wirkungen ergeben sich z. B. in seiner Zusammenwirkung mit dem 13., 14., 15. und 16. Denkgesetz. Doch zunächst weiter zum 9. Denkgesetz:

„Bewußte Konzentration ist Sache von Interesse, Willensfreiheit, Übung und Nervenleistung."

Mit diesem Denkgesetz schalten wir um auf einen neuen Sektor der Erfolgstechnik. Wissen Sie, was ich meine?"

Leser: „Den Erkenntnis- und Bewußtseinszustand der positiven Persönlichkeit, ihre Fähigkeit zu b e w u ß t e r Lebensführung, ihre Geistesgegenwärtigkeit in allen entscheidenden Fragen, ihren W a c h z u s t a n d , wenn es darauf ankommt, bestimmte Erfolgsziele zu erreichen."

Verfasser: „Gut erfaßt! Aber man muß ja auf diese Gedanken kommen, wenn man dieses Denkgesetz auf sich wirken läßt. Ganz klar ist darin von W i l l e n s f r e i - h e i t die Rede, und das besagt ja schon alles. Eine Frage dazu: W a n n ist bewußte Konzentration erforderlich?"

Leser: „Immer dann, wenn wir ganz aus eigenem Willen an eine Aufgabe herangehen, für die wir den b e w u ß t e n Einsatz unserer geistigen und auch körperlichen Kräfte notwendig haben."

Verfasser: „Richtig! Muß man nun während der ganzen Zeit einer solchen Sammlung im Zustande der bewußten Konzentration verharren?"

Leser: „Keineswegs, das gilt zumeist nur für den Beginn, und zwar solange, bis sich daraus ein Zustand u n b e w u ß t e r Konzentration ergibt."

Gewohnheit und Übung bei bewußter Konzentration

Verfasser: „Wieso ist aber bewußte Konzentration auch eine Sache von Interesse, Übung und Nervenleistung?"

Leser: „Nervenleistung deshalb, weil eine erhebliche Menge an Nervenkraft aufgewendet werden muß zur Niederhaltung ablenkender Einflüsse. Wir arbeiten sozusagen unter Belastung. Körperlich gesehen, als wenn wir uns beim Gehen mit Gewichten behängen. Je schwerer diese Gewichte sind, um so schwieriger ist das Laufen."

Verfasser: „Das Beispiel ist treffend! Tatsächlich ist es so, und damit wird auch veranschaulicht, wieviel größer der Kraftverbrauch bei bewußter Konzentration ist als bei unbewußter. Was bei Ihrem Beispiel dann bedeuten würde, daß man sich von den Gewichten befreit. Aber wie steht es nun mit der ‚Übung' bei bewußter Konzentration?"

Leser: „Der Mensch kann sich an vieles gewöhnen, auch wenn es anfänglich unerträglich scheint. Das gilt auch für die bewußte Konzentration. Der Lärm in einer Fabrik macht es zuerst beinahe unmöglich, einen bestimmten Gedankengang konzentriert zu verfolgen, vor allem dann, wenn man vorher in einer ruhigen Umgebung gearbeitet hat und die Nervenkraft nicht groß ist. Da die Notwendigkeit dazu zwingt, daß man sich trotzdem konzentrieren muß, so gewöhnt man sich an den Krach, und schließlich hört man ihn überhaupt nicht mehr. Das kommt einer Erziehung der Nerven gleich, die dann nichts mehr zu sagen haben. Die Reize laufen sich tot, werden als Störung nicht mehr registriert."

Verfasser: „Auch dieses Beispiel ist gut! Und nun das Interesse?"

Leser: „Wenn man sich für eine Sache interessiert, dann schwingt das G e f ü h l mit, d. h. der Gegenstand, auf den wir unsere Aufmerksamkeit richten, ist uns aus irgendeinem Grunde sympathisch. Und weil wir uns gern mit ihm beschäftigen, ist schon gleich eine wichtige Voraussetzung zur Konzentration erfüllt. Und dabei ist nicht nur die Sache an sich wichtig, sondern auch das sogenannte Drum und Dran."

Die „Seele" muß mitmachen

Verfasser: „Ausgezeichnet! Besonders was Sie über das Drum und Dran sagen, ist von eminenter Bedeutung. Oft sind das nur Kleinigkeiten, z. B. das Papier zum Schreiben. Es kann sein, daß wir besser arbeiten können, wenn wir rauheres Papier zur Verfügung haben. Aber auch alle übrigen Umstände können wichtig sein, z. B. der Arbeitsplatz, und nicht zu vergessen, das Wesen der Menschen, mit denen wir in unserer Arbeit verbunden sind. Denken Sie an Ihre Schulzeit zurück: Gab es nicht Lehrer, bei denen es Ihnen Freude machte, sich anzustrengen, während bei anderen Ihr Innerstes rebellierte? Die Seele muß interessiert sein, und natürlich auch am Gegenstand der Konzentration."

Leser: „Im Sinne der Gesetzmäßigkeiten des Erfolges würde das bedeuten, daß man stets einen Weg finden muß, um die volle innere Anteilnahme zu erreichen. Und das gilt nicht nur für uns selbst, sondern auch für jeden, den wir im Interesse unseres oder seines eigenen Erfolges zu bewußter Konzentration bringen wollen, z. B. für unsere Mitarbeiter, aber auch für unsere Kinder und unsere Familienangehörigen."

Verfasser: „Was für Ablenkungen über unsere Sinnesbahnen gilt, Geräusche, Gerüche, dazu auch Schmerzempfindungen usw., gilt natürlich auch für alle Ablenkungen, die aus einem neben der Konzentration herlaufenden zweiten Gedankengang kommen, insbesondere, wenn sich dieser aus einer Sorge oder irgendwelchen Ängsten ergibt."

Leser: „Das würde bedeuten, daß man sich innerlich erst zurechtfinden muß, bevor man an eine Aufgabe herangeht, die bewußte Konzentration erfordert."

Verfasser: „Ganz recht, und zwar in allen praktischen Fragen ebenso wie in Dingen des Gemütes. Die Sorge, die sich z. B. eine Mutter macht, weil sie ihr Kind in Gefahr weiß, läßt sie nur mit größter Mühe zur Sammlung kommen. Da hilft nur eine Klärung, die Zuversicht und Vertrauen erzeugt. Es muß aber nicht unbedingt eine große Sorge sein, die die Nervenkraft auffrißt, z. B., daß man eine Arbeit nicht schaffen kann, die zu einem bestimmten Zeitpunkt fertig sein muß und obwohl man genügend Zeit zur Verfügung hat. Der Gedankengang geht dann immer wieder zwangsläufig zu der Überlegung: hoffentlich schaffe ich es, wenn ich bloß fertig werde usw. Man kann sich dann nur helfen, wenn man sich sagt, daß die Welt trotzdem nicht untergeht, wenn man es tatsächlich nicht schafft. Und daß sich schon ein Ausweg finden wird, um mit der dann gegebenen Sachlage fertig zu werden. Im übrigen ist hierzu unsere ganze Erfolgs- und Lebenstechnik wichtig. Unter Umständen muß der ganze innere Apparat erst umgeschaltet werden, bevor es zu wirklich vollkommener Konzentration kommt, besonders dann, wenn die Störungen aus Zwangsabläufen herrühren.

Die Übung als Erfolgsfaktor

Die Übung als Erfolgsfaktor bei der bewußten Konzentration hat natürlich noch ihre besondere Bedeutung. Wir müssen dabei an die sieben Stufen denken, die zur Meisterschaft in der Konzentration führen. Denn die bewußte Sammlung der Aufmerksamkeit zur Beseelung einer Idee kann ja so weit gehen, daß wir Leistungen hervorbringen, wie wir sie z. B. in den Meisterleistungen der Autosuggestion vor uns haben und wozu auch die Phänomene der Willens- und Gedankenübertragung gehören. Genau das gleiche, was ein guter Suggesteur z. B. bei der Geburtshilfe erreichen kann, völlige Schmerzfreiheit, ist auch durch bewußte Konzentration über die Autosuggestion möglich.

Drittes Gespräch:

„Elefanten" im Porzellanladen — Der Wille am falschen Hebelarm — Wesen Mensch und der „Ich will"-Gedanke — Die Macht der Bejahung — Das 13. Denkgesetz in der Kindererziehung — Die Magie der Behauptung — Konsequenzen für die Lebensführung

Verfasser: „Bei der Besprechung des 9. Denkgesetzes stellten wir eingangs fest, daß wir damit den Erkenntnis- und Bewußtseinszustand der positiven Persönlichkeit, insbesondere ihre Fähigkeit zu bewußter Lebensführung, in den Vordergrund stellen, und darum sagten wir, daß immer dann von b e w u ß t e r Konzentration zu sprechen ist, wenn wir ganz aus eigenem Willen ein Erfolgsziel anstreben. Dieser Gedankengang führt zwangsläufig zum 10. Denkgesetz:

„Willensfreiheit ist Kraftfreiheit, Willensschwäche ist Krafthemmung."

Wissen Sie, warum?"

Leser: „Wer sich b e w u ß t konzentrieren will, vermag das nur, wenn er sich seinen Gedanken gegenüber als Herr und Meister erweist, und das setzt voraus, daß der Wille s t a r k genug ist, um diese Macht auch ausüben zu können. Nach den Lehren des M-Schlüssels ergibt sich die dazu erforderliche Kraft aber nicht aus einer Kraft an sich, sondern aus der Befreiung des Willens aus seelischen Hemmungen."

Verfasser: „Ganz richtig. Und was sind das für Hemmungen?"

Leser: „Vor allem Vorstellungen, die uns vor uns selber klein, schwach und kraftlos erscheinen lassen oder Gefühle dieser Art hervorrufen."

Verfasser: „Ja, und dabei ist auch gleich zu sagen, daß diese Hemmungen eine Zwangsfolge negativer Gedanken sind, die durch uns selber oder durch negativen Fremdeinfluß in uns entstehen. Doch damit ist noch nichts über die N a t u r des Willens gesagt, die ja die entscheidende Rolle spielt, wenn wir von Kraftfreiheit sprechen. Denn wenn wir den Willen auch von Hemmungen befreien, so steht ja noch nicht fest, ob er tatsächlich auch stark ist. Wie verstehen Sie das?"

Leser: „Wir sagen nur deshalb, ‚Willenskraft ist Kraftfreiheit', weil wir von vornherein annehmen, daß die Kraft des Willens in jedem Fall groß ist. Die Natur des Willens identifizieren wir hierbei mit der schöpferischen Kraft der N a t u r , die in jedem wirksam ist und selbst im schwächsten Menschen Wunderleistungen vollbringen kann, und was dann bedeutet, daß es bei einer bestimmten Willensleistung immer nur darauf ankommt, den Willen, also die Schöpferkraft der Natur, auf ein ganz bestimmtes Leistungsziel zu konzentrieren."

Verfasser: „Ausgezeichnet, so ist es in der Tat! Immer kommt es nur darauf an, den Willen wachzurufen und die Hemmungen auszuschalten, die seiner Macht im Wege stehen und wozu auch der Einfluß des G l a u b e n s gehört. Daß wir an dem Vollbringen einer Willensleistung nicht im mindesten zweifeln, ist von vornherein immer die Hauptfrage, die zu klären ist. Wir gehen dabei unmittelbar zurück auf den Wortlaut des M-Schlüssels, der seine Macht über alle Widerstände im Seelenleben und damit auch über alle Widerstände und Hemmungen des Willens auf die Macht der

Überzeugung zurückführt. Und was würde das z. B. für das 9. Denkgesetz, also für die b e w u ß t e Konzentration besagen?"

Leser: „Das würde besagen, daß bewußte Konzentration um so schwerer fällt, je weniger wir innerlich glauben, daß wir eine Konzentrationsleistung vollbringen können."

Verfasser: „Stimmt, und zwar einmal schon deshalb, weil unsere Aufmerksamkeit durch Zweifel abgelenkt wird, und zum andern, weil auch bei der bewußten Konzentration die Schaltung im Unterbewußtsein ganz und gar der Zielsetzung der Konzentration entsprechen muß. Anders ausgedrückt: weil der innere Mechanismus so geschaltet sein muß, daß sich keinerlei Kraft in Nebenbahnen verliert."

Leser: „Das würde bedeuten, daß man das 10. Denkgesetz, genau wie z. B. das 1. Denkgesetz und auch andere Denkgesetze, stets beachten muß, wo irgendeine Wirkung erstrebt wird, die mit dem Willen in direktem oder indirektem Zusammenhang steht."

Verfasser: „Ja! Und damit zeigt sich auch hier schon wieder die ungemein wichtige Bedeutung unseres Lehrsatzes von der Macht der Erkenntnis: Nicht der Wille, sondern E r k e n n t n i s macht uns frei!"

Leser: „Das würde bedeuten, daß wir uns bei allen bei uns selbst und anderen erstrebten Willensleistungen stets klar zu fragen haben, ob die Voraussetzungen zur Freiheit des Willens, d. h. zur Betätigung des Willens nach der Seite der Erkenntnis bzw. nach der Seite des Gefühls erfüllt sind."

„Elefanten im Porzellanladen"

Verfasser: „Ganz richtig! Daß wir uns also nicht wie ein Elefant im seelischen Porzellanladen bewegen, sondern stets so vorgehen, wie es die seelischen Gesetzmäßigkeiten verlangen, was bedeutet, daß wir weder uns noch einen anderen für unfähig aus Willens s c h w ä c h e halten, und auch dann nicht, wenn offensichtlich Willensschwäche die Ursache für das Versagen zu sein scheint. Unser ganzes Verhalten wird darauf abzielen, getreu unserer Erkenntnis von der Natur des Willens die vorhandenen Hemmungen der Willenskraft herauszufinden, bewußtzumachen und auszuschalten. Und im Zusammenhang damit: gleichzeitig alles zu tun, um die Überzeugung vom Können so zu entwickeln und zu stärken, bis das Gefühl davon durchdrungen ist und womit dem 5. Denkgesetz entsprochen wird. (Gedanken, die unser Gefühl beherrschen, lenken und leiten uns, lassen uns siegen oder untergehen.)"

Leser: „Und was würde das für die Praxis besagen?"

Beispiel zur positiven Erziehung

Verfasser: „Hören Sie hierzu ein Beispiel aus der Praxis der positiven Erziehung: Angenommen, Sie wollen, daß Ihr Junge in der Schule gut vorankommt, dort fleißig ist und gut aufpaßt. Um das zu können, muß sich das Kind konzentrieren. Diese Konzentration bewirkt der Wille. Er kann es aber nur, wenn er sich frei betätigen kann. Das besagt, daß keinerlei Hemmungen vorhanden sein dürfen, die seine Kraft lähmen könnten. Solche Hemmungen können vielfach vorhanden sein. Nehmen Sie hierauf keine Rücksicht, so sind Sie damit der besagte Elefant im Porzellanladen. Um das nicht zu sein, werden Sie mangelhafte Leistungen Ihres Kindes stets vom Blickfeld der seelischen Vorgänge betrachten und erst ganz zuletzt von Faulheit, Flüchtigkeit und mangelndem guten Willen sprechen.

Hemmungen können z. B. entstehen, wenn Ihr Junge Angst vor Ihrer Strenge hat, oder wenn der Lehrer in der Schule zur Gruppe der ‚Dickhäuter' gehört. Der kluge Vater geht diesen Zusammenhängen auf den Grund, bevor er sein Kind verurteilt, und auf keinen Fall wird er von ihm verlangen, daß es sich aus eigener Kraft aus dem Zwangszustande befreit, in dem sein Wille sich befindet.
Zwei Punkte gehören dazu: die Bewußtmachung der U r s a c h e n der Hemmungen und dann die obenerwähnte Entwicklung und Stärkung des Glaubens an das eigene Können. Die Bewußtmachung der Ursachen der Hemmungen wird erreicht, indem man das Kind sich aussprechen läßt über alle Empfindungen, die es im Zusammenhang mit seinen Schularbeiten hat. Das Kind selbst ist sich darüber aber nicht im klaren, und es kommt nur zum Sprechen, wenn man es durch Fragen in seiner kindlichen Auffassungsart seelisch aufschließt, indem man z. B. folgende Fragen stellt:

„Was machst du am liebsten in der Schule? — Warum kannst du nicht besser schreiben? — Hast du nicht gut verstanden, was der Lehrer gesagt hat? — Hattest du beim Schreiben Angst, daß du dich verschreiben oder Fehler machen würdest? — Hast du beim Diktat an Vati gedacht? — Wolltest du schnell fertig werden? — Weißt du überhaupt, warum man sich Mühe geben muß in der Schule?" Usw. usw. Selbstverständlich dürfen alle diese Fragen nicht in vorwurfsvollem Ton gestellt werden, sondern stets mit dem Gefühl, daß man dem Kind helfen will. Dabei spielen auch Gedanken mit hinein, die die Lebensfreude des Kindes angehen. Es muß glücklich sein, zur Schule zu gehen und dort lernen zu können. Daß sich dieses Gefühl im Kinde entwickelt und erhalten bleibt, ist eine immerwährende Aufgabe ebensowohl des Elternhauses wie der Schule, und nicht zuletzt eine Wirkung des Glaubens an das eigene Können.
Grundsätzlich: Die verlangte Leistung ist möglich, aber der Wille dazu muß frei sein und aktiviert werden. Und immer ist dann erst von einem Erfolg zu sprechen, wenn das G e f ü h l von positiven Gedanken gesteuert wird.
Dieses Beispiel ist übrigens auch bezeichnend für die Wirkung des 11. und 12. Denkgesetzes. Hören wir zunächst den Wortlaut des 11. Denkgesetzes:

„Im Kampf mit dem Gefühl siegt der Wille durch Kraftwirkung und Anstrengung in den Nerven, daher schwacher Wille bei geringer Nervenkraft."

Verstehen Sie dieses Denkgesetz im Zusammenhang mit unserem Beispiel?"

Leser: „Ja, ganz genau: Denn wenn das Kind von hemmenden Gefühlen beherrscht wird, und man verlangt trotzdem, daß es den Anforderungen der Schule nachkommt, so muß es ja zu einem Versagen des Kindes kommen. Es kann sich dann nur behaupten durch bewußte Konzentration, die bei den vorhandenen Hemmungen einen so großen Aufwand an Nervenkraft verlangt, daß das Kind einfach dagegen nicht ankommt."

Verfasser: „Richtig! Und der Zustand wird um so komplizierter sein, je schwächer die Nervenkonstitution des Kindes ist. Kräftigung der Nerven ist aber keineswegs das Heilmittel, wie wir hier sehen, sondern vielmehr und immer wieder nur die Ausschaltung der Reibungen bzw. der Hemmungen bei der Konzentration. Im übrigen gilt das grundsätzlich für jeden ähnlich gelagerten Fall, also nicht nur für Kinder, sondern auch für jeden Erwachsenen: Immer ist der Wille u n t e r legen, wenn das Gefühl gegen ihn steht, umgekehrt ü b e r legen, wenn das Gefühl im gleichen Rhythmus schwingt. Das ist eine unverrückbare Regel für jeden Fall, wo große Willensleistungen verlangt werden, und aus diesem Grunde muß man sich auch stets mit dem Gefühl auseinandersetzen, sich also fragen: Was will und sagt das Gefühl? Und ist es gegen eine Leistung, so ist es zwecklos, die Anstregung des Wollens zu verstärken, wenn nicht zugleich auf seelischem Wege das Gefühl umgestimmt wird. Immer muß man also das Gefühl zu seinem Verbündeten machen. Reagiert das Gefühl in einer bestimmten Willensrichtung, so ist schon gleich von vornherein alles gewonnen. Hören wir hierzu gleich noch das 12. Denkgesetz:

Kampf gegen die Nerven ist Kampf gegen Wirkungen, daher falscher Krafteinsatz.

Wie verstehen Sie hier die Zusammenhänge?"

Der Wille am falschen Hebelarm

Leser: „Wenn wir gegen die Nerven kämpfen, so drücken wir zur Bewegung einer Last auf den kurzen Hebelarm anstatt auf den langen. Damit ist eigentlich alles gesagt."

Verfasser: „Und am besten wohl außerdem noch durch den Begriff des ‚Kämpfens', der beim Kampf gegen die Nerven nur mit Nervenkraft realisiert werden kann, etwa so, wie man eine materielle Last nur mit einer materiellen Gegenlast aufzuheben vermag. ‚Kampf gegen Wirkungen', das will besagen, daß man nicht gegen psychische Ursachen zu Felde zieht, sondern gegen bereits körperlich wirksame Triebkräfte. Beispiel: Solange ein Gift noch auf dem Tische liegt, ist es nicht allzu schwierig, es durch einen bloßen Willensentschluß verschwinden zu lassen. Befindet es sich jedoch bereits im Körper, kann man seiner verheerenden Wirkung nur mit physischer Kraft widerstehen bzw. entgehen, sofern das überhaupt möglich ist. Das ist dann der Kampf gegen Wirkungen, während es vorher, als sich das Gift unseres Körpers noch nicht bemächtigt hatte, ein Kampf gegen gedankliche Kräfte und Einflüsse war. Aus diesem Grunde ist auch z. B. der Kampf gegen eine Leidenschaft um so aussichtsreicher, je weniger wir davon körperlich bzw. nervlich schon erfaßt sind, je mehr wir ihr also schon gleich im Aufkommen auf gedanklicher Ebene begegnen. Ist das alles völlig klar?"

Leser: „Ich verstehe das so, daß das 11. und 12. Denkgesetz immer im Zusammenhang betrachtet werden müssen. Denn wenn der Wille mit dem Gefühl im Kampfe liegt, dann ist ja praktisch die Situation gegeben, wo wir mit Kräften im Kampfe liegen, die sich schon unserer Nerven bemächtigt haben. Ein Beispiel hierfür könnte z. B. die Platzangst liefern. Der Platzangstkranke ist deshalb ohnmächtig gegenüber seiner Hemmung, weil er sie in allen Gliedern fühlt, und daß ihm die Nerven versagen und die Glieder nicht mehr gehorchen, ist die unmittelbare Auswirkung des aus dem Gefühl kommenden lähmenden Einflusses."

Verfasser: „Gut! Ausgezeichnet! Ein anderes Beispiel wäre seelisch bedingter Schreibkrampf: Wenn der Krampf schon in der Hand und in den Fingern sitzt, kann man mit körperlicher Anstrengung kaum dagegen ankommen, mag sich der Wille auch noch so sehr darum bemühen. Im Gegenteil, je mehr wir das tun, um so mehr verkrampfen sich sogar die Finger. Das bedeutet, daß alle ‚Schalter', die vom Unterbewußten her den Krampf einschalten, ganz und gar auf diesen Vorgang geschaltet sind. Will hiergegen der Wille sich durchsetzen, so muß er unter Umständen bis zur Erschöpfung der Nervenbatterie hiergegen Widerstand leisten, sehr zum Schaden der Nerven und meist auch ohne Erfolg. Man ‚löckt' dann andauernd ‚wider den Stachel', man ‚kämpft', man ‚ringt' und verliert viel Kraft dabei, wo man statt dessen mit Leichtigkeit Erfolg haben könnte, würde man nur die Gesetzmäßigkeiten in diesen Vorgängen beachten und sich danach einstellen."

Leser: „Und was sollte man hierbei, also beim Schreibkrampf z. B., tun? Ich weiß es schon ziemlich genau, aber ich möchte es noch einmal mit anderen Worten hören."

Verfasser: „Vor allem weg mit dem Willen von den N e r v e n , und dorthin mit ihm, wo er ohne viel Nervenkraft arbeiten kann! Also an den l a n g e n Hebelarm des geistigen Krafteinsatzes, mitten hinein in die *Schaltzentrale* des Denkens! Wir hörten früher: Jede Kraft mißt sich am Widerstand. Das gilt für das Positive wie auch für alles Negative. Der Wille wird stark, wenn wir den Widerstand aufheben, und er wird schwach, wenn wir ihn verstärken. Wir heben den Widerstand auf, wenn wir von den ‚Nerven' ablassen und stattdessen nur durch unser Denken den Muskelkrampf aufheben, wobei es zu einem völligen ‚Ablassen vom Gegner' und zu einer nervlichen Entspannung kommen muß.
Vor einiger Zeit ging durch die Zeitungen und den Rundfunk die Kunde von einem Zwangsniesen eines Schulknaben, der wochenlang ununterbrochen, täglich bis 2000mal, niesen mußte. Hunderte von Medikamenten wurden empfohlen, um den unglücklichen Zustand des Kindes zu beseitigen oder wenigstens zu mildern, doch kein Mittel half. Dann gelang es, durch s e e l i s c h e Einwirkung den Jungen von seiner Qual zu befreien. Zweifellos hat sich das Kind bemüht, mit äußerster Willensanstrengung dem Zwangsniesen Einhalt zu gebieten. Daß dies nicht möglich war, beweist, daß sich auch in diesem Falle der Wille am falschen Hebelarm betätigte."

Leser: „Wir müssen also gründlich umlernen, wenn wir von W i l l e n s k r a f t sprechen, und genau unterscheiden zwischen dem bloßen Wollen und einer damit verbundenen Anstrengung in den Nerven — und der eigentlichen Willenskraft an sich. Vielleicht wäre es dazu sogar gut, von zwei verschiedenen Arten des Willens zu sprechen, also z. B. von einem Willen des Körpers und einem Willen der Seele?"

Verfasser: „Selbstverständlich könnte man das, doch das ‚Willensproblem' wäre dennoch das gleiche, abgesehen von der Tatsache, daß alle Leistungen immer nur aus der Betätigung e i n e r Kraft zustande kommen und weshalb auch der Begriff ‚Wille' immer nur als H i l f s b e g r i f f zur Deutung der Phänomene fungiert. Besser kann man noch von einem b e w u ß t e n und einem u n b e w u ß t e n Willen sprechen. Aber auch das ist nur bedingt richtig, weil der bewußte Wille den unbewußten ebenso steuern und beeinflussen kann, wie umgekehrt der unbewußte Wille den bewußten steuert. Es fließt immer alles ineinander über, und so kompliziert und vielseitig die biologischen, geistigen und seelischen Vorgänge im Menschen auch sind, so steht doch alles miteinander und ineinander in einem so innigen Zusammenhang, daß eines ohne das andere gar nicht existieren kann, zumindest nicht auf der gegenwärtigen Daseinsstufe des Wesens ‚Mensch', das ja übrigens, wie wir wissen, der Inbegriff alles dessen ist, was als Gesamtwirkung auf den Ebenen des biologischen, geistigen und seelischen Geschehens in Erscheinung tritt. Der Mensch an sich ist darum auch nur bedingt eine konstante Größe, sondern etwas immerfort Werdendes, etwas Wachsendes, sich immer mehr als ‚Mensch' Kristallisierendes, und dies in seiner ganzen Eigenart und in allen seinen Fähigkeiten und Kräften, soweit jedenfalls, wie es sich um den aufsteigenden Menschen handelt.

Wesen „Mensch" und der „Ich-will"-Gedanke

Wenn dieses Wesen ‚Mensch' sagt: ‚Ich will', so ist an dem Zustandekommen dieses ‚Ich-will-Gedankens' stets seine ganze Individualität beteiligt, eingeschlossen die Vorgänge im biologischen Geschehen, in den Organen, Drüsen usw., wie die Vorgänge im Ober- und Unterbewußtsein. Erweist sich der bewußte ‚Ich-will-Gedanke' gegenüber Widerständen des Willens als zu s c h w a c h , so ist das immer auf den jeweiligen Zustand des *Bewußtseins* zurückzuführen. Diesem Bewußtsein fehlt dann der Glaube bzw. die Überzeugung vom K ö n n e n , wodurch das Wollen nur als schwach beseelte Idee und bestenfalls als Impuls in den Nerven, nicht aber im G e f ü h l existiert. Der Geist ist dann zwar willig, doch das Fleisch ist schwach. Schwach, das will hier sagen, daß das ‚Fleisch' nicht bereit ist mitzumachen, im Rhythmus des ‚Ich-will'-Gedankens mitzuschwingen. Dazu aber muß es in jedem Falle kommen, wenn sich der bewußte ‚Ich-will'-Gedanke durchsetzen und behaupten soll, und das tritt ein, wenn wir entweder von der Erkenntnisseite her auf dem Wege über die Überzeugung den Willen zum alleinigen Herrn in uns machen, oder wenn durch einen Fremdeinfluß das geistige Urbild des ‚Ich-will'-Gedankens über die Durchdringung des G e f ü h l s zur Herrschaft in uns kommt.
Wenn wir sagen, daß die K r a f t des Willens eine Schöpferkraft ist, die größte Leistungen vollbringen kann, so will das heißen, daß dort, wo von der Willenskraft nur wenig zu spüren ist, wo der Wille also schwach ist, tatsächlich diese Schöpferkraft nur nicht richtig a k t i v ist, sich also nur nicht richtig und vollkommen betätigt. Und gerade deshalb sagten wir auch, daß Wille F u n k t i o n ist. Ist er vollkommen eingeschaltet, also richtig in Funktion, was soviel besagt, daß seine Kraft f r e i ist, also durch Hemmungen in der Betätigung nicht gehindert wird, dann ist er stark und mächtig. Und alles das ist eine Sache der Bewußtseinsvorgänge, die teils im Ober-, teils im Unterbewußtsein sich abspielen. Im Oberbewußtsein, soweit es das uns selber bewußtwerdende Denk- und Vorstellungsleben angeht, und im Unterbewußtsein, soweit es unmittelbar die Erkenntnisvorgänge unserer Natur bzw. unseres inneren Wesens betrifft und wobei es in der Mehrzahl der Fälle so ist, daß das Unterbewußtsein gänzlich unabhängig vom Oberbewußtsein arbeitet. Übrigens eine Tatsache, die auch den Phänomenen zugrunde liegt, die als Bewußtseins- oder Persönlichkeitsspaltungen bekannt sind. Es kann dadurch z. B. der kuriose Fall eintreten, daß man in seiner ‚unterbewußten' Persönlichkeit einen mächtigen und starken Willen entwickeln kann, während man im oberbewußten Menschen willensschwach und labil ist. Jeder Mensch ist dadurch, genau genommen, ein Rätselwesen, und wir empfinden das nur deshalb so wenig, weil wir uns selbst gegenüber so unachtsam und oberflächlich sind. Wir staunen, wenn wir von seelischen Phänomenen bei anderen Personen hören, während wir selber genau so ein Wunderding sind.

Die Macht der Bejahung

So, und nun weiter zum 13. Denkgesetz:

„Nicht in der Ablehnung, sondern in der Bejahung liegt das Geheimnis größter geistiger Machtentfaltung."

Das ist ein Fundamentalsatz unserer Erfolgspraxis, denn mit ihm steht und fällt unser ganzer Mental-Positivismus. Warum wohl?

Leser: „Es ist viel hierüber zu sagen. Zunächst dieses: Alle Theorie ist bedeutungslos, wenn wir nicht im Sinne des M-Schlüssels zum Handeln kommen, und das 13. Denkgesetz zeigt, w i e man zu handeln hat."

Verfasser: „Gut gesagt! Und damit haben Sie auch gleich ausgesprochen, wo der Schwerpunkt dieses Denkgesetzes liegt. Was ist wohl mit diesem Schwerpunkt gemeint?"

Leser: „Zweifellos der Einfluß der geistigen Urbilder auf uns selber und unsere Umwelt, und natürlich auch alles, was diese Urbilder hervorruft und beseelt."

Verfasser: „Stimmt. Aber wie kommen Sie gerade hierauf?"

Leser: „Sehr einfach: weil es bei allen Fragen um die Lebensbemeisterung zu allererst immer um die Art unseres Denkens geht, und erst in zweiter Linie um unser eigentliches Handeln."

Verfasser: „Aber zuletzt ist doch immer im Leben das Handeln allein entscheidend! Oder etwa nicht?"

Leser: „Ja und nein. Aber mir scheint, daß Sie mich hier nur auf eine Probe stellen wollen, damit die hier erforderliche Antwort wirklich präzise den Gesetzmäßigkeiten des Erfolges entspricht, und zwar einfach deshalb, weil ja immer das *Denken* entscheidend ist und eine positive Handlungsweise immer nur in Verbindung mit positiven Gedanken möglich ist."

Verfasser: „Auch dann, wenn jemand anders handelt, als er denkt? Es kann doch sein, daß jemand etwas tut, mit dem er in Wahrheit innerlich gar nicht einverstanden ist?"

Leser: „Wenn ich jetzt nicht aufpasse, bringt mich Ihr Fragen durcheinander, denn tatsächlich gibt es ja den Fall, wo eine Handlung, die, objektiv betrachtet, positiv ist, in Wahrheit durch negatives Denken zustande kommt. Andererseits kann man aber den Arm nur heben, wenn in der inneren Schaltzentrale diese Muskelbewegung ausgelöst wird. Der Wille muß sich also in dieser Richtung betätigen."

Verfasser: „Es kommt darauf an, was Sie hier unter ‚Wille' verstehen, der sich, wie das Beispiel zeigt, durchaus in zwei verschiedenen Richtungen gleichzeitig betätigen kann: einmal in Richtung auf eine beabsichtigte äußere Wirkung und zum andern in Richtung auf ein *Motiv,* das der äußeren Wirkung nur deshalb entspricht, weil eine bestimmte Absicht dahintersteht. Wenn wir das feststellen, worin besteht aber dann das eigentliche Handeln? Ist es das Bewegen des Armes, wenn gleichzeitig anders gedacht wird, als man handelt?"

Leser: „Es dämmert mir, worauf Sie hinauswollen, und nun wird mir auch klar, worauf es überhaupt ankommt beim 13. Denkgesetz und bei der Macht des Denkens im Zusammenhang mit dem Handeln usw.: Immer kann nur die treibende Kraft gemeint sein, das *Motiv,* der *Grundgedanke,* von dem der Einfluß ausgeht, und gerade darum kann auch das Handeln an sich gegenüber dem Denken immer nur von sekundärer Bedeutung sein, obwohl natürlich ein bestimmtes Handeln auch entsprechende Wirkungen hervorruft."

Verfasser: „Ganz recht. Doch das, was Sie hier mehr intuitiv erfühlen, als mit dem Verstande erfassen, muß Ihnen noch viel klarer zum Bewußtsein kommen: Das allgemeine Handeln des Menschen, soweit es sich um einen Eingriff in eine stoffliche Ordnung handelt, ist hier nur bedingt gemeint, sondern vielmehr das, was mit dem Charakter und der seelischen Haltung zusammenhängt und was von dieser Urbildseite her positiv oder negativ sein kann. Lassen Sie uns zum Vergleich an ein paar Charaktereigenschaften positiver und negativer Menschen denken: Der anständige Mensch handelt anständig, während der niedere Charakter schlecht handelt. Bitte erklären Sie, was Sie unter diesen Handlungsweisen verstehen."

Leser: „Ich denke, das ist leicht zu sagen: Der anständige Charakter meint es in allem g u t , was er tut, denkt immer daran, daß kein Schaden aus seinem Handeln erwächst; zumindest wird er nie b e w u ß t einen Nachteil für seine Mitmenschen hervorrufen, und auch dann nicht, wenn er selber dadurch Nachteile hätte. Das ist die anständige Handlungsweise. Umgekehrt handelt der niedere Charakter, der nur e i n e Rücksicht kennt: die Rücksicht auf sich selber, und wenn er die Folgen einer Handlung bedenkt, so auch immer nur von diesem Gesichtspunkt aus."

Verfasser: „So ist es. Gemeint ist also, wie jemand in seinem inneren Wesen schwingt, ob er in seiner ganzen Tendenz gut oder böse ist. Und je nachdem, ob ihn die Liebe zu seinen Mitmenschen oder die Selbstsucht beherrscht, fallen seine Handlungen aus, und wobei natürlich auch gleich wieder zu berücksichtigen ist, ob er in diesem Wollen wirklich frei oder ein Gefangener von Zwangsabläufen ist. Aber erklärt das nun schon richtig das 13. Denkgesetz?"

Wirkungsweise des 13. Denkgesetzes

Leser: „Ich meine, diese Erklärung trifft erst einen Teil des Problems, und zwar deshalb, weil damit den seelischen Gesetzmäßigkeiten, die die Macht des Denkens auf die Bemeisterung des Lebens ermöglichen, noch nicht vollständig entsprochen wird. Denn hierauf muß sich ja ganz besonders der Satz beziehen, daß das Geheimnis größter geistiger Machtentfaltung nicht in der Ablehnung, sondern in der Bejahung liegt. Meines Erachtens ist also die Machtentfaltung hierbei das wichtigste, während die p o s i t i v e Richtung dieser Machtentfaltung dabei eine Selbstverständlichkeit ist, so daß also die Begriffe ‚positiv' und ‚negativ' hier nicht nur von der Motivseite, sondern zugleich und sogar zur Hauptsache von der Seite ‚*Kraft*' und ‚*Schwäche*' zu sehen sind."

Verfasser: „Vollkommen richtig! Tatsächlich handelt es sich vor allem um einen p s y c h o t e c h n i s c h e n Vorgang zur Erreichung von Erfolgszielen:

Die bejahende Haltung ist die Konsequenz aus der strikten Beachtung des M-Schlüssels.

Bitte, entwickeln Sie diesen Gedankengang noch weiter."

Leser: „Wir müssen dazu wieder auf die Lehre von den Urbildern zurückkommen, die vom unterbewußten Seelenleben her das Reagieren und Handeln bestimmen. Danach wird ein Gedanke bzw. eine Idee, also ein geistiges Urbild, zu einem einflußreichen Antrieb, sobald es gelungen ist, das Urbild so intensiv zu beseelen, daß es das G e f ü h l beherrscht. Und dazu ist nun die B e j a h u n g dessen, was werden soll, die M e t h o d e zum Erreichen dieses Zieles, und wobei es genau darauf ankommt, was wir unter A b l e h n u n g oder B e j a h u n g verstehen. Alles ist dabei eine Sache der *Steuerung der Aufmerksamkeit,* also der Hinlenkung der beseelenden Kraft auf ein Geschehen, das erwartet wird, entsprechend dem Denkgesetz Nr. 6: *Aufmerksamkeit ist das Mittel zur Beseelung der Vorstellungen.*"

Verfasser: „Sehr gut! Besonders daß Sie das 6. Denkgesetz mit Ihren Ausführungen verbunden haben, beweist, daß Sie den Zusammenhang übersehen. Wie sieht aber nun die Praxis aus, was kann man mit diesen Erkenntnissen anfangen?"

Richtige und falsche Methode der Energiesteuerung

Leser: „Was sich aus der Anwendung des 13. Denkgesetzes ergibt, ist ein schöpferischer Eingriff in alle Vorgänge des Lebens, die mit dem Denken und dem Bewußtsein zusammenhängen. Ablehnung ist die negative Methode zur Erreichung eines Zieles, während die Bejahung die positive ist. Das kennzeichnet die Grundhaltung eines Menschen zu den Problemen des Erfolges und der Lebensbemeisterung.

Der im Sinne des M-Schlüssels bejahend eingestellte Mensch geht bewußt darauf aus, die ihm zur Verfügung stehende Gedankenkraft nur zur Entwicklung und Erstarkung positiver geistiger Urbilder zu verwenden.

Er vermeidet es deshalb, sich mit *negativen* Urbildern seelisch herumzubalgen oder quälenderweise zu beschäftigen, weder aus selbstischen oder ärgerlichen Gefühlen und erst recht nicht aus Erwägungen von Ängsten irgendwelcher Art oder aus Furcht. Das schließt nicht aus, daß er sich mit negativen Urbildern kritisch bzw. erkenntnismäßig auseinandersetzt, doch das geschieht stets von mental-positivistischer Warte aus und immer im Hinblick auf die Methode der Bejahung."

Verfasser: „Ganz recht, so ist es! Angenommen, wir wollten bei uns selber eine seelische Hemmung beseitigen, z. B. krankhaftes Erröten, Lampenfieber, eine seelisch bedingte Sprechstörung oder etwas Ähnliches. Was wir da zu tun haben, um dem 13. Denkgesetz gerecht zu werden, wäre folgendes: 1. *Kritische Auseinandersetzung* mit der Ursache unserer Hemmung, wobei wir feststellen, daß die Störung auf jeden Fall verschwindet, wenn es gelingt, das Urbild so zu entkräften, daß es im Unterbewußten nicht mehr als Antrieb wirken kann. 2. *Anwendung der Bejahungsmethode,* die darin besteht, daß wir nur noch solche Vorstellungen in uns aufsteigen und richtig bewußt werden lassen, die uns vor uns selber so zeigen, als wären wir überhaupt nicht gehemmt.

Das will besagen, daß wir so denken, als wäre es bereits so, wie es sein soll!

Versucht sich hiergegen der Verstand aufzulehnen, deshalb, weil ja die Hemmung immer noch da ist oder weil Angst oder Furcht Einfluß auf ihn haben, so beharren wir trotzdem auf unserem Willen und übergehen ihn einfach. Das gelingt uns immer besser und vollkommener, je öfter wir uns im Denken so bejahend verhalten.

Der „Ich-bin"- und „Ich-kann"-Gedanke

Entscheidend ist dazu, daß nicht der *‚Ich-will'*-Gedanke den Einfluß entwickelt, sondern der *‚Ich-bin'*- oder *‚Ich-kann'*-Gedanke. Der *‚Ich-will'*-Gedanke ist Ausdruck des Kampfes gegen das Gefühl, gegenüber dem der Wille, wie wir wissen, ohnmächtig bzw. schwach ist. Wenn wir z. B. sagen: ‚Ich will nicht mehr gehemmt sein', so ist es durchaus fraglich, ob es auch wirklich so sein wird. Dieses Urbild hat also

eine Beimischung von Zweifel! Denken wir dagegen: *,Ich bin nicht gehemmt',* so wird die Freiheit von Hemmungen herausgestellt.
Trotzdem ist das aber noch keine richtige Bejahung im Sinne des 13. Denkgesetzes. Das ist erst der Fall, wenn wir denken, was uns als Ziel vorschwebt, wenn wir von einer Hemmung befreit sind. Dann nämlich sind wir z. B. sicher, wenn wir vorher unsicher waren, oder wir können ungehindert reden, wenn wir vordem Lampenfieber hatten, usw. Bejahende ,Ich-bin'- oder ,Ich-kann'-Vorstellungen würden also sein: *,Ich bin ein freier Mensch und fühle mich in jeder Beziehung innerlich sicher.'* Oder: *,Ich kann jederzeit völlig frei und sicher reden.'* Oder, wenn es sich z. B. um die Ausmerzung von negativen Charaktereigenschaften handelt: *,Ich bin beseelt von Arbeitslust und freue mich, wenn ich viel leisten und schaffen kann.'* Oder: *,Ich bin beseelt von Lebensmut und Tatkraft und denke immer nur positiv'* usw. usw.
Und was für uns selber gilt, das gilt natürlich auch für unseren Einfluß auf unsere Umwelt, sofern wir dort eine Veränderung des Wesens bzw. die Entwicklung bestimmter positiver Eigenschaften hervorrufen oder vorhandene Hemmungen ausschalten wollen, und wobei das Medium unseres Einflusses neben unserem sonstigen positiven Verhalten vor allem unser Sprechen ist.

Das 13. Denkgesetz in der Kindererziehung

Schon Goethe gibt den guten Rat, die Menschen so zu behandeln, als wären sie bereits das, was sie sein sollten. Das ist die Umsetzung des 13. Denkgesetzes in die Praxis. Nur müssen wir dabei beachten, daß wir auch den Gesetzen des Denkens entsprechen. Ist unser Junge ein ungehorsames Kind, so ist es demnach grundverkehrt, ihm diese Schwäche immer wieder von neuem vor Augen zu halten. Das ist die negative Methode. Statt dessen müssen wir ihm sagen: daß er ein *gutes* und *gehorsames* Kind ist und daß wir *Freude* an ihm haben. Selbstredend wird das nicht geschehen, wenn er gerade etwas angestellt hat, sondern immer in solchen Augenblicken, wo sich eine günstige Gelegenheit dazu ergibt.
Bitte richtig verstehen: Es kommt darauf an, das, was werden soll, als geistiges Urbild dem Kinde zum Bewußtsein zu bringen, die Aufmerksamkeit des Kindes auf dieses Urbild zu lenken, und zwar so intensiv wie möglich, und deshalb auch immer in Verbindung mit einem Ansprechen des Gefühls, damit das Kind in einer freudig erregenden Weise beeindruckt wird.

Die Bejahung muß Glücksgefühle auslösen!

Aus der ganzen Art, wie wir uns zum Kinde einstellen, muß hervorgehen, daß wir uns freuen, daß es ein gutes und gehorsames Kind ist, wodurch dem Kinde gefühlsmäßig zum Bewußtsein kommt, daß es ein schöner und begehrenswerter Zustand ist, gut und gehorsam zu sein.

Die Bejahung muß also in einer Art gebracht werden, daß sie auch von der Gegenseite bejaht wird. Immer müssen Glücksgefühle durch unsere Einstellung ausgelöst werden.
Da die Kindererziehung gute Lehren auch für den Einfluß auf Erwachsene bietet, noch ein anderes Beispiel für unsere Methode der Bejahung: Wir wollen, daß unser Kind, das 3 Jahre alt ist, sich angewöhnt, während des Spiels sich weniger zu beschmutzen.

Was werden wir tun? Nun, vor allem an das 1. Denkgesetz denken, dem Kinde also wirklich klarmachen, was wir von ihm verlangen. Da das Auffassungsvermögen des Kindes noch unentwickelt ist, erreichen nur die Wörter ihren Zweck, die dem Kinde begrifflich schon klar sind. Das sind solche aus dem täglichen Erleben des Kindes, z. B. die Wörter ‚sauber' und ‚Hände' in Verbindung mit dem Begriff ‚schön'. Das Kind muß also wirklich erfassen, was wir meinen. Die beste Begriffsklarheit erreichen wir bei Gelegenheiten, wo dem Kinde durch Gegenüberstellung ein Gegensatz handgreiflich vor Augen gestellt werden kann. Dies vorausgesetzt, kommt es nun darauf an, dem Kinde gefühlsmäßig zu übertragen, wie schön es ist und wie wir uns darüber freuen, wenn es sich sauber hält. Immer wieder müssen wir uns dazu die Hände zeigen lassen, und jedesmal äußern wir dann unsere Freude, die wir etwa in den Worten bekunden: ‚Du bist ein sauberes Kind; schön, Liebling, daß du dich so sauber hältst!'
Kommt das Kind mit schmutzigen Händen von der Straße herein, so verlangt die positive Einstellung, daß wir wohl energisch darauf aufmerksam machen, daß uns die Hände nicht gefallen, ohne daß wir uns aber lange damit aufhalten. Ein ablehnender Blick ruft eine größere Tiefenwirkung hervor als langes Schimpfen. Das Kind soll und muß fühlen, daß der schmutzige Zustand seiner Hände Unbehagen bei uns hervorruft, doch auf keinen Fall darf die Idee in seinem Bewußtsein fixiert werden, daß es deshalb ein ‚schmutziges Kind' ist, und weshalb wir es auch keineswegs als ein Kind behandeln dürfen, das sich in der Berührung mit Schmutz nicht vorsieht, was leicht der Fall ist, wenn wir uns von diesen Gedanken z. B. in der Auswahl seiner Kleidung lenken lassen. —
Ich denke, daß nun klar ist, was wir zur Beachtung des 13. Denkgesetzes wissen müssen. Haben Sie hierzu noch eine Frage?"

Leser: „Vielleicht wird es gut sein, wenn ich noch einmal ganz kurz alles Wesentliche zusammenfasse: Also nicht in der Ablehnung, sondern in der Bejahung liegt das Geheimnis größter geistiger Machtentfaltung. Darunter ist zu verstehen, daß wir die richtige Methode haben müssen, um ein bestimmtes Erfolgsziel zu erreichen. *Diese Methode besteht darin, daß wir das, was erreicht werden soll, immer als ganz selbstverständlich erreichbar sehen, also ganz und gar ohne negative Nebengedanken. Das muß auch dann der Fall sein, wenn vorerst noch kein sichtbares Zeichen dafür vorhanden ist, daß ein Erfolg eintreten könnte. Diese Methode betont deshalb auch in keiner Weise den Willen, sondern ist ganz und gar Ausdruck des Glaubens. Sie nimmt einfach für wahr, was eintreten soll, setzt voraus, daß früher oder später das Ergebnis zwangsläufig eintritt, zwangsläufig als Folge der Wirkung der seelischen Gesetzmäßigkeiten im Sinne des M-Schlüssels. Diese positive Methode schafft also bewußt das geistige Urbild eines kommenden Zustandes und geht zielbewußt darauf aus, dieses Urbild immer stärker zu beseelen, damit es schließlich eine Idee wird, die das Gefühl beherrscht, im Gegensatz zur Methode der ‚Ablehnung', womit eine auf Niederhaltung und Unterdrückung des Negativen eingestellte Methode gemeint ist. Die positive Methode wirkt durch Beeinflussung in den Ursachenfeldern, sie ist ein Schaltvorgang mit feinsten psychischen Kräften. Die negative Methode arbeitet mit Nervenkraft und bekämpft Wirkungen.*

Grundsätzlich kommt es darauf an, daß wir bei der Anwendung der Methode der Bejahung in der Schaffung von geistigen Urbildern so präzise wie möglich sind, d. h., daß wir in allen Gedanken, die wir denken, und in allen Worten, die wir sprechen, immer nach dem überzeugendsten Ausdruck der Bejahung streben. Müssen wir uns aus Gründen der Ursachenerkenntnis mit etwas Negativem auseinandersetzen, so müssen wir stets versuchen, unser *Gefühl* von allen Schwingungen freizuhalten, die unsere Persönlichkeit schwächende Wirkungen auf unser Unterbewußtsein haben könnten. Immer müssen wir uns also davor hüten, daß ein negativer Gedankengang in uns fixiert wird. Zur Hauptsache ist die vom 13. Denkgesetz geforderte Bejahung eine psychotechnische Methode zur Beseelung positiver Urbilder, darüber hinaus aber auch eine Angelegenheit der Motive, die unserem Handeln zugrunde liegen."

Verfasser: „Ausgezeichnet und in jeder Beziehung zutreffend! Ergänzend wäre höchstens noch zu sagen, daß mit dem Handeln unter dem Einfluß bestimmter Motive unsere ganze mental-positivistische Einstellung gemeint ist und womit sich aus der bejahenden Haltung die ganze Denk- und Gesinnungsart ergibt, die wir haben müssen, um den Forderungen höherer Erkenntnis zu entsprechen. Bejahung heißt dann: *Liebe, Verstehen, Wohlwollen, Entgegenkommen, Weisheit* usw. Und für die Praxis: daß wir mit dieser positiven Einstellung zu uns selber und zu unseren Mitmenschen, im ganzen und auf den Enderfolg gesehen, immer weiter kommen als durch Konzentration auf einen bloßen Widerstand gegenüber dem Negativen. Mit anderen Worten:

Wir kommen weiter, wenn wir unaufhörlich das Gute stärken und darauf unsere Kräfte verwenden. Indem wir das Positive stark machen, entziehen wir im gleichen Maße dem Negativen die Lebenssubstanz, worauf es gemäß dem 14., 15. und 16. Denkgesetz, die hiermit im Zusammenhang stehen, von selber verschwindet.

Überprüfen wir hierzu zunächst das 14. Denkgesetz:

„Fortdauernde Behauptung einer Möglichkeit wird zum Glauben und aktiviert dadurch die Kräfte zur Verwirklichung der Behauptung."

Der Wortlaut dieses Denkgesetzes sagt eigentlich schon alles. Bitte, nehmen Sie hierzu Stellung."

Die „Magie" der Behauptung

Leser: „Eine Behauptung im Sinne der Technik des M-Schlüssels stellt das, was Wirklichkeit werden soll, schon gleich als eine T a t s a c h e hin. Das ist zunächst etwas Ungewohntes und Unwahrscheinliches, weil wir ja objektiv noch nichts von dem feststellen können, was wir durch die Schöpferkräfte unserer Seele hervorrufen wollen. Organisch betrachtet sind wir also noch krank, und weil wir das feststellen, darum wehrt sich auch zunächst unser Verstand, zu glauben, was wir behaupten. *Dieser Widerstand bleibt aber nicht, vielmehr wird er immer schwächer und schwächer, wenn wir nur beharrlich sind in unserer Behauptung, bis schließlich der Verstand überhaupt nichts mehr sagt und einfach für wahr hält, was wir behaupten.*"

Verfasser: „Das würde bedeuten, daß die Behauptung eine so *suggestive Kraft* entwickelt, daß sich ihr gegenüber auf die Dauer kein Widerstand halten kann, es sei denn, wir bringen die Kraft auf, der Behauptung ebensooft zu widersprechen, wodurch dann Behauptung gegen Behauptung kämpft. Und selbstverständlich gilt das nur für solche Fälle, wo es sich um Beeinflussungen handelt, die wir als solche erkennen, was durchaus nicht immer der Fall ist, und wo wir außerdem eine Beeinflussung nicht wünschen. In dieser Einschränkung zeigt sich übrigens eine große *Gefahrenklippe*. Wissen Sie, was ich meine?"

Leser: „O ja, sehr genau, denn man kann dieses Gesetz sehr *mißbrauchen*. Und deshalb ist es auch gut, wenn man es kennt, weil man sich nur durch das Wissen um die Wirkung dieser Gesetzmäßigkeiten vor einer unerwünschten Beeinflussung schützen kann."

Verfasser: „Und worin würde dieser Schutz bestehen?"

Leser: „Vor allem darin, daß man sich nicht *kritiklos* einer Behauptung hingibt und innerlich oder offen sofort widerspricht, wenn etwas behauptet wird, was nicht positiv ist und ausschließlich zu dem Zweck in unsere Seele geträufelt wird, um damit eine Suggestivwirkung herbeizuführen."

Verfasser: „Muß nun aber in jedem Falle ein *schlechter* Charakter hinter einem solchen Beeinflussungsakt stehen?"

Leser: „Nein, keineswegs. Oft handelt der Betreffende im guten Glauben, ohne sich also der negativen Wirkungen seiner schädlichen Suggestionen bewußt zu sein."

Verfasser: „Das ist z. B. der Fall, wenn jemand aus Sorge über den Charakter eines anderen beständig zu dem Betreffenden sagt, daß er ein unmöglicher Mensch sei, daß er schlapp und haltlos sei und immer mehr herunterkommen werde. *Die fortdauernde Behauptung dieser Möglichkeit wirkt so suggestiv, daß der so Beeinflußte tatsächlich immer mehr herunterkommt, sofern er sich dieser zerfressenden Magie nicht zu entziehen vermag.* Und der Einfluß wird um so stärker sein, je mehr sich das ‚Medium' in einem psychischen Kontakt mit dem Suggesteur befindet. Also z. B. in der *Ehe*, wo durch derartige negative Suggestionen der eine Ehepartner den andern seelisch vollkommen ruinieren kann, oder beim Einfluß von führenden Persönlichkeiten auf Unterstellte usw. Und natürlich kann sich diese Einflußnahme auch auf einen großen Personenkreis erstrecken, wie es z. B. im gesellschaftlichen und politischen Leben der Fall ist."

Leser: „Und damit erweist sich, daß wir auch im 14. Denkgesetz eines der wichtigsten Gesetze des Denk- und Seelenlebens vor uns haben."

Verfasser: „Jawohl, und daß es einem, wenn man die Denkgesetze richtig begreift, wie Schuppen von den Augen fällt, worauf sich der persönliche Einfluß und die persönliche Macht bedeutender Persönlichkeiten gründen, die bewußt oder unbewußt mit diesen Gesetzen zu arbeiten verstehen.

Emile Coués Suggestionsmethode

Wie viele Behauptungen gehören nicht zu den Selbstverständlichkeiten unseres Denkens, für deren Richtigkeit wir nicht die mindeste Spur eines wirklichen Beweises in uns tragen. Dennoch schwingen wir im Rhythmus dieser Behauptungen und begehen unter ihrem Einfluß Handlungen, die wir nie begehen würden, würden wir über die Macht dieser Antriebe Bescheid wissen und ihnen auf den Grund gehen. Die ganze Suggestionstechnik ist auf die Macht des 14. Denkgesetzes gegründet, angefangen bei Emile Coué und seinen Vorläufern bis zu den Behauptungen der Werbesuggestion. Wenn wir z. B. immer wieder die Suggestivzeile lesen: „Alpha-Creme schafft reinen Teint", so bildet sich daraus zwangsläufig die Überzeugung, daß man sich mit dem Gebrauch dieser Creme einen guten Dienst leistet.

Die Methode Emile Coués hat übrigens tausendfach den Beweis für die Richtigkeit des 14. Denkgesetzes erbracht, und man braucht nur danach zu handeln, um den Erfolg augenscheinlich zu erleben. Das macht natürlich nicht der bloße Satz ‚Ich fühle mich von Tag zu Tag und in jeder Beziehung besser und besser', sondern einfach die *Selbstverständlichkeit dei Behauptung,* daß man gesund wird, einerlei wie man die Methode nennt.
Und die Macht der Behauptung wirkt sich ebenso im *Guten* aus wie im *Schlechten.* Grund genug, einerseits äußerst kritisch gegen Behauptungen zu sein, und andererseits immerzu mit Hartnäckigkeit zu behaupten, wo positive Ziele erreicht werden sollen."

Leser: „Ist es nicht gut, gleichzeitig Beweise für die Richtigkeit einer Behauptung anzuführen?"

Verfasser: „Selbstverständlich, das ist sogar sehr gut, denn damit wird um so schneller und besser der anfängliche Widerstand, der aus dem Zweifel erwachsen kann, gebrochen. Aber unbedingt nötig ist das nicht, denn es ist ein G e s e t z , daß die Behauptung sich durchsetzt und schließlich jeden Widerstand bezwingt, wenn nur ausdauernd genug behauptet wird. Es gibt ungezählte Beweise dafür auf allen Lebensgebieten.
So, und nun zum 15. Denkgesetz:

„Alle Antriebe in uns existieren aus der Beachtung (durch Gegenwirkung) und hören auf zu sein durch Nichtbeachtung (Aufhebung der Gegenwirkung)."

Wie erklären Sie sich diesen Lehrsatz?"

Leser: „Mir ist hier nicht ganz klar, was mit ‚Gegenwirkung' und ‚Aufhebung der Gegenwirkung' gemeint ist. Heißt es, um das Gesetz wörtlich zu nehmen, Antriebe existieren durch Gegenwirkung?"

Verfasser: „Denken Sie daran, daß man nicht ‚wider den Stachel' löcken soll, dann ist sofort alles klar! Und fragen Sie sich, was ein ‚Antrieb' in diesem Falle ist."

Leser: „Sie haben recht, denn ‚Gegenwirkung' kann ja nur Widerstand sein, im Falle negativer Antriebe also *Kampf des Willens gegen das Unbewußte,* in dem die Antriebe wirksam sind. Es ist Kampf gegen das Gefühl, dem gegenüber der Wille nur unvollkommen wirksam werden kann, bzw. nur durch Anstrengung in den Nerven. Eigentlich wird damit also nur wiederholt, was wir schon bei anderen Denkgesetzen hörten?"

Art des Verhaltens gegenüber Urbildern

Verfasser: „Das ist richtig, aber doch wird gerade auch durch dieses Denkgesetz die Technik unseres M-Schlüssels noch ein Schritt weiter klar: Das 14. Denkgesetz sprach von der Macht der B e h a u p t u n g. Das ist ein *aktives* Geschehen. Man denkt und spricht etwas, schafft bewußt ein Urbild, das durch fortdauernde Wiederholung immer mehr verstärkt wird. Hier nun ist ein geistiges V e r h a l t e n Urbildern bzw. Antrieben gegenüber gemeint.
Das 15. Denkgesetz spricht von einer B eachtung und einer N i c h t beachtung, womit vor allem die Technik weiterentwickelt wird, die zur Anwendung des 1. und 6. Denkgesetzes führt: *‚Bewußtsein ist Schöpfung'* und *‚Aufmerksamkeit ist das Mittel*

zur Beseelung der Vorstellungen'. Indem wir beachten oder nicht beachten, lenken wir die Aufmerksamkeit. Doch was besonders hierzu geklärt wird, das ist die Art der Einstellung, die diese Beachtung oder Nichtbeachtung steuert. Man kann sich wehren gegen negative Antriebe, wodurch man sie *zwangsläufig* beachten muß, und kann sie auch einfach übergehen, wodurch sie durch Nichtbeachtung verschwinden bzw. unwirksam werden. — Sehen Sie schon klarer?"

Leser: „Dann ist damit also die ganze geistige Einstellung gegenüber dem Negativen gemeint, d. h. ob wir z. B. das Negative fürchten oder nicht fürchten usw.?"

Verfasser: „Das ist es, und zwar ausgehend zur Hauptsache von der Erkenntnis, daß *Angst* und *Furcht* der Nährboden negativer Vorstellungen sind.

Es kommt darauf an, ob wir mit innerer Sicherheit oder mit Unsicherheit hemmenden Kräften gegenüberstehen.

Und das bestimmt dann auch die Art unseres Verhaltens gegenüber den Antrieben aus dem Unbewußten.
Wenn wir z. B. unsere Hände *festbinden*, damit sie eine dumme Zwangshandlung nicht begehen, so ist das nicht nur bezeichnend dafür, daß wir an einer psychischen Störung oder an einer negativen Gewohnheit kranken, sondern auch für die Tatsache, daß wir schon von vornherein annehmen, daß in einem kritischen Augenblick unsere Selbstkontrolle versagt. Aus dieser Angst vermeiden wir deshalb auch alle Situationen, wo uns ein dadurch bedingtes Malheur passieren könnte, d. h., wo wir uns durch eine Zwangshandlung etwa bloßstellen oder uns oder einem andern einen Schaden zufügen könnten. Diese dauernde Wehr gegen die manchmal unheimlich anmutende Macht aus dem Unterbewußtsein kennzeichnet ganz klar, was nicht sein darf, wenn wir die Lehre des 15. Denkgesetzes beachten wollen. Andererseits leuchtet aber auch ein, daß eine Aufhebung der Gegenwirkung nur möglich ist, wenn wir erkenntnismäßig dem Übel beizukommen versuchen, indem wir also z. B. die Angst vor einem Zwangseinfluß dadurch überwinden, daß wir uns klar werden über die Natur und das Zustandekommen dieses Einflusses, indem wir den ‚Feind in uns' bewußt machen und als einen Zwangsablauf erkennen, der nur durch unsere falsche geistige Einstellung existieren und sich behaupten kann. Grundsätzlich: *weil wir der Macht aus dem Unbewußten wie ein unwissendes Kind gegenüberstehen und uns viel zu viel mit ihr in fürchtender Weise beschäftigen.*

Was wir fürchten, hat stets Aussicht auf Verwirklichung, weil es ja in unserem Gefühl einen willigen Helfer hat, wogegen der Wille nur bei starker Gegenkonzentration Widerstand leisten kann.

Praktisch bedeutet diese Gegenkonzentration, sofern sie uns möglich ist, aber immer nur mehr oder weniger ein In-Schach-Halten der Furchtvorstellung. In leichteren Fällen kommen wir damit durch, in Fällen starker Zwangseinflüsse jedoch höchst selten, während wir durch Erkenntnis und die Anwendung unserer Technik des M-Schlüssels bestimmt zum Ziele kommen.

Selbstbefreiung vom „Stehlzwang"

Wir wollen den Zusammenhang überprüfen an einem Beispiel besonders eindringlicher Art, und zwar an der Kleptomanie. Wissen Sie, was ein Kleptomane ist?"
Leser: „Das ist ein Mensch, der vom Zwang zum Stehlen ergriffen ist."

Verfasser: „Richtig. Kleptomanie ist krankhafte Stehlsucht. Der Betreffende handelt wie ein Hypnotisierter: Was er tut, tut er gegen seinen Willen. In schweren Fällen kann die Selbstkontrolle so gründlich versagen, daß er sogar vergißt, wo und bei welcher Gelegenheit er sich fremdes Eigentum angeeignet hat. Außerdem kann er die Dinge, die er stiehlt, oft überhaupt nicht gebrauchen, und nicht selten sind es gerade Personen in guten Verhältnissen und mit guter Bildung, die an Kleptomanie leiden. Was ist hiergegen zu tun? Ist es damit getan, daß dem Kleptomanen das eigene Zwangshandeln bewußt wird? Nur dann, wenn es so geschieht, daß sich keine Angstkomplexe bilden und wenn damit gleichzeitig der Fortexistenz des Stehlzwanges die psychische Nahrung entzogen wird. Durch Erkenntnis der Vorgänge und Zwangsabläufe im Unterbewußtsein muß ihm also die Sicherheit gegeben werden, daß er sich von der Kleptomanie erlösen kann, wenn er nicht mit seinem Willen dagegen ankämpft, sondern vielmehr gemäß den Gesetzen des Denkens sich einstellt. Im Zuge dieser Selbstbefreiung muß er über seinen Zwangszustand offen sprechen lernen, während er bei Anwendung der negativen Methode ängstlich seinen Zustand verborgen hält, um ja nicht mit mißtrauischen Blicken angesehen zu werden. Anders gesagt: *Durch richtige Erkenntnis muß er zu der Überzeugung kommen, daß Kleptomanie nicht eine fürchterliche Sache ist, sondern nur e i n e r von den Zwangseinflüssen, die das Leben j e d e s Menschen nach der einen oder anderen Richtung gegen seinen eigenen Willen bestimmen.*

Der „Bogen" bei Zwangseinflüssen

Und darum wird er auch nicht aus A n g s t , daß er erneut ein Opfer der Stehlsucht werden könnte, einen Bogen um fremdes Eigentum machen und seine Hände mit Gewalt zurückzuhalten suchen, sondern sich furchtlos mitten hineinbegeben in Gefahrensituationen dieser Art. Da es möglich ist, daß sich der Zwang noch wiederholt bemerkbar macht, bevor er endgültig unwirksam ist, wird er sich grundsätzlich vornehmen, alle gegen den eigenen Willen gestohlenen Gegenstände unverzüglich wieder ihrem rechtmäßigen Besitzer zurückzugeben, wenn er sie in seinen Taschen oder bei sich zu Hause bemerkt. Um völlig sicherzugehen in dieser Technik, wird er seine Freunde und Bekannten offenherzig über seinen Zustand informieren, worauf man ihm helfen wird, den Weg zur Selbstheilung ohne viel Mühe zu gehen. — Ich denke, daß nun schon ziemlich klar ist, was das 15. Denkgesetz will, wenn es sagt, daß die im Unterbewußtsein wirkenden Antriebe auf B e a c h t u n g angewiesen sind, wenn sie existieren wollen. Eine vollständige Klarheit tritt ein mit dem Erfassen des 16. Denkgesetzes:

> **„Wiederholung, bewußt oder unbewußt, verstärkt die Antriebe bis zum Automatismus der Vorgänge, begünstigt und bewirkt also Zwangsabläufe körperlicher, geistiger und seelischer Art, und zwar ebensowohl in negativer wie in positiver Hinsicht (Gesetz der Gewohnheit)."**

Verstehen Sie den Zusammenhang mit unserem letzten Beispiel bzw. mit dem 15. Denkgesetz?"

Leser: „Ja, durchaus. Wenn das 15. Denkgesetz sagt: ‚Alle Antriebe in uns existieren aus der Beachtung und hören auf zu sein durch Nichtbeachtung', so zeigt das 16. Denkgesetz die Methode zur praktischen Beachtung und Ausnutzung der sich aus dem 15. Denkgesetz ergebenden Erkenntnis."

Verfasser: „Ganz richtig, so ist es! Es läßt sich daraus ganz klar der Weg ableiten, den man gehen muß, um einen bestimmten Antrieb, der zu einer automatischen Reaktion bzw. einer Gewohnheit führt, zu entwickeln, zu verstärken oder auch auszuschalten."

Leser: „Das würde besagen, daß man damit ein Mittel in der Hand hat, um über sich eine größtmögliche Herrschaft zu erlangen."

Verfasser: „Jawohl, und zwar ganz und gar im Sinne der Methoden unseres M-Schlüssels, also nicht auf dem Wege der *Gewalt,* sondern auf dem der höheren Erkenntnis von den gesetzmäßigen Abläufen im Innern des Menschen. Und außerdem ist diese Methode auch auf die Kunst positiver Menschenbehandlung anzuwenden. Wo zum Beispiel?"

Leser: „Nun, z. B., was besonders wichtig ist, in der Kindererziehung."

Verfasser: „Können Sie hierfür ein Beispiel zeigen?"

Leser: „Das ist sehr leicht, denn überall, wo Kindern eine *gute Gewohnheit* beigebracht werden soll, kann man ja nach dem 16. Denkgesetz verfahren, z. B. wenn man ein Kind zur *Höflichkeit* erziehen will. Das Höflichseinwollen ist dabei als der Antrieb zu werten, der im Unterbewußtsein des Kindes zum Leben erweckt werden muß."

Verfasser: „Nun, und wie würden Sie das machen?"

Bewußte Erzeugung einer guten Gewohnheit — Zusammenwirkung der Denkgesetze

Leser: „Vor allem kommt es darauf an, daß ich nicht nur das 15. und 16. Denkgesetz berücksichtige, sondern alle Denkgesetze, die auf das Wachrufen des Antriebes Bezug haben. Das beginnt schon beim 1. Denkgesetz: *‚Bewußtsein ist Schöpfung'.* Ich muß also dem Kinde bewußt machen, was Höflichkeit ist bzw. wie sich ein höfliches Kind verhält. Dies bezieht sich gleichzeitig auf das Denkgesetz Nr. 2: *‚Anfang und Ursache jeder Erscheinung und Wirkung ist die Idee, als Urbild und Seele der Erscheinungen und Wirkungen'.*

Dann muß ich die wachgerufene Idee im Kinde stark machen. Das führt zum Denkgesetz Nr. 5: *‚Gedanken, die unser Gefühl beherrschen, lenken und leiten uns, lassen uns siegen oder untergehen'.* Der unmittelbare Weg dazu ergibt sich aus dem 6. Denkgesetz: *‚Aufmerksamkeit ist das Mittel zur Beseelung der Vorstellungen'.* Es muß also die Aufmerksamkeit des Kindes auf die Höflichkeit konzentriert werden. Das ist zu erreichen durch bewußte oder unbewußte Konzentration. Man wird, um ganzen Erfolg zu erzielen, dazu das 8. und 9. Denkgesetz wechselweise zur Anwendung bringen: *Bewußte Konzentration* dort, wo sich das Kind unmittelbar höflich erweisen soll, dazu *unbewußte Konzentration,* wo man mit der Hinlenkung auf die Höflichkeit *angenehme Gefühle* im Kinde hervorrufen kann.

Auch das 13. und 14. Denkgesetz ist zu berücksichtigen: Gemäß dem 13. Denkgesetz wird man nicht die Unhöflichkeit ansprechen, sondern immer nur die *Höflichkeit* des Kindes, eben deshalb, *weil in der Bejahung das Geheimnis größter geistiger Machtentfaltung liegt.*

Nach dem 14. Denkgesetz wird man *auch dann* in seiner Bejahung fortfahren — nämlich daß das Kind bestimmt ein höfliches Kind werden wird —, wenn es so scheint, als hätte man keinen Erfolg, denn *,fortdauernde Behauptung einer Möglichkeit wird zum Glauben und aktiviert dadurch die Kräfte zur Verwirklichung der Behauptung'*.

Geht man so vor, so ist die Beachtung des 15. und 16. Denkgesetzes bereits eine Selbstverständlichkeit, denn dann wird ja der neue Antrieb, in diesem Fall der *Antrieb zur Höflichkeit,* immerfort beachtet, was die Voraussetzung seiner Existenz im Unterbewußtsein ist. Nun, und wenn man konsequent bei dieser Beachtung bleibt, so wird sich der Antrieb so verstärken, daß sich daraus die angestrebte gute Gewohnheit der Höflichkeit zwangsläufig ergibt. Mit anderen Worten, daß das Kind z. B. ,Danke' und ,Bitte' sagt, ohne erst daran erinnert zu werden, ja noch mehr, daß es ihm unangenehm wäre, wenn es nicht ,Danke' und ,Bitte' sagen würde."

Verfasser: „Ausgezeichnet! Ich sehe, daß Sie jetzt schon völlig selbständig mit den Denkgesetzen umgehen können und in der Lage sind, sich in jedem Falle sozusagen Ihre eigene Methode des richtigen Verhaltens nach den Denkgesetzen aufzubauen. Ich habe zu Ihrem Beispiel aber noch eine ganz besonders diffizile Frage: Wenn Sie die Höflichkeit auf diesem *suggestiven Wege* in die innere Struktur des Kindes einbauen, besteht da nicht die Gefahr einer *gedankenlosen Höflichkeit?* Denn Höflichkeit soll doch schließlich eine Gemütssache sein."

Über dem Mechanismus der Natur stets die lebendige Seele sehen

Leser: „Diese Frage scheint wirklich verfänglich, doch Sie berücksichtigen dann wohl nicht, daß ich auch an die Beachtung des 8. Denkgesetzes erinnert habe: *,Wünsche, Interessen, Neigungen, Ängste, Gewohnheiten, Triebe und Leidenschaften lenken u n b e w u ß t die Aufmerksamkeit'*. Ist das der Fall, dann wird der Begriff der Höflichkeit zwangsläufig mit dem ganzen *Innenleben des Kindes* verbunden, denn man wird ihm dadurch immer wieder sagen müssen, daß Höflichkeit eine ebenso notwendige wie nützliche und angenehme Tugend ist, und daß alles viel schöner ist in der Welt und alles viel mehr Freude bringt, wenn man sich gesittet bewegt und anstatt zu schimpfen, zu poltern und grob zu sein und alles für selbstverständlich zu nehmen, in seinem Auftreten, Sprechen und Betragen nett und liebenswürdig ist. Man wird ihm erklären, daß vor allem kluge Menschen höflich sind und daß ein unhöfliches Kind niemand gern hat.

Selbstverständlich richtet sich das nach der geistigen Aufnahmefähigkeit des Kindes. Je älter es ist, um so weitgehender wird also die Ausdeutung des Begriffes sein, während man im Kleinkindalter zunächst darauf sehen wird, daß sich die Höflichkeit zunächst als reine Gewohnheit in das Wollen und Verhalten des Kindes einprägt."

Verfasser: „Ich sehe, wir haben uns verstanden, und unsere lange Unterhaltung über das richtige Verstehen und die praktische Anwendung der Gesetze des Denkens war äußerst fruchtbar. Wissen Sie, worin dabei der Haupterfolg liegt?"

Leser: „Daß mir dadurch bewiesen wurde, daß wirklich nicht der Wille, sondern allein die *Erkenntnis* frei macht, denn auch ich selber bin ja in meinem Handeln dadurch frei geworden. Ich habe jetzt ein ganz anderes Gefühl mir selbst und dem Leben gegenüber als vorher. Ich weiß, ich bin in weitem Umfange nicht mehr machtlos, wenn es darauf ankommt, mit Hemmungen und Schwächen und negativen Einflüssen aus dem Unbewußten fertig zu werden. Es ist um vieles lichter in mir geworden. Der M-Schlüssel ist mir kein Geheimnis mehr, sondern eine jederzeit praktisch anwendbare und überraschend wirksame Methode der Lebensbemeisterung. Jetzt muß ich nur sehen, wie ich daraus für jedes einzelne Vorhaben die jeweils beste Methodik entwickele."

Verfasser: „Und wie gedenken Sie das anzustellen?"

Leser: „Nun, zunächst muß ich mir einmal eine ganz klare Übersicht verschaffen über die *Auswirkungsmöglichkeiten* jedes einzelnen Denkgesetzes, also alles, was sich aus unserer Unterhaltung ergeben hat, muß ich nun rein gedächtnismäßig in mir zu einem festen Bestandteil machen, und zwar so fest muß ich dieses Wissen in mir verankern, daß ich ohne seine Berücksichtigung gar keine Erfolgsüberlegungen mehr anstellen kann."

Verfasser: „Sie wollen damit sagen, daß Ihnen das Wissen von den Denkgesetzen in jeder entscheidenden Situation *vollkommen automatisch* einfallen muß?"

Leser: „Ja, das will ich damit sagen. Und natürlich muß auch das gesamte sonstige Denken davon durchdrungen werden."

Verfasser: „Damit Sie wirklich positiv und richtig denken lernen, nicht wahr? Also ganz und gar im Sinne der Lehren unseres Mental-Positivismus. Und was weiter?"

Leser: „Habe ich das erreicht, dann kann ich jeden Fall, bei dem es sich um die Erreichung eines bestimmten Erfolgszieles handelt, unter Zugrundelegung des Wissens von den Denkgesetzen genau analysieren und die Bedingungen untersuchen, die zur Verwirklichung einer Zielsetzung beachtet werden müssen. Ich bin dann in der Lage, *ganz planvoll* zu handeln, weil ich ja weiß, worauf es ankommt."

Verfasser: „Richtig. Zum Abschluß nun noch eine andere Frage: Welche Haupterkenntnis ergibt sich aus allem für die Allgemeinheit der Menschen?"

Konsequenzen – Es gibt immer eine negative und eine positive Methode

Leser: „Zweifellos die, daß die meisten Menschen deshalb falsch leben, weil sie falsch d e n k e n, und daß es zu einer vollkommenen Neuauffassung aller geistigen Vorgänge im Menschen kommen muß, wenn sich dieser Zustand ändern soll. Vor allem muß jedem klarwerden, daß es immer eine *positive* und eine *negative Methode* gibt, um mit sich selber und dem Leben fertig zu werden, und daß die n e g a t i v e Methode viel, viel anstrengender und schwieriger ist als die positive."

Verfasser: „Und außerdem, daß sich die Beherrschung der p o s i t i v e n Methode z w a n g s l ä u f i g ergibt, wenn man seinen S t a n d p u n k t ändert, wenn man also von der materialistischen Lebensbetrachtung zu einer geistig-religiösen Auffassung des Daseins kommt, denn nur aus dem G l a u b e n an die e i n g e b o r e n e S c h ö p f e r k r a f t wächst ja die Überzeugung von den großen Möglichkeiten, die uns gegeben sind."

Leser: „Ich verstehe genau, denn das ist ja das Grundgeheimnis, daß wir tatsächlich erreichen können, was wir wollen, und nur weil das möglich ist, lassen sich ja überhaupt erst durch die Denkgesetze die angestrebten Erfolge erzielen."

Verfasser: „Ganz recht. Und damit kommen wir zurück auf den Ausgangspunkt: Daß nämlich die Kraft des W i l l e n s nur über die Macht der Überzeugung aktiviert werden kann, gemäß dem Wortlaut des M-Schlüssels, nach dem der Mental-Positivismus die Lehre der Herrschaft über alles Negative durch die Macht der *Überzeugung* ist, die ihrerseits das Ergebnis der *Macht der Erkenntnis* ist, und woraus wir folgern, daß nicht der Wille, sondern allein die *Erkenntnis* uns frei macht, und zwar ganz einerlei, ob wir dabei die positive oder die negative Methode anwenden. Warum wohl?"

Leser: „Weil auch bei der Anwendung der negativen Methode die Aktivierung des Willens über die Bewußtwerdung seiner Kraft erfolgt, nur daß dieser Weg, der der Weg der mühevollen Erfahrung ist, viel schwieriger ist und auch meist viel seltener zum Ziele führt als die positive Methode."

Verfasser: „Und weshalb?"

Leser: „Weil man mehr oder weniger nur unter Zwang bereit ist, den Weg der Erfahrung zu gehen, und weil dieser Zwang in den Dingen einer erfolgreichen Lebensbemeisterung außerdem kaum oder nur in Ausnahmefällen besteht."

Verfasser: „Können Sie für beide Wege ein Beispiel anführen?"

Leser: „Nun, man kann z. B. ein Kind zum Erfolg prügeln oder auch auf positivem Wege vorwärtsbringen. Das erste setzt einen harten Erzieher voraus und woraus sich dann für die Ertüchtigung des Kindes ein leidvoller Weg ergibt, während im anderen Falle das Kind zum Erfolge kommt, ohne aus seiner Harmonie herausgerissen zu werden."

Etwas Einsicht und guter Wille, und alles sähe anders aus!

Verfasser: „Offen bleibt natürlich noch die Frage, warum man dann nicht den Weg der positiven Erziehung geht, wenn auch nicht für uns Mental-Positivisten, so doch für den Außenstehenden. Und was meinen Sie dazu?"

Leser: „Sehr einfach: Täte man das, so wäre es ja in allen Dingen des Menschendaseins froh und positiv bestellt, und es herrschte nicht ein so fürchterliches Durcheinander und Gegeneinander, wie es tatsächlich der Fall ist. Die wahre Ursache ist deshalb die allgemeine Unwissenheit in diesen ganzen Fragen, oder wenn man will: die fürchterliche Dummheit, die den Menschen überall an der Nase herumführt."

Verfasser: „Sie haben ausgesprochen, was Wahrheit ist. Schon ein bißchen mehr Einsicht und guter Wille in den Fragen der seelischen Abläufe können wahre Wunder wirken."

XVI. TEIL

GRUNDREGELN POSITIVER KINDERERZIEHUNG — CHARAKTERFORMUNG ALS PSYCHOLOGISCHE AUFGABE

Man könnte erzogene Kinder gebären,
wenn die Eltern erzogen wären.
Goethe (Zahme Xenien)

Mein verehrter Leser! Erziehungsfragen sind immer sehr ernste Fragen, weil sie nicht nur entscheidend für das Lebensglück unserer Kinder und unser eigenes Glück, sondern zugleich auch für das Wohlergehen oder den Verfall jeder kleinen und großen Gemeinschaft.

Charaktere bauen auf oder reißen ein, sind fruchtbar für ihre Umwelt oder eine Strafe, je nach ihrer Eigenart. Wir alle sind durch unseren Charakter das Heil oder Unheil für unsere Umwelt und unsere Mitmenschen.

Wenn die Kultur-Menschheit trotz ihrer gewaltigen technischen und wissenschaftlichen Fortschritte in den letzten Jahrhunderten es immer noch nicht erreicht hat, zu einem befriedigenden Beieinanderleben zu kommen und es nicht verstanden hat, sich durch die Erschließung der Naturschätze und Naturkräfte das Verweilen auf Erden harmonisch zu gestalten, so liegt das an den Menschen selbst, an ihrem mangelnden guten Willen und ihrer mangelnden Bereitschaft zu positiver Zusammenarbeit. Daran sind die negativen Seiten des Charakters schuld, die ihrerseits weniger Selbstsucht, Schlechtigkeit und Verderbtheit zur Ursache haben als *mangelnde Erkenntnis.*

Es ist leicht gesagt, daß das Trachten und Sinnen des Menschen böse sei von Jugend auf, wenn man nicht die Gründe und Ursachen untersucht, die diese seelische Situation bewirken. Zumeist sind es die Sünden der Erzieher, die hierfür verantwortlich sind. Die Tatsache, daß die Gesamtharmonie der Zivilisation hiervon abhängig ist, erhellt die ungeheure Bedeutung des Erziehungsproblems nicht nur für den einzelnen Menschen, sondern auch für den Gesamtfortschritt der Menschheit.

Die unglaubliche Unwissenheit in fast allen Fragen der Erziehung ist die Generalursache für das Versagen der Verantwortlichen, und insonderheit tragen diese Verantwortung die Eltern, weil nur sie allein Gelegenheit haben, das Kind in den ersten entscheidenden Monaten und Jahren seines Lebens nach der positiven Seite zu beeinflussen.

Das bedingt natürlich, daß man an eine solche *bewußte* Formung des Charakters überhaupt zu glauben vermag und nicht einfach meint, daß sich ein Kind nur gemäß seiner Anlagen entwickelt. Schon hier zeigt sich, wie sehr das Erziehungsproblem ein ganz und gar psychologisches ist und wie sehr es hineingreift in das große Geheimnis der Schöpfung und Menschwerdung, und wie sehr man demzufolge eine Ahnung haben muß, wie es um die *Bewußtwerdung* der Seele bestellt ist und welche Gesetzmäßigkeiten sich auswirken, wenn diese Bewußtwerdung nach der positiven oder negativen Seite vor sich geht.
Unwissenheit macht ratlos: Man möchte ja gern sein Kind positiv und glückhaft erziehen, aber wie soll man das anfangen, welche Wege soll man beschreiten, und was ist das eigentlich, was man „Erziehung" nennt? Mit jeder Sache, sei es eine Maschine, ein Möbel oder sonst etwas, geht man bewußter und überlegter um, alle Folgen eines falschen Handelns vorher bedenkend, als mit der Seele des Kindes, und was man Erziehung nennt, ist nur bei erkennenden Vätern und Müttern die Erfüllung einer ethischen Pflicht, die mit voller Überlegung und voller Verantwortung zu tun ist, im übrigen aber nur ein unbedachtes Hin- und Herschieben des Kindes zwischen den Gedankengeleisen und Gefühlen der Erwachsenen, und zwar immer so, wie es gerade den augenblicklichen Stimmungen gut dünkt. Äußert sich als Folge dieses Verhaltens eine schlechte Eigenschaft, so denkt man mit keiner Spur von Einsicht daran, daß diese Erscheinung das gesetzmäßige Ergebnis dieser Gedankenlosigkeit ist, sondern behauptet einfach, das Kind habe eben einen solchen Charakter und sei von Grund auf, also aus seiner Veranlagung heraus launisch, störrisch, eigensinnig, vorlaut, frech usw.
Trotzdem ist es aber zu verstehen, wenn falsch gehandelt wird, und zwar weil eben auf diesem Gebiete, so unerhört wichtig es auch ist, eine geradezu himmelschreiende Unwissenheit besteht.

Infolge mangelnder Erkenntnis über die Vorgänge bei der Entwicklung und Bildung eines Charakters wird in der Mehrzahl der Fälle genau das Gegenteil von dem getan, was geschehen muß, um ein Kind nach der positiven Seite hin zu fördern. Das gebietet mit größtem Ernst und mit größtem Nachdruck, daß man für die Erziehungsarbeit die Regeln kennt, die sich aus der Naturgesetzmäßigkeit der Charakter- und Seelenentwicklung ergeben und wodurch wir fähig werden, diese Entwicklung positiv zu steuern.
Diese Regeln müssen in allen Lebensumständen die ganze Linie des Verhaltens zum Kinde bestimmen. Sie müssen der W e g w e i s e r sein, der die Behandlung des Kindes und das Verhalten zum Kinde stets richtig angibt. Sie müssen bestimmen, was man zu einem Kinde s a g e n darf und w i e man etwas zu sagen hat, desgleichen w i e man sich einstellen und verhalten muß, falls das „gute Herz" mit einem durchgehen will, wenn sich besondere Konsequenzen als notwendig erweisen. Und grundsätzlich gilt: daß man sich darüber klar ist, daß es sich bei der Erziehung um eine Aufgabe handelt, die nicht nur für die Gegenwart, sondern vor allem und zur Hauptsache für das zukünftige Verhalten und Handeln des Kindes entscheidend ist.

Erziehung ist *Seelenbildung* und als solche erhabenstes *Künstlertum.* Es ist die verantwortungsvollste aller Künste und die verpflichtendste aller Aufgaben, die ein

Mensch auf Erden haben kann, zugleich aber auch die beseligendste und fruchtbarste, wenn sie von höherer Erkenntnis getragen wird.
Erziehung ist Arbeit im Weinberge Gottes! „An ihren Früchten werdet ihr sie erkennen!" Wo könnte dieses Wort wohl größere Berechtigung haben als hier? Entscheidend ist aber, daß man sich dieser Tatsachen nicht nur von Zeit zu Zeit bewußt wird oder wenn gerade mal eine moralische Rührung über uns kommt, sondern in jedem Augenblick, wo wir vor unseren Kindern stehen.

Was aus unseren Kindern eines Tages wird, ist unser Werk! Nicht nur leiblich, auch geistig und seelisch ist das Kind in einem außerordentlich hohen Maße unser Geschöpf, ungeachtet seiner eingeborenen individuellen Wesenheit.

Zwar ist es so, daß der Kern gegeben sein muß, um durch Schliff edlen Stoff zum Leuchten zu bringen. Doch versagt der Schliff, kommt das edle Gestein nicht zur Geltung. Es kann natürlich sein, daß der Kern tatsächlich nichts taugt, doch wie wollten wir das erkennen, bevor wir nicht unser heißestes Bemühen darangesetzt hätten, ihn ernsthaft sichtbar und bewußt zu machen? Denn das ist das Geheimnis der Erziehung, der Seele emporzuhelfen aus dem *Unbewußten*, ungeachtet wie tief sich ihre guten Eigenschaften auch befinden mögen.

Nicht auf das Hineinlegen in die Seele eines Kindes kommt es an, sondern auf das Herausholen aus ihr an Gutem, was immer nur in ihr steckt, und darin zeigt sich wahres Künstlertum im erziehlichen Bemühen, wieweit wir dazu imstande sind und welche Wunder in schwierigen Fällen wir dabei zuwege bringen.

Es ist wahr, daß organische Behinderungen oft größte Schwierigkeiten mit sich bringen, doch wer wollte sagen, daß es schließlich nicht doch gelingt, diese Hemmnisse zu meistern, sofern wir nicht alles, aber auch alles versucht haben, den Bann zu brechen? Erziehungsarbeit kommt der Arbeit eines Gärtners gleich. Muß nicht das beste Pflänzchen verkümmern, wenn der Boden, auf dem es wächst, untauglich ist und sich niemand um das Pflänzchen müht, niemand da ist, der es sorgsam hegt und pflegt, damit es sich so entwickeln und entfalten kann, wie es der Schöpfer gewollt hat? Wir müssen den Gedanken ausmerzen, daß es mit einem jungen Menschenkind anders sein könnte.

Allein deshalb, weil wir nicht den nötigen Abstand von unserem Fleisch und Blut haben und gerade deshalb in ständiger Verblendung leben, handeln wir anders als der gute Gärtner, sind wir nachlässig und lassen uns gehen.

Würden sich Väter und Mütter wirklich darüber im klaren sein, welches lebende Menschenwerk ihren Händen entwächst, wüßte jeder Erzieher in jedem Augenblick ganz genau, von welch ungeheurer Bedeutung sein Einfluß ist, würde in den Grundfragen der Erziehung sehr bald Wandel geschaffen sein. Und damit beginnt die positive Erziehung, daß man sich absolut zweifelsfrei und kristallklar der Wirkung des eigenen Denkens, Fühlens und Handelns auf die Seele des Kindes bewußt ist, die zusammengenommen den Mutterboden bilden, aus dem die uns anvertrauten Menschenpflänzchen ihre Gesundheit und Lebenskraft beziehen.
Es ist der Wunsch aller Eltern, an ihren Kindern Freude zu erleben. Auch hier gilt Bacons entscheidendes Wort: „*Wissen und Macht fällt in eins zusammen, weil Un-*

kenntnis der Ursachen den Erfolg vereitelt." Man kann und wird diese Freude nur haben, wenn man auch hier das *Richtige* tut. In Erkenntnis dieser Notwendigkeit lassen Sie uns nunmehr die Fragen einer positiven Erziehung von der Praxis aus sehen, mein verehrter Leser. Ich bin sicher, Ihnen dadurch manche Handhabe zu bieten, um auch bei schwer erziehbaren Kindern noch gute Erfolge zu erzielen.

Kräfte und Eigenschaften des positiven Erziehers: Viel Liebe — Innere Ruhe — Logisches Denken — Wohlwollende Bestimmtheit — Konsequenz — Gläubige Geduld

Die oberste Forderung ist auch hier: *Gedankenklarheit!* Wenn wir die Kräfte und Eigenschaften des positiven Erziehers nicht besitzen, ist der Erfolg bei Kindern ebenso fraglich, wie im Umgang mit Erwachsenen. *Unser Weg zur positiven Persönlichkeit ist daher auch für das Lebensglück unserer Kinder unerläßlich.* Im Verlaufe unserer Darlegungen wird es sich erweisen, daß wir nur dadurch fähig werden, den Bedingungen erfolgreicher Charakterbildung zu entsprechen.

Daß wir von aufrichtiger Liebe zu den von einem gütigen Geschick in unsere Hände gegebenen Geschöpfen erfüllt sind, bedarf keiner Frage, und auch dann, wenn uns gelegentlich verzweifelte Stimmungen durch das Mißlingen unserer Absichten überkommen. Anders steht es mit unserer inneren *Ruhe* und der *Logik,* die meist zu wünschen übriglassen. Und weil es darin fehlt, mangelt es auch an der unbedingt erforderlichen *klaren Linie* in unseren Erziehungsmaßnahmen, ganz zu schweigen von einem *System* in der Erziehung, das im Elternhaus praktisch überhaupt nicht zur Anwendung kommt, einfach deshalb, weil man kein System kennt, und es meist auch nicht für erforderlich hält, sich mit den Faktoren auseinanderzusetzen, die zur Anwendung eines bestimmten Erziehungssystems verstanden und beachtet werden müssen.

Ganz allgemein erzieht man seine Kinder so, wie man selbst erzogen worden ist. Man macht das aber nicht *bewußt,* sondern rein gefühlsmäßig. Man schimpft und schlägt, arbeitet mit Einschüchterungen und Drohungen, oder, wenn man weniger auf Gewalt eingestellt ist, mit Bitten, Versprechungen und Ermahnungen. Alles aber ohne wirkliche Klarheit über die jeweiligen Tiefenwirkungen einer Maßnahme. Wenn trotzdem in beiden Fällen Ergebnisse erzielt werden, so erst zuletzt durch diese „Methoden", vielmehr durch einen ganz anderen Faktor, der weit stärkeren Einfluß ausübt: *„Die suggestive Macht des Beispiels!"* Was wir meinen, das sagt das Sprichwort: *„Wie die Alten sungen, so zwitschern auch die Jungen."*

Mit jedem Wort, das wir sprechen, wirken wir auf die Seele des Kindes, jede Gebärde, jede Art von Verhalten färbt ab und wirkt formend und bildend, und zwar im guten wie im schlechten Sinne.

Es ist wahr: „Das Beispiel ist der beste Lehrmeister!" Die Seele des Kindes ist wie Wachs und jeder Beeindruckung zugänglich. Und was von größter Bedeutung ist: schon von der ersten Lebensminute an und in den ersten Monaten und Jahren am nachhaltigsten.

Man muß sich vergegenwärtigen, was das bedeutet! Wie groß und schwerwiegend die Verstöße sind, die bei einer Nichtachtung dieses Faktums begangen werden! Und

man verstößt andauernd hiergegen, wie die Praxis zeigt, denkt gar nicht hierüber nach, mißt diesem Einfluß keine oder nur geringe Bedeutung bei. *„Das Kind versteht ja noch nichts!"* Das ist die allgemeine Ansicht, sofern man überhaupt über diese Zusammenhänge einmal nachdenkt. Außerdem wird diese gefährliche Haltung dem Bewußtsein verschleiert durch die Ansicht, daß es ja doch auf die Veranlagung eines Kindes ankomme, wenn sich etwas Negatives in ihm entwickelt.
Grundsätzlich ist es hier wie bei einer Infektion: Mancher ist immun, mancher besonders leicht anfällig. Bedeutet das aber, daß man es darauf ankommen läßt, ob man krank wird oder nicht? Klugerweise beugt man vor, läßt sich einen Gefahrenherd erst gar nicht entwickeln.

Wer seine Kinder liebt, muß beseelt sein von dem Glauben, daß alle guten Eigenschaften in ihnen liegen, die er durch sein Beispiel und sein positives Verhalten wecken will. Ohne diesen Glauben verliert die beste Erziehungsmethode ihre Kraft!

Ist eine große Bereitschaft für die Entwicklung schlechter Eigenschaften vorhanden, dann bildet diese Einstellung den besten Schutz gegen ihr Aufkeimen. Außerdem wären alle Versuche zum Mißerfolg verurteilt, die es sich zum Ziele setzen, möglichst hochwertige Charaktere heranzubilden, denn was im Elternhaus nicht möglich ist, das wäre ja dann auch in Erziehungsinstituten zum Scheitern verurteilt. Das ist aber keineswegs der Fall, wie es die Erfahrung in ungezählten Einzelfällen bewiesen hat und immerfort beweist. Ist dem aber so, dann trifft jeden Vater und jede Mutter wie überhaupt jeden Erzieher der Vorwurf der Fahrlässigkeit und eines überaus leichtfertigen Verhaltens gegenüber den ihnen unterstehenden Kindern. Zweifellos klingt das hart, und das Gefühl wehrt sich gegen diesen Vorwurf, denn immer glaubt man, wirklich sein Bestes getan zu haben. Aber dennoch: Unkenntnis schützt auch hier nicht vor Strafe! Die Erziehung hat trotzdem versagt, wenn auch wider den guten Willen.
Wie schlechte Beispiele gute Sitten und schlechter Umgang den Charakter verderben, so verkümmert ein Kind oder blüht auf, wird es ein gehorsames und williges Kind oder ein Tunichtgut, je nach dem Umwelteinfluß, in dem es aufwächst, und je nach der Einsicht in die Entfaltungsvorgänge der Seele, die seine Erzieher leitet.
Warum spricht man denn von einer Verwahrlosung der Jugend? Warum von einer guten oder schlechten Kinderstube? Allein doch nur deshalb, weil sich alles eindrückt in das seelische Gefüge und die innere Struktur, die das Wesen des Kindes ebenso begünstigt oder benachteiligt wie die Ernährung den Entwicklungsprozeß des Körpers. Dieser Vergleich ist übrigens besonders zutreffend und einleuchtend: Die körperlichen Anlagen mögen bei einem Neugeborenen völlig normal und in Ordnung sein. Wird es falsch ernährt und naturwidrig behandelt, gedeiht es trotzdem nicht. Ursache und Wirkung! Umgekehrt kann ein schwächliches Kind gesund und stark werden, wenn man die Wachstumsbedingungen entsprechend gestaltet.
Großstadtkinder, die in sonnenarmen, muffigen, unsauberen Hinterhöfen aufwachsen, werden dadurch nicht nur organisch, sondern auch seelisch zu Krüppeln! Gewiß, es gibt Ausnahmen, doch diese bestätigen nur die Regel. Die Mehrzahl der Kriminellen unter den Jugendlichen sind Opfer trauriger Familienverhältnisse und sozialer Notstände. Entscheidend ist aber, daß immer die gleichen Faktoren die verschiedenen Charakterbilder erzeugen und allen voran, das gute oder schlechte Beispiel.

Erste Regel positiver Erziehung

Wissen wir das alles, mein verehrter Leser, dann ist es verständlich, wenn wir für eine positive Erziehung als erstes Gedankenklarheit verlangen und in allen Fragen neben der Liebe der *Logik* bevorzugt das Wort reden. Beide Kräfte müssen außerdem stets Hand in Hand gehen, wenn es uns möglich werden soll, unsere Regeln der positiven Erziehung zur Anwendung zu bringen. Mehr noch als sonst kommt es auf *Einsicht* und *guten Willen* an, ja auf noch mehr, auf *Weisheit!* Aus allem ergibt sich die erste Regel positiver Erziehung:

Sei selber so, wie du dein Kind haben willst! Bedenke die suggestive Macht des Beispiels!

Zu den Eigenschaften des positiven Erziehers zählten wir die *Ruhe.* Dies aus vielerlei Gründen. Zur Hauptsache: Nur aus der Ruhe können *Klarheit* und *Nachdruck* kommen. Klarheit erstens unseres eigenen Denkens, damit wir stets mit *Vorbedacht* handeln und keine psychologischen Fehler machen, und dann, um uns dem kindlichen Gemüt und dem augenblicklichen geistigen Fassungsvermögen des Kindes so verständlich zu machen, daß wir tatsächlich die Wirkung auf sein Empfinden und Wollen erzielen, die wir beabsichtigen.
Klarheit allein ist jedoch nicht ausreichend. Es ist notwendig, daß wir *Einfluß* haben. Dazu brauchen wir ein *starkes persönliches Fluidum,* das unseren Worten Nachdruck gibt und dem sich das Kind mit seinem natürlichen Gefühl für das Starke und Überlegene ohne inneren Widerspruch fügt. Diese Kraft der Persönlichkeit ist ohne innere Ruhe nicht vorhanden. Was dabei magnetisch und suggestiv wirkt, ist nicht die Ruhe an sich, sondern die *Vernunft,* die *Zielklarheit* und die *Entschlossenheit* und zugleich der *Glaube an den Erfolg der Erziehungsabsichten,* die darin zum Ausdruck kommen.
Solange es dem Kinde nicht möglich ist, verstandesmäßig die Willensrichtung des Vaters oder der Mutter zu erfassen, reagiert es in diesem Sinne mit seinem *Gefühl.* Es entwickelt dabei Fähigkeiten, die dem Erkennungsvermögen des Erwachsenen weit überlegen sind, und dies schon in der Wiege.
Grundsätzlich verhält sich die Seele des Kindes schon in frühestem Stadium der Bewußtwerdung genau so wie im Erwachsenen: Sie will das tun, was sie selber möchte und nicht was die andern wollen, wobei es nicht so sehr auf das Ziel als auf den Drang zur Selbständigkeit, den Willen zur Freiheit ankommt, dessen Ahnung als höchstes Glück des Menschseins ihr eingeboren ist. Die Äußerung dieses Dranges erfolgt im weiten Umfange hemmungslos und spielerisch. Aufgabe der Erziehung ist es, diesen Trieb in positive Bahnen zu lenken und nach und nach unter die Kontrolle der sich allmählich entfaltenden Verstandeskräfte zu bringen. Daß uns das in wünschenswerter Weise gelingt, ist Sache unserer pädagogischen Geschicklichkeit und in erster Linie die Frucht unseres persönlichen Einflusses. Es gibt zahlreiche Möglichkeiten, diesen Einfluß auszustrahlen, doch die Grundlage ist die *Positivität* unseres Wesens und die dadurch in uns herrschende *Ruhe,* die der vom Kinde fühlbare Ausdruck von *Besonnenheit* und *seelischer Stärke* ist.

Zweite Regel positiver Erziehung

Aus der Zusammenfassung dieser Erkenntnisse ergibt sich eine weitere Regel positiver Erziehung:

Dein Kind gehorcht dir, wenn du innerlich stark bist. Du bist stark durch innere Ruhe!

Als weitere Eigenschaft des erfolgreichen Erziehers wurde „*wohlwollende Bestimmtheit*" genannt. Das ist ein Begriff, der für sich selber spricht. Er verkörpert alles in unserem Verhalten, Sprechen und Reagieren, was in der Liebe, Logik und Ruhe des positiven Menschen aktiv ist.
Wohlwollende Bestimmtheit kennt keinen Zweifel, kein Schwanken, keine Unsicherheit, weder im Tonfall noch in den Sätzen, die gesprochen werden, noch sonstwo im Umgange mit dem Kinde. Immer ist *zielende Sicherheit* da, genaues Wissen, was man will, immer entschiedene Festigkeit, gesteuert jedoch nicht von Starre und Unbeugsamkeit, sondern von *gütiger Besonnenheit*. Erkennende Liebe ist die Triebfeder, und gerade darum sprechen wir auch von *wohlwollender* Bestimmtheit.
Diese Bestimmtheit meint es gut mit dem Kinde, und sie ist überhaupt nur deshalb so entschieden und fest, weil es zum Besten ist. Ganz im Gegensatz zu Vätern und Müttern, bei denen bestimmtes Wesen der Ausdruck eines herrischen Charakters ist.
Man muß hier sehr genau verstehen, was wir meinen: Es gibt ein befehlendes Wesen, das aus der Auffassung stammt, daß Kinder immerzu nur dankbar zu sein haben, daß man sie am Leben erhält und für sie arbeitet. Kinder haben zu gehorchen, das ist richtig und unerläßlich, aber nicht aus Unterwürfigkeit den Eltern gegenüber, sondern in ihrem eigenen Interesse, ebenso wie sie in der Schule nicht lernen, um dem Lehrer zu gefallen. Bevor ein Kind so weit ist, daß man mit ihm hierüber sprechen kann, was so früh wie möglich geschehen soll, muß das in unserem ganzen Verhalten zum Ausdruck kommen.

Dritte Regel positiver Erziehung

Wie sich wohlwollende Bestimmtheit im einzelnen äußert, werden wir später sehen. Einstweilen die Hauptregel hierfür:

Bei Anordnungen: Vermeidung jeder Umschweife! Konzentration auf wenige Wörter! Bestimmender Tonfall, getragen von herzlicher Selbstverständlichkeit!

Mancher Erzieher steht auf dem Standpunkt, daß es nur zwei Mittel gibt, um ein Kind folgsam zu halten: Belohnung und Strafe, oder kraß ausgedrückt, Zuckerhut und Peitsche. Und daß die Erziehungskunst darin besteht, von diesen beiden Mitteln jeweils das passende anzuwenden. Diese Einstellung kennzeichnet den Grad der Unwissenheit, die man in den Dingen der Seele hat. *Es kommt nicht nur darauf an, daß ein Kind tut, was man sagt, ebenso darauf, daß der Antrieb zum Gehorsam ganz und gar positiv ist und die Sicherheit in sich trägt, daß aus ihm keine negativen Folgen für die Zukunft erwachsen.* Das ist weder bei der Erwartung von Belohnungen noch bei der Furcht vor Strafe der Fall. Beide Antriebe sind absolut unbrauchbar für die Förderung lauterer Eigenschaften, die sich wohl für Dressurzwecke, nicht aber für die Erziehung des Menschen zum Menschen eignen. Das schließt nicht aus, daß man gelegentlich belohnt und auch bestraft, doch keineswegs so darf das geschehen, daß sich daraus *Motive* entwickeln, die die magnetische Kraft, die aus dem Wesen des Erziehers strahlt, abschwächen oder unwirksam machen.
Um hier klarzusehen, muß man sich das Entscheidende jedes Erziehungsvorganges deutlich machen: Erziehen ist ein *Ziehen*, ein *Hinziehen* des Kindes zum Guten, zum

Positiven, zu dem, was notwendig ist, um in der menschlichen Gemeinschaft als Mensch unter Menschen bestehen zu können. Was gezogen wird, das ist die *Seele* im Menschen, die der körperlichen Form eingeborene Kraft, die vermittels ihrer Begabungen in der Lage ist, durch die Sinnesfunktionen und die wunderbare Beschaffenheit des Gehirns zu einem menschlichen Wesen, zu einer menschlichen Person zu werden. Dem neun Monate währenden körperlichen Geburtsvorgang folgt unmittelbar ein zweiter: Die Geburt des Menschen! Er dauert wesentlich länger und unter Umständen ein ganzes Leben lang.
Verfolgen wir die Entwicklung des körperlichen Menschenkeimes im Mutterleibe, so erleben wir einen Durchlauf der Form durch die Entwicklungsepochen der Menschheit. Es ist ein beständiges Umbilden und Vervollkommnen im Gange, bis schließlich aus dem Embryo ein Geschöpf mit Menschenantlitz wird.
Unverkennbar vollzieht sich dieser Vorgang nach einem Plan, mit der Absicht und dem Ziel, einen *Menschen* zu schaffen, doch daß der Plan in allen Einzelheiten gelingt, ist auch hierbei schon eine Sache des Mutterbodens. Je nach der Gesundheit der Mutter, und dies auch in seelischer Hinsicht, wird sie einem kräftigen oder schwächlichen Kinde das Leben geben, wird ein gesundes Kind oder ein organisch verkrüppeltes das Licht der Welt erblicken. Ernährungsschäden, Übertreibungen, Krankheiten, Gifte, alles wirkt ein auf den Entfaltungsvorgang, hemmt und stört ihn, und nicht selten hat ein Mensch sein ganzes Leben lang dadurch zu leiden.
Und genau so, wie es mit der Entfaltung der körperlichen Form des Menschen steht, so ist es mit seiner *zweiten* Geburt, mit der Geburt seiner *Seele*. Auch dafür besteht ein Plan, auch dieser Prozeß vollzieht sich nach einer Absicht, einem genauen Ziel. Ob es jedoch und wie weit es erreicht wird, ist ebenfalls in weitem Maße von den Umständen abhängig, die diesem Plan günstig oder ungünstig sind. Es muß nicht unbedingt so kommen, wie es sein müßte, es kann auch ganz anders kommen, ganz anders, wenn auch hier infolge von Giften und Krankheiten, die in diesem Falle *Erziehungssünden* sind, Organe verkrüppeln.
Die Entfaltung des Menschenkeimes im Mutterleibe ist die erste Phase der Menschwerdung. Die zweite beginnt mit dem ersten Schrei des Kindes und dauert an, bis es die Seele gelernt hat, sich mit Hilfe des Körpers in der Welt zurechtzufinden. Wie gut das gelingt, ist zu allererst eine Sache des geistigen und seelischen Mutterbodens, in dem sie ihre Kindheit verbringt, später dann eine Sache des ablaufenden Lebens und der Selbsterkenntnis.

Wie wir unseren Kindern ein körperliches Erbe mit auf den Lebensweg geben, das ihnen bis ans Ende ihrer Tage zum Fluche oder zum Segen werden kann, so geben wir ihnen auch ein geistiges und seelisches Erbe mit auf den Weg. Es wird positiv sein, wenn wir selber positiv sind: Die guten Gewohnheiten, die wir ihnen beim Gebrauch der Sinne, des Gehirns und des Körpers einpflanzen, die guten Regeln, nach denen sie ihr Leben führen lernen, die schönen Gedanken, die in ihnen wachgerufen werden, die edlen Gefühle, die wir in ihnen wecken, das Licht der Erkenntnis, das durch die Anleitung zum rechten Gebrauch der Kräfte des Geistes in ihren Seelen entzündet wird.

Zu all *diesem* heißt es die Seele *hinziehen,* zu *diesem Streben* sie *veranlassen,* in *diesem Wollen* sie *üben* und *trainieren,* ganz zum Zwecke, damit sie *wird,* was sie werden *kann.* Es ist ein behutsames Aufbrechen ihres inneren Kernes, ein äußerst

bedachtsames und sorgsames Hegen und Pflegen aller Anlagen, deren ein Mensch bedarf, um ein Mensch zu sein, und insonderheit jener, die davon schwach und manchmal kaum erkennbar vorhanden sind.
Jedes Menschen Seele ist anders angelegt, immer liegt ein anderer Plan zugrunde. Unergründlich sind die Schicksalskräfte, die sie ins Leben rufen und die ganze Menschheitsentwicklung ist daran beteiligt. Doch es ist kein unwiderruflich fertiges Bild, das uns übermittelt wird, es liegt an uns, was wir daraus machen und wie weit wir es damit bringen: Wie wir einem schwächlichen Körper durch Liebe, Glauben und Vernunft Stärke verleihen können, in der Entwicklung gehemmten Organen durch Elixiere besseres Wachstum zu geben vermögen, und dadurch bewußt eingreifen in das *Schicksal* des Menschen, so können wir auch unseren Kindern zu einer klaren Seele und einem positiven Charakter verhelfen, wenn wir nur wissen, wie dem beizukommen ist. Zumindest können wir bessern und noch größeren Schaden verhüten, wenn eine unglückliche Veranlagung keinen ganzen Erfolg zuläßt.
Man versteht, mein verehrter Leser, warum wir von einem *Künstlertum* bei der Erziehung sprechen, und wie sehr es zutrifft, wenn wir das Mühen des Erziehers der Arbeit eines Gärtners gleichsetzen. Und ebenso, daß eine so pfleglich und bedachtsam zu leistende *Zieharbeit* nicht mit primitiven Dressurmitteln durchgeführt werden kann. Deshalb:

Nur die magnetische Kraft des Erziehers ist das der Menschenseele gemäße Mittel zur Hervorbringung ihrer positiven Eigenschaften, Kräfte und Fähigkeiten. Menschenseele kann nur von Menschenseele entfaltet werden! Und wenn ein grober Reiz unerläßlich ist, dann nur als Ausnahme, niemals als Regel.

Dann ist die Erziehung *positiv,* wenn das Kind gehorcht, ohne zu empfinden, daß es gehorsam ist, vielmehr einfach tut, was man ihm sagt und dabei zugleich von innerer Freude erfüllt ist. Wenn es aus *Liebe* gehorcht, der Gehorsam zurückstrahlende Liebe des Vaters oder der Mutter ist. Wenn nach dem Übergangsstadium vom Säugling zum Kleinkind eine Freiwilligkeit des Gehorchens erreicht ist, die sich gründet auf dem Glücklichsein des Kindes durch das Eingebettetsein in die wohlige Lebenswärme der Liebe seiner Eltern.
Natürlich ist das ein Idealbild positiver Erziehung und nur erreichbar bei wirklich starker Persönlichkeitswirkung und gutartiger Veranlagung. Man mache aber ja nicht den Fehler, diese Gutartigkeit für seine eigenen Kinder in Abrede zu stellen. Ob eine nicht zu meisternde negative Veranlagung vorliegt, kann wirklich erst dann gesagt werden, wenn im Sinne positiver Erziehungsregeln längere Zeit hindurch verfahren wurde. Johann Heinrich Pestalozzi, der große Kinderfreund und Erzieher, behauptete z. B., daß alle Kinder klug wären. Aber er verlangt auch, daß man erst die Erzieher erziehen muß, wenn gute Erfolge möglich werden sollen. Der Wahrheit gemäß wäre die Frage nach der charakterlichen Beschaffenheit der eigenen Kinder für viele Eltern so zu formulieren: „Sind unsere Kinder so gut veranlagt, daß sie auch dann gute Kinder werden und bleiben, wenn wir uns als Eltern in der Erziehung überhaupt nicht um die Entwicklungsgesetze kümmern und einfach so handeln, wie es uns gerade paßt?" —
Die magnetische Kraft des Erziehers und seine Liebe darf man natürlich nicht verkennen. Das Gegenteil von Drohung und Strafe ist keineswegs Gutmütigkeit oder Weichheit. Das Kind würde diese Schwächen sehr schnell ausnutzen, ohne daß man ihm daraus einen Vorwurf machen kann. Kinder durch Liebe gewinnen und an sich

fesseln ist erst eine Seite des positiven Handelns, und man kann das sehr gut auch durch Gutmütigkeit erreichen. Doch es kommt darauf an, daß sie *gehorchen,* und das ist ohne Positivismus nicht möglich.
Wer gutmütig ist, dem tanzt man auf dem Kopfe herum, das ist bei Kindern so wie bei Erwachsenen. Was wir brauchen ist *Güte* und *Festigkeit,* das aber ist *wohlwollende Bestimmtheit* und nicht Gutmütigkeit.

Kraft muß strahlen, von positivem Denken gesteuerte Kraft, das ergibt den Magnetismus des erfolgreichen Vaters und der erfolgreichen Mutter!

Nun, und wenn die Kinder manchmal trotzdem nicht zu leiten sind, dann haben wir ja noch eine andere Eigenschaft des positiven Erziehers zur Verfügung: die *Konsequenz.*
Um zu verstehen, was wir damit meinen, muß man an das Gegenteil denken, also an *Inkonsequenz.* Wer ist inkonsequent? Wer zuerst A sagt und dann nicht B, wer zuerst „Haue" verspricht und dem Kinde Furcht vor Strafe einjagt und dann doch anders handelt, wer immer wieder herumzukriegen ist und so immer irgendwie mit sich spielen läßt. Außerdem: wer viele Worte und langes Federlesen macht.

Es ist für die Erziehung von größter Wichtigkeit, daß ein Kind genau weiß, daß ganz bestimmte Gesetze im Familienleben und in der Kinderstube gelten und daß diese Gesetze unverletzbar sind. Dieses Wissen muß als eine gefühlsmäßige Selbstverständlichkeit verankert werden, was zwangsläufig eintritt durch konsequentes Verhalten bei Nichtbeachtung dieser Gesetze.

Macht Konsequenz eine Strafe unumgänglich, genügt es also nicht, durch verbale Zurechtweisung das Kind zur Ordnung zu rufen, was nur im Wiederholungsfalle angezeigt ist, so muß alles getan werden, damit dem Kinde die eigene Verfehlung wirklich bewußt wird. Ein sogenannter „Denkzettel" in Form einer Ohrfeige z. B. verfehlt absolut ihren Zweck, wenn sie nur die Aufregung oder Strenge des Vaters oder der Mutter dem Kinde zum Bewußtsein bringt.

Vierte Regel positiver Erziehung

Über die Anwendung von Konsequenz haben wir uns noch mehr zu sagen. Hören Sie zunächst die Hauptregel hierfür:

Erst denke, dann entscheide und verbleibe dabei! Sei gut, aber nicht gutmütig! Setze Grenzen und achte auf Einhaltung! Konsequenz verhütet Härte; Härte als Konsequenz taugt nur als Arznei!

Vier Regeln positiver Erziehung kennen wir jetzt, entsprechend der Liebe, der inneren Ruhe, der Logik, der wohlwollenden Bestimmtheit und der Konsequenz, die wir brauchen, um unseren Kindern positive Erzieher, positive Väter und Mütter zu sein. Die 5. und letzte der wichtigen Grundregeln bezieht sich auf die *„gläubige Geduld".*
Auch dieser Begriff spricht für sich selbst: Geduld haben aus *Glauben,* aus der Gewißheit, daß wir volles Vertrauen haben dürfen zum Erfolg unseres positiven Wollens bei der Erziehungsarbeit. Und dies aus zwei Gründen: Einmal, weil wir von unseren Kindern nicht annehmen, daß ausgerechnet aus ihnen Tunichtgute werden, und

zweitens aus Einsichten in die Gesetzmäßigkeiten der Charakter- und Fähigkeitenentwicklung.
Geduld ist weniger eine Eigenschaft als eine *Fähigkeit*. Ein geduldiger Mensch ist einer, der sich nicht beirren läßt, der vieles ertragen kann, was gegen den Strich geht und nicht die Nerven verliert dabei. Und wo wäre das wohl mehr vonnöten, als gerade bei der Erziehung von Kindern? Wir werden aus den später folgenden Anleitungen für die Praxis immer wieder von neuem erkennen, wie wichtig gerade diese Fähigkeit für den Erfolg unserer erziehlichen Bemühungen ist.
Unsere Einsicht in die Entfaltungs- und Entwicklungsvorgänge bezieht sich hierbei vor allem auf die Gesetze des Wachstums. Wir haben Geduld, weil wir wissen, daß unsere Bemühungen nicht vergeblich sind, weil wir wissen, daß sich ein Erfolg nur in Ausnahmefällen augenblicklich zeigt, sondern immer erst dann, wenn der auf das Kind übertragene Einfluß sich so verstärkt und verdichtet hat, daß er das kindliche Denken, Fühlen und Handeln vom Unterbewußten her steuert. Wenn wir einen Pflaumenkern in die Erde stecken, verlangen wir in keinem Falle, daß schon morgen daraus ein Baum wird. Das ist uns absolut natürlich und selbstverständlich. Genau so selbstverständlich muß es uns sein, daß auch unsere Erziehungsmaßnahmen erst immer nach geraumer Zeit Früchte tragen. Ein Kind ist kein Automat, in den man oben einen Groschen einwirft, um unten sofort eine gute Charaktereigenschaft herausnehmen zu können.

Fünfte Regel positiver Erziehung

Die Folgerungen, die sich aus gläubiger Geduld für die Erziehungsarbeit ergeben, umfassen alle Gebiete der Erziehung. Hören wir auch hierzu zunächst die Grundregel:

Habe Vertrauen zum guten Kern deines Kindes und zu den Gesetzen des Wachstums! Die Früchte der Erziehungsarbeit reifen unbemerkt und auch schon in der Zeit, während das Kind noch nicht so handelt, wie es handeln soll. Beweise dein Vertrauen durch gleichmäßiges Weiterschreiten auf dem eingeschlagenen positiven Wege.

Kinder richtig verstehen, heißt die ganze Welt verstehen!

Mein verehrter Leser! Alles, was wir bisher über positive Erziehung gehört haben, war erst eine Einführung in dieses so hochwichtige und entscheidende Gebiet. Wie überall in der bewußten Lebensführung, richtet sich auch in der Kindererziehung unser ganzes Handeln und Verhalten nach unserer Erfolgsformel: „Richtigmachen = Erfolg, Falschmachen = Mißerfolg!" Aber zum Richtigmachen gehört Wissen! Der Umfang des Wissens, das man eigentlich hier beherrschen müßte, ist so groß und vielseitig, daß ein mehrjähriges Studium dazu gehört, um es für die Praxis anwendungsreif zu machen. Um so erstaunlicher ist die Tatsache, wie naiv und unvorbereitet die meisten Eltern an die Meisterung der Erziehungsaufgaben herangehen. Für eine große Zahl scheint es völlig zu genügen, wenn man mit der körperlichen Pflege des Säuglings einigermaßen Bescheid weiß, obwohl es auch dabei noch hapert. Positive Kindererziehung sollte darum unbedingt zum Schulfach erhoben werden. Für Fortbildungsschulen, Volkshochschulen, Töchterheime usw. ergäbe sich daraus eine äußerst dankbare Aufgabe.

Das Problem ist zu ernst und zu schwerwiegend, um daran immer noch weiter mit Scheuklappen vorbeizulaufen. Es ist nun mal so, daß aus den jungen Menschenkindern von heute die Bürger von morgen werden und daß diese Bürger nur dann zu einem friedlichen und harmonischen Beieinanderleben und Zusammenarbeiten kommen, wenn die charakterlichen Qualitäten dazu gegeben sind. Das aber ist nicht nur eine Sache der Selbsterziehung, sondern ganz wesentlich auch die Frucht einer positiven Kinderstube. Gilt schon für praktische Fähigkeiten das geflügelte Wort: „Was Hänschen nicht lernt, das lernt Hans nimmermehr", so gilt das erst recht für die charakterliche Struktur, an deren Bildung die Jugenderziehung und insonderheit die allerfrühste, größten Anteil hat.

Man spricht davon, daß der Mensch im Alter geistig verhärtet und verknöchert und sich dann nicht mehr umstellen kann. Es tritt aber auch schon im Kindesalter eine Verhärtung, zumindest eine Verknorpelung ein, die, falls sie ungünstig ist, später im Leben nur durch große Anstrengungen auszugleichen und zu überwinden ist. Wurde das Bäumchen erst zum Baum, gibt es oft nur noch ein Brechen. Wir alle sind Beispiele für diese Tatsache. Mancher Wesenszug an uns, manche Eigentümlichkeit gehört heute so selbstverständlich zu unserer Natur, daß wir gar nicht glauben können, ohne sie der Mensch zu sein, der wir sind. Und doch ist diese Eigenheit vielfach nur der Niederschlag der Einflüsse unserer Kindheit.

Nur durch den Glauben an eine bewußte Charakterformung rechfertigen sich übrigens alle Lehren zur positiven Erziehung, abgesehen von der Tatsache, daß die gesamte Zivilisation darauf aufbaut, daß eine Veredelung und Vervollkommnung des Menschen möglich ist, und wobei die Kindererziehung ein entscheidendes Glied in der Kette der hierauf abzielenden Bemühungen ist. Im übrigen ist unsere Selbsterziehung zum positiven Menschen ja auch nur möglich, weil es eben eine bewußte Charakterformung gibt. Und was bei uns erreichbar ist, das läßt sich am grünen Holze erst recht erreichen, und um so leichter, je besser wir mit dem Wissen um die Gesetzmäßigkeiten der Vorgänge vertraut sind, je klarer wir die Kräfte erkennen, die im Untergrunde des Bewußtseins am Werke sind und die es auf positive Bahnen hinzulenken gilt. Aber gerade hierzu ist ein gründliches Studium erforderlich, das uns eigene Erfahrungen nur zum Teil ersetzen können.

Der Umfang des Komplexes, den wir eigentlich beherrschen müßten, um in allen Fragen der Erziehung meisterlich zu handeln, geht uns auf, wenn wir wissen:

Kinder richtig verstehen, heißt die ganze Welt verstehen!

Allein darum ist auch Erziehung eine künstlerische Aufgabe, weil Meisterschaft auch hierbei eine Sache höherer Eingebung ist. Und auch das Geheimnis zur Erschließung der dazu erforderlichen Kräfte und Fähigkeiten ist das gleiche wie bei jeder Kunst: *Das Maß der Liebe!* Wie die Liebe dem Dichter den Born auftut zu schöpferischer Gestaltungskraft, so erleuchtet die Liebe zum Kinde das Gemüt, wenn es um *Weisheit* geht! Dennoch ist auch Verstandeswissen nötig, ebenso nötig wie das handwerkliche Können zur Kunst. Es ist das Verbindungsmittel zum Wissen der Seele, der Schlüssel zum Öffnen der inneren Pforte.

Viel wäre hierbei zu sagen über das magische Geheimnis *echter Mutterliebe,* die in Selbstaufopferung und bedingungsloser Hingabe das Leben der durch sie geborenen Geschöpfe betreut. Diese Liebe beflügelt nicht nur, sondern macht auch hellsichtig und hellhörig, erfühlt nicht nur jede Gefahr, die ihren Schützlingen droht, sondern auch jede Regung ihrer Herzen. Sie sieht dem Kinde an der Nasenspitze an, wenn es

anders denkt, als es spricht, liest alle Wünsche von den Augen ab und ahnt jede Sorge und jede Verstimmung, noch bevor ein Wort gesprochen wird. Dieser Naturinstinkt ging vielen Müttern unserer Tage verloren, nicht zuletzt durch den Lebenskampf und die Unrast der Gegenwart. Aber auch deshalb, und nicht zuletzt, weil durch den Einfluß der Ereignisse die Menschen ganz allgemein oberflächlicher und selbstischer und dadurch liebloser geworden sind. Die großen Ideale fehlen, um deretwillen wir Liebende sind, Ideale, die das Herz gläubig machen und das Gemüt über die Ratio erheben.
Wenn wir es unternehmen, in der Erziehung unserer Kinder das Mögliche möglich zu machen, und wenn es sein muß, uns dazu völlig zu wandeln und umzukrempeln, so folgen wir damit dem Wege aufrichtiger Liebe, den vor uns alle guten Eltern gegangen sind und auf dem uns echte Mutterliebe das erhabene Vorbild ist.
Und wenn es uns schwerfallen will, die Erziehung unserer Kinder wirklich positiv zu gestalten, so lassen Sie uns aufmerksam in das Antlitz unserer Kinder schauen und auf Herz und Nieren prüfen, wo es bei ihnen fehlt, was wir an ihnen auszusetzen haben und was unbedingt besser sein müßte und besser sein könnte, wenn wir nicht trotz bester Bemühungen in so manchem Punkte versagt hätten.

Das Wesen unserer Kinder offenbart uns, wie wir selber sind, enthüllt uns schonungslos und unbarmherzig, wo es bei uns nicht stimmt, ist das Spiegelbild unserer ganzen Persönlichkeit, und nur in Ausnahmefällen haben wir das Recht, uns schuldlos zu wissen!

Dort allein, wo entweder ein Fall von Entartung vorliegt oder ein störender Faktor verhinderte, daß wir uns behaupten und durchsetzen konnten. Lassen Sie uns immer wieder von neuem der *Verantwortung* bewußt werden, die wir tragen, und uns ernsthaft vornehmen, in Zukunft die Schäden auszugleichen, die unsere Gedankenlosigkeit und Unbedachtsamkeit und vielleicht auch unsere Selbstsucht bislang schon angerichtet haben.
Es muß jeder Mutter und jedem Vater abgesprochen werden, daß sie ihre Kinder wirklich lieben, wenn sie hieraus keine Konsequenzen ziehen. Wenn äußere materielle Erfolge nur erreichbar sind über eine Wandlung des eigenen Wesens, so kann man sich davor drücken, wenn man die dazu erforderliche Arbeit am eigenen Ich nicht leisten will. Nicht aber ist es so bei der Verantwortung, die man für die Lebensertüchtigung und das Glück seiner Kinder trägt.
Wir sagten eingangs: Erziehungsfragen sind immer sehr ernste Fragen. Es ist wirklich so, mein verehrter Leser, denn wenn die Entwicklung unserer Kinder so sehr von unserem Verhalten abhängt, wie es die Gesetzmäßigkeiten in der Charakter- und Seelenentwicklung beweisen, dann beladen wir uns mit einer nicht wiedergutzumachenden schweren Schuld, wenn wir nicht danach handeln.

Wir haben uns bereits im 5. Teil des Erfolgs-Systems mit der Charakterbildung beim Kinde beschäftigt, als wir über die *Macht der Gewohnheit* sprachen. Wir hörten dort: *„Jede Handlung, wie überhaupt jeder Vorgang im Körper hat nach bestimmten Gesetzen das Bestreben, sich stets unter gleichen Bedingungen zu wiederholen und wiederholt sich gewohnheitsmäßig bestimmt, wenn er eine gewisse Zeitlang in gleicher Weise eingetreten ist."* Dieses „Gesetz der Gewohnheit" (vgl. 16. Denkgesetz) spielt in der ganzen Erziehung eine hervorragende Rolle. Es bietet die Möglichkeit, die Tätigkeit der Körperorgane ebenso zu beeinflussen und im weiten Umfange willkürlich zu bestimmen, wie den Organismus des Geistes und der Seele. Das geht so weit, daß dadurch der Mensch nahezu ein Automat werden kann, wie es z. B. der Kasernenhofdrill bewiesen hat, und wie es die Verfassung vieler Menschen beweist, die durch die Auswirkung dieses Gesetzes so hochgradig gehemmt sind, daß sie überall versagen und zu nichts zu gebrauchen sind, ohne dabei aber organisch belastet zu sein. Aus diesem Grunde kann man auch ein Kind total verziehen, wenn bewußt oder unbewußt das Gesetz der Gewohnheit negativ angewandt wird, insbesondere in solchen Fällen, wo die Gesamtanlage eines Kindes hierfür inkliniert, wo also z. B. Organe des Gehirns, die zur Entwicklung eines klaren, selbständigen Geistes unerläßlich sind, durch Erbeinflüsse und Wachstumshemmungen so mangelhaft arbeiten, daß sich dem Einfluß von außen kein Widerstand entgegensetzt. Es ist notwendig, daß wir zum Verstehen der hier obwaltenden Gesetzmäßigkeiten das Endziel aller erzieherischen Maßnahmen vor Augen haben.

Dieses Endziel ist nicht der guterzogene Junge und das guterzogene Mädel, sondern die positiv im Leben stehende, selbstverantwortliche, freie Persönlichkeit.

Wir stellten schon heraus, daß die *Ahnung* der Freiheit als höchstes Glück des Menschseins jedem menschlichen Wesen eingeboren ist. Wohlverstanden: nicht dem körperlichen Menschen, sondern der im Körper tätigen Kraft, die sein Lebendigsein als Menschenwesen bewirkt. Es ist eine Frage der Entwicklung, richtiger der *Entfaltung*, wieweit es dieser Kraft, also der Seele, gelingt, sich vermittels des Körpers in den Besitz dieser Freiheit zu setzen. Entscheidend ist dabei, ob es die Organe des Körpers entwicklungsmäßig zulassen, daß dieses Ziel erreicht wird.

Und das ist die Hauptaufgabe der Erziehung, daß wir es erreichen, durch geschickte Lenkung der Betätigung der Seelenkraft im Körper vornehmlich die Organe in Funktion zu bringen und durch Übung zu kräftigen, mit deren Hilfe die Seele, die zur Freiheit unerläßliche Selbstbewußtwerdung zuwege bringen kann.

Daß unsere Bemühungen hierbei besonders sorgfältig und feinfühlig sein müssen, wenn wir bei unseren Kindern in dieser Richtung Schwächen feststellen, versteht sich von selbst. Zugleich beweisen diese Überlegungen, daß unsere Maßnahmen immer zugleich *zwei* Punkte klar im Auge haben müssen:

Erstens, daß wir positive Gewohnheiten schaffen, und zweitens, daß wir immer auf dem Sprunge sind, dem Aufkeimen selbständiger Regungen im Kinde beständig neue Nahrung zu geben.

Es gibt wundervoll erzogene Kinder, mit denen eitle Eltern bei jeder Gelegenheit Staat machen und die im Grunde genommen doch Nieten sind, weil die Erziehungsmethoden dieser Eltern entscheidende geistige Impulse bewußt kleingehalten haben, natürlich in Verkennung der Zusammenhänge und im guten Glauben, daß sie es richtig machten. Trotzdem war es aber falsch, denn es kommt ja nicht darauf an, daß ein Kind nur artig und sittsam ist, sondern ein wirklicher, vollwertiger Mensch wird.

Erneut zeigt sich hier, daß Erziehung wirklich die schwerste aller Künste ist, denn es gehört ein außerordentlich hohes Maß von seelischem Feingefühl dazu, um die Regungen der kindlichen Seele richtig zu deuten, und es ist durchaus nicht immer Unart, wenn ein Kind z. B. ungehorsam und eigenwillig

ist. Wer die Seele des Kindes versteht, weiß, daß viele dieser kleinen Geschöpfe in einem beständigen Kampfe mit ihren unvernünftigen Eltern und mit der ganzen Umwelt liegen, der uns Erwachsenen die Nervenkraft zerstören würde, wären wir in einer ähnlichen Lage.

Zum Glück ist das Freiheitsstreben des Kindes ein unbewußtes und nur darum dieser Kampf überhaupt erträglich. Wollen wir das begreifen, so müssen wir an die auch uns Erwachsene aus dem Unbewußten treibenden und quälenden Kräfte denken, die nicht nur in einem, sondern in hundert Fällen zu Handlungen und Reaktionen treiben, die wir weder gutheißen noch überhaupt wollen.
Anstatt darüber böse zu sein und zu schimpfen, sollten wir uns über die Eigenwilligkeit unserer Kinder lieber freuen, denn sie ist ein klarer Beweis dafür, daß wir Hoffnungen auf sie setzen dürfen, dies allerdings in der Voraussetzung, daß wir es verstehen, die sich äußernden Kräfte so zu lenken und zu steuern, daß sie zu Zugpferden auf dem Wege zum angestrebten Ziele werden.
Ein Kind, dessen Dummheiten und Tollheiten uns schier zur Verzweiflung zu bringen drohen, kann sich bei positiver Führung ins genaue Gegenteil verwandeln, dies aber nicht, indem wir es nur in Schach halten, sondern indem wir den Kräften, die sich in ihm „austoben", *positive* Betätigungsmöglichkeiten schaffen. Man muß dabei vor Augen haben, daß auch schon für die Seele des Kindes das Erwachen zum Leben einen ganz klaren Zweck hat, daß also der Äußerung der Lebenskräfte ein *Sinn* zugrunde liegt, und der auf keinen Fall darin besteht, nur lediglich das Licht der Welt erblickt zu haben und dann auf das Erleben des Daseins zu verzichten. Es ist genau so wie bei jeder Kreatur: Es treibt die gleiche Kraft, die die Lerche jubilieren läßt und das Fohlen auf der Weide zu tollkühnen Sprüngen verleitet.

Es ist die Lust, die Freude am Dasein, die das Geschöpf beherrscht und die ihre Gegenwart niemals in der Ruhe, sondern ausschließlich in der Bewegung, im Tätigsein Erlebnis werden läßt.

Und es ist auch die gleiche Kraft, die uns Große treibt, nur daß wir durch die bereits erlangte Reife diesen Lebensdrang auf anderen Ebenen erleben und fähig geworden sind, ihn unter Kontrolle zu halten und in solche Bahnen zu lenken, wo er sich schöpferisch auswirken kann.
Glücklich darum, wessen Kinder Lebendigkeit und Temperament entwickeln, immer bereit sind zum Tollen und Spaßen, ganz zu schweigen von der Tatsache, daß sich darin auch körperliches Wohlbefinden erweist. Das hat gar nichts zu tun mit negativen Eigenschaften, sondern allein mit der Lebenslust und dem Lebenswillen, und es ist nur eine Frage positiver Führung, um auch in solchen Kindern folgsame Kinder zu haben.

Wir können nicht von Liebe zu unseren Kindern reden, wenn wir nicht bereit sind, sie glücklich zu sehen. Darin aber besteht ja gerade das Glück des Kindes, daß es sich wohlfühlt in seiner Haut, daß es nicht nur gezwungenermaßen, sondern von Herzen gern unser Kind ist, daß es um seine Daseinsberechtigung nicht mit uns zu kämpfen braucht, was immerfort der Fall ist, wenn wir ihm schon die geringste Äußerung von Lebenslust verargen und verübeln, wenn wir es als Störenfried empfinden, wo es obendrein weder das Bewußtsein noch die Absicht hat, ein Störenfried zu sein.

Das Kind kann zwar nicht denken in unserem Sinne, was ihm unvernünftige Eltern nur zu gerne andichten, aber es kann *fühlen,* und es fühlt durchaus und ganz genau, wenn es, anstatt ein Mensch zu sein, nur ein *Gefangener* der bösen Erwachsenen ist. Ist der Lebenswille stark, so rebelliert es hiergegen und rüttelt an den Gitterstäben seines Gefängnisses wie jede von den Menschen aus ihrem natürlichen Lebensrhythmus gewaltsam herausgerissene Kreatur, oder, um es weniger scharf zu sagen, wie ein Singvogel, den wir in ein Bauer sperren, und es kommt nur auf das Maß an Lebenskraft an, wie sehr er sich dagegen wehrt oder wie lange es dauert, bis er an dieser Unfreiwilligkeit zugrunde geht.
Wir haben also ernsthaft zu prüfen, ob die vielen Verbotstafeln, die wir unseren Kindern bislang aufgerichtet haben und die wir zu respektieren verlangen, nicht in Wahrheit Unmenschlichkeiten darstellen, und nicht, wie wir es glauben, dem Wohle des Kindes, sondern nur unserer Bequemlichkeit und nervösen Empfindlichkeit und unserem Egoismus dienen. Wie können wir verlangen, daß sich unsere Kinder in einem fort nur nach unseren Launen und Wünschen richten? Wir müssen wohl überlegen, und genau so wie uns, auch *Ihnen* ein gutes Maß an Daseinsfreude einräumen. Das bewirkt aber nicht eine Vergoldung ihres Käfigs, die dem Kinde absolut gleichgültig ist, weil ja seinem Lebensrhythmus andere Wertmaßstäbe zugrunde liegen als uns Erwachsenen, sondern allein das Eingehen auf die *Eigengesetzlichkeit* der kindlichen Natur. Das alles schafft einen *grundsätzlichen Standpunkt,* den wir unseren Kindern gegenüber einnehmen müssen und der von höherer Warte aus allein tragbar ist.

Wir müssen unsere Kinder ernst nehmen und die Achtung vor der Würde der menschlichen Person auch ihnen gegenüber gelten lassen.

Die Konsequenzen, die sich hieraus ergeben, erstrecken sich auf *jede unbedachte Handlung* unseren Kindern gegenüber, ja, auf *jedes unbedachte Wort,* das durch Verärgerung oder Aufregung unserem Munde entschlüpft, denn immer treffen wir damit nicht nur unser Fleisch und Blut, sondern zugleich die *Seele* des Kindes, die durchaus nicht unser alleiniges Eigentum ist, sondern uns nur zu treuer Fürsorge übergeben wurde.
Daß man eine solche Wandlung seines Standpunktes nur befürworten und anerkennen wird, wenn man mit seiner Welt- und Lebensbetrachtung auf geistig-religiösem Boden steht, bedarf keiner Frage. Wer den *Schöpfer* leugnet, leugnet zwangsläufig auch sein *Geschöpf.* Darum steht und fällt eine wahrhaft positive Kindererziehung auch mit unserer sonstigen Haltung Welt und Leben gegenüber. Man kann unmöglich auf der einen Seite die Daseinswerte des höheren Menschen verleugnen und sie gleichzeitig bei der Erziehung seiner Kinder zur Anwendung bringen wollen. Alles wäre dann nur *Mache,* und das aus Gründen eines positiven Einflusses unerläßliche Fluidum käme nicht zustande.
Tatsache ist, daß dieser Widerspruch aber vielfach besteht. Man bemüht sich, sein Kind zur Aufrichtigkeit und Ehrlichkeit zu erziehen, während man selber verlogen und unehrlich ist. Man glaubt, das Kind verspüre nichts von diesem Widerspruch und werde davon nicht beeindruckt.
Wenn wir sagen, daß das Beispiel der beste Lehrmeister ist, so bezieht sich das nicht nur auf die dem Kinde objektiv erlebbaren Handlungen, sondern ebensosehr und noch stärker auf alles, was unsere eigenen seelischen Regungen betrifft, in die das Kind ebenso eingeschaltet ist, wie in die Welt der Gegenstände, die es umgeben.

Es ist vollkommen falsch, wenn man glaubt, daß man sein Innenleben vor dem Kinde verbergen könnte. Alle Theaterspielerei ist fehl am Platze. Es gibt keine Täuschungskunst hierbei. Die Sensibilität des Kindes, von der es so lange abhängig ist, wie es sich nicht mit den Gedanken der Erwachsenen in seiner Welt zurechtzufinden vermag, ist so hochgradig, daß davon das Schwingen seines Unbewußten beständig beeinflußt wird.

In manchem Falle geht das so weit, daß ein Kind in seinem Bettchen keine Ruhe findet, wenn z. B. die Mutter in Unruhe ist. Es ist also *vorauszusetzen,* daß wir immerfort nicht nur äußerlich, sondern auch *seelisch* auf unsere Kinder einwirken, und der Gesamteinfluß unseres Innenlebens wird dadurch entweder negativ oder positiv sein. Hier zeigt sich schon eine der Konsequenzen, die sich aus der Veränderung des Standpunktes ergeben.

Wir können nicht erwarten, daß sich unter unserem Einfluß ein harmonisches, liebenswertes Kind entwickelt, wenn wir selber nicht liebenswert und harmonisch sind. Wissen wir das, so bleibt uns also gar nichts anderes übrig, als uns zu wandeln!

Wenn von unglücklichen Ehen die Rede ist, so gilt das zweite Wort immer gleich den Kindern: Wie sehr die armen Wesen zu bedauern wären, weil Vater und Mutter sich nicht verständen usw. Man trifft damit durchaus den Kern, nur daß man längst noch nicht weit genug geht, denn man hat ja bei solchen Äußerungen immer mehr die Gegenwartssituation der Kinder vor Augen und nicht die Auswirkungen der Disharmonie für das ganze zukünftige Leben.
Man darf sich nicht der Täuschung hingeben, daß man Kinder durch Zärtlichkeiten, Beschwichtigungen und Ablenkungen für das objektive Geschehen sozusagen blind machen kann. Das ist nur eine Scheinblindheit. Die Tiefenwirkung des seelischen Einflusses wird davon nicht berührt.

Die Macht des Gedankens ist aus diesen Gründen auch in der Kindererziehung ein außerordentlich wichtiger Faktor, und um so entscheidender, je jünger das Kind ist.

Hier hinein spielt auch das Problem der vorgeburtlichen Erziehung. *Man kann nicht erwarten, daß ein harmonisches, ruhiges Kind im Mutterleibe heranwächst, wenn sich während der Schwangerschaftszeit die Mutter in dauernder Sorge und Aufregung befindet.* Nicht nur für die nervöse Verfassung spielt das eine Rolle, sondern auch schon für die charakterliche Artung. Ein Kind, dessen Geburt nicht mit größter Herzlichkeit und Zärtlichkeit erwartet wird, kann unmöglich ein Geschöpf der Liebe sein.
Wie stark das Seelenleben der Mutter die Leibesfrucht zu beeinflussen vermag, zeigen die Fälle, wo durch Angst, Wahn oder heftiges Erschrecken sogar anatomische Veränderungen der Leibesfrucht hervorgerufen wurden. Feinfühlige Menschen haben es darum auch schon immer für richtig gehalten, von einer Schwangeren alles Bedrückende, Unliebsame und Disharmonische fernzuhalten und ihr möglichst eine Umgebung zu schaffen, die nur idealen Vorstellungen Nahrung gibt. Allerdings ist das erst die halbe Wahrheit für positive vorgeburtliche Erziehungseinflüsse, denn was das Leben und der Daseinskampf brauchen, sind ja nicht nur harmonische und

schöne Menschen, sondern zugleich charakterstarke Naturen. Da entsteht der richtige vorgeburtliche Einfluß, wo man aufrecht und mit Herz im Leben steht und gerade dadurch auch erreicht, daß disharmonische Einflüsse der Außenwelt die eigene Seele nicht in Unordnung zu bringen vermögen.

Die einfache Formel gilt: Wie du selber denkst und empfindest, so beeinflußt du dein Kind!

Hieraus erwächst nicht nur für die Mutter, sondern auch für den Vater eine *verpflichtende* Aufgabe, denn zu einem bedeutenden Teil liegt es ja auch an ihm, wie das Seelenleben der Mutter schwingt. Er wird deshalb dafür sorgen, daß der Kraftstrom der positiven Lebenseinstellung beständig neue Nahrung erhält, nicht zuletzt dadurch, daß die Grundsätze zur „Vergoldung des Alltags", wie wir sie im „Erfolgs-System" kennenlernen, praktisch gelebt und verwirklicht werden.
Wie man sieht, mein verehrter Leser, spielt hier die Erziehung unserer Kinder unmittelbar in das Hauptproblem eines glücklichen Familienlebens hinein: Die Harmonie der Geschlechter und das Verstehen zwischen Mann und Frau! Ein positives Leben ist undenkbar, ohne auch hierbei zu einer beide Teile befriedigenden Klärung zu kommen. Ohne ein glückliches Familienleben gibt es auch keine wirklich glückliche Kinderstube.

Das Verstehen zwischen Mann und Frau hat besondere Bedeutung für die *Einheitlichkeit* der Erziehung, die unbedingt gewährleistet sein muß. Aus diesem Grunde ist im Interesse der Kinder auch dringend zu wünschen, daß *beide* Eltern den schwerwiegenden Fragen, die das Erziehungsproblem aufwirft, erkenntnismäßig auf den Grund zu kommen versuchen, was verlangt, daß man sich immer wieder von neuem darüber ausspricht, und zwar nicht vom Standpunkt des *Rechthabens,* wie es leider oft geschieht, sondern allein vom Standpunkte des Wohles der Kinder.

Man muß sich darüber klar sein, daß nicht der gute Wille, sondern Naturgesetze bestimmen, in deren Anerkennung und Beachtung man vollkommen einer Meinung werden muß.

Ist das geistige Fassungsvermögen unterschiedlich, so müssen Mitgefühl und Verständnis dafür sorgen, daß diese Lücke ausgeglichen wird. Auf keinen Fall dürfen grundsätzliche Unterschiede in den Meinungen bestehen, wenn es um Konsequenzen geht, und auch hierbei ist der Gefühlseinfluß von entscheidender Bedeutung. Das Kind muß also *fühlen,* daß Vater und Mutter einer Meinung sind. Ist dieses Gefühl nicht vorhanden, so kann auch in ihm keine einheitliche Willensrichtung aufkommen und dabei kommt es dann sehr darauf an, von welcher Seite der stärkere Einfluß ausgeht, der es zwingt, sich unterzuordnen. Der Gehorsam ist dann aber immer mehr ein *erzwungener* als ein freiwillig zustande gekommener, deshalb, weil der Gegensatz der Eltern zweierlei Gefühle wachruft, die es in seinen Empfindungen hin- und herziehen und dadurch erst das Gefühl des Gehorchen*müssens* hervorrufen.

Die kluge Erziehung wird stets auf eine positive Fügsamkeit des Kindes hinzielen, die völlig zwanglos als Selbstverständlichkeit auftritt, wenn die Anordnungen des Vaters oder der Mutter immer von vornherein die beiderseitige selbstverständliche Billigung finden.

Anstatt sich gegenseitig den erzieherischen Einfluß zu schmälern, muß das Handeln darauf hinauslaufen, den beiderseitigen Einfluß zu stärken. Das Erziehungsproblem ist, was den unerläßlichen persönlichen Einfluß betrifft, ein *Autoritätsproblem.* Die Eltern untergraben einander gegenseitig ihre Autorität, wenn sie in Erziehungsfragen widersprechender Meinung sind; am schlimmsten natürlich, wenn das Kind nicht nur gefühlsmäßig, sondern auch ganz offensichtlich zum *Zeugen* dieser Meinungsverschiedenheiten wird. Wenn z. B. die Mutter dem Vater in den Arm fällt, wenn er das Kind für eine Unart bestrafen will, oder ihm widerspricht, wenn er es wegen einer Verfehlung ermahnt oder zurechtweist. Wenn sie in ihrem guten Herzen nach Entschuldigungen sucht und etwa sagt: „Das Kind kann ja nichts dafür, es ist ja noch viel zu klein" usw.

Es kann sein, daß es wirklich nicht seine Schuld ist, wenn ihm ein Versehen passierte. Es kann wirklich sein, daß es noch zu klein ist, um in einer Sache nach dem Wunsche des Vaters handeln zu können. Dann ist es aber *trotzdem* falsch, den Erziehungsmaßnahmen des Vaters Widerstand entgegenzusetzen, denn was vom Kinde in seinem Unterbewußtsein von dieser Szene registriert wird, das ist nicht die Bestrafung für seine Verfehlung, sondern daß Mutter eine andere Meinung von ihm hat als Vater und ihm gegen eine Willkür des Vaters, als die gefühlsmäßig seine Erziehungsmaßnahme aufgefaßt wird, Rückhalt und Schutz gewährt. Das aber ist Gift gegen die Autorität des Vaters, was bei mehrfacher Wiederholung solcher Vorgänge bald dazu führt, daß das Kind überhaupt nicht mehr gehorcht, und daß es, wenn der Vater sich gegen den Willen der Mutter durchsetzt, in einen seelischen Zwiespalt gerät, der die Bildung von Komplexen Tür und Tor öffnet.

Zwei mächtige Gefühle ringen im Erwachsenen wie im Kinde miteinander beständig um die Vorherrschaft, solange der Kampf durch höhere Einsicht nicht zugunsten des edlen Gefühles entschieden wurde: Liebe und Haß, und als die Ausstrahlung dieser Gegenpole: Sympathie und Antipathie.

Wir forderten, daß wir unsere Kinder ernst nehmen müßten. Das bezieht sich gerade auch hierauf. Wir müssen also *voraussetzen,* daß auch im Kinde genau so wie im Erwachsenen diese beiden Gefühle beständig miteinander im Kampfe liegen, und zwar als ein Phänomen mit Wurzeln in den tiefsten Urgrund der Menschheit. Wir müssen ihm also *uneingeschränkt zubilligen,* daß es ebenso *liebt,* wie es hassen kann, und die Konzession, die wir ihm dabei machen, muß noch viel weiter gehen als bei irgendeinem erwachsenen Menschen, deshalb nämlich, weil es ja noch in keiner Weise in der Lage ist, zwischen der Richtigkeit bzw. Berechtigung der Vorherrschaft des einen oder anderen Gefühls objektiv zu unterscheiden. Es empfindet einfach Liebe oder Haß, oder in milderen Formen: Sympathie oder Antipathie. Daß diese Empfindungen Menschen und auch Dingen gegenüber entstehen, ist auf die Erlebnisse zurückzuführen, die es mit ihnen hat. Man kann sagen: Von diesen Erlebnissen entstehen im Kinde *Erinnerungsbilder,* die je nach ihrer Aufladung mit anziehenden oder abstoßenden Kräften Gefühle der Sympathie oder Antipathie entstehen lassen.

Man kann sich, wenn man das weiß, sehr leicht vorstellen, wieso es kommt, daß ein Kind den Vater manchmal mehr liebt als die Mutter oder umgekehrt, wozu außerdem noch zu wissen ist, daß nicht nur die Erlebnisse sich fixieren, die unmittelbar mit seinem eigenen Leben im Zusammenhang stehen, sondern auch alle anderen, mit denen es Fühlung hat.

Sympathie oder Antipathie gegenüber dem Vater entsteht z. B. auch dann, wenn das Kind Zeuge wird, wenn zwischen dem Vater und der Mutter oder den Geschwistern sich etwas abspielt, was angenehme oder unangenehme Gefühlswellen ausstrahlt. Immer befindet sich das Kind mittendrin in dieser Strahlung, mag es auch so scheinen, als ob es unbeteiligt sei.

Es ist immer beteiligt, und zwar nicht erst im Kleinkindalter, sondern schon in der Wiege. Es ist wie ein *Empfangsgerät für elektrische Strahlungen,* nur mit dem Unterschied, daß die aufgenommenen Wellen nicht sämtlich gleich wieder abgestrahlt werden, sondern sich erst verdichten und konservieren, und das gilt außerdem nicht nur für gefühlsbetonte Niederschläge, sondern grundsätzlich für alle Eindrücke der Außenwelt. Wie sollte es auch anders sein, damit sich aus dem zuerst völlig unwissenden Geschöpf ein Wesen entwickelt, mit dem wir uns in unserer Muttersprache unterhalten können. Sicher ist es richtig, daß es mit unserer Hilfe sprechen lernt, doch die dazu erforderliche Vorarbeit begann schon längst, bevor wir daran dachten, daß es plappern könne. Sie begann mit dem ersten Tage seiner Anwesenheit in unserem Lebenskreise, also viel früher noch, bevor es noch sehen und hören konnte, und mit diesem Tage beginnt nach dem vorangegangenen vorgeburtlichen Seeleneinfluß der Mutter auch schon die Erziehung des Kindes.
Jeder liebenden Mutter und jedem liebenden Vater ist das Kind immer wieder von neuem ein großes Wunder, wenn man erlebt, wie aus dem zunächst krebsroten, strampelnden Schreihälschen mit seinen noch unentwickelten Formen in wenigen Monaten und Jahren ein bildschönes, herziges Kind werden kann, ohne daß man mit Ausnahme der Ernährung und Körperpflege viel dazu tut. Und doch geschieht eine Unmenge von unserer Seite, wie wir nun erkennen, und wie das Kind durch unser Zutun körperlich ins Dasein tritt, so erblickt es auch seelisch das Licht der Welt durch unseren Einfluß. Und wenn die Seele durch die körperlichen Augen Welt und Leben sehen lernt, so zunächst in der Art, wie wir selber unsere Sinne gebrauchen.
Daß sich dieser Rhythmus im Fortlauf der Entwicklung später verschiebt und der Eigengesetzlichkeit des Kindes folgt, darf kein Grund sein, um uns von der Schuld für das *Mißraten* eines Kindes zu entbinden, es sei denn, daß wir bei der Frage nach der Schuld auch den Einfluß unseres Wesens im frühesten Kindesalter in die Pflichterfüllung einrechnen, die wir dem Kinde gegenüber haben. Wer aber könnte da mit *reinem Gewissen* jede Schuld von sich weisen, nachdem er nun weiß, auf welchem Wege sich das Wesen des Kindes bildet und die Bewußtwerdung seiner Seele erfolgt?

Nicht die bewußtwerdenden Erziehungssünden wiegen allein schwer, sondern ebenso und viel, viel mehr noch die unbewußten, die wir in Unkenntnis begehen, und wobei die schlimmsten nicht die wenigen großen Sünden sind, sondern die fortlaufende Kette der vielen, vielen kleinen Sünden, die vielen kleinen Unachtsamkeiten und Gedankenlosigkeiten, die man sich zuschulden kommen läßt, und meist nur aus mangelnder Aufmerksamkeit und Bequemlichkeit. Sie sind der stete Tropfen, der den Stein höhlt und mit vorauszusehender Sicherheit einer möglichen Entartung Vorschub leistet.

Der mißratene Sohn übersetzt nur ins Große, was sich schon beim Söhnchen durch unsere Unachtsamkeit anbahnte, spiegelt nur zurück, was sich von seinen frühesten

Tagen an in seine Seele hineinspiegelte, und weil wir *versäumten,* seiner unguten Veranlagung zielbewußt einen Wall zu bauen, weil wir ihn als Kind nicht *ernst* genug nahmen und in dem Wahne lebten, nur unser eigen Fleisch vor uns zu haben.

Daß sich Kindesliebe in Gleichgültigkeit und Nichtachtung der Eltern, ja, in einzelnen Fällen sogar in Gegnerschaft verwandelte, hat weniger im Oberbewußtsein als im *Unterbewußten* seine Ursache, und vielfach bildet das die alleinige Ursache mangelnder Folgsamkeit. Der *seelische Kontakt* ging verloren und damit auch die Autorität. Die negativen Gefühlseinflüsse verdichteten sich derart, daß Gehorsam zum Widerwillen wurde. Selbst härteste Strafe verfehlt hier ihren Zweck, da der Grund ganz woanders liegt.

Mit solchen Kindern wird man einfach nicht mehr fertig, es sei denn, man sucht die Schuld dort, wo sie wirklich liegt: im *eigenen* Versagen, in der Disharmonie der Familie zum Beispiel, im Machtkampf zwischen Mann und Frau, in dem Widerspruch zwischen dem negativen Beispiel, das wir durch unsere Lebensführung geben und den Anforderungen, die wir an den Gehorsam und die Lebensart unserer Kinder stellen, und nicht zuletzt in dem mangelnden Verständnis für die Wünsche und Interessen des Kindes und sein Verlangen nach Lebensharmonie und Glück. *Dort* liegt die Schuld, und erst zuletzt beim Kinde selbst, wenn überhaupt.

Wo das Heilmittel liegt, um eine Wende zum Positiven herbeizuführen, ergibt sich daraus von selbst: Ein Umbau in der Seele des Kindes muß stattfinden, eine vollkommene Umstimmung im Unbewußten. Wie aber könnte das möglich sein ohne eine Änderung unseres eigenen Wesens, ohne Konsequenzen für unsere ganze Lebensführung, für unsere Ehe, für das ganze Leben in der Familie?

Sicherlich ist das viel verlangt, denn nur zu oft wandelt der dauernde Kampf um die Besserung des Charakters, der die Nerven zermürbt und in nicht wenigen Fällen das ganze Lebensglück zu zerstören droht, auch bei den Eltern, die erst so große Liebe um in gefühlsmäßige Abneigung, wenn man sich das auch nicht selber eingesteht. Und nun bei sich selber auch noch die Hauptschuld suchen? Hiergegen wehrt sich das Gefühl, aber doch muß es sein, oder wir müssen aufgeben und die Schuld bis ans Ende unserer Tage tragen. Hier besteht ein Widerspruch: Einerseits glaubt man in seinem Kinde ganz und gar sein Eigentum zu sehen, andererseits empfindet man bei seiner Entartung etwas Fremdes, das man abzustoßen versucht, wenn es nicht hören will, und schließlich ist man froh, wenn es den Kampf mit dem Dasein aus eigener Kraft beginnt. Gar zu leicht zerreißen die Bande des Herzens bei solcher Einstellung, obwohl auch in vielen verzweifelten Fällen noch Hoffnung besteht. —

Was für die charakterliche Artung gilt, das gilt auch für die geistige Entfaltung: Oh, wüßten doch die Eltern, wie sehr sie selber daran schuld sind, daß ihre Kinder in der Schule versagen, an Hemmungen leiden und so wenig Lebenstüchtigkeit entwickeln. Es ist so einfach, z. B. mangelnde Konzentrationsfähigkeit und Gedächtnisschwäche auf mangelnde Begabung oder Funktionsstörungen im Drüsensystem zurückzuführen. Es besteht kein Zweifel, daß dies die Ursache für einen erheblichen Prozentsatz geistiger Minderleistungen ist, doch ebenso schwer wiegt das Versagen der Erziehung, wobei neben psychologischen Techniken auch wieder seelische Einflüsse eine Hauptrolle spielen. Unser Buch geht auch auf dieses wichtige Gebiet ein, mein verehrter Leser, wenn wir nun anschließend ein Kompendium von Einzellehren kennenlernen, die uns für die Praxis der positiven Erziehung klare Richtpunkte geben.

Aus der Praxis für die Praxis

Anleitungen für die Praxis positiver Kindererziehung unter Berücksichtigung der 5 Grundregeln und der Lehren des M-Schlüssels

1. Baby hört zu!

Hört es wirklich? Es kann doch noch gar nicht hören, und erst recht nicht verstehen? Irrtum! Es hört alles, wenn auch nicht mit den Ohren, so doch mit seinem Hellgefühl. Babys Seelchen spannt und paßt auf. Alle Gefühle übertragen sich und bilden einen Niederschlag. Bald weiß es sehr genau, wer an seinem Bettchen steht, ob es Mami ist oder ein Fremder. Und erst recht, wenn es auf den Arm genommen wird. Und es hat auch schon gleich seinen eigenen Willen und nimmt auch schon gleich Lehre an: Nimm es nachts aus seinem Kissen und trage es fünf Minuten im Zimmer herum, und du wirst sehen, daß es immer hochgenommen sein will, wenn ihm das Liegen nicht mehr gefällt. *Nehmt deshalb Baby ernst!* Die Erziehung beginnt am ersten Tage der Geburt. Es wird ein Prachtkind, wenn alles, was auf Baby einwirkt, gleich ganz positiv ist. Meidet Ärger! Meidet Zank und Streit! Meidet alles, was negativ ist! Sorgt für eine positive Atmosphäre in Köpfen und Herzen!

2. Baby gewöhnt sich an Ordnung!

Ordnung muß sein in der Welt, wenn alles zum Besten stehen soll! Bei Baby fängt das gleich auch mit den Windeln an. Es muß nicht sein, daß nach dem dritten Monat immer noch das Bettchen naß gemacht wird. Hier hat Mutti was verpaßt: Nachts wollte sie Baby nicht stören, und darum fand es Baby ganz in der Ordnung, daß dann immer warme Nässe im Bettchen war. Nun ist es schwer, das Brünnlein abzustellen. Aber es geht trotzdem. Man muß nur Ausdauer haben! Baby merkt sich bald die genaue Zeit, und dann ist alles gut. So steht es mit allen guten Gewohnheiten: mit den Mahlzeiten, mit dem Waschen, mit dem Schlafen. — Zeiten einhalten! Immer auf Regelmäßigkeit achten! Immer an die Macht der Gewohnheit denken!

3. Baby beginnt zu lächeln!

Jubel der Mutter: Heute hat Baby zum ersten Male gelacht! Die Seele beginnt sich zu regen, ganz zart und unbewußt, aber das Lächeln ist da. Pfleg nun das Seelchen doppelt, gute Mami! Sprich mit dem Kind, nimm es ernst, hilf ihm ein Mensch zu werden. Sprich so zu ihm, als könnte es alles schon verstehen und nur noch nicht antworten. Sprich ganz positiv mit ihm, wenn du es wäschst und pflegst, wenn du es fertig machst zum Essen oder zum Ausfahren. Sprich aber nicht albern, sondern schön deutlich und klar, nur noch ein wenig edler und beseelter und nicht so laut als sonst. Sprich von deiner Liebe und deiner Freude, und daß du ein liebes, gutes Kindchen hast. Etwa so: *„Nun komm, mein Kleines, komm zu deiner Mami! — Deine Mami hat dich lieb und wäscht dich nun schön. — Baby muß schön sauber sein, damit es sich wohl fühlt."* — Und dann beim Waschen: *„Oh, wie ist mein Kindchen artig und brav! — So, jetzt waschen wir die Beinchen, und nun die Händchen, und nun das Mündchen!"* — Merke: Immer dann sollst du mit deinem Kinde sprechen, wenn es munter ist und munter sein soll, also nicht vor dem Schlafen, nicht, wenn es Müdigkeit in den Augen hat.

4. Baby wächst aus den Windeln!

Es wäre viel zu sagen, wie es kam, daß Baby plötzlich Mama sagen konnte. Aber nun ist es soweit, und nun will Baby mehr; mehr zu trinken und zu essen und damit auch mehr vom Leben. Alles interessiert und die Äugelchen gehen den ganzen Tag hin und her. Dazu nun auch die Beinchen, die unentwegt strampeln und darauf drängen, daß das Kindchen bald sitzen, stehen und laufen kann. Ein Jahr weiter und schon längst ist dann Baby ein herziges Jüngelchen oder Mädelchen geworden, vorausgesetzt allerdings, daß währenddessen das Erziehungsbeispiel positiv war. War es das nicht, so zeigen sich bereits die ersten Unarten: Es will nicht schlafen, will nicht gut essen, verhält sich bockig und „plärrt" bei jeder Gelegenheit. Höchste Zeit, nun ganz energisch das Steuer der Erziehung herumzuwerfen. Kann man denn Zweijährige überhaupt schon erziehen? Selbstverständlich! Wir sagten schon, daß die Erziehung schon am ersten Tage beginnt; mit der Ordnung in allen Dingen und der Regelmäßigkeit, einschließlich der Konsequenz, die dazu nötig ist. Alles das spürt und fühlt das Kind. Es erlebt den ordnenden Willen, der hinter allen Maßnahmen steht, nimmt ihn für selbstverständlich und ergibt sich ihm. Nun ist es an der Zeit, diese Ordnung und Zielklarheit auf alles auszudehnen, was das Leben des Kindes ausmacht. Dazu gehört das Dasein in der Familie, von der es abhängt in seiner Entwicklung, wie der Zweig vom Stamm. Herrscht überall Sauberkeit, so wird es ein sauberes Kind. Herrscht guter Ton im Umgang, Höflichkeit und Zuvorkommenheit, so wird es selber so.
Jetzt zeigt sich, wo man wirklich mit Verständnis in der Erziehung vorgeht, ob man darin eine Aufgabe sieht, die die Gesetze berücksichtigt, auf die es ankommt. Hauptsache bei allem: *Das Kind soll gleich in die Gewohnheiten hineinwachsen, die es später haben soll.* Ist man gleichgültig und unachtsam, so entwickeln sich unversehens negative Gewohnheiten, die man dann später austreiben muß, und wodurch überhaupt erst die Erziehung schwierig wird. Richtig erziehen heißt, gleich von *vornherein* richtig erziehen. Das geht aber nicht, wenn man nicht ständig die Folgen vor Augen hat, die sich durch negative Beispiele herausbilden und dadurch, daß man das Kind *sich selbst* überläßt.
Außerdem ist folgendes wichtig: *Jede gute Gewohnheit wirkt sich auch auf die Bildung anderer guter Gewohnheiten aus!* Die gute Gewohnheit des Gehorsams beim Essen macht das Kind auch in anderen Dingen fügsam.
Auch das ist entscheidend: Je früher das Kind den Willen der Eltern achten lernt, um so selbstverständlicher lernt es ihn achten. Man darf es dazu nicht erst widerspenstig werden lassen, es muß diese Achtung mit der Muttermilch in sich hineintrinken, spätestens aber mit dem Milchfläschchen. Versäumt man diese Zeit, so hilft später nur Strenge, und die ist nicht nur für den Vater und die Mutter, sondern auch für das Kind anstrengend.
Der Einfluß, der die Achtung im Kinde entwickelt, geht von der *Konsequenz* aus, mit der man das Kind in allen Dingen behandelt, wo es auf *gute Gewohnheiten* ankommt. Es soll z. B. nachts schlafen und keinen Spektakel machen. Weiß man, daß seinem Schreien keine gesundheitliche Störung zugrunde liegt, so bleibt man konsequent und läßt sich nicht erweichen, es auf den Arm zu nehmen. So hält man es mit allem, was gut und richtig ist. Man versüßt also *nicht* die Suppe, wenn das Kind nicht essen will, man gibt ihm *nicht* zu trinken, wenn es eigensinnig darauf besteht. Man bleibt stark und konsequent, aber immer, ohne viel Wesens aus dieser Haltung zu machen. Es ist vollkommen falsch, zu sagen, daß ein so kleines Kindchen ruhig seinen Willen haben

dürfe. Später gibt es dann Ärger, weil es nicht gehorchen will und wo es im Interesse seiner Entwicklung und Ertüchtigung unbedingt gehorchen muß, wie z. B. beim Lernen usw.

Hier, in diesem frühesten Kleinkindalter, wird der Grund gelegt für seine spätere Fügsamkeit. Man darf also keine Ausnahmen machen, wenn es sich um eine Korrektheit handelt, die von Kindern zu beachten ist.

Auch die Händchen des Kleinsten sind z. B. zu waschen, bevor es an den Eßtisch geht. Es ist dabei nebensächlich, ob man Schmutz auf den Händchen sieht oder nicht. Auch dem Kleinsten sind die Haare zu kämmen, wenn es ans Kämmen geht, auch ihm der Mund mit einer Serviette abzuwischen, wenn man mit dem Essen fertig ist usw. Das sind nur ein paar Hinweise, doch sie zeigen den einzuschlagenden Weg.

Viele Eltern klagen über die Unsauberkeit ihrer Kinder. Die Kinder hätten kein *Gefühl* für Sauberkeit. Wo die Ursache hierfür liegt, ist nun klar: Man hat versäumt, die richtige Gewohnheit hierfür zu entwickeln. Der 16. Kernsatz des M-Schlüssels wurde nicht beachtet, auf den man bei allen Erziehungsmaßnahmen sein Augenmerk richten muß.
Immer kommt es vor allem auf zwei Punkte an, die zur Entwicklung einer guten Gewohnheit zu beachten sind: Erstens, daß dem Kinde die Verhaltensweise wirklich klar wird, die mit der Gewohnheit verbunden ist. Es muß ihm wirklich *bewußt* werden, was es soll. Und zweitens, daß man jede passende Gelegenheit benutzt, um das Kind in die gute Gewohnheit einzuüben. Bei Kleinkindern braucht es dazu keiner Erklärungen, sondern nur des Handelns und des guten Beispiels. Wäscht man das Kind grundsätzlich vor jedem Essen, so kann es später nur mit Unbehagen essen oder will gar nicht essen, bevor es nicht sauber ist. So ist es mit dem Beten vor dem Einschlafen, mit dem „Danke" und „Bitte" und überhaupt der ganzen Haltung des Kindes. Nur ein Kind, dem man seinen ungezogenen Willen nicht gleich verwehrt hat, wird ungezogen sein. Es ist dann aus einer schlechten Gewohnheit heraus ungezogen. Aber alles kommt nur daher, weil man das Kind nicht *ernst* nimmt. Es ist keine Puppe, sondern ein werdender Mensch, ein immerfort aufnehmendes wachsendes Wesen.

5. Das Werden der Sprache!

Was sind Sprechen und Sprache des Menschen? Hörbarer Geist, hörbares Denken. Wie soll unser Kind denken? Positiv oder negativ? Logisch oder unlogisch? In häßlichen und verzerrten Gedankenbildern oder in klaren und schönen? Alles das beeinflußt in hohem Maße unser eigenes Sprechen, und zwar dem Inhalt wie der Form nach. Es ist notwendig, hier etwas weiter auszuholen, um die Macht dieses Einflusses zu verstehen. Man muß daran denken, was im Kinde vorgeht, wenn es sprechen lernt. Ist das Kind ein unbeschriebenes Blatt? Oder ist das Erlernen des Sprechens nur eine Rückerinnerung an bereits vorhandenes unbewußtes Wissen? Zweifellos ist dem Kinde die Fähigkeit zum Sprechen ebenso angeboren wie alle anderen Fähigkeiten. Das bezieht sich nicht nur auf die Technik des Sprechens, die Fähigkeit zur Beherrschung der Sprechorgane, sondern auch auf die der Sprechfähigkeit zugrunde liegenden äußerst vielseitigen geistigen Prozesse.
Die Sprache unterscheidet Mensch und Tier. Aber nicht nur das, sie unterscheidet auch die Menschen untereinander. Das aber nicht wegen der artikulierten Laute, die aus dem Munde kommen, sondern weil diese Artikulation die hörbare Ausdrucksform

des geistigen und seelischen Geschehens im Menschen ist, also des Denkens, Erkennens, Empfindens, Fühlens und Wollens. Wenn Sokrates das Wesen eines Menschen erkennen wollte, so soll er gesagt haben: „Rede, damit ich dich sehe!" Sprache ist also lautwerdendes Denken. Doch noch viel mehr: Sie ist auch das Mittel, um das Denken überhaupt erst zu ermöglichen, jedenfalls in höheren Kategorien, denn wir denken im Sinne der Begriffe, die dem Sprechen zugrunde liegen. Insofern ist die Sprache der Seele das Medium zur Erlangung von Kenntnis, Erkenntnis und Bewußtsein. Jeder neue Begriff bringt das Licht des Geistes stärker zum Leuchten, erweitert seine Fähigkeit, die Dinge zu erfassen und zu umfassen.

Auch diese Fähigkeit ist angeboren. Es ist die Fähigkeit zur *Menschwerdung.* Erst durch die Sprache, die eine Folge von Symbolen für wachzurufende geistige Bilder ist, wird der Mensch befähigt, sich über die Kreatur zu erheben und Selbstbewußtsein zu erlangen. Alles Dasein im menschlichen Sinne ist eine Frage des Wissens und der Bewußtwerdung. Ohne die Sprache, bzw. das auf die Bilder der Sprache gegründete Denken erlebt die Seele das Dasein nur über das Empfinden und Fühlen. Das hieraus resultierende Wollen kommt nicht aus bewußter Überlegung, sondern allein aus den Abläufen im Unbewußten. Sinnestätigkeit und Gefühl erweisen sich damit als Werkzeuge des Daseinserlebnisses. Das zusätzliche und für den Menschen spezifische höhere Werkzeug dieses Daseinserlebnisses ist das durch die Sprache möglich werdende differenzierte Denken, das einem Zauberschlüssel gleichzusetzen ist, mit dem man die Apparatur der erkennenden Geisteskraft in Bewegung bringt. Was daraus entsteht, ist die menschliche Vernunft und die Selbstbewußtwerdung der Seele als menschliche Person.

Wir fragten: Ist die Seele des Kindes ein unbeschriebenes Blatt oder ist das Erlernen des Sprechens nur eine Rückerinnerung an bereits vorhandenes unbewußtes Wissen. Die Antwort finden wir, wenn wir uns daran erinnern, daß Erziehung nicht ein Hineinlegen, sondern immer ein *Herausholen* aus der Seele ist. Das bezieht sich grundsätzlich auf alles, was und wie ein Mensch sein kann, also auch auf das Wissen. Niemand ist darum ein unbeschriebenes Blatt, doch es kommt darauf an, daß die unsichtbare Schrift in *Erscheinung* tritt und *lesbar* wird. Und auch darauf, welchen Teil des im Unbewußten ruhenden Wissens wir aus der Verborgenheit herausheben. In den Betrachtungen zum M-Schlüssel hörten wir: „Bewußtsein ist Schöpfung!" Das gilt auch hier. Der innere Schatz muß gehoben, die im Unbewußten liegende Wesenheit erschlossen werden, und das Mittel dazu ist die Sprache bzw. das durch die Sprache entstehende erkennende Denken.

Wenn gesagt wird, daß Wissen Macht ist, so bezieht sich das unmittelbar auf diesen Vorgang. Sagen wir, daß alles Wissen schon von Anbeginn an in uns ruht, so ist das durch die Sprache entstehende begriffliche Denken einer *Entwicklerflüssigkeit* vergleichbar. Überall, wo diese Flüssigkeit einen belichteten Film berührt, wird ein Teil der photographischen Aufnahme dem Auge sichtbar. Stellen wir uns vor, daß in der Seele des Menschen schöne wie häßliche, angenehme wie unangenehme Erinnerungsbilder ruhen, die das Wesen ebenso positiv wie negativ fühlen und handeln lassen können, dann wird eine kluge Erziehungskunst bewußt darauf abzielen, mit dem Medium, also der Sprache, nur positive Bilder im Kinde bewußt zu machen.

Man muß auch dieses Problem vom Gesamtziel der Erziehung aus sehen: Das Endziel ist die *selbstverantwortliche freie Persönlichkeit.* Bevor es dahin kommt, muß der Mensch viele Entwicklungsetappen durchlaufen. In jedem Menschen ruht das Gute wie das Böse, genauer gesagt, das *Ganze.* Sind wir schon frei, so haben wir die Frei-

heit der *Wahl*. Dann ist nicht nur das Gewissen hellwach, gleichzeitig ist auch die *Kraft* da, um uns jederzeit für das eine oder andere entscheiden zu können. Das bedeutet, daß wir vom Mechanismus der Natur, vom inneren Zwang unabhängig geworden sind; also frei von seelischen Hemmungen aller Art.
Der Weg zu dieser Freiheit ist der *Reifeprozeß*, den der Mensch durchmachen muß. Die Bedingungen dieses Prozesses können günstig oder ungünstig sein. Sie sind ungünstig, je mehr das in uns ruhende Gute vergraben liegt und je weniger wir durch den Ablauf des Lebens Gelegenheit finden, uns selbst in unserem Menschsein *bewußt* zu werden. Daß wir uns bewußt werden, setzt voraus, daß wir die Möglichkeit haben, auf dem Wege über die Erfahrung und durch Übung die Kräfte unseres Geistes zu wecken. Diese Möglichkeit kann uns bei einem guten Geschick unser Daseinskampf vermitteln, z. B., wenn wir gezwungen sind, unser Brot schon von Jugend auf selbst zu verdienen, und wenn wir dabei das Glück haben, auf Menschen zu treffen, die uns im richtigen Gebrauch unserer Geisteskräfte fördern, sei es durch aktive Unterstützung oder gute Beispiele. Allgemein ist das nicht der Fall, und darum bleiben auch wesentliche Zentren der Geisteskraft bei den meisten Menschen ungenützt. Wenn wir dann trotzdem nicht dem Bösen verfallen, so liegt das daran, daß bestimmte positive Bilder in uns durch Kindheitseindrücke oder Lebenserfahrungen besonders stark beseelt wurden, und die dann dem Negativen die Waage halten. Man handelt dann aus dem *Gefühl* gut und richtig. Die „innere Struktur" ist dann so, daß man ein Mensch mit positiven Eigenschaften ist.

Es ergibt sich aus diesen Überlegungen, daß man bei der Erziehung stets so zu handeln hat, daß die Bedingungen zur vollen Menschwerdung möglichst günstig gestaltet werden. Das bedeutet, daß man grundsätzlich darauf ausgeht, nur s o l c h e B i l d e r aus der Tiefe der Seele wachzurufen und stark zu machen, die im positiven Menschen bestimmend sind. Ferner: daß man jede Gelegenheit ausnutzt, um das sich im Kinde entwickelnde erkennende Denken immer klarer, immer logischer, immer vernünftiger, also zu einem rechten Werkzeug verantwortlicher geistiger Selbständigkeit zu machen. Und das hervorragendste Mittel dazu ist die Sprache.

Vielleicht verstehen Sie die Tragweite dieser Erkenntnisse am besten, wenn ich Ihnen sage, mein verehrter Leser, daß Sie am einsichtigsten werden, wenn Sie lernen, sich mit *Ihrem eigenen Geiste* zu unterhalten. Wir sprachen von diesem Phänomen schon beim „Weg zum Ich". Und so, wie Sie selber durch sich selber Stufe um Stufe zur eigenen Höhe erklimmen können, wobei Sie immer mehr von dem Reichtum freilegen, den uns unser Schöpfer in die Seele legte, so können Sie auch ihrem Kinde helfen, immer mehr ein Wesen zu werden, das sich immer besser und immer leichter in der Welt zurechtfindet. Und ebenfalls auf dem gleichen Wege, also über die Möglichkeiten der Sprache. Aber das beginnt nicht erst dann, wenn das Kind schon vieles begreifen kann, sondern schon gleich beim ersten Lallen. Und sollte diese Zeit im Falle Ihrer eigenen Kinder schon vorbei sein, mein verehrter Leser, nun dann von dem Augenblick an, wo Sie sich diese Kenntnisse zu eigen machen.
Verstehen Sie jetzt, warum wir eingangs sagten, daß dem Inhalt wie der Form nach unser eigenes Sprechen das Denken des Kindes beeinflußt? Und daß wir deshalb in der Wahl unserer Ausdrücke und Wörter stets einer guten Kinderstube entsprechen müssen?

Mit unserer eigenen Sprache, Sprechart und Ausdrucksweise haben wir es in der Hand, wie unser Kind sprechen und dadurch denken lernt! Es plappert nicht nur die Wörter nach, und zwar bis aufs I-Tüpfelchen genau, und woraus sich dann auch die Mundart ergibt, sondern übernimmt auch die Anwendungsart einer Redewendung in dem von uns aus dem Kinde bewußt oder unbewußt aufgezeigten Sinne.

Unsere Redewendungen und Wörter sind dem Kinde die Bausteine, aus denen es sich das Werkzeug zurechtbaut, um sich genau so wie wir in der Welt zu bewegen, Geltung zu verschaffen, sich zu seinem Recht zu verhelfen und sich zu behaupten. Dabei werden Sie finden, daß das Kind einen Lerntrieb entwickelt, der alles Bemühen der Erwachsenen weit in den Schatten stellt. Wir sagen dann einfach, daß unser Kind etwas aufgeschnappt hat, wenn es wieder einmal eine Redensart genau so wiedergibt wie wir selber oder wie der Mensch, der seelischen Kontakt mit ihm hat. Alles das kommt nicht von ungefähr, sondern aus obwaltenden Gesetzen. Das Kind ist dabei weder gut noch böse, denn es hat ja noch gar keine Ahnung, was bestimmte Wörter bedeuten. Das hierzu erforderliche Begriffsvermögen setzt Urteilskraft, also Verstand voraus, der sich erst nach und nach bildet und erst immer in vorangehenden Begriffskategorien Übung haben muß, wenn er die nächsthöheren erfassen soll.
Die oft beobachtete Klugheit von Kleinkindern ist keine echte Klugheit, sondern eine Scheinklugheit, die sich aus dem Automatismus der Vorgänge ergibt. Nebenher läuft natürlich auch die Entwicklung eigener Überlegungskraft, doch man muß die Seele des Kindes schon sehr genau kennen, um immer zu wissen, wo die „Walze" aufhört und die Selbständigkeit beginnt.
Es ist aber falsch, etwa aus diesem Grunde den negativen Redereien eines Kindes kein Gewicht zu geben, etwa in der Annahme, daß sich das später von selber geben werde, wenn das Kind erst „vernünftig" wird. Gerade damit es vernünftig wird, müssen wir das tun, denn aus der gedankenlosen Nachplapperei der Redewendungen und Sprecheigentümlichkeiten der Erwachsenen, ebenso natürlich auch der Spielgefährten, ergibt sich ja für die Seele des Kindes das Gerüst zum Verstehen der Welt und zum Zurechtfinden in ihr: Die Schaltung, die wie eine gute oder schlechte Brille richtige oder verzerrte Bilder vom Leben ergibt.
Es ist nicht schwer zu erkennen, wie groß die Gefahrenquelle ist, die sich hier zeigt:

Hat sich erst ein falsches Bild durch Wiederholung im Unterbewußtsein verankert, kann daraus eine Hemmung fürs ganze Leben werden. Man muß so denken: Sind die Maßstäbe falsch, kann keine Rechnung stimmen. Das Kind weiß aber nicht, daß ihm falsche Maßstäbe eingeprägt werden.

Für das Kind ist *das* richtig, was es von seiner Umgebung hört und womit seine Umgebung arbeitet. Wie es Schmutz an den Händen für selbstverständlich hält, wenn es ihm nicht zum Bewußtsein gebracht wird, daß sich schmutzige Hände nicht gehören, so hält es auch negative oder falsche Redewendungen und Wörter für selbstverständlich.
Wenn man will, lernt ein Kind Englisch oder Französisch als Muttersprache. Genau so nimmt es eine unschöne Sprechweise in sich auf und auch den Geist und die Gesinnung, die dem Sprechen der Erzieher eigen sind.
Nach dieser Einführung nun zunächst eine Reihe von Hinweisen für diesen Punkt der positiven Erziehung:

Stets sehr deutlich sprechen; auch dann, wenn nicht zum Kinde gesprochen wird! — Keine häßlichen Schimpfwörter gebrauchen! — Auf Schönheit im Ausdruck achten, nicht das sagen, was gerade einfällt, sondern das, was Wohlklang hat! — In der Rede immer klar und logisch sein und jedes Ding bei seinem richtigen Namen nennen! — Muß etwas Negatives gesagt werden, dann stets so, daß keine Angstkomplexe entstehen, kein Gefühl verletzt wird und die Würde des Menschen gewahrt bleibt! — Im Geist und in der Gesinnung des Sprechens immer positiv sein!

6. Gespräche mit Kindern

Wir sagten: Sprache ist hörbares Denken und durch das Sprechen wird der Mensch zum Menschen, lernt die Seele, sich in der Welt zurechtzufinden, lernt sie ihre Kräfte und Fähigkeiten zu gebrauchen, erlangt sie Selbstbewußtsein. Damit wird unser eigenes Sprechen zum wichtigsten Mittel der Erziehung. Wie wir uns grundsätzlich dabei verhalten müssen, wissen wir bereits. Durch Beachtung der angegebenen Regeln ermöglichen wir es dem Kinde, sich ein Sprechgerüst anzueignen, das gleich von vornherein ein Denken in positiven Bahnen ermöglicht. Indem wir *deutlich* sprechen, nimmt es deutliche Sprechbilder in sich auf. Dadurch wird die Sprache des Kindes ebenfalls deutlich.
Was heißt das für die Praxis? *Daß wir jedes Wort so aussprechen, wie es tatsächlich klingen muß. Je gestochener wir artikulieren, um so besser!* Das hat nicht nur große Vorteile für unsere Kinder, zugleich auch für uns selber. Goethe meint sinngemäß hierzu: „Beim guten Sprechen muß jeder Buchstabe nach seinem wahren Werte hörbar werden." Bemühen wir uns so zu sprechen, so üben wir auf unseren Geist einen mächtigen Einfluß aus. Wir stärken das *Konzentrationsvermögen* und zwingen unser Denken zur Klarheit. Wie in uns selber, entstehen dadurch auch im Kinde leuchtende Vorstellungen von dem, was wir sagen.
Wie falsch oder richtig ein Kind die Sprache in sich aufgenommen hat, zeigt sich, so bald es fähig wird, das, was es spricht, aufzuschreiben.

Ein lotteriges Sprechgerüst durch unser eigenes lotteriges Sprechen, erschwert dem Kinde das Lernen in der Schule. Kinder, denen eine gute Kinderstube ein regelgerechtes Sprechgerüst gibt, haben es leicht, auch im Schreiben ihre Muttersprache einwandfrei zu beherrschen.

Wie mit der Deutlichkeit, ist es auch mit dem *Wohlklang*. Wohlklang ist unmöglich, ohne ein harmonisches Gemüt. Es heißt: „Böse Menschen haben keine Lieder." Das gilt auch für die *Melodie* der Sprache. In dieser Melodie liegt unsere ganze Wesenheit: die Festigkeit unseres Charakters, wie unsere Liebe zu Gott und den Menschen; umgekehrt natürlich auch unsere Schwächen, unsere Selbstsucht und unsere Hemmungen. Hierauf gründet sich zu einem wesentlichen Teil auch die anziehende oder abstoßende Macht unserer Sprache, oder aber auch ihre Farblosigkeit.
Wir meinen die *Beseelung* des gesprochenen Wortes. Die Sprache des Hasses klingt gehässig, nicht nur im Ausdruck, auch im *Tonfall*. So ist es bei allem, was wir sprechen, und immer beeinflussen wir damit auch die Entwicklung unserer Kinder:

Wollen wir, daß positive Eigenschaften in ihnen wachgerufen werden, so ist die positive Beseelung unserer eigenen Sprache hierzu das Medium.

Das Sprechen ist stets ein Vorgang auf den drei Ebenen des Daseins. Die *Deutlichkeit* des Klangbildes entspricht der körperlichen, die *Melodie* der Sprache der seelischen Ebene. Die dritte Ebene ist die des *Geistes*. Hier wirkt sich aus, was wir über die Bedeutung der Sprache für die Menschwerdung sagten: Wir hörten bereits, daß wir darunter eine Folge von *Symbolen* für wachzurufende geistige Bilder verstehen. Ist uns ein Symbol *begrifflich* klar, so wird das ihm zugehörige geistige Bild, z. B. ein Stuhl, ein Tisch, ein Hund usw. sofort in unserem Denken erscheinen, sobald wir das Klangbild mit unseren Ohren aufnehmen. Der hierbei sich auswirkende Prozeß untersteht dem Automatismus des Unterbewußtseins. Er wird sich schnell und ohne Schwierigkeiten vollziehen, so bald eine *feste Verkoppelung* von *Bild* und *Sprachsymbol* im Gedächtnis vollzogen ist. Daraus ergibt sich dann das Verstehen eines Wortes, oder, im fortgeschrittenen Stadium des Sprechenlernens, das Verstehen eines Satzes oder ganzer Satzfolgen usw. Das ist so beim Erlernen einer Fremdsprache, und erst recht, wenn das Kind sprechen lernt. Das Fremdwort „homo" sagt uns solange nichts, solange wir seine Bedeutung nicht kennen. Es bleibt dann ein Sprachsymbol ohne Bild im Gedächtnis und kann darum auch kein Verstehen des Gegenstandes oder der Sache hervorrufen, die mit diesem Fremdwort gemeint ist.
Trotzdem ist aber das dem Fremdwort zugehörige Bild bereits in uns vorhanden, was wir sofort wissen, wenn es uns erklärt bzw. in unsere eigene Sprache übersetzt wird. *Es kommt also auf das Übersetzen an!*
Und was ist nun mit dem Kinde, wie können wir ihm denn etwas begreiflich machen, wo es doch noch gar keine Sprache spricht? Es wäre gänzlich unmöglich, wäre es nicht so, wie wir früher erklärten, daß nämlich alles Wissen, was je ein Mensch wissen kann, schon von Anbeginn in ihm liegt. Die Frage ist immer nur, *wie* man die unentwickelten Bilder *wachruft* bzw. sichtbar und für die Seele des Kindes *lesbar* macht.
Hier kommt uns das Unterbewußtsein zu Hilfe, das ja, wie wir ebenfalls schon hörten, auch ohne Sprache bereits Kontakt mit dem Leben und seiner Umwelt hat, und zwar durch seine Sinnestätigkeit und sein gefühlsmäßiges Erleben des Daseins. Hieraus ergibt sich die *Ursprache* des Kindes und in diese Ursprache gilt es die Bedeutung unserer Sprachsymbole zu übersetzen.
Vergegenwärtigen wir uns diesen Vorgang an einem Beispiel: Das Kind weiß sehr bald, was heiß und kalt ist, sein Gefühl sagt es ihm. Aber es versteht uns trotzdem nicht, wenn wir ihm davon erzählen, solange es uns nicht gelungen ist, den Ausdruck „heiß" mit dem Empfinden von Wärme in seinem Gedächtnis zu verkoppeln. Was tut die Mutter instinktiv, um dieses Ziel zu erreichen? Daß sie immer wieder einfach das Wort „heiß" ausspricht, wenn sie das Kind vor etwas Heißem warnen will. Aber erst dann begreift das Kind, was sie meint, wenn es sich einmal die Finger beinahe verbrannt hat, wobei es aber darauf ankommt, daß gerade in diesem Augenblick der Warnruf „heiß" ertönt, oder zumindest unmittelbar danach.
Um genau zu verstehen, wie sich das Begreifen der Sprachsymbole beim Kinde entwickelt, müssen wir uns vorstellen, wir kämen in ein fremdes Land, von dem wir bisher überhaupt keine Ahnung hatten. Man kann uns in der unbekannten Sprache dieses Landes erzählen, was man will, wir verstehen nichts, aber auch gar nichts. Und wir müßten verhungern in diesem Land, hätten wir nicht unsere Augen und unsere Hände. Dadurch gelingt es, auf ganz primitive Weise uns verständlich zu machen, also z. B. auf Dinge zu zeigen, die wir haben möchten; natürlich, sofern diese gerade sichtbar sind, sonst auch nicht. Und außerdem noch, sofern uns diese Dinge

oder die damit im Zusammenhang stehenden Wünsche oder Bedürfnisse innerlich klar sind, was beim Kinde ganz zuerst nur in einem ganz kleinen Umfange der Fall ist. Es hat z. B. Hungergefühl, weiß wieviel es trinken muß, aber keineswegs, daß es von Wasser nicht leben kann.
Wenn *wir* in ein fremdes Land kommen, so haben wir einen reichen Schatz an Erfahrungen in uns, der uns in hundert Lagen genau sagt, wie wir uns bewegen müssen, was wir zu tun haben und alles tun könnten. Sehr bald haben wir dadurch heraus, wie wir die Namen bestimmter Dinge und Vorgänge erfahren können. Und wissen wir erst ein paar Dutzend, dann sind wir schon bald in der Lage, uns soweit durchzufragen, daß uns eine Verständigung möglich wird.
Das Kind hat zunächst noch gar keine Erfahrungen, wenn es zur Welt kommt. Alles ist ihm Neuland, selbst seine eigenen Händchen und Füßchen. Es weiß nicht einmal seine Stimme zu gebrauchen, und wenn es aus seinen Äugelchen schaut, so sieht es nicht so wie wir, also differenziert und klar, sondern nur in groben Unterschieden. Das liegt aber nicht an seiner Sehkraft, sondern daran, daß es nicht weiß, wie man es anstellen muß, um mit den Augen richtig zu sehen. Wenn ihm darin schon schnell Fortschritte möglich werden, so deshalb, weil es ununterbrochen dabei ist, mit sich etwas anzustellen, weil der Trieb zur Bewußtwerdung, die Ahnung der Menschwerdung über den Gebrauch der Sinneswerkzeuge in ihm wirksam ist. Indem es sich betätigt, wenn auch zuerst völlig ohne Ziel, erfährt es sich selber:

Jede auch noch so kleinste Erfahrung legt einen Teil des unbewußten Wissens frei, und hat sich erst ein größerer Teil dieses Wissens enthüllt, so entsteht auch schon eine selbständige Geistestätigkeit, die im Sinne der vorangegangenen Erfahrungen weiterwirkt und das zur Menschwerdung noch nicht freigelegte Wissen durch Erfahrungen ins Erkennen ruft, die der Geist dann mit sich selber macht.

Wie schnell dieser selbstschöpferische Prozeß in Gang kommt und wie weit das geht, das ist Sache der *Begabung*, und im fortgeschrittenen Stadium zugleich eine Frage des erzieherischen Einflusses. An sich hört dieser Prozeß *niemals* auf, und wir alle befinden uns beständig mitten darin. Aber er verlangsamt sich mit den Jahren, dort jedenfalls, wo das Ziel des Menschseins nicht bewußt angestrebt wird.
Wenn wir wissen, daß ein Kind zunächst gar keine Bewußtseinsinhalte hat, so können wir über seine Sinne zuerst auch nicht in sein Inneres hinein. Es hört nicht auf uns, weil es nicht hören kann. Es merkt nicht auf, weil seine Aufmerksamkeit nicht anzusprechen ist. Und wenn wir überhaupt einen Kontakt finden wollen, dann nur über Gefühle, die es schon aus dem Mutterleib mit zur Welt bringt, wohlverstanden, um die bereits *wachen* Gefühle handelt es sich, nicht um die vorläufig noch ruhenden.
Und wenn man das nun alles weiß, mein verehrter Leser, dann stelle man sich einmal vor, wie man das Kind dazu bringen will, daß es das tut, was man sagt, *bevor* es so viele Erfahrungen von seinem Dasein in unserer Welt gesammelt hat, daß *tatsächlich Aussicht* besteht, uns ihm verständlich zu machen. Handelt es sich um ein aufgewecktes Kind, so hat es bis zu dem Zeitpunkt, wo wir uns durch unser Sprechen bei ihm bemerkbar machen können, schon eine *Unsumme* von lauter kleinen Einzelerfahrungen in seinem Gedächtnis angesammelt. Es kommt dann darauf an, daß wir diesen Erfahrungsschatz in genau der Weise ansprechen, wie es den Entwicklungsgesetzen entspricht. Daraus ergibt sich unsere Befähigung, vermittels unserer Sprache schnelle Fortschritte im kindlichen Begreifen zu erzielen.

Diese Entwicklungsgesetze sind allgemeiner Natur, soweit sie sich auf das Kollektivwesen Mensch beziehen, außerdem individueller Art. Die individuellen Gesetze müssen wir in jedem einzelnen Falle erfühlen. Wieweit wir dazu imstande sind, zeigt unser pädagogisches Talent. Manches Kind inkliniert schon gleich für Gemütsdinge, andere nur für körperliche. Danach muß sich auch die erzieherische Behandlung richten. Manches Kind ist anfangs nur über kräftige körperliche Reize erziehbar, während andere so sensibel sind, daß sie auf lauteres oder leiseres Ansprechen reagieren bzw. auf den Tonfall unserer Stimme.
Die allgemeinen Entwicklungsgesetze für das richtige Ansprechen des Erfahrungsschatzes verlangen die Beachtung folgender Hauptpunkte:
1. In der ersten Phase seiner Entwicklung zum Sprechen kann uns das Kind nur verstehen über einzelne Wörter, die unmittelbar mit seinen Körperempfindungen zusammenklingen. Zum Beispiel: heiß, kalt, hell, dunkel, naß, trocken usw.
2. Trotzdem müssen wir mit dem Kinde so umgehen, als ob es schon alles verstehen kann, was wir in seinen kindlichen Dingen zu ihm sprechen. Es nimmt nach und nach alle Kombinationen von Sprechlauten in sich auf, dies aber zunächst nur phonetisch, also ohne ihren Sinn zu erfassen. Welche Klanggebilde davon für das Plappern und spätere Sprechen benutzt werden, entscheidet der Vorgang der individuellen Reife und die Leuchtkraft, die das einzelne Klangbild im Gedächtnis gewinnt.
3. Die individuelle Reife ist abhängig vom *Gehirnwachstum*. Wie man von den Muskeln des Kindes nur kleinste Leistungen erwartet, ohne daran zu zweifeln, daß es einmal kräftige Arme haben wird, so muß die Einstellung zur Apparatur seines Geistes sein. Erst müssen die Muskeln im Gehirn gewachsen und stark geworden sein, bevor es geistig zupacken und begreifen kann. Das bedeutet, daß man *Verständnis* haben muß für sein Plappern, mag es auch noch so sinnlos scheinen. Vom Kinde aus gesehen, ist es das stete Training zur Erstarkung und Beherrschung des Gehirns.

Plappernde Kinder sind lernende Kinder! Man muß sie also plappern lassen und daran stets interessiert sein. Je mehr das Kind unsere Freude fühlt, die wir dabei empfinden, um so kräftiger ist der Anreiz für die Seele des Kindes, über die Artikulation in das menschliche Dasein hineinzuwachsen.

4. Bevor es dem Kinde gelingt, die Zunge so zu beherrschen, daß es aussprechen kann, wie die Dinge der Umwelt genannt werden, hat es schon längst die Beziehungen zwischen Dingen und Namen erfaßt. Es weiß also, was wir meinen, ohne daß es selbst sagen könnte, was es weiß. Um das fertigzubringen, muß es erst in sich herausfinden, wie man es machen muß, um z. B. „Brot“ zu sagen.
Beschäftigt man sich nicht bewußt damit, um dem Kinde das Sprechen beizubringen, so ist es ganz und gar auf seine eigenen Beobachtungen und Versuche angewiesen. Das ist noch hundertmal schwieriger, als wenn wir lediglich durch Beobachtung und logische Kombination eine Fremdsprache zu erlernen versuchen, deshalb, weil das Kind ja noch nicht einmal weiß, wie man mit Hilfe der Stimmbänder, der Zunge und des Gaumens bestimmte Laute erzeugen kann, ganz abgesehen von der noch viel komplizierteren Formung von bestimmten Vokalen, Konsonanten und Diphtongen. Es muß überall erst dahinterkommen, wie man das macht, und deshalb ist das Sprechenlernen auch ein fortwährender Vorgang des Entdeckens und Erfindens.
Man wird verstehen, daß dies um so schwerer ist, je mehr das Kind sich selber überlassen bleibt, und um so einfacher, je mehr es Gelegenheit hat, menschliche Laute zu hören und sich daran zu orientieren. Wir staunen, wenn das Kind urplötzlich Papa

sagt und denken meist gar nicht darüber nach, wie lang der Weg war, um dieses Kunststück fertigzubringen. Es ergibt sich daraus die Lehre, daß wir dem Kinde weitgehend helfen müssen, um in diesem Vorgang möglichst schnell und reibungslos voranzukommen, dies jedoch, ohne einen Druck auf das Kind auszuüben, also ohne auch nur ein einziges Mal ärgerlich zu werden, wenn es ein bestimmtes Wort immer wieder falsch ausspricht.
Es ist das stets ein Beweis dafür, daß die Verbindung von Bild und sprachlichem Ausdruck in seinem Gedächtnis nicht korrekt ist und das kann sich nur ändern, wenn wir die alte Assoziation durch eine neue Wortprägung wirkungslos machen.
Wenn das gelingen soll, muß man sehr gründlich sein, und wobei stets die Denkgesetze berücksichtigt werden müssen. Sagt das Kind z. B. „Bot" anstatt Brot, so darf man hierüber nicht gleichgültig hinweggehen, sondern muß stets sehr sauber wiederholen: „Das heißt ‚B r o t', mein Liebling: ‚B r o t'!"
5. Alle Unterweisungen sind zwecklos oder haben nur halben Wert, wenn man dabei nicht immer zuerst die Aufmerksamkeit des Kindes fesselt. Wie man das macht, ist Sache der pädagogischen Geschicklichkeit und zugleich ein Hauptpunkt positiver Erziehungskunst.

Dazu muß das Kind in die gute Gewohnheit eingeübt werden, unbedingt aufzumerken, wenn es in einer ganz bestimmten Art angesprochen wird, und man darf diese Art nur anwenden, wenn damit eine erzieherische Absicht verfolgt wird.

Das Kind ist immer verspielt, genau gesagt, es ist immer bei einer Sache, die es ganz gefangennimmt. Das ist ein Zustand unbewußter Konzentration, ohne den es nie geistig erwachen könnte. Es ist also ein durchaus positiver Zustand. Negativ wirkt er sich für Erziehungsabsichten nur aus, wenn unser Einfluß auf die Bewußtseinsvorgänge *schwächer* ist als das Eigenleben des Kindes oder ein Fremdeinfluß.

Dieser Einfluß muß erreichen, daß das Kind sein Spielzeug oder was sonst seine Aufmerksamkeit fesselt, nicht nur mit Händen und Augen, sondern auch mit seinem Gefühl losläßt!

Das erste Denkgesetz heißt: *„Bewußtsein ist Schöpfung!"* Wir können nicht erwarten, daß dem Kinde ein Gedanke, ein Wort oder ein Begriff, überhaupt eine Sache, die wir ihm beibringen wollen, richtig klarwerden, wenn seine Aufmerksamkeit nicht ganz bei der Sache ist. Das aber ist Voraussetzung, wenn eine Tiefenwirkung in ihm entstehen, ein kräftig leuchtender Gedächtniseindruck zustande kommen soll. Wenn es Dinge leicht wieder vergißt, so hat es sie gar nicht richtig aufgenommen! Und das ist nicht nur entscheidend für das Erlernen der Sprache, sondern für den ganzen Gehorsam des Kindes.

Man frage sich deshalb stets:

Ist dem Kinde auch wirklich bewußt geworden, was ich von ihm will? Hat es auch wirklich den Auftrag in sich aufgenommen, den es ausführen soll? Ist ihm das auch wirklich begriffsklar, was ich meine?

Die Methode, durch die wir die Aufmerksamkeit des Kindes ansprechen, lenkt automatisch, also zwangsläufig, sein Interesse auf uns. Dadurch entsteht Klarheit im Bewußtsein des Kindes, wie wenn das Objektiv einer Kamera scharf auf ein Bild eingestellt wird, das photographiert werden soll. Diese Methode kann z. B. darin bestehen, daß man den Vornamen des Kindes mit besonderer Betonung ausspricht, also besonders eindringlich und bestimmt. Wichtig ist dabei, daß man zunächst nur das Kind anruft, also nur seinen Namen ausspricht. Erst wenn man sich davon überzeugt hat, daß die ganze Aufmerksamkeit des Kindes bei der Sache ist, sagt man, was man will.

Die Gewöhnung des Kindes zur Sammlung der Aufmerksamkeit auf die Worte der Eltern muß so früh wie möglich beginnen. Man erleichtert damit nicht nur sich selber die Erziehungsarbeit außerordentlich, sondern auch dem Kinde das Lernen und Gehorchen.

Das Kind hat dazu durchaus den guten Willen, aber damit allein ist es nicht getan, es muß auch von den Gewohnheiten aus dazu befähigt sein: Es darf nicht vergessen, was man ihm sagt und muß von innen her an gute Vorsätze a u t o m a t i s c h erinnert werden. Wiederholen wir beim Kleinkind z. B. das Wort „Brot", indem wir seine Aufmerksamkeit in aller Ruhe auf unsere Lippen lenken, die dieses Wort sehr deutlich formen, und nicht nur nebenbei sagen, daß es „Brot" heißt und nicht „Bot", so entsteht eine ganz andere Tiefenwirkung als bei oberflächlicher Behandlung dieses Vorganges. Grundsätzlich:

Wir müssen lernen, mit der Aufmerksamkeit des Kindes zu arbeiten. Hierauf muß sich unsere Erziehungsmethode ganz bewußt einstellen.

Was für das Erlernen des Sprechens gilt, das hat erst recht Geltung für alle *schöpferischen Gespräche* mit unseren Kindern. Vom dritten Lebensjahr an können wir uns schon ganz gut mit ihnen unterhalten. Damit beginnt für den Erzieher eine wunderbare Zeit seelenbildender Arbeit, und hierbei zeigt sich auch, wie sehr gerade unser Sprechen zum wichtigsten Mittel der Erziehung wird.

Was das schöpferische Gespräch bezweckt, bedarf keiner langen Erklärung, obwohl das Ziel immer gegenwärtig sein muß: Klarheit schaffen, Kenntnisse vermitteln, Selbstbewußtsein entfalten, gute Eigenschaften und edle Gefühle wachrufen, überhaupt, die Seele des Kindes zum Klingen bringen, mit all ihren wunderbaren Kräften und Fähigkeiten, die ihr das Menschsein in unserer Mitte ermöglichen.

Das schöpferische Gespräch stellt immer wieder von neuem die Frage an uns: Wie soll unser Kind denken und reagieren, wie soll es die Welt sehen, was soll es von den Dingen halten und wie sie bewerten? Unsere geistige Führung setzt ihm für jedes Vorkommnis und jedes Ding in seinem Gesichtskreis eine ganz bestimmte Brille auf. Doch noch viel mehr: Auch alle Kräfte des Geistes fördern wir durch das schöpferische Gespräch: Die geistige Konzentration, die Fähigkeit zu beobachten und zu unterscheiden, den Sinn für Logik und Zweckmäßigkeit, kurz alles, was Geisteskraft und selbständiges Denken entfaltet.

Wir haben gesehen, wie wichtig es ist, daß ein Kind beim Erlernen der Sprache sich nicht selbst überlassen bleibt. Bei der Entfaltung des geistigen Lebens im Kinde ist unsere Verantwortung noch hundertmal größer. Wir sagten früher, daß wir vor allem durch unser Beispiel Einfluß auf unsere Kinder haben. Wo ist das wohl mehr zu beachten, als in den Gesprächen mit ihnen? Jedes Wort aus unserem Munde ist geistige Nahrung. Ist diese Kost gut, dann werden unsere Kinder gedeihen, ist sie schlecht, dann sind auch die Folgen danach! Erneut zeigt sich hier, wie sehr man selber positiv sein muß, denn nur aus unserem eigenen positiven Denken erwächst uns die Fähigkeit, unsere Kinder durch unser Sprechen positiv zu lenken.

Man muß stets davon ausgehen, daß in den ersten Phasen seiner Entwicklung das Kind außerordentlich einfach denkt und daß die Mehrzahl seiner Begriffe sich nur um ganz konkrete Dinge bewegen. Zum Beispiel: Mami ist lieb, weil ich Schokolade bekomme, Papi ist böse, weil er mich haut. Maxi ist frech, weil er mir nicht seine Spielsachen gibt, usw. Da dem Kinde infolgedessen höhere Schlußfolgerungen nicht möglich sind, können wir bei ihm auch nicht von Ungehorsam sprechen, wenn es auf Ermahnungen nicht gleich hören will. Gewiß, es gehorcht nicht, aber es ist nicht einzusehen, warum es gehorchen soll, wenn es den Sinn des Gehorchens nicht erfaßt. Der Wille der Eltern wirkt dann nur wie ein „despotisches Muß", dem das Kind sich ergeben muß. Zum Beispiel wenn wir ihm sagen: „Bewege dich anständig, sitze manierlich bei Tische, sei höflich" usw.

Wie gering die Begriffsklarheit selbst bei Zehn- und Zwölfjährigen noch ist, kann man leicht herausfinden, wenn man sie dieserhalb befragt. Deshalb immer klare Bilder schaffen!

Klare Bilder schaffen! Sich stets überzeugen, wieweit tatsächlich Begriffsklarheit gegeben ist. Und außerdem: nur immer so weit gehen, wie das Kind im Augenblick folgen kann.

So kann ein Kind schon längst die Zahlen von eins bis zehn hersagen, ohne daß es den Begriff der „Zahl an sich" erfaßt hat. Das aber ist Voraussetzung, wenn es z. B. rechnen lernen soll. Es ist stets genau herauszufinden, wieweit eine geistige Leistung eine Gedächtnisleistung oder schon das Ergebnis eines Begreifens ist.
Das Problem ist immer wieder: Wie denkt das Kind, in was für Begriffskategorien, wieweit ist es schon frei und befähigt zu eigener Logik? Am Beispiel des Zählens wird vieles klar: Es kann noch gar nicht zählen, auch wenn es schon die Zahlen von eins bis zehn beherrscht. Man kann sich leicht davon überzeugen, wenn man dem Kinde die Aufgabe stellt, zehn Gegenstände zu zählen. Es weiß dann nicht, wo es beginnen soll, oder wie viele Teile zehn Stücke sind. Vermag es das schon, dann ist ihm der Begriff der Zahl bereits aufgegangen. Doch bevor es diese Begriffsklarheit im ganzen Bereiche von eins bis zehn besitzt, geht dem erst eine Klarheit im Bereiche von eins und zwei voraus, dann zwischen eins und drei usw., und die Zahlenlogik reicht immer nur bis zu dieser Grenze des Erfassens.
Wie es mit den Zahlenkategorien steht, so ist es mit dem gesamten begrifflichen Denken. Zuerst denkt das Kind in groben Sammelbegriffen: Alles was auf dem Ofen steht, *kocht* deshalb, einerlei ob es in der Pfanne schmort, sich in einem Wasserbade befindet oder auf der Herdplatte liegt. Es kennt eben nur diesen einen Begriff, nämlich *„kochen"*. Man kann sich leicht vorstellen, wie es unter Berücksichtigung dieser Gesetzmäßigkeiten im Kinde aussieht.

Hierauf muß jedes unserer Erziehungsgespräche bewußt aufbauen, sonst verfehlt es seinen Zweck: Man muß also in der Sprache des Kindes reden!

Dem Verstehen voraus geht aber immer zunächst die reine Gedächtnisarbeit: Das Kind nimmt Lehre an, ohne daß es gleich versteht. Es beachtet, was wir ihm sagen, sofern wir es nur verstehen, einen kräftigen Eindruck in ihm zu erzeugen. Wir müssen auf beiden Wegen auf das Kind einwirken und dann auf die natürliche Reife warten. Wir können nicht sagen, wie bald ein Kind höheres Erkennen entwickelt, dazu ist die Seele, auf die es dabei ankommt, ein viel zu sehr in Abhängigkeiten

verstricktes Wesen, aber wir dürfen sicher sein, daß wir ihr den Weg zur Reife ebnen, wenn wir den Vorbedingungen zur Begriffsklarheit entsprechen.
Die große Bedeutung einer suggestiv übertragenen Verhaltensweise tritt bei allen guten — und auch schlechten — Gewohnheiten in Erscheinung, denn daß es z. B. bestimmte Wörter und Redewendungen genau so ausspricht wie wir, das läuft ja in hundert Fällen gänzlich unabhängig von seiner Einsicht. Das gilt auch für die grammatikalische Richtigkeit des Sprechens. Es weiß z. B. genau zu unterscheiden, ob der 3. oder 4. Fall in einem Satz zur Anwendung kommt, ohne die geringste Ahnung zu haben, warum das so sein muß. Es sagt völlig richtig, mir tut die Hand weh und mich wollte der Hund beißen, ohne es bewußt gelernt zu haben. So schließt das Kind sorgsam die Tür, sagt dazu aber auch gleichzeitig „Grüß schön!", wenn sich eine derartige Gewohnheit suggestiv mit dem Türschließen verkoppelte, dadurch z. B., daß jemand beim Verlassen des Zimmers diese Worte eindrucksvoll sprach. Gewöhnt man ein Kind daran, sich bei einem Versehen zu entschuldigen, dann ertönt das „Entschuldige bitte!" ganz automatisch und ohne Rücksicht darauf, ob Anwesende etwas gemerkt haben oder nicht. Das gleiche ist der Fall, wenn man es daran gewöhnt hat, stets „Gesundheit" zu hören, wenn es niesen muß. Unterläßt man es zu sagen, so wird man prompt vom Kinde dazu aufgefordert, und meist in den gleichen Worten, wie man selber spricht, also etwa: „Wie heißt das?" Diese Korrektur des eigenen Verhaltens gibt es übrigens in vielen Fällen, z. B. wenn einem doch einmal ein weniger schönes Wort aus dem Munde rutscht. Ebenso prompt hören wir dann: „Schlechte Wörter sagt man nicht!" oder „Gib mal her, sagt man nicht" usw. Es wäre falsch, in einem solchen Augenblick die Fassung zu verlieren. Vielmehr muß man sich sofort zu seinem Versehen bekennen und sich verbessern. Tut man das nicht, so erschüttert man das Vertrauen des Kindes zu der Lebensart, nach der es sein Verhalten richten soll. Und kommt das öfter vor, so wird es bald so handeln wie wir.

7. Das Einüben guter Gewohnheiten

Was wir von der Begriffsklarheit im Hinblick auf die Wahrheit sagten, bedarf noch mancher Ergänzung. Diesen abstrakten Begriff vermag das Kind erst dann zu erfassen, wenn es schon eine ganze Menge von *Ursache* und *Wirkung* begriffen hat. Und dabei kommt es dann außerdem noch darauf an, ob nur die *praktische* oder schon die *ethische* Seite bewußt werden soll. Die praktische Seite wird begriffsklar durch unsere Konsequenz im Falle einer Unwahrheit. Das Kind hat Nachteile dadurch, und das prägt sich ihm ein. Aber es ist fraglich, ob es sich eines Fehlers überhaupt bewußt wird, denn das, was für unser kritisches Denken Lüge oder Verdrehung scheint, kann für das kindliche Denken durchaus in Ordnung sein. Was wir uns Erwachsenen zubilligen, nämlich die Beeinflußbarkeit durch den äußeren Schein und durch Suggestionen aller Art, das gilt erst recht für das Kind. Es kommt hinzu, daß die Phantasie im Seelenleben des Kindes eine ungewöhnlich große Rolle spielt. Deshalb Vorsicht vor voreiligem Urteil!
Bevor die ethische Seite der Wahrheit im Kinde Bedeutung erlangt hat, bestimmen es rein praktische Gesichtspunkte: Es lügt, um sich einer Strafe zu entziehen, was das Umgehen einer Unannehmlichkeit bedeutet. Moralische Bedenken kommen ihm dabei ebensowenig, wie beim Begehen einer Grausamkeit Tieren gegenüber. Wenn das der Fall sein soll, muß die Menschwerdung schon beträchtlich fortgeschritten sein. Vor-

her müssen wir schon geraume Zeit richtungweisend auf das Kind eingewirkt haben, einerseits durch unser gutes Beispiel, andererseits durch bewußtes Einüben in gute Gewohnheiten.

Aus unseren bisherigen Beispielen ging klar hervor, wie stark das Kind suggestiv zu lenken ist. Wir üben diesen Einfluß bewußt und unbewußt aus. Da wir wissen, wie groß die Verantwortung ist, die wir für die Entwicklung des Kindes tragen, werden wir alle Einflüsse auf sein Geistes- und Seelenleben stets unter unserer Kontrolle halten. Wir werden es deshalb auch niemals mit einer Umgebung in enge Fühlung kommen lassen, von der wir wissen, daß sie negativ ist, zumindest so lange nicht, wie es gegen niedere oder die Lebenstüchtigkeit mindernde Kräfte nicht immun ist.

Das Fernhalten negativer Einflüsse ist natürlich nur die eine Seite. Die andere, ebenso wichtige, besteht darin, daß wir bewußt und planmäßig positive Gewohnheiten im Kinde entwickeln. Wenn wir sagen planmäßig, so muß dem Vorgehen also ein Plan zugrunde liegen. Wir müssen wissen, welche Eigenschaften unser Kind entwickeln soll. Wir können fragen: Verstehen sich die guten Eigenschaften eigentlich nicht von selbst? Gewiß, sie verstehen sich durchaus von selbst, aber es kommt ja bei der Erziehung nicht nur auf unsere Wünsche an, nicht darauf, daß wir eine positive Entwicklung von unseren Kindern *erwarten,* sondern darauf, daß wir uns in unseren **Erziehungsmaßnahmen so verhalten, daß die erwarteten positiven Eigenschaften als Frucht unserer Bemühungen in Erscheinung treten. Wir dürfen ja die Entwicklung nicht gehen lassen, wie sie will, vielleicht im Vertrauen darauf, daß schon alles gut gehen wird, sondern müssen am Kinde ganz bewußt eine erzieherische Arbeit leisten.**

Es muß in diesem Zusammenhange einmal ausgesprochen werden, welche Sorgfalt die sogenannten „besseren Kreise" auf die Erziehung ihrer Kinder verwenden und zu allen Zeiten verwendet haben. Die besten Erzieher waren immer gerade gut genug. Man lese die Biographien der großen Persönlichkeiten: Immer wieder wird davon berichtet, wie ausschlaggebend es für das ganze Leben war, daß man sich als Kind in den richtigen Händen befand. Natürlich gibt es auch Ausnahmen; Fälle, wo sich Kinder sogar dann gut entwickelten, wo der Vater ein Trinker und die Mutter leichtsinnig war. Doch diese Ausnahmen sind zu zählen und sie bestätigen nur die Regel. Und auch das spricht nicht dagegen, wo trotz bester Erzieher kein Erfolg möglich wurde.

Was schon früher betont wurde, muß hier noch einmal klar hervorgehoben werden:

Erst wenn wir alles versucht haben, um unser Kind zu einem guten Menschen zu machen, können wir uns von Schuld frei wissen. Bis dahin müssen wir für ein Versagen des Kindes uns selbst verantwortlich machen, und wenn nicht unseren eigenen negativen Charakter, sodann unsere pädagogische Unfähigkeit. Je härter wir hier mit uns selber ins Gericht gehen, um so besser für uns und unsere Kinder.

Erneut wird damit aber auch klar, daß Erziehung wirklich eine Aufgabe ist und keinesfalls nur so nebenbei erledigt werden kann. Reiche Leute haben dafür ihr Kinderfräulein und ihren Hauslehrer, teils weil sie keine Zeit haben, meist aber keine Lust haben, sich wirklich eingehend und ausdauernd mit ihren Kindern zu befassen. Sollen deshalb aber die Kinder armer und mittelloser Eltern zu kurz kommen? Bis jetzt war das leider so, doch das muß nicht sein, denn das ist nicht so sehr ein Problem verfügbarer Zeit und erst recht nicht des Einkommens, als ein Problem des Richtigmachens und unseres eigenen Charakters.

Doch weiter in unseren Anregungen: Wir müssen also einen Plan haben für alle positiven Eigenschaften und Gewohnheiten, die wir in unseren Kindern entwickeln wollen. Nur dann, aber wirklich nur dann erzielen wir einen maximalen Erfolg, denn allein erst ein Plan bringt uns laufend zum Bewußtsein, worauf wir jeweils zu achten und hinzusteuern haben, wenn wir mit unseren Kindern sprechen oder etwas mit ihnen unternehmen.
Wie wir uns laufend Rechenschaft darüber geben, wie es mit ihrer Gesunderhaltung steht, mit der Ernährung und Körperpflege z. B., so muß es auch in allen Dingen ihrer charakterlichen und geistigen Förderung sein.

Für die Schulerziehung ist das selbstverständlich. Nur so lernt das Kind zuerst buchstabieren, dann lesen und Aufsätze schreiben, nur so zuerst zählen, dann rechnen und schließlich Wurzeln ziehen und Gleichungen aufstellen usw. Alles geht planmäßig vor sich, jede Schulstunde, ja, sogar jedes Diktat und jede Rechenübung. Es ist nicht schwer, sich vorzustellen, daß auch die Erziehung im Elternhaus ganz anders klappt, wenn auch dabei nicht willkürlich, sondern stets im Hinblick auf die anzustrebenden Einzelziele vorgegangen wird. Doch bevor man das kann, muß man diese Einzelziele sich überhaupt erst einmal bewußt machen, und gerade das bewirkt die Planung.
Wie man das macht, haben wir an anderer Stelle des Erfolgssystems eingehend besprochen, insbesondere im Kapitel über die Erfolgsplanung. Man braucht nur die dort herausgearbeiteten Grundsätze auf die Kindererziehung anzuwenden, um völlig begriffsklar zu sein. Grundsätzlich dieses:
Man muß sich fragen, welche guten Eigenschaften und Gewohnheiten angestrebt werden und wie man im Sinne der Gesetze des Denkens handeln muß, um sie im Kinde wachzurufen.

Hierbei gleich ein Hinweis zur technischen Meisterung der Lehren zur positiven Erziehung: Mit dem bloßen Durchlesen der Regeln ist es natürlich nicht getan. Manches Gute wird dabei zwar hängenbleiben, doch das meiste wird man doch wieder vergessen, nicht, weil man glaubt, es entbehren zu können, sondern weil es einfach nicht möglich ist, die Erziehung aus dem Stegreif positiv zu gestalten. Man muß sich dazu erst fähig machen, das aber macht zur Bedingung, daß man das Kapitel „Erziehung" regelrecht zum Studium macht.

Nicht nur in der Praxis, auch in der Beherrschung der Theorie muß die positive Erziehung zu einer Aufgabe erhoben werden. Was wird man dazu tun? Nun, man wird z. B. mit den wunderbaren Möglichkeiten arbeiten, die sich aus der „Kartei des Wissens" ergeben. Man erreicht dadurch, daß sich die Grundsätze und Lehren in unsere unterbewußten Gedankenabläufe einschalten, so daß wir bald völlig mühelos unbewußt richtig handeln lernen. Unsere Erziehungskunst wird dadurch eine Meisterschaft zielbewußter positiver Lebensführung und kommt dann, wie jede echte Meisterschaft, nicht aus oberbewußter Willensanstrengung, sondern aus dem Gefühl. Ist das der Fall, dann strengt sie auch nicht an, macht weder nervös noch müde, sondern nur immer größere Freude. Und immer wieder nicht nur unseren Kindern zum Segen, sondern im gleichen Maße auch uns selber, denn es ist wirklich so,

daß wir, indem wir die Seele unserer Kinder immer besser verstehen, gleichzeitig auch uns selber und die ganze Welt immer besser verstehen lernen.
Für meine Begriffe gibt es überhaupt keine schönere Aufgabe, als die der Kindererziehung, denn nirgendwo kann man besser den eigenen Wert als Mensch und Persönlichkeit unter Beweis stellen als dabei.

Und bliebe einer sein ganzes Leben lang ein armer Mann, so kann doch keiner an Größe mit ihm tauschen, wenn er am Ende seines irdischen Lebensganges feststellt, daß er aus seinen Kindern gute und brauchbare Menschen gemacht hat.

Für das Einüben guter Gewohnheiten gilt die Beachtung der Gesetze des Denkens, wie wir sie in den Ausführungen über den M-Schlüssel kennengelernt haben. Überhaupt sind die Methoden des M-Schlüssels das A und O positiver Erziehungskunst. Wenn man dieses Kapitel zu Ende gelesen hat, dann lese man noch einmal die drei Gespräche über den M-Schlüssel durch und mache sich über alle darin aufgezeigten Gesetzmäßigkeiten des Seelenlebens seine Gedanken. Es wird in diesen Gesprächen auch gezeigt, wie eine Gewohnheit entsteht und welche Rolle dabei die Aufmerksamkeit und die bewußte und unbewußte Konzentration spielen. Darüber hinaus wollen wir nunmehr für bestimmte Gewohnheiten noch eine Anzahl von Richtpunkten kennenlernen, deren Beachtung von bestem Vorteil ist.

Für die Sauberkeit:

Das Kind muß angehalten werden zu hygienischer Körperpflege. Es hat sich zu bestimmten Tageszeiten stets selbständig zu waschen und zu pflegen. Und fortlaufend ist darauf zu achten, daß diese Regeln eingehalten werden. Man drückt dem Kinde den Schwamm so früh wie möglich in die Hand, also auch dann schon, wenn es den Vorgang des Waschens nur ungefähr nachahmen kann. Natürlich wird die Mutter für die Sauberkeit in diesem Stadium sorgen, doch das Kind muß das Gefühl haben, daß es sich auch selber wäscht.

Für den Fleiß:

Die positive Erziehung geht grundsätzlich darauf aus, unseren Kindern das Leben so glücklich wie möglich zu machen. Ein Kind ist keine Puppe und auch kein Automat, sondern ein selbständiges Geschöpf mit ganz bestimmten individuellen Möglichkeiten, Anlagen und Fähigkeiten. Damit es sich frei entfalten kann, muß es einen reichlichen Spielraum haben, in dem es sich selbständig bewegen kann. Die guten Gewohnheiten sind in diesem Falle die Grenzen und Schranken, in denen es frei sein darf und durch die es lernt, weder sich selbst, noch anderen zum Schaden zu sein. Dabei kommt es darauf an, daß wir einerseits diese Grenzen nicht so eng gestalten, daß sich darum im Kinde Spannungen bilden, andererseits sich aber auch keine Zügellosigkeit entwickeln kann. Deshalb setzt die positive Erziehung neben das Spiel *Fleiß- und Ordnungsübungen,* die schon von den ersten Jahren an als *Pflichterfüllung* aufzufassen sind. Beispiel: Der kleine Hans hat seinen Teller leer gegessen: er wird erst dann vom Tisch aufstehen dürfen, wenn er seinen Tischplatz in Ordnung gebracht hat. Hört er auf zu spielen, so wird er seine Spielsachen geordnet auf ihren Platz legen und alle Unsauberkeiten beseitigen, die durch sein Spiel entstanden sind. Bevor er schlafen geht, hat er dafür zu sorgen, daß seine Schühchen wohl beieinander stehen und seine Sachen geordnet auf dem Stuhle liegen usw. Es bedarf keiner Frage, daß man die Ansprüche an das Kind in keiner Weise übersteigert. Man wird nur soweit Selbständigkeit verlangen, wie es die schon erreichte Befähigung zuläßt. Dem Kleinkind wird man also helfen, seine Sachen in Ordnung zu bringen. Wichtig ist das Prinzip! Das Kind muß wissen, was sich gehört, aber ebenso wichtig ist auch, daß wir dieses Ziel nicht mit Härte und Strenge, sondern *reibungslos* erreichen, also ohne das Kind seelisch zu belasten. Es muß vielmehr *spielend* ordentlich, sauber und fleißig werden, aus *selbstverständlicher guter Gewohnheit,* und unsere Lehren sind der Weg dazu.

Für den Gehorsam:

Grundsätzlich ist für den Gehorsam folgendes zu bedenken: Wenn das Kind, wie wir hörten, ein selbständiges Geschöpf ist, dann muß es auch keineswegs aufs Wort hören, ebensowenig wie das ein Erwachsener tun muß, und ohne daß deshalb ein Kind ungehorsam zu sein braucht. Man muß auch hier das Endziel bedenken, und dieses Endziel der Erziehung ist nicht ein Musterkind, sondern ein *freier Mensch.* Viele Eltern müssen hier ganz gründlich umlernen. Auch der Gehorsam ist nur ein Mittel zum Zweck und wird im Kinde nicht angestrebt, damit den Eltern, sondern dem Kinde daraus Vorteile erwachsen.

Sklavische Unterordnung unter den Willen der Eltern erzeugt Hemmungen und bildet den Nährboden vieler krankhafter Erscheinungen des Nerven- und Seelenlebens.

Mangel an Konzentrationsfähigkeit, krankhafte Schüchternheit, verängstigtes Wesen, nervöses Stottern, sowie Minderwertigkeitskomplexe vieler Art finden darin ihre Ursache. Außerdem bietet gewaltsam erzeugter Gehorsam durchaus keine Garantie, daß sich ein solches Kind auch im Leben bewährt. Vielmehr besteht Gefahr, daß die unterdrückte Freiheit sich bei der ersten Gelegenheit Luft schafft, wo es unbeaufsichtigt von den Eltern tun und lassen kann, was es will. Die besten Eigenschaften schlagen dabei in das Gegenteil um und solche Kinder müssen dann vollständig umerzogen werden, wenn aus ihnen noch brauchbare Menschen werden sollen.

Wir sagten, das Beispiel sei der beste Lehrmeister. Das bezieht sich nicht nur auf unser eigenes Verhalten, sondern auch auf das Verhalten von anderen Personen, anderen Kindern z. B. Im Verlaufe von schöpferischen Gesprächen machen wir unsere Kinder hierauf aufmerksam, indem wir sie veranlassen, auf die guten Eigenschaften der Betreffenden zu achten.

Nach dem 8. Denkgesetz ist der Mensch für alles empfänglich, was seinen Wünschen, Neigungen und Interessen dient und angenehme Gefühle in ihm wachruft. Das gilt auch für das Kind. Es wird sich viel eher für die Höflichkeit und auch für alle anderen guten Eigenschaften interessieren lassen, wenn dadurch eine ihm sympathische Verbindung mit seinem Wollen und Fühlen eintritt.

So wünscht es z. B. die Zuneigung und Liebe der Eltern. Gelingt es uns, in kluger Weise unsere Erziehungsziele damit zu verbinden, so entspricht das Kind viel leichter unseren Wünschen, als wenn wir es durch harte Worte und kalte Anweisungen dazu veranlassen. Mit allen unseren Maßnahmen müssen wir stets versuchen, über das *innere Einverständnis* des Kindes unser Ziel zu erreichen. Also auch hier: *Nicht wider den Stachel löcken!* Wir haben erst gar keinen Trotzkopf zu brechen, wenn wir ihn nicht vorher durch falsches Vorgehen entwickelt haben.

8. Die Sprache der wohlwollenden Bestimmtheit

Manchem Vater und mancher Mutter, die dieses Kapitel über die Kunst positiver Erziehung durcharbeiten, wird es wie Schuppen von den Augen fallen, warum sie bisher mit ihren Kindern nicht fertig werden konnten. Sie lebten ohne Wissen um die Gesetzmäßigkeiten des seelischen Lebens, ahnten nichts von der Macht der beeinflussenden Kräfte, die vom eigenen Tun auf das Kind ausstrahlen, und das um so weniger, je stärker sie im Banne von Beeinflussungen standen, je mehr sie Gefangene ihrer Gefühle, Triebe und Leidenschaften waren und darum negativ wirkten, ohne sich dessen bewußt zu sein. Wohl den Eltern, die diese Zusammenhänge erkennen und sich umstellen. Aber es muß auch wirklich zu einer Umstellung kommen, denn die bloße Einsicht nützt ja nichts. Und hier liegt überhaupt das größte Problem positiver Erziehung: Da man selber nicht erzogen ist, kann man auch andere nicht erziehen. Goethes Ausspruch aus den „Zahmen Xenien", den wir dieser Arbeit voranstellten, trifft den Kern: *„Man könnte erzogene Kinder gebären, wenn die Eltern erzogen wären."* Also bleibt nichts anderes übrig, als sich nachträglich zu erziehen, wenn es vorher nicht geschah. Daß wir damit auch vielen anderen Interessen eines erfolgreichen, glückhaften Lebens entsprechen, macht die Arbeit dieser Umstellung nur um so wertvoller:

Indem wir uns zum positiven Menschen wandeln, klappt es nicht nur in der Kindererziehung, sondern auch sonst in unserem Leben, und womit sich zeigt, daß alle Fragen einer positiven Lebensgestaltung in einem organischen Zusammenhange stehen. Man kann einfach kein erfolgreicher Erzieher sein, wenn man kein positiver Mensch ist. Und wenn man es ist, dann ist man es zugleich auf der ganzen Linie.

Wie sehr das zutrifft, erkennt man an den Eigenschaften des positiven Erziehers. Diese Eigenschaften kann man nicht spielen, sondern man muß sie haben. Um z. B. von innerer Ruhe durchdrungen zu sein, muß man Herrschaft über sich haben, und diese Herrschaft hat man nur, wenn man *Erkenntnis* hat. Und genau so steht es auch mit der beeinflussenden Kraft, die der *Sprache* des erfolgreichen Erziehers innewohnt. Woher will man diese Kraft nehmen, wenn nicht aus der eigenen wissenden Seele?

Wir hörten früher schon, daß es auf das *Fluidum* ankommt, das von uns ausgehen muß, wenn wir Einfluß auf unsere Kinder haben wollen.

Das Medium dieses Einflusses ist unsere Sprache. In ihr muß ebensowohl Entschiedenheit wie Güte liegen, gegründet auf dem unbedingten Vertrauen zum Sieg des Guten in unseren Kindern, neben Gerechtigkeitssinn und entschlossener Abwehr alles Negativen.

Das ist der Geist, der unsere Sprache beseelen muß, der ihren Grundakkord bestimmen soll, einerlei, was wir zu unseren Kindern sprechen. Und dieser Geist ist nur vorhanden, wenn er wirklich und tatsächlich in uns lebt, wenn er nicht nur in Erziehungs-

dingen, sondern auch sonst unser Denken beherrscht. Man kann darin nicht heucheln: man kann nur positiv strahlen, wenn man positiv ist!
Für unsere Anliegen an das Kind ist diese *Beseelung* unserer Sprache die *Trägerwelle:* Ist sie kräftig und harmonisch, so gelingt es leicht, in das Denken des Kindes damit einzudringen und unseren Worten Geltung zu verschaffen. Darum ist es nicht dasselbe, wenn ein gleicher Satz von verschiedenen Personen zum Kinde gesprochen wird, mag er auch im Aufbau so beschaffen sein, daß er Gehör finden müßte. Der persönliche Einfluß fehlt, das Fluidum, die Magie der Stimme, eine ganz bestimmte Färbung des Klanges, die dem Kinde das Wesen der Persönlichkeit des Sprechenden vermittelt. Es ist ein großer Unterschied fühlbar, ob der Satz: „Hans, bitte bringe deine Sachen in Ordnung!" vom Vater, von der Mutter oder vom Opa ausgesprochen wird. Jedesmal klingt diese Aufforderung anders, und auf das richtige Klingen kommt es an, wenn sie vom Kinde ohne Murren und mit Freude befolgt werden soll. Wie kommt es, daß ein Kind bei der Mutter nicht gehorcht, während es beim Vater springt? Liegt es an der Angst vor dem Papi? Es kann sein, aber dann ist es nicht das freiwillige und positive Gehorchen, das wir erstreben, sondern ein Zwangsgehorchen, das im Endeffekt versagt. Nein, es liegt einfach an dem *Bilde,* das das Kind vom Wesen des Vaters in sich trägt und das immerfort durch die Beseelung seiner Stimme neue Nahrung bekommt. Würde Mutter in sich die gleiche Seelenkraft entfalten wie Papi, würde sie den gleichen Einfluß haben.
Daß sie diese Kraft nicht hat, läßt sich leicht nachweisen, wenn wir sie im Umgange mit ihrem Kind beobachten: Erstens redet sie viel zu viel, immer ist sie am Schimpfen und am Antreiben. Es scheint so, als ob sie fest davon überzeugt ist, daß ohne großen Wortschwall überhaupt nichts zu machen ist, z. B. wenn Hans seinen Teller nicht leer essen will und immerfort spielt, anstatt zu essen. Das hört sich dann so an: „Hans, iß jetzt! Du sollst essen! Willst du jetzt essen! Wenn du jetzt nicht ißt, dann hole ich den Papi!" usw. — Hält sie ihren Hans wirklich für so dumm, daß er sich dadurch einschüchtern oder in seinen Sonderinteressen beirren läßt? Das muß schon ganz anders kommen! Schon hundertmal hat er das erlebt, und immer ging es trotzdem ganz gut. Warum soll er sich beeilen, noch dazu, wo er vielleicht gar keinen Hunger hat oder ihm das Essen durchaus nicht schmeckt? Da er Mutti nicht ernst nimmt, ganz genau gesagt: da Muttis Wortschwall an seinen Ohren vorbeiläuft, weil die Voraussetzungen zur Sammlung der Aufmerksamkeit nicht erfüllt sind, schaltet sich sein Denken auch nicht auf Gehorsam. Ganz anders, wenn Papi zu ihm spricht: Dann ist er ganz Ohr, vergißt alle Spielsachen und weiß darum auch ganz genau, was man von ihm will, das nämlich: Essen! Und da er von Papi weiß, daß artige Kinder folgsam sind, so tut er das auch. Nicht so bei Mutti: Da fällt ihm nie ein, daß artige Kinder folgsam sind, und darum ist er es auch nicht. Doch daran ist Mutti selber schuld, eben, weil sie es falsch macht, viel zuviel redet und dabei mit ihrem Gefühl immerzu nur sagt, daß der Junge ja doch nicht hört. Und weil dieses Gefühl ihre Sprache beseelt, darum ist auch keine Wirkung da.
Aber das ist längst noch nicht alles: In Muttis Sprache liegt auch der ganze Ärger, den sie mit ihrem Jungen hat. Und sie spricht so, als ob ihr Hans kein kleiner Junge wäre, der noch gar nicht viel von der Welt weiß, sondern ein böser Erwachsener, mit dem man sich herumbalgen muß. Und das Gesicht liegt dabei über den Augen in zornigen Falten und der Mund ist verzerrt wie bei einem galligen Köter. Wie sie „Sei ruhig!" sagt, ach was, wie sie das herauszischt aus sich! Wenn man genau hinhört, hört sich ihr Sprechen immer wie das hackende Gegacker einer kämpfenden Henne

an, oder wie das eines ebensolchen Hahnes, wenn, anstatt Mutti, der Papi so ein ärgerlicher Schimpfpoltrian ist. Aber zum Glück ist das Hänschen nicht nervös und außerdem von Natur aus ziemlich geschützt gegen solche Ausbrüche menschlichen Unverstandes, und es macht ihm nicht viel, wenn nur einer von beiden, Papi oder Mutti, den negativen Einfluß neutralisiert. Aber an einen geregelten Gehorsam ist bei diesem Schimpfton natürlich nicht zu denken, und auch dann nicht, wenn zwischendurch eine Ohrfeige verabreicht wird, ja, dann überhaupt nicht. Doch das macht nicht der mangelnde gute Wille, sondern die Macht der Gewohnheit: Hans hat sich gewöhnt an dieses Verhalten der Mutter und findet das sogar natürlich. Es fällt ihm daran noch nicht einmal etwas auf, weil er Mutter ja gar nicht anders kennt. Und noch mehr: Weil ihn Mutter immerfort treibt und andauernd an alles erinnert, hat er es ja gar nicht nötig, sich um das richtige Handeln Sorge zu machen. Vergißt er mitten im Essen, daß er essen soll, weil ihn der Löffel auf der anderen Seite des Tisches mehr interessiert als der Löffel in der eigenen Hand, so macht das ja nichts, denn wenn es zu lange dauert, dann treibt ja die Mutter gleich wieder an und alles geht seinen Gang weiter. —

Hand aufs Herz, mein verehrter Leser und meine verehrte Leserin, ist das nicht oft so, ja, noch viel schlimmer? Wie oft läßt man die Wut, die aus irgendeinem Anlaß in einem kocht, an seinen Kindern aus. Und die guten Kerlchen, sie bleiben trotzdem voll engelgleicher Harmonie, sind immer von gleicher Liebe und sofort wieder da, wenn man mit den Augen zwinkert: Ach, sie verstehen ja die armen Eltern so gut in ihren Sorgen!? Und sie verzeihen es ihnen gern, wenn sie von ihren Kindern mehr verlangen als von sich selber, und daß sie in ihrer Verärgerung über den Ungehorsam ihres Jungen ganz vergessen, daß man als Kind ja erst langsam lernen muß, was es alles in dieser vertrackten Welt der Erwachsenen zu beachten gilt . . .

Neben dem Geist, der unser Sprechen beseelen muß, kommt es bei der „Wohlwollenden Bestimmtheit" auch auf die Wahl des richtigen Ausdruckes und auf die Satzbildung an. Wir sagten früher: *Konzentration auf wenige Wörter bei allen Anordnungen, getragen von herzlicher Selbstverständlichkeit.* Voltaire meint: „Worte sind für Gedanken, was das Gold ist für Diamanten. Man bedarf seiner, aber es gehört nur wenig dazu." Das meinen wir. Langatmige Vorträge sind unzweckmäßig. Auf die richtige Ausdrucksweise kommt es an, auf unbedingte Klarheit und vollen Positivismus. Das Kind muß wissen, was wir wollen und muß es in einer Art hören, die nur positive Bilder und Gefühle in ihm aufkommen läßt. Also das Gefühl z. B., daß es einem Wunsche unbedingt nachzukommen hat, ohne sich aber dadurch gedrückt oder ungerecht behandelt zu fühlen. Das ist nicht der Fall, wenn wir sagen: „Los, bring den Korb her!" Oder: „Na, wird es bald, daß du den Korb herbringst?" Oder: „Faulpelz, den Korb will ich haben!" usw. Positiv dagegen: „Hans, Mutti möchte gern den Korb haben!" Oder: „Bitte, bring Mutti den Korb!"

Es steht schwach um den persönlichen Einfluß, wenn man nur mit einem Kommandoton, also nur mit scharfen Befehlssätzen ein Kind bewegen kann. Ein guter Erzieher ist kein herumschnauzender Feldwebel, sondern ein Strahlzentrum reiner Menschenliebe. Nochmals: Erziehung ist nicht Dressur! Es ist keineswegs ein Zeichen guter Erziehung, wenn man nur zu pfeifen braucht, um ein Kind zum Springen zu veranlassen. Man kann aus Kindern nur Menschen machen, wenn man sie wie *Menschen* behandelt. Das aber ist ganz und gar nicht der Fall, wenn man immer gleich mit Schmähworten auf ihnen herumtrommelt, wenn nicht alles gleich so klappt, wie man es möchte.

Bei der Besprechung der Gesetze des Denkens erkannten wir die große Macht, die in der *Bejahung* und in der *Behauptung* liegt. Diese suggestiven Kräfte sind stets zu bedenken und positiv auszunutzen. Man muß sich also immer wieder fragen, welche Vorstellungen und Gefühle im Kinde wachgerufen werden, wenn wir mit ihm sprechen. Wie können wir Kinder zu liebenden Menschen machen, was das höchste Ziel unserer Erziehungskunst sein muß, wenn wir selber Geringschätzung und Lieblosigkeit ausstrahlen? Ausdrücke wie: Du bist ein Lump! Du bist ein Bösewicht! Du bist ein Halunke! Du bist ein Schmierfink! Du bist ein Ferkel! usw. müssen daher unter allen Umständen aus dem Kodex der Erziehungssprache verschwinden.
Gewiß, man kann diese Ausdrücke auch mit umgekehrtem Vorzeichen verwenden, und wo dann aus dem Ferkel ein „süßes Schweinchen" wird, doch wozu überhaupt solche Bilder für das Seelengeschöpf „Mensch", wo doch an guten Bildern wirklich kein Mangel besteht?
Mancher mag das übertrieben finden, und doch ist es besser, wenn man das Bewußtsein des Kindes nur mit solchen Vorstellungen erfüllt, die es vor sich selber nur in einem eindeutig positiven Lichte erscheinen lassen. Wenn es weiß, daß wir von ihm eine ganz und gar saubere und gute Meinung haben, so kommt bald der Zeitpunkt, wo es beweisen wird, daß diese Meinung zu Recht besteht, umgekehrt, wenn unsere Meinung von ihm zweifelhaft ist. Wenn Goethe sagt, daß man die Menschen behandeln müsse, als wären sie bereits so, wie sie sein sollen, so gilt das zuerst und erst recht für unsere Kinder. Und das nicht nur für die guten, sondern auch für alle kritischen Zeiten im Verlaufe der Entwicklung. Wenn das Kind einmal die Unwahrheit sagt, so ist es darum noch lange kein Lügner, wenn es einmal sich verleiten ließ, der Mutter Geld aus dem Schrank zu nehmen, noch lange kein Dieb, und auch dann nicht, wenn das ein paarmal vorkommen sollte. Man muß in solchen Fällen sorgsam überlegen, wie weit man durch *Unterlassungssünden* oder negative Erziehungsmaßnahmen selber daran schuld ist, daß es zu derartigen Entgleisungen kommt.

Ein Kind wird nicht dadurch ehrlich, daß man alles vor ihm wegschließt, sondern indem man ihm Vertrauen entgegenbringt. Nur im Umgang mit der Gefahr wird es sicher. Das ist beim Geld wie bei der Schere und den Streichhölzern. Das Kind muß lernen, die Dinge richtig zu gebrauchen und sich von vornherein die Meinung bilden, die es haben muß, um durch den Umgang mit ihnen keinen Unfug anzustellen. Um das zu erreichen, ziehen wir alle gefahrbringenden Dinge, die jeweils im Gesichtskreis des Kindes liegen, in das schöpferische Gespräch und vermitteln dabei die erforderliche Begriffsklarheit.

Wir sprachen von Unterlassungssünden. Man kann sich jetzt denken, welcher Art diese Sünden sind. Wir überließen das Kind sich selber in diesen Fragen. Wir waren zu bequem, um dem Kinde erschöpfende Auskunft über seine vielen „Warums" und „Weshalbs" zu geben, oder wir unterließen es, das Kind bewußt an Dinge heranzuführen, mit denen es Bescheid wissen muß. So braucht man sich z. B. nicht zu wundern, wenn unser Bub eines Tages den Wecker auseinandergenommen hat, nachdem wir sie ihm ein dutzendmal immer wieder aus den Händen genommen haben mit den Worten: „Laß das stehen!" Und seine Frage: „Warum klingelt das, Papi!" nur etwa so beantworteten: „Weil es klingelt!" Oder: „Das verstehst du nicht!" Oder: „Da sitzt ein Männchen drin und macht kling, kling!" Der kluge Vater wird dem Wissensdrang seines Kindes nie oberflächlich, sondern immer so vollständig entsprechen,

bis ein Höchstmaß an zur Zeit möglicher Klarheit erreicht ist. Und dabei wird es ihm auch möglich, *Sicherungen* für solche Fälle im Kinde zu entwickeln, wo Gefahr besteht, wenn es einmal ohne seine Obhut mit den Dingen Umgang hat.
„Vorbeugen ist besser als Heilen", das gilt auch hier. Dummheit ist beim Kinde stärker noch als beim Erwachsenen *Unwissenheit* und *Handeln ohne Selbstkontrolle.* Die Hände spielen einfach aus Beschäftigungstrieb an allem herum, was sie anfassen und greifen können, ohne daß es dem Kinde auch nur mit einer Spur zum Bewußtsein kommt, daß es etwas Unerlaubtes oder gar Böses anstellt. Wollen wir das jedoch erreichen, so gibt es neben dem Einüben guter Gewohnheiten nur den Weg zur Weckung seiner geistigen Selbständigkeit, und als Vorstufe dazu den Weg der Bewußtmachung der Dinge und der im Umgang mit den Dingen möglichen Fehlhandlungen.
Der Weg der positiven Erziehung ist dabei so, wie in diesem Beispiel: Der kleine Hans spielt im Badezimmer an einem Handtuchhalter, der in der Höhe seiner Schultern an der Wand angebracht ist. Er legt sich so mit seinen beiden Armen darauf und schaukelt dabei hin und her, daß mit Sicherheit vorauszusagen ist, wann sich der Halter aus der Wand gelöst hat. Es genügt nicht, dem Kinde diese Handlung zu verbieten. Es wird doch wieder am Halter spielen, sobald es dazu Gelegenheit hat, völlig unbewußt natürlich und einfach so, wie es so vieles tut, trotzdem es verboten ist. Den Grund kennen wir: Das Bewußtwerden der Fehlhandlung ist nicht gegeben. Hier setzt die positive Erziehung ein! Was werden wir tun? Beim Kinde *verweilen*, wenn es am Halter spielt und folgendes Gespräch im Tonfall „Wohlwollender Bestimmtheit" mit ihm führen: „Hans, was machst du da?" Das Kind wird entweder nur grienen, oder sagen: „Schaukeln." Der Vater: „Hans, das darf man aber nicht! Weißt du, warum man das nicht darf?" Hans: „Geht kaputt." Der Vater: „Ja, Hänschen, das geht kaputt. Aber weißt du auch, warum das kaputt geht?" Hans: „Nein." Der Vater: „Paß auf, Papi sagt es dir. Schau mal, das ist nur für ganz leichte Sachen da. Der Halter hängt nur an einer kleinen Schraube. Du bist zu schwer für dieses kleine Schräubchen, und darum geht der Halter ab von der Wand, wenn du dich darauf legst mit deinen Armen! Weißt du nun, warum du daran nicht schaukeln darfst? Also nicht wieder schaukeln, Hans!" Zum Beweis, daß er Papi verstanden hat, nimmt Hans jetzt einen Waschlappen, hängt ihn über den Halter und sagt dazu: „Das ist leicht, ganz leicht, davon geht nicht kaputt." —
Man wird zugeben, daß eine solche Art, ein Kind zu erziehen, ganz andere Erfolge zeitigen muß als ein bloßes Aufrichten von „Verbotstafeln", verbunden mit den immer wiederkehrenden, meist sogar ärgerlich und nicht selten wütend ausgesprochenen Worten: „Laß das, das geht dich nichts an!" Oder: „Weg mit den Fingern! (oder gar Pfoten)" Oder: „Was hast du da schon wieder gemacht, scher dich weg!"

Mancher Mutter und manchem Vater täte es wirklich gut, würde einmal von einem unsichtbar aufgestellten Tongerät alles festgehalten, was sie im Verlaufe eines einzigen Tages an Unschönem und Negativem zu ihren Kindern sagen, ganz zu schweigen von den Klapsen und Püffen, die es noch zusätzlich gibt. Ganz offensichtlich ist auch, warum unter solchen Umständen dumme Eltern nur Kinder ihrer Art haben können, nicht aber, weil organisch bedingter Schwachsinn vorliegt, sondern weil einfach nichts getan wird, um die Intelligenz zu fördern. Wie oft hört man den Ausspruch: „In Dummheiten, da ist der Junge groß, nur nicht im Lernen!" Ja, wie kann er das auch, wo er nur in seinen „Dummheiten" zum Training Gelegenheit findet und kein

Mensch Lust hat, sich mit ihm zu beschäftigen. Und wenn, dann immer nur in einer Art, die dem Verlangen des Kindes nach Harmonie und Befriedigung in keiner Weise entspricht.

Mein verehrter Leser, wir nähern uns nun dem Ende dieses Kapitels. Es bedarf keiner Frage, daß wir mit den Hinweisen zur positiven Erziehung erst einen winzigen Bruchteil des Erkennens freigelegt haben, dem wir uns im Interesse unserer Kinder verbunden fühlen müssen. Doch es wird genügen, um in diesem Sinne jede Lehre des Erfolgssystems zu prüfen, in welcher Form und wie weit wir sie der positiven Einstellung zu unseren Kindern nutzbar machen können. Und die wichtigste Erkenntnis, die aus allen Betrachtungen zu diesem Thema hervorgeht, ist wohl die, daß wir das Werden des Menschen und sein Aufwachsen im Elternhaus mit ganz anderen Augen ansehen müssen, als das zumeist geschieht, und daß uns schwere Schuld trifft, wenn den Fragen der Erziehung nur so viel Interesse entgegengebracht wird, wie es uns selber genehm ist.

Viele Eltern befinden sich heute in einem wahrhaft verzweifelten Ringen um die Seelen ihrer Kinder. Ursache hierfür sind die großen Krisen unserer Zeit, die auf die Entwicklung vieler Jugendlicher nicht ohne Einfluß geblieben sind. Allen voran die Krise des Vertrauens von Mensch zu Mensch und zu einer gerechten Ordnung im menschlichen Dasein. Die Stellung des Menschen in Welt und Leben dünkt ganz und gar fragwürdig geworden. Dies aber nicht, weil neuartige philosophische Betrachtungsweisen das wahrhaben wollen, sondern weil ja tatsächlich alles drunter und drüber geht in der Welt und auf nichts mehr Verlaß zu sein scheint, was ehedem unverrückbares Gesetz war.

Doch es ist nicht positiv, diesen Pessimismus zu teilen, vielmehr glauben wir, daß alles nur Gärungserscheinung ist zur Vorbereitung eines Neuen und Besseren. Aber diese Gärung kann viel Schaden anrichten, wenn ihr der Mensch in Unwissenheit ausgeliefert ist. Die Kräfte der negativen Beeinflussung sind ungeheuer stark und können den besten Kern zum Kränkeln bringen. Um das zu vermeiden, müssen wir heute schon so denken, fühlen und handeln lernen, wie das nach der Zeit des Überganges in eine bessere Periode der Fall sein wird. Und zu dieser positiven Lebensart müssen wir vor allem auch unsere Kinder erziehen, nicht zuletzt deshalb, weil sie es ja sind, die der Zukunft das Gepräge geben.

Wer seine Kinder positiv erzieht, der erweist ihnen wahrlich den besten Dienst, den er ihnen leisten kann. Was dabei von den Eltern verlangt wird, ist gewiß nicht leicht, aber wie wir wissen, dienen wir damit in einem ganz ungewöhnlichen Ausmaß auch unserem eigenen Lebensglück. Es lohnt sich also, auch in der Kindererziehung ganz und gar positiv zu sein.

„Die Erziehungskunst muß wesentlich und in allen ihren Teilen zu einer Wissenschaft erhoben werden, die aus der tiefsten Kenntnis der Menschennatur hervorgeht und auf sie gebaut werden muß."

Pestalozzi

XVII. TEIL

DIE HARMONISIERUNG DES ALLTAGS

Vom positiven Erleben des Daseins durch den richtigen geistigen Standort

„Richtig zu leben ist eine doppelte Kunst:
eine des Herzens und eine der Vernunft!"

Der Alltag hat noch eine andere Seite als die des reinen Erfolgs-Strebens. Dort, wo wir mit Goethe sagen können: „Hier bin ich Mensch, hier darf ich's sein!" Wo die positive Lebensführung umschaltet auf das persönliche Lebensglück im Kreise der Familie, im Kreise der Freunde und geneigter Mitmenschen. Wo wir also ganz „privat" sein können, ungeachtet der Stürme, die es sonst zu bestehen gilt.

Im Laufe unserer Erfolgsüberlegungen haben wir uns schon wiederholt mit diesem persönlichen Glück beschäftigt. Nun, da wir unser Blickfeld für die Gesetzmäßigkeiten des Daseins schon so erweitert haben, daß wir wissen, wie groß unser Einfluß auf den Ablauf des Lebens sein kann, wenn wir es nur verstehen, das Gesetz von Ursache und Wirkung genügend zu berücksichtigen, wollen wir diese Seite des ganz privaten Daseins so gestalten lernen, daß sich daraus eine weitgehende Harmonisierung, ja, eine Vergoldung des Alltags ergibt.

Da diese Harmonisierung von den Werten des Herzens bestimmt wird, werden wir in den dazu aufklingenden Gedankengängen dem Gemüt den Vorrang einräumen. Wir sind sicher, daß wir damit nicht den Tonfall des engherzigen Ichmenschen treffen. Doch was kommt es darauf an, da dieser beim Streben nach Erfolg ja sowieso nur an Äußerlichkeiten denkt.

Zugegeben, daß der Daseinskampf in dieser Entwicklungsepoche der Menschheit nicht viel Raum läßt für praktischen Idealismus, daß immer wieder hart im Raume sich die Sachen stoßen, wenn auch noch so friedlich die Gedanken beieinanderwohnen, so müssen wir doch unser möglichstes tun, um auch der Würde des Menschen gerecht zu werden. Wie aber wäre das möglich ohne Idealismus?

Daß Idealisten durchaus keine Träumer und Phantasten zu sein brauchen, beweist unsere Lehre vom positiven Leben. Aber es ist so, daß sich Idealismus auf vielen Gebieten nur behaupten kann, wenn er neben dem guten Herzen zugleich auch dem Wissen um die menschlichen Schwächen und Abhängigkeiten Gehör schenkt. Das erhabene Wort: „Liebe deinen Nächsten wie dich selbst!" ist die Zielsetzung des größten Idealismus aller Zeiten und das vollkommenste Gebot wahrer Menschlichkeit. Würde es ernsthaft gelebt, gäbe es weder Krieg noch Not unter den Menschen. Das weiß jeder und muß jeder bejahen. Trotzdem ist aber genau das Gegenteil am Wirken und es besteht auch vorläufig keine Aussicht, daß sich dieser Zustand ändern könnte. Aber warum eigentlich, wo doch der größte Teil der Menschheit dadurch endlich frei würde von allen Folgen des Bösen? Die Antwort vieler, und durchaus nicht beschränkter Köpfe lautet: „Weil es nicht möglich ist, dieses Gebot in die Praxis umzusetzen, weil alle, die das tun, Schiffbruch erleiden!" — Ja, aber wie kommt das denn? Sind die Menschen denn so schlecht? „Nein, allgemein sind sie es nicht, aber sie sind nicht frei in ihrem Denken, und daraus ergibt sich das Dilemma." Dann bleibt also nichts anderes übrig, als auch so zu handeln wie die meisten, also nur an sich selber denken, nur immer den eigenen Vorteil im Auge haben? Und warum? „Weil es ohnehin alle so machen und weil man sonst nicht bestehen kann!" Also: Jeder ist sich selbst der Nächste, und das ist dann der Tod des Idealismus, totgetreten und zertrampelt von den Nächsten selber, die man gerade lieben soll!

Natürlich ist das falsch, aber es ist dennoch der Gedankengang der Menschen. Die Folge davon ist der Kampf aller gegen alle oder jedes gegen jeden, den wir Tag für Tag auf der ganzen Linie des Existenzkampfes erleben. Und jeder sagt dasselbe: „Ich will ja nur leben und nicht untergehen, ich wehre mich ja nur meiner Haut!" — Richtig, das stimmt auch, und doch ist ein *Denkfehler* in allem, und das gerade ist das Verhängnis!

Darin besteht der Denkfehler, daß man meint, das Gebot der Nächstenliebe sei ungeeignet, Wandel zu schaffen, und der daraus sich ergebende Idealismus eine Utopie, ein Hirngespinst frommer Phantasten, aber nichts für die rauhe Wirklichkeit. Und man beweist das damit, daß man alle seit je gekreuzigt hat, die es unternahmen, danach zu handeln. Und alle, die widersprechen, haben keinen Gegenbeweis, denn der Materialist operiert mit der Not der Armen und der brutalen Gewalt gegen Recht und Menschlichkeit.

Und doch wissen wir, daß Frieden und Segen nur werden können aus der Verwirklichung des Gebotes der Nächstenliebe, mag es auch sein, daß eines Tages Gesetze kommen, die es gegen den zweifelnden Verstand verwirklichen.

Aber alles wird verständlich, wenn man bedenkt, daß die Menschen nur deshalb nicht nach dem Gebot der Nächstenliebe handeln, weil sie es nicht zu können *wagen!* Möchten möchten sie es alle gern, jedenfalls die Mehrheit der Menschen, aber der Irrglaube, daß es nicht geht, ist zu groß und steht im Wege. Also müssen wir sagen, daß die Menschen Gefangene ihres Geistes sind. Ja, so ist es, und darum brauchen sie auch Erlösung: Man muß ihnen *beweisen,* daß es auch anders geht. Daß es also *doch* mit Idealismus geht, wenn man es nur richtig anstellt.

Und man stellt es richtig an, *„wenn man die Menschen so behandelt, als wären sie bereits das, was sie sein sollen!"* Aber damit daraus Idealismus wird, aus der Klugheit der Lebensführung also, aus den Lehren über die Bewußtseinsvorgänge im Menschen, aus den Erkenntnissen über die Gesetze des Denkens usw., muß man nicht nur *klug* sein, sondern zugleich *„das Herz einer Taube"* haben!

Bislang hatte die Mehrzahl derer, die es angeht, nur ein gutes Herz. Aber das gute Herz allein kann sich nicht durchsetzen in dieser Welt der geistigen Gefangenschaft. Also bekam das Herz einen Panzer und durfte nur selten zu Worte kommen. Nun muß zum guten Herzen höhere Erkenntnis kommen, dann geht es, dann ist der Weg frei und dann bewährt sich auch das gute Herz!

Idealismus ist das einzig Richtige und einzig Mögliche zur Wandlung der Welt und zur Besserung aller Verhältnisse. Aber er ist wie Radium: Der Unwissende verbrennt sich die Finger! Nicht das Radium ist schuld daran, sondern die Unkenntnis der Bedingungen. Also haben wir die *Bedingungen* zu beachten, die den Idealismus als beste Arzenei gegen alle Not zur Wirkung kommen lassen!
Wer am Idealismus zerbricht, der will es. Meist aber mangelt es am Wissen: Man macht Fehler, verstößt gegen Gesetzmäßigkeiten, will mit dem Kopf durch die Wand. „Seid klug wie die Schlangen, habt aber ein Herz wie die Tauben", welches Wort der Heiligen Schrift könnte den Kern wohl besser treffen als dieses?
Wir haben mehrfach im Erfolgs-System Konsequenzen aufgezeigt, die in der Lage sind, die zwischenmenschlichen Beziehungen durch eine positive Einstellung zu harmonisieren. Damit wurde schon bewiesen, wie sehr sich das menschliche Dasein in glückliche Bahnen lenken läßt, wenn wir nur den guten Willen dazu haben und mit Klugheit und Herz vorgehen. Nun wollen wir auch in unserem ganz persönlichen Leben und in unserem engsten Kreis unter Beweis stellen, daß alles viel besser stehen kann, sobald wir unseren Standort aus den Ebenen materialistischer Gesichtsverengung in die Regionen höherer Einsicht verlegen.

Die Harmonisierung des Alltags wurzelt in der Kunst, den alltäglichen Sorgen für uns und alle, die wir lieben, die Spitze abzubrechen und dem Leben auch in engsten Grenzen reichen Inhalt zu geben. Dazu gehört das Wissen um die Bedeutung der Zeit: Man muß Lebenskünstler sein und alles vermeiden, was die Zeit verplempert, dies jedoch, ohne das Leben in eine Schablone zu pressen und ohne dadurch in Hast oder Unruhe zu geraten. Das will sagen, daß man vom Ablauf der Zeit *Gewinn* haben muß. Diesen Gewinn hat man nur, wenn man das Dasein zu einem *Erlebnis* macht. Man muß also e r l e b e n, daß man lebt. Das kennzeichnet einen Bewußtseinszustand: den Zustand der *Wachheit des Geistes,* und dies vor allem gegenüber den Glückswerten des Daseins. Dazu hörten wir an anderer Stelle: *Glück ist ein Zustand unseres gefühlsmäßigen Befindens und eine Denk- und Bewußtseinssache. Es kennzeichnet sich durch seelische Zufriedenheit und dadurch bedingte innere Harmonie.*
Wenn wir *erleben,* daß wir leben, und wenn Glück eine Sache des Bewußtseins ist, so bietet sich uns dadurch die Möglichkeit, völlig aus eigener Kraft dieses Erleben harmonisch zu machen. Hiermit wird neben der *Zeit,* die wir durch das Erleben *gegenwärtig* machen und was einer *Bewußtwerdung* der Zeit entspricht, das große lebenskünstlerische Gestaltungsmittel sichtbar, durch das wir zu einem *positiven* Erleben des Daseins kommen: *Die Macht unseres Standortes!*
Wir wissen, daß es gute und schlechte Brillen gibt. Gute Brillen geben klare Bilder, schlechte verzerren und machen die Dinge schief. Daneben gibt es schmutzige und saubere, dunkle und farbige Brillen. Jede wirkt nach ihrer Art. Haben wir die Wahl, so wählen wir die Brille, die uns die Dinge am zweckmäßigsten zeigt. Eine Brille, die trübe ist, lehnen wir ab, ebenso Verkleinerungs- und Vergrößerungsbrillen. Bei der Verkleinerung bleiben uns wichtige Einzelheiten verborgen, bei der Vergrößerung sehen wir im eigenen und fremden Gesicht zu viel Unschönes. Tut uns das Licht in den Augen weh, so wählen wir eine Sonnenbrille. Alles strahlt dann milder und angenehmer.
Wie kommt es aber, daß sich die Dinge so verändern, lediglich durch ein Stück mehr oder weniger gebogenes Glas? Was verändert sich eigentlich? Das scheint sich leicht zu beantworten, doch nur deshalb, weil man die „Wahrheit" außer acht läßt und

glaubt, anstatt zu wissen. Weil man nicht unter Betracht stellt, was man überhaupt von den Dingen weiß, und ob man nicht nur das sieht, was man gerade sehen will, richtiger, was man in die Dinge hineinsieht!
In jedes Menschen Kopfe sieht die Welt anders aus, und doch sind die physiologischen Bedingungen, durch die die Augen der Menschen sehen können, fast immer gleich. Die Brillen verschiedenster Art sind hierfür ein Gleichnis und verbildlichen uns diesen Erlebnisvorgang. Richtig, das ist es, worauf es ankommt: Was wir beim Sehen *erleben!* Und noch genauer: ob wir überhaupt etwas erleben, was voraussetzt, daß uns das Sehen überhaupt b e w u ß t wird.
Für uns Erwachsene ist die Puppe unseres Kindes ein totes und vielleicht schmutziges und häßliches Ding, das schon längst auf den Müll gehörte. Ganz anders für unser Kind: Nehmen wir sie ihm fort, so weint es bitterlich und trauert ihr nach, wie einem Geschöpf aus Fleisch und Blut. Wir sagten dann einfach, es habe die Puppe lieb. Warum aber? Deshalb, weil es eben nicht nur darauf ankommt, wie die Dinge aussehen, sondern wie sie in uns *leben.* Der *Standort* entscheidet, der *Wertmesser,* den wir in uns tragen, und je nachdem, wie er beschaffen ist, verändern die Dinge ihr Gesicht. Und nicht nur die Dinge, sondern erst recht auch die Menschen und ihr Verhalten und dazu auch alle Umstände und Verhältnisse. Es ist die Brille unseres Geistes, die allem Wert oder Unwert verleiht und das Dasein versüßt oder auch verbittert. Und alles deshalb, weil es auf das *Bewußtsein* ankommt.
Hieraus geht ganz klipp und klar und ganz eindeutig hervor, daß es einen absoluten Grund, um *unglücklich* zu sein, in Wahrheit überhaupt nicht gibt, sobald wir uns von dem großen Blender „Materie" frei gemacht haben! Und weiter: Daß alles Leid dieser Welt, soweit es sich nicht unmittelbar aus Krankheit und Mangel am unmittelbar Notwendigen ergibt, aus einer falschen Lebensschau herrührt und einer dadurch bedingten Disharmonie der Seele. Daraus resultiert: *Wer sich selbst besitzt, der hat schon alles, was überhaupt ein Mensch vom Besitz der Welt haben kann. Und daß jedermann, der dieses Geheimnis für sich erschließt, sein Daseinserlebnis bis zum Glücksrausch steigern kann, ohne daß er deshalb im Überfluß leben muß.*
Natürlich denken wir nicht daran, deshalb auf die Welt und ihre Annehmlichkeiten zu verzichten, obwohl die Weisen aller Zeiten sich darüber einig sind, daß es ein größeres Gut als die Freiheit im Geiste, d. h. den Besitz seiner selbst, nicht gibt. Aber als Regulativ brauchen wir diese Einstellung, als bestes Mittel, um uns von den Einflüssen der materiellen Welt in hohem Maße unabhängig zu machen und Herrschaft über sie zu erlangen.
Wir haben in jedem Falle die Wahl: Herr zu sein über die Einflüsse der Körperwelt oder ihr Knecht zu sein. Das entscheidet im Kleinsten und Allerfeinsten wie im Großen und Größten über unser Denken, Fühlen und Wollen und damit auch immer darüber, ob wir glücklich sind oder nicht.
Es kommt auf den *Schwerpunkt* unseres Daseins an. Liegt er in den Erscheinungen, also in der körperlichen Welt, so kann uns alles aus der Fassung bringen, was die materiellen Umstände verändert. Liegt der Schwerpunkt jedoch in uns selber, sind wir für uns das Primäre, unsere geistige Einstellung zur Außenwelt das Ausschlaggebende, so bleiben wir unberührt von allen Veränderungen.
Die Seelenhaltung, die sich daraus ergibt, ist innere Gelassenheit, und als deren heilsame und das ganze Dasein harmonisierende Frucht: die Unbeeinflußbarkeit für negative Kräfte, die aus der Lebensangst, dem Wechsel des Schicksals, der Bosheit und der Dummheit der Menschen kommen.

Was heißt Idealismus? Erst in zweiter Linie heißt das Selbstaufopferung, und dies nur in Ausnahmefällen. In erster dagegen:

In der Welt der Ideen das Entscheidende sehen und indem wir darin leben, das ganze Dasein durch sie verändern und umgestalten, also verbessern, veredeln, vervollkommnen, und zuerst natürlich den Menschen.

Ein Tier lebt ohne Ideen, ist ganz und gar nur Organ der Natur, und zwar nicht nur der erfahrenen und weisen, ebensosehr der auf ungezählten Gebieten noch blinden und darum niederen und grausamen. Und so ist es auch mit uns selber bestellt, solange wir nur im Fleische und nicht in der Welt der Ideen leben:

Erst durch die Macht der Ideen überwinden wir die Kreatur in uns, befreien wir uns von ihrem Zwang, von ihrem Mechanismus. Hier aber zeigt sich uns das große Geheimnis vollendeter Lebenskunst und Lebensmeisterung: In der Fähigkeit, aufzustehen gegen die Verwirrung der Natur, die unseren Geist gefangen hält und es dadurch unmöglich macht, anders zu wollen, als es unsere Triebe, Leidenschaften und Neigungen wollen. Denn nicht wir sind es ja, die die Konfusion und den Unfug in unseren Gefühlen und Empfindungen veranlassen und damit unser Wollen bestimmen, sondern diese in der Tiefe unseres Wesens wirkenden Kräfte. Der Mensch ist nicht frei, nur darum handelt er so dumm, so verrückt, so unglaublich falsch! Wer das begreift, der begreift alles!

Aber die Situation ändert sich, wenn unsere Lebensschau positiv wird und wir beginnen, gemäß den Gesetzen des Denkens nicht mehr gegen den Stachel zu löcken. Denn wie wir wissen, genügt es ja nicht, daß wir nur den guten Willen zur Änderung haben. Die Macht in uns muß gebrochen werden, der Zwang, dem unser Denken unterliegt und der von unseren Trieben und Gewohnheiten, von unserer seelischen Blindheit ausgeht. Die Folgerungen, die sich hieraus für die Lebensführung ergeben, ziehen sich wie ein roter Faden durch alle Betrachtungen des Erfolgs-Systems, denn der Standpunkt, der die positive Lebensschau bestimmt, ist ja das Ergebnis aller Überlegungen, die sich mit den Eigentümlichkeiten unseres inneren Wesens beschäftigen. Es kommt jetzt nur darauf an, daß wir hieraus auch für die Harmonisierung des Alltags die Konsequenzen ziehen.
Wir sagten, daß wir im bewußten Erleben der Zeit stehen müssen, und daß beides, nämlich Zeit und richtiger Standort, dazu ausgenutzt werden kann, um ein Höchstmaß an Glück aus dem Dasein herauszuholen. Gleichzeitig wissen wir, daß Glück, als Zustand des Bewußtseins, innere Zufriedenheit und Harmonie bedeutet. Worauf kommt es nun an, wenn sich aus diesen Faktoren eine Harmonisierung des Alltags ergeben soll? Die Antwort heißt:

Verstehen, wohlwollen, genießen und gelassen sein!

Lassen Sie uns prüfen, mein verehrter Leser, wie weit wir mit diesen Maximen einer positiven Lebensschau kommen und inwiefern wir damit den Alltag vergolden können.

Verstehen:

In der Ehe den Partner verstehen, und zwar so, wie der einzelne ist, nicht wie man ihn sich zurechtdenkt. Mit allen Vorzügen, die man sich bewußt machen muß, aber auch mit allen Schwächen, die man aus höherer Einsicht begreifen muß. Dann das Verstehen der Kinder, die richtige Deutung ihrer Eigenart, die so sein muß, wie es sie innerlich treibt, und die wir nur ändern können, wenn wir auch dabei den seelischen Gesetzmäßigkeiten Rechnung tragen. Dazu das Verstehen des Lebens in allen seinen Licht- und Schattenseiten. Es kann nicht alle Tage die Sonne scheinen, oft kommen Wolken und manchmal Donner, Blitz und Hagelschlag, doch alles geht zuletzt vorüber und löst sich auf in Harmonie. Und dann der Erkenntnis höchste Leistung: Sich selber verstehen! Nicht nur als Menschen schlechthin, als Erdenbürger und Zeitgenossen, sondern auch als Seelenwesen und Ebenbild des Höchsten. Verstehen in der eigenen Bestimmung und im Lauf der Welt, im eigenen Wollen, Können und Müssen. Verstehen auch der Freunde und Feinde, und immer aus der gleichen Erkenntnistiefe: Daß es kaum jemand gibt, der frei ist im Wollen, daß alle Getriebene sind in hundert Richtungen. Und daß es weniger schlechte als schwache Menschen gibt.

Wohlwollen:

Wer wohl will, meint es gut, handelt nicht aus Eigensucht, sondern aus Liebe zum Nächsten. Wohlwollen beweist sich durch Entgegenkommen, Hilfsbereitschaft und gütiges Wesen. Wo Wohlwollen herrscht, herrschen Friede und Eintracht. Man streitet nicht, man will nicht recht haben um des Rechthabens willen. Man versucht nicht zu unterdrücken, man sieht die guten Seiten, anerkennt die Leistungen, spricht liebe Worte, tröstet in schwachen Stunden, hat Mitgefühl, ist voller Hingabe, Zuneigung und Vertrauen und voll Interesse für die Eigenart der anderen, für den Mann, die Frau, die Kinder, die Freunde.

Genießen:

Genießen ist Erleben. Ungetrübt genießen können ist Lebenskunst! Das heißt frei sein von negativen Nebengedanken, Aufgeschlossensein für den Genuß. Dies aber nicht nur bei Höhepunkten der Lebensfreude, sondern auf der ganzen Linie des Daseinserlebnisses. Die Zeit genießen, den Augenblick, so wie er ist und wie er kommt. Durch die positive Einstellung den Augenblick vergolden. Aus ihm etwas machen, aus ihm einen Wert herausholen. Uns ihn bewußt machen, wissen, daß er da ist und auf unsere Gestaltung wartet. Dadurch z. B., daß wir anstatt zu poltern und zu schimpfen, fröhlich sind und guter Dinge. Wir haben die Wahl, es gibt immer zwei Möglichkeiten: Lebenskünstler sein oder Welt und Menschen mit trüben Augen sehen.

Gelassen sein:

Allem Bösen und Unangenehmen die Spitze nehmen. Zuversicht haben aus dem Glauben an das Ewige. Was kann schon passieren? Alles fließt, alles geht vorbei, nichts, gar nichts ist beständig. Der Gelassene ist stärker als das Schicksal! Er löckt nicht wider den Stachel, er nimmt hin, was sich nicht ändern läßt. Dies nicht aus geistiger Enge, sondern aus der Weite und Tiefe des Geistes, aus Einsicht, aus Weisheit, aus Verbundenheit zum Ewigen. Der Gelassene bedenkt das Ende, bedenkt, was kommt und unabänderlich ist. Aber er ist nicht beunruhigt. Er schließt Frieden mit allen und allem, was in Sorge bringen, entmutigen oder aufreizen könnte. Seine Grundstimmung ist wissende Heiterkeit.

Was die praktische Anwendung dieser Maximen betrifft, so läßt sich daraus ein dickes Buch voll Lebensklugheiten machen. Doch hätten wir es, es würde nie genügen, um der Vielfalt und Buntheit des Lebens zu entsprechen. Dem individuellen Sein entspricht keine Schablone. Was wir brauchen, sind Anregungen zum selbständigen Denken, Grundregeln, sonst nichts. Unser ganzes Buch ist eine Grundregel. Sie heißt: *Du bist keine Null, glaube an Dich! Dein Denken ist Macht, benutze es!* Das gilt auch für die Vergoldung des Alltags.

Das Allerwichtigste ist immer wieder, daß wir Kontrolle über uns erlangen, daß wir mit offenen Augen leben, daß wir b e w u ß t leben. Es ist geradezu unheimlich, wie sehr die Menschen dösen und sich treiben lassen. Immer wieder müßte man dem einzelnen zurufen:

„Sei gegenwärtig, überlege, was Du tust, überlege, was Du sprichst, kontrolliere, was Du denkst!" Es ist kein Spiel, es ist tiefster Ernst, denn aus unserem Verhalten, Handeln und Reagieren wird ja Sckicksal, wird ja Glück und Unglück.

Denken wir hierbei an das Glück der Ehe: Ist es nicht so, daß die meisten Zerwürfnisse unter Eheleuten nur auf mangelhafte Selbstkontrolle und falsche Standorte zurückzuführen sind? Es ist ein richtiger Zirkus, den unsere Gefühle und Empfindungen mit uns treiben, wenn wir ohne höhere Erkenntnis leben und keine Gewalt über uns haben. Mancher richtet dadurch großen Schaden an, den er später tief bereut. Es ist nicht damit abgetan, hierbei nur von Affekten, Durchgehen der Nerven usw. zu reden. Die Ursache liegt tiefer: Das Geschehen ist so, als ob ein Tier in uns ist, ein Dämon, der die edlen Gefühle lähmt und alle Kräfte und Fähigkeiten unseres Körpers und unseres Geistes in seinen Dienst zwingt. Ein Raubtier, nur von einem Instinkt getrieben: an sich zu reißen, was seine Gier verlangt. Worauf sich diese Gier jeweils erstreckt, das macht unsere Eigenart aus. Es kann ebenso eine fixe Idee sein, wie die Gier nach Macht, nach Besitz oder nach Triebbefriedigung. Und immer ist das Kennzeichen dieses Getriebenseins die Nichtachtung der Vernunft und meist auch der Gefühle, Rechte und der Freiheit der anderen.

Nur sich selbst kennt dieses Tier, dieser Zwang der Niedrigkeit oder auch der Dummheit, Verbohrtheit oder eines Wahns. Man mag das bemänteln, wie man will, man mag es bezeichnen mit Schwäche, mit Leidenschaft, Fanatismus oder sonstwie, es bleibt doch immer das gleiche: *Es ist die Macht seelischer Finsternis, das Wirken unerlöster Natur, die in uns noch nicht zur Klarheit gefunden hat und daher die eigenen Kräfte dazu benutzt, um wie ein dummes Kind zu zerstören und zu vernichten, anstatt aufzubauen und Segen zu stiften.*

Die Untersuchung der Zusammenhänge führt hinab bis in die tiefsten Abgründe der Seele und bis in fernste Entwicklungsepochen der Menschwerdung. Die ganze Rätselhaftigkeit des Menschen geht uns dabei auf und noch weit über den Rahmen dessen, was wir schon über dieses Wunderding gehört haben. Aber wie weit wir auch vorstoßen, wie umfassend wir unsere Sicht auch gestalten mögen, zuletzt bleibt uns doch nur des Doktor Faustens Schicksal: *Daß wir durch Leid geläutert werden müssen, um der Wunder der Seele und eines glückhaften Daseins teilhaftig zu werden, wenn wir uns nicht von vornherein für Gott, d. h. für das Gute entscheiden.*

Das ist im Kleinen und im Kleinsten so wie im ganz Großen: Dieser Ablauf bestimmt das Schicksal der Menschheit wie unseren Alltag! Es geht darum auch nicht ohne die Erkenntnis der Wahrheit. Sie allein kann uns erlösen und unser Leben sinnvoll machen. Und darum ist auch die Macht der Erkenntnis größer als die Macht des Willens. Bestimmt höhere Einsicht unseren Standort, dann besitzen wir die *Wunder-*

brille, die uns das ganze Dasein positiv erscheinen läßt: *Im Lichte verstehender Liebe!* Und was wir als Wichtigstes dabei erkennen, ist dieses: Daß die Schöpfung nicht etwas ist, was *war*, sondern noch im vollen Gange ist. Und geht uns diese Wahrheit auf, so sind wir schon auf dem besten Wege, um uns mit allem auszusöhnen, was wir ohne diese Erkenntnis nie begreifen würden: Die ganze Verrücktheit und Unvollkommenheit der Menschenwelt, einschließlich der Mängel und Schwächen aller Mitmenschen, von denen unser persönliches Glück abhängig ist.

Es wird uns klar, daß es ja nicht die Menschen und Dinge sind, die uns ärgern und quälen durch ihre Unvollkommenheit und Disharmonie, sondern wir selber, weil wir so töricht sind, dort Vollkommenes zu verlangen, wo Vollendung noch gar nicht sein kann. Und weiter: Dort Wunscherfüllung zu erhoffen, wo man gar nicht fähig ist, uns in unseren Wünschen zu erfassen. Und noch mehr: Dort Glück zu erwarten, wo nichts ist als Schaum, Schein, Talmi und Selbsttäuschung.

Prüfen wir uns ehrlich und aufrichtig: Muß nicht alles gleich anders sein, wenn wir unseren Standort wechseln? So gesehen, kann uns das einfachste und kleinste Ding oder Geschehen zum Beweggrund innerer Harmonie und Lebensfreude werden. Darauf aber kommt es an, wenn wir mit dem Leben zufrieden sein wollen.
Sind wir verliebt, sind wir selig in der ärmlichsten Hütte. Sind wir es nicht, kann nichts die Leere füllen, die dann in uns besteht. Doch *ob* wir lieben, hängt bei rechter Erkenntnis weitgehend von uns selbst ab. Und gerade darum haben wir die Möglichkeit, jederzeit und beinahe unter allen Umständen glücklich zu sein. Es ist der Standort, der dieses Wunder bewirkt, die Macht der Wunderbrille vor unserem geistigen Auge.
Und so, wie dem Verliebten beinahe alles recht, alles gut, alles schön, alles liebenswert, alles erträglich und alles harmonisch ist, so wandelt sich die ganze Welt durch die Macht der Erkenntnis. Das schließt nicht aus, daß wir immerfort dabei sind, das Schicksalshaus, in das wir hineingeboren wurden, immer wohnlicher und angenehmer zu gestalten, konsequent danach zu streben, mit allen Techniken des Erfolges unseren Lebensstandard zu verbessern usw., aber glücklich zu sein werden wir dabei nicht vergessen und den *Augenblick* auszukosten, der neben der Macht unseres Erkennens der wertvollste Baustoff eines glückhaften Daseins ist.
Kann man damit in der Praxis wirklich etwas anfangen, wenn man nicht gerade wie ein Jogi nur in Meditationen glücklich sein will? Oh, ja, man muß hier nur richtig verstehen. Das ist zwar Idealismus, aber mit durch und durch positiven Vorzeichen! Hier ein paar Beispiele: Wenn die eigene Frau sich töricht anstellt, schimpft und knurrig ist, so werden wir wissen, daß es in ihrer unzufriedenen Seele knurrt und dadurch sehr bald erkennen, wie diesem Übel abzuhelfen ist. Und so auch die Frau dem Manne gegenüber: Er, der „Herr" im Hause, wird dadurch zum großen Jungen, den sie ganz und gar versteht und darum auch zu nehmen weiß, und dem sie dann nicht nur die gute Frau, die aufrichtige Kameradin, die herzlich ergebene Geliebte, sondern auch die unentbehrliche Mutter ist. Und genau wie der Mann im Beruf, wird sie in ihrem Heim schalten und walten mit aller nur erdenklichen Klugheit, die sich aus der positiven Auffassung des Lebens ergibt. Denn die Hauptsache, die man dazu braucht, hat sie dann ja: Die *Freude am Dasein*, die alle schöpferischen Kräfte weckt, das *Bewußtsein*, daß sich der Einsatz *lohnt*.

Und der Einsatz lohnt sich wirklich, denn es ist ja Gesetz, daß alles klappt, wenn man es richtig macht! Nur *Lust* muß man haben, das ist das große Geheimnis, Lust z. B. als Frau, in sich die Eva nie sterben zu lassen! Lust zur Pflege des Körpers, um sich schön zu machen für den eigenen Mann! Lust, das Heim zu schmücken und heimelig zu gestalten, was nicht so sehr eine Frage des Geldbeutels als des guten Willens ist! Lust, aus Kleinigkeiten Freudebringer zu machen usw. Nicht nur Not macht erfinderisch, auch und erst recht eine positive Lebenseinstellung.
Wieviel Möglichkeiten des Lebensgenusses vermittelt allein schon eine kluge *Kochkunst,* besonders wenn man dazu einen guten Erfolgshelfer hat. Wir sprachen schon davon: Es ist eine Küchenkartei mit vielen leckeren Gerichten. Viel ist nicht nötig dazu, nur auf Lust und Liebe kommt es an: Ein kleines Kästchen mit hundert Kärtchen oder mehr, und auf jedem steht etwas anderes, was Zunge und Gaumen daseinsfroh sein läßt. Man hat die Kärtchen schnell beisammen, wenn man daraufhin Hausfrauenzeitschriften und Kochbücher durchstöbert. Und wie es damit steht, so ist es in allem, was die Meisterung und Vergoldung des Alltags angeht. Es ist gar nichts Problematisches dabei, sobald erst einmal der gute Wille da ist, das Pferd nicht mehr beim Schwanz aufzuzäumen, sondern so, wie es sich für erkennende Menschen gehört.
Aber es geht nicht ohne Herz, nicht ohne Idealismus! Da wir wissen, daß sich die Welt ändert, wenn wir unseren Standort ändern, liegt es nun an uns, ganz bewußt diese Änderung herbeizuführen. Wenn sich Ihr Inneres hiergegen sträubt, mein verehrter Leser, so trauen Sie dem Frieden nicht! Es gibt nur eine Macht, die das nicht will: das Dämonische, verkörpert in der Selbstsucht, die seelische Blindheit bewirkt. Natürlich kann es sein, daß man dieses Dämonische mehr liebt als den Frieden, mehr liebt als die Harmonie, mehr als das Gute und wahrhaft Menschliche. Doch das muß man dann mit sich selber abmachen, und man muß dann eben durch Erfahrung klug werden. Es fragt sich nur, ob es sich lohnt, und ob es nicht wirklich klüger ist, gleich von Anfang an den positiven Weg zu gehen.
Natürlich kann man auch daran zweifeln, ob das Anstreben von Lebensharmonie überhaupt das Richtige ist für das höchste Wohl des Menschen. Ebenso könnte man dann aber auch der Meinung sein, daß auch die Not der Armen nicht unbedingt ausgeschaltet zu werden braucht und vielleicht sogar von Gott gewollt ist, wie es manche Fanatiker wahrhaben wollen. Ich persönlich bin jedoch anderer Ansicht: Ich meine, daß Gott gerade darum Gott ist, daß er wie ein guter Vater alle seine Geschöpfe von ganzem Herzen glücklich sehen möchte.
Und dann denke ich, daß schon Wasser genug den Berg heruntergeflossen ist und wir endlich aufhören sollten, völlig unnötigerweise aus der Welt ein Jammertal zu machen. Es ist sicher wahr, daß es noch eine Fortsetzung dieses Lebens auf Erden gibt, und sicher wird es einen Tod im eigentlichen Sinne überhaupt nicht geben, ich jedenfalls glaube daran, aber es ist nicht einzusehen, warum deshalb unser jetziges Leben ohne richtiges Glück verlaufen soll. Und da hierzu auch gehört, daß man entsprechend den Errungenschaften von Kultur und Zivilisation leben kann, d. h. ohne materielle Not und unter menschenwürdigen Umständen, so finde ich es absolut in Ordnung, daß jeder sein möglichstes tut, um sich und seinen Mitmenschen das Dasein so angenehm wie möglich zu machen. Dazu aber gehört L o g i k , und das ist Positivismus! Wie aber kann man logisch sein, wenn man durch die Wand will, anstatt durch die Tür zu gehen? Das tut weder dem Kopfe noch der Wand gut.
Das Leben auf Erden ist eine begeisternde Sache, und die Welt mit ihren hunderttausend Wundern ist wirklich wert, bis in den letzten Winkel erobert zu werden!

Und das alles, trotzdem die Vernunft der Menschen im allgemeinen noch recht sehr zu wünschen übrig läßt. Doch muß das unbedingt auch uns verrückt machen? Halten wir uns lieber an die Fröhlichen und an die Kinder, anstatt an die Querulanten und Skeptiker. Ein Kind schert es nicht, wie das Kleid aussieht, das es gerade anhat, wichtiger ist ihm das Spiel und die Lust, dabeizusein, in dieses Lebens köstlich Wogen. Es ist schon etwas dran, wenn uns der gute Rat gegeben wurde, so zu werden wie die Kinder! Wollen wir die Welt trüber sehen als der Schöpfer, der nun schon so viele Millionen Jahre dieses Getriebe erlebt? Gewiß, es ist viel Unheil in der Welt und die Aussicht auf einen Atombombenkrieg ist bestimmt keine angenehme Sache. Doch können wir etwas daran ändern, wenn wir uns dauernd mit dieser Aussicht belasten? Außerdem: Wenn ein solches Unheil verhütet werden soll, dann doch nur, wenn die Menschen endlich anfangen, wie wirkliche Menschen zu denken und zu handeln! Wenn sich überall der Standort im positiven Sinne ändert, wenn man überall beginnt, aus der geistigen Versklavung durch das Unbewußte herauszukommen.
Dem Atomzeitalter muß eine ebenso umwälzende neue Mentalität entsprechen: Eine durch und durch positive Auffassung vom Menschen und dem ganzen Dasein!

Und das beginnt damit, daß man den Schwerpunkt der Einschätzung und Bewertung von Welt, Menschen und Dingen in das Gemüt verlegt und die dadurch erreichbar werdende Freiheit aus Erkenntnis als den allerköstlichsten Besitz begreifen und schätzen lernt, den ein Mensch auf Erden haben kann.

Man lobt die Zivilisation, den Fortschritt der Technik, doch was hat der unbemittelte Erdenbürger davon? Nur mit Mühe und Not kommt er durch mit seiner Familie. Trotz Fleiß bleibt sein Einkommen so klein, daß es kaum zum Allernotwendigsten reicht. Ist das Fortschritt? Ist das alles, was auf dieser Erde für die Gesamtheit der Menschen zu erreichen ist?
Aber es ist ein Irrtum, wenn man glaubt, daß hier nur durch Maßnahmen von „Oben" Wandel geschaffen werden könnte. Das wird schon seit Jahrtausenden versucht, wenn auch nicht so massiv wie gerade in unserer Zeit. Die *Menschen* müssen sich wandeln, dann wandeln sich auch die Verhältnisse. Und solange das nicht der Fall ist, bleibt alles ebenso Krampf, wie unser persönliches Dasein ohne Änderung der Lebensauffassung Krampf bleibt.
Der Mensch ist kein Lasttier, sondern ein *Mensch!* Er muß trotzdem arbeiten und sogar äußerst rationell, das aber zum alleinigen Behufe, daß er dadurch erst recht Mensch sein kann.

XVIII. TEIL

DIE GOLDENE BRÜCKE

Überwindung der Gegensätze und Spannungen im wirtschaftlichen und sozialen Leben durch schöpferisches Neudenken

Völlige Begriffsklarheit ist die oberste Forderung zur Gedanken- und Zielklarheit. Der Lauf der Weltgeschichte und der Entwicklung der Menschheit kommt nicht von ungefähr. Es ist zuerst manchmal schwierig, in größeren logischen Zusammenhängen zu denken, weil wichtige Faktoren unbekannt sind. Trotzdem kommt das Verständnis mehr und mehr, je größer unsere Begriffsklarheit wird.

Es liegt vieles im argen in unserer Zeit, sowohl in der Welt im allgemeinen, wie in unserem Vaterlande. Es scheint, daß sich die Probleme so gehäuft haben, daß an eine vernünftige Zukunft überhaupt nicht mehr zu denken ist. Religiöse Sekten werden darum nicht müde, ihren Ruf, daß die Welt vor ihrem Untergange stehe, immer von neuem und immer eindringlicher zu wiederholen.

Wir wollen hier einige der wichtigsten Probleme ins Auge fassen und uns darüber von unserem positiven Standpunkt aus einige Gedanken machen. Wir glauben nicht daran, daß das Elend und die Verworrenheit in der Welt auf die Herrschaft des Satans oder kosmische Einflüsse zurückzuführen sind, wohl aber daran, daß sich die Menschheit, richtiger die Intelligenz der Menschheit aus verschiedenen Gründen in eine Sackgasse hineinmanöveriert hat.

Es geht darum nicht weiter, alles wurstelt durcheinander, eben, weil wir uns in einer Sackgasse befinden. Das will sagen, daß der Weg falsch war, den die Menschheit in den letzten Jahrzehnten gegangen ist. Bleibt man in dieser Sackgasse drin, kann es gar nicht ausbleiben, daß in einiger Zeit nur eine gewaltsame Explosion die Panne beseitigen kann, mit dem Ziele, daß wir dann eben mit Gewalt wieder auf den richtigen Weg zurückgebracht werden, sofern wir nicht durch unsere Vernunft schon vorher wieder zu ihm finden.

Natürlich haben wir als positive Menschen größtes Interesse daran, daß allein die Vernunft Ordnung schafft und nicht die Gewalt. Dazu ist höhere Erkenntnis vonnöten, und nicht nur in den Köpfen der Regierenden, sondern in weitestem Maße auch im Denken der Völker und der sogenannten breiten Massen.

Vor allem muß man dazu die Probleme richtig sehen, d. h. nicht einseitig, sondern so, wie sie sich generell ausnehmen und wirksam sind. Hier zeigt sich schon eine der größten geistigen Krankheiten unserer Zeit: Wir denken nicht fortschrittlich, sondern in bestimmten Grundzügen und Bezirken noch immer so, wie vor 20 oder 30 Jahren. Man bedenkt nicht genug, welchen ungeheuren Wandel die Welt in den letzten Dezennien durchgemacht hat. Viele Ursachen haben das bewirkt, u. a. die umwälzenden Kräfte der Wissenschaft und der Technik, die Nachrichtenmittel, allem voran Rundfunk und Fernsehen, und nicht zuletzt das Anwachsen der Menschheit auf über 4 Milliarden Menschen.

Unsere Großväter schwärmen von der schönen, ruhigen Zeit vor 1914, als es auch in unserem Lande noch einen Kaiser gab. Man wußte, was man hatte, verdiente man einen Taler, so legte man ihn auf die Kante und konnte sicher sein, daß er auch noch nach Jahren ein Taler war. Deutschland war wohlhabend und angesehen, seine Bürger mit die besten in ganz Europa. Daß die breiten Massen nur eben ihr Auskommen hatten und es z. B. noch bis 1891 Kinderarbeit gab, neben einem vierzehnstündigen Arbeitstag und vielen menschenunwürdigen Arbeitsbedingungen, fiel nicht viel ins Gewicht. Wer arm war, mußte sich eben bescheiden und mit wenigem zufrieden sein. Wenn es trotzdem fleißige Arbeiter- und Handwerkerfamilien im Laufe der Jahre zu etwas brachten und in den Mittelstand hineinwuchsen, so war das vor allem dem großen Fleiß und der großen Sparsamkeit zu danken, neben der speziellen Tüchtigkeit im eigenen Fache, Eigenschaften übrigens, die dem Deutschen in der ganzen Welt eine Sonderstellung einräumten. Bis 1914 nahm das Aufblühen Deutschlands kein Ende. Seit den Tagen der sogenannten Gründerzeit (1871 bis 1873) ging es besonders stürmisch voran, vornehmlich auch durch den Siegeszug der Technik, die ein Industriezentrum nach dem anderen aus dem bis dahin zur Hauptsache nur ländlichen und kleinstädtischen Leben herauswachsen ließ.

Wo Maschinen liefen und Fabriken entstanden, brauchte man Arbeiter. Das Hauptkontingent stellte die ländliche Bevölkerung, die in immer größeren Scharen den bäuerlichen Boden verließ, um in der Industrie ein leichteres Leben zu haben, als im mühevollen Dienst der Scholle. Das war denn auch so, nur mit dem Zusatz, daß die Ansprüche an das Leben in dem Maße wuchsen, wie man besser verdiente und demonstriert bekam, was man als „Mensch" vom Leben erwarten kann, wenn man eingeschaltet war in das Getriebe des allgemeinen Fortschritts. Hand in Hand hiermit lief der immer größere Anteil der arbeitenden Massen an dem durch das Nachrichtenwesen und die immer zugänglicher werdenden Bildungsmittel hervorgerufenen geistigen Erweckungsprozeß. Immer deutlicher wurde dadurch das Bewußtsein, daß auch der armgeborene Mensch neben seinen Pflichten gegenüber dem Staat und der Gesellschaft ganz bestimmte Rechte hat, die ihm keine Macht absprechen kann und die unter allen Umständen zu respektieren sind. Der Kampf um die Anerkennung und Durchsetzung dieser Rechte führte zum Solidaritätsgefühl der arbeitenden Massen, das aber erst mit Beginn des ersten Weltkrieges als organisierte Macht richtig in Erscheinung trat, um dann im Jahre 1918, nach Auflösung des Kaiserreiches, auch in der Gesetzgebung ein wirkliches Machtwort zugunsten des arbeitenden Menschen mitzusprechen.

Das Beispiel aus unserem Lande, nämlich das *Erwachen der breiten Masse zum Bewußtsein ihrer Kraft im Zuge des allgemeinen Fortschritts*, ist bezeichnend für alle Zonen der Zivilisation. Überall erwachten die Massen zum Bewußtsein der eigenen Möglichkeiten. Dementsprechend wuchsen die Ansprüche und wiederum dementsprechend die Spannungen der Werktätigen mit den Schichten, durch deren Verhalten diese Ansprüche allein befriedigt werden

konnten. Es kommt hinzu, daß der immer größere Bevölkerungszuwachs eines Landes zwangsläufig dazu führte, in einen immer schärfer werdenden Wettkampf mit anderen Ländern zu treten, wenn man seine eigenen Erzeugnisse verkaufen wollte, um dafür deren Produkte einzuführen. Ein Vorgang, der Jahr für Jahr größere Bedeutung gewann und heute alle Völker in Abhängigkeit voneinander zwingt, die auf eigener Scholle nicht soviel Nahrungsmittel produzieren können, um sich aus eigener Kraft zu erhalten. Außerdem lebt der Mensch nicht vom Brot allein! Der Gegenwartsmensch ist hoch verwöhnt gegenüber unseren Ahnen. Er verlangt, daß ohne Rücksicht auf das „woher", auch ihm die Errungenschaften der modernen Zeit zugute kommen. Und das nicht nur bei uns in Deutschland, sondern überall in der zivilisierten Welt. Hier zeigt sich ein zweites Problem: Die Ansprüche der Massen sind riesengroß, wir sagen mit Recht, denn wozu wäre der Fortschritt sonst da, wenn nicht gerade diejenigen davon profitieren sollten, durch deren Arbeit letztlich der Fortschritt erst möglich wird. Aber wie diese Ansprüche befriedigen?
Es gehören zwei Voraussetzungen hierzu, die erfüllt werden müssen: Erstens muß so gewaltig viel produziert werden, daß diese Menge tatsächlich ausreicht, um immer mehr Menschen damit dienen zu können, zweitens muß die Verteilung so erfolgen, daß es dabei sozial gerecht zugeht, weil nur unter diesen Umständen der ganze Prozeß überhaupt funktioniert. Und das Ganze hat weltweite Ausmaße, weil tatsächlich nur ein kleiner Teil der Menschheit bisher Anteil hat am Fortschritt. Außerdem kommen Tag für Tag 60 000 weitere Erdenbürger zur Welt, die die Bevölkerung der Erde in den nächsten 50 Jahren auf 8 Milliarden anschwellen lassen, also praktisch verdoppeln. Ein ungeheuerliches Geschehen, das vorläufig durch keine Macht abzubremsen ist.
Aber die Situation ist noch viel schlimmer: Anstatt bei dem so ins Gigantische anwachsenden Bedarf — gedacht ist hier nur an das Allernotwendigste zur menschenwürdigen Existenz — wenigstens alle Kräfte auf die Produktionssteigerung im zivilen Sektor zu verwenden, wird statt dessen ein ungeheurer Kraftanteil auf die Herstellung von Kriegsmaschinen konzentriert. Eine Tragik ohnegleichen, abermillionen Menschen zum Schaden, auch ohne daß ein einziger Schuß losgeht. Einfach deshalb, weil dadurch unterbleibt, tatsächlich der Not so zu steuern, wie das bei dem Stande unseres Fortschritts möglich wäre.
Statistiker haben berechnet, daß die Werte, die durch die hinter uns liegenden Kriege verlorengingen, völlig ausgereicht hätten, um jedem Bewohner der Erde ein eigenes Haus mitsamt einem eigenen Kraftwagen zu schaffen. Diese ungeheuerliche Fehlleitung menschlicher Arbeitskraft mitsamt der dazu gehörigen Rohstoffe kennzeichnen das Riesenausmaß an Irrtümern, Unvernunft und Organisationsfehlern in unserer Zeit. Und noch immer ist kein Ende abzusehen, im Gegenteil, die Lage wird immer verwickelter und immer komplizierter.
Ist es nicht größter geistiger Anstrengung wert, den Ursachen dieses Sackgassenweges einmal ernsthaft nachzugehen? Das im besonderen deshalb, weil ja unsere eigene persönliche Zukunft wie auch die Zukunft unseres ganzen Volkes von dieser Verwicklung abhängt; denn soviel steht fest: die Welt ist jetzt an einem Punkt angelangt, wo wirklich etwas ganz Grundlegendes geschehen muß, soll es in dieser Sackgasse nicht zur Explosion kommen.
Man sieht hier klar, wenn wir an die Not unseres eigenen Volkes denken und an die immer mehr aufkommende Macht der sozialen Führungskräfte. Diese Not ist nie zu bannen, wenn nicht grundlegende Reformen kommen! Aber

was für Reformen? Ein neues Riesenproblem: Kommt eine soziale Richtung radikaler Form zur Macht, dann beginnt eine Maschine zu arbeiten, die noch viel gefährlicher in ihrer Auswirkung sein wird, als das System des freien Marktes. Und doch geht es nicht ohne grundlegende Änderungen in sozialer und wirtschaftlicher Hinsicht.
Wir kommen der Sache näher, wenn wir fragen, was geschehen muß, um die Lage der notleidenden Menschen in unserem Lande und die der werktätigen Bevölkerung zu bessern. Antwort: Allgemein müssen alle bedeutend mehr verdienen bzw. mehr Einkommen haben. Das setzt voraus, daß entweder die Preise herunter müssen, was dann die Kaufkraft des Einkommens entsprechend steigert, oder das Einkommen muß geldmäßig erhöht werden. Mit der Steigerung der Kaufkraft allein ist aber nicht gedient, wenn jeder nur 50% mehr verdient, und diese Steigerung ist noch gar nicht hoch, so muß dagegen auch Ware vorhanden sein, was durchaus nicht der Fall ist, denn gäbe es so einen Überhang an Ware, würden die Preise auch ohne Einkommenssteigerung fallen anstatt zu steigen. Immer ist vielmehr viel zu wenig Ware vorhanden, wird trotzdem Ware frei angeboten, so allein deshalb, weil sich infolge Geldmangels nur ein kleiner Teil Menschen diese Ware leisten kann.

Man kann also das soziale Problem nicht so lösen, daß man zuerst das Einkommen der breiten Massen erhöht und dann erst die Produktion steigert, vielmehr muß die Maschine Zahn in Zahn arbeiten. Aber wie diesen Prozeß ankurbeln, ohne lebenswichtiges Porzellan zu zerschlagen bzw. ohne Reibungen heraufzubeschwören, die die Verhältnisse noch viel mehr verschlimmern, als sie es jetzt schon sind?

Man mag es drehen, wie man will, das Kernproblem aller, aber tatsächlich aller Probleme ist die Produktionssteigerung. Diese aber so, daß im Ergebnis eine beträchtliche Einkommenssteigerung der breiten Massen dabei herauskommt. Hier zeigen sich schon Konturen der unerläßlichen Neuordnung. Sie gipfeln in der absolut unerläßlichen Forderung nach äußerster Rationalisierung der gesamten Wirtschaft. Voraussetzung dazu ist ein vertrauensvolles, tatkräftiges Hand-in-Hand-Arbeiten aller Industrie- und Handelszweige und des Staates, ohne die eine maximale Rationalisierung nicht möglich ist, und gerade das verlangt eine wirtschaftliche Neuordnung.

Daß dies möglich ist, ist das praktische Ergebnis zielbewußter Rationalisierung, hinter der in Gebieten der freien Wirtschaft in erster Linie natürlich das Gewinnstreben der großen Unternehmen steht, die preislich jede Konkurrenz zu überbieten vermögen, weil sie durch Fließarbeit, Riesenproduktion, eigene Rohstoffindustrien und hundert andere Möglichkeiten jeden Kostenfaktor aufs Äußerste herabdrücken können. Es ist ein natürliches Gesetz, daß neben der Qualität in allen Bedarfsgütern die Billigkeit umsatzmäßig siegt. Natürlich entsteht dadurch für jede Industrie, die in ihrem Sektor solche leistungsfähigen Riesenunternehmen hat, ein äußerst harter Existenzkampf. Es siegt dabei, wer die fähigsten Mitarbeiter, die besten Ideen und die größten Kapitalien zur Umsetzung der Ideen in die Praxis zur Verfügung hat.

Wie aber nun bei uns eine solche Rationalisierung, ein solches nützliches Wirtschaften zugunsten der Allgemeinheit erreichen? Unsere Produzenten sind bis auf rühmliche Ausnahmen eher dafür, daß keiner die Preise in einer Branche unterbietet, anstatt mit allen Mitteln die Preise zu senken. Und man kann sich das leisten, eben weil man kaum ernsthafte Konkurrenten hat. Diese ganz und gar unsoziale Einstellung gilt es als erstes zu überwinden, nicht nur aus Liebe zum werktätigen Menschen, auch aus Liebe zu sich selbst.

Wie gesagt, das Kernproblem ist die Produktionssteigerung, ohne die es um keinen Schritt vorangehen kann. Es muß also alles getan werden, um diese Steigerung zu schaffen. Das ist in erster Linie ein technisch-organisatorisches Problem: Wenn eine Firma von morgens bis abends nur Mauersteine produziert und dazu die vorteilhaftesten Methoden der Herstellung anwendet, und das in ganz großem Ausmaß, dann kann sie bald halb so billig liefern wie eine kleinere Firma mit veralteten Methoden. Doch ein solches äußerst rationell arbeitendes Werk muß auch entstehen und arbeiten können, und das gerade ist das Problem, denn bei engherziger und kurzsichtiger Einstellung des Unternehmertums kommt das nie zustande! Ergo bleiben die Mauersteine teuer.

Das alles spricht Bände, und wie man sieht, ist die Lösung des Problems in erster Linie eine Frage wirklicher Klarsicht und positiver Einstellung zu den großen Forderungen unserer Zeit. Aber wie gesagt, das angestrebte Ziel muß erreicht werden, die Produktion muß steigen. Versteht es das Unternehmertum nicht, aus eigener Kraft diese Aufgabe zu lösen, so werden bald Gesetze kommen, die durch Einführung einer auf Rationalisierung ausgerichteten Planwirtschaft das Unternehmertum zwingen, diesen unerläßlichen Forderungen dann unter Zwang zu entsprechen.

Wie wir sehen, ist vor allem der Mensch das große Hindernis zur Lösung der sozialen Frage. Der Besitzende will nicht weg von den Grundsätzen, deren Beachtung schon seine Väter ihren Wohlstand verdankten, sitzt dabei aber auf einem Vulkan, der ihn mit absoluter Sicherheit vernichtet, sobald die Eruption erfolgt.

Wie es im technischen und kaufmännischen Sektor steht, so steht es auch im menschlichen: Eine maximale Rationalisierung zugunsten einer vergrößerten und verbilligten Produktion setzt voraus, daß auch der arbeitende Mensch mitmacht, was besagt, daß dieser dazu handwerklich wie geistig zu höheren Leistungen kommen muß. Das ist zuerst eine Frage eines wirklich positiven Einvernehmens aller auf Zusammenarbeit angewiesenen Wirtschafts- und Sozialpartner. Und das betrifft nicht nur den Unternehmer und Mitarbeiter, sondern auch den Staat und die Wirtschaft. Heute gibt es fast überall nur kämpfende Partner, jeder sieht immer nur auf den eigenen Vorteil. Man arbeitet trotzdem zusammen, weil es natürlich nicht anders geht, aber mit einem Riesenaufwand an Reibung und unproduktiven Kraftaufwand. Keiner hat Vertrauen zum Partner, alle mißtrauen sich, kein Wunder, wenn sich dadurch alle in den Mitteln der gegenseitigen Behandlung vergreifen. Alle leben sich immer mehr auseinander, anstatt sich zusammenzuleben. Wohin soll das führen? Typisches Zeichen der Sackgasse, in der wir uns befinden, von den persönlichen Verhältnissen des Einzelnen ganz zu schweigen!

Aber zurück zum Thema: Wir fragen, woher soll das geforderte positive Einvernehmen kommen, wenn nicht aus einem generellen Wandel der Gesinnung im positiven Geiste? Aus einer total neuen Auffassung des Menschen also, was voraussetzt, daß jeder, der Macht zu haben glaubt und Macht hat, heraus muß aus der törichten Auffassung, daß diese Macht eine Zukunft hat. Daß wir brechen mit dem Gedanken, daß der andere nur für uns da ist und nicht auch wir für ihn. Das aber nicht nur in Dingen des Geldes und materieller

Werte, sondern erst recht und zuerst in allen Dingen seiner Seele und seines Rechtsanspruches auf Lebensglück und ein menschenwürdiges Dasein ohne Not, Gefahr, Qual, Hunger und Depression. Die Sonne der Wahrheit und des Glaubens muß in uns aufgehen und die Nacht erhellen, in der sich die Menschen unserer Tage verloren haben durch ihren Materialismus, ihre Lebensangst und nicht zuletzt durch ihre Dummheit.

Die Weltenuhr ging weiter in den letzten 100 Jahren, sie blieb nicht stehen. Eine neue Zeit steht im Anbruch, sie kommt unbedingt und ist durch nichts aufzuhalten. Und wir alle haben die Wahl, um dieser neuen Zeit entweder anzupassen oder an ihr zu zerbrechen.

Aber warum sieht das der Mensch nicht ein, solange es ihm noch gut geht? Antwort: Weil er das nicht einsehen kann! Weil er den Wald nicht sieht vor lauter Bäumen! Was Christus der Menschheit schon vor fast 2000 Jahren erklärte, hat höchste Aktualität: „Eher geht ein Kamel durch ein Nadelöhr, bevor ein Reicher ins Himmelreich kommt." Die zu große Konzentration auf sich selbst und die eigene Sache verschließt den Blick und verhindert das Erkennen der Wahrheit, die uns allein befreien kann. Insofern ist das große Problem unserer Zeit die eingetretene Entfernung von Gott. Wir leben allein, mutterseelenallein, ohne Bindung an das Ewige in unserem Denken. Wer gut handeln will, muß gut sein! Menschliche Güte ist Liebe zum Menschen und daran fehlt es. Unsere Zeit ist herzlos wie ihre Roboter, und keinem ist darum der Mensch wirklich etwas wert, wenn die eigenen Interessen auf dem Spiele stehen, mit der Ausnahme höchstens, wenn es um die eigene Familie geht. Aber warum, warum? Wir wissen die Antwort: Weil die Menschen nichts wissen über sich, weil sie tausend und abertausend Dinge kennen, nur sich selber nicht. Weil sie sich für etwas halten, was sie gar nicht sind, weil sie der Mikrobe der Dummheit erlegen sind, ohne es zu wissen, ja, nur zu ahnen.

Höhere Erkenntnis tut not, wie wir schon eingangs forderten, als einzigen und unerläßlichen Weg aus den Wirrnissen und Nöten unserer Zeit. Aus der Fehlschaltung des Denkens muß eine positive Schaltung werden. Große Entschlüsse können in unseren Köpfen nur reifen, wenn wir den Dingen auf den Grund gehen und eiserne Notwendigkeiten einsehen. An dieser Einsicht mangelt es, nicht auf einer, auf allen Seiten! Aber es ist nicht der fehlende gute Wille, sondern die geistige Ohnmacht, in der sich der Großteil aller Menschen befindet. Der gute Wille ist sofort da, wenn sich das Dunkel der eigenen Seele lichtet und der Weg erkennbar wird, den die Menschheit unerläßlich zu gehen hat, wenn sie vom Wege in den Abgrund abkommen will, bevor es zu spät ist!

Wir sagten, daß die Steigerung der Produktion, als dem Kernstück der Wandlung der Verhältnisse, auch den Arbeitsmenschen bereit finden muß. Er muß mitmachen und das sei ein seelisches Problem. Wir kennen auch darin jetzt das Kernstück: Erst kommt der Mensch, dann erst der Arbeiter! Das aber nicht aus Beeinflussungsgründen, sondern aus einer neuen positiven Schau des Menschen, durch besseres Wissen, bessere Einsichten, höhere Erkenntnis, durch einen neuen „Kontakt" mit dem Urgrund des Seins und der Seele. Wer hier richtig sieht und fühlt, der weiß, daß in diesem Streben unser ganzes positives Wollen und unser ganzes mentalpositivistisches Streben zum Ausdruck kommen. Und das gilt nicht nur für die Mittel der Menschenbehandlung, zur Schaffung der Brücke von Mensch zu Mensch, ebenso für die leistungsmäßige Seite dieser Mitwirkung des Arbeitsmenschen bei der Produktionssteigerung: Erst durch den M-Schlüssel und seine wunderbare Wirkung auf die Ertüchtigung des Einzelnen und die Entfaltung seiner Kräfte wird der Mensch fähig, wirklich das Beste und Höchste in seinem Berufe und auf seinem Arbeitsplatz zu leisten. Aber das nicht durch verdoppelte Kraftanstrengung, von der man wegen Kraftmangel sehr schnell wieder abkommt und wodurch jedes Antreibersystem auf die Dauer versagt, sondern durch die Ausschaltung aller unnützen Reibungen im Verbrauch von Nerven- und Arbeitskraft und durch unsere bewährten Methoden der Aktivierung unserer seelischen Kräfte.

Fassen wir zusammen: Das Kernproblem zur Überwindung aller Nöte ist die Steigerung der Produktion im besprochenen Sinne, also im Interesse der Hebung des Lebensstandards der breiten Massen. Das setzt eine Neuordnung der Wirtschaft und entscheidende soziale Reformen voraus.

Noch haben wir es in der Hand, bei diesem Prozeß, trotz mancher Selbstbeschränkung, ein hohes Maß an Bewegungsfreiheit zu behalten, sofern sich die wirtschaftlich entscheidenden Kräfte dazu erheben, diesen Voraussetzungen einer Aktivierung der positiven Kräfte freiwillig zu entsprechen. Wird das nicht getan, kommen die unerläßlichen Reformen auf dem Wege von Mehrheitsbeschlüssen. Es sei aber gleich dazu gesagt, daß auch in diesem Falle nur dann Fortschritte möglich werden, wenn die Führungskräfte positiv schalten.

*

Die nachstehenden 20 Grundgedanken haben die Aufgabe, die Überlegungen zur Überwindung der Spannungen im wirtschaftlichen und sozialen Leben so zu verdichten — soweit es die positive Zusammenarbeit von Unternehmertum und Mitarbeiterschaft betrifft — daß sich daraus völlige Klarheit für die praktischen Konsequenzen ergibt.

1. Der *friedliche* und *sichere* Weg zur Überwindung der Gegensätze und Spannungen im wirtschaftlichen und sozialen Leben führt *nur* über eine *Änderung der gegenseitigen Einstellung von Mensch zu Mensch.* Es muß erreicht werden, daß die beiden Kräftegruppen, die das wirtschaftliche Leben tragen und daher für den allgemeinen Wohlstand verantwortlich sind, Unternehmertum und Arbeitnehmerschaft, zu einem *völlig neuen Verstehen* kommen. Dieses Verstehen muß bewirken, daß der Machtkampf zwischen beiden Gruppen zugunsten von *Vernunft* und *echtem Menschentum* entschieden wird.

2. Die Vernunft besteht in der Einsicht, daß beide Kräftegruppen aufeinander angewiesen sind, und darin, daß die Zusammenarbeit im Interesse einer *maximalen Produktionssteigerung* und *betrieblichen Erfolgsleistung* unbedingt positiv sein muß.

3. Eine positive Zusammenarbeit ist nur möglich, wenn *beiderseits* dazu der entschlossene *gute Wille* vorhanden ist. Dieser gute Wille ist von Voraussetzungen ab-

hängig, die sich wechselseitig beeinflussen und bedingen. In der Lösung dieses Problems ruht das Geheimnis des Erfolges. Es sind Voraussetzungen wirtschaftlicher und geistiger Art.

4. Das Problem klärt sich, wenn die Wünsche beider Seiten aufgezeigt werden, die den guten Willen zur Zusammenarbeit erreichbar werden lassen. Wünsche* des arbeitenden Menschen: *Befriedigende Arbeitsbedingungen, größtmögliches Einkommen aus der eigenen Arbeit, Wertung als echten Mitarbeiter und echten Wirtschaftspartner.*
Wünsche* des Unternehmers: *Maximaler menschlicher und arbeitsmäßiger Einsatz seitens der Arbeitnehmer, sparsamste und rationellste Handhabung der Betriebsmittel zugunsten einer größtmöglichen Ausnutzung der durch den Betrieb gegebenen Erfolgsmöglichkeiten.*

5. Es ist einleuchtend, daß diese Forderungen und Wünsche nur erfüllbar sind, wenn sich beide Seiten auf einer völlig neuen Linie gegenseitiger Bewertung entgegenkommen. Das ist nicht nur eine Hauptfrage wirtschaftlicher, sondern auch philosophischer Einsicht: *Aus wirtschaftlicher Einsicht muß hervorgehen, daß angesichts einer unumgänglichen Gewaltlösung, auf welche die Verhältnisse sich sonst gesetzmäßig zuspitzen, der Lebensstandard des arbeitenden Menschen unter allen Umständen sehr erheblich verbessert werden muß.* Die philosophische Einsicht bezieht sich auf die *Maximen einer positiven Lebensauffassung und Handlungsweise,* in deren Mittelpunkt die Erkenntnis steht, daß jeder Mensch in erster Linie ein *Mensch* und erst in zweiter Linie Unternehmer oder Arbeitnehmer ist, und wobei die Achtung des Einzelnen sich gründen muß auf die *Wahrung der Würde des Menschen als Wesen aus Gott,* ungeachtet vorhandener Schwächen und Entwicklungsmängel.

6. Hieraus ergibt sich ein *umwälzend wirkendes schöpferisches Neudenken,* das nicht nur den gegenseitigen guten Willen hervorruft, sondern auch die berufliche Leistungsfähigkeit beider Partner in einer bis dahin ungekannten Weise steigert. Beides ist notwendig, um die materiellen Mittel zu schaffen, die zur Bewältigung der gestellten Aufgabe notwendig sind. *Dieser Erfolg kann nur aus einer wesentlichen Steigerung der produktiven Arbeitsleistung kommen. Dazu gehören Können und rationellster Krafteinsatz.*

7. Die Fähigkeit zum Können ist abhängig von *schöpferischer Selbsterkenntnis und positiver Selbstbehandlung,* wie wir diese im Erfolgs-System kennengelernt haben und die völlig sicher aus der menschlichen Null und dem fünften Rad am Wagen die *umsichtige, äußerst leistungsfähige, betriebsverbundene Arbeitspersönlichkeit* machen; angeregt durch die positive Einstellung des Unternehmers zu seinen Arbeitern, die im Sinne des geforderten schöpferischen Neudenkens nicht mehr bloß bezahlte Arbeiter, sondern *mitarbeitende Menschen* sind.

*** Die hieraus sich ergebenden Forderungen werden vom Verfasser bereits seit 40 Jahren erhoben. Auch der Weg zu ihrer Erfüllung liegt schon seit dieser Zeit fest. Inzwischen wurde durch das Betriebsverfassungsgesetz die Forderung nach Mitbestimmung teilweise erfüllt. Alle Lösungen bleiben jedoch Notlösungen, wenn das psychologische Problem der zwischenmenschlichen Beziehungen nicht volle Berücksichtigung findet, und zwar nicht nur nach der moralischen Seite hin, sondern ganz und gar auch im Sinne der seelisch-geistigen Gesetzmäßigkeiten und Zwangsabläufe. Das Recht der Mitbestimmung der Mitarbeiter muß deshalb auch gekoppelt werden mit der Pflicht zur Steigerung der eigenen geistigen Kräfte, wodurch überhaupt erst eine vernunftgemäße und das Ganze fördernde Mitbestimmung möglich wird. Und das keineswegs zur Hauptsache oder nur im Interesse der Unternehmer, sondern ebensosehr der Mitarbeiter, weil geistig unfähige Mitarbeiter das Mitbestimmungsrecht immer nur zum Schein, aber nicht defakto ausüben können.**

8. Unsere gegenwärtige Zeit befindet sich in einem Dilemma: Es ist nicht mehr möglich, die Massen zu übergehen, weil der wissenschaftliche und technische Fortschritt und die revolutionären Bewegungen das Bewußtsein für den eigenen starken Arm so entwickelt haben, daß die Massen nicht mehr gewillt sind, auf die Anerkennung ihrer Rechte und Lebensansprüche zu verzichten. Hieraus ergibt sich auch der Führungs- und Mitbestimmungsanspruch der Massen. Doch wer führend oder mitbestimmend sein will, braucht dazu nicht nur äußere, sondern vor allem *geistige* Freiheit. Geistig freie Menschen sind *Persönlichkeiten,* doch daran fehlt es in den breiten Schichten überall. Das aber nicht, weil es nicht genügend befähigte Menschen gibt, sondern deshalb, weil unsere Zeit zur Primitivität und dadurch zur Vermassung zwingt. Ursache hierfür ist die seelische Abstumpfung für individuelle Höherentwicklung, u. a. durch Armut, Leid, Hoffnungslosigkeit, Lebensangst und durch psychische Infektion einer wie eine Seuche umsichgreifenden Gleichgültigkeit. Millionen vegetieren nur, anstatt zu leben!

9. Hiergegen muß ein mächtiger Gegeneinfluß mobilisiert werden, der sich, wegen des bestehenden Mißtrauens gegen jede neue Idee, jedoch nur über das *kritische Denken* entwickeln läßt. *Es muß absolut glaubhaft werden, daß allen Widerständen zum Trotz alle sozialen Probleme in Güte und Frieden gelöst werden können, dennoch also eine „Wende zum Guten" möglich ist.* Die Argumente, die diesen Glauben erzeugen sollen, müssen auf genau die gleichen Gedanken eingehen, die sich jeder denkende Mensch schon in irgendeiner Form über die Ursachen der Notzustände in der Welt gemacht hat. Jeder weiß z. B., daß nur die Hände des Arbeiters das Wohnungselend beseitigen können. Andererseits weiß man aber ebenso, daß nur *kluge Organisation* und *rationeller Einsatz der Arbeitskraft* Erfolge schaffen können. Das setzt voraus, daß genügend viel befähigte Organisatoren und fleißige Hände vorhanden sind. Das ist der Fall, aber man weiß auch, daß die wirtschaftliche und seelische Schaltung nicht so ist, daß es zu einer wirklich maximal erfolgreichen Zusammenarbeit kommt. *Gewaltige Arbeitsenergien bleiben dadurch unausgenutzt, liegen brach oder arbeiten unproduktiv,* eingeschlossen die mögliche *Mehrleistung des einzelnen Menschen.*

10. Die Frage nach der Ursache dieses Zustandes offenbart das Ausmaß der Hilflosigkeit diesem entscheidenden Problem gegenüber. Wenn alle wollten, wäre es über Nacht gelöst! Warum will man nicht? Weil der entscheidende Antrieb fehlt und aus der Verworrenheit der ganzen Situation auch nicht entstehen kann. Weil gegenseitiges Mißtrauen herrscht. *Weil keine Einsicht in die hierfür entscheidenden Erfolgsgesetze vorhanden ist, und zwar weder auf der Unternehmer- noch auf der Arbeitnehmerseite.*

11. Tatsächlich ist es so, daß sich größte Aufbauleistungen auf verschiedenen Wegen erreichen lassen, sofern es nur gelingt, Köpfe und Hände zu einer maximal rationellen Zusammenarbeit zu bringen. Aber das ist gerade das Problem, daß dieser Erfolg o h n e Zwang und ohne seelischen Druck möglich wird. Man muß darum erreichen, daß alle Schaffenden aus *einem „ganz bestimmten Grunde"* zu größter Aktivität kommen. Dieser ganz bestimmte Grund wäre die *„Wende zum Guten"* in der Not und den Bedrohungen unserer Zeit. Doch es ist nicht möglich, daß man an diese Wende *glauben* kann, solange nicht etwas geschieht, was die *Mentalität der Menschen* grund-

legend ändert, und wodurch es allein möglich ist, die unerläßliche positive Zusammenarbeit der Kräfte aus der *Freiwilligkeit* zu erreichen.

12. Eine Änderung der Mentalität kann kommen aus Angst vor dem eigenen Untergang, und wodurch dann sofort alle Köpfe und Hände nur ein Ziel kennen, nämlich durch konzentriertesten Krafteinsatz sich das Leben zu erhalten, oder aber aus dem *Vorausfühlen einer besseren Zukunft auf Grund eines neuen Faktums.* Auf dieses neue *Faktum* kommt es an!

Nochmals das Grundsätzliche zum besseren Verständnis:

Der Lebensstandard ist nur zu heben und die sozialen Notstände sind nur zu beseitigen, wenn ungewöhnlich fleißig und rationell im kleinsten wie im größten Betrieb gearbeitet wird, wenn jeder Leerlauf aufhört, wenn alle Kräfte produktiv eingesetzt werden.
Dazu muß es zu einer maximal positiven Zusammenarbeit zwischen Unternehmertum und Mitarbeiterschaft kommen. Das ist nur möglich, wenn der erhöhte Einsatz der Mitarbeiter seine gerechte Wertung findet. Diese Wertung besteht aber nicht nur in Geldeswert, sondern in erster Linie in einer Neueinstellung zum Menschen und zur Persönlichkeit des Mitarbeiters im Sinne des schöpferischen Neudenkens.

Und das ist dann auch das neue Faktum, das eine bessere Zukunft vorausfühlen läßt und alle Kräfte positiv zum Einsatz bringt. *Dieses Faktum verwandelt den Arbeitsmenschen durch ein neues Selbst- und Wertbewußtsein in eine Arbeitspersönlichkeit, die aus Einsicht in die Gesetze erfolgreicher Lebenseinstellung vom Gehalts- und Lohnempfänger zu einem wirklichen Mitarbeiter und damit zu einem vollgültigen Wirtschaftspartner des Unternehmers wird.*
Diese Lehren wandeln nicht nur den Unternehmer um, indem er lernt, sich ganz anders als bisher zu seinen Mitarbeitern zu verhalten, und nicht nur aus Lebensklugheit, sondern vor allem aus der Erkenntnis der großen Gesetze des menschlichen Daseins, sondern auch den einfachen und kleinen Mann.

Objektiv betrachtet ist die Ursache aller negativen Verhältnisse auf Erden, die durch das Handeln des Menschen beeinflußbar sind, nur die Folge von Verirrungen des Geistes, die den Menschen dumm und egoistisch machen.

Die Lehren des „Erfolgs-Systems" beweisen, daß sich der Mensch von diesem Bann befreien kann. Er erlebt das Wunder der schöpferischen Selbsterkenntnis, die sein ganzes Dasein mit einem Schlage in ein ganz neues Licht rückt.

13. Es wurde gesagt, daß es gelingen muß, der *Vermassung* Einhalt zu gebieten, die aus den Nöten und der Hoffnungslosigkeit unserer Zeit resultiert, und daß der dazu erforderliche Gegeneinfluß wegen des bestehenden Mißtrauens gegenüber jeder neuen Idee nur über das *kritische Denken* entwickelt werden kann. Es müsse absolut glaubhaft werden, daß allen Widerständen zum Trotz dennoch eine Wende zum Guten möglich ist: *Im Erfolgs-System ist der Weg zu diesem befreienden Glauben völlig klar aufgezeigt, und zwar in einer Art, die selbst der einfachste Mensch verstehen und begreifen kann.*
Es wird vor Augen geführt, daß es möglich ist, in einem ganz außerordentlichen Maße der menschlichen Dummheit Einhalt zu gebieten, daß Dummheit in einer großen

Mehrzahl der Fälle kein Erbübel, sondern eine Geistesverfassung ist, die sich ändern läßt. Der Schlüssel dazu ist die Macht, die der Mensch durch sein *Denken* über sich erlangt!

14. Weil die Mehrzahl aller Menschen Gefangene des eigenen Geistes sind, darum ist so viel Elend in der Welt. Werden sie von diesem Zwang erlöst, so ändert sich ihr Wesen vom Negativen zum Positiven. Unsere Gegenwart ist voll von den Phänomenen, die aus der Macht der Seele möglich werden und die beweisen, daß auch in kranken und schwachen Menschen ganz außergewöhnliche Willensenergien zur Wirkung gebracht werden können. Man kann aber keine Kraft im Menschen wachrufen, wenn sie nicht in ihm wäre.

Durch den Mental-Positivismus wird man sich der Macht bewußt, die dem Denken innewohnt und daß nur durch das Denken und sonst durch nichts anderes eine Wende zum Guten herbeizuführen ist. Das gesamte Denken wird positiv orientiert und dadurch zu einer mächtigen Kraftquelle! Man lernt erkennen, daß es wahr ist, daß der Geist die Materie beherrscht: Aus der Furcht vor dem Untergang wird der Glaube an eine glückliche Zukunft! Aus dem gegenseitigen Mißtrauen das Vertrauen zum überall vorhandenen guten Willen! Darin aber liegt der Anfang der Wende zum Guten.

15. Wenn es möglich werden soll, die Macht der Atombombe in unser aller Interesse illusorisch zu machen, dann vermag das keine Gegenbombe, *sondern nur die Macht einer aufbauenden Idee, die allerseits Anerkennung findet und von allen ehrlichen Menschen bejaht zu werden vermag. Das ist bei der Idee der positiven Lebensführung der Fall.*

Die Erkenntnis vom positiven Leben und seinen Möglichkeiten erlöst den Menschen von suggestiv erzeugten Minderwertigkeitskomplexen und seelischen Hemmungen, die ihn trotz seiner sonstigen Intelligenz zur Machtlosigkeit gegenüber dem persönlichen Schicksal verurteilen und es verhinderten, daß nicht schon längst das ganze Dasein für den Einzelnen wie für die Allgemeinheit viel sorgenfreier und glücklicher wurde.
Jedermann handelt in Wahrung seiner eigenen Interessen, wenn er der sich immer mehr zusammenbrauenden Katastrophe, der die zivilisierte Welt entgegeneilt, nicht mehr tatenlos zusieht! Die Zivilisation wird aber nicht ein Opfer von Dämonen, sondern von Fehlschaltungen des Denkens.

Es ist nicht wahr, daß der Mensch ohnmächtig ist gegenüber seinem Schicksal! *Aber die Mehrzahl der Menschen sind irregeleitete, verängstigte Wesen, beherrscht von negativen Suggestionen und gänzlich falschen Vorstellungen von ihrer inneren Natur.*

Das Buch „Mein Erfolgs-System" bietet tausend Anregungen, um diese entscheidenden Fragen in allen Betrieben und Gemeinschaften zu einem Hauptthema der Diskussion zu machen: Wer mit sehenden Augen die Zuspitzung der Gegensätze in der Welt verfolgt, einen klaren Begriff hat von der zermalmenden Wucht der gegnerischen Kräfte und nur eine Spur daran glaubt,

was menschlicher Geist vermag, wenn Millionen Hirne positiv zu schwingen beginnen, der mache sich zum Mitkämpfer des Geistes, der aus der Macht positiver Gedankenführung erwächst. In jedem Amt, auf jedem Posten ist das möglich, denn ob wir positiv sind oder nicht, das ist nicht eine Frage der Zugehörigkeit zu einer Organisation, sondern allein eine solche der Vernunft und höherer Einsicht!

Eine negative Menschheit wird erliegen, eine positive wird stärker sein als alle Gewalt! *Wenn Millionen glauben lernen, daß es besser wird, dann wird es besser, denn die Macht dieser Überzeugung wird ein neues Handeln auslösen! Welt und Menschen sind so, wie wir sie sehen: Sehen wir alles vom Standpunkt der Feindschaft, vom Standpunkt des Versagens und des Unvermögens, dann wird die Welt zum Jammertal. Dann handeln wir so, als ob es so wäre, und das Unglück kommt mit Gesetzmäßigkeit!* Und das ist die Wahrheit, daß wir alles falsch sehen, daß sich die Menschheit in einen Wahn hineingesteigert hat, der sie das genaue Gegenteil von dem tun läßt, was sie tun muß, um ihr Schicksal glücklich zu gestalten.

*

16. Das soziale Problem ist nur eines der großen Probleme unserer Zeit, wenn auch das drängendste. Auch unser persönliches Dasein bedarf einer Neueinstellung unseres Denkens: Weil alle Ideale zerbrachen, haben wir uns in unseren Auffassungen verlaufen und sind nun das Opfer falscher Ansichten. Überall klappt es nicht mehr richtig, überall herrscht Unzufriedenheit. Unsere Gedanken sind schmutzig, fiebrig und töricht geworden, unaufhörlich versündigen wir uns an unseren Mitmenschen und an uns selber. Die Folgen sind überall offenbar: *Die vielen unglücklichen Ehen, die mangelnde Lebenslust, die mangelnde Schaffenskraft, die große Zahl der Herz- und Nervenleiden, die vielen Streitigkeiten und Zerwürfnisse unter den Menschen usw.*

17. Es wurde gezeigt, daß der Mensch durch die Lehren des Erfolgs-Systems in hohem Maße sein Verhalten ändern kann. Man beginnt damit in ganz persönlichen Dingen und im engsten Umkreis. Und indem man dabei erlebt, von welch wunderbarer Magie das positive Denken ist, lernt man zugleich glauben, daß auch im Leben der Allgemeinheit sich vieles zum Besten zu wandeln vermag. Dadurch wird man zu einem Strahlzentrum der Idee des schöpferischen Neudenkens. Man wird mit Freunden darüber sprechen, mit allen Bekannten, mit seinen Arbeitskameraden, und, wenn uns ein Vorgesetzter nur halbwegs entgegenkommt, auch mit ihm.
Der Kreis von Menschen, der durch das Erfolgs-System die Gesetze des Denkens und die Lehren einer positiven Lebensführung kennenlernte, ist durch die hohe Zahl seiner Auflagen und anderer Publikationen in gleicher Richtung bereits riesengroß. Die Zeit ist reif für eine *Umschaltung* im *Denken*, und es kommt nur darauf an, daß man die wohlgemeinten Anregungen allseitig aufnimmt, um sehr bald einen Wandel in der geistigen Haltung der Menschen zu erleben.

Im In- und Ausland bilden sich laufend neue Arbeitsgemeinschaften, viele davon in Betrieben und auch schon in Behörden, die das Erfolgs-System und seine Anregungen für ein befriedigenderes Dasein zum Gegenstand ersprießlicher Diskussionen machen und deren Beteiligte, die durch den Mental-Positivismus zu guten Freunden wurden, miteinander wetteifern im positiven Denken und Handeln. Es kann ja auch gar nicht

anders sein, als daß eine Wende zum Guten nur kommen kann, wenn dazu der *gute Wille* vorhanden ist. Das ist so im eigenen Heim und in der eigenen Familie wie im großen Geschehen.
Sicher gibt es manchen Skeptiker, der nicht daran glauben kann, daß sich die Menschen ändern können und der es für richtiger hält, stets nur mit der Schlechtigkeit und mit der Dummheit zu rechnen. Und er wird dabei verweisen auf die Skrupellosigkeit und Hinterhältigkeit in so vielen Dingen des politischen, geschäftlichen und gesellschaftlichen Lebens. Und bei dem Verhalten der Unternehmer zur Arbeitnehmerschaft wird er hinweisen auf die bis jetzt noch nicht überholte Gültigkeit des Wortes, daß eher ein Kamel durch ein Nadelöhr geht, bevor ein Reicher ins Himmelreich kommt. Aber muß das wirklich immer so bleiben? Kann es nicht auch ganz anders kommen? Haben wir nicht schon oft genug erlebt, daß sich allen gegenteiligen Erwartungen zum Trotz ein Mensch doch noch wandeln und vollständig umstellen kann? Und nun erst recht, wo wir erkannt haben, wie sehr der einzelne im Irrtum befangen ist und wie sehr er dadurch das Opfer unbewußter Zwangsabläufe wird?

18. Daß wir uns mittendrin in einer *Zeitenwende* befinden, daran kann niemand zweifeln. Warum soll es unbedingt bergab gehen? Ist es nicht viel wahrscheinlicher, daß der Weg nach *oben* führt? Daß es im Augenblick noch so trübe aussieht in den zwischenmenschlichen Beziehungen, will nichts besagen. Das alles ist nur eine Frucht der bösen Saat von gestern.
Natürlich müssen alle nur erreichbaren Kanäle geöffnet und benutzt werden, um der Idee des *schöpferischen Neudenkens* den Weg zu bahnen. So z. B. bei den Zusammenkünften der Chefs und Betriebsleiter mit ihren Mitarbeitern, wo es beste Gelegenheiten gibt, die Lehren des aufbauenden Denkens und den harmonisierenden Einfluß einer positiven Lebensführung auf alle Umstände und Verhältnisse gründlich zu besprechen. Das führt zu einer positiven Betriebsatmosphäre, die für den gemeinsamen Erfolg ebenso wichtig ist wie Warenkunde, Betriebsorganisation usw. Überhaupt ist das der Weg, um die Gedanken der positiven Einstellung von Mensch zu Mensch zur Tat werden zu lassen. Man mache nur den Anfang und man wird sehen, wie gut man damit fährt! Jeder Chef hat durch die im Anbruch stehende neue Zeit eine zusätzliche Aufgabe bekommen: Seine Leute nicht nur wirtschaftlich, sondern auch seelisch zu betreuen. Acht volle Stunden atmen die Mitarbeiter täglich ununterbrochen die gleiche seelische Luft im Betrieb. Das macht mit Sicherheit krank oder erhält gesund, je nachdem, ob Gift oder Heilstoff darin ist. Durch den Einfluß der Betriebsatmosphäre — frei von Unterdrückung und Gehässigkeit, frei von negativen Beeinflussungen, erfüllt von Verstehen, Wohlwollen, Achtung, Vertrauen und Harmonie — wird ein Betrieb zwangsläufig zum Glück oder Unglück auch im privaten Leben der Mitarbeiter.

19. Es steht außer Zweifel, daß dem Arbeiter und Angestellten ein besseres Einkommen am sichersten hilft, um dem Einfluß der Vermassung zu entgehen. Andererseits lebt jeder Betrieb vom *Verdienen*, und nur wenn mehr verdient wird, kann sich die Lohntüte mehr füllen. *Und um das zu erreichen, muß zuerst klüger und umsichtiger gearbeitet werden.* Wir denken hier nicht so sehr an die verhältnismäßig kleine Zahl von Großbetrieben, obwohl es unbedingt auch dort auf rationelles Arbeiten ankommt, sondern vor allem an die nach Zehntausenden zählenden Mittel- und Kleinbetriebe aller Art. Wer die Sorge dieser Betriebe kennt, der wird sich ohne sorgfäl-

tigste Prüfung des Einzelfalles nicht versucht fühlen, dort von „Ausbeutung der Arbeitskraft" usw. zu sprechen. Man ist vielmehr froh, wenn man in dieser Zeit allen Verpflichtungen nachkommen und die Löhne und Gehälter immer pünktlich auf den Tisch legen kann. *Und wie glücklich würde man sein, wenn man für die eigenen Sorgen endlich auch das richtige Verständnis seiner Mitarbeiter hätte. Und noch glücklicher, wenn es gelänge, eine bessere Anteilnahme für die Erfordernisse des Betriebes zu finden, durch die es leicht wäre, beträchtliche zusätzliche Gewinne durch rationelleres Wirtschaften zu schaffen:*

Alljährlich gehen Millionenwerte durch Rost und Motten, Brand und Wasser verloren, viel mehr aber durch Mangel an Umsicht und persönlicher Tüchtigkeit in kleinsten und allerkleinsten Dingen. Und noch viel mehr dadurch, daß die Mitarbeiter von ihrer Denkkraft so wenig Gebrauch machen!

Das ist ein sehr ernstes Problem, das vielen Unternehmern arg zu schaffen macht. Aber man sagt schon gar nichts mehr, sondern nimmt das hin wie ein Schicksal, dem man sich ergeben muß. Schimpft höchstens für sich selbst über die Nachlässigkeit der „Leute" und frißt im übrigen den Ärger darüber in sich hinein. So jedenfalls, wenn man schon einige Jahre der Praxis in diesem Punkte hinter sich hat.

Und genau so steht es auch in anderen Dingen, wo man es in Werkstatt und Büro mit Mitarbeitern zu tun hat. *„Reicht man ihnen den kleinen Finger, wollen sie gleich die ganze Hand, ohne daran zu denken, woher die Mittel kommen, die die Kasse füllen."* Stets von neuem muß ich mir solche Entgegnungen von Unternehmern anhören, sobald man auf diese Fragen zu sprechen kommt. Es soll nicht verhüllt bleiben, daß es wirklich oft stimmt, worüber man klagt. Ja, so ist es tatsächlich, *aber nur dort, wo man nach dem alten Schema seine Leute behandelt, wo man es mit unerschlossenen Menschen zu tun hat und auch noch nichts geschehen ist, um diesen Ablauf zu ändern.* Wie gesagt, man fange nur an im schöpferischen Neudenken, und man wird staunen, was man erreicht! Wir sagten schon: Die Menschen sind weniger schlecht als schwach, und das gilt auch in allen beruflichen Dingen.

20. Es kann nur Segen bringen, wenn man positiv lebt! Was meint wohl Goethe, wenn er sagt: „Selbst den Stempel der Natur verändert Übung!" Daß wir in vielen Dingen unseres Handelns keineswegs dazu verurteilt sind, immer so zu bleiben, wie wir sind. Daß es auch anders geht, ganz anders! Und es soll, wird und muß anders gehen als bisher: Besser! Klüger! Erfolgreicher! Die Erfolgsberichte der Leser des Erfolgs-Systems sind das einzigartige Dokument einer seit Jahrzehnten laufenden Erprobung der Lehren dieses Buches zur Lebensbemeisterung! Ist das nicht Grund genug, nun auch selber damit einen Versuch zu unternehmen?

Es muß nicht sein, daß wir Menschen des XX. Jahrhunderts uns noch immer weiter das Leben zur Hölle machen!

Zwar gibt es Grenzen für unseren Einfluß auf das Schicksal, doch der Spielraum bis dahin ist so groß, daß wir uns wirklich nach Herzenslust frei bewegen können, um aus eigener Kraft aus unserem Leben etwas Vernünftiges und Befriedigendes zu machen. Und was uns betrifft, das hat auch Geltung für das Schicksal unseres Volkes: *Trotz allem, was geschah, glaube ich daran, daß wir doch noch eine Mission haben!* Es wäre herrlich, wenn es diese wäre:

Aller Welt zu zeigen, daß es möglich ist, allein durch die Kraft des Geistes alle Spannungen auszugleichen, die das menschliche Dasein in unserer Zeit

so mit nervenzerstörender Angst, Sorge und Unruhe erfüllen. Brücke und Beispiel zu sein für den segenbringenden Einfluß menschlichen Verstehens, gegenseitiger Achtung und Wertschätzung und vertrauensvoller positiver Zusammenarbeit!

Auch der Friede in der Welt ist nur auf diesem Wege zu erhalten und zu sichern. Gewiß, ein schwieriges Unterfangen, dennoch, keine Aufgabe kann lohnender sein. Ist das eine Utopie? Ganz gewiß nicht, es kommt nur darauf an, daß der Ball aufgenommen wird und immer mehr Erkennende damit beginnen, sich selbst und ihre Umwelt mit lebensbejahendem positiven Denken zu erfüllen.

Am Erfolg ist überhaupt nicht zu zweifeln, denn das ist ganz gewiß wahr:

Bewußtsein ist Schöpfung
und Gedanken sind Kräfte!

XIX. TEIL

ERGÄNZENDE AUSFÜHRUNGEN

Das „M" in unserer Hand

Auf dem Einband dieses Buches sehen wir in einem Kreis ein leuchtendes „M". Das ist das Symbol des Mental-Positivismus, unserer frohen, zuversichtlichen Lebenseinstellung und unseres „M-Schlüssels". Auch in unseren Händen finden wir dieses Symbol, bei einem stärker, beim anderen etwas weniger ausgeprägt. Ist das Zufall? Mag sein, dennoch aber ein Symbol und das beste Erinnerungszeichen für unser positives Streben, das wir uns denken können, natürlich vorausgesetzt, daß wir immer wieder einen lichten Augenblick haben, um uns durch dieses Zeichen auf uns selber und unseren Positivismus im Denken, Fühlen und Handeln zu besinnen.

Dieses „Besinnen" ist auch der Grund, weshalb wir den Einband mit diesem „M" versehen haben, eingedenk der Tatsache, daß es in allem, was die Lebensbemeisterung und die Erfolgssystematik angeht, zu allererst auf die Bewußtwerdung unseres positiven Zielstrebens ankommt. Deshalb, weil der Automatismus des Denkens uns nur zu leicht verführt, immer wieder von neuem in den alten Schlendrian einer negativen Geistes- und Seelenhaltung zu verfallen.

Machen wir uns einmal die Situation klar, in der sich der Mensch im Alltag befindet, viele sogar noch viel schlimmer, als wir es hier beschreiben: Er lebt nicht, sondern wird gelebt! Er handelt nicht selber, sondern Triebe, Instinkte, Gewohnheiten, Hemmungen und Zwangsgedanken bestimmen ihn. Mit einem Wort: er ist unfrei, ein Sklave, ein getriebenes Wesen und alles, was er erlebt und empfindet, ist die Folge von Zwangsabläufen. Ein Wunder überhaupt, daß er sich trotzdem so bewegt, daß man ihn nicht ganz und gar bloß als Kreatur sieht.

Daß es wirklich so ist, beweist sein Verhalten, sein Reden, sein Reagieren, sein Handeln, das in hundert Dingen, ja in tausend ganz und gar negativ ist und das genaue Gegenteil von dem, wie es sein müßte, wollte er gesund, leistungsstark, erfolgreich und glücklich sein. Hier ein paar Beispiele: Er ärgert sich, obwohl Ärgern Blut und Säfte verdirbt und krank macht. Er schimpft, poltert und räsonniert, obwohl er damit nur Antipathie und Unbehagen erzeugt. Er läßt sich von Ängsten quälen, obwohl damit nur negativen Kräften Vorschub geleistet wird. Läßt sich von Mißtrauen, Zweifeln, Lieblosigkeit, Selbstsucht, Eifersucht und Haß leiten, obwohl gerade dadurch das Böse gegen ihn rebellisch wird. Und das alles nur deshalb, weil er wie ein Nachtwandler durchs Leben läuft, sich gehen und treiben läßt von seinen Gefühlen, bar jeder Selbstkontrolle und Bewußtwerdung seiner tatsächlichen Situation. Und manche so sehr, daß von vernünftigen Wesen überhaupt nicht zu reden ist, sondern allein von Dummen, von Verrückten, die nicht wissen, was sie tun. Oder ist das etwa nicht Verrücktheit oder Dummheit, wenn z. B. eine eifersüchtige Frau jeden Blick ihres Mannes nach einer anderen Frau gleich mit übelsten Schimpfworten belegt? Oder ein Mann in solcher Lage gleich mit Scheidung droht oder gar tätlich wird? Ein Vater wegen einer kleinen Entgleisung sein Kind wie ein Wilder verprügelt, ohne zu fragen, wohin er trifft? Ein Mensch auf der Straße einen anderen, den er gar nicht kennt, wegen einer Bagatelle mit „Lump" und „Idiot" betitelt? Ein Kunde einen Geschäftsmann als „Halsabschneider" bezeichnet, nur weil er einen Pfennig teurer ist als die Konkurrenz? Ein Fahrgast in der Bahn einen anderen mit „Fläz" und „Trottel" tituliert, nur weil er auf seinen Fuß geraten ist? Oder „Stießel", nur weil er eine Höflichkeit verpaßt hat? Tausend solcher Fälle von geistiger Umnachtung kann man anführen, ganz und gar zu schweigen von der Riesendummheit und Verrücktheit im Handeln der Menschen, angefangen beim Versagen im Beruf bis hin zu den Fehlleistungen bei politischen Entscheidungen und dem Aufkommen von Psychosen, eingeschlossen die Verbohrtheit in Dingen des Aberglaubens, eingebildeter Krankheiten und offensichtlicher Spleene.

Wie aber kommt das alles? Wie sind soviel Unvernunft und Verranntheit möglich, wo der gleiche Mensch auf anderen Gebieten und in Dingen des praktischen Lebens durchaus logisch und normal denkt? Ursache: Der Zwangsablauf im Denken und das fehlende Bewußtsein für den eigenen Standort und das eigene Ich. Es ist wahr: Man lebt nicht, sondern wird gelebt! Der „M"-Schlüssel ist nicht aktiv, die innere Erleuchtung fehlt, man ist eine Marionette, ein Spielzeug der Gefühle und Reflektionen, eine Schlafmütze im Geiste, ein Kasper, ein Hampelmann oder eine Hampelfrau. Die Selbstkontrolle fehlt, die Selbstbeobachtung, die Logik, die Vernunft, das positive Denken. Und warum? Eben, weil man eine Schlafmütze ist, weil die Selbstbewußtwerdung der Seele noch nicht eingetreten ist, weil man noch gar nicht richtig weiß, daß man da ist.

Man lebt in seinem Bauche, seinem Magen, seinen Nerven und nicht in seinem Kopfe! Alles verwechselt sich dadurch im Denken, ändert sein Gesicht, seine Bedeutung, wird — verrückt. Ja, verrückt, das heißt, fort-gerückt, fortgerückt von der logischen Mitte der Dinge.

Manchmal ändert sich dadurch die Welt ins Rosarote, oft ins Bizarre oder ins Dunkle und Häßliche. Immer jedoch ist Gefahr im Verzuge, dadurch nämlich, daß sich Tatsachen verzeichnen und verzerren, die auf keinen Fall verkannt werden dürfen, wenn wir mit dem Leben fertig werden und nicht Schiffbruch erleiden wollen.

Aber das muß kein unheilbarer Dauerzustand sein, wenn wir es nicht wollen, und womit gesagt ist, daß auch wir selbst oft genug in dieser Vernebelung schwimmen. Rettung bringt die Einsicht, die uns überkommt, wenn uns dieser Zustand klargemacht wird. Was den Blödsinn anstellt, ist nicht unsere Seele, unser wirkliches Ich, sondern sind die Werkzeuge, in denen und mit denen wir, d. h. unsere Seele, Dasein hat: Das sind der Körper mit seinen Nerven und die Denkmaschine. Darüber müssen wir Herr werden.

Ob das geht? Es muß gehen, weil wir sonst niemals frei werden von der Verrücktheit und der Dummheit. Das bedeutet, daß wir herausrücken müssen aus uns, wie aus unseren Kleidern, wie aus einem Apparat, ohne daß aber die Verbindung reißt. Oder so: daß auf unserem linken Knie eine Marionette sitzt, die unseren Körper darstellt, und auf dem rechten Knie eine andere, die unsere Denkmaschine ist

und die wir beide willkürlich und ganz nach unseren Wünschen lenken lernen müssen. Körper und Geist fest in unserer Hand, das ist gemeint! Und keine der beiden Maschinen darf machen, was sie will, sondern allein das, was unserem Ich, uns selber genehm ist. Gelingt das, und das gerade ist das Geheimnis des „M"-Schlüssels und das Ziel unseres positiven Strebens, dann erst beginnen wir wirklich ein Mensch zu sein, im Gegensatz zur Kreatur, die müssen muß.
Und um das nun zu erreichen und ausdauernd anzustreben, diesen wunderbaren Zustand von Freiheit im Können, daran erinnert uns das „M" in unserer Hand. Moral: Es muß nicht so sein, daß wir dem Negativen hilflos gegenüberstehen, ganz im Gegenteil, wir haben in uns alle Kräfte, um ihm zu widerstehen. Aber es geht nicht ohne bewußte Lebensführung, nicht ohne den „M"-Schlüssel, nicht ohne Wissen um die Gesetze des Erfolges! Und damit wir bewußt leben, ist uns das „M" das Symbol unseres Wollens.
„M" ist Menschsein, Macht, Mental-Kraft, und unser Mental-Positivismus die Lehre, durch die wir alles das verwirklichen und in die Tat umsetzen können, was aus der Kraft dieses Symbols möglich wird: Ein Leben in geistiger Klarheit und starker positiver Seelenkraft, uns selber und allen zur Freude, die unserem Leben und Schaffen verbunden sind.

„Richtigmachen = Erfolg"

Lebensweisheit ist eine regelrechte Wissenschaft, also nicht nur eine Sache so nebenher, durch die man sein Dasein ein bißchen mehr oder weniger reibungsloser macht, sondern eine ernste zielbewußte Aufgabe. Natürlich auch dann mit der entsprechenden Erwartung eines maximal großen Erfolges auf allen Gebieten, auf denen wir uns betätigen.
Wer zum erstenmal das Erfolgs-System in die Hand nimmt, ohne es in seiner Struktur zu kennen, denkt leicht, er habe eine Sammlung von lauter Selbstverständlichkeiten vor sich. Leider — denn das ist die Ursache, daß man dieses für so viele Menschen kostbar und unentbehrlich gewordene Buch wieder aus der Hand legt und seinen alten Trott weiterlebt.
Hierin zeigt sich ein Generalfehler der meisten Menschen: Man macht nicht ernst mit der bewußten Führung des Lebens, sondern läßt sich gehen und treiben, wie es gerade kommt, bzw. wie es die in einem auftauchenden Gefühle gerade wollen. Kein Wunder, wenn deshalb der Geist für das umwälzend Neue nicht aufnahmefähig ist, wie es ja bei unserem Mental-Positivismus der Fall ist. Und nicht nur das: daß er, wenn ihm etwas Besonderes vor die Nase kommt, er immer meint, er wisse und kenne schon alles und brauche auch das nicht mit anderen Augen zu betrachten. Es erweist sich hier die Richtigkeit eines Bibelwortes: „Sie haben Augen und sie sehen doch nicht, und sie haben Ohren und sie hören trotzdem nicht."
Würde es sich bei unserem Mental-Positivismus und beim Erfolgs-System nur um eine belehrende Unterhaltungslektüre handeln, wäre das nicht so schlimm. So aber ist es verhängnisvoll, denn in dem Maße, wie man an unserer Lebenslehre vorbei sieht, in dem Maße bekommt man unentwegt Nackenschläge vom Schicksal.
Wie recht hat doch Benjamin Franklin, wenn er sagt: *„Das Leben ist eine teure Schule, aber Narren wollen nur in dieser und auch in ihr kaum etwas lernen. Wir*

können den Menschen wohl guten Rat geben, aber wir können ihr Tun nicht leiten. Wem nicht zu raten, dem ist darum auch nicht zu helfen, und wer der Vernunft nicht Gehör schenken will, dem schlägt sie sicherlich mit dem Stock auf die Finger." Ja, so ist es tatsächlich und darum ist auch einer der entscheidendsten Faktoren, um das eigene Leben glücklich und erfolgreich zu gestalten, die Fähigkeit zur Einsicht. Aber das ist nicht eine Sache allein der Intelligenz, sondern vornehmlich auch des guten Willens: Man will nicht einsehen. Diese innere Bereitschaft fehlt, aber das kommt auch nicht von selber, sondern ist die Auswirkung der charakterlichen Grundschwingung des Menschen. Man wehrt sich gegen die Einsicht, weil ein Gefühl dagegen steht.

Ob man diesen Antrieb richtig erkennt, entscheidet darüber, ob man in einem Menschen guten Willen erzeugen kann oder nicht: Es können Angstgefühle sein, die in der Tiefe der Seele am Wirken sind oder auch ganz und gar selbstsüchtige Motive.

Damit muß man unter allen Umständen fertig werden, was nur möglich wird durch eine durch und durch beherzte und ehrliche Selbstanalyse. Der Mental-Positivismus sagt: „Selbstsucht erzeugt seelische Blindheit". Diese Blindheit macht unfähig, die Wahrheit einer Sache zu erkennen, weil sie die Aufmerksamkeit, durch die allein Erkenntnis möglich wird, in eine falsche Richtung lenkt. Wenn wir nach links sehen, können wir nicht erfassen, was auf der rechten Seite liegt, ebenso umgekehrt. Es kommt hinzu, daß sich durch Voreingenommenheit die Dinge und Zusammenhänge verzerren und verformen. Unser inneres Auge unterliegt dabei einer Täuschung. Und nur so kommt es, daß wir dann die Wirklichkeit verkennen und das Opfer eines falschen Scheins, eines Trugbildes werden. Ganz abgesehen von der Tatsache, daß wir die Welt immer nur im eigenen Innern erleben und niemals, wie sie außerhalb unseres Wesens ist.

Das alles entscheidet nicht nur bei der Bewertung von Menschen und handgreiflichen Dingen, sondern auch bei der Beurteilung von Lehren, durch die wir in die Lage versetzt werden, unser Leben glücklich und harmonisch zu gestalten. Auf daß wir wirklich erkennen, was uns dienlich ist, darauf kommt es an. Und niemals darauf, was unser Denken meint, sofern es von Vorurteilen gelenkt und beeinflußt wird. Denn nicht Annahmen entscheiden, sondern allein die wirklichen Kräfte und Tatsachen des Lebens.

Es ist nicht leicht, hier wirklich bis zum letzten Grund durchzustoßen, eben, weil wir im Innern nur zu leicht im unklaren sind und von falschen Bildern beherrscht werden. Dessenungeachtet müssen wir aber durch zum Grund, notfalls mit Rücksichtslosigkeit gegen uns selber, wenn wir spüren und fühlen, daß sich unser Gefühl gegen die Einsicht sträubt und keinen guten Willen aufkommen lassen will. Unser Inneres ist oft wie ein ungezogenes Kind, das völlig unwillig ist und seinen eigenen Weg gehen will, ungeachtet, ob dieser Weg ins Verderben führt oder nicht. Noch so ernste Vorhaltungen verfehlen ihren Zweck, es stampft mit den Füßen und tut doch das Gegenteil von dem, was wir wollen. Was bleibt da anderes übrig, als uns gegen seinen Willen durchzusetzen, notfalls eine Lektion zu erteilen, wenn es gar nicht hören will.

Bei uns selber ist dieser wohlmeinende Vater, der ja nur unser Bestes will, der Ablauf der Ereignisse, die uns durch Mißerfolg, Krankheit und andere Nackenschläge belehren, daß wir wider die Gesetze des Glückes und der Vernunft gehandelt haben. Manchem genügt es, wenn er einmal eine schlechte Erfahrung macht. Sofort reißt er sich zusammen und handelt in Zukunft vernünftig. Andere wieder, und leider sind das die meisten, machen immer wieder die gleichen Fehler und doch lernen sie nie dazu. Natürlich ist es in solchen Fällen ausgeschlossen, jemand auf den Weg positiver Lebensgestaltung zu bringen. Jede Hilfe ist hier vergebens, weil man infolge mangelnder Einsicht tatsächlich nicht helfen kann. Aber es ist nicht nötig, daß man überhaupt Fehler macht und Nackenschläge bekommt, jedenfalls nicht in solchen Dingen, die schon anderweitig tausendmal und mehr erprobt und erfahren wurden. Hier scheiden sich die Geister, hier zeigt sich, wie es um die eigene Einsicht bestellt ist und selbstverständlich auch um den guten Willen. Mit anderen Worten: ob man ein N a r r ist, der immer nur in der Schule des Lebens lernen will, oder ein kluger Mensch mit wirklicher Vernunft. Was unser Mental-Positivismus lehrt, sind unumstößlich wirksame Gesetzmäßigkeiten. Sie sind nicht aus Gummi, den man biegen und drehen kann wie man will, sondern sind starr wie Granit. Jeder Verstoß gegen diese Gesetzmäßigkeiten rächt sich und jeder tut nur klug daran, wenn er sie respektiert und bei allen seinen Überlegungen in Rechnung stellt. Sich mit diesen Gedanken ernsthaft auseinanderzusetzen und eine völlig klare und entschiedene Stellung dazu einzunehmen, ist eine der wichtigsten Voraussetzungen der Schicksalsbemeisterung. Es geht im Leben und beim Erfolg niemals so, wie wir uns das denken, sondern immer nur so, wie es die Gesetzmäßigkeiten, die in und bei jeder Sache walten, bestimmen. Für den Umgang mit Naturkräften ist das alles Selbstverständlichkeit. Niemand wird es einfallen, eine Dynamitbombe in einem Kachelofen zu verbrennen, wie wir das schon einmal sagten. Nur beim Umgang mit uns selbst und mit unseren Mitmenschen glauben wir Ausnahmen machen und willkürlich handeln zu können. Und wundern uns dann obendrein, wenn es schief geht und wir nicht zum Ziele kommen.

Hier zeigt sich, woran wir sind, wenn wir von den „Lehren des Erfolges" sprechen: Gewiß, es bleibt jedem überlassen, nach seiner eigenen Meinung zu handeln. Aber eine Gewähr für Erfolg ist nur dann gegeben, wenn nicht nach Gutdünken, sondern tatsächlich nach den Gesetzmäßigkeiten des Erfolges gehandelt wird. Aus diesem Grunde ist auch das Bemühen, das Leben glücklich zu gestalten, ganz und gar und in jeder Beziehung eine W i s s e n s c h a f t, die man mit aller Gründlichkeit studieren muß, ungeachtet, ob einzelne Lehren im ersten Augenblick auch noch so simpel scheinen. Und natürlich muß man darum für dieses Studium auch Zeit und Mühe aufwenden! Wer das nicht will, handelt ebenso töricht wie ein Geschäftsmann, der glaubt, ohne das Studium der Gesetze erfolgreicher Kundenwerbung gute Geschäfte machen zu können, oder, um es noch einfacher zu sagen, wie eine Hausfrau, die glaubt, ohne Ahnung von den Kenntnissen des guten Kochens ein vorzügliches Mahl bereiten zu können.

Wissen ist Macht und gibt Macht und in erster Linie auch in den Fragen erfolgreicher Lebensgestaltung: Weil die meisten Menschen so wenig Zeit darauf verwenden, wie man dem Erfolg und dem Lebensglück den Boden bereiten muß, darum glückt so wenig, darum sind so viele Anstrengungen vergebene Mühe. Wie aber wird man zu besserer Beachtung und zum gründlicheren Studium der Lehren des Erfolges kommen? Doch nur, wenn man dies alles einsieht und ernst macht mit dem guten Willen.

Man gehe deshalb mit sich zu Rate und frage sich, wieweit man bisher wirklich interessiert war am Studium der Erfolgs- und Lebensgesetze. Und ob man nicht nur in der Theorie, sondern auch schon wirklich in der Praxis der b e w u ß t e n Lebensführung sich verschrieben hatte. Und wenn man merkt, daß Unlustgefühle in dieser Hinsicht das eigene Innere bewegen, so suche man solange nach der Ursache dieser

Hemmungen, bis man die Antriebe erkannt und als Feinde seines Lebensglückes entlarvt hat. Insbesondere prüfe man sich, ob man im Sinne Benjamin Franklins zu denen gehört, die nur durch bittere Erfahrungen klug werden wollen; denn das ist gewiß, es kommt keine Wirkung ohne eine Ursache. Es ist wahr, daß in manchem Fall menschlichen Elends das große Schicksal Ursache und Ausschlag gibt, daß Verkettungen dramatischer Art unentrinnbare Wirren und Verstrickungen schaffen können, doch in der Mehrzahl der Fälle sind wir zur Hauptsache selber unseres Unglückes Schmied. Wollten wir nur besser hierauf achten und den Zusammenhängen ehrlicher auf den Grund gehen, wir kämen sehr schnell dahinter, daß es so ist. Ist es aber so, gebietet es da nicht gesunder Menschenverstand, daß wir dann so handeln lernen, wie es für uns förderlich ist? Und ist dazu nicht Voraussetzung, daß wir die Meisterung des Lebens unentwegt ernsthaft studieren? —
Welchen Gewinn kann man haben, wenn man nur einige der Erkenntnisse dieses Buches sich zu eigen macht! Aber das ist unmöglich, wenn man nur über die Seiten hinliest, ohne darüber nachzudenken oder man ohne innere Aufgeschlossenheit an das Studium herangeht. Wir erklärten schon wiederholt, daß L e s e n eine K u n s t ist, die g e l e r n t sein will. Goethe gesteht am Ende seines Lebens, daß er siebzig Jahre gebraucht habe, um diese Kunst zu meistern, worauf wir schon gleich im Vorwort hingewiesen haben. Es steht in den Zeilen nicht d a s darin, was man m e i n t , sondern immer das, was ein Autor in sie hineinlegte. Dies zu erfassen und voll zu erkennen, ist das Geheimnis. Es ist eine Frage der geistigen Sammlung, ob man das vermag, aber schon diese Sammlung ist eine Frucht der Einsicht und des guten Willens.
Wie wir in allen Fragen der Lebensbemeisterung der Macht der Erkenntnis den Vorrang einräumen und nicht der bloßen Betätigung des Willens, so steht es auch hier: Man sieht wirklich den Wald vor lauter Bäumen nicht, wenn man nur wissen und erfassen will, ohne auch hierbei die Gesetze zu beachten, die das Erkennen erst ermöglichen. Nochmals deshalb: Nur wer langsam Wort für Wort eines Satzes in sich aufleuchten läßt und nicht weiter geht im Erfassen der Buchstaben, bevor er nicht zu völliger Klarheit kam über das zuerst Gelesene, gibt seinem Geiste die Möglichkeit, den Kern einer Sache zu begreifen.
Wie lautete doch das zweite Goethewort in dieser hochwichtigen Sache. Hier ist es nochmals zur besseren Einprägung:

„Was ist das Schwerste von allem?
Was dir das Leichteste dünkt:
Mit den Augen zu seh'n,
was vor den Augen dir liegt!"

Die Kunst des „Loslassens"

Ein Merkmal unserer Zeit ist die Überbelastung unserer Nerven. Nicht durch Tätigkeit allein, zur Hauptsache durch Angst und Furcht und negative Bewußtseinsvorgänge aller Art. Immer frißt irgend etwas an uns und nimmt uns Lebenskraft weg. Und das Schlimmste: nicht nur im Oberbewußtsein, vielfach auch im Unterbewußtsein. Wir sind dauernd irgendwie negativ beansprucht, irgendwie negativ in Spannung. Kein Wunder, wenn dadurch die Nerven frühzeitig schwach werden, Herz-

leiden immer häufiger zur Todesursache werden. Und hier zeigt sich auch die ganze Unvernunft einer nach unseren Begriffen negativen Lebensführung.
Unsere Zeit ist aus allen Fugen geraten, nicht nur mit ihrem Tempo, ihrem rasenden Fortschritt, ihrer Übersteigerung auf allen Gebieten, auch darin, was unserer Seele und unseren Nerven an Sorgen, Nöten, Existenzschwierigkeiten und Lebensängsten zugemutet werden. Wer hierzu nicht ein Gegengewicht findet, muß einfach versagen, oder aber er verfällt in Gleichgültigkeit und hört auf aus eigener Kraft sein Leben zu steuern. Die immer mehr um sich greifende „Vermassung" von Millionen Menschen findet hierin eine Hauptursache. Der Berg ist einfach zu hoch, auf den man hinauf muß, wenn man aus eigenem Wollen sein Leben befriedigend gestalten will, man spürt, man hat keine Kraft dazu und darum unterläßt man den Aufstieg. Man wird lustlos und ist schließlich froh, wenn man überhaupt am Leben bleibt. Und da das trotzdem immer noch schwierig ist, klammert man sich desto mehr an Institutionen aller Art, die die eigenen Lebensrechte sichern helfen, ohne daß man eigene positive Leistungen dazu nötig hat. Je schwieriger der Verkehr, je zahlreicher die Autos, um so unerträglicher wird das Fahren im eigenen Wagen. Man läßt sich dann lieber fahren, und sei's auch unter Einbuße an Freiheit und eigener Initiative.
In unseren Tagen glücklich und erfolgreich zu sein, ist um vieles schwieriger als vor zwanzig oder gar vor fünfzig und hundert Jahren. Nicht umsonst sprechen unsere Eltern von der „guten alten Zeit". Nicht wegen des Existenzkampfes an sich, den gab es immer und zu allen Zeiten, doch wegen der nervlichen und seelischen Belastung, die sich verzehnfacht, ja verhundertfacht hat im Laufe der letzten Jahrzehnte. Zwar versucht man durch Elixiere und Pillen der Überbelastung standzuhalten, doch das ist nur ein Tropfen auf einen heißen Stein, wenn der Mensch nicht aus sich selber Herr der Lage wird und das einzige Mittel anwenden lernt, das dieser Überbelastung einen Damm setzt.
Dieses Mittel ist die „Kunst des Loslassens"! Der Alltagsmensch wendet diese Kunst im negativen Sinne an, wenn er nachlässig, gleichgültig und an so vielen Dingen uninteressiert ist. „Was geht es mich an, wenn etwas schief geht in dem Laden, in dem ich arbeite." Das ist eine Rede, wenn es um berufliche Dinge geht. Oder: „Sollen die Politiker sehn, wie es weiter geht und wie sie mit den Schwierigkeiten fertig werden", wenn es sich darum handelt, daß auch er sich seine Gedanken darum macht, wie es besser werden könnte. Er „läßt los", d. h. er belastet sich nicht, eben, weil es Kraft kostet, weil es Nachdenken erfordert, weil es Mühe macht.
Was läßt er los? Natürlich keine mit Händen greifbaren Dinge, die außerdem noch, sondern bestimmte geistige Bilder, bestimmte Gedanken und Vorstellungen. Gewiß, in den hier angeführten Fällen ist das negativ, und doch sitzt hier das Geheimnis, der Überbelastung unseres Seelenlebens und unserer Nerven Herr zu werden.
Wenn zwei dasselbe tun, muß es nicht genau dasselbe sein. Untersuchen wir die seelischen Zusammenhänge, so sehen wir, daß der jeweilige „Standort" über unser Verhalten und Reagieren bestimmt. Der Standort des Massenmenschen ist die Gleichgültigkeit gegenüber allem, was nicht unmittelbar ans eigene Fleisch greift. Dann tut das auch seelisch nicht weh und kostet auch keine Nervenkraft. Doch das ist kein Standort, von dem aus das Leben zu meistern ist. Wer so reagiert, stumpft auch auf den Gebieten ab, die für die positive Lebensführung fundamentale Bedeutung haben. Was aber dann? Höher steigen! Viele Etagen höher in unserem

Seelenhause, ganz oben hinauf in den obersten Raum! Mit anderen Worten: *Lernen, über den Dingen zu stehen. Interessiert zu sein, ohne „Gas" zu geben oder gleich „Vollgas" zu geben.*
Doch das ist erst ein kleines Blinklicht in die Kunst des „Loslassens". Zunächst nur die Feststellung, daß wir *lernen* müssen, von *höherer Warte* aus das Leben zu sehen. Das ist ein Vorgang im *Erkennen*, wenn auch ein höchst wichtiger, das „*Loslassen*" außerdem aber ein ganz und gar *aktiver Vorgang*, die Folge eines *Entschlusses*, eine Leistung unseres Willens und demzufolge *eine ganz bestimmte Verhaltensweise*, eine Sache, die man sich *einüben* muß, eine *Technik erfolgreicher Lebensführung*.
Der Volksmund sagt: „Was ich nicht weiß, macht mich nicht heiß", und wir ergänzen: was ich *in mir nicht siedend* werden lasse, kann mich nicht verbrennen. Jetzt erkennen wir schon mehr. Wir laufen Gefahr, daß unsere Nerven und unsere seelischen Kräfte schwach werden, wenn wir innerlich nicht umschalten können, sobald wir von zehrenden Vorstellungen behelligt werden. Und die Technik des „*Umschaltens*" ist gemeint, wenn wir von der Kunst des Loslassens sprechen.
Daß Gedanken Kräfte sind und nach Verwirklichung drängen, wissen wir. Daraus formulieren wir: „*Wer festhält, wird festgehalten und wer losläßt, wird losgelassen.*"
Diesen Satz müssen wir uns merken und immer an ihn denken, wenn wir Gefahr laufen, von negativen Kräften beeinflußt zu werden. Es verkörpert sich in dieser Maxime unsere ganze Einstellung zur *Macht des Denkens* und damit auch der *Standort* des positiven Menschen. Untersuchen wir die hierbei entscheidenden Zusammenhänge: Immer kommt es auf die *Ideen*, die *geistigen Bilder* und *Urbilder* an, die in uns wirken. Wer ärgerlich ist, wird von *Ärger*gedanken beherrscht, wer von innerer Unruhe und Ängsten gepeinigt wird, den treiben Bilder dieser negativen Zustände. So ist es überall, wo wir disharmonisch schwingen, auch in Fällen, wo der Mut, das Selbstvertrauen, der Glaube an das eigene Können in Zweifel gezogen sind oder zermürbende Leidenschaften, Charakterschwächen oder Krankheiten uns beherrschen. Immer halten uns negative Gedankenkräfte fest, aber nur deshalb, weil unsere „*Schaltung*" falsch ist, weil wir die „Kunst des Loslassens" nicht meistern. *Erst, wenn wir selber loslassen, lassen uns auch die negativen Bilder los!* Und gerade darum heißt es: „Wer festhält, wird festgehalten!"
Wir sagten eingangs: Wir sind dauernd irgendwie negativ beansprucht, irgendwie negativ in Spannung. Der Kräfteverbrauch ist darum zu groß, die Kapazität des Nervensystems reicht nicht aus und Nerven- und Herzleiden müssen darum die Folge sein. Und nicht nur das, auch unzählige andere Erkrankungen sind nur auf diese Ursache zurückzuführen: Magen- und Darmleiden, Störungen der inneren Sekretion, ganz zu schweigen vom Absinken der Leistungsfähigkeit, angefangen bei der Arbeitsunlust und schneller Ermüdung bei der Arbeit bis zu schweren Störungen der Konzentrationsfähigkeit, des Gedächtnisses usw. Und nicht zu vergessen die negativen Charaktererscheinungen wie leichte Reizbarkeit, Mangel an Selbstbeherrschung, übellaunisches Wesen u. a., die oft auch nur Folgen eines heruntergewirtschafteten Nervensystems sind.
Man kann dem Lebenskampfe nur dann erfolgreich standhalten, wenn genügend Kraft in der nervlichen Befehlsanlage sitzt. Wo das nicht der Fall ist, ist man im Unfrieden mit sich selbst und der ganzen Welt. Dann tritt der Zustand ein, wo man fühlt, daß

man aus eigener Kraft das Leben nicht meistern kann, wo der Berg einfach zu hoch ist, auf den man hinauf muß.
Aber alles kommt nur durch die Unvernunft in der Lebensführung! Man lebt falsch, man behandelt sich falsch, man weiß nicht, worauf es ankommt, wenn man bei Kräften bleiben will. Nicht der äußere Lebenskampf zermürbt uns, sondern das Geschehen im eigenen Innern, die Macht negativer Gedanken. Solange die Nervenkapazität noch einigermaßen gut ist, lacht man über diese Feststellungen. Das ist das Lachen der Unwissenheit, der Unkenntnis des seelischen Geschehens und seiner Gesetzmäßigkeiten. Man lebt in einer Illusion, weil man noch nicht die fühlbaren Wirkungen spürt. Das ändert sich aber, sobald die Kapazität der Nerven auf das lebensnotwendige Minimum gesunken ist. Dieser Zustand kommt eines Tages. Er kommt mit der Müdigkeit des Alters, mit der Abnutzung der Kräfte. Doch dieser Zustand muß nicht in frühen Jahren kommen, muß nicht vorzeitig kommen. Und wenn er vorzeitig kommt, dann eben ist das die Folge der falschen Selbstbehandlung, der Unvernunft in der Lebensführung. Man hat zuviel in Spannung gelebt, hat Raubbau mit seinen Kräften getrieben. Aber keineswegs in der Arbeit, wie viele vorgeben, sondern tatsächlich nur im Seelenleben. Man beachtete nicht, daß jeder disharmonische negative Gedanke unentwegt Kräfte frißt, wenn wir ihn in uns festhalten, Man handelte wider die Gesetze des Denkens.
Jetzt wird man verstehen, warum die „Kunst" des Loslassens, ohne die wir diesem Übel nicht steuern können, in erster Linie eine Sache unseres Standortes ist. Nur der „Standort über den Dingen", der die innere Gelassenheit des positiven Menschen erzeugt, die Gelassenheit gegenüber dem großen Schicksal ebenso wie gegenüber dem ganzen belastenden Kleinkram der Welt, macht uns fähig zum Loslassen. Wer z. B. Angst und Furcht in seinem Busen beherbergt, der kann nicht loslassen. Auch der Egoist kann nicht loslassen. Ebensowenig wer eifersüchtig, nachtragend oder gehässig ist usw.
Man versteht, was hier gesagt sein soll: Loslassenkönnen ist eine Erkenntnis- und Charaktersache! Und wie schnell und wie sehr wir loslassen können, ein sichtbarer Beweis dafür, wie weit wir es in unserer positiven Geistes- und Seelenhaltung schon gebracht haben.
Darüber hinaus ist die Kunst des Loslassens eine Sache der Übung, vor allem deshalb, weil wir ja in unserem Denken fortdauernd mit Zwangsabläufen zu rechnen haben. Mancher kann eine ganz einfache dumme Sache nicht loslassen. Immer wieder kommt ihm der gleiche Gedanke, ähnlich einer Melodie, die nicht aus seinem Kopf heraus will. Dagegen hilft nur positives Training. Man muß dazu jede Gelegenheit ausnutzen, wo es in Gedanken etwas Unwichtiges oder Negatives loszulassen gilt.
Immer entkrampft sein, das ist die Losung! Auf Kugellagern leben lernen! Es geht alles auch ohne Krampf, auch ohne fortwährende seelische Anspannung. Wenn man sich diesen positiven Idealzustand durch Übung aneignet, wird man schon sehr bald ein Anwachsen seiner Kräfte beobachten. Die Nervenkraft wird dann nicht mehr vergeudet, wodurch sich das ganze Befinden bessert. Das ist ein bioelektrischer Prozeß und die beste Nervenkur, die man mit sich vornehmen kann.

Erinnert sei hierbei an alles, was wir in unserem Buche über die Macht der Selbstbeeinflussung, die Gesetze des Denkens, die höhere Erkenntnis und Lebenseinstellung des positiven Menschen und das Geheimnis der Erfolgskraft gehört haben. Sehr wichtig zu diesem Thema ist auch die Entspannungs- und Ruheübung im Kapitel der geistigen Arbeit des positiven Menschen.
Zusätzlich zu allen guten Lehren der positiven Lebensführung merken wir uns also bestens:
„Wer losläßt, wird losgelassen, wer festhält, wird festgehalten!"

Wann sind wir positiv?

Auf dem 54. Ärztetag in München versammelten sich über 800 hervorragende Mediziner zu einem Gedankenaustausch auf allen Gebieten der Heilkunde. Eine entscheidende Rolle spielten dabei die Wechselbeziehungen zwischen Körper und Seele. Die „Münchener Illustrierte" befragte bei dieser Gelegenheit eine Reihe von Spezialisten über die größten Fortschritte auf ihren Fachgebieten. Zum Thema „Einfluß des Seelenlebens" äußerten sich u. a. Prof. Dr. Herbert Siegmund, Münster, Prof. Dr. Walter Seitz, München, und Dr. med. Hans Neuffer, Stuttgart, Präsident des deutschen Ärztetages.
Was diese prominenten Vertreter der deutschen Ärzteschaft zu sagen hatten, ist gerade für uns von so außergewöhnlicher Bedeutung, daß wir daran nicht vorbeigehen dürfen, ohne Wort für Wort in uns aufzunehmen und festzuhalten. Der Grund ist klar: Auch die Wissenschaft bekennt sich immer mehr zur Macht der Seele über den Körper, die für uns in allen Fragen der Lebensführung eine so große Rolle spielt.
Äußerung von Prof. Dr. Herbert Siegmund: „Morgagni suchte nach dem Sitz der Krankheit im Organ, Virchow später in der Zelle. Wir fragen heute bei der Sektion eines Toten in erster Linie nicht nach dem Endzustand, sondern: warum ist hier etwas Krankhaftes geschehen? Es gelingt uns heute sogar, aus dem erkrankten Organ Rückschlüsse auf die seelischen Störungen zu ziehen, die organische Leiden veranlaßten."
Prof. Dr. Walter Seitz: „Die psychosomatische Betrachtungsweise, d. h. die Erkenntnis von den Zusammenhängen zwischen dem Seelenleben und den körperlichen Vorgängen, hat in der Medizin eine große Wende hervorgerufen. Wir sind wieder zu der Erkenntnis gekommen, daß Störungen des Seelenlebens oft die Ursache für sehr schwere körperliche Erkrankungen sein können."
Dr. med. Hans Neuffer: „Ich bin immer wieder von der Tatsache beeindruckt, daß hinter allen Krankheiten etwas Seelisches steht, was diese Krankheiten überhaupt erst verursacht hat. Diese Erkenntnis hat dazu geführt, daß die Ärzte mehr und mehr versuchen müssen, sich für die Behandlung ihrer Patienten möglichst viel Zeit zu nehmen. Denn nur mit der notwendigen Muße bekommt man inneres Verständnis für den Patienten. Wenn es gelingt, den Kranken auch aus seiner

seelischen Not zu helfen, so erreichen wir immer auch eine Verbesserung seines körperlichen Befindens."
Wahrhaftig, das ist dem positiven Menschen aus der Seele gesprochen und ein Grund mehr, noch positiver zu sein als bisher! Noch mehr darauf zu sehen, daß wir in unserem ganzen Denken, Fühlen und Handeln ganz bewußt nach den Erkenntnissen des Mental-Positivismus vorgehen.
Der Kernsatz des M-Schlüssels lautet: „Mental-Positivismus ist die Lehre der Herrschaft über alles Negative durch die Macht der Überzeugung." Es ist immer wieder festzustellen, daß noch viel daran fehlt, um wirklich zu begreifen, was dieser Kernsatz will und wie er in die Praxis umzusetzen ist. Es fehlt noch immer an wirklicher Begriffs- und Zielklarheit, die unbedingt vorhanden sein müssen, wenn man ganz positiv sein will. Man glaubt noch immer viel zu sehr, daß es nur auf eine gewisse charakteristische Haltung ankommt. Gewiß, das ist unerläßlich, aber wer den M-Schlüssel tatsächlich verwirklichen will, muß dabei ganz und gar nach den Denkgesetzen vorgehen, was voraussetzt, daß er diese Gesetze vor allem wirklich kennt.
Man darf nicht meinen, daß man bereits richtig im Bilde ist, wenn man das glaubt. Wer wirklich positiv lebt, hat größte Erfolge auf allen Lebensgebieten! Wer diese Erfolge nicht hat, macht es falsch! Und er macht es deshalb falsch, weil er eben nicht richtig weiß, worauf es ankommt.
Ich finde diese Tatsache immer wieder bestätigt, wenn Leser meines Buches nach Bad Harzburg kommen, um an einem meiner Einführungskurse in den Mental-Positivismus teilzunehmen. Ich bedaure es sehr, daß nicht jeder unserer Freunde zum Schellbach-Haus kommen kann, um so mehr muß man sich deshalb bemühen, durch meine schriftlichen Unterweisungen auf den Kern der Sache zu kommen.
Wenn wir sagen, der Mental-Positivismus bewirkt eine innere Revolution und schaltet das Denken um 180 Grad um, so ist das eine Tatsache, aber nur wer diese Tatsache erlebt, ist von der richtigen Erkenntnis erfaßt, die diese Revolution ermöglicht und bewirkt.
Wenn der Kernsatz des Mental-Positivismus sagt, daß wir Herrschaft über alles Negative erlangen durch die Macht der Überzeugung, so muß man wissen, und zwar wirklich wissen, was Überzeugung ist und im besonderen, wieso und auf welchem Wege eine Überzeugung Wirkungen auszulösen vermag. Wohlverstanden Wirkungen, die eben jene Herrschaft über alles Negative ermöglichen, wie es der Kernsatz des Mental-Positivismus sagt.
Schon um diesen einen Zusammenhang zu begreifen, und das ist unerläßlich, müssen wir uns wirklich Mühe geben, mit dem Verstehen und dem Eindringen in die Prozesse und Abläufe in unserem inneren Menschen. Auch in bezug auf die Verwirklichung des Kernsatzes unserer Lehre muß es nämlich zu einer „Überzeugung" kommen. Das heißt, wir müssen erreichen, daß wir wirklich glauben, daß dieser Kernsatz zu Recht besteht. Wer bezweifelt, ob es möglich sei, durch die „Macht der Überzeugung" das Negative zu beherrschen, der wird selbstverständlich dann auch nicht in anderen Dingen die Kräfte der Überzeugung zur Wirksamkeit bringen.
Die Kenntnis von den Kräften der Seele und im besonderen ihre Aktivierung ist eine Wissenschaft, die wir genau so

studieren müssen, wie jede andere Lehre, mit der wir etwas bezwecken oder erreichen wollen!
Grundsätzlich: Die Macht der Überzeugung wirkt durch die Fähigkeiten und Kräfte des Unterbewußtseins. Diese Kräfte und Fähigkeiten brauchen wir nicht erst zu entwickeln, sondern sie sind bereits vorhanden. Unser ganzes Leben ist davon abhängig, die Funktion unseres Organismus ebensowohl wie die Funktion unseres Geistes. Es kommt lediglich darauf an, diese Kräfte und Fähigkeiten für unsere positive Lebensführung zu aktivieren. Das ist das Ziel, das wir erreichen müssen, aber das ist nicht nur Sache einer positiven Geisteshaltung, sondern eine Aufgabe, die wir unter konsequenter und sehr exakter Beachtung der Denkgesetze zu lösen haben.
Man muß sich immer wieder vor Augen halten, daß eine Aktivierung der seelischen Kräfte für den Erfolg auch in verzweifeltsten Fällen möglich ist. Daß also auch der Mensch das vermag, der auf anderen Wegen bisher keine Erfolge erzielen konnte. Man darf aber nicht glauben, daß nur vom bloßen Lesen oder Hören der dazu notwendigen Theorie eine Wandlung möglich ist. Vielmehr muß wirklich aktiv nach den Gesetzen des Denkens gehandelt werden.
Das Hauptziel, das erreicht werden muß, ist das Erlangen von Macht über sich selbst. Wir meinen damit die Macht über das eigene Denken und über die in uns arbeitenden Gefühle und Empfindungen. Alles was mit dem Erfolg zusammenhängt, soweit es sich um den Einsatz unserer Person handelt, vollzieht sich in erster Linie in uns selbst. Wir handeln so, wie wir denken, noch mehr, wir fühlen und empfinden so, wie wir denken. Wer Macht über sein Denken hat, ist deshalb auch mächtig über sein Schicksal. Aber die Lage ist so, daß wir so wie wir denken, in der Regel nicht freiwillig, sondern gezwungenermaßen denken müssen. Denken wir nun gezwungenermaßen negativ, d. h. ängstlich, zweifelnd oder charakterlich negativ, so tritt zwangsläufig durch dieses negative Denken auch eine entsprechende negative Beeinflussung unseres körperlichen, geistigen und seelischen Lebens ein. Das kranke Denken macht uns dadurch krank, das ängstliche Denken macht uns dadurch furchtsam und gehemmt, das zweifelnde Denken bewirkt Schwächen aller Art usw.
Wie es mit dem negativen Denken steht, so steht es auch mit dem positiven Denken: Denken wir Gesundheit, so tritt eine positive Beeinflussung der Organtätigkeit ein. Denken wir Selbstvertrauen, so gewinnen wir die Kraft zum zielbewußten Handeln. Denken wir Vertrauen, so gewinnen wir innere Sicherheit, Lebensmut, Tatkraft usw. usw.
Aber nun kommt es darauf an, daß die uns von innen her antreibenden Gedanken auch wirklich einflußreich, also stark sind. Daß sich die positiven Gedanken auch wirklich in uns behaupten und durchsetzen können. Und hierin gerade liegt der Sinn, weshalb wir völlig zielbewußt und planmäßig nach einer Herrschaft über das Denken streben müssen. Der bloße Vorsatz hierzu bleibt wirkungslos, wenn wir nicht nach den Gesetzen des Denkens dabei vorgehen, denn darauf gerade kommt es ja an, daß wir im Kampfe um die Herrschaft des Positiven wirklich Sieger werden gegenüber den ebenfalls in uns vorhandenen negativen Kräften.
Aber das ist nur einiges von dem, was wir wissen müssen. Immerhin es genügt, um einen Ansatzpunkt zu wirklich echter positiver Geisteshaltung zu finden. Dazu z. B., wie wir uns von Angstkomplexen erlösen können und zu innerer Ruhe kommen oder wie wir eine Reizbarkeit überwinden, die uns unsere Nervenkraft zerstört und uns

unfähig macht zu guter Konzentration. Hören wir hierzu die Anleitungen nach den Denkgesetzen: Der Kernsatz des Mental-Positivismus sagt, wir müssen Herrschaft gewinnen über das Negative durch die Macht der Überzeugung. Das heißt also, daß wir bestimmte Überzeugungen in uns entwickeln müssen. Was verstehen wir darunter? Nun, vor allem, daß eine Überzeugung ein Antrieb ist, der im Unterbewußtsein die Apparatur des körperlichen und auch des geistigen Mechanismus so schaltet, wie es dem Bilde bzw. dem Sinn der jeweiligen Überzeugung entspricht. Haben wir das erreicht, so schaltet die Überzeugung völlig selbständig die Apparaturen so ein, daß der Körper oder der Geist nur im positiven Sinne reagieren. Wir haben uns durch die Entwicklung einer Überzeugung einen Mitarbeiter geschaffen, der völlig selbständig das verwirklicht, was wir uns wünschen, also z. B. innere Ruhe oder die Beseitigung unnötiger Reizbarkeit usw.
Hören wir, wie das vor sich geht: Ist in uns nicht die Überzeugung von der inneren Ruhe vorhanden, so werden wir fortlaufend von allen möglichen Gedanken belästigt, die in uns Unruhe erzeugen, sei es durch Vorstellungen des Zweifels, irgendeiner Angst oder eines Unvermögens. Mancher unserer Leser wird damit noch nicht viel anfangen können, das ist noch nicht zielklar genug. Also, noch deutlicher: Regiert in uns die Überzeugung der Ruhe, so schaltet sich dadurch unser Denken in allen Fragen, die Unruhe erzeugen könnten so, daß wir stets gelassen und heiter bleiben. Das kommt daher, weil der Antrieb der inneren Ruhe den „Standpunkt des positiven Menschen" im Denken einschaltet. Dieser Standpunkt ist, wie wir wissen, ein Standpunkt über den Dingen. Natürlich müssen wir vorher diesen Standpunkt uns geistig erarbeitet haben, das heißt, der Standpunkt muß wirklich zielklar sein. Es ist jener philosophische Standpunkt, den wir immer wieder in allen unseren positiven Gedangengängen herausarbeiten, wenn wir zu irgendeiner Lebensfrage Stellung nehmen. Doch es nützt nichts, von diesem Standpunkt nur zu wissen, er muß in uns herrschen, er muß uns beherrschen, und damit er herrscht, muß er eingeschaltet sein und gerade das bewirkt die innere Ruhe, die hierfür als Antrieb wirkt.
Ein Beispiel in diesem Sinne: Wenn jemand innerlich unruhig ist, so kann man ihm doch Mut zusprechen und durch gütige Beeinflussung und Klärung seiner Gedanken vollkommen ruhig machen, vorausgesetzt natürlich, daß man ein Mensch ist, der andere zu beeinflussen vermag, daß man also eine Persönlichkeit ist, auf die der andere hört bzw. von der er sich beeinflussen läßt. Wird nun der andere ruhig, so ist das ein Beweis dafür, daß unsere Gedanken im Bewußtsein des anderen dessen Gedanken der Unruhe entkräftet und ausgeschaltet haben.
Sehen Sie, mein lieber Leser, das bewirkt der Antrieb bzw. die Überzeugung! In unserem Beispiel sind wir es, die diese Überzeugung bzw. diesen Antrieb im Bewußtsein des anderen wachrufen. Auf uns selbst angewandt heißt das, daß wir uns selber Mut zusprechen, daß wir uns selber unsere Sorgengedanken zerstreuen und an deren Stelle Gedanken der Zuversicht und der Hoffnung setzen. Das geschieht durch die vorhin erwähnte Erarbeitung des positiven Standpunktes über den Dingen. Damit nun aber dieser Standpunkt auch wirklich in uns herrscht, müssen wir ihn zu einer Überzeugung erheben, und damit das möglich wird, dabei nach den Gesetzen des Denkens vorgehen.
Auch das wird von manchen Lesern nur zum Teil verstanden. Was meinen wir damit? Nun, vor allem, daß wir nach dem 14. Denkgesetz handeln. Es besagt: „Fortdauernde Behauptung einer Möglichkeit wird zum Glauben

und aktiviert dadurch die Kräfte zur Verwirklichung der Behauptung." Für die Praxis will das besagen, daß wir immer wieder unseren positiven Standpunkt bewußt in uns wachrufen, und zwar ganz einerlei, ob dieser Standpunkt schon in uns herrscht und schon Macht hat in uns oder nicht. Der Weg dazu ist der Weg der Selbstsuggestion: Immer wieder von neuem, und zwar zwanzigmal und noch öfter am Tage müssen wir uns Mut zusprechen! Am besten, indem wir eine bestimmte Suggestionsformel wiederholen, etwa dieser Art:

> „Ich weiß, daß mir nichts geschehen kann, wenn ich innerlich ganz ruhig bin! Ich werde innerlich immer ruhiger und stehe stets über den Dingen! Nichts bringt mich in Aufregung oder macht mich unsicher oder ängstlich! Ich werde innerlich immer ruhiger und ruhiger. Ich fühle, daß ich innerlich immer ruhiger und ruhiger werde."

Sehen Sie, mein lieber Leser, und das ist dann die Praxis des M-Schlüssels, indem wir eine solche Suggestionsformel immer wieder von neuem mit völliger Hingabe aussprechen oder denken, aber ohne Anstrengung, sondern völlig gelassen und ohne gewaltsame Konzentration. Nur einfach wiederholen und immer wieder wiederholen, wo sich dazu Gelegenheit bietet bzw. wenn wir daran denken. Allerdings müssen wir auch wirklich daran denken, denn es ist ja so, daß das negative Denken in uns dominiert, solange nicht die positive Überzeugung in uns herrscht.
Damit wir von Zeit zu Zeit die Suggestion wiederholen und wirklich auch daran denken, die Suggestion zu wiederholen, arbeiten wir mit einem Erinnerungssystem. Diese Methode bewirkt, daß wir immer wieder auf unseren Vorsatz gestoßen werden und worauf wir dann entsprechend zu handeln haben.
Dieses Erinnerungssystem bzw. diese Erinnerungsmethode kann auf vielfache Weise verwirklicht werden. Wie der Name sagt, kommt es darauf an, daß wir uns erinnern an das, was wir wollen. Ein ganz einfacher Weg besteht darin, daß wir uns in jede Tasche unseres Anzuges ein Stück Pappe stecken, worauf wir schreiben: „Ich bin positiv und führe meinen Vorsatz durch." Jedesmal, wenn wir in eine unserer Taschen fassen, kommt uns eine dieser Karten in die Hand, sofort denken wir dann an unseren Vorsatz, also an die Suggestion und erheben sie für kurze Zeit zu unserm Bewußtseinsinhalt. Natürlich müssen wir uns dabei auf den Standpunkt des „als ob" stellen. Eine Suggestion ist so auszusprechen, als ob das alles bereits im Gange ist, was die Suggestion will. Näheres hierüber finden Sie ausführlich im Kapitel „Die geistigen Ursachen des Erfolges".
Und wie es nun mit der Erzeugung innerer Ruhe steht, so ist es grundsätzlich auf der ganzen Linie der positiven Geisteshaltung und Lebensführung. Immer kommt es darauf an, bestimmte Gedanken in uns wachzurufen und dann im Sinne dieser Gedanken zu reagieren. Und tun wir das, dann treiben wir wirklich Praxis im Sinne unseres M-Schlüssels.
Mein geschätzter Leser: die Überschrift dieses Gedankenganges heißt „Wann sind wir positiv?" Darin liegt ein Programm, ein Programm nach allen Seiten unserer Lebensführung. Nochmals zurück zum Kernsatz des Mental-Positivismus: Wir erstreben die Herrschaft über alles Negative durch die „Macht der Überzeugung". Wohlverstanden, die Herrschaft über alles Negative. Damit ist alles gemeint, was in unserem Leben Mißerfolg bringt und Disharmonie schafft. Negativ ist finanzieller Miß-

erfolg z. B., desgleichen persönliches Versagen auf irgendeinem Gebiete, wo es auf die Wirkung oder Leistung unserer Person ankommt; oder auch Mißerfolg in familiären und seelischen Dingen usw., kurzum alles, was wir nicht wünschen oder gern überwinden möchten. Es gilt deshalb auch gemäß unserer Erfolgsplanung, die ja mit unserer positiven Lebensführung zusammenhängt und darum unerläßlich ist, für die Überwindung von Hemmungen, Widerständen, Disharmonien, Mißerfolgen usw. klar umrissene Ziele aufzustellen. Man muß wissen, was man will, und zwar ganz genau! Wer Hemmungen hat, für den ist eines dieser Ziele eben die Ausschaltung dieser Hemmungen. Wer mit seinen Geisteskräften nicht zurecht kommt, weil er vielleicht an Gedächtnisschwäche leidet oder sich nicht konzentrieren kann, der muß sich auch hierfür klar umrissene Ziele stecken. Gerade aus diesem Grunde beginnt ja auch die positive Lebensführung und Schicksalsbemeisterung mit einer Analyse des gegenwärtigen Zustandes. Man muß wissen, was an einem schwach und negativ ist und sich dazu wie ein Außenstehender beurteilen.

Im Kapitel „Bewußte Lebensführung" sprechen wir in diesem Zusammenhange von drei Hauptzielsetzungen, nämlich von einem ideellen Ziel, einem Bildungsziel und einem Leistungsziel. Grundsätzlich ist es nun so: überall, wo man etwas erreichen will, können wir das nur erreichen, wenn die Kräfte unseres Unterbewußtseins dazu aktiviert werden. Wir sagten schon eingangs, die Fähigkeiten und Kräfte brauchen nicht erst entwickelt zu werden, sondern sind bereits vorhanden. Worauf es ankommt ist, daß wir für unsere bestimmten Zwecke (bestimmte Zielsetzungen) das Unterbewußtsein einspannen. Allerdings um das ganz genau zu verstehen, muß man den ganzen Mental-Positivismus erfassen und nicht nur einen oder einige bestimmte Punkte dieser Lehre. Man muß z. B. wissen, wie das Zusammenspiel ist von Körper, Geist und Seele und dabei vor allem, daß man selber die Seele ist, während der Geist und der Körper Apparate sind, mit denen unsere Seele arbeitet bzw. mit deren Hilfe das Erlebnis des Daseins möglich wird. Und prinzipiell kommt es darauf an, daß wir — also unsere Seele — Macht haben über die Bedienung dieser Apparate, was beim negativen Menschen bzw. im Menschen des Mißerfolges nicht der Fall ist. Und weiter kommt es darauf an, daß die Funktion dieser Apparate im Sinne unserer Zielsetzungen ganz von selber verläuft.

Wie wichtig das ist, sehen wir bei der Heilung von Krankheiten: Wenn ein Kranker durch die Kräfte der Seele gesund wird, so bedarf das keiner Anstrengung von seiten des Kranken, wohl des guten Willens, aber nicht einer konzentrierten Arbeit. Trotzdem wird er gesund, wenn es der Arzt versteht, in seinem Unterbewußtsein die „Idee der Gesundheit" zu dem Antrieb zu machen, der die Apparatur zur Einschaltung der Körperfunktionen beherrscht.

Und genau so ist es auch z. B. bei der Entwicklung unseres Geistes zu größerer Intelligenz: Das macht der Geist bzw. das Unterbewußtsein ganz allein, sofern es uns gelingt, dafür die entsprechenden Antriebe in uns zu schaffen. Und in jedem Falle nun ist die genaue Beachtung der Gesetze des Denkens erforderlich.

Mein lieber Leser, aus diesen ganzen Darlegungen ersehen Sie, daß man durchaus noch nicht komplett positiv ist, wenn man sich nur zu den Ideen des positiven Denkens bekennt. Es ist tatsächlich so, wie ich schon sagte: Wer wirklich nach den Lehren des Mental-Positivismus vorgeht, also genau nach der Methode des M-Schlüssels handelt, der hat Erfolg auf allen Gebieten. Wo der Erfolg auf sich warten läßt, macht man es falsch. Das ist aber in der Regel nicht so, weil man zu wenig guten Willen hat, sondern weil es mit dem Bewußtsein so ist, daß man einfach nicht sehen kann, worauf es ankommt, wenn ein bestimmter Zusammenhang nicht völlig klargemacht wird bzw. b e w u ß t gemacht wird, und dann kann man natürlich auch nicht richtig handeln. Es richtet sich alles nach dem ersten Denkgesetz dabei, das besagt: „Bewußtsein ist Schöpfung!"

Wenn wir eingangs die Stimmen prominenter Ärzte zu uns sprechen ließen über die Wechselbeziehungen zwischen Körper und Seele und wobei ganz klar gesagt wurde von allen drei Seiten, daß durch s e e l i s c h e Ursachen o r g a n i s c h e Krankheiten entstehen, so besagt das gleichzeitig, daß durch eine Beseitigung der seelischen Ursachen der Mensch auch wieder gesund werden kann. Das heißt, daß von der S e e l e aus E i n f l u ß genommen wird auf die Organfunktionen. Hierdurch ist die M a c h t der Seele erneut unter Beweis gestellt. Es ist jetzt die Frage, und diese Frage tritt immer wieder an uns heran: Wenn wir diese Kräfte in unserer Seele haben, ist es dann nicht vernünftig, sich s o zu verhalten, daß wir bei uns selber und natürlich auch bei allen Menschen, die uns nahe stehen, durch eine bewußte Beachtung der Gesetzmäßigkeiten des seelischen Lebens W i r k u n g e n erzeugen, die im Sinne unserer Wünsche liegen?

Oh, es ist ja so wahr, daß Gedanken Kräfte sind, nur müssen wir lernen, mit diesen Kräften b e w u ß t zu arbeiten. Und wir sind überhaupt erst dann Menschen, wenn wir mit dieser Arbeit beginnen. Es kommt doch darauf an, daß wir unser Leben hier auf Erden möglichst glücklich gestalten. Wie aber wollen wir das und noch dazu in unserer heutigen schwierigen Zeit, ohne gerade d i e Kräfte einzusetzen, die das fertigbringen?

Ich spreche nicht nur aus meiner eigenen Erfahrung, sondern vor allem doch aus der Erfahrung der vielen, vielen tausenden Menschen, die ich in meinem Leben auf den Weg zu einem glücklichen, erfolgreichen Leben und Schaffen gebracht habe. Und diese Erfahrung hat mir schon vor drei Jahrzehnten und immer fortlaufend bewiesen, daß j e d e r M e n s c h einen wirklich großen Einfluß auf den Ablauf seines Lebens hat, sobald er aufhört sich t r e i b e n zu lassen und bewußt mit den Kräften seines Geistes und seiner Seele zu arbeiten beginnt. Hören Sie auf diese Erfahrung, lieber Leser, und nützen Sie diese Erfahrung aus!

Und außerdem: das ganze Elend unserer Zeit kommt doch nur aus einer Mißachtung der Gesetze des geistigen und seelischen Lebens. Es gibt doch keine andere Ursache für das Elend unserer Zeit, als die menschliche Kurzsichtigkeit — also Dummheit — infolge Versagens in diesem Punkte. Wenn wir unser möglichstes tun, um durch positives Denken unser Leben zu wandeln und unser Schicksal zu bessern, so strahlt das sehr bald auch auf unsere Umgebung aus. Ist es nicht selbstverständlich, daß alle Verhältnisse anders werden müssen, sobald erst einmal ein großer Teil der Menschen zum positiven Denken gekommen ist? Es gibt kein Problem, das nicht friedlich zu lösen wäre, aber immer geht das positive Denken voraus.

Allerdings, wir dürfen nicht vergessen, daß es sich hier bei unserer Arbeit tatsächlich um eine W i s s e n s c h a f t handelt, und deshalb müssen wir auch mit w i r k l i c h e r G r ü n d l i c h k e i t an das Studium der Zusammenhänge herangehen. Baustein auf Baustein müssen wir fügen, damit das Gebäude des Mental-Positivismus als I d e e immer deutlicher und klarer in uns wird. Im übrigen ist das die wertvollste Arbeit, die wir für uns und unsere Zukunft leisten können.

Tatenleben und Planarbeit im Kleinen

Meine verehrten Leser! Zum Abschluß dieser ergänzenden Ausführungen zum Hauptteil meines Buches nun noch einmal zurück zum Alltag, zu Gedanken und Fragen, die jeder sofort versteht und die dennoch absolut entscheidend sind: Zur Planarbeit und zu einem positiven Leben der T a t im Kleinen und Kleinsten. Die Beachtung der Gesetze des Denkens und des „M-Schlüssels" sowie aller anderen Lehren zur bewußten positiven Lebensführung gilt hierbei als selbstverständlich.
Doch zum Thema: Eine der Hauptursachen zielbewußter schöpferischer Lebensgestaltung ist O r g a n i s a t i o n! Organisation der Kräfte! Organisation der Zeit! Organisation der materiellen Mittel!
Im allgemeinen sind wir geneigt, nur bei großen Zielen an Organisation zu denken, und erst dann scheint uns überhaupt der Begriff „Organisation" das richtige Gewicht zu haben. Das ist falsch, denn diese Ansicht verführt uns dazu, die Ursachen eines erfolgreichen Lebens in einem schiefen Lichte zu sehen, und zwar deshalb, weil einfach jedes Ziel, also auch das kleinste, nur durch eine entsprechende Einstellung der Kräfte und Mittel erreicht wird.
Aus diesem Grunde hat der Begriff „Organisation" für unser g a n z e s L e b e n Bedeutung, ja für die kleinen und kleinsten Dinge sogar in einem ganz besonderen Maße, weil sich nämlich gerade daraus der Gesamtverlauf unseres Lebens ergibt. Ungezählte tausende Kleinigkeiten reihen sich im Laufe der Zeit aneinander und diese Kette von kleinen Geschehnissen ergibt dann das verpfuschte oder erfolgreiche Dasein.
Prüfen wir einmal, was es denn eigentlich alles im Dasein eines sogenannten „gewöhnlichen Sterblichen" zu organisieren gibt. Ich spreche absichtlich vom Leben des Durchschnittsmenschen, weil nur unter Zugrundelegung eines ganz einfachen Lebens so richtig klar wird, was man durch Organisation zu erreichen vermag. Viele sind nämlich der Ansicht, daß die Worte: zielbewußte Lebensführung, Planarbeit, Erfolgs-Systematik usw. nur Bezug haben auf das Leben außergewöhnlicher Menschen. Man tut deshalb so, als gingen einem diese hochzielenden Dinge überhaupt nichts an und weshalb man auch den Begriff „Tatmensch" im Ernste nicht auf sich selber bezieht, sondern immer nur auf gewisse Ausnahmen. Die Ursache dazu liegt aber nicht etwa darin, daß man für sich selbst keine Erfolge wünscht, sondern in einer U n w i s s e n h e i t über die M ö g l i c h k e i t e n r i c h t i g e r L e b e n s a u s n u t z u n g und damit auch über den Umgang mit den Begriffen: Organisation, Erfolgs-Systematik, Planarbeit usw.
Meine verehrten Leser, wenn Sie die Bedeutung dieser Gedanken erfassen, verstehen Sie auch, weshalb diese Ausführungen betitelt sind: „Tatenleben und Planarbeit im Kleinen". Jawohl, im g a n z K l e i n e n sogar, im Umgang mit den Dingen und den Werten, die das Leben eines jeden Menschen ausmachen, im Umgang mit der L e b e n s k r a f t, mit der Z e i t, mit den Möglichkeiten der L e b e n s f r e u d e, mit den Möglichkeiten einer erfolgreichen Gestaltung der 24 Stunden eines jeden Tages usw. Alle diese Dinge sind in j e d e m Leben vorhanden, aber ob sie wirklich richtig ausgenutzt werden und gerade dadurch eben ein glückliches Leben schaffen, das allein entscheidet die Fähigkeit, diese Dinge, Kräfte usw. richtig zu organisieren.
Jeder Tag, den wir verleben, kann entweder sang- und klanglos dahinlaufen oder aber auch ein Plus werden für unser Dasein, je nachdem, wie wir ihn gestalten, wie

wir seine Möglichkeiten ausschöpfen und wie wir eben diesen Tag organisieren. Und genau betrachtet ist es so, daß uns die besten Freudespender unseres Lebens obendrein nicht das geringste kosten, also erreichbar und einsetzbar sind, ohne daß wir begütert zu sein brauchen.

Was hat denn eigentlich jeder an Möglichkeiten zur Verfügung, die z. B. für die Lebensfreude ausgenutzt werden können? Nun, vor allem Zeit und Denkkraft. „Zeit" ist dabei eine Sache, die man vergeuden oder aber auch hundertprozentig ausnutzen kann. Genau so steht es mit der Denkkraft: Man kann damit Unlustgefühle, Hemmungen und Tatenlosigkeit schaffen oder auch das genaue Gegenteil. Wie wir gedanklich arbeiten und wie wir unsere Zeit ausnutzen, darauf kommt es also an.

Denken wir dabei an den Inhalt unseres Lebens, so gilt es zunächst einmal festzustellen, was wir meinen, wenn wir von einem möglichst hohen Lebensgewinn sprechen. Daß wir uns wohlfühlen, meinen wir, daß wir uns recht viel freuen, daß wir gesund sind, daß wir recht viel freie Zeit zur Verfügung haben, um uns dem Glück unseres Lebens auch widmen zu können, usw.

Wollen wir unser Leben wirklich richtig organisieren, so müssen wir uns auf diese Punkte so positiv einstellen, daß sie uns nicht als vage Wunschbilder, sondern als kristallklare Zielsetzungen erfüllen. Ist das geschehen, müssen wir nach den Ursachen forschen, die uns diese Ziele erreichbar machen.

Das alles hört sich nun viel komplizierter an, als es in Wirklichkeit ist. Untersuchen wir daraufhin einmal ganz alltägliche Geschehnisse: Alltäglich ist z. B. das tägliche Kochen der Hausfrau. Was wird sie tun, um immer tadelloses Essen auf den Tisch bringen zu können und um jeden Ärger, der daraus entstehen kann, zu vermeiden? Und ferner: um die Ernährung so einzurichten, daß daraus eine recht gute Gesundheit der Familie erwächst? Antwort: Sie wird nicht willkürlich kochen, sie wird nicht kochen, was ihr gerade einfällt, sie wird nicht erst im letzten Augenblick überlegen, was auf den Tisch kommen soll, sondern wird alles in größter Ruhe tadellos vorbereiten, sich einen Plan machen und nach diesem Plan handeln.

Wie sie das anfängt? Sehr einfach! Sie wird sich vor allen Dingen erst einmal das nötige Wissen über die Kunst des guten Kochens verschaffen. Hierzu gibt es gute Kochbücher und außerdem die ernährungswissenschaftliche Beratung in jeder guten Hausfrauenzeitschrift.

Hier kommen wir aber schon zu einem Hauptpunkt der Organisation: Die positive Hausfrau wird die Winke und Kniffe des guten Kochens nicht einfach durchlesen, um sie am nächsten Tage schon wieder vergessen zu haben, sondern die Kenntnisse sich so zusammenstellen, daß sie dauernd griffbereit zu ihrer Verfügung stehen. Als Hilfsmittel wird sie sich dazu der schon erwähnten Küchenkartei bedienen. (Vgl. Die Harmonisierung des Alltags.) Natürlich erfordert der Aufbau einer solchen Kartei ein gutes Maß an Umsicht, aber darin zeigt sich ja gerade die Kunst der Organisation.

Das Aufbringen von Umsicht zur Vorbereitung eines Erfolges ist überhaupt die grundsätzliche Frage auch für alle anderen Ziele, die es für das Lebensglück zu erreichen gilt. Bei den meisten Menschen stellen wir fest, daß sie diese Umsicht nicht aufzubringen gewillt sind, zumindest es aber an der nötigen Gründlichkeit fehlen lassen und worin dann die Hauptursache für das Eintreten von Mißerfolgen liegt. Man wünscht sich etwas, möchte gern etwas, was Erfolg, Freude und

Glück bringt, und denkt doch nicht daran, richtig vorzugehen, damit das Erwünschte auch wirklich kommen kann. Ganz deutlich gesagt: Man wünscht sich Erfolg und Lebensfreude aus blauem Dunst! Jeder Landmann weiß, daß der Boden nur dann gute Früchte trägt, wenn er ihn vorher richtig beackert und gedüngt hat. Er weiß ferner, daß jede Frucht Zeit zum Wachsen braucht und daß man auch während der Zeit des Wachsens unentwegt bemüht sein muß, den Wachstumsprozeß zu fördern. Es gibt keinen Grund, für das Glück des Lebens, die Gesundheit des Körpers wie überhaupt für alle Dinge, die Lebensfreude bringen sollen, andere Abläufe anzunehmen.
So muß es heißen und so ist die Wahrheit: Bereite den Boden des Lebensglückes sorgsam vor, dann wird es wachsen und als gesetzmäßiges Ergebnis deines Bemühens in Erscheinung treten.
So ist es mit der Harmonie und dem Lebenserfolg jedes Tages, mit dem Glück der Liebe, der Ehe, der Freundschaft und überhaupt mit allen Dingen, die unserm Dasein Inhalt und Sinn geben. Alles muß bestens vorbereitet und dauernd bestens gepflegt werden, und erst, wenn trotz aller Mühe und trotz aller Pflege kein Erfolg kommt, kann von einem „Schicksal" gesprochen werden.
Es wurde gesagt, daß sich die Organisation der Kräfte und Mittel selbst auf die kleinsten Dinge des Alltags bezieht. Das muß wörtlich genommen werden: Wir wissen aus der Erfahrung, daß es unzählige von gleichlaufenden Vorgängen in unserem alltäglichen Leben gibt, Vorkommnisse, die immer wieder eintreten und die immer wieder Ärger und Verdruß hervorrufen, wenn man nicht Vorkehrungen trifft, die negative Auswirkungen unmöglich machen. Je unüberlegter und gedankenloser wir das tägliche Leben rollen lassen, um so größer ist dauernd die Gefahr, daß immer wieder ein Dutzend Dinge schief gehen, daß wir immer wieder in Verlegenheit kommen, daß immer wieder etwas passiert, was bei genügender Vorsicht, bei genügender Organisation unbedingt vermieden werden könnte.
Der kluge Mensch stellt sich so ein, daß er fortdauernd nach einer Erleichterung seines Daseins strebt. Was an Unangenehmem nicht unbedingt in Kauf genommen werden muß, schaltet er zielbewußt aus, so im Umgang mit Menschen und Dingen, mit Vorgesetzten und Unterstellten, mit Verwandten und Bekannten, und auch jede Handlung, die durch Unvorsicht, Oberflächlichkeit oder Gedankenlosigkeit Schaden bringen kann. Und genau so ist sein Streben auch beständig darauf eingestellt, alle Möglichkeiten, die Vorteile bringen, durch Organisation auszunutzen.
Zusammenfassend ergibt sich daraus, daß man bewußt leben muß und auch im Alltag ein Tatenleben zu führen hat. Alles, was in unserem Dasein Erscheinung gewinnt außerhalb der äußeren Einflüsse, entsteht nur durch unser Tun, nur durch unser Handeln, also aus Taten. Streben wir danach, Herr unseres Denkens zu werden, gebrauchen wir unsere Denkmaschine Tag für Tag, um so umfassend wie möglich Ursache und Wirkung recht vieler Dinge abzuwägen, so wird eine ununterbrochene Kette von lauter kleinen positiven Taten die Folge eines solchen bewußten Strebens sein.
Wenn unter den Gütern, die jedem Menschen zur Verfügung stehen, die Zeit besonders hervorgehoben wurde, so zeigt sich darin die Bedeutung eines solchen Tatenlebens in ihrer ganzen Tragweite. Die Zeit ist sozusagen der Rohstoff, aus dem wir alles gestalten, was durch unser Wollen und Handeln möglich werden kann. Eine Stunde am Tage „freie Zeit", welch ungeheures Kapital kann das für einen Menschen sein, der mit voller Erkenntnis der Größe dieses Kapitals darangeht, diese Stunde richtig auszubeuten. In dieser einen Stunde legt er den Grund-

stein für die größten Erfolge seines Lebens, in dieser einen Stunde, die er hundertprozentig ausnutzt, baut er auf, was keiner für möglich hält.
Nun wissen wir aber, daß Zeit eine Größe ist, die sich ergibt aus der Zusammenzählung von Sekunden, Minuten und Stunden, und das ist nun entscheidend, ob wir diese kleinen und kleinsten Zeitteilchen einfach nur vorübergehen lassen oder sie beim Schopfe fassen und vor unsern Wagen spannen. Dabei zeigt sich, von welcher Wichtigkeit die Planarbeit ist, denn ohne Planung läßt sich die Zeit nicht fassen, ohne Planung rennt sie uns einfach davon.
Wo aber kommt die Zeit her? Aus dem Alltag, aus den 24 Stunden, die wir Tag für Tag durchleben, die Tag für Tag durch unsere berufliche Tätigkeit, durch unsere Vergnügungen, durch unsere Freizeit, durch unser Schlafen hindurchgehen. Bei all diesen Dingen heißt es einhaken und genau überlegen, ob diese unausgesetzt dahinrollenden Zeitteilchen auch wirklich so ausgenutzt werden, daß daraus wirkliches Schaffen und ein Höchstmaß an Lebensfreude entstehen. Und überall heißt es zu zwicken und zu zwacken an Zeit, wo sie unfruchtbar oder gar negativ verströmt. Nicht am Positiven, sondern am Negativen heißt es zu sparen, so sehr zu sparen, so sehr zu knausern, daß praktisch ein Maximum an positiver Ausnutzung der Zeit die Folge ist.
Verehrter Leser, wir haben uns mit der richtigen Ausnutzung von Zeit und Kraft schon sehr eingehend in unserem Buche auseinandergesetzt. Das alles ist so hochwichtig und so entscheidend für den Aufbau eines glückhaften Lebens, daß wir es gar nicht ernst genug nehmen können. Wie schnell sind nicht die wenigen Jahre unseres Lebens dahin und nichts ist dann mehr nachzuholen. Wer Tag für Tag sich selber kontrolliert und sich Rechenschaft gibt über die Ausnutzung der einzelnen viertel, halben und ganzen Stunden eines jeden Tages, dem wird es sehr bald klar, welch unermeßliches Kapital an Zeit durch Monate und Jahre hindurch buchstäblich nutzlos verrinnt, wenn man ohne Planung in den Tag hineinlebt. Ein Blick in das Leben der Erfolgreichen beweist uns, daß sie nur deshalb erfolgreich sind, weil sie die vielen Stunden, die der Alltagsmensch verbringt mit fruchtlosem Grübeln, mit Streiten, mit Ärgern, mit Sorgenmachen oder mit höchst langweiliger und zum Teil dümmster und albernster Beschäftigung, erfüllen mit zielbewußtem positiven Handeln.
Selbst der größte Bau entsteht aus einzelnen kleinen Bausteinen. So ist es auch mit den Erfolgen unseres Lebens: Einfach und leicht ist das Schaffen, wenn der Blick auf das Ziel selbst im Kleinsten das Handeln bestimmt. Wie aber ein Bau nur entstehen kann, wenn ein Plan die Einzelteile folgerichtig zusammenfügen läßt, so wird auch eine rationelle Ausnutzung der Zeit nur möglich, wenn auch dem Bau unseres Lebens ein Plan zugrunde liegt.
Aber, wie gesagt, wenn von Planung und Organisation gesprochen wird, dann gilt das nicht nur für den Ausnahmemenschen, sondern für jedermann. Und nicht nur für den Existenzkampf im Berufs- und Geschäftsleben, ebenso in der Familie, im Haushalt und in der Freizeitgestaltung. Wir haben keinen Grund, uns positive Menschen zu nennen, wenn wir in diesem wichtigen Punkte zielbewußter Lebensgestaltung versagen. Folgen wir auch hierin einem Worte Goethes, das zwar für seine Zeit bestimmt war, ebenso aber auch Bedeutung hat für unsere Gegenwart: „Für das größte Unheil unserer Zeit, die nichts reif werden läßt, muß ich halten, daß man im nächsten Augenblick den vorhergehenden verspeist, den Tag im Tag vertut, und so immer aus der Hand in den Mund lebt, ohne etwas vor sich zu bringen."

XX. TEIL

INHALTSÜBERSICHT UND MITTEILUNGEN DES SCHELLBACH-HAUSES

IV. Teil: Das Geheimnis der Erfolgskraft — Ursachen des großen Könnens Seite 85—102

V. Teil: Die zielbewußte Gestaltung des positiven Tatmenschen — Selbstanalyse / Erfolgstagebuch / Täglicher Fortschritt Seite 103—116

VI. Teil: Bewußte Lebensführung, Zielklarheit und Tageslauf des positiven Menschen Seite 117—186

VII. Teil: Positive Erfolgsplanung — Festlegung und konsequente Verfolgung des Zieles

VIII. Teil: Die geistige Arbeit des positiven Menschen — Entwicklung starker Konzentrations- und Gedächtniskraft Seite 218—248

XVII. Teil: Die Harmonisierung des Alltags — Vom positiven Erleben des Daseins durch den richtigen geistigen Standort

Das Lebenswerk von Oscar Schellbach

umfaßt sechzig Jahre Lehrinstitut für positive Lebensführung (Gründungsjahr 1921), sechzig Jahre Herausgabe eigener Zeitschriften für positive Lebensführung, darunter einunddreißig Jahrgänge der Zeitschrift *Kontakt* ((Jahrgänge 1950 bis 1980), Bücher der Lebenskunst, Erfolgssystematik, Menschenführung, des Mentalpositivismus und der Lebensweisheit, Schallplatten- und Cassetten-Lehrwerke der gleichen Gebiete zur Automatisierung positiver Charaktereigenschaften und zur Überwindung von Schwächen, Komplexen und Hemmungen.
Buchauflagen über 500000 Exemplare, Schallplatten über 300000 Stück, Kursushörer über 70000 Personen! Dazu mehr als zwei Millionen Hörer öffentlicher Schellbach-Vorträge!

Mein Erfolgssystem
Bekannter Bestseller, 26. Auflage, Großformat, 481 Seiten; ein Standardwerk der Erfolgssystematik!

Mentales Training
zur körperlichen und geistigen Leistungssteigerung. Drei Compact-Cassetten und eine Arbeitsanleitung in einem Kunststoffalbum.

Siebenmal Lebenskunst
4. Auflage, 260 Seiten, gebunden

Siebenmal Lebenskunst
Glücklicher leben durch die Kraft des positiven Denkens. Vierzehn Langspielplatten oder vierzehn Compact-Cassetten.

Alle können besser leben
Intensiv-Kursus der Selbstentfaltung zur einflußreichen, erfolgreichen Persönlichkeit. Zwanzig Compact-Casetten.

Redekunst von A bis Z
Meisterung der freien Rede und aller dazu erforderlichen Techniken. Kassette mit zwölf Studienbänden und zwölf Langspielplatten oder zwölf Compact-Cassetten.

Mentalpositivismus
Interpretation der Gesetze des Denkens. Drei Gespräche aus dem Werk *Mein Erfolgssystem.* Sechs Compact-Cassetten.

Werkstatt der Seele
Geistig-seelische Grundlage der Lehre vom positiven Leben nach den Erkenntnissen des Mentalpositivismus. Zwölf Compact-Cassetten.

Das Lebenswerk von Oscar Schellbach

Erkennen – Schaffen – Vollenden
Dreistufenlehre des Mentalpositivismus: Höhenpfad der Konzentration – Meditation – Kontemplation – Automationstechnik – Persönliche Strahlkraft – Schöpferisches Neudenken – Intuitives Erkennen und Lebensmeisterschaft. Fünfundzwanzig Langspielplatten oder fünfundzwanzig Compact-Cassetten.

Bewußtes Leben
Zweiteiliger Vortragszyklus: Live-Aufnahmen aus dem Hörsaal des Schellbach-Instituts. Fünfzehn Compact-Cassetten.

Automations-Diskothek
Psychodynamische Selbststeuerung zu überlegener, erfolgreicher Persönlichkeit. Programmierung des Unterbewußtseins mit positiven Antrieben. Über einhundert Automationssätze wandeln das Wesen, wecken und aktivieren die Begabungen. Zwölf Compact-Cassetten.

Es gibt wirklich Wunder
Resümee von sieben Lourdes-Besuchen und vierzig Jahren Forschung. Originalaufnahmen von der Kranken- und Lichterprozession. Zwei Langspielplatten.

Automation und Meditation
Zwei Langspielplatten oder zwei Compact-Cassetten mit der hochwirksamen beseelten Sprache von Oscar Schellbach. Eine Auswahl von sechs Automations- und vier Meditationsübungen aus dem Werk *Erkennen – Schaffen – Vollenden.*

Seelephonie-Serie
Acht Suggestions-Langspielplatten oder Compact-Cassetten.
Automationstraining. Aktivierung aller Erfolgskräfte, Teil I und II.
So stehen wir über den Dingen / So meistern wir unsere Nerven.
So meistern wir alle Hemmungen / So sind wir erfolgreich im Umgang.
Sie werden müde und schlafen ein / Der Satz vom guten Mute.
Meditation: Glaube an deine Seele / Auf, brich den Bann. Mit Orgelmusik.
Gesundheit: Atme dich leistungsstark. Einführung und Übungen.
Meditation: Glaube an die Macht dies Guten / Ewigkeitsgedanken große Mystiker. Mit Musik-Untermalung.